中国禅宗通史

ZHONGGUO CHANZONG TONGSHI

杜继文　魏道儒　著

江苏人民出版社

图书在版编目(CIP)数据

中国禅宗通史/杜继文,魏道儒著.—南京:江苏人民出版社,
2007.7(2025.09 重印)
ISBN 978-7-214-04598-0

Ⅰ.中… Ⅱ.①杜…②魏… Ⅲ.禅宗—佛教史—中国
Ⅳ.B946.5

中国版本图书馆 CIP 数据核字(2007)第 040008 号

书　　　名	中国禅宗通史
著　　　者	杜继文　魏道儒
策 划 编 辑	府建明
责 任 编 辑	戴亦梁　戴宁宁
装 帧 设 计	刘葶葶
责 任 监 制	王　娟
出 版 发 行	江苏人民出版社
地　　　址	南京市湖南路 1 号 A 楼,邮编:210009
照　　　排	南京凯建文化发展有限公司
印　　　刷	江苏凤凰扬州鑫华印刷有限公司
开　　　本	652 毫米×960 毫米　1/16
印　　　张	42.5　插页 2
字　　　数	550 千字
版　　　次	2007 年 7 月第 1 版
印　　　次	2025 年 9 月第 5 次印刷
标 准 书 号	ISBN 978-7-214-04598-0
定　　　价	118.00 元

(江苏人民出版社图书凡印装错误可向承印厂调换)

目 录

导 言 ………………………………………………………… (1)

第一章 禅宗前史——禅学和禅僧团 ……………………… (22)
 第一节 禅的性质和作用 ………………………………… (22)
  一、禅的原始含义 ……………………………………… (22)
  二、中国古典哲学中的禅类观念 ……………………… (24)
  三、禅与禅宗 …………………………………………… (26)
 第二节 早期禅法 ………………………………………… (27)
  一、小乘禅数学 ………………………………………… (28)
  二、大乘三昧 …………………………………………… (33)
 第三节 禅学的独立化运动(东晋十六国) ……………… (37)
  一、北方诸国与佛教神异的流行 ……………………… (37)
  二、鸠摩罗什和觉贤的禅籍译介与慧远禅林 ………… (38)
  三、慧观与南朝宋的禅业建设 ………………………… (40)
  四、早期的禅法宗系 …………………………………… (43)
 第四节 禅僧团的出现和北朝的官禅 …………………… (46)
  一、玄高禅僧团 ………………………………………… (46)
  二、跋(佛)陀和慧光 …………………………………… (49)
  三、僧稠与僧实 ………………………………………… (51)
 第五节 下层禅众和菩提达摩禅系 ……………………… (56)
  一、北朝流民与下层禅众 ……………………………… (56)
  二、菩提达摩及其禅系 ………………………………… (59)
  三、传说中的达摩著作和达摩禅 ……………………… (63)

四、慧可的禅理及其意义 …………………………………… (67)
　第六节　楞伽师与南天竺一乘宗 …………………………… (69)
　　一、《楞伽经》与楞伽师 ……………………………………… (69)
　　二、僧粲和法冲 ……………………………………………… (71)
　　三、南天竺一乘宗人物 ……………………………………… (73)

第二章　禅宗的形成及其分布(隋与唐代初期) ……………… (78)
　第一节　形成期的历史特点
　　一、北朝和隋唐的佛教政策与禅僧队伍的变化 …………… (78)
　　二、《起信论》与禅的理论模式 ……………………………… (81)
　　三、初唐定学诸相和禅僧南流 ……………………………… (82)
　第二节　禅宗史上的里程碑——黄梅禅系的形成 ………… (84)
　　一、双峰山道信与禅众定居 ………………………………… (84)
　　二、东山弘忍的山居禅学与坐作并重的禅行 ……………… (87)
　第三节　牛头禅系和润州僧群 ……………………………… (89)
　　一、法融和牛头禅的建立 …………………………………… (91)
　　二、牛头传承和润州籍僧群 ………………………………… (94)
　第四节　弘忍门徒之一——嵩山禅系 ……………………… (98)
　　一、法如禅门 ………………………………………………… (99)
　　二、老安禅门 ………………………………………………… (106)
　第五节　弘忍门徒之二——京师楞伽禅系 ………………… (110)
　　一、玄赜与净觉 ……………………………………………… (110)
　　二、《楞伽师资记》中的禅宗诸祖和禅说 …………………… (112)
　　　1. 求那跋陀罗的安心说和禅理学 ………………………… (112)
　　　2. 从菩提达摩到粲禅师的安心说与禅理学 ……………… (115)
　　　3. 道信的"是心是佛"和"安心念佛" ……………………… (117)
　第六节　弘忍门徒之三——京师神秀禅系 ………………… (120)
　　一、禅宗的合法化与神秀禅要 ……………………………… (120)
　　二、神秀语录与语录体的意义 ……………………………… (127)
　　三、神秀诸徒 ………………………………………………… (130)

1. 义福及其"五方便门"和"入七净" ……………………(130)
　　2. 普寂及其"摩拂"和重戒 ………………………………(134)
　　3. 景贤与诸福 ……………………………………………(137)
　四、京禅与官僚 ………………………………………………(139)
第七节　弘忍门徒之四——四川禅系 ………………………(140)
　一、资州智诜禅系 ……………………………………………(140)
　二、南山念佛门禅系 …………………………………………(141)

第三章　禅宗的南北对立和诸家态势（中唐之一）………(143)
第一节　禅的性质和作用 ………………………………………(143)
第二节　关于慧能生平及其与神秀对立的传说 ………………(143)
　一、慧能生平异说 ……………………………………………(144)
　二、慧能嗣法略稽 ……………………………………………(146)
　三、南宗与南人 ………………………………………………(150)
　四、南宗始祖的出身和攀龙附凤的背后 ……………………(153)
第三节　南宗的创业者和他们的禅特色 ………………………(155)
　一、岭南系 ……………………………………………………(155)
　二、荷泽系 ……………………………………………………(160)
　　1. 神会与南宗的确立 ……………………………………(160)
　　2. 神会的宗脉与流向 ……………………………………(163)
　　3. 荷泽禅与唐、蕃佛教关系 ……………………………(165)
　　4. 神会的著作和思想 ……………………………………(168)
　三、净泉保唐系 ………………………………………………(179)
　四、永嘉禅观 …………………………………………………(186)
　　1. 玄觉与《证道歌》的山林优游禅 ……………………(186)
　　2.《永嘉集》向古典禅修的回归和禅心理描述 ………(188)
第三节　《坛经》的思想结构和历史地位 ……………………(198)
　一、《坛经》的种类和演化 …………………………………(198)
　二、《坛经》的宗体本与道德化倾向 ………………………(202)
第四节　禅宗的南北对立与中唐政治 …………………………(212)

一、北宗普寂的门徒及其分布 …………………… (212)
二、普寂禅系在中唐初期的重兴 ………………… (215)
三、南宗的兴起与地区政治 ………………………… (219)
四、南北嬗变诸因 …………………………………… (223)

第四章 诸家竞起和它们的分布(中唐之二) ……………… (228)

第一节 南阳慧忠的"无情有性"说及其对南方禅师的批判
………………………………………………………… (228)
一、"一切无情皆是佛心" ………………………… (230)
二、斥"即心是佛"和"神性"说 ………………… (234)
三、"无心可用"与"无说"说 …………………… (238)

第二节 牛头宗的南移与径山禅 ……………………… (240)
一、玄素和慧忠与牛头宗重兴 …………………… (240)
二、径山法钦与牛头南移的原因 ………………… (243)
三、牛头—径山的禅特点 ………………………… (245)

第三节 江西禅系的崛起 ……………………………… (249)
一、关于怀让及其禅思想的传说 ………………… (249)
二、道一在洪州的创业和"触境皆如"、"随处任真"
………………………………………………………… (252)
三、洪州诸大禅师之一——京禅类 ……………… (257)
  1. 惟宽及其"不得忘" …………………………… (257)
  2. 怀晖和弘辨的"日理万机"即是"佛心"说 … (259)
  3. 大义和他的"不定"说 ……………………… (261)
  4. 如满与唐顺帝 ………………………………… (262)
四、洪州诸大禅师之二——理禅类：大珠慧海 … (263)
  1. "心性"论和"解脱"论的新特色 ………… (263)
  2. 唯识框架与"即凡即圣" …………………… (266)
  3. 论"体用"不二和"势" ……………………… (272)
五、洪州诸大禅师之三——农禅类 ……………… (274)
  1. 怀海的农禅理论和《禅门规式》 …………… (275)

2.《禅门规式》中的佛教社会主义纲领 …………………(281)
　　3. 农禅的普及和普愿的禅道学 ……………………………(286)
六、洪州诸大禅师之四——其他支派 ………………………(292)
　　1. 坚持"即心是佛"支 ………………………………………(292)
　　2. 以"灵知"为佛体支 ………………………………………(293)
　　3. 倡"心非佛非智"支 ………………………………………(293)

第四节　关于湖南石头宗系及其禅风的考察 …………………(297)
一、希迁及其门徒 ………………………………………………(299)
二、传说中的石头禅观 …………………………………………(304)
三、《参同契》析 …………………………………………………(306)

第五章　晚唐五代十国的形势与禅宗五家的分立 ………………(311)

第一节　排佛和毁佛的升温与佛教整体的禅宗化趋向
　　………………………………………………………………(312)
一、宗密的禅教一致和三教融合论 ……………………………(314)
二、士大夫舆论对禅教合一和三教融合的影响 ………………(318)
三、裴休的禅教统一论 …………………………………………(323)

第二节　藩镇割据下的河北禅宗 …………………………………(326)
一、赵州从谂和赵州门风 ………………………………………(326)
二、镇州义玄和临济宗风 ………………………………………(331)
　　1. 义玄和普化 ……………………………………………(331)
　　2. 棒喝交加和毁佛毁祖 …………………………………(333)
　　3. 自信自主和"立处皆真" ………………………………(335)
　　4. 临济宾主句 ……………………………………………(336)
　　5. 义玄门徒和魏州存奖 …………………………………(339)

第三节　赣湘禅宗的复兴和沩仰宗 ………………………………(342)
一、希运的不求知解和"无心是道" ……………………………(342)
二、灵祐、慧寂和沩仰宗 ………………………………………(346)

第四节　惟俨禅系的兴起和曹洞宗 ………………………………(353)
一、华亭的"避世禅"和夹山的"弄潮人" ………………………(353)

二、道吾的《乐道歌》和石霜的"枯木众" ………………（354）
三、昙晟的"失去人身最苦"说 ……………………………（355）
四、良价的师友伦理学和禅宗政治学 ……………………（357）
第五节　福州雪峰禅系与韶州云门宗 …………………………（364）
一、宣鉴诸徒和福建禅宗之发达 …………………………（364）
二、义存的"入地狱去"和雪峰禅系 ……………………（367）
三、雪峰师备支 ……………………………………………（369）
　　1. 师备的唯识空观和"金刚眼睛" ……………………（369）
　　2. 玄沙的门人和桂琛的"密学" ………………………（372）
四、雪峰在闽的其他弟子 …………………………………（373）
五、雪峰文偃支和云门宗 …………………………………（374）
　　1. 文偃的生平和宗系 …………………………………（374）
　　2. 云门"三句语" ………………………………………（376）
　　3. "总在这里" …………………………………………（378）
第六节　法眼宗及其在南唐、吴越的发展 ……………………（380）
一、文益生平和他的"一切见成" ………………………（380）
二、古圣"眼目"和《宗门十规论》中的"禅社" ……（383）
三、法眼宗的炽盛和德韶、慧明禅的经院化 ……………（386）
四、德韶的门徒和延寿禅论对佛教的整合 ………………（389）
　　1. 延寿生平和思想特点 ………………………………（389）
　　2. 从"三界唯心"到"即境即佛，是境作佛" ………（391）
　　3. "万善同归"和禅独立性的丧失 ……………………（392）

第六章　两宋社会与禅宗巨变 ……………………………………（397）
　第一节　概说 ……………………………………………………（397）
　第二节　临济宗的振兴和禅家新风 ……………………………（403）
　　一、汾阳善昭的公案代别和颂古 …………………………（403）
　　二、黄龙慧南和黄龙派 ……………………………………（411）
　　　　1. 慧南和他的黄龙三关 ………………………………（411）
　　　　2. 黄龙诸徒与慧洪的文字禅 …………………………（414）

三、杨岐派初兴和早期传承 ……………………………… (419)
第三节　云门宗的扩展和多头开拓 ……………………………… (420)
　　一、从结交文士到住持京都寺院的诸师 ………………… (420)
　　二、雪窦重显及其诗文颂古 ……………………………… (423)
　　三、契嵩的三教合一新说 ………………………………… (426)
　　　　1. 以"三教"融合护法 ……………………………… (426)
　　　　2. 以"心"为三教统一之本 ………………………… (431)
第四节　两宋之际的临济两支 …………………………………… (439)
　　一、概略 …………………………………………………… (439)
　　二、圆悟克勤及其《碧岩集》 …………………………… (442)
　　三、大慧宗杲和他的话头禅 ……………………………… (448)
　　　　1. 宗杲生平及其思想渊源 ………………………… (448)
　　　　2. "话头"与"死句活句" ………………………… (454)
　　　　3. 从逻辑分析到心理体验 ………………………… (459)
　　　　4. "随缘放旷,任性逍遥" ………………………… (462)
第五节　宏智正觉与曹洞宗复起 ………………………………… (464)
　　一、北宋曹洞宗概况 ……………………………………… (464)
　　二、宏智正觉与"默照禅" ……………………………… (467)
　　　　1. 正觉生平 ………………………………………… (467)
　　　　2. 默照禅 …………………………………………… (467)
　　三、宗杲对默照禅的评论 ………………………………… (473)
第六节　南宋中后期的禅宗 ……………………………………… (477)
　　一、王朝的宗教政策与禅宗概貌 ………………………… (477)
　　二、禅宗派系结构及其外传 ……………………………… (479)

第七章　元代禅宗及其南北分流 ……………………………… (483)
第一节　元代社会与禅宗 ………………………………………… (483)
　　一、元代社会与宗教政策 ………………………………… (483)
　　二、佛道斗争与禅宗 ……………………………………… (486)
　　三、教禅廷辩与尊教抑禅 ………………………………… (488)

四、藏传佛教与汉地佛教 …………………………………… (491)
第二节　金元之际的北方禅宗 ……………………………………… (492)
　　一、海云印简与北方临济宗 ……………………………… (493)
　　二、万松行秀与北方曹洞宗 ……………………………… (496)
　　三、《从容庵录》与评唱之风 …………………………… (498)
第三节　元代南方临济宗 …………………………………………… (501)
　　一、之善系与居简系 ……………………………………… (501)
　　二、崇岳系 ………………………………………………… (505)
　　三、祖先系 ………………………………………………… (506)
　　四、高峰原妙及其禅学思想 ……………………………… (509)
　　　1．"万法归一，一归何处" …………………………… (511)
　　　2．"疑以信为体，悟以疑为用" ……………………… (512)
　　　3．"无心三昧" ………………………………………… (514)
　　五、看话禅的复兴与四宗调和 …………………………… (515)
　　　1．明本生平及其著作 ………………………………… (515)
　　　2．对公案诠释之批判 ………………………………… (517)
　　　3．看话禅 ……………………………………………… (518)
　　　4．禅净合一与四宗一旨 ……………………………… (523)
　　六、天如惟则与千岩元长 ………………………………… (525)
　　　1．惟则的禅净融合新说 ……………………………… (526)
　　　2．元长的禅密统一说 ………………………………… (528)

第八章　明代禅宗的衰退和分解 …………………………… (531)
第一节　朱元璋与明代佛教 ………………………………………… (531)
第二节　明初禅宗与禅师的讲、教兼施 …………………………… (535)
　　一、元叟行端系禅师 ……………………………………… (536)
　　二、觉原慧昙与季潭宗泐 ………………………………… (538)
　　三、恕中无愠与呆庵普庄 ………………………………… (540)
第三节　明中叶的义学纷纭与禅宗落寞 …………………………… (542)
　　一、禅向义学的倾斜 ……………………………………… (543)

二、德宝及其对看话禅的增订 …………………… (545)
第四节　禅宗最后的兴盛与明末临济宗 ……………… (549)
　　一、禅宗的复起及其特点 ………………………… (549)
　　二、密云圆悟的一条白棒 ………………………… (552)
　　三、汉月法藏的禅思想 …………………………… (555)
　　　　1. "得心于高峰，印法于寂音" ……………… (555)
　　　　2. "大慧一出，扫空千古禅病" ……………… (557)
　　　　3. 五家宗旨与威音王圆相 …………………… (560)
　　四、圆悟对法藏师徒的批判 ……………………… (565)
第五节　无明慧经与明末曹洞宗 ……………………… (568)
　　一、无明慧经的农禅兴宗 ………………………… (568)
　　二、博山元来的兼容思想 ………………………… (573)
　　　　1. 禅律并行，禅教兼重 ……………………… (573)
　　　　2. 禅与净土，"当求一门深入" ……………… (575)
　　三、永觉元贤的"救儒禅" ………………………… (578)
　　　　1. 元贤生平 …………………………………… (578)
　　　　2. 著作 ………………………………………… (580)
　　　　3. 论"治经" ………………………………… (583)

第九章　清初禅宗的最后活跃及其终结 ……………… (585)
第一节　清初诸帝与禅宗 ……………………………… (585)
　　一、清世祖与禅宗 ………………………………… (585)
　　二、清世宗与禅宗 ………………………………… (589)
　　三、清前期禅宗的基本特点 ……………………… (595)
第二节　天童系与磐山系 ……………………………… (597)
　　一、密云圆悟的弟子与天童系 …………………… (597)
　　二、破山海明与川滇黔禅学 ……………………… (600)
　　　　1. 海明在巴蜀的影响 ………………………… (600)
　　　　2. 海明的棒打和禅净教戒的统一 …………… (602)
　　　　3. 海明一系的传播 …………………………… (606)

三、玉林通琇与磐山系 …………………………………… (607)
第三节　云门系与寿昌系 ………………………………… (611)
一、云门系简况 …………………………………………… (611)
二、天然涵罡与祖心函可 ………………………………… (612)
三、为霖道霈与民间佛教 ………………………………… (614)
四、觉浪道盛的集大成思想 ……………………………… (617)
　　1. 以儒说谈宗 ………………………………………… (617)
　　2. 为国说法 …………………………………………… (618)
　　3. 集大成与定宗旨 …………………………………… (620)

附　录 ………………………………………………………… (624)
一、大事记 ………………………………………………… (624)
二、索引（人名、名词）…………………………………… (639)

新版后记 ……………………………………………………… (667)

导　言

以清雍正强力干预禅宗内部事务为标志,在中国流传了千余年的禅宗,终于走完了自己最后的旅程。鸦片战争以后,与西学东渐同时,一些先进的知识分子曾把民族复兴的希望寄托在佛教上。但他们看重的佛教,主要是能够振奋主观能动精神的法相唯识学。至于禅宗的命运,则与庄学相似,是被遗弃的,处于落寞的境地。历史提出的任务,是彻底改变我国旧有的政体和国体,呼唤新的思想和文化,禅宗赖以产生和发展的社会条件,随着西方殖民主义敲击中国的大门,再也不能存在了。

然而,"禅"在当代却有复苏的现象,并引起了国人颇为普遍的关注。这一复苏活动,与西方对东方神秘主义的探求有直接的关系。早在19世纪下半叶,由美国人和俄国人在纽约创建神智学会(The Theosophieal Society),以斯里兰卡和印度的佛教为基础,宣传"神迹",曾轰动一时,并传播到德国。众所周知,能够创造"神迹"的,大都与"禅"有关。将禅独立而系统地介绍到欧美的,乃是日本人铃木大拙。中国的太虚,对法国的冥想修行也有一定的影响。第二次世界大战以后,禅在英、德、法、美等国得到特别的发展。尽管推广者多是日本僧侣,但内容则归根于中国的禅宗,以致在西方某些学者眼中,中国的文化和宗教似乎唯有禅宗可以代表。近十余年来,这种趋向也走俏大陆,与其他神异功能的崛起相激扬,致使有些人把中国以及整个人类的未来,寄托在铃木大拙所弘扬的那种禅精神上。

据我所知,西方接受禅的人,大约可分三类:其一是心理学家和精神病理学家,他们注重禅在调节心理平衡和治疗精神性疾病中的作用;其二是某些社会学学者和哲学家,他们把禅当作反科学、非理性和直觉主义的古典模式,希望由此引导人们回归人性和自然;其三是新兴小型宗教团体的巫术者,力图在禅中发掘信仰治疗的功能,并当作开发超自然、超心理诸种"神通"的有效方法。毋庸赘述,禅之所以被如此理解和应用,反映了西方发达的物质文明带来的社会失衡、伦理失衡、文化失衡,以及由此造成的"精神危机",急需弥补和拯救。铃木大拙弘扬的禅法,即以反科学和非理性为基本内容,正适应了这种需要。

当代中国的社会情况显然不同。我们的现代化进程刚刚起步,精神枷锁尚未完全打开,发展物质生产力是头等大事,科学、理性依然是民族自立的基本条件。因此,学着某些西方人诅咒物质文明和宣传反科学、非理性,至少是不合时宜,看错了对象。至于当真而不是出于虔诚的信仰或有意的骗人,想从"禅"中开发出什么超自然力,用静坐默想来取代艰辛的科学研究和物质生产,那应该是精神病学家和心理学家研究的问题。我认为,国内外有些人士在试探着将禅引入心理治疗(部分属于信仰治疗),或作为消除烦恼、修心养性的一种方法,前景似乎更为看好。

本书的写作,不是为了探讨当前禅的复苏问题,也不能预测它的未来。禅宗与禅虽然不是一回事,却有密切的关系。研究禅宗的产生和变迁的历史,有助于揭示"禅"的实际内涵,拨开围绕"禅"的许多迷雾。这就是写作本书的兴趣所在。

禅宗曾以其特殊的方式在中国历史上发生过特殊的影响。作为一个宗教派别,禅宗不崇拜任何偶像,不信仰任何外在的神和天国,所以,在世界范围内几乎找不到一个与之相同的宗教;作为一个佛教派别,它自称"教外别传",否认佛教经典、佛祖权威,也否认佛菩萨以至净土的真实存在。禅宗唯一信仰的是"自心"——迷在自心,悟在自心,苦乐在自心,解脱在自心;自心创造人生,自心创造宇宙,自心创造佛菩萨诸神。自心是自我的本质,是禅宗神化的唯一对象,是它全部信仰的基石。像这样一种世界史上罕见的宗教派别,竟在中国特定的历史阶段滋长发展千余年,其史实本身就需要清理,并得到合理的说明。我们希望通过史的考察,有助于理清禅宗的发展线索,探究它的世俗动因和内在逻辑。我认为,这对于全面认识我国的历史和文化也会有一定的意义。当然,我们不可能做得完善,但愿是个起步。

一

中国的封建社会,建立在自然经济的农业基础上,用中央集权君主专制的官僚行政结构联结起来。所以农民问题始终是封建国家的根本问题,农民问题解决的好坏直接关系着王朝的命运。禅宗,首先就是这种社会形态的产物,它的性格,它的嬗变演化,无不受这种社会形态的制约。

农民赖以维系生计的是土地。失去土地,就意味着失去家庭和正常的生存条件,因此而迈开的第一步是变成流民,到处流动逐食。历史上,由北魏开始的北朝,是佛教最发达的朝代,也是制造流民最突出的社会。流民大量涌入寺院,僧尼人数动辄二三百万,使寺院也不足以容纳,于是无寺可居的他们一变而成为游僧。游僧受到国家政权和僧侣贵族的双重压迫,迫使最老实的沙门也连续暴动。暴动也没有出路,则大批南下。从西晋灭亡,经北魏而到五代,北方流民包括以游僧的形式向南移动,其规模之大、持续之久,以及由此推动的江淮、东南、岭南等地区的开发,曾蔚为壮观。

北方的游僧,就是禅宗先驱者的社会基础。他们最早以头陀行者和楞伽师的面貌出现。他们有足够的后备力量,但得不到官方的承认。他们组成数量可观而无寺可居的禅僧群体,时聚时散,混迹于底层民众间。他们所受到的歧视和迫害,至今尚能在有关文字中可见一斑。

大约从传说的僧粲(粲亦作璨)开始,禅僧到江淮地区寻找出路。及至道信在黄梅双峰山聚众五百定居,提倡作(务)坐(禅)并重,自给自足,这才为流民逃僧创造了一个真正的世外桃源。佛教教义因之大变,禅宗之作为一个宗派,即成雏形。这个隐居于山林三十余年的禅僧团,在弘忍时代公开于世。效仿者纷起,山头竞立,禅宗势力遍及全国,逼近京都。武则天采取羁縻、分化的政策,一部分禅师及其宗系受到官方扶植，变成御用官禅，遂以正宗自居，大多数禅众仍处在合法与非法之间，不被国家正式承认，从而出现宗派的分立和纠纷。安史之乱以后，藩镇割据，地方势力大都视农禅为本地区的稳定因素，尤其是在岭南、四川和西北等边陲地区采取宽纵政策，进一步促成了禅宗内部的宗派发展。所谓"南能北秀"的对立，直接表现为非官禅与官禅间的斗争，而隐藏在其背后的则有农禅与非农禅的分歧。南宗的胜利，标志着农禅的胜利。禅宗最终取得成功，主要在于它坚持了这种僧侣自我经理的经济形态。自觉总结农禅经验，并为之制定了理想模式的，乃是百丈怀海。所以出自百丈的禅师，成了以后禅宗五家繁盛的真正基干。

农禅的前提，是有稳定的可供开垦的土地。流民以僧侣的身份获得了劳动的权利，生活得以安定。土地属于群体共有，平等劳动，平均消费；不纳租，不服役，不受国家管辖，不受政治波动的影响。在生死线上挣扎的人群，在这里找到了自己的乌托邦。

就佛教自身言，劳动进入禅门，使僧侣由寄生转向自给，无疑是一个伟大的变革，由此引起的一系列宗教观念上的刷新，局外人是难以想象的。禅僧在尚过着被迫害的流浪生活时，即带有比较强烈的批判精神；此后，由于维护经济上的自立和抗拒正统佛教的各种挤压，这种批判精神持续发展，成为禅宗独具的性格和风貌。与此相应，它无视戒律，不循旧则；因为无求于人，就可以洒脱放旷，以至把平等、独立、自由、个性等只有自由人才能提出来的口号，当作了理想的人格。

农禅群体的主观目的仅在于避世求生，但实际上远远超出了这个目标。他们的理论和行动冲破了占统治地位的观念和秩序，在紧箍的社会道德和政治关系中找到了一块宽松自在的空间。在这里，环绕他们的是大自然，主要活动是劳动、吃饭，人际关系简单到不能再简单。自然、田园、劳动、恬淡，丛林中弥漫着宁静而协调的诗情画意。

禅宗的这种精神和境界，对于某些官僚士大夫也有强烈的吸引力。封建国家给士大夫安排的出路，唯有仕途。推动士大夫走向仕途的是名教,名教是钳制士大夫的最沉重的精神枷锁。政坛多变,仕途沉浮,暴贵与失落,是经常性的现象。因此,他们一旦失意,往往向禅宗中寻找退路。禅宗的批判精神及其否定权威的理论,完全适用于世俗范围。它可以破除对权势的迷恋,也可以解除名教的束缚。士大夫用之以发牢骚,舒愤懑,宣泄压抑的心绪,既自由,又安全。最终因此而重新审视名教体系,发现自我价值,探求另外的人生之路,从而淡化名利,安心于山林田园者,不乏其人。

在佛教的所有派别中,禅宗是最为豁达、最具情趣的一个。这同它的怀疑论倾向一致,它是建立在佛教共有的"无常"观即破灭感的基础上的。所以,即使表现最乐观的禅语,也充塞着一些莫名其状的哀愁;某些满含睿智的机锋,往往蕴藏着极深沉的悲痛;其极端者,诅咒世界、诅咒人生,在淡若烟云或棒喝交加中,令人感到阵阵寒意。反过来说,难言的不幸和极度的痛苦,一旦通过禅宗的洗礼,就会变得轻淡冷漠起来——当然,这并不妨碍内心依然是热血沸腾。禅宗的这种近乎矛盾的情绪,在破败的士人中尤能触发共鸣,在激烈的官场角逐中也能成为平衡心理的休歇处。

正因如此种种,禅宗为官僚士大夫提供了一个精神世界的乌托邦。所以,它在创始之初,就与这个阶层结下了不解之缘。在初唐,官僚士大夫还只扮演着偶尔参禅的角色;到中唐,则直接参与禅理和禅行的创新,他们对于禅宗的反作用越来越大。慧能的南宗崛起,与不断流放到岭南的文人的鼓吹有关。荷泽、江西等禅系的兴旺尤为明显。晚唐、五代十国的禅宗,更受到文士和官僚多层次的支持。及至两宋,中央专制与民族危机同步加强,国民的忧患意识和意志消沉并行发展,禅宗的宗风大变。其主流全是迎合士大夫的需要,普遍重视文采、机锋,乃至将禅化为斑斓文字,抒发或激昂或抑郁或悱恻的情感。最后是看话禅把文字禅和默照禅统一起来,往来于山野与城邑之间,形成一种以逻辑分析和语言思考为特征的神秘主义禅法。

因此,可以说,没有流民,就没有唐、五代的禅宗;没有士大夫,就没有两宋的禅宗。禅宗发达于唐至南宋,要理解个中原委,就必须对这两个阶层有所认识;反之,要想深入认识农民和士大夫的性格,也需要把握禅宗这个侧面。在禅宗里,有农民和士大夫的投影。

元代以后,禅宗衰微,直接原因是统治集团的宗教政策不容许禅宗独立发展。更深刻的社会根源,是农民和士大夫在更大程度上失去了人身自由,连禅宗这样一个可以缓和社会冲突的宗派也难以继续存在下去。取而代之的是农民秘密结社和文人会党的相继兴起;禅宗的偶尔活跃,转变成历代遗民对新朝的抗争,一直到清雍正为止。

二

指导禅宗全部活动和历史演变的内在根据,主要是它的宗教哲学,而这种哲学来源又往往不是禅师们口头宣布的那些。

在弘忍以前的禅宗诸师,自称奉持四卷本《楞伽经》。此经译文艰涩佶屈,不但无文化的游僧不能诵读,即使高文化的士人也难以弄通。其所以被达摩禅系看重,原因之一,是它是一部"佛"经,一般游僧可以用以作身份合法的证明;特殊地说,它唯有一品,以"一切佛语心"为品名,很容易被理解成诸佛所说的一切教理唯是一"心",把全部佛教统归于一种心学上去。① 以"心"为最高本体,遵循向内心求解脱的实践路线,确实是禅宗最稳定的思想属性,所以,用《楞伽经》作标帜,也有便于推广普及的一面。

然而,弘忍和神秀都提倡过《文殊般若》,把齐声念佛当作禅众"净心"的手段,近代研究者极少注意。及至神会打出"南宗"旗号,一改《楞伽经》的传承,为《金刚般若经》(以下简称《金刚经》)传宗,以致胡适说,神会的革命,"是一个般若宗革了楞伽宗的命"。这从现象上看大体不错,但若进一步考察,情况就不是这样。《金刚经》

---

① 四卷本《楞伽经》是早期唯识家信奉的经典,它以"五法"、"三性"、"八识"、"二无我"组织唯心主义体系。品名"一切佛语心",原意为:本经为一切佛说法的纲要。

是一种小型般若经，它除了肯定"一切有为法，如梦幻泡影，如露亦如电"以外，不肯定任何实体，不但"色"不可得，"心"亦不可得。神会不同，它承认"众生本自心净"，"佛性"其"体"为"真空"，即"清净涅槃"；其"用"为"妙有"，即是"摩诃般若"。"真空妙有"都是实在的。这种思想，在《金刚经》中是找不到的。尽管《神会语录》处处引证《金刚经》文，使用《金刚经》的名词，但并不能改变它的本体论与《金刚经》般若空观的差别。《坛经》说："但持《金刚经》一卷，即得见性，直了成佛。"暴露的是同样的问题。

事实上，抬举《金刚经》只是用以对抗《楞伽经》的一种手段，是南宗对北宗斗争的旗帜。对于整个禅宗来说，不论南北、顿渐，与这两部经都是既有关系，也非全有关系。它的哲学基础实质上是包括上述二经在内的许多类似经典在中国传统思想上的综合。其最集中、最简明的概括，反映在《大乘起信论》(以下简称《起信论》)中。

《起信论》把世间和出世间的本体，统归为一切众生平等具有的"一心"。此"一心"从"二门"考察：一名"真如门"，其性"不生不灭"，是绝对的"不动"(静)，永恒的存在(常)，无任何分别(一)，大体相当于大乘佛经所谓的"如来藏"，而受到中国儒道主"静"说的明显改造；二名"生灭门"，其性为"动"，生灭无常，是"不觉"的基本特征。作为真如门的"心"，在这里成为对治"不觉"的内在因素，转名为"觉"。"一心"之由"静"到"动"，由"本觉"到"不觉"，是生死之路，为世俗世界的根本因；由"始觉"到"究竟觉"，由动到静，则是解脱之路，为出世间的根本因。此"心"则大体相当于大乘经所说的阿赖耶识，而渗透了中国儒道的天地万物皆起于动的观念。这样，《起信论》就提出了双重的本体论，所谓"真如"心和"生灭"心，"皆各总摄一切法"。"真如"是"一心"之"体"，"生灭"为"一心"之"用"，二者是须臾"不相离"的。据此，《起信论》的结论说，一切众生心无例外地具足世间和出世间的一切，它拥有一切，也能派生一切。因此，众生无须别求于人，别求于神，别求于任何外力，完全有能力独立自在、自我解脱，自己决定自己的命运。所以，此论的灵魂，在于给人以充分到足以超凡入圣的信心。

这个绝对唯心主义的本体论结构看起来极简单,但从这些简单的规定和关系中往往能演绎出许多新的思想体系,并直接影响着禅宗的宗教实践。

按《起信论》自己的解释,"心真如"具有"空"和"不空"两层含义。"空",指心的本质清净,不受污染,没有动心妄念;"不空",指真心体有,常恒不变,具足一切"净法"。若只从心的"空"性言,就会导向对一切名相分别的否定,必然表现为"般若宗"(空宗)的外观;反之,若从"不空"的方面看,则一切皆是"真如"的显现,成了一种排斥空宗的"如来藏缘起"说。所谓"般若宗革了楞伽宗的命",是神会有意制造的假象,它弘扬的实是"空"与"不空"的统一,即标准的《起信论》哲学。

既然心性本净,即是本静,那么,要回归心体的本净状态,就需要划污去垢,制止动心起念,北宗的'拂尘看净"就是必要的。神会,包括《坛经》在内,从同样的本体论出发,认为众生之所以糊涂,全在于不识本性,只要点破自心本来具足,言下便悟,用不着那么长期坐修。因此,禅宗南北的分歧,不在于二者的理论基础有什么不同,仅在悟的方法有"顿"、"渐"的区别。

自晋宋之交两种《大般涅槃经》先后译出,佛性论滥觞,"一切众生皆有佛性"成为谈佛者所共唱。《起信论》将"佛性"改作"众生心",不仅"佛"在此心,"净土"在此心,且"智"亦在此心,"道"、"理"也在此心,世界一切皆在此心,这就使佛性论冲破了原来只限于解释宗教的狭隘性,而扩展成足以解释一切现象的理论,同中国传统哲学更紧密地联系起来,拓宽了佛教的理论领域和实践范围。禅宗以后涌现出许多宗派,提出不少惊世骇俗或深蕴睿智的箴言警句,无不可以从《起信论》构造的体系中演绎出来。其中最明显也最直接的是突出"佛"在"心"中的方面,形成禅宗中的"心学"一支,它的代表性口号是"即心是佛";另一支强调"心"生诸法的方面,形成禅宗中的"理学"系,它的代表性口号叫"即事而真";此外,尚有强调心性本"空"一面的宗派,继承了三论宗的遗风,属于禅宗中的

"般若学"系,它的代表性口号是"本来无事"。

上述三大学系,表现在各派的具体理行上,仍然是千差万别。以"心学"系言,若将"心"解作"真如",则直心所行,皆合道理,所谓"平常心是道"、"触类是道"、"立处皆真"等,可以发展出许多类似的禅理来;若将"心"解作"觉"或"智",则人的日常言谈举止、见闻觉知,无不是佛智觉性的显现,于是就有了"触目是道"、"一切见成"、"日用万机"等禅语;但若将"心"解作"生灭心",即杂染阿赖耶,则人们的"平常心"及所有"见闻觉知"全须否定,由是有了"心"即"无心"、"有情无性"、"无心是道"等提法,从而把"觉"、"智"置于无念、无住、无相、无忆、无妄、"心如木石"等心态之中。就"理学"支言,既然"万法唯心"、"唯识无境",则宇宙万物皆是"心"、"识"的体现,心识即作为万物的本质,被视作"道"、"理"而存在于万物中,于是就有了"触境皆如"、"随处任真"、"无情有性"等说。就"般若学"支看,"生灭心"及其派生世界,既属虚妄不实,则万法皆空,自可说"一切无性",其体现于万物之"道"、"理",则既不是"真心",也不是"唯识",而是性空,因而多把"无心可用"、"无所得"当作解脱。

初唐以后,禅宗各派互相影响,同时吸取华严、唯识、三论等诸家义学理论,各立家门,各创宗风,形成中国思想史上又一个难得的活跃时期。宗密的《禅源诸诠集都序》中记有当时的禅宗思潮:

> 有以空为本,有以知为源。有云寂默方真,有云行坐皆是。有云见今朝暮,分别为作,一切皆妄;有云分别为作,一切皆真。有万行悉存,有兼佛亦泯。有放任其志,有拘束其心。有以经律为所依,有以经律为障道。

真有些百花齐放的模样。然而随着行事、作为的差异变得突出,它们在哲学基础上的差别日益缩小,早先还各具特色的禅语也变得可以交互应用。像其后流行的率真任性、自由洒脱,两宋出现的呵风骂雨、嬉笑怒骂,都不能简单地归为哪个理论学系,但其不出《起信论》的范围则无问题。

诚然，在《起信论》之后，禅宗还推崇过两部经，即《圆觉经》和《楞严经》。前者在中唐开始受到重视，后者自两宋之后地位日高。从哲学角度看，《圆觉经》发挥的思想，实与《起信论》关于"本觉"的说法相应；《楞严经》发挥的思想，则与《起信论》关于"真如"的说法相应。故推崇前者的禅家，多以主观的"灵知"为本体；推崇后者的禅家，还强调于客观虚妄中见其真性。在禅宗内部，真正具有哲学意义的理论体系，实际上就是上述三支，用佛教的语言表达，就是"真如缘起"说、"阿赖耶缘起"说和"假有性空"说，它们都包含在《起信论》中。

但是，这并不意味着禅宗内部再也没有理论上的分歧。南北分化后不久，在慧能系就发生了一次有哲学意义的争论。这就是以南阳慧忠为首，代表牛头—径山一派禅法，同以荷泽和《坛经》为代表的"南方禅师"的争论。神会弟子禅琳、光宝等以为，"无念灵知，不从缘有"，"长夜蒙照而无间歇"。这"无念灵知"就等于永恒的灵魂。宗密更有系统发挥，要求行者"以空寂（即灵知）为自体，勿认色身"，则是身灭灵知不灭的另一种说法。所以，慧忠率直地批评说，"南方禅师"主张"知性"为常，"色身无常"，实属外道形灭神不灭的"邪说"。中国佛教史上围绕神灭不灭的问题，曾有过鸠摩罗什与庐山慧远之辩、范缜与梁武帝之辩，至此，可算第三次辩论。不过，慧忠的理论与前两次的反神不灭论者不同，他认为"色"亦是"心"，"心"即是"色"，不仅"即心是佛"，而且应该是"即色是佛"。牛头宗有浓重的万物有灵的色彩，就是建立在慧忠这一泛心论即泛佛论的基础之上的。慧忠之说在佛教中源远流长，亦或启蒙于《庄》学，但最直接的来源是《起信论》关于"色心不二"之说。"南方禅师"对于这种泛心论也曾作过反击，在今天见到的《神会语录》中，尚保留有抨击"青青翠竹尽是法身，郁郁黄花无非般若"的言论。但关于这次为时不短的争论的细节，我们已难得其详了。

这一争论，表明禅宗内部三个学支中分歧最大的是心学和理学。理学强调"即境是佛"、"随缘自在"；心学则突出凡情即是"灵知",故多提倡任性逍遥。至于般若空观,则成了一切禅宗共同的方法论。

然而迄于两宋,般若空观也受到了挑战。这可以说是对《起信论》体系最重要的突破。

般若空观的理论基石,是否定名言概念有把握客观真理的能力。佛教一般都承认有一种超脱名言概念限制的直观,它的世俗表现是与"意识"不共生的"前五识",据说由此获得的认识最为真实,但又不可名状。修禅的重要目的,是用这样的直观,去直接契会特定的教理(真如),被称作"现观"或"现证"。时间虽在刹那之间,但其形成的一种叫作"根本无分别智"的认识,却是改变世界观的修习过程具决定意义的环节。自此以后的认识和言行,都会完全符合真理。在标准的般若学那里,虽然不明确排除直观的作用,但它从不肯定有什么真实的实在存在,所以对直观也不提倡。觉者运用的语言概念,最多能成为对治烦恼的药方,绝不会反映什么真理。因此,语言概念与真理正智始终是无缘的。《起信论》没有展开论述这些问题,但含有这方面的思想。

在禅宗中,鼓吹直观把握真理和贬黜语言功能的倾向一直存在。禅宗特别看重的"悟"或"觉",有时就有"现观"、"现证"的意思。契嵩本《坛经》有"如人饮水,冷暖自知"之语,表示"悟"之不可言说,也就是承认禅的直观性。然而在契嵩前的《坛经》中并无此语,相反,倒是表示"言下心开"、"言下便悟"的话很多。神会的"不破言说",甚至认为"正说之时"即是"戒定慧";"说无念法",即可令闻者"立见性"。所以,禅宗中有些禅师所谓的"悟"或"觉",并不是通过直观所得,而是经过言说所解。

这种主张,在《起信论》或其他佛经中都找不到明文根据。因此,除少数禅师敢于公开肯定语言在禅中的作用外,大都回避这个问题。有人把它变成玄学中的"言"与"意"的关系,按《大智度论》的譬喻,就是"指"与"月"的关系;也有人用"说不可说"、"无说说"等遁辞,为自己的"说禅"辩解。于是,随着禅由"不可说"向"言说"的方向转变,禅宗中独创的一种文体,所谓"语录"、"灯录",也就应运而生了。

《景德传灯录》是两宋禅宗的新经典,它把禅最终推向了士大夫阶层。从这部灯录中筛选出来的"古德"公案,成了各家禅师参究的基本内容,由此形成的"颂古"、"评唱"等,公然以"文字禅"相标榜,力图从字里行间体验禅境,表达禅韵,一时间玄言妙语、绮文丽句都成了禅的体现,在禅宗中,对语言功能的肯定及其艺术的应用也达到了极致。与此同时兴起的是"默照禅"。默照禅恢复了枯坐守寂的古典禅法,显然是逆"文字禅"的潮流而动的,双方因此曾发生过争辩,但对于语言本身却缺乏理论性讨论。

综而观之,在中唐和两宋,禅宗较大的理论分歧都没有得到充分的展开,而是在一片模糊中不了了之。因此,在禅宗内部,佛在自心和佛在对象,有神我和无神我,泛神论与反泛神论,对语言的肯定和否定等等,往往奇妙地混淆在一起。即使同一个禅师把这些相互矛盾的观点交叉运用,也不以为怪。在同一个理论体系中也常有这种情况。以《起信论》为例,它以众生皆有的"一心"为世间和出世间的本体,这本身就是矛盾:众生"心"必定是各自独立自存的,因为一切众生平等皆有;同样,在我心以外的众生心,必定不能独立自存,因为它们只能依赖我心存在,是我心的产物。这是两个对立的结论,从《起信论》的基本命题中都能推演出来。《起信论》又说,世界万有生于"一心"之由"不动"而"动",推动其由"不动"而"动"的动力,乃是"无明"之风。据说此无明既非静心所有,也不应在动心之中,那么它来自何方,《起信论》没有说明。诸如此类的逻辑矛盾和理论破绽,禅宗中无人过问,却一味地将之作为自己实践的出发点。

这种置逻辑矛盾于不顾或模糊矛盾的现象,说明禅宗在哲学的理性思考之外,还存在另一种思维方式,按法国人列维-布留尔的说法,也可以叫作"原逻辑的思维",即属于不合逻辑的推理,而往往导向一种神秘主义的思维模式。

禅宗的精神活动倾心于情感的宣泄、意境的追求和心理的调节,占有重要地位。这类活动与艺术地表现自我有许多相通之处,它们大都不需要逻辑思维的直接参与,甚至可以与逻辑思维完全对立,而并不影响它们的完美。这样,在直观之外,禅宗又增添了另一种非理性色彩,而且比直观还要浓重和流行。

宋代的"看话禅"以及由此发展而来的"以疑起信",也是导向非理性的一个重要途径。但与原逻辑的思维不同,它的典型表现,是从揭示无穷尽的逻辑(语言)矛盾中,将精神世界推向一种近乎绝望的混沌和蒙昧状态,获得类似朦胧的醒悟和安适。

三

在谈到禅宗的哲学基础和思维模式的时候,有必要说明一下"神异"功能在禅宗中的地位和禅宗对待它们的态度问题。

外来佛教传入的神异功能很多,外来僧侣也大都有惊世的神迹流传。归纳这些神异和神迹,不出"神通"范围。所谓"神通",在古印度的多种宗教中流行,与中国古代的方士和道教中某些怪诞离奇的幻想相似。最通行的神通,被分为五类,称"五神通",即无所不见(天眼通),无所不闻(天耳通),能知他人的一切心识(他心通),能知过去的一切行事(宿命通),能自由变化、飞行无碍(神足通)。佛教为了与所谓"外道"的五神通区别开来,又增加了一个"漏尽通",以表示它的"神通"不是为了欺世盗名,不受生死限制。后来,中国华严宗又提出"十通"之说,五代延寿整理为五种"通",特别强调了菩萨由证理悟道成就的无所不知、无所不能的法力,以及为普渡众生而顺乎世情的变现自在,从而把佛教的神通说推向了能够创天造地、生死随意的程度。

按佛徒的传说,古树老狸、药饵符咒、修成天神等,都能获得神通,而佛教所普遍倡导的,乃是从禅定中成就。中国早期禅的流行,就与某些僧侣追求神通有关。即使理性比较浓重的僧侣,对此似乎也深信不疑。三国康僧会认为,只要完成"安般禅",就能做到无幽不睹、无遐不见、无声不闻,以至"制天地,住寿命,猛神德,坏天兵,动三千,移诸刹"。东晋道安认为,成"十二门禅"者,能使"神"精,"陵云轻举,净光烛照;移海飞岳,风出电入"。像这样的高僧,相信会得到如此的神能,可以说数不胜数。所以各种僧传无不记有"神异"一项。但是,"神异"是一切宗教的共性,并不是佛教的专利,所以一般不算在佛教基本教义之内,正统的佛教多半对之加以贬斥。晋宋之际的禅师佛陀跋陀罗,就因为显弄神异受到鸠摩罗什门下当权僧侣的严重打击,不得不仓皇南逃,随之夜奔的僧侣四十余人。

就禅宗言,对神异大体持三种态度:相信而且宣扬;否定而且批判;相信但不宣扬,或不置可否。持前两种态度的人属于少数,第三种态度是禅宗的主流。造成这种形势的原因,有理论方面的,也有实践方面的。从禅的实践看,它主要采取语言诱导和形象观想的方式,运用注意力集中这一心理特质,将行者的全部身心凝聚到预定的思维路线和精神境界中,从而产生一种超常的宁静,引发许多生理和心理的变化,产生种种幻觉。有些禅定,例如十遍处、八背舍、八胜处、不净观、白骨观、厌食观等,就是凭借勾画幻觉以印证佛教的某种教义的。流行很广的"念佛三昧",最初也以诱发诸佛幻相为目的,由不同的宗派作不同的解释。一些佛教徒追逐的"神异",主要就来自于这类幻觉。

本书没有介绍诱发神异幻觉的操作方法,对于行禅的具体途径也未作详尽描述。因为这些方法和途径并不难模仿,但如果模仿不当,很容易造成心理畸变、健康受损,害人匪浅。

对于行禅造成的身心畸变,迷之者谓之神能,而佛教的理性主义者则称之为"禅病"。公元455年,沮渠京声译出《治禅病秘要法》二卷。译者曾在于阗瞿摩帝大寺随佛陀斯那学禅。佛陀斯那即佛大先,原罽宾人,是达摩多罗的弟子。他们的禅法曾是禅宗所行禅的主要来源。有人认为禅宗的中华初祖达摩,就是这个达摩多罗。因此,沮渠京声译介的禅病,当是修禅致畸的经验总结,是对行者很负责任的表现。书中所列各种禅病,以精神错乱者居多,轻者妄想丛生,重者疯颠狂乱,有的乍寒乍热,有的喜怒无常。它提出的治疗方案,基本上是以禅治禅,尤其是用构想佛菩萨形象的方法,令佛菩萨现前,或使行者本人相信自己就是菩萨,以缓解更严重的症状。很明显，这正是一种标准的信仰治疗，并没有离开信仰主义的轨道，但在恢复病者的身心健康方面，似乎有实际效果。

《起信论》也谈到坐禅入魔的种种病态，并归之于"为诸魔、外道、鬼神惑乱"。据《起信论》的唐译本列举，定中"或现恶形，以怖其心；或示美色，以违其意。或现天形，或菩萨形，乃至佛形，相好庄严"，"或数瞋数喜，或多悲多爱，或恒乐昏寐，或久不睡眠，或身婴疢疾"，或情多疑惑，或溺情从好，或自觉得好饮食，不饥不渴。包括"五神通"中的"天眼通"、"宿命通"、"他心通"，以至《治禅病秘要法》中提倡的佛菩萨现前，都被列在"惑乱"一类。此论认为，产生此等惑乱的根源之一，在于"贪着名誉利养"，过分"爱着世事"，利欲缠心。它提出的对治之道，主要不是信仰，而是哲学：只要懂得世界一切"皆唯是心"，所谓"心生种种法生"，自然就会知道神异功能无非是自心幻化的假象。正像僧叡所说："神通变化，不思议心之力也。"由此即可灭除幻视幻听，及其对于自我的诳惑，所谓"心火种种法火"。《起信论》期望除去禅的惑乱，为悟入所谓"真三昧"，即"无念"、"无相"开辟道路。因此，若单从禅宗的理论看，不论是绝对的唯心主义，还是绝对的怀疑论，"神异"全属虚妄臆想的产物，并不是真实的存在。

然而，神异在禅宗中始终悄然流行，有些禅师还隐秘地教行密教诸法，这在禅理论上也能找到根据。无论是唯识家讲的唯识性空，还是般若学讲的因缘性空，其"空"掉的不只是忆想分别，而且包括实在的物质世界。在他们看来，物质同虚妄至少在本体论上是同等的，所以说到"神通"是虚妄的时候，也可以演绎成为与物质一样的真实。在禅行中，物质（色）与意识（心）的界限并不那么泾渭分明。《起信论》更进了一步，它概括了"如来藏"和"阿赖耶"两重缘起说，把世界的一切都包容在"一心"之内，当然"神通"也蕴涵其中。它讲到"心真如"的"如实不空"方面时说："有自体具足无漏性功德"，或说真心"常恒不变，净法满足"，所谓"最胜业遍知，色无碍自在"，即主要指佛那样的神通言。《起信论》在讲到"心生灭"方面时又说，"此识有二种义，能摄一切法，生一切法"，也包括"能摄"、"能生"佛教所承认的一切神通。

据此来看,禅宗不但应该肯定神通的实在性,而且应该肯定神通就在众生一心中,人人具足圆满。禅的功能之一,就在于开发这种本然的神力,达到无所不知、无所不在、无所不能的境地。据认为,只要行者能做到"无念",即心理的绝对宁静、清明,即可实现。但是,如前所述,禅宗中真正力行这种妄想的人为数不多,"神通"始终没有占据主导地位。宗密说,"妄尽则心灵通","心净而神通万应"。其实,真正做到"妄尽"、"心净",连"神通"也无须存在了。所以"神通"只是息妄、净心的一种诱饵,体道悟真的禅师一般是不把它当真的。

禅宗之"禅"的基本趋向,在于摆脱世事的烦恼,求取精神上的谧静与安适。不论其表现为淡泊或炽热,都往往带有内省式的深邃和轻淡的消沉,充塞着悲凉的超脱,给人一种难以言说而又颇耐人寻味的意象。因此,它的本性是向内的,不容外向;只许以静态的心理驾驭生活,不允许外在环境制约自己的认识和情绪。从这个角度说,禅宗是非理性主义的,说它是中国主静文化的代表,大体不错。它在理性主义和功利主义垄断全部精神世界的社会条件下,在调节心理、唤醒某些被窒息欲死的情感和情操方面,不无积极意义。但说到底,禅宗追求的解脱仅限于精神领域,它的自由只是自我的主观感受,对于羁绊人的实际枷锁和物质条件毫无触动。因此,它只教人顺应环境,而不是改变环境;只教人安于生活,而不是创造生活。王维说,慧能"教人以忍","忍为教首",可谓道出禅宗骨髓。它的长处和短处,都可以从"忍"中发掘出来。就此而言,禅宗不能代表中国的全部文化,主静也成不了中国文化的主流。这个道理,只要翻看一下中国的历史,特别是中国的科技史,就会一目了然。

四

《坛经》有句名言:"心迷《法华》转,心悟转《法华》。"由"迷"转"悟",是禅宗要解决的根本任务。经典名教、文字语言,都是为这个根本任务服务的,统归之为"方便"、"假说"的范围。

这个原则在禅宗中十分流行,所以任何经典都不具神圣性,都可以变作为我所用的工具。把这一原则运用于历史,则一切历史也必须为我所用,史实不但成了可以任意剪裁的东西,也可以根据需要随意捏造。这种情况为我们研究禅宗的思想和历史,造成许多困难。譬如说,达摩其人本来就传说纷纭,唐初道宣为达摩作传,既与羊衒之在《洛阳伽兰记》中的记载有异,又将其禅法归为"虚宗",与所附"二入四行"相矛盾。后来的附会演义越出越多。《楞伽师资记》谓昙林记达摩言行,集《达摩论》一卷,达摩本人又撰《释楞伽要义》一卷,加以肯定。另有《达摩论》三卷,属于"伪造"。现今从敦煌、朝鲜、日本等处发现题名达摩的著作计十余种,其实都属伪托。以后数代,也有这种情况。传说,僧璨撰有《信心铭》,道信有《菩萨戒本》和《入道心要方便法门》,牛头法融有《心铭》,弘忍有《最上乘论》或《导凡趣圣悟解脱修心要论》,神秀有《大乘无生方便门》(《大乘五方便》)。此类著作的真实性,都与早期文献记载不同,经不起认真的推敲。像流传颇广的《观心论》,已知有五种写本现存,均题达摩名,而慧琳的《一切经音义》卷一〇〇,则题"大通神秀作"。其实,神秀以"禅灯默照"、"不出文记"著称,同弘忍的"萧然静坐,不出文记"是一脉相承,两个人都不会有什么著作问世的。题《菩提达摩禅师观门》的文章,亦有两种,其中有言:"禅定者,西域梵音,唐言静虑"。让北魏人用"唐言"作文,只能是"关公战秦琼"式的笑谈。

像这样史无记载的禅师论著,不知什么时候突然出现,并被后人推崇甚高的事情,还可以列举很多。至于有痕迹可寻,可以确凿知道被后人增删的著作、史料,也不在少数。《坛经》就是一大疑案。现在已知的《坛经》版本数十种,直到元代,还有人在持续改编。《祖堂集》是现存最早的禅宗灯录,只要对勘一下《景德传灯录》,就可了解后者给予了多么大的变动!至《五灯会元》,继续在变。这类事例,在禅宗自叙的史籍中,几乎俯拾即是。

因此,若全信禅家自己的记载,当成无误的史实,非上当不可;

但若完全离开它们,对禅宗的研究就无从进行。考订和梳理数量庞大的禅宗史料,辨别真伪,弄清其本来面目,是一项巨大的工程。本书作为通史,无法承担这个重任,只能就涉及到的有关问题,作些勘定而已。我们期待能有专门的考据著作问世。

相对而言,僧史要可靠一些。梁慧皎、唐道宣、宋赞宁等僧传的作者,也都是律学大家,将治律的精神贯彻于写史,态度一般是严谨的,不至于对已知的事实任意增删。他们据以编写僧传的材料,大致有三个来源:一是当时已有的文字资料,包括碑铭塔记之类;二是实地考察和亲身经历;三是口头传说。这三个来源,各有长短,可信程度或有不同,作者据此加工,都应算是客观的,至少是反映了当时的了解。然而写出来的僧传,往往详略不一,偏于芜杂,以致神话与事实混为一谈。一般来说,世人出家都有难言之隐,僧尼普遍不愿谈及自己的身世;僧人写僧史,也大都取为贤者讳的笔法,所以僧传的记载,也不尽全面。此外,寺志和地方志也保留有禅宗的许多传说,尽管多属晚出,仍有参考价值。

剩下的还有三种材料,即塔碑记文、正史及笔记之类。它们各从不同角度记叙或评论佛教人物和事件,比僧史、寺志类的可靠性又胜一筹。遗憾的是,至今尚未把有关禅宗的部分单独汇集起来,加以考订,出版成册。我们在本书中使用的,仅限于直接有关的一小部分。

尽管禅宗文献资料存在种种问题,但仍可揭开禅宗为自己制造的幕纱,弄清一些真相。真相之一,是决不可把考察的视线限定在禅宗为自己划定的宗谱框架中。

禅宗制造宗谱,始于弘忍的诸大门徒,大致有禅与楞伽二家传承,同时流行。神秀、慧能死后,争夺六祖和七祖的继承权的斗争在南北两宗同时展开,直到中唐后期,派别繁多,攀附慧能门庭的禅师遍天下,慧能的六祖地位得到公认,算是完成了禅宗的第二个宗谱。迄于晚唐、五代,禅宗的兴盛近于顶峰,新生的禅师们各立门户,树碑立传成风,"传灯"之作应运而生。《祖堂集》加以综合整理,在慧能的弟子辈中突出了罕为人知的青原行思和南岳怀让两个系统,于是宗支繁衍,浩浩荡荡,续成了第三个宗谱。这个宗谱,在经过官方文人删补加工的《景德传灯录》中基本定型。此后的灯录续出不断,《五灯会元》会通五家灯录之说,始于青原、南岳二系之下,厘之为五家七宗,并各定其家祖宗师。元明以来,"灯录"之作依然兴旺,但宗谱的框架一般未超出《五灯会元》的设计,可以说是禅宗宗谱的定式,后出者只能在这个框架内增删作续。

　　禅宗发生和变迁的史实与这些宗谱间的差距究竟有多大,从他们为自己在天竺寻根而制造印度祖谱的过程中可以略见一斑。早期禅宗向天竺联宗,主要是依据东晋慧远的《庐山出修行方便禅经统序》;神会在此基础上,吸收僧叡《关中出禅经序》的说法,调整为西国八代祖师,以阿难承迦叶、菩提达摩承僧伽罗叉为始终。约撰于唐贞元十七年(801)的《宝林传》,依据《付法藏因缘传》,始定西天二十八祖说,并为之一一作传。其特点之一,是将上述一切有部中的禅师列入旁系,本为有部大师的僧伽罗叉被剔出正传行列,将般若多罗定为达摩之师。敦煌本《坛经》亦记二十八祖,但与《宝林传》不同,在二十八祖前又加上了包括释迦牟尼在内的"七佛",同时保存了神会所记的有部传统,唯将僧伽罗改作须婆蜜①之师,达摩直承须婆蜜。到了《祖堂集》,又作调整,将达摩之师重改为般若多罗。这个宗系,全为《景德传灯录》所袭用。

　　西天七佛二十八祖说的荒诞显而易见,勿须详考。古人有"数典忘祖"的谚语,禅宗有"数典造祖"的陋习。此土六祖和五家七宗,与西天祖系相比,有五十步与百步之差,同史实出入之大同样令人吃惊。北宋末年,临济禅师慧洪觉范纠正《景德传灯录》关于云门、法眼出自青原法系的说法,认为它们应属南岳宗脉,由此在禅宗内部掀起不小的风波,争论至清犹未决断。即使定型以后,也有人在改宗换祖。

---

① 须婆蜜当为婆须蜜之误,僧伽罗当为僧伽罗叉之误。两人都属说一切有部。两人的论著曾在东晋时译出。

宗谱之作,在禅宗或有许多不得已的苦衷。争取合法化,求得生存权,是禅宗自始至终都面临的一个特殊任务。任何一个新派的产生,只要是来自民间,首先要求得官方的承认,争取国家的支持,为此,它必须证明它来自正传,属于正宗(官方认可和扶植者);与此同时,它也要向社会和佛教其他宗派证明,它的教义和宗系不是非佛的,而是佛的另一种法统。前者是炮制中土血脉的主因,后者是炮制西土血脉的主因。至于禅院财产的继承权问题,有时也可能成为一个因素,但不是根本的原因。中国传统文化中本有随意造神和毁神的精神,到了禅宗那里,把佛祖当作敲门砖,造一些令"后世取信"的"史传",也不足为奇。

　　尽管如此,也不可一概而论。不但慧洪的《僧宝传》值得重新审视,即使《付法因缘传》的一些内容也有研究的价值,不过得另有角度罢了。①

　　总之,作为史的研究,需要有全面、变化的观点,不能局限于禅师的自报家门。宗谱本身不但含有不实之词,而且把禅宗刻画成一个与世隔绝、绝对封闭的体系,把经历了长期演变、反映了不同时期和复杂关系的庞大的宗派,简化成了几个禅师代代承袭同一教旨的言行记录,从而使丰富多彩的精神世界和生活世界变得干瘪、贫乏,且不可理解。本书试图冲破这些束缚,尽可能地还禅宗以历史的本来面目。本书对于某些禅师的重要论述,也不单纯看作其个人的创造,而是作为一种思潮或一个群体的观念看待。这样,相比较单从宗谱系列上观察禅宗的习惯或许会感到线条不清,法统上不那么分明,但我认为这可能更加切合实际,更加贴近禅宗的生存环境和文化背景。

　　本书两宋及其后部分,是魏道儒同志所写,原稿约30余万字,

---

　　① 西方二十八祖说,是由多种传闻编排而成的,其中不排除蕴涵有若干历史事实。像《付法因缘传》记佛教的西土传统,止于师子比丘。谓此比丘,"于罽宾大做佛事。时彼国王名弥罗崛,邪见炽盛,心无敬信,于罽宾国毁坏塔寺,杀害众僧,即以利剑斩师子",由此"佛法衰胗,世间暗冥,永失大明"。这是否标志着佛教在西域的这一重镇就此陷落,就是值得探究的一条线索。

内容相当丰满。但考虑到全书的体例,不得不有所割爱,压缩到现在这个样子。"大事记"和"索引"是张树昆同志作的,她全面整理过原稿,提出了不少宝贵意见,在此一并致谢。

杜继文

第一章 禅宗前史——禅学和禅僧团

第一节 禅的性质和作用

一、禅的原始含义

禅,本是梵文"禅那"(Dhyāna)的简称,鸠摩罗什意译为"思维修",即运用思维活动的修持;玄奘意译为"静虑",即宁静、安详地深思。此外,还有其他一些译法。《俱舍论》卷二八:

> 依何义故立静虑名?由此寂静能审虑故。审虑即是实了义。

又说:

> 诸等持内,唯此摄支,止观均行,最能审虑。

这些解释说明,"禅那"只是"诸等持"、"寂静"中的一种。

《俱舍论》在这里讲的"寂静",是指人的心理处于无浮动躁乱,无暗昧昏沉,能够保障明睿深沉地进行观察和思虑的那种状态,也含有"平等持心"的意思。"平等持心"的简称就是"等持",它是梵文三昧(Samādhi)的意译之一。"三昧"亦作三摩地、三摩提等,意译也作"定"、"等念"。《大智度论》卷五谓:"善心一处不动,是名三昧。"《成唯识论》卷五释曰:"于所观境,令心专注不散为性,智依为业。"或照直译为"心一境性"、"心专一境"。据此可见,作为梵音"三昧"、"三摩地"的"定",指的就是任何思维活动都必须具备的心理条件:精神集中,思想专一,相当于普通心理学中的"注意"、"注意力",所以并不神秘。佛教义学普遍将"三摩地"列在所谓"大地法"中,肯定此法"恒于一切心有",也是这个意思。

但是,注意力集中在什么对象上,负荷什么样的思想内容,以及如何运用这种注意力,对人的整体精神活动却至关重要。它是决定人的认识正确与否、心理正常与否的主观条件之一。印度佛教觉察到了注意力的这种作用,所以极端重视对它的运用,把它列进"三学"、"六度"、"八正道"、"三十七菩提分"之中,当作解脱生死、达到涅槃的一种不可缺少的修习手段。修习者趺坐静思,将注意力高度集中,以此控制自己的全部意识活动,使其按既定的构想和思维路线行进,从而达到特定的宗教幻境,或道德效用,或理论结论;有时,它也被用作调节身心情绪和健身、治病的手段,所以种类异常繁多。

据隋净影慧远撰《大乘义章》解释"禅"有七个别名,唐慧沼撰《成唯识论了义灯》也说禅有七名,各自从不同角度揭示了"注意"运用于佛教的多种功能。其中,除"等持"(三昧)以外,还有一个梵名叫"三摩钵底"(Samāpatti),意译为"等至",表示"注意"具有引导身心安适平和、静谧愉悦的作用,大体与中国传统气功想要达到的功效接近;另一梵名叫"三摩呬多"(Samāhita),意译为"等引",表示"注意"具有引生诸种"胜妙功德"、"神通变化"的性能,是佛教通向神秘主义的主要桥梁。佛教义学所重视的"注意",一般称作"奢摩他"(Samātha),意译为"止"或"定",是观察事理、契合真如所必须依赖的心理条件;与此相应的理论思维活动则名"毗钵舍那"(Vipaś′yanā),意译为"观"或"慧"。定慧统一,"止观双运",很早就被认为是获取佛教智慧的最好方法。天台宗甚至将"止观并行"作为解脱的主要门径。

因此,"禅那"只属于诸种"三昧"中的一种。它在"心一境性"的调控下,根据身心的感受(苦、乐、忧、喜、舍)程度,和思维的深浅粗细(自有"寻"有"伺",到无"寻"无"伺"),共分四个层次,简称"四禅"、"四静虑",亦名"四色界定"。按照佛教的宗教构想,整个世俗世界分为"三界"、"六道"(或"五道"),三界中的"色界"众生,就是由修持"四禅",死后得生"色界"诸"天"的有情。"天"是业报轮回中可能得到的最好果报,三界中都有。色界天的特性,是既已超越欲界人天的"欲",是"离欲"的;但也不像无色界天那样没有了任何物质载体和清晰的思维活动,所以在古印度宗教中被认为是一种最理想的境界,即所谓"梵天"。佛教接受了这种影响,认为在禅定中能够体验到超出"欲界"的种种"喜乐",在"色界"诸天中更有说不尽的"胜乐",因此,四禅的境界,也曾成为佛教的一些修持者的追求目标。不过,佛教的主流之看重"禅那",主要不是为了追求"色界"天报,而是因为它可以摆脱"欲界"诸欲的扰乱,为宁静的思虑提供精神保障。

据说,"禅那"的重要特征是摄"止观"于一身,是"止观均行"的典范,最便于理论思维,所以特别受到知识僧侣的青睐,成为佛教最佳的一种练神方法。《大智度论》卷二八谓:

> 四禅亦名禅,亦名定,亦名三昧。除四禅,诸余定亦名定,亦名三昧,不名为禅。

中国佛教史上,一般是"禅"、"定"并称,就是源自这类解释。习惯上有时单称作"禅"、作"定"、作"止",往往是泛指一般佛教偏习的"注意",并不像它们原来限定的词义那么严格。

二、中国古典哲学中的禅类观念

关于"注意"在控制人的心理和认识活动中的作用,古代的中国哲人也观察到了,而且很重视。《荀子·解蔽》说:"人何以知'道'?曰心。心何以知?曰虚壹而静。"什么是"虚壹而静"?"不以所已臧害所将受,谓之虚";"不以夫一害此一,谓之壹";"心未尝不动也,然而有所谓静";"不以梦剧乱知,谓之静"。这样的"虚壹而静",与佛教的禅定就十分接近。荀子还说:"是以辟耳目之欲,而远蚊虻之声,闲居静思则通。"不论在功能和形式上都与坐禅相似。荀子把注意力集中当作知"道"、通"道"的精神保障,可见评价也是极高的。

类似的言论,《庄子》讲得更多。《庄子·人间世》中谓:

> 若一志,无听之以耳,而听之以心;无听之以心,而听之以气。耳止于听,心止于符。气也者,虚而待物者也。唯道集虚。虚者,心斋也。

"心斋"是由"一志"达到的境界,"一志"也就是注意力集中。《达生》所谓的"用志不分,乃凝于神",也是这个意思。《大宗师》谓:"真人之息以踵,众人之息以喉。"这种"其息深深"的功夫,好像是单纯运气,但若联系他的"守气"之说,那就是一种很典型的禅定。《达生》中问:"至人潜行不窒,蹈火不热,行乎万物之上而不栗,请问何以至于此?"答曰:"是纯气之守也。"从守"纯气"达到"至人"境界的这种想象,以及道教把呼吸吐纳当作神仙术的一种,就与佛教早期流行的"数息观"禅法,在构思上十分相似。"数息观"亦名"安般禅",是采取运气数息的方法,守意净心,最后获得一种非凡的神通,所谓"无遐不见,无声不闻,恍惚仿佛,存亡自由,大弥八极,细贯毛厘,制天地,住寿命,猛神德,坏天兵,动三千,移诸刹"[①]。此后天台宗将数息观改编成《六妙法门》,被视为佛教气功的经典之作,并流通于社会至今。

《庄子》中类似佛教禅定的说法还有很多,像"尘忘"、"朝彻"、"见独"、"守一"、"守神"等都是。因此,作为通行于佛教的修习方法,禅定确实是外来品。但作为一种专心致志、注意力集中的心理因素,不仅普遍存在于一切人的有意识的精神活动中,而且在我国很早已经有所运用,包括向宗教想象方面的运用。这说明,佛教禅法输入中国也有一定的传统作基础。

尽管如此,佛教禅法的多样化、规范化和可操作性,加上某些神秘主义的体验和诱惑性,使它具有很强的普及能力,以致在中国

---

① 康僧会:《安般守意经序》。

古代的精神世界开创了一个新的领域：这就是以调整和控制人的心理活动为手段，以充分调动人的主观能动性为目的，可以自行修持操作的独立学科，即所谓"禅学"。禅学的一般任务，是着力摆脱客观世界对精神世界的支配，超越自身生理机制对于情感欲望的制约，训练出一种不为客观环境和主体情识左右的精神境界或心理状态。佛教禅学的开拓，显示出人的主观方面对于整个精神世界及其支配的实际行为可能起到的巨大作用，也有助于丰富人们对于认识主体的理解和全面估计主客双方在认识过程中的相互作用。

禅的积极方面，是有利于身心的协调发展，为健康的精神所必需，若引导得当，可以使心理调节到最佳状态，是值得继续实验、探索的课题。但佛教多用来为其教义服务，偏颇极大。他们在禅定中形成的幻觉和宗教经验，以及关于禅定能够开发神异功能或佛的智见等想象，包括所谓"五神通"、"六神通"，则往往引起心理畸变，性格乖僻，严重的甚至可导致精神错乱，身心受损。禅法在佛教各种唯心主义体系和宗教构想的形成中起了重大的作用。

三、禅与禅宗

中国禅宗从酝酿到形成，就思想渊源上说，当然与佛教的这类禅学的传播有密切的联系，但它真正的现实基础，却是中国特定的社会历史条件。自汉末以来，封建主义的内在矛盾促使外来的佛教在中国形成了一个前所未有的僧侣阶层，游离于社会政治之外。到南北朝，愈益增多的流民，成了这个阶层最强大的后备军。经常性的流民有两类：一是阶级分化引起的破产者，包括大量逃避赋役的农民；一是权力分配中的败落者，包括皇室、官僚和士大夫。因此，成分极端复杂。僧侣阶层的不断扩大，弱化了流民对国家当权者构成的威胁程度，同时却又加剧了两者在现实利益上的冲突，这就造成僧侣阶层同统治集团间长期处于既协调又离心的微妙关系中，封建国家对佛教则采取既扶植利用又限制打击的双重政策，由此引起佛教的内部分化。禅宗就是这种历史形势的产物。

因此，"禅"虽不是禅宗的专有物，但以禅命宗使"禅"的概念有了根本性的变化,使禅宗成为有别于佛教整体的一个独特派别。它从酝酿、发生到发展壮大,出现了多种形态,固然有其内在的逻辑,但主要是受时代的社会经济和政治形势的制约。

第二节 早期禅法

同其他世界性宗教相比,佛教有自己的明显特点。

特点之一,是反对天帝创世之说,反对天帝造人之说,也反对天帝崇拜。佛教把世界和人生归结为烦恼的自我创造,从而使自己的信仰系统带上了经验的和理性的形式。佛教对经验性认识的逻辑术语叫作"现量",作为证明真理的手段叫作"现观"或"现证",都是指一种纯主观性的内在直观;至于理性思维,一律归属于"名言分别"的范围,用以阐述佛教道理的也是"名言分别"。

由"名言分别"形成的佛教逻辑,有两大系统,即以般若中观派为主的思辨逻辑,和以唯识瑜伽派为主的因明逻辑。前者以分析概念的本性为核心,后者以形式推理为内容。按佛教的基础哲学说,它们能否真正符合真理,以及这些真理是否能为修行者切实把握,最后仍需经过"现观"的体验和验证。只有通过"现观"体验和验证了的真理,才是"正智",才能达到佛教追求的"解脱"。因此,在佛教徒需要完成的一系列认识活动中,"现观"被当作从"世间"向"出世间"飞跃的关键环节,而占有如此重要地位的"现观",唯有在禅定中才能实现。所以禅法就成为佛教整体不可分离的部分,是无僧不修的。

概括佛教全部修行的"戒定慧",被称作"三学";大乘佛教将"三学"扩展为菩萨行的"六度",都将禅定放在重要地位。因此,禅学向内地的传播,同佛教在中国的整体发展状况总是相应的。东汉末年,安世高等大量翻译佛教小乘经典,同时也开始了对小乘禅法的系统介绍;支娄迦谶等译介佛教大乘经典,一些大乘禅法也开始传进。在他们的影响下,佛教义学分成两支:一支叫"禅数学",

"禅"即禅定,"数"指教理①,即将禅定实践与研习教理结合为一的修学法门,在遁世的士大夫和游动的学僧中最为流行;另一支就是著名的"般若学",作为玄学的一翼,特别受到世家大族的欢迎,为他们开讲的僧侣多属清客的身份,游说的内容也旁涉一些禅法。由这两种思潮挟带下来的禅学,一直延续到两晋,可以说是禅法在中国的初期传播。

一、小乘禅数学

安世高是禅数学的开创者,所译专讲禅法的佛典有《安般守意经》和大小《十二门经》。前者是介绍安般禅②的,意译"数息观";后者则介绍"四静虑"、"四无量"和"四无色定",并将这三类禅法统一起来。弘扬这些禅法的人,汉末三国有陈慧、康僧会等,西晋有竺法护、支愍度等,东晋则有谢敷、道安等。

按照佛教的根本教义,世界人生是"苦"的体现,原因是来自本身的"惑"与"业"。"业"指人的全部思想行为,"惑"指决定这些思想行为的"染污"性质。"惑"亦称"烦恼",数量虽多,却总归为"贪"、"瞋"、"痴",所谓"三毒"。"三毒"是众生流转生死、受苦无穷的主要根源。安世高所传小乘教义,重点在于说明这些道理;他所提倡的佛教修习,就放在克服"三毒"、超脱生死上。他的全部禅法,服务于这个大目标。

关于十二门禅,道安(314—385)在《十二门经序》中有一个详细的解释:"定有三义焉:禅也,等也,空也;用疗三毒,绸缪重病。""禅"、"等"、"空"各有四种,所以说是"十二门",是道安所理解的禅定的全部内容。

"禅",全称"四禅",就是"四静虑"。值得注意的是,道安给予的解释,全部放在抑贪制欲,特别是克制情欲的方面。他说:"贪淫

---

① "数"的本义是"法数",原是用数字概括教义的方法,如四谛、五阴、十二因缘之类,早期佛教将"数"与"慧"并用。

② 安般,是梵文安那般那(Anāpāna)的简称,安那为出息,般那为入息。安般即为呼吸。

图者,荒色悖烝,不别尊卑,浑心觍悔,习以成狂,亡国倾身莫不由之,虚迷空醉不知为幻。故以死尸散落自悟,渐断微想,以至于寂,味乎无味,故曰四禅也。"小乘佛教的原始解脱观建立在相当严峻的禁欲主义基础上,所以,抨击情欲,禁锢情欲,以至消灭情欲,被当成一项最严重的课题。所谓"以死尸散落自悟",指在禅定中从观察人的尸体腐烂着手,解悟色相之无常与不净,由此净化被情欲污染了的心神。一般佛教称这种禅法为"不净观",原不是"四禅"承担的任务。而作为"三毒"之首的"贪欲",也不限于情欲。道安把"四禅"用来专门对治情欲,不只表现了这个时代对禅法缺乏准确的理解,而且表明当时的禅法与整个禅数学一体,主要是致力于禁欲,或者说,以禁欲主义统领佛教的一切法门。

关于十二门禅的"等",道安说:"瞋恚圌者,争纤芥之虚声,结沥血之重昝,恩亲绝于快心,交友腐于纵忿,含怒彻髓,不悛灭族。圣人见强梁者不得其死,故训之以等。丹心仇亲,至柔其爱,受垢含苦,治之未乱,醇德遂厚,兕不措角,况人害乎? 故曰四等也。"此"四"亦译"四无量"、"四梵行",经典的定义是:"无量有四:一慈二悲三喜四舍。言无量者,无量有情为所缘故,引无量福故,感无量果故。"①这种禅定,要求把无量众生作为静思观想的对象,牢固树立用"慈、悲、喜、舍"对待一切众生的基本观念,若由此见诸行动,就能感得无量福报。"慈",即仁爱,指设法令众生快乐的观念;"悲",即怜悯,指设法令众生脱离苦难的观念;"喜",指见众生离苦得乐而生的喜悦感受;"舍",指对各类众生采取一视同仁、等量齐观的态度。

这"四等"并不是要求行者立即付诸实践,而是通过禅定的想象,培养出一种仁爱、宽容的观念,此处特别注意用来对治"瞋恚",克制对于他人的愤怒、怨仇等情绪。这种禅定同小乘佛教倡导的另一种教义,即受垢忍辱的苦行主义是相应的。但是,在解释引发"瞋恚"的原因时,道安没有像另一类佛经所说是起源于财产私有,

---

① 《俱舍论》卷二九。

而是归结为"争纤芥之虚声",即争夺"虚名"。这也反映了佛教的时代特色。东汉党锢,"名士"受到严酷打击;魏晋以来,名士风流固然为上层所重,但往往破败也惨、死于口祸的士大夫,史不绝书。中国的早期佛教文献,包括《四十二章经》,对"名"之为累有很强烈的反响,给予人们以特别的告诫,道安则将这一思想糅进了他所理解的禅中。

关于"空定",道安的解释是:"愚痴城者,诽古圣,谤真谛,慢二亲,轻师傅,斯病尤重矣。以慧探本,知从痴爱,分别末流,了之为惑,练心攘慝,狂病瘳矣,故曰四空也。"

"四空"即"四无色定",所谓"空无边处定"、"识无边处定"、"无所有处定"、"非想非非想处定"。此四种禅定,以无边无际之"空"、"识"为观想对象,使心识与"无所有处"相应,最后达到息灭一切思想感受,处于非有非无的混朦状态。照佛教的原义,这种禅定只是达到身心空寂的一种手段,在宗教构想上是为来世摆脱"色界"、生于"无色处天"做准备的,不可能有其他任何思维活动。

道安对此也作了变动。他把"四空定"用作克服高傲不学和对治人的"愚痴"的手段。佛教专用来对治"愚痴"的禅定,通常叫作"因缘观"。"因缘观"以探求人生的本原及其流转的因果链条为观想内容,即所谓"十二因缘"。"十二因缘"由"十二有支"组成,其中第一支曰"无明",即道安所谓的"以慧探本,知从痴爱"的"痴";"爱"①则属第八支。道安把这两支看作是决定世俗人生的基本因素,是"十二因缘"的中心环节,所以他在《人本欲生经序》中说:

人本欲生经者,照乎十二因缘而成四谛也。本者"痴"也,欲者"爱"也,生者"生死"也;略举十二之三以为目也。

在他看来,"痴"、"爱"是人之所以"生"的根本,把握了这三者,就懂

---

① 爱,本指"贪妙资具"和"淫爱现行"两项内容(见《俱舍论》卷九),道安则归结为"淫欲"一项。

得了十二因缘的全部道理,也就解悟了佛教的"四谛"真理。这样,道安就把观察十二因缘的规定,给予了本无思考佛理任务的"四空定"。

顺便指出,禅数学普遍攻击情欲,而提倡禁欲,诚然有佛教理论上的根据。因为在佛教看来,"生"就是"苦",要断苦就要不生,涅槃意即无生。而"生"之所以发生,最现实的原因是两性关系,因此,解脱之道必然是禁欲。禅数学之所以突出强调这一方面,是出于遁世离家、出家的需要。家庭是在血缘关系上形成的。汉魏以来,因为一个人的原因,株连全家、全族的事件不可胜数。一个人的活动,不得不首先考虑给整个家庭可能带来的利害影响,受家庭的制约。因此,佛教视家庭为重负,为樊笼。要出离家庭,最根本的是断绝对家庭的爱,是禁欲;要维持僧尼出世的独身生活,也必须把禁欲作为经常性的修持课目。道安把禅定的主要任务放在抑制情欲上,相当深刻地反映了中国僧侣阶层在形成期的特殊风貌。

"安般"禅法的影响最为长远,自汉魏之际,迄至今日,从宗教修持到气功健身,一直流传于世。康僧会(?—280)在《安般守意经序》中用"四禅六事"概括这一禅法的特点。"四禅",指行禅的四个阶段,是当时对"四静虑"的又一种理解;"六事",指"数息"、"相随"、"止"、"观"、"还"、"净",包括"四禅"的操作程序,必须达到的心理状态,以及完成对佛教教义的掌握。

一禅的"事"是"数息":"系意着息,数一至十;十数不误,意在定之"。把注意力集中到自一至十的呼吸次数上,经三至七日而不分散,即可摒弃一切"秽念",达到"寂无它念,泊然若死"的状态。二禅的"事"是"相随":"转念着随,蠲除其八,正有二意,意定在随"。把注意力由数呼吸的次数,转到随顺一呼一吸的气息运行上,由此做到"垢浊消灭,心稍清净"。三禅的"事"是"止":"行寂止意,悬之鼻头","注意鼻头,谓之止也。得止之行,三毒、四趣、五阴、六冥诸秽灭矣,昭然心明,逾明月珠"。当全部意念集中于鼻头时,一切秽杂念头即可完全灭除,那时就会心地清明,思想敏捷。

以上三禅三事的功能,都是为了排除乱心杂念,使认识主体处于一种既不昏沉迷糊,又不轻浮掉举的所谓"平等"、"寂静"的状态,目的是给四禅的"事"——"观"提供良好的心理条件。那时,"还观其身,自头至足,反复微察:内体污露,森楚毛竖,犹睹脓涕。于斯具照天地人物,其盛若衰,无存不亡。信佛三宝,众冥皆明"。这里的"还观其身",也就是道安用"四禅"解释的"不净观",不过道安侧重于对治"贪淫",而康僧会则用来导出"天地人物""无存不亡"的结论。这个结论正确反映了客观事物变化无常的方面,却有意忽略了其相对稳定的方面,所以进一步引申,就构成了佛教悲观厌世主义的基础理论。

此后的二"事",所谓"摄心还念,诸阴皆灭,谓之'还'也;秽欲寂尽,其心无想,谓之'净'也",更是完全属于佛教的了。"摄心还念",是要求用"观"中得出的万物"无常"的教义,重新观察世界人生的现象,觉知"诸阴皆灭"。"诸阴"即"五阴"①,是佛教对世界人生的另一种称谓;"皆灭",指以世界人生为真实的观念皆灭。及至行禅者体认到万物无常,五阴皆空,那就会"秽欲寂尽,其心无想"。

康僧会对安般禅法这一过程的描绘,可以作为了解当时禅思维情状的范例。"四禅六事"中,"止"、"观"是核心。"止"即"定",属纯粹的注意力集中,包括止于数数,止于呼吸,止于鼻头,都是为了使浮躁杂乱的心情安静下来;"观"即"慧",是在心境宁静的条件下控制思想运动的方向,以创造出相应的观念或境界,这里则用之来把握佛教早期的教义。

从以上可以看出,禅定的含义,自传入中国以来基本上没有变化。

康僧会特别觉察到,人的意识对于客体事物具有强烈的选择性,注意力的集中能够控制思维活动和左右心理情绪。他说:

情溢意散,念万不识一矣。犹若于市驰心放听,广采众

---

① 五阴,亦译作"五蕴",指色(质碍性)、受(感受)、想(概念思维)、行(意志)、识(认识能力)等五类物质现象和精神现象,被认为是组成人的要素。

音,退宴存思,不识一夫之言:心逸意散,浊瞖其聪也。若自闲处,心思寂寞,志无邪欲,侧耳靖听,万句不失,片言斯着:心靖意清之所由也。①

这一发现,在古人是难得的,在今天也有其实际意义。

二、大乘三昧

比安世高稍晚进入内地的支娄迦谶,在传译大乘经典的同时,也介绍了某些大乘禅法。其中影响长久的是"般舟三昧"和"首楞严三昧"。他译的《般舟三昧经》现存,《首楞严三昧经》已佚,现有的是鸠摩罗什的异译本。

这类经典弘扬的禅法,同禅数学的悲观厌生、旨在禁欲遁世的倾向有明显的差别。其中,"般舟三昧"意译"佛现前定",是通过专心念佛,令佛的形象于念者面前出现的一种禅定。"独一处止,念西方阿弥陀佛今现在。随所闻当念,去此千亿万佛刹,其国名须摩提②。一心念之,一日一夜,若七日十夜。过七日已后见之。"③通过禅定的幻觉造佛,是佛教制造神活动中的重要一途。这里特别要求专念阿弥陀佛,令阿弥陀佛在定中现前,与当时已经译介进来的净土信仰沟通起来,就变成了对该佛及其国土的亲身经验。据说,因此就会受到佛的祐护,死后生于这个安乐的国土。这同禅数学将禅法当作摄心制意、确立自己的人生观和解脱观的门径,可以说大异其趣。因为禅数学提倡的是自净其意,自心解脱;而净土信仰则提倡偶像崇拜,凭借外力解脱。

不过,在中国早期的大乘佛教中,般若学占据显要地位,最为时尚。所以,一切佛教教义无不打上空观的烙印。《般舟三昧经》对于"佛现前定"的理论解释,也是如此。此经以镜和水中的影像为例,说明:

---

① 《安般守意经序》。
② 须摩提(Sumati),西方极乐世界之别译。
③ 《般舟三昧经》。

> 影不从中出,亦不从外入……色清净故,所有者清净。欲见佛即见,见即问,问即报。

意思是说,只要心地"清净",诸佛即可现前,并可与佛问答,受到教诲。但它又补充说,这一切都是假象,并非实有诸佛,亦无实有其事。

最能反映般若学特色的禅法是"首楞严三昧",意译"健行定",亦作"健相定"、"一切事竟定"。这种禅定,既有对佛之不可思议神力的怪诞想象,又有对佛之智慧般若的玄论沉思,天神人魔与空有奥理交互运行。一方面能令"一劫"①作"阿僧祇劫"②,"一切众生示入一身","一身能遍至无余佛国","能以佛一切神力,无量众生皆得饶益";另一方面又表示:上述"一切诸法,皆空如幻,从和合有,无有作者:皆从忆想分别而起。无有主故,随意而出"。所谓"如来"最为"真实"这一佛教公认的命题,不过是为了揭示"诸如来本自不生","诸如来今后亦无"的含义,也就是说,"如来"同样是"忆想分别"的虚幻产物,同样的不真实。这样,对于一切偶像崇拜,包括对佛菩萨的崇拜,似乎都成了多余的自欺欺人。

凡是遵循般若学的三昧,无一例外地都会宣扬对佛菩萨神力的狂诞想象,同时也会阐发对佛菩萨天神等真实性的否定。诸佛的创造和般若的空观,在首楞严三昧"随意而出"的基础上相辅相成,最后总是以空观作结,被神化了的佛菩萨最后成了空幻的产物。

到此为止,在魏晋般若学指导下的禅法,用同样亲证体验的方法,说明了佛菩萨不过是一种臆想幻化,佛菩萨的神通则是错觉或幻觉,甚至禅定中所证的教理也没有超出世俗假说的范围。这一

---

① 劫,梵文劫波(Kalpa)的略称。佛教使用的一种时间单位,相当于"时期",计算方法和时间长短有许多不同的说法。

② 阿僧祇,梵文 Asankhya 的音译,意译"无数"、"无央数"。佛教用来表示"无限多"的数量单位。

类思想,颇使般若学带上质疑佛教传统权威的批判色彩,但它并没有停留于此。般若学批判一切权威,主要是批判把世界事物和人生现象看成是实在的观念。它把禅定中的虚幻勾画,只是当作它的空观的证明;其创造的诸佛及神通的空幻,反成了现实世界也是同样虚幻的经验证明。

这类大乘禅法,与前述小乘禅法的严于责己、苛于拘心相比,更带有看破一切、狂纵不羁的性格,尽管充满了悲凉和空虚。这类禅法与般若学结合为一,往往导向混世主义或纵欲主义。

两晋期间,玄学成为占统治地位的意识形态。以《道行般若经》和《维摩诘经》为主的般若学典籍,在贵族沙龙中十分流行,这不只使大乘禅法成为般若学的附庸,也使看重经验践行的小乘禅法成为清谈的资料。表现之一,就是对禅理论的兴趣远胜于对禅境界的追求。道安在《大十二门经序》中说:

> 夫淫息存乎解色,不系防闲也;有绝存乎解形,不系念空也。色解则冶容不能转,形解则无色不能滞。

在十二门禅中,"四禅定"本是用来防"淫"的,而此处则强调"解色","解色"即是用般若观点对"色"进行解释,所谓"色即是空"。"四空定"本来是用超脱"色界"达到"无色界"以对治"痴"的,即克服以"我"为实有的观念;此处则强调"解形",认为从"十二因缘"的分析上就可以达到"无我"的认识,用不着迷恋于对"无色界"的追求。

> 何者?执古(或作空)以御有,心妙以了色,虽群居犹刍灵,泥洹犹如幻,岂多制形而重无色哉!

在这里,道安虽然讲的是"禅",但已经离弃了"防闲"、"念空"、"制形"这类禅的功用,而突出了"了色"、"解形"等理论的思考,用佛教的术语说,"禅"被"慧"所取代了。

这种倾向,在谢敷那里走向了极端。他在《安般守意经序》中说:

> 菩萨者,深达有本,畅因缘无。达本者,有有自空;畅无者,因缘常寂。自空故,不出有以入无;常寂故,不尽缘以归空。住理而有,有非所缚;非缚故无,无所脱。苟厝心领要,触有悟理者,则不假外以静内,不因禅而成慧,故曰阿惟越致①不随四禅也。

又说:

> 开士②行禅,非为守寂,在游心于玄冥矣。

谢敷是东晋的著名隐士,《晋书》有传。隐士而著名,起码得与上层文士有交往,所以他很容易从玄学的角度看待和接受佛教的东西。此处他反对"假外静内"、"由禅成慧"的主张,认为这只是对二乘③"欲尘翳心"者假立的方便,真正的菩萨"行禅",在于摆脱坐禅定心的程序,直接理解和把握佛教真谛,并能据此悲盟弘普,积德济众。这种说法,表达了上层士大夫对禅法的一般评价。

早期的禅思想表现在禅数学和般若学中的这两种流向,也反映了中国早期整个佛教的两种走向。使佛教"禅学"成为"慧学"附庸的般若学飞黄腾达,而禅本身并没有获得独立的性格;禅数学多向山林隐没,游化于村落之间,这类禅修者虽偶见记载,但其详情已很难得知了。

---

① 阿惟越致,梵文 Avaivapti 的音译,意译"不退转",指菩萨已经有了坚定不退的信仰。
② 开士,菩萨的异译。
③ 二乘,指声闻乘与缘觉乘,亦通称小乘。

第三节　禅学的独立化运动(东晋十六国)

东晋十六国时期,佛教得到北方少数民族国家的特殊扶植,开拓了另一类发展领域,那就是以"神异"动众,扮演"祥瑞"的角色,发挥为王者护国绥众的作用;而王者作为"护法"者,以国家力量推进佛教的扩展,从而促使佛教步入一个新的历史阶段。

一、北方诸国与佛教神异的流行

最早扶植佛教的是羯人国家后赵(319—350)。石勒供养西域沙门佛图澄,他以神异预言参与军政咨询,影响所及,"民多奉佛,皆营造寺庙,相竞出家"。石虎更从异民族立场出发,以为"生自边壤",而"君临诸夏","佛是戎神,正所应奉",遂令"夷、赵、百蛮"悉听事佛。① 后来鲜卑人苻秦(351—394)发兵襄阳,劫持道安入长安,作为"神器"尊崇,聚"僧众数千,大弘法化"②,开始了毗昙学③的译介。羌人姚秦(384—417),迎有"闲阴阳"、"测吉凶"的鸠摩罗什为国师,建立了有史以来第一个规模庞大的国家译场,致令"四方义士,万里必集",弟子八百,名僧辈出,振动江东西蜀。至于北方其他小国,如鲜卑人在河西建立的南凉(397—414),以"神僧"昙霍为首,推行佛教;匈奴人所建北凉(397—445),招纳以"神咒"著称的昙无谶(385—433),教授方术,翻译经典。匈奴的另一个国家夏赫连勃勃(407—424)和鲜卑人建立的北魏拓跋焘(424—451)都曾摧残佛教,而昙始以"刀不能伤"的功能护持佛法,促令悔改。由鲜卑人另建立的前燕(337—370)和南燕(398—410)则以重赂向在泰山的僧朗祈求"咒愿"、"盖护"。

北方诸国对佛教给予的厚望,使僧侣队伍急剧扩大。但能够

---

① 《高僧传·佛图澄传》。
② 《高僧传·道安传》。
③ 毗昙,梵文阿毗昙、阿毗达磨(Ahbidarma)的简称,意译"对法"。指不以佛的名义而有作者署名的佛教论籍,此处特指小乘有部的论典。

进入这些国家上层的僧侣,不但要有高度的义学理论修养,更需要有神异功能。在当时,神异功能不只可以诱惑普通民众,尤能倾动王室权贵。至少在五胡十六国中,"神迹"是刺激统治集团引进佛教的重要因素,对他们来说,译经讲说只是瑞祥福祇的一种。

北方重神异的这一趋向,在南方佛教中也有相当的反响,但对政治的影响不大。庐山慧远(334—416)说:"菩萨无神通,犹鸟之无翼,不能高翔远游,无由广化众生,净佛国土。"①支遁(314—366)注解《逍遥游》的著名"支理",其中有言:"至人乘天正而高兴,游无穷于放浪,物物而不物于物,则遥然不我得;玄感不为,不疾而速,则逍然靡不适。"②这里的"天正"就大同于禅,其"游无穷"、"不疾而速"、"物物而不物于物",则是设想的神通境界。③

这样,佛教为适应统治集团的需要而向民众的大普及,加上出于同道教长生术竞争的考虑④,在全国范围内突发了一股追求神迹的潜流,令僧俗中许多人为之倾倒。当时的神通,基本上由外来僧侣把持,汉地人士只有向禅法中探求一途。这一新的动因,将禅思潮推向了第二个阶段,即禅学的独立化运动。

从晋宋之际开始,禅学从佛教整体中逐步分化,形成了一个以禅统摄佛教全体的新体系,同时涌现了专以弘扬禅学为宗旨的僧侣,被称为禅师或禅僧。这一现象,已经引起南朝梁的佛教史学家的充分注意。慧皎撰《高僧传》,辟《习禅》专篇,为二十一个禅师立传;又写《禅论》,论述禅在佛教中应有的地位和功用,这是禅学独立已经十分明显的表现。

二、鸠摩罗什和觉贤的禅籍译介与慧远禅林

禅僧出现的时间可能很早,但自觉到为禅学争取独立的地位,

---

① 《大乘大义章》。
② 《世说新语·文学篇》南朝宋刘孝标注。
③ "物物而不物于物"的精神境界在唐代禅师中备受赞赏;"不疾而速",慧远明确解释为"神通",所谓"法身独远,不疾而速"。
④ 道教的长生术,对于王室豪族有强大的吸引力,是佛教的一大威胁。佛教用以对抗的,一是净土信仰,另一个就是神通。两者到东晋末年均已成长起来。

应从鸠摩罗什的门徒算起。鸠摩罗什(343—413)在辛丑年(401)底自姑臧到长安,五天以后,僧叡就请求他译介禅法。这就是《禅经》(《坐禅三昧经》)和后来重新校正的《禅法要解》。据僧叡看:"禅法者,向道之初门,泥洹之津径也。"尽管还是"初门",却肯定是"津径",禅的地位明显地突出了。他重申禅数学关于禅有消除"驰心纵想"和达到"系意念明"的功效,但重点是放在聚集"心力"上:

> 心如水火,拥之聚之则其用弥全,决之散之则其势弥薄……心无形,故力无上。神通变化,不思议心之力也。心力既全,乃能转昏入明。①

"心"无形质,而其"力"逾地水火风;禅定若将"心力"聚"全",就能"神通变化","转昏入明","明"即"智慧"。"神通变化"既是禅的直接目标,也是通向智慧的渠道,"智慧"已经包含了"神通"的内容。据此,僧叡提出了"无禅不智,无智不禅"的口号,这在禅思想史上是有重要意义的。

鸠摩罗什本人一贯奉行和弘扬的是印度龙树、提婆的中观学派思想,与魏晋以来流行于上层的般若学一脉相通,并将般若理论推到顶峰。般若中观学提倡用"慧学"统摄全部佛教,认为"般若为诸佛母",三世诸佛"皆从般若中出",诸佛不过是般若的产物,一切菩萨行中唯有般若最为尊贵。在这种浓郁的氛围中,僧叡要求禅智并重,无形中贬低了般若的威势,打破了般若学长期盘踞上层社会的垄断地位。无疑,这反映了当时僧侣对于禅学的普遍兴趣。

就在鸠摩罗什译经讲学期间,觉贤(音译佛陀跋陀罗)自罽宾(在今喀什米尔境)至长安(约408),"大弘禅业",特别以神异奇迹闻名当时,致令"四方乐静者,并闻风而至",同时在教义上向鸠摩罗什发起挑战。后来当权的罗什门徒用"显异惑众"的罪名,将其摈出僧团(约411),觉贤被迫南下,随从他的僧侣中有罗什门下著

---

① 僧叡:《关中出禅经序》,见《出三藏记集》卷九。

名的慧观等四十余人,送行者千余人。觉贤的禅法有很强的吸引力。

觉贤首先为庐山慧远接纳。慧远"传综六经,尤善老庄",以深厚的传统文化作基础,成为佛教中国化历程中里程碑式的人物。他建东林寺于庐山,"复于寺内别置禅林,森树烟凝,石筵苔合,凡在瞻履皆神清而气肃",可以说是开南方禅林之始。慧远邀觉贤入山,目的就在于请他译介禅法。慧远为他译出的禅经作《庐山出修行方便禅经统序》,劈头就说:"三业之兴,以禅智为宗。"他提倡"禅智相济",持同僧叡类似的观点。不过,他不是强调"全心",而是着眼于"妙物",即"运群动以至壹而不有,廓大象于未形而不无:无思无为而无不为"。这三句话中的第一句讲禅;第二句讲智与神通;第三句是总结,"无思无为"是禅,"无不为"是智,也就是神通。把神通作为智慧的组成部分和侧重点,这在当时已经成了佛教界的共识。

三、慧观与南朝宋的禅业建设

觉贤在庐山住了约一年,又投奔刘裕,定居于宋都建业的道场寺,专事译经,号称"道场禅师",其寺则称"禅窟",可知授禅仍是他的重要业务。

慧观与觉贤并至建业,在刘裕君臣的支持下,成为南朝宋的佛教领袖,着力推动禅学的发展。他在《修行地不净观经序》中认为"禅智为出世之妙术,实际之义标",鼓吹"定慧相和以测真如"。同时,他又是觉贤与求那跋陀罗两个译场的组织者和主持者,受《华严经》、《大般涅槃经》(简称《涅槃经》)、《胜鬘师子吼一乘大方便方广经》(简称《胜鬘经》)等佛性论的影响,他的禅思想有可能有所变化,可惜已难知其详。现存他的《法华宗要序》,可供参考。

在慧观的招揽下,另有经师子国(今斯里兰卡)、阇婆国(今印尼爪哇岛或苏门答腊岛,或兼称此二岛)自广州进入宋境的罽宾僧人求那跋摩,也以多种灵异著名,曾改始兴虎市山为灵鹫山,于山寺之外别立禅室;入京见宋文帝,虽以译讲为事,但其所长仍是禅法。

畺良耶舍来自西域,"常以三昧正受传化诸国",于钟山道林寺传禅,元嘉后期,西游江陵、岷蜀,"处处弘道,禅学成群"。所译《观无量寿经》,不但为净土宗所宗,对禅宗影响亦大。经中有言:

> 诸佛如来是法界身,遍入一切众生心想中,是故汝等心想佛时,是心即是三十二相八十随形好。是心作佛,是心是佛,诸佛正遍知海从心想生。

此话后来就成为禅宗提倡"即心是佛"的重要依据。

天竺来的僧迦达多、僧伽罗多等,也以深明禅学、山中坐禅影响于宋境。罽宾又一僧人昙摩蜜多,"特深禅法","神力通变",游方"自在",经龟兹(今新疆库车),到敦煌,适凉州,所到之处,弘传禅业,"学徒济济";后转至蜀,抵荆州,"于长沙寺立禅阁";后入建业,为宋室后宫所尊,译出《禅经》、《禅法要》等,即"以禅道教授";又于钟山建立定林上寺,"禅房殿宇,郁尔层构","息心之众,万里来集"。事实上,定林下寺就是禅寺。

南朝自宋建国到元嘉年间(420—453),禅学得到长足的发展。此后,沮渠京声自凉州来,译出《禅要秘密治病经》(455),说明禅法的流行已经泛滥到必须防治禅病的程度了。

但就鸠摩罗什、觉贤以来所传的禅法内容看,并没有超出此前的禅数学范围,而分类趋向细密。罗什主要是综合介绍小乘说一切有部诸师的禅法,包括婆须蜜(世友)、僧伽罗叉(众护)、沤波崛(近护)、僧伽斯那(众军)、勒比丘(胁尊者)等五家的主张,一般称为"五部禅法"[①],这就是:一、"治贪欲法门",令"淫欲多人,习不净观";二、"治瞋恚法门",令"瞋恚偏多"者学"慈心法门";三、"治愚痴法门",令"我见"重者学"思维法门"(即思维十二因缘);四、"治思觉法门",令思绪骚动重者习"安那般那三昧法门";五、"治等分法门",令"等分行及重罪人"学"一心念佛三昧"。"等分"、"等分

---

① 僧叡:《关中出禅经序》。

行"，指先世作恶受罪、今世继续作恶受罪的行为。此"五部禅法"本来分属上述五家，不是一个派系，内容与东汉以来流行的"十二门"、"安般"等禅大体相当。此后被系统化，作为佛徒修持全过程的初门，称作"五停心"①。

觉贤所译禅经名《禅经修行方便》，亦名《达摩多罗禅经》，慧远介绍它的旨要是："惑色之悖德，杜六门以寝患"，即"不净观"；"达忿竞之伤性，齐彼我以宅心"，即"慈悲观"；"于是异族同气，幻形告疏"，即"界分别观"②；"入深缘起，见生死际"，即"十二因缘观"。加上慧远没有单独论述的"数息观"，也是五门，只是略有调整。慧观作《修行地不净观经序》，则着重发挥觉贤五门中的"不净观"，要求由观"不净"转移到心地明净，即所谓"开四色为分界，一色无量缘"③。求那跋摩也看重"不净观"，他提倡与"白骨观"一起，用来调伏身心，为"因缘观"和"四念处"创造条件，再经"有顶"、"世第一法"而趋"见道"④，比较完整地叙述了小乘修习的诸层次。至于昙摩蜜多，所译禅经即名《五门禅经要用法》，顾名思义，就知道他的禅法范围了。据此可知，五部禅法，特别是号称"二甘露门"的"不净观"和"数息观"，是晋宋之际南北流通的主要禅学。

几乎与此同时，在佛教义学界也发生了很大的变动。觉贤与法显共译的《大般泥洹经》(417)，以"泥洹不灭，佛有真我，一切众生，皆有佛性"的崭新思想，震撼了整个佛教理论界，也成为影响着社会的一般思潮。觉贤另一译经《大方广佛华严经》(418—421)，重申了"三界虚妄，唯心所作"的命题，推动了唯识学的兴起。此二经的译出，标志着流传两百余年的般若性空说的统治局面完全结

---

① 《大乘义章》卷一二。
② 地、水、火、风、空、识，称为"六界"，"族"与"种"、"类"、"界"的含义相同。从"六界"分析人我空，也属对治愚痴的禅定。
③ 由不净观转到白骨观，于定中能见白骨所现青、黄、赤、白四种光彩，每一种光都会遍满宇宙。属佛教禅定构想的重要幻觉之一，可令心由肮脏龌龊境界转为清净明洁。
④ 《高僧传·求那跋摩传》。

束,随之而来的是般若学、佛性论和唯识学的并行,师说竟起,佛教向多元发展。从此,佛性论和唯识学也渗透到了禅学的理论领域,"五门禅"独行的局面逐渐改观。

继觉贤之后在建业从事翻译的有求那跋陀罗(394—468)。他的译籍对禅思潮转变的影响也很大。其中,《胜鬘经》(公元436年译出)与《涅槃经》相呼应,进一步阐发"如来法身不离烦恼藏,名如来藏","生死者依如来藏"等主张,创"如来藏缘起"之说。另有《楞伽阿跋多罗宝经》(简称四卷本《楞伽经》,公元443年译出),是系统唯识学最早的译典,称"如来之藏,是善不善因,能遍兴造一切趣生";"为无始虚妄恶习所熏,名为识藏;生无明住地,与七识俱,如海浪身,常生不绝"。这些说法,不但把世界和人生的本原归结为人的"唯心",而且还把这"唯心"归结为"佛性如来藏",因此,佛教为出世而进行的全部修习,最后都应该归向对自心佛性如来藏的开发。这类佛经,为一贯提倡向内心探求解脱之道的禅学提供了丰富的理论资料,为禅学的独立化开辟了一个新的方向。

四、早期的禅法宗系

然而,"禅"由佛教整体中独立化出来的标志,主要在于它为自己安排了一个独特的传承系列。

禅的种类以千万计,禅的操作因人而异,为了达到期望的身心经验或幻觉神通,同时又要保证身心安全、不出事故,特别需要禅师的面授亲教。因此,在禅法的传播中,师承关系往往被看得异常重要,近乎神圣。僧叡在要求鸠摩罗什译出《禅经》时说:

> 此土先出《修行》、大小《十二门》、大小《安般》,虽是其事,既不根悉,又无受法,学者之戒盖阙如也。①

就是批评这些禅籍之说,无有师承,缺乏戒条。所以说:"人在山中学道,无师终不成。"对此前的禅法贬意极重。在这里,他强调禅法

---

① 僧叡:《关中出禅经序》。

必须"学有成准,法有成条",有严格的传承作根据。此说影响很大。

按照僧叡的评判准绳,慧远、慧观也批评了鸠摩罗什传播的禅法。慧远说,罗什所传,"其道未融","为山于一篑",主要是缺乏师承。慧观更说:

> 禅典要秘,宜对之有宗,若漏失根原,则枝寻不全;群盲失旨,则上慢幽昏。①

在慧观看来,寻枝穷原,"推究高宗承嗣",乃是保证禅学不失宗旨的根本措施。

慧远、慧观都记载过禅学的"高宗承嗣",谓"如来泥日②未久,阿难传其共行弟子末田地,末田地传舍那婆斯",号称"三应真"③,后传至优波堀,遂有上述"五部"之分。慧远还特别突出这一传承的特点,所谓"功在言外,经所不辩;必暗轨之匠,孱然无差"④。这里明确肯定了禅法流布的关键不全在经典文字,师徒之间亲自授受更为重要。

这种另立宗系、别定授受关系的做法,实际上已经把禅法同经教分离开来,其必然结果,是促进佛教内部分裂,制造宗派。当然,这些首倡者或许没有意识到这一点。

慧远、慧观所列的禅法宗谱,据说是来自"西域宗匠"之说,具体当指罽宾的禅僧。罽宾属犍陀罗佛教系统,为说一切有部东方师的大本营。晋宋之际传播禅法的僧侣,几乎都与这里有关系,不只觉贤、求那跋摩、昙摩蜜多等影响一代的禅师是罽宾生人,而且所传宗系也属于罽宾。慧观指出,五部禅法的本宗,传至罽宾的富

---

① 《修行地不净观经序》。
② 泥日,亦作泥洹,涅槃的异译。
③ 应真,阿罗汉的意译。
④ 《庐山出修行方便禅经统序》。

若蜜罗和富若罗,又二十年,有昙(达)摩多罗与佛陀斯那"宣行法本",佛陀斯那则是传入中国的直接祖师。

佛陀斯那又名佛大先,东晋末年凉州智严西游罽宾就曾向他咨受禅法。在罽宾时,智严邀觉贤同时进入长安,后觉贤被摈,智严止于山寺,坐禅诵经,神迹亦多。《禅要秘密治病经》的译者沮渠京声,在著名的于阗衢摩帝大寺也从佛陀斯那学过禅法。佛陀斯那称自己的禅法直接导源于昙(达)摩多罗,也就是将五门禅最后归之为专观色彩的禅师。他的这一禅法流传极广,自罽宾经于阗、河西而到长安和建业,有极大影响,但在以后的中国禅宗史中却鲜为人知了。

此外,现存的《十二头陀经》,传说也是求那跋陀罗译。此经提倡远离愦闹,于山林墓野等闲静处静坐行禅,严戒苦行,游化乞食。行此法者,或称"头陀行",居无定所;或称"兰若行",深隐密迹,大都为政府和舆论界所罕知。它为禅众的往来流动、出入随意,提供了极其重要的经典依据。在禅学的独立发展上别成一枝。

新的义学理论在禅学中得到反映的时间颇早,兼习般若学的慧远可以说是向佛性如来藏思想转化的先行者,尽管他连《大涅槃经》尚未见到。他在概括觉贤所传达摩多罗的禅法特点时曾说:

> 达摩多罗阖众篇于同道,开一色为恒沙。其为观也,明起不以生,灭不以尽,虽往复无际,而未始出于如。故曰色不离如,如不离色,色则是如,如则是色。

大意是说,五门禅法,最后可以归结为观"色"一门,而观"色"的禅法又有"八背舍"、"八解脱"、"十一切处"等,都是从凝观白骨的"白"、土壁的"黄"等物体的具体颜色着眼,强化想象,产生世界一切皆成一色的幻觉,故曰"开一色为恒沙"。这都是五门禅可以达到的境界,但由此形成的观念则远远超出了五门禅的思想,所谓"色不离如,如不离色,色则是如,如则是色"。这一观念显然来自般若学的经典命题,与"色不异空,空不异色,色即是空,空即是色"

的含义一致。"如"既可释作"本无",亦是"空"的同义语;但也可释作"真如",则有真理的意思。在般若学那里,真理就是空;在涅槃学那里,真理却是佛性。两者在世界观、本体论上有很大的差异。这表明,当觉贤在庐山译介五门禅法时,可能已经给予了佛性论的解释。

慧观的禅思想,向佛性如来藏的转化更为显著。早在《法华宗要序》中,他就注意到《法华经》的核心乃是教人开发"佛慧",所谓"诸佛出世间,唯此一事实"。这一思想后来成为禅宗立宗的重要依据。及至慧观晚年为《胜鬘经》作序,指出此经"言逾常训,旨越旧篇",那就很自觉地归依到以"如来藏"为"本际之源"、"返流之极"的方向了。

第四节 禅僧团的出现和北朝的官禅

晋宋之际,在江南禅僧已屡见不鲜,专供禅僧活动的"禅林"、"禅窟"、"禅阁"也偶有记载,但远没有达到北方那样成群结队、相对稳定的规模,我们称后者为禅僧团。

《十二头陀经》中记,佛世尊"与八千比丘、菩萨万人,皆着衣持钵游行乞食;食已,至阿兰若处加趺而坐"。这是标准的禅僧团模型,即以某一禅师为领袖,以习禅为旗帜,组成一个人数众多,虽然松散但又比较固定的游动群体。内地出现的第一个禅僧团,当属觉贤在长安所聚的禅众,后来被逐,转到建业变成了译经集团。唐道宣称"山栖结众,则慧远标宗",不过慧远于庐山结众,并不限于禅,所以不算典型。完全以禅众形式进行持久活动的僧团,开端于觉贤的另一支门徒玄高。此后,在南北朝的北朝,得到很快的发展。

一、玄高禅僧团

《高僧传·玄高传》说,玄高曾师事关中石羊寺的浮陀跋陀禅师,"旬日之中,妙通禅法"。这个浮陀跋陀禅师就是觉贤。慧皎在《高僧传》的《禅论》中说:"沙门智严躬履西域,请罽宾禅师佛驮跋陀更传禅业东土,玄高、玄绍等亦并亲受仪则。"约在觉贤被摈和姚秦被灭之间(411—417),玄高西隐麦积山,有"山学百余人,禀其禅道"。不久,又从"外国禅师"昙无毗学禅。至西秦乞伏炽盘据陇西(都城在今甘肃榆中县境)称河南王期间(412—427),玄高以"蓄徒聚众,将为国灾"被告发,河南王将他驱往河北林阳堂山。他再次聚徒,数至三百。后来河南王追悔,请玄高还邑,崇为国师。大约在西秦被灭(431)时,玄高由河南转向凉土,受到北凉(都城在今甘肃张掖境)沮渠蒙逊的崇敬。及至北魏拓跋焘灭凉(439),由焘舅阳平王迎还魏都平城(山西大同),"大流禅化",太子晃奉之为师。后因赞助太子晃共参国事,于太平真君五年(444)被拓跋焘所杀。同时被杀的还有凉州沙门慧崇等。

蓄徒聚众,动辄百人以至数百人,从山野到城邑,游止不定,或隐或显,或民或官,这都是禅僧团的重要特征,在玄高那里已经具备了。就其禅法内容而言,"出入尽于数随,往还穷乎还净",属于安般禅,但更着意于渲染禅的灵异神通。《高僧传》本传说,他在林阳堂山时,由于"忠诚所感",使磬不击而鸣,香自然有气,"应真仙士往往来游,猛兽驯伏,蝗虫除害"。他的弟子玄绍,"学究诸禅,神力自在",能指手出水,香甜倍常。像玄绍这样有灵异的学徒有十一人。可见这个禅僧团最充分地贯彻了觉贤"显异动众"的禅路线,充满妖异气氛。

据说玄高进入平城以后,曾教导太子晃对付其父拓跋焘见疑之计:令作"金光明七日恳忏"[①],以"诚感之力",令拓跋焘入梦,"见其祖及父,皆执剑烈威,问:汝何故信谗言,枉疑太子!"由此迫使拓跋焘下诏:"令太子付理万机,总统百揆","于是朝士庶民皆称臣于太子"。这个降梦之说是否属实,且另作别论,但玄高曾用灵异参与北魏的政治斗争,是非常明显的。"时崔浩、寇天师先得宠于焘,恐晃篡承之日夺其威柄,乃谮云:太子前事,实有谋心,但结高公道术,故令先帝降梦……若不诛除,必为巨害。"玄高因此被杀。年余

---

① 简称"金光明忏",指依据《金光明经》所做的忏悔、祈福、祝愿的法事。

(太平真君七年,公元446年)拓跋焘发动毁佛运动,恐怕也与这一政治事件有关。《高僧传》的这一记载,有助于全面了解"魏武灭法"的政治背景。

玄高的弟子除玄绍外,还有西海(今内蒙古额济纳旗之嘎顺诺尔)樊僧印。他自称"已得罗汉顿尽禅门",玄高乃"密以神力"令僧印于定中,"备见十方无极世界,佛所说法门不同"。

但最有影响的弟子是在凉州出家的玄畅。他在玄高死后的第二年(445),发自平城,逃往扬州。《高僧传》本传说他途经孟津,后有追兵,"乃以杨枝击沙,沙起天暗",追者不能得前。在扬州期间,

> 洞晓经律,深入禅要,占记吉凶,靡不诚验,愤典子氏,多所该涉。至于世伎杂能,罕不毕备。

因此名达宋帝。后转至荆州,"舒手出香,掌中流水"。刘宋末年,西适成都,转入岷山齐后山,结草为庵。南齐初年(479),颂萧道成"道配太极"、"德同二仪",并将自立之寺名曰"齐兴",作为嘉瑞神应,换得齐帝"敕蠲百户以充奉给"的待遇。据此,他走的仍是其师玄高神异干政的路子,不过方式改变了,只须投机,无须冒险了。

然而在禅的指导思想上,玄畅却有新的发展。他可能是历史上第一个弘扬《华严经》的人,"研寻提章,比句传讲",可以说是华严宗的远祖。他又善于"三论"①,为刘宋"学者之宗"。他还是《成实论》的传播者,所撰《诃梨跋摩传》是研究《成实论》的重要文献。《华严经》以"三界唯心"为理论核心;"三论"、《成实论》属大小乘空宗系统,"空"、"有"结合,成为佛教义学此后发展的大方向,这同"五门禅法"用说一切有部的思想作指导,有了明显的区别。

玄畅的有名弟子是法期,其活动基地在江陵。《高僧传》本传

---

① "三论",指《中论》、《百论》、《十二门论》,以此三论为研习对象的学说,称"三论学"。"三论学"是对魏晋般若学的继承和发展。

说,当玄畅至齐山时,法期曾"见神人乘马,着青单衣,绕山一匝,还示造塔之处",可见是帮玄畅制造灵异的助手。法期自言:"十住观门所得已九,有师子奋迅三昧①,唯此未尽。"玄畅许之曰:"唯见此一子特有禅分。"这里讲的"十住观门"和"师子奋迅三昧",都是根据《华严经》修持的禅法。由此推论,法期可能是把玄畅所讲的《华严章句》运用于禅,或者是用禅定方法来把握《华严》的思想体系。

从觉贤、玄高到玄畅、法期,虽有师弟传承之迹可考,但无明确的统一宗旨可寻,所以只能算作禅僧团,尚不能构成一个严格的宗派。如果说他们有什么共同的特征,那就是灵异眩世,尤其是神通干政。

二、跋(佛)陀和慧光

完全由北方自行发展起来的禅僧团,是北魏时期的跋陀和僧稠系统。《魏书·释老志》记:

> 西域沙门名跋陀,有道业,深为高祖所敬信。诏于少室山阴立少林寺而居之,公给衣供。

少林寺就是孝文帝(471—499在位)特为安置这个跋陀所建造的。

关于跋陀其人,《续高僧传》的记载颇乱。对比《佛陀传》和《僧稠传》可知,跋陀和佛陀实为一人。但《慧光传》又与《佛陀传》的说法相混,所以也有把佛陀同佛陀扇多视作一人的。本文认为佛陀扇多属于译家,同作为禅师的佛陀差异甚多,佛陀即是跋陀,则无疑问。

据《佛陀传》,"佛陀禅师,此云觉者,本天竺人。学务静摄,志在观方,结友六人,相随业道,五僧证果,惟佛陀无获。"说明他习禅法是以个人"证果"为目的的,属小乘范围。后来道友预言他"于震旦特是有缘,度二弟子深有大益",因而游历诸国。至北魏恒安(平

---

① 师子奋迅三昧,亦译作师子频申三昧,以狮子奋迅威猛之相,喻入此三昧者,能伏诸异端,应机悲化,或喻身心舒展通畅的状态。

城),孝文帝敬隆诚至,"别设禅林,凿石为龛,结徒定念,国家资供,倍加余部"。及至北魏迁都(495),佛陀随往洛阳,"复设静院,敕以处之"。太和二十年(496),于嵩山建成少林寺,也是为了安置佛陀。

北魏先后开凿大同云冈石窟和洛阳龙门石窟,是佛教史上的重大事件。起因固然是出于祈福和愚民的需要,但安置结众的禅僧也是用心之一。这些禅僧全受国家供给,同依靠信徒布施和游行乞食者比较,带有浓厚的贵族色彩,对于推动禅在北方的发展作用很大。

佛陀禅法的内容不很清楚。所谓"征应潜着",似乎仍重神异。在恒安时,佛陀曾于禅院居室坐禅,"有小儿见门隙内炎火赫然","识者验以为得道矣"。后居少林寺,曾告众曰:"此少林精舍别有灵祇卫护,一立已后,终无事乏。"前者或是"火光定",或是"十一切处"定中的观火定,其效果都能使入定者产生笼罩于火中的幻觉。后者属于谶记,能预知少林寺之未来,"造者弥山,而僧廪丰溢"。根据这些记载看,在北魏众多的禅师中,佛陀并无特别引人注目的地方。他之所以为后人称道,主要是由于他的门徒。

佛陀在恒安结众,数目不详;及至主持少林寺,"四海息心之俦,闻风响会者,众恒数百"。其中佼佼者,一是慧光,一是僧稠,也就是预记他在震旦所度的二弟子。

慧光,《续高僧传》有传。年十二三,受度于正在洛阳的佛陀。具足戒后,多方参学,搜扬新异,兼以意量,从事著述,与专事禅修的学风颇不一致,所以佛陀向他说"道务非子分也",慧光遂转到了勒那摩提门下。勒那摩提和菩提流支都是当时的著名译家,他们共同译出了《十地经论》(以下简称《地论》),由此慧光成了弘扬《地论》的南道领袖。勒那摩提还偏教慧光以佛律,所以慧光也是律学大家,是《四分律》的早期倡导者和《僧祇律》的弘扬者,制《僧制》十八条、《仁王七诫》,成了维护僧纪的权威。北魏末年他在京洛任"国僧都",后随至东魏,在邺都转为"国统",由此开创了地论师和四分律律师集团统治整个北朝魏、齐、周三代佛教的局面。这个集团依止上层统治者,游化于齐、楚、晋、燕、赵、卫、郑各地;

同时起着整饬僧纪、防止叛乱的作用,也是流动于民间禅众的主要管制者。

慧光弟子中有冯衮者,说《捧心论》,以为"我为有本,偏所长驱",所以"我"是一切过恶之源。"我"之所生,在于有"心";此"心""常诱诳我",使受名利造作之"疽妒"。因此,解脱之道在于"看心","自以多过";以消除"我过"、至于"丧我"为修行的终极目标。他的箴言是:"当为心师,不师于心"。这种以鞭挞"我"、禁制"心"为内容的解脱观,与强化戒律、约束行为的律学完全一致,同流动禅众的散漫无拘是不甚相容的。慧光最有名的弟子是法上,他是慧光事业的主要继承者。

以慧光为主要代表的北国地论师兼律师,是禅僧在北方活动的直接障碍,也是造成禅僧不断南下的一个重要因素。

三、僧稠与僧实

真正接受过佛陀禅法的是僧稠(480—560)。据《续高僧传》本传记,僧稠俗姓孙,幼以"孝信知名",勤学世典,备通经史,有极好的儒学基础,曾被征为太学博士。年二十八,于巨鹿出家。初就佛陀的另一"神足"道房禅师受学"止观";然后北游定州嘉鱼山,受泰岳僧人的启悟,"旬日摄心,果然得定";再赴赵州障供山,从明道禅师深修,"自觉有得",遂诣少林寺"祖师三藏"佛陀处,呈已所证。佛陀赞之曰:"自葱岭已东,禅学之最,汝其人矣。乃更受禅要"。继之住嵩岳寺,游西王屋山、青罗山、马头山等。魏孝明帝(516—528在位)曾就山供养。永熙元年(532),魏孝武帝于尚书谷为之别立禅室,聚徒颇众,公家供养。再后,又转至常山、大冥山,"创开归戒,信奉者殷焉",燕赵之境,"众侣奔赴,礼贶填充"。及至北齐天保二年(551),"诏令赴邺,教化群生"。届时,文宣帝出郊远迎,扶接入内,随即"受禅道和菩萨戒法"。次年,敕于邺城西南龙山建云门寺,请僧稠居住,兼为石窟大寺主,"供事繁委,充诸山谷"。"两任纲统,练众将千",直接控制的僧众数量极多。

僧稠为魏、齐两朝皇室供养三十余年,年愈高,礼遇愈盛。在他的影响下,齐宣帝宣布,以国储的三分之一扶植佛教"三宝"。僧稠死后的次年，弟子奏请起塔，诏建千僧斋，赐物千段，敕右仆射魏收为制碑文。火化之日，"四部弥山，人兼数万，紫香千计"。道宣感叹僧稠得到的宠遇及其在民众中的声望，为"通古无伦，佛化东流，此焉盛矣"。

僧稠的腾达，是禅僧有独特的社会作用和统治阶层有特殊需要的典型表现。从觉贤到玄高，从佛陀到僧稠，所行禅法的思想内容主要有三项：一是禁欲，二是调心，三是神异。禁欲是遏制本能、压制物欲、缓和阶级对抗的良剂；调心利于安神，能使失意或不如意者在苦恼中找到慰藉，情绪平静，对于避免激化矛盾也普遍有效；神异则能惑众，统治者虽有忌惮，毕竟利大于弊。南北朝尤其是北朝的统治阶级无不支持禅法的流行，与禅法的这些基本性能有关。由此形成的禅僧团，全由统治阶级扶植，接受国家的供养，自觉为当时的政治服务，所以我们名之为官禅。

僧稠特别懂得佛教的政治作用，并主张一定要发挥这种作用。他曾向高洋献策，以佛道设教，引导四民，极受赏识。"帝常率其羽卫，故幸参觐。稠处小房宴坐，都不迎送。"弟子们认为这种做法很不妥当，僧稠回答道：

> 昔宾头卢迎王七步，致七年失国。吾诚德之不逮，未敢自欺形相——冀获福于帝耳。

文宣帝曾想独尊静心的禅旨，禁止接近嚣烦的义学。僧稠谏道，诸法师"弘通三藏"，"使夫群有识邪正、达幽微（因果），若非此人，将何开导？"他把说法讲经的各种法师归之为"禅业之初宗"，"归信之渐发"，而就其对社会的教化功能而言，绝不能压低义学的地位。这样，僧稠的禅僧团不但把禅学推向了佛教的高级地位，而且因为承担纲纪僧众的任务，也从而成为统帅义学的领袖。

僧稠的禅思想来源很杂，变化也多。他曾向高洋论说"正理"，谓"三界本空，国土亦尔，荣华世相，不可常保"。这是佛教中最令人沮丧的老生常谈，有时可以作为对破败者的慰藉，有时也能作为对亡命之徒的刺激,有些近乎"恶趣空"。但从他宣化于群众的禅法看,重点是禁欲忍辱,同时制造灵异妖言。有关他与神鬼虎蛇之类交涉的传说,曾被辑成《云门象图》,可见他特长于显异;而他用于禁欲忍辱的理论根据,则是来自《大般涅槃经·圣行品》中讲的"四念处法"。有传说他"行四念处法,乃至眠梦觉见,都无欲想"。又受"十六特胜法,钻仰积序,节食便心,九旬一食,米唯四升"。又"常修死想","感神来娆,抱兼筑腰,气嘘项上。稠以死要心,因证深定,九日不起。后从定觉,情想澄然,究略世间,全无乐者"。佛陀印可他的所证,当就是这种禅想。

"四念处"本是小乘佛教最流行的禅法之一,所谓观"身"不净,观"受"是苦,观"心"无常,观"法"无我,用来破除"外道"和世人所持世间是"常、乐、我、净"的观念。《大般涅槃经·圣行品》所讲的四念处,与传统所说的在细则上并无不同,但突出的是观身"不净"和观心"无常",同时联系白骨观、因缘观和佛现前观等,引导行者这样思考:

> 此身如是不净,假众因缘和合共成,而于何处生此贪欲?若被骂辱,复如何而生瞋恚……若他打来,亦应思惟:如是打者,从何而生……因手、刀、杖及我身名打,我今何缘横瞋于他?乃是我身自招此咎,以我受是五阴身故。

只要认识达到这样的程度,行者就算获得了"四念处",处于一种高层次的心境,叫作"堪忍地":

> 能堪忍贪欲恚痴,亦能堪忍寒热饥渴,蚊虻蚤虱,暴风恶触,种种疾疫,恶口骂詈,鞭打楚挞。身心苦恼,一切能忍。

可见僧稠所持的"四念处"同觉贤、玄高所传的五部禅法大同小异,不过后者强调的是把苦行作为自我解脱的手段,而僧稠则要求心甘情愿地忍受现实的痛苦,安乐于现实的折磨。

所谓"修死想",特别为《成实论》所提倡。《成实论·死想品》把对死的忆念,视作淡薄贪爱、断恶从善的重要途径,甚至认为能"速得解脱"——以"人厌死故求解脱"。这种本质上由对死的恐惧而产生的畸变心理,以及"四念处"对于人身不净和人生无常的丑恶渲染,极容易使人产生厌世和厌生的情绪。研习《成实论》,在南北朝曾形成一种专门的学问。北魏孝文帝曾说:"朕每玩《成实论》,可以释人染情。"①可见僧稠的这种禅思想也不是偶然的,而是北朝需要人们普遍忍受苦难的那种社会条件的一种反映。

"十六特胜法",指自数息到观离欲、观弃舍等十六种观法。此种观法被认为优胜于"四念处"之类的禅法,故以"特胜"为名。实际上,内容并没有超出上述那些禅法的范围,只是强调了对禅定喜乐的感受,为身心交瘁的修行者提供了一点可以享受的内心禅乐,而终极目的在于使行者更切身地体验到喜乐的暂时性、无常性,从而更牢固地树立起世界人生一切皆苦的佛教观念。

极端的悲观主义和苦行主义,共同自觉地维持着社会治安和统治秩序;强烈的出世思想和强烈的奉王逐利,加上灵异神感,惑民动众,在僧稠的禅法中是如此奇异地结合在一起,可以说是代表了北朝官禅的基本特点。

此外,在北朝官禅中,还有一个影响很大的禅僧团,活动于西魏、北周之际,则以僧实为首。僧实(476—563)在魏太和末年(499)进入洛阳,从勒那摩提学禅,后又"寻师向道,备经循涉。虽三学通览,偏以九次调心"。

"九次",指"九次第定",即前述之"四禅"、"四无色定",加上"灭心定",属于小乘的古典禅法,也为《成实论》所乐道。《成实论》特别把"灭心定"视作泥洹前的演习,所谓"身证想受灭","能灭一切心心数法",使任何思维活动都停息下来,所以又叫"无心法"。这本质上是锻炼愚昧麻木的一种手段,颇受大乘佛教的轻蔑,而为僧实所特别看重。

---

① 《魏书·释老志》。

僧实的神异也不少,曾于北周京都洛阳预言江南扬都(南京)讲堂将塌,令僧众诵观世音以救之。由此声振齐、魏、周三国。据说他奇相超伦,有声京洛,形同虞舜,貌似周公,被西魏统治者视作"可宪章于风俗,足师表于天人"的人物,他的言论则被定为"世宝"。北周保定(561—565)初,以其"才深德大,宜庇道俗",请为国家"三藏"(对法师的尊称)。

此外,官禅还有另一种形式,即官家行禅,这在北魏尤为平常。北魏统治集团内部的权力斗争十分严酷,即使身为贵族,也往往带有某种危机感或无常感,这是他们的帝王、后妃大都奉佛的一个重要原因。权力斗争的结果,胜利者通常给失败者一条出家为僧尼的出路,促使佛教进一步向上层发展。例如广陵王元恭,十余年中虽屡被除授官位,升迁不已,但一直绝言,居于龙花寺;建明二年(531),受立为帝,次年被废,回到崇训寺。他赋诗说:

朱门久可患,紫极非情玩。颠覆立可待,一年三易换。时运正如此,唯有修真观。

这可作为帝王贵族接受佛教、悟入禅思的一类模型。

北魏有两次时间颇长的太后专政,每次事变清理出去的后妃、宫女,基本上被勒令为尼,而所立皇帝,多半郁闷不安。献文帝拓跋弘天安元年即位(466),文明太后临朝听政,致使他"雅薄时务,常有遗世之心"。皇兴五年(471),被迫禅位于太子,移居北苑崇光宫,建鹿野浮图于苑中西山,"岩房禅堂,禅僧居其中焉"。据此推断,学佛行禅当是帝室的预备科目。

当然,领导整个禅思潮的依然是诸大禅师。道宣在《续高僧传》的《禅论》中评论说,"使中原定苑剖开纲领"者,唯僧稠、僧实"二贤",且接踵传灯,流化靡歇,直到唐初,这两个禅僧团的门徒还在活动,尽管他们的官禅地位已有了变化。

第五节 下层禅众和菩提达摩禅系

从河西到洛邺,北方的诸大禅师大都由影响民众开始,经官方或王室赏识,终于成为朝贵。就统治者言,这是安民抚众的谋略;就某些禅僧言,则是变泰发迹的捷径,二者相互利用,历来也得到正统的史学家们的重视。但是,酝酿流布于下层民众,始终没有得到上层社会的承认,因而自生自灭的禅僧团,为数更多,很难统计。

一、北朝流民与下层禅众

禅僧在北朝的数量日益增多,有一些与南朝不甚相同的原因,其中与流民的不断发生关系最为密切。流民问题是中国历史上值得研究的重大课题。从禅宗史看,每次较大规模的战乱或灾荒,都会引生流民;统治集团的内部争夺和腐败,则是另一个经常性因素。至于北魏,流民问题已成为普遍而持久的社会问题,王朝用以解决的主要办法,是拿土地作号召,许诺均田、授田;另一方面是募集兵勇,编入军队。但多数流亡者在赋役沉重、战争频繁的年代,并不愿意成为编户或军籍,而进寺院做僧侣就成了最好的选择。

北朝各代在扶植佛教发展方面远远走在南朝的前边。且不说凿建像大同云冈和洛阳龙门这样规模宏大的石窟群,用巨量金铜铸造各色高大佛像,即使寺庙建筑之多之大,装饰之富丽华贵,南朝也难以望其项背。由国家供养的僧尼,不只待遇优厚,数量也很惊人。自昙曜任沙门统(约461)起,在全境遍立僧祇户,掌握"僧祇粟",控制着全国的食粮救济事业;又确定"佛图户"为寺院农奴,直接供应寺院役使和田租;加上王公显贵挥金如土的布施,寺院经济超速膨胀起来。至神龟元年(518),已有人发出"寺夺民居之三且一"、"侵夺佃民"、"广占田宅"的感叹。寺院的僧尼使奴唤婢,成了人们钦羡的职业,特别是逃役、避赋、匿祸者,不可遏制地流向释门。然而僧多寺少,石窟、寺院的建造速度和能力远不能满足竞相剃度者的需要。据《魏书·释老志》统计,太和元年(477),魏境四方诸寺6 478所,僧尼77 258人。但到了北魏末年(534),略而计之,僧尼大众200万,寺3万有余。不到60年中,寺院增加了约4倍半,速度不可谓不快,而僧尼增加约25倍,速度更快,两者简直不成比例。若按魏初京城每寺有僧20人计算,3万余寺只能容纳60万人;若按国家规定每寺必须满50僧的限额,也只能容纳百万余人。事实上,众多的偏远小寺,人数极少,在太和年间,全国每寺有僧不到12人。这样,至少有一两百万僧众无寺可归,不得不"游止民间","游涉村落"。他们只要还保持僧侣身份,唯一合乎佛法的旗号就是游化行禅,以禅僧面貌流动,由此形成队伍庞大、成分复杂的下层禅众,这就成了禅宗从酝酿到产生的主要的社会基础。

　　下层禅众的不断扩大,避免了流民更多地卷入造反队伍,在一定程度上缓和了阶级对抗,可也造成一些新的矛盾。人口大量流失,使力役、兵役乏源,赋税锐减;生产者变成了寄生者,社会财富的创造力量变成了社会的沉重负担。因此,北朝屡禁私度,强制无籍僧尼还俗;到灵太后时,还明令禁止奴婢出家,限制及于诸王亲贵。至于对"不在寺舍"或"不安寺舍"的浮游比丘,更"令民间五五相保,不得容止",违者加罪。尽管这类诏令并未发生什么实际的效用,但下层禅僧总是处在非法的地位,时时有遭受打击的可能。所以,他们大都隐迹穷山僻壤,鲜为人知;或另找出路,南下江淮谋求生存,由此形成北朝下层禅众流动的两条主要渠道:下乡或南下。

　　下层禅众与寺院特别是国家寺院的僧侣矛盾也很尖锐,后者不只在政治上享有特权,经济条件也无比优越,而且是各级僧官(沙门统等)的候选者,代表官方,缉绥天下僧尼,又掌管僧律,有权处置一切沙门,因而也是浮游无籍僧侣的直接对头。自孝文帝延兴三年(473)到孝明帝熙平二年(517)四十余年中,有史记载的沙门造反事件八起,其中叙述冀州沙门法庆聚众谋反一事最详:"法庆以归伯(渤海人)为十住菩萨、平魔军司、定汉王,自号大乘……

杀阜城令,破勃海郡。所在屠灭寺舍,斩戮僧尼,焚烧经像。云新佛出世,除去旧魔。"造反者以寺舍僧尼为烧杀对象,可见仇恨之深;以"旧魔"视寺舍僧尼,自称"大乘"、"新佛",表明并没有放弃佛教的立场。据此可以肯定,造反者只能是无寺舍可居的流动沙门,也就是下层禅众。

《洛阳伽蓝记》的"崇真寺"条,通过阎罗发落五比丘的故事,反映当时洛阳的一种舆论,谓:"坐禅苦行,得升天堂";"诵四十卷《涅槃》,亦升天堂"。至于"讲经者","心怀彼我,以骄凌物",是"比丘中第一粗行",被送进"黑屋"(地狱);"造作经像",建造寺院,是劫夺民财,也被送进"黑屋"。据说,这故事一出,胡太后"即请坐禅僧一百人,常在殿内供养之","京邑比丘,悉皆禅诵,不复以讲经为意"。

这一传说,显然不符合史实。因为北朝的建寺、造像和译经讲经,都没有在胡太后时有所停顿,义学倒是得到更大的发展。但这一传说说明,在当时的佛教界中确实存在两种对立的势力:其一是权势者,即主持寺院、造作经像、讲说经教的学僧,或称"法师",隋唐时统称"教门";另一种是静居"坐禅"或流浪"禅诵"的禅僧,其中的大多数无籍无寺,遭受压抑,后来的僧史统称之为"禅门"。教、禅的对立和斗争相当激烈,时间延续很长,性质不完全相同。它是促使禅众独立建宗的佛教内在根源。

《洛阳伽蓝记》所说"讲经者",具体指昙无最。昙无最以讲《涅槃》、《华严》著称,撰《大乘义章》,被菩提流支等外来僧人尊为"东方菩萨"。但在杨衒之所记的这个故事中,昙无最只是个寓言人物,是用来影射北魏以菩提流支为首的译经集团的。菩提流支在永平元年(508)进入洛阳,受到宣武帝的优礼,公元517年移居新建的、以富丽豪华名闻域内外的永宁寺,组成有勒那摩提、佛陀扇多等在内的约七百人的译经集团。约在512年译完的《十地经论》曾成为御定经典,讲说《十地经论》的地论师则是十足的官僧。与下层禅众对立的,主要就是这一系统的僧侣。

二、菩提达摩及其禅系

关于北朝下层禅众的情况,史料能够提供给后人了解的太少;他们弘扬的禅法内容,也难得其详。唯有从传说的菩提达摩宗系中可以略知大概。

围绕菩提达摩其人,历史上传说纷纭,聚讼颇多。有关他的记载,最早是《洛阳伽蓝记》,称:"西域沙门菩提达摩者,波斯国胡人也。起自荒裔,来游东土","自云一百五十岁,历涉诸国"。他对于洛阳永宁寺的宏伟精丽大加赞叹,以为"神功","阎浮所无也";"口唱南无,合掌连日"。又记,他称扬洛阳所修梵寺金刚,"得其真相也"。据此,菩提达摩是来自波斯的游僧,专以膜拜佛寺、神像而名闻当地,看不出他有禅僧的特征。及至道宣在《续高僧传》中为菩提达摩作传,始称他是"南天竺婆罗门种"。谓其初达宋境南越(广州),末又北度至魏,随其所止,诲以禅教。"自称一百五十岁,以游化为务。不测所终。"但又说他于天平年(534—537)前,"灭化洛滨"。

假定道宣所记的菩提达摩同杨衒之所记的是同一个人,那么可以推断,刘宋王朝的起迄年代为公元420—479年;洛阳永宁寺的存在年代为517—534年;而菩提达摩在华活动时间的最大跨度为421—537年,即116年,最短为478—534年,即56年。撇开他以百余岁高龄到处游化、参拜是否可能不论,南朝齐梁学僧擅长多方搜寻佛教史料,编纂文献,撰写僧史,而僧祐、慧皎、宝唱等人的撰著中,竟没有提到这一行贯南北,活动了50至100余年的重要人物;北朝魏收著《释老志》,历数北魏的知名僧人,也无菩提达摩其人。这不能不令人惊奇。或者他可能只是一个后人穿凿的人物,或者可能虽有影响于底层民众,却始终未被显贵承认。无论如何,以菩提达摩名义的禅法,是在隋唐期间才开始声名高涨的,而以他为祖师的徒众发展得越来越多,但依旧未了:

第一,据《楞伽师资记》,楞伽师传承的第一代是四卷《楞伽经》的译者"宋朝求那跋陀罗";"魏朝菩提达摩"是第二代。

第二,据《历代法宝记》,佛法传承二十八代,第二十九代即是

"梁朝第一祖菩提达摩多罗",二祖北齐惠可。

第三,据《漕溪大师别传》,"西国经二十八祖,至于达摩多罗大师,汉地为初祖"。

第四,按宗密(780—841)的《中华传心地禅门师资承袭图》,唯称:"达摩所传,本无二法",而不明确是哪个达摩。《圆觉经大疏》谓:"罽宾以来,唯传心地",则这个达摩即达摩多罗。此说的来源,当是慧远的《禅经序》。

既然五代以后禅宗已经公认自己的中华祖师是菩提达摩,那么我们也只好这样沿用了,好在名字不过是一种假设施。

直接承袭菩提达摩的有两个派别:一个是众所周知的禅宗,一个是以奉行四卷《楞伽经》为心要的楞伽师。道宣为这两个派别分别作传,唐人以这两个派别确立传承,我们也须分别考察。

作为禅师的菩提达摩活动的中心是在魏境,游化于京洛。"于时,合国盛弘讲授,乍闻定法,多生讥谤。"[①]北魏自孝文帝(471—499在位)以来,诚然重视佛学讲授,但是通过官禅的弘扬,对"定法"并不陌生,受到"讥谤"的只是菩提达摩禅法。就是说,在唐朝初年就有了菩提达摩遭受北魏义学界排挤的传闻。至于唐中期撰写的《历代法宝记》[②]、《宝林传》等,更将达摩之死,直接归之于"菩提流支三藏"和"光统律师"(慧光)于食置毒;《传法宝记》和《旧唐书》则说其"因食致毒","遇毒而卒"。

菩提达摩有弟子道育、慧可。道育亦作慧育,"受道心行,口未曾说",事迹全不可考。慧可亦名僧可,俗姓姬,虎牢人,"外揽坟索,内通藏典"。后入魏都,因无师受,"一时令望,咸共非之"。年登四十,遇菩提达摩于嵩洛,遂奉以为师,从学六载。东魏天平初年(534),"北就新邺,盛开秘苑。滞文之徒,是非纷举","魏境文学多不齿之",可见他连续受到寺院义学显贵的压制和刁难。邺下有禅师道恒者,更以慧可所讲禅法为"魔语","货赇俗府,非理屠害",

---

① 《续高僧传·菩提达摩传》。
② 《续高僧传·禅论》。

不得不"流离邺卫"。这种遭遇促使慧可的禅风有了更大的变化,所谓"纵容顺俗,时惠精猷,乍托吟谣"①,即顺应世俗,不时创作新的禅理,编成歌谣传播,使他的禅法更加接近民众。时人编辑他的言论成集,道宣作过少量摘要。

道宣为慧可写的传记比较含混,官府对他的"非理屠害",内容不详;又说他"遭贼斫臂",也未言其因。但可以肯定,他受到的上层僧侣和地方官吏的迫害,不会次于菩提达摩。《历代法宝记》把慧可之死也归为菩提流支、光统律师的徒党毒害,《传法宝记》称他受僧"默鸩",《宝林传》则说他被"辩和法师"勾结县令"非理损害而终"。这些不同的传说集中在他的被迫害上,也反映了下层禅众对于官方学僧(法师)和律师普遍怀有的仇视情绪。

另有僧副禅师,太原祈县人,从达摩禅师出家。齐建武年(494—498)南游扬辇(南京),止于钟山下定林寺。梁武帝接纳他入开善寺,后附西昌侯萧渊藻入蜀传禅,"庸蜀禅法自此大行"。不久,又返金陵,死于普通五年(524)。曾用《慧印三昧经》与南平王观,斋祀治病。后来的《景德传灯录》等记这个达摩就是菩提达摩,僧副改称道副,成了菩提达摩的另一弟子。但不论从僧副的经历,还是从他的禅法内容看,与菩提达摩都不甚衔接,这个达摩或另有其人。

《续高僧传·慧可传》中还记有林法师其人。他原"在邺盛讲《胜鬘经》,并制文义","及周灭法(577),与可同学,共护经像";后来也被贼断臂,号"无臂林",由慧可乞食供养。传说菩提达摩讲过《二入四行论》(以下简称《四行论》),题弟子昙林序,所以有学者认为这个昙林就是林法师,也是参加洛邺译场的那个昙林。不过,这还只能是一种推测,洛邺译场开始于北魏永平二年(509),终结于东魏兴和末年(542),在这期间,昙林曾为菩提流支笔受一经,为佛陀扇多笔受一经,为瞿昙般若流支笔受五经。有年代可考的,最早为元象二年(539),其余均在兴和年间(539—542)。由此推论,昙林

---

① 《禅源诸诠集都序》卷三。

是在菩提达摩死后才担任笔受的,并不妨碍他曾是菩提达摩的弟子。但是,若如按僧传所说,在东魏译场讲授南朝宋的译籍,且能经常聚众七百人,则完全不可能。何况"林法师"与慧可"同学"是在周灭法以后,也不可能是跟随菩提达摩的"同学"。

昙林,或作昙琳,说他是菩提达摩的弟子,初见于《楞伽师资记》,谓《大乘入道四行》是"达摩禅师亲说",弟子昙林作序;《四行论》之外,另有《达摩论》一卷,则是昙林"记师言行"。这样,昙林就成了达摩禅法的唯一代言人,地位应该是相当重要了。但《续高僧传》中却无其名,其他一些早期禅宗文献连《四行论》都不承认。因此昙林和《四行论》就成了禅宗研究中一个待决的问题。

此外,《历代法宝记》还记达摩有言:"唐国有三人得我法","得我髓者惠可,得我骨者道育,得我肉者尼总持也"。此言出自伪造比较明显。尼总持其人不详,但在禅众中确有女尼则是事实,而不一定就是达摩的门徒。

道宣在《慧可传》中,称慧可"卒无荣嗣",是指他门下没有显贵僧侣。事实上,慧可的影响不小,弟子也多。横跨梁、陈两代的摄山三论学者,并以禅戒闻名的慧布,北游于邺,就曾向慧可问学。慧可评他的思想,唯在"破我除见"上有功夫,并不完全赞称,俨然是一代宗师的形象。道宣以后,公认僧璨是慧可的首席弟子,被奉为禅宗的第三代。此外,慧可的弟子辈中还有向居士、化公、彦公(或作廖公)、和禅师、那禅师等。其中向居士"幽遁林野,木食",于天保(550—559)初始向慧可问道。那禅师先在东海(江苏连云港附近)讲《礼》《易》,及至相州(指安阳),遇慧可说法,遂弃儒归释,与学士十人同时出家。此后,"唯服一衣一钵,一坐一食",奉头陀行,所往不参邑落。那禅师有弟子慧满,亦一衣一食,住无再宿,常行乞食;"其闻有括访诸僧逃隐,满便持衣钵周行聚落"。贞观十六年(642),曾与名僧昙旷法师会面。这个宗系大致代表了北朝下层禅众的风貌,那就是头陀苦行,逃避政府括访。

作为禅宗的达摩宗系,综合各种记载,图示如下:

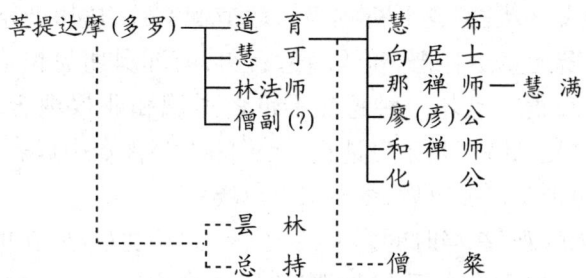

注：图中实线所示的关系，为道宣所传；括号与虚线所示的关系，为道宣后的传说。

三、传说中的达摩著作和达摩禅

后世流传的达摩论述颇多。除上述《达摩论》（有一卷、三卷之别）、《四行论》以外，尚有《无心论》、《观门》、《证心论》、《悟性论》、《安心法门》、《血脉论》、《修心要论》等；另有《释楞伽要义》，为楞伽师所传；《达摩观心论》或疑为神秀撰。最近还发现有《息诤论》一卷。这些论文，有的已经散佚，现存的部分，内容交叉重复，大都有伪造的痕迹。以敦煌出土的《四行论》（共十一条）看，初条记达摩生平，全是抄自《楞伽师资记》载的昙林序，第十一条则是抄自《续高僧传·慧可传》所记向居士请问慧可的禅理。此论之后，又附有《口杂录》两种，令达摩屡解《老子》之言，又引"三藏法师"诸语，更不会是菩提达摩的作为。然而，它们大都围绕"治心"这一课题立论，所谓"安心"、"观心"、"证心"、"无心"等等，将禅法归之为心学，形成别有特色的思潮，所以也自成系统，大体为后来的禅宗北宗所沿袭，所以这类著作也许就是出自北宗禅师之手。

从道宣开始，研究者多认为能代表达摩禅法的是"大乘壁观"和"二入四行"，与最有势力的僧稠所宗"念处"，并立为"乘之二轨"。

所谓"念处"，即"四念处"，本属小乘有宗所倡；道宣称达摩禅为"虚宗"，则指大乘般若、中观系统："审其慕则，遣荡之志存焉；观其立言，则罪福之宗两舍"[①]。"遣荡"指遣除飘浮激荡的心绪，属禅本身的任务；"罪福之宗两舍"，指由禅定达到的精神境界。通常佛

---

① 《续高僧传·菩提达摩传》。

教极重视去恶从善、避罪祈福等宗教道德实践,这里要求"罪福之宗两舍",既无意于作恶,也不有意行善;有罪毋庸恐惧追悔,获福也莫洋洋自得。这是一种超然于世俗道德和业报观念之外的境界,在成分复杂特别是来自逃亡、叛逆的下层禅众中最容易得到共鸣,到隋唐禅宗形成以后,依然很有市场。

"大乘壁观"在当时的影响最大,所谓"功业最高,在世学流,归仰如市"①。后世有人即将"壁观"当成达摩禅的代称。它的功效在于"安心",亦即"遣荡",后来禅宗统称为"摄心"、"凝心",早期则归由"数息观"承担。现在达摩改为"壁观",已很难知其具体的操作方法。宗密曾解释:"达摩以壁观教人安心:外止诸缘,内心无惴;心如墙壁,可以入道。"②这是把"壁观"当作譬喻,与原意不恐不相符。"壁观"应是"面壁而观"的略语。北方禅师行禅的处所,或为石窟洞穴,或为黄土墙垣,为"外止诸缘",当然以面壁而坐最佳。所观,即"专注一境",当是墙壁或石壁的颜色,其效用与"白骨观"、"十一切处"等禅法引发青、白、赤、黄等色相、幻象是一样的,属于达摩多罗禅法的变形,同样可以令心宁静。

因此,达摩禅的特点,不在壁观的形式,而是用以指导禅观的教理,以及证见之后用这一教理对实践的指导。它的基本内容,就是"二入四行",撮要保存在《续高僧传·菩提达摩传》中:

> 如是安心,谓壁观也;如是发行,谓四法也;如是顺物,教护讥嫌;如是方便,教令不着。

"安心",前已解释;"发行",就是据教理的实践,具体指下述的"四行";"顺物",指如何处世待人,避免惹起嫌疑是非;"方便",指对一切得失都不要当真执著。这四者都是为了"入道"(悟道)之用,也是"入道"的表现。

---

① 《续高僧传·禅论》。
② 《禅源诸诠集都序》卷三。

/第一章/ 禅宗前史——禅学和禅僧团

"入道"有两个要点,即"理入"和"行入"。其中,"藉教悟宗,深信众生同一真性,客尘障故,令舍伪归真;凝住壁观,无自无他,凡圣等一;坚住不移,不随他教,与道冥符,寂然无为,名理入也。"①"理入"有三个步骤,第一是随经教文字所说,确立"众生得一真性",修行者必定达到"舍伪归真"这一教理的牢固信仰;第二,通过坐禅"壁观",令心安定,专一观想上述经教之"理",而别无分别;第三,由此摆脱对经教文字的依赖,使自身实证所观之"理"。"理"与认识默然合一,认识全化为"理",此即谓之"与道冥符",也就是"壁观"要达到的最高目的。因此,所谓"理入"者,就是通过壁观沉思,把握佛经说的教理。不过,此中讲的"众生同一真性"之类的教理,已超出"虚宗"讨论的范围,倒是建业译经集团译出的《涅槃经》、《胜鬘经》等经典弘扬的思想。

完成上述对教理的内证,只属于禅的"壁观"部分,菩提达摩还特别主张起坐后的如理践行,认为这也是禅的组成因素,此即谓之"行入"。"行入"包括四项内容,所以称为"四行",或谓之"发行"四法:

> 初报怨行者:修道至苦,当念往劫舍本逐末,多起爱憎,今虽无犯,是我宿作,甘心受之,都无怨对……二随缘行者:众生无我,苦乐随缘,纵得荣誉等事,宿因所构,今方得之,缘尽还无,何喜之有?得失随缘,心无增减……三名无所求行:世人常迷,处处贪着,名之为求。道士悟真,理与俗反,安心无为……有求皆苦,无求得乐也。

总之,无怨无怒,无爱无憎,无得无失,无喜无悲,甘于忍辱受苦,全无希求,这就是上述"三行"的内容。就此而言,达摩禅法与僧稠的"四念处"等禅法,在教诫人们立身处世上并无区别。按僧稠说,人之所以必须忍辱苦行,在于人生无常,苦乐非我;达摩则补充说,若

---

① 《续高僧传·菩提达摩传》。

做到用因果报应的教义支配自身忍辱受苦的行动,就会与禅观内证所得的"真性"之理相应,故曰"称法行",它就是"四行"中的最后一行。

"二入四行"之说,流行相当普遍。它不同于此前小乘禅法的主要特点,是把禁欲主义和苦行主义安置到了"众生同一真性"的理论基础上。《楞伽师资记》也记载了全文,只是文字稍有出入,且补充了"称法行"的内容:

> 性净之理,因之为法。此理众相斯空,无染无着,无此无彼……若能信解此理,应当称法而行……为除妄想,修行六度,而无所行,是为称法行。

据此看来,这一思想又属于般若,其中所引经文:"法无众生,离众生垢故;法无有我,离我垢故",即出自《维摩诘经》。也就是说,它是把"众生同一真性"的"真性"归结为"空性",而不是《胜鬘》中的如来藏,也不是《涅槃》中的常乐我净。如此一来,达摩禅法确实可以归为"虚宗",尽管与前"三行"的认真执著的态度不甚协调。

关于"二入"的说法,在失译的《金刚三昧经》中也有记载:

> 二入者,一谓理入,二谓行入。理入者,深信众生不异真性,不一不共,但以客尘所翳障。

有人认为达摩的"二入"就是本于此经。事实上,此经系新罗元晓(617—686)与一个叫大安的人共同创制,出现的时间远较达摩晚,也在达摩禅法的记载者道宣(596—667)之后。但由此可以说明达摩禅法流行之广、影响之大,到唐初已成为主要的禅思潮。

达摩禅中值得注意的问题,是把"入道"的"入",即"悟道"的"悟",分解为"理"与"行"两部分,组成为禅的统一过程。传统禅法之不同于佛教的其他法门,在于静坐默想。修行者若想悟道,必须通过这样的禅思才能实现。用佛教的术语说,叫作"现观"或"身证"。从时间上说,"悟道"的过程极短,但在佛教全部认识的链条中却是一个关键的环节。此前,修行者需要有一个对教理的长期"信解"过程;此后,又必须按照所悟之道、所证之理,作无限期的践行。这前后两个阶段,一般佛教派别都不列在禅定的范围,达摩禅则把此三者统一起来:"藉教悟宗",即读经明理,是作为守定禅思的理论依据,属"信解"阶段;"壁观"是实现主体认识同所习理论直接契合的方法,也就是"现观"的完成;所谓"发行",亦名"称法行",是将认识把握了的佛理付诸实践。这样,佛教的全部理论和全部实践,就统统被纳入禅的唯一法门,禅僧也就可以成为一切僧众的代表。达摩禅的这一重要特征,在于从理论上体现了禅僧的独立化方向。

四、慧可的禅理及其意义

慧可受过良好的儒家教育,文化水平颇高。传说他的义章被人辑成部卷,敦煌卷子中有《四行论》,可能属于这种性质。道宣的《慧可传》记有他的言论摘要,从中可见他的思想概貌。其中先引向居士的问话:

> 除烦恼而求涅槃者,喻去形而觅影;离众生而求佛,喻默声而寻响。故迷悟一途,愚智非别。无名作名,因其名则是非生矣;无理作理,因其理则诤论起矣。幻化非真,谁是谁非?虚妄无实,何空何有?将知得无所得,失无所失。

这位向居士侧重从"幻化非真"、"虚妄无实"的角度,对世间和出世间的一切差别作等量齐观,因而把"无所得"当作最高的禅境界。慧可的回答是:

> 说此真法皆如实,与真幽理竟不殊;本迷摩尼谓瓦砾,豁然自觉是真珠。无明智慧等无异,当知万法即皆如……观身

与佛不差别,何须更觅彼"无余"?

这个回答认可了向居士之说,但又作了补充:诸法"非真"、"无实",也就是"真如"、"幽理";说万法"幻化"、"虚妄",也就是"万法即皆如"。

这番问答的理论意义,在于把般若性空之"理"当作遍在于一切的"真如",它遍在于一切众生之中,表现为一种本有的"智慧",即所谓"摩尼真珠"的佛智。这样一来,原属怀疑论性质的般若体系,就变成了有本体论意义的如来藏体系,般若学同佛性论很自然地结合了起来,从而使达摩禅中"虚宗"与"真性"的矛盾说法得以协调。

这番问答还有一个要点,那就是向居士所谓的"迷悟一途,愚智非别",慧可说的"无明智慧等无异","观身与佛不差别",把愚与智、迷与悟、众生身和佛身这三者等同起来,也就是把愚人、迷人、众生的地位抬高到与智人、悟者、佛身等同的高度,为他们的存活,至少在宗教上提供了自尊和信心。

慧可师徒都强烈反对离烦恼别寻涅槃,离众生身另求佛身,为达摩禅的传承增添了许多人生的积极情趣。这种主张在中国后来的佛教中特别发展起来,不仅在宗教理论上,而且在宗教实践上,换了一副全新的面貌,使达摩倡导的禅法,与和他同时以及此前流行的其他禅法真正区别并对立起来。

据《慧可传》记,慧可被诬为"魔语"的话是"情事无寄",相应的禅境界为"理事兼融,苦乐无滞",也就是对世俗的是非、善恶,出世间的愚智、迷悟等差别,一律采取无动于衷的冷漠主义态度。这种态度,从维护世俗道德和宗教信仰的角度来看,当然都是不能容忍的;同时也说明,它的积极处世哲学依然有极大的局限性。

第六节　楞伽师与南天竺一乘宗

道宣在《慧可传》中记:"初,达摩禅师以四卷《楞伽》授可曰:我观汉地唯有此经,仁者依行,自得度世。"从此在慧可门下又出现了一大批专以此经为修持指南的僧侣,号称"楞伽师",形成了与达摩禅系大体一致而又有相当差别的楞伽学系,亦称"楞伽宗"。

一、《楞伽经》与楞伽师

四卷本《楞伽经》译于刘宋元嘉二十年(443)。达摩授慧可于嵩洛,时在慧可四十岁以后、达摩终生以前,即东魏天平年(534—537)的前十数年中。这时,菩提流支在同一地点已经新译了十卷本《楞伽》(513),全名《入楞伽经》。达摩、慧可有机会见到新译本而不使用,反而采用南朝旧本,是一件颇值得玩味的事。从社会背景上看,显然带有同当权僧团不合流的因素,在思想上则同与两种《楞伽》存在差别有关系。四卷本《楞伽》开头有个赞偈,谓:

> 世间离生灭,犹如虚空华;智不得有无,而兴大悲心。

又谓:

> 一切无涅槃,无有涅槃佛,无有佛涅槃,远离觉、不觉;若有若无有,是二悉俱离,牟尼寂静观。

"寂静"即是"涅槃",亦作"寂灭",与佛性、法性、实相、真如、如来藏等属于同类概念。把"寂静"当作人生追求的最高精神境界和需要体认的最终真理,甚至当成世界的本体和观察问题的方法,是佛教各派哲学的共性,但对"寂灭"一词蕴涵的内容和性质,各派的解说却有极大的不同。小乘普遍认为,涅槃就是"灰身灭智";《涅槃经》

认为,"寂静"乃是"常乐我净"。两者几乎完全对立。至于作为一切众生皆有的本体(从果上说),即使大乘各宗也没有给予同样的规定。四卷本《楞伽》的"寂静观",所谓"若有若无有,是二悉俱离",其倾向是"虚宗",因为它实质上是把"离二边"的"性空"视作"涅槃"的,而"性空"之理或"性空"的精神状态,就变成了众生皆有的"如来藏"。四卷本《楞伽》的这一宗教理论体系,同前述达摩的禅哲学基本相通。十卷本《楞伽》在此赞偈之前,则单列了一品《说佛品》,给予了明显不同的定义:

> 寂灭者,名为一心;一心者,名为如来藏。

原来两种《楞伽》,都用"唯识无境"说明世界,并用"阿梨耶"和"如来藏"两重本体说明世界和人生的本原;其中,"如来藏"又被说成是发生"阿梨耶"的依据。所以,从世界观的角度来看,两种《楞伽》并无实质性区别。但若以"性空"规定"如来藏",也就是从否定的意义上规定涅槃佛性,那么,它就是沿着般若学的怀疑论路线,侧重点仍然在对世俗认识和世俗世界的否定上;若用"一心"解释"如来藏",则是从肯定心体是有的意义上规定涅槃佛性,进一步强化向内心探求成佛的道路,属于《大乘起信论》的思想体系。因此,"寂静"究竟是"性空",还是"一心",在以后的某些禅宗文献中,尽管区分得不是那么清楚,但从佛教的本体论及其对宗教实践的影响看,差别还是很大的。

四卷本《楞伽》只有一品,名《一切佛语心品》,意思是说,本经乃是诸佛说法的核心(纲要)①。后来的楞伽师和禅师,将核心的"心"解释为精神本体的"心",同十卷本《楞伽》关于"一心者名如来藏"的说法联系起来,简称"诸佛说心"。但即使如此,达摩—慧可

---

① 关于"一切佛语心"的"心",译者特别作注云:"此心梵音肝栗大。肝栗大,宋言心,谓如树木心,非念虑心。念虑,梵音云质多也"。

一系仍然贯彻"虚宗"之旨①。《僧可传》记初唐慧可的再传弟子慧满说法,每云:

> 诸佛说心,令知心相是虚妄法;今乃重加心相,深违佛意。

这是把四卷本《楞伽》所讲的"心"解释为"虚妄法",而虚妄法的本性是空,所以是必须摈弃的对象。相反,十卷本《楞伽经》用"一心"规定"如来藏",本性真实不虚,成了必须追求证得的对象,在慧满看来,这就是"重加心相"。由此可见,直到唐初,达摩—慧可所兴起的四卷本《楞伽》之学,仍然是这个禅僧团的指导原则,与十卷本《楞伽》把心规定为如来藏的观点是相异的。

二、僧粲和法冲

然而,从《续高僧传》的前后多次记载看,所谓楞伽师的情况相当复杂。《法冲传》说,信奉《楞伽》的有两种人:一类是"口说玄理,不出文记者",有粲禅师、惠禅师、盛禅师、那老师、端禅师、长藏师、真法师、玉法师;另一类是"出《楞伽》抄疏者",有善禅师、丰禅师、明禅师。按宗系说,有"远承可师后"者,如大聪师、道荫师、冲法师、岸法师、宠法师、大明师等,也有《楞伽》疏解。他们的共同特点,是"常赉四卷《楞伽》,以为心要,随说随行";另有一批"不承可师",而自依《摄大乘论》疏解《楞伽》者,如迁禅师;有依《入楞伽经》而非四卷本《楞伽》作疏者,如尚德律师。

据此可见,四卷本《楞伽》的信受者,并不都是禅师,所谓楞伽师也不限于信奉四卷本《楞伽》,更不等于达摩—慧可僧团;同理,达摩—慧可禅僧团中的人物,也不一定全是楞伽师。像前述的林法师、向居士以及化公、廖公、和禅师等,就都不在楞伽师之列。这说明,四卷本《楞伽》曾是流布于魏末以至隋唐佛

---

① 将四卷本《楞伽》理解为"虚宗",和《涅槃》之说"有"者对立,是隋唐学僧比较普遍的看法。三论学者吉藏明确指出:"《楞伽经》说'无我'为如来藏,《涅槃》说'我'为如来藏。"

教界的一股重要思潮,在达摩—慧可僧团及其传承中曾占有指导地位,但这个禅僧团与楞伽师毕竟不是一回事,不能画等号。一些禅宗文献把禅宗"血脉"简单地归结为楞伽传宗,与史实不尽符合。

在达摩—慧可禅僧团和楞伽人物中都有其名的是那禅师,或称那老师。他的徒众很多,除慧满外,知名的还有实禅师、惠禅师、旷法师、弘智师等。由于那禅师属"不出文记"一类,无可考察,但从慧满的主张和行事中也能略知大概。

另一"不出文记"的粲禅师,在《达摩传》、《僧可传》和《道信传》中全无记载。后人普遍认定他就是禅宗的第三代祖师僧粲,主要根据来自《辩义传》。此传提到一个叫僧粲禅师的,曾在隋仁寿四年(604)的前数年,于庐州(安徽合肥)独山烧香求水,并死于此山。又,《道信传》中说:"有二僧莫知何来,入舒州(安徽潜山)皖公山静修禅业。"由于独山距皖公山很近,加上传说道信是僧粲的弟子,所以有人认为这二僧中有一个就是僧粲禅师,也就是《法冲传》中的粲禅师。但这毕竟是一种推测,很难成为信史。近代考古发现有砖铭一块,上书"大隋开皇十二年(592)七月僧粲大师隐化于舒之皖公山岫,结塔供养,道信为记。"此亦有可疑:在历史上,特别鼓吹僧粲活动的事是在唐大历年间(767—779)。最初有人在黄山东传说是僧粲"窀穸"之处造塔,可见并非在皖公山"隐化";继之又传说他在"得道"的舒州司空山(即皖公山)起塔造碑,请朝廷谥号。独孤及为之撰写的碑铭明确说:"禅师僧粲,不知何许人,见于周隋间,传教于惠可大师。"生卒年代全然不知。传说僧粲著有《信心铭》,尤不可靠,因为这与他"不出文记"的禅风大相悖谬。虽然如此,僧粲其人其言,在以后的禅宗尤其是北宗中,影响是很深远的。

道宣是历史上最博学的僧史学者之一,继续保持着道安、僧祐、慧皎等严谨求实的学风,写史并重实地、实物、实事的考察。在他晚年时,全国统一已久,社会安定,因而他有条件对达摩一系的传承作更全面的调查,其《法冲传》就是这一调查的新成果。《法冲传》罗列出来的乃是一大批楞伽师,其中作了详细记载的是法冲。法冲成了"出抄疏"类楞伽师的代表,也是现在了解楞伽师系的主要资料。

法冲生于隋初(约586),兖州(属山东)人,初学《涅槃》,后至安州(湖北安陆)暠法师下听《大品》、《三论》、《楞伽》,入武都山修业。年三十至冀州(河北冀县)。贞观初,私度为僧,与诸避难逃僧隐于峰阳山(徐州东)。由于他能冒险解决僧众的食宿问题,因而聚众百余人。后又重返安州,专心《楞伽》。"会可师后裔盛习此经,即依师学,屡击大节",连续讲述三十余遍;"又遇可师亲传授者,依南天竺一乘宗讲之,又得百遍"。法冲三学《楞伽》,两次受教于慧可的弟子辈。他的活动中心安州临近蕲州黄梅、舒州皖公山和潜山,正是传说中的僧粲和道信、弘忍等禅众的活动基地。以后由禅宗特殊尊崇和标榜的"南天竺一乘宗",实际上是由法冲扩大弘扬的。但是,像这样一个重要人物,不论是《楞伽师资记》,还是后出的其他禅史中,几乎没有提及他的地位,真有些令人费解。

三、南天竺一乘宗人物

关于慧可弟子所传"南天竺一乘宗"这一概念的由来,道宣没有说明,至于它的内容,在《法冲传》中略有介绍,谓"专唯念惠,不在话言";"忘言忘念,无得正观为宗"。这类说法非常抽象,可以有多种解释,究竟是"专念"还是"忘念",在以后的禅宗中还发生过分歧。不过就当时的佛教义学的整体背景看,道宣的第一句话,相当于四卷本《楞伽》所讲的"说(言)通"和"宗通"。"通"即通达,指通向觉悟智慧之道;"说"即言说,"宗"指内证。佛智的成就,主要不在"话言",而在"念惠",即内证。"我谓二种通:宗通及言通;说者授蒙童,宗为修行者。"因为"言说别施行,真实离名字;分别应初业,修行示真实"。轻蔑"言教",本是般若学的传统,到三论学者那里,把揭示语言矛盾推到文字游戏的程度,终于以"无所得"和"无所得亦无所得"为极致,到吉藏才完成这一体系的构造。道宣的第二句话,尤其是把"无得"作为"正观"之所宗,同三论宗更加接近起来。因此,"南天竺一乘宗"应该是楞伽学和三论学合流的产物。法冲所师的嵩法师,就是标准的三论师。

据《续高僧传》卷一三《慧嵩传》,嵩法师名慧嵩,系兴皇法朗弟子茅山明法师的门徒,隋大业年间(605—618)进入成都。唐初有奏,嵩结徒动世,道俗屯拥,疑有异术,下敕穷讨。辩诬以后,避地故乡安陆。他也是《楞伽》的讲说者,可知《楞伽》与"三论"的合流,在隋唐之际的江南是颇有些代表人物的。

像法冲这样的楞伽师,在道宣为他们作传时,仍很活跃。麟德年(664—665),法冲七十九岁,还在继续活动。他的一生以"游道为务,曾无栖泊",在贞观初年严禁私度的条件下剃落,后亦"不任官贯,频有度次,高让不受",与当权者取不合作态度。玄奘是唐太宗最崇敬的三藏法师,由国家组织规格最高的译场,译经曾规定"不许讲旧所翻经"。冲曰:"君依旧经出家,若不许弘旧经者,君可还俗,更依新翻出家。"对当时的权威大德也持批判态度。他的名声很高,为房玄龄延入都邑,"即弘大法,晟动英髦"。杜正伦亲莅法席,详评玄义,时号"法界头陀"。他宣称,"义者,道理也。言说已粗,况舒在纸?粗中粗矣。"但又作《楞伽疏》五卷,题为《私记》,流通当时。这类言行不一的矛盾,是唐中后期禅宗内在性格的一种普遍表现,在法冲等禅师中早已经显露出来了。

事实上,信奉四卷本《楞伽》一类"虚宗",或弘扬"南天竺一乘宗"那类应世哲学的,并不限于后人所说的禅宗系统,也不限于楞伽师系统。这是一种既注意清苦修持,又看破世间名利的佛教潮流,其成员大部分属于跌落到民间的遁世的上层人物,他们自生自灭,在一定的条件下聚集信众,形成一股有影响的佛教势力,同官办寺院对立。他们既蔑视政府的有关法令,也甘心淡泊寂寞;虽与政府不甚合作,但也绝不参与造反暴动。当然,有些人也乐于应征,像《楞伽师资记》的作者净觉就颇典型。这与当时一部分禅僧的社会基础和行为方式大体是相同的。

推动这股潮流的,还有其他一些非楞伽宗禅师。其中之一是杭州惠明,他原在越州(浙江会稽)敏法师处法席二十五年,号青布明;复至蒋州(南京市清凉山)俨禅师所,一经十年,在山念禅;后至荆州四望山行头陀行。他的禅法是"诵《思益经》,依经作业","与其言论,无得为先"①。《思益经》也属般若空宗的经典,与"无得"相应,必然是"无言无念"。他所从学的敏法师,也做过善伏的师长,善伏又是道信的弟子,所以,不论从内容还是从师承上看,惠明也属法冲所解释的"南天竺一乘宗"的范围。

另有昙伦禅师,原籍汴州浚仪,十三岁出家。曾依端禅师学"次第观",师教他"系心鼻头,可得静也"。昙伦驳曰:"若见有心,可系鼻端;本来不见心相,不知何所系也?"师又告他:"令汝学坐,先净昏情,犹如剥葱……重重剥却,然后得净。"昙伦又驳曰:"若见有葱,可得剥削;本来无葱,何所剥也!"进具以后,"读经礼佛都所不为,但闭房不出;行住坐卧,唯离念心,以终其志。"与义学论师问答,"随言即遣,无所挂碍"。隋仁寿二年(602),国家于京师兴造禅室,召而处之,"还即掩关,依旧习业"。他曾与著名的地论师僧粲论述"般若无底,空华焰水,无依无主,不立正邪,本性清净"。他在京师阶段,"道俗请者相续"受法者甚众,而其所讲"妙理",罕得广流。终于唐武德末年(626)。他之反对系着"心相",与慧满相同;以"离念心"为宗旨,同法冲的"忘念"相近,所以昙伦也应是"南天竺一乘宗"中的人物。不过他更明确地反对读经礼佛,反对静坐摄心,对于觉贤以来传播的小乘禅法作了异常彻底的否定,使其具有了唐中后期才发展起来的那类禅风。②

依据《续高僧传》的记载,楞伽学系的师承关系是这样的:

---

① 《续高僧传·惠明传》。
② 上引均见《续高僧传·昙伦传》。

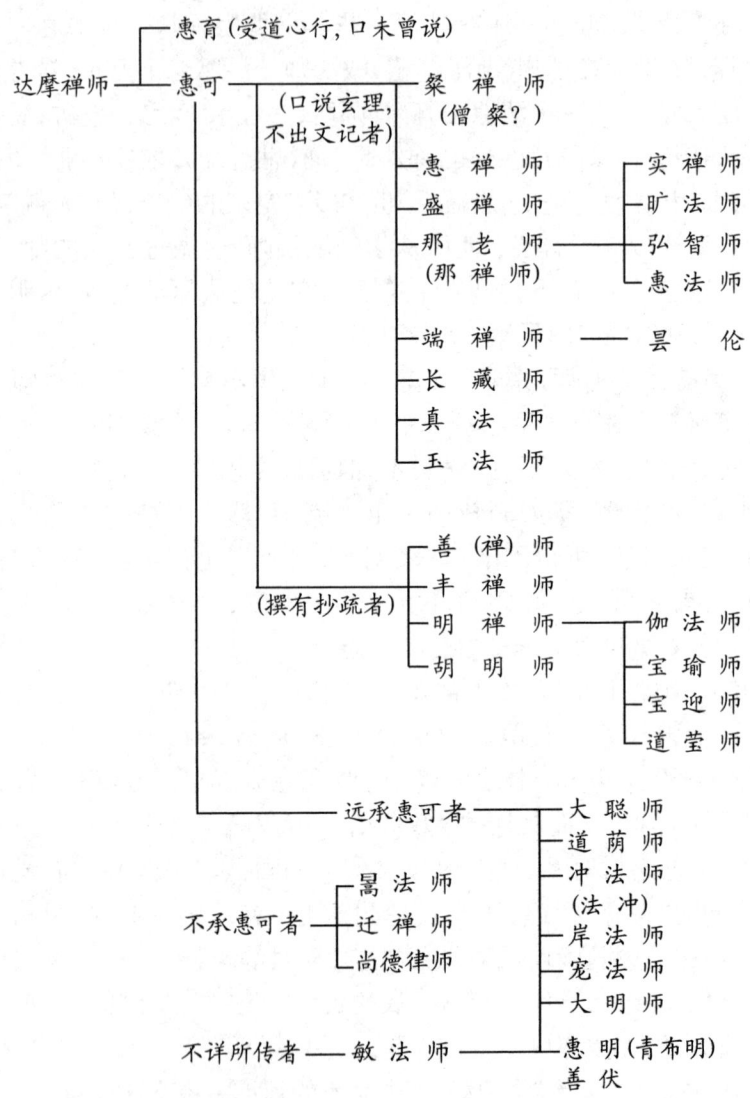

列举这一学系的人士如此众多,在道宣的僧传中是破记录的,这也说明在初唐期间楞伽师的阵营、声势确实可观。但这一宗系与《慧可传》所列的禅系明显不同。慧可禅系中的六个弟子,在这里只剩一个那老师,而那老师的弟子辈中又删除了禅系中的慧满;在慧可的再传弟子中,也没有了影响最大的道信。这种差别可能源于道宣写传所据的材料来源不同,但也反映了达摩的禅系与他的楞伽系并不一致。在楞伽人物中,法师与禅师并称,而且还有律师,可知有些楞伽师并不专以"禅"为务。

尽管楞伽师有行禅与讲说的区别,但思想、学风可能大体相近,在严肃的正统佛教学者看来,都属于狂诞邪慧之徒,所以可以归为一类。道宣站在律学的立场上评论说:

> 唯识离念,竞陈横想;受学《毗昙》行恶戒者,奉为聪慧;听习《楞伽》乐饮啖者,用为通极。夸罩蒙俗,陵轹往贤,眒视天汉,率轻禁网。谓邪慧为真解,以乱识为圆智。①

据此可知,无视戒禁,随意发挥,是楞伽师们的共性,与唐初的禅众一样,都是道宣所不齿的。然而,正是楞伽人物与达摩禅系的人物一起构成了隋唐之际禅宗的先驱。

---

① 《续高僧传》卷一五《义解论》。

第二章 禅宗的形成及其分布(隋与唐代初期)

第一节 形成期的历史特点

宇文周统一北朝(578)三年,为隋所代(581),又八年,隋灭南朝陈而统一全国(589),到隋大业六年(610),约二十多年的时间,国家相对稳定,人民比较安康。但继之而来的炀帝的暴政和隋末遍地的战火,使全国再度陷入混乱之中。唐王朝南征北战,直到武德七年(624)和贞观二年(628)先后平定江南和朔方,封建国家才逐步繁荣昌盛起来。在这半个世纪中,政权归属屡屡更迭,大规模的内外战争频频发生,人民的大量逃亡和阶级结构的急剧变化,都给佛教的发展以新的刺激,其中尤以禅僧的发展速度最快。此外,还有一些特殊的社会原因对佛教的影响也很大。

一、北朝和隋唐的佛教政策与禅僧队伍的变化

北朝统治集团的宗教政策是很不一贯的。从总体上说,自魏太武帝灭佛(444)失败以后,历代王朝不管还有多少检括、沙汰的限制,对佛教大都采取扶植利用的态度,所以僧尼寺院的数量始终持续上升,居高不下。到北周武帝晚年(577)攻占齐北方佛教重镇邺都,下令全境灭佛,拆毁寺院和佛像,焚烧经书,勒令还归编户的僧尼近三百万人,其中得到满意安排的大约为数极少,绝大多数是四散奔逃,一部分隐匿山林村落,一部分南下谋生,本是相对合法的释子,如今变成了无籍的野人;原本对矛盾重重的社会起着某种协调作用的因素,一下子变成了加剧动荡的力量;曾经在民间流行数百年的信仰,一旦被禁,其带来的不安也是意料中事。因此,杨坚取得政权以后,立即大力恢复和重建佛教,这一举措有着非常现实的社会政治意义。从开皇元年(581)二月开始,隋文帝不断诏令修寺建塔,目的主要是招徕游僧入寺安居。开皇十年,隋文帝接受昙迁的建议,敕准此前所有僧尼私度者,并听出家,"率土蒙度数十万人"①,其中以流亡的禅众居多。

　　道宣指出:"隋高造寺,偏重禅门",也反映了隋王朝扶植佛教的用心主要在安抚禅众。但效果并不理想。据《历代三宝记》统计,截至开皇十七年(597),"见即僧尼将二十万,支提寺宇向出四千",全国的寺庙和僧尼数都不到北周一隅的十分之一。唐初傅奕排佛,声称当时僧尼20万,道宣谓,佛、道二众其实不满7万。又经过200多年,到唐武宗时(841—846),舆论认为僧尼已多到国家承受不了的程度,但可以统计到的,也只有26万人,寺庙增加到44 600所(其中官寺4 600所),平均每寺不足6人。佛寺数量比北周多出三分之一,说明有唐一代为安置僧侣是很下本钱的。但僧尼总数依然不到北周的十分之一,说明即使在寺的僧尼也在逃避国家统计;或者有些寺院属于私建,本来就不在统计之内。

　　此外,唐代严格控制出家人数,屡屡搜括私度,而效果极微。《续高僧传·志超传》谓,唐初严敕私度,而禅师志超"曾无介怀,亲度出家者四人"。道宣是用赞赏的口气来写这种现象的,而僧侣们也以违禁私度为荣。在《静琳传》中,道宣说:"度杂公私,宪章有叙;故使外虽禁固,内实流通。"就是打着"宪章"(指僧众内部的章法)的旗号私度,故"内实流通"显然是普遍存在的事实。开元十八年(730)以后,国家强化了度牒制度,不经官方承认,不入官寺籍簿,即是非法。由于国家的统一控制,一个剃度者想按正规手续得到僧籍,往往得经数十年的努力。事实上,中央既无办法解决流民问题,地方官吏也就没有办法制止私度,甚至出现纵容和保护私度的现象,所以度牒的施行,不但没有制止劳动力继续向释门流动,反而使更多的僧侣流散在国家的监管之外,致使禅众的来源总是连绵不断。安史之乱,开鬻牒一途,贫困的逃亡者更难得到合法身

---

① 《续高僧传·昙迁传》。

份,从而加重了禅众的失控。

促进禅宗形成的诸多条件中,还有另外一个因素也不容忽视,那就是禅众中文化结构的变化和领袖人物素质的提高。北周灭佛,首当其冲的是义学僧侣,也就是佛教中文化层次最高的,一般都是高踞官寺、享有权势的那部分官僧。他们被迫南下,除少数上升为新朝的新贵外,多数流入禅众之中。南方变动也很大,自梁末到陈隋,把持建业佛教、统帅江南僧侣的主要是三论宗人,受到打击最重。唐代建国,李世民支持强调后天教化、重视修持的玄奘系统,极端冷落口谈虚无、行为不羁的原来那批贵族僧侣,致使三论宗系实际解体,不得不流落到底层中,于江南游动。他们中的不少人学识广博,文化水平很高。此外,由于政权更替频繁,隐匿到僧侣中的皇亲贵戚、官僚军士明显增多,更直接地带进了传统的儒道思想,增强了组织群体生活的能力。一般来说,禅僧众的文化水平是极低的,但他们的领袖人物则恰恰相反,绝不低于同时代的任何知识僧侣,仅仅是因为他们大都不愿公开身世遭遇,世人难得其详罢了。从后来参与隋王朝佛教决策的昙迁那里,大体可以了解隋唐禅众领袖人物的一般经历。

昙迁,博陵饶阳人,自幼受北齐中散大夫国子监祭酒博士的舅父传授《周易》,以及《礼》、《诗》、《书》、《庄子》、《老子》等书,以为"李、庄论大道,《周易》辨阴阳,可以悟幽微,可以怡情性"。由此"留心《庄》、《易》,归意佛经"。遂投师出家,被誉为"当类弥天"(指东晋道安)。初学《胜鬘》,再历邺下讲肆,继窜形林虑山(在河南林县),精研《华严》、《十地》、《维摩》、《楞伽》、《地持》、《起信》等。逮至周武毁法,逃迹金陵,栖道场寺,得习旧译《摄大乘论》,兼为国子博士,讲论《庄》、《易》。陈亡之际,转移彭城(江苏徐州),创北土摄论学,弘扬《楞伽》、《起信》,受到地方长官和尚柱国贺若弼的支持,为隋皇所征(587),特别承担招收逃僧、建造禅寺、绥缉法侣的任务。①

---

① 参见《续高僧传·昙迁传》。

/第二章/ 禅宗的形成及其分布(隋与唐代初期)

像昙迁这样最终腾达的禅师为数极少,但有他这样的经历而终生处于下层的禅师,在周、陈、隋、唐四朝却相当普遍。他们随着形势的变化而游动,不再像南北朝时那样依附于某个域外僧侣诵经修禅,而是独立自主,融会儒道,特别是《易》、《庄》等杂说,糅合北方地论学和楞伽学、南方摄论学和三论学,创制出适应社会生存条件和个人机遇体验的思想观念,用讲说或注疏的方式表达出来。昙迁所讲说的《大乘起信论》,可以说是集中总结和概括了这类禅师的宗教哲学的成果。

二、《起信论》与禅的理论模式

《大乘起信论》题马鸣作,真谛译,大约出现在周隋之际。关于它的真正作者,至今尚有争议。它的最早注疏者是昙延和净影慧远。慧远是法上的弟子,著名的地论学者;昙延亦习《十地经论》,自称梦中马鸣曾授以经义。所以在隋唐两代就有人怀疑《大乘起信论》为伪托之作,或即地论师撰。应该补充的是,即使是出自地论师,那也是已经败落的地论学,是蕴涵有儒释道多重因素的产物。

《起信论》对于禅宗形成的思想影响是巨大的,主要表现在三个方面:

第一,《起信论》将世间和出世间一切现象的最高本体和最后本源,统统归结为"一心"。"一心"是"智",是"理",是"觉",是"佛",或叫作"佛性"、"真如"、"如来藏",表示一切佛教净法均在"一心"中,具足圆满。由于此心一切众生皆有,与普通人并不疏远,故又名"众生心"。据此,对佛教的信仰,说到底是"自信己性";所有佛教的修行,就变成了唯一的修心。从楞伽师提倡以"诸佛语心"行禅,到这里给"心"以概括而明确的佛教本体论的意义,使禅僧不时发出的那种摆脱外力崇拜、唾弃偶像权威的言行,得到一种新的自觉。

第二,《起信论》主张心性无染,心性本净,但"净"不是"空",也不是"有",而是"不动",所谓"心性无动"。因此,"净"即是"静",而"静"既是"理",也是"觉"。所以,只要一心"不动",那就是契合真理,达到觉悟,也就是佛。"静"的含义是"无念","无念"的根本标志是无分别;从消除善恶是非、爱憎苦乐,到泯灭主客观的界限,令修行者完全处于一种物我两忘的无差别境界。《起信论》把一心由"静"到"动",解释为世俗世界得以发生的原因;而由"动"到"静",则是众生成佛之道。这样,大大简化了传统佛教烦琐的心理分析,和从恶向善、由染转净的艰难修持。

第三,《起信论》提出:"若行若住,若卧若起,皆应止观俱行"。禅不排除坐,但不限于坐,最重要的是要贯彻到日常生活中。这些思想原则,为禅宗的形成提供了重要的理论指导。禅宗在此后的发展中,虽然说法纷纭,行为各异,而基础理论始终没有超出《起信论》的模式。

由于禅众的增加和失控,加上新兴的佛教心学对于寺塔经像和义学戒律的冲击,使佛教的面貌为之一变。

三、初唐定学诸相和禅僧南流

道宣讲到唐初城邑佛教的情况时说:

> 世有定学,妄传风教,同缠俗染,混轻仪迹。即色明空,既谈之于心口;体乱为静,固形之有累。神用没于词令,定相腐于唇吻。排小舍大,独建一家;摄济住持,居然乖僻……顷世以来,宗斯者众,岂不以力劣兼忘之道,神顿绝虑之乡乎?

又说:

> 褊浅之识,骧惰之流,朝入禅门,夕弘其术,相与传说,谓各穷源。

> 顷世定士,多削义门,随闻道听,即而依学,未曾思择,扈背了经。每缘极旨,多亏声望,吐言来诮,往往繁焉。或复耽着世定,谓习真空;诵念西方,志图灭惑。肩颈挂珠,乱掐而称

第二章　禅宗的形成及其分布（隋与唐代初期）

禅数；纳衣乞食，综计以为心道。①

某些禅僧游身愦闹，混同尘嚣，其事由来已久，而于隋唐为烈。不以静心为务，反以词令争胜，也是都邑禅僧的通病。从律师的身份看，这比楞伽师还糟，当然是不足取的。但从中国佛教的整体历史看，禅僧的这种为正宗佛教所不能容忍的地方，正是促进它自我丰富和自我发展的因素。进入山林的禅众，在表现形式上又有不同，但其悖逆佛教传统绝不比都邑禅僧逊色。道宣言中尤可注意的是，"朝入禅门，夕弘其术"，说明"禅师"已可速成；"排小舍大，独建一家"，表明禅众极乐于拉帮立宗，这一特点在山林僧众中更为突出。

从全国大局来看，经过北周灭佛和隋唐之际的战乱，以长安、洛阳、邺都为中心的中原地带发生过两次大规模的僧众流动。流动的方向，东西南北都有：东向辽东，西向西蜀，而主流则是一北一南。往北进入今山西、河北境内诸山，直达雁门关。在周隋和隋唐之间，他们有很大的势力，初唐以后逐渐销声匿迹，罕为人知。向南则广布淮南江表诸郡和荆襄地区，日益发达，最终成为禅宗的真正发祥地。

在东晋时，南方即有少数禅师出没，其所行处，亦有虎避蛇走、山神归依等传说，但聚徒者少，独来独往者多，近似隐遁的名士处士。像支遁的"宴坐山门，游心禅苑，木食涧饮，浪志无生"②之类，是颇有代表性的。其他像竺昙猷，有弟子十余人，是又一种类型，为数不多。他们的游止地区，多在浙江诸山，特别是会稽、剡县（嵊县）、始丰、余姚，以及天台、瀑布、灵溪、四明等山水秀美地带。及至刘宋，觉贤、慧观等在建业建立译场，同时传习禅法，而专业的禅僧仍未形成一种有影响的力量。"逮于梁祖，广辟定门，搜扬寓内有心学者，总集扬都"。"又于钟阳上下，双建定林，使夫息心之侣，

---

① 《续高僧传·禅论》。
② 《高僧传·支遁传》。

栖闲综业。于时佛说虽隆,多游辩慧,词锋所指,波涌相凌,至于征引,盖无所算。可谓徒有扬举之名,终亏直心之实。"①

从表面上看,梁武帝推崇禅学,但在他治内搜集"心学"之士集中于建业城内,或安置在钟山的上下定林寺,目的实出于羁縻——或使禅师们游于"辩慧",或不断"征引",总在于使禅僧领袖远离民众,尤其避免他们妖异惑众。因此,南朝的禅僧同北朝相比,不论在规模上和性质上都有很大差别。

然而,随着北周以来北禅持续南下,流民大量向江淮涌入,禅学的重心也在向南迁移,其标志就是初唐道信和法融两支禅系的崛起。

第二节 禅宗史上的里程碑——黄梅禅系的形成

一、双峰山道信与禅众定居

道信(579—651),比法冲稍早。后出的有关僧史,都把他列为僧璨禅师的弟子,定为禅宗的第四代或楞伽宗第五代的祖师。此说同僧璨在禅宗中的地位一样难于确定。《续高僧传》本传中说:"释道信,姓司马,未详何人",自七岁随僧行止,并能自觉持戒。后赴舒州皖公山从二僧授与禅法,经十年,师往罗浮山,"不许相逐"。再后,道信蒙国家许可,得度出家,"附名住吉州寺"。又欲去衡岳,"路次江州,道俗留止庐山大林寺",亦经十年。"蕲州道俗,请度江北黄梅,县众造寺,依然山行",去双峰山,一住"三十余载,诸州学道,无远不至"。终于唐永徽二年(651)。道信进入黄梅双峰山,约在武德三年(620)。

道宣晚于道信十六年终,所记道信行事,当比后出的传说可信得多。其中有几个事实,特别值得一提:

第一,本传没有提及道信奉行《楞伽》,与慧可所传法冲等楞伽师也没有关系;相反,他在吉州(今江西吉安市)时,"被贼围城七十

---

① 《续高僧传·禅论》。

余日",刺史叩请退贼之策,"信曰:但念般若"。据此,道信是奉持《般若》的。尽管《般若》与四卷本《楞伽》在倡导"虚宗"上有一致的地方,但后者的如来藏本有的思想,却是前者所无的。禅众执持的经典,往往是自己所宗的旗帜,不大可能随意变更。

第二,道信在皖公山所师的二僧之一,后人推测即是僧粲。且不论此说可靠与否,但有一点可以肯定:道信未言及他的师长姓名,其师也不许他随逐南下。不留"名誉"是"忘言"的表现,不准师徒久聚是头陀"无亲"的实施,这在思想理论体系上确实与法冲等楞伽师有相近的地方。但若据此说道信就是楞伽师传承,证据不足。道信临终,徒众问道:"和尚可不付嘱?"回答是:"生来付嘱不少。"此话才了,奄尔便灭,说明他自己也拒绝安排继承者。

第三,道信的影响迅速扩大,"诸州学道,无远不至",山中聚徒五百余人,定居且三十多年。这在禅宗史上是一件有划时代意义的事件。此前,达摩一系的禅僧和多数楞伽师都是以游方为务,居无定所。他们自北向南的流动,也反映了整个下层禅众的趋向。及至进入皖、苏、鄂、湘、赣等山区,开始由流动转向定居,完成了禅众生活方式上的重大转变。道信作为最著名的定居创造者,其吸引力不止于当时的"诸州",而且影响于禅宗以后的发展至大至久。

关于道信聚众山居的具体情况和所传内容,当时缺乏记载,直到他的第三、四代才有所追记,主要是嵩山法如一系写的《传法宝记》和安州玄赜一系写的《楞伽师资记》。

据《传法宝记》载,道信

> 每劝门人曰:努力勤坐,坐为根本。能作三五年,得一口食疗饥疮,即闭门坐。莫读经,莫共人语。

寥寥数十字,道出了初唐禅众中的又一个重大转变,那就是"作与坐"并行。"能作三五年"的"作",或名"作务"、"作役",泛指一切生产劳动。道信号召他的门人都去从事作务,以便"得一口食疗饥疮"。可见他所聚结的五百余徒众,全是依靠自身的劳动,主要是垦荒柴耕,解决吃饭问题的。这样,就正式地将劳动吃饭问题当作禅门大事列进禅行之中,这在整个佛教史上是一件具有真正革命意义的创举。

众所周知,佛教的原始教义是厌恶人身,鄙薄生产劳动。僧侣的生活来源主要依靠自己乞食和施主布施,部分受国家的直接供养,成为社会上一个特殊的寄生阶层。晋宋以来,土地和财产向寺院急剧集中,原是单纯消费的寺院也着手经营农工商贷。东晋道安,年十二出家,"驱役田舍,至于三年,执勤就劳"。法显为沙弥,"尝与同学数十人于田中刈稻"。魏太武帝西伐盖吴,时"长安沙门种麦寺内"。姚秦时道恒所《释驳论》反映,沙门中"或垦殖田圃,与农夫齐流;或商旅博易,与众人竞利";"或机巧异端,以济生业";"或聚畜委积,颐养有余"。可见僧侣从事生业经营已相当普遍,外来的佛教正统观念受到一定的冲击。但是,所谓"诚非所宜,事不得已",即使最正当的谋生手段也得不到舆论的理解和尊重,因此一般从事生产劳动者仅限于沙弥和下层僧侣。

隋唐之交,流向佛门的人数大增,他们并不隐讳自己"出家离俗,只为衣食"①的动机。原本可以暂时寄宿留食的寺院,包括官寺在内,由于受到严重破坏,僧尼逃窜,幸存下来的庙宇也只能闭门自保,致使在"兵饥交接"中的"四方游僧,寄食无地"②。因此,一些"高僧"再次强调:"有生之本,以食为命。假粮粒以资形,托津通以适道"③。资形活命成了禅众行道首先要解决的问题。道信在双峰山上为持续扩大的流动僧众所找到的安身立命之路——垦荒定居,就是最妥当的方式。

所谓"闭门坐"的"坐",当然是指坐禅。但把"禅"归结为"坐",尤其强调"闭门坐",同达摩以来提倡的"理"、"行"并重的禅风,显然已有不同;至于他特别告诫徒众"莫读经,莫共人语",与楞伽师

---

① 《续高僧传·智则传》。
② 《续高僧传·昙迁传》。
③ 《续高僧传·弘智传》。

的"口谈玄理,不出文记",也有颇大的差异。其所以如此,与唐初淮南、江表一带特殊的战乱有关,是出于安全的考虑,必须闭山藏匿。

那时淮南、江南是杜伏威、辅公祏的天下。武德六年(623),辅公祏公然反唐,在丹阳称帝,次年被杀。道宣在《法融传》中记载这一事件对佛教的影响时说:"武德七年,辅公祏跨有江表,未从王政。王师薄伐,吴越廓清,僧众五千,晏然安堵。左仆射房玄龄奏称:入贼诸州,僧尼极广,可依关东旧格,州别一寺,置三十人,余者遣归编户。"广大僧尼,既要躲避同反叛者的瓜葛,又要逃开官方的沙汰,在夹缝中窘迫挣扎。因此,道信倡导的坐禅,并不是简单恢复域外的传统禅法,而是为了保护自身的生存权利。

《楞伽师资记》关于道信的记载,其文甚长,但并无道信的传略;与上述《传法宝记》所记的禅风,也完全不见。另说他有《菩萨戒法》一本,及制《入道安心要方便法门》,并重申,说法"要依《楞伽经》诸佛心第一;又依《文殊般若经》一行三昧,即:念佛心是佛,妄念是凡夫"。在这篇长文中,除说道信亦习《般若》类经而与《传法宝记》略同以外,在思想倾向上几乎毫不相涉。《楞伽师资记》为道信弟子弘忍作传,系依玄赜撰写的《楞伽人法志》,所述弘忍的禅风与《传法宝记》所记的道信禅风大同,说明《传法宝记》的记载更加接近史实。

二、东山弘忍的山居禅学与坐作并重的禅行

关于弘忍,《楞伽师资记》说他俗姓周,其先寻阳人,生于黄梅,父早弃背,七岁奉事道信,终于咸亨五年(674),年七十四①。传说有《禅法》一本,"谬言也"。他在道信门下,"役力以申供养,法侣资其足焉"。他的"役力"供养能使所有"法侣"资足,说明他是这个禅僧团中卓越的生产经营者和生活组织者。又记他"肃然静坐,不出文记",正是坚持了道信的"作"、"坐"并重的禅风。《传法宝记》与此记载大体相同,说弘忍"性木讷沉厚","常勤作役,以体下人"。

---

① 《传法宝记》说弘忍年十二事信禅师,终于上元二年(675),年七十四。

"昼则混迹驱给，夜便坐摄至晓"（白天带头劳动，晚上静坐"摄心"）。又说他"未视诸经论，闻皆心契"，与《楞伽师资记》称他"生不瞩文，而义符玄旨"的意思相同。

弘忍的文化水平可能不高，他之所以成为禅众公认的领袖，主要在于他在解决禅众生活问题方面的出色才能。像弘忍这样的禅师，隋唐之际不在少数。如后来被推崇为天台宗二代祖师的禅师慧思，就是以"营僧为业，冬夏供养"著称于慧文门下的。后来他南下吉州，止大苏山，也是因为能够"供以事资"，使来者"归从如市"，"填聚山林"。禅师志超，于太原比干山创立禅林，在隋季多难、寇贼交横、民流沟壑、死者大半的情况下，"结徒聚劝"，就在于他有设法令"余粮不穷"的能力。不过，由于弘忍自幼受佛教熏陶，他的师弟辈中不少是有文化素养的人，所以他不但在禅风上将"作"、"坐"定型化，而且在禅思想上也有所创新。《楞伽师资记》载有一段问答：

又问：学道何故不向城邑聚落，要在山居？答曰：大厦之材，本出幽谷，不向人间有也。以远离人故，不被刀斧损斫——长成大物后，乃堪为栋梁之用。故知栖神幽谷，远避嚣尘，养性山中，长辞俗事，目前无物，心自安宁。从此道树开花，禅林果出也。

这话当本自《庄子》，与大乘佛教的救世济众之旨颇不相容，弘忍加以引申发挥，作为禅众山居的理论根据，也是当时禅师多以《庄》、《易》解释佛理的一种反映。

又据玄赜记，弘忍"缄口于是非之场，融心于色空之境……四仪皆是道场，三业咸为佛事。盖静乱之无二，乃语嘿之恒一"[1]。这可以说是对道信"作"、"坐"禅法的进一步发挥。所谓"四仪"，指人的行、住、坐、卧；所谓"三业"，指身、口、意的诸种活动。作"道场"、

---

[1] 《楞伽师资记》。

"佛事",不限于寺院那样的特定场所,也不限于供奉膜拜佛菩萨等特定的僧侣律仪,而是要贯穿在行禅者的全部日常生活中。换言之,在禅理指导下的全部日常生活,就是行禅。从思想形式上看,这似乎只是达摩"理入"和"行入"的具体化,但弘忍的侧重点在于把禅贯穿于日常的劳动生产中,而不是像达摩那样强调进入世俗社会;是要把劳动生产提高为禅行,而不是一般地将禅贯彻于世俗生活。因此,两者都同讲"四仪",但内涵有所不同。

弘忍的这一主张,对于道信提出的"作"、"坐"并行也有修正。因为"作"、"坐"并提,有将两者分裂开来的缺陷;弘忍用"静乱无二"、"语嘿恒一",将两者统一起来,令所谓"融心于色空之境"的老生常谈也有了新的内容。从这个意义上讲,弘忍不但坚持了由道信开端的聚众定居的大方向,而且为禅农结合作了符合佛家教义的理论阐释。

应该说,中国禅宗到道信、弘忍而正式形成。他们继承了达摩以来关于众生"心性"即是"佛性"的基本思路,在佛教内外的多种打击和排斥下,完成了以自信自立、自求解脱为中心教义的立宗工作,为长期流动的禅僧们创建了一个相对稳定的据点,组成了生活上比较有保障的群体。黄梅禅系是一个榜样,不久就成为佛教内外、朝野上下注目的对象,剩下的问题就是唐王朝的正式承认了。

第三节　牛头禅系和润州僧群

道信弟子除弘忍外,见于《续高僧传》的还有法显、玄爽与善伏。

法显,俗姓丁,江陵人,十二岁出家于荆州四层寺。其师宝冥法师,谓"众生并有初地味禅①,时来则发,虽藏心种,历劫不亡"。隋大业年间(605—618),智颚于四层寺"大开禅府",法显曾随众听

---

① 初地味禅:"味禅",指以"四禅"或"四禅天"为至高境界而生贪爱的禅定,相当于世人之欲获"神通",成神作仙。

讲;及将具戒,"归依皓师",从学"降心之术"。隋唐之际,兵贼交加,幸而免难。"自尔宴坐道安梅梁殿中三十余载,贞观之末,乃出别房"。此后往投蕲州见道信禅师,"更清定水矣"。不知何时,又重返荆州四层寺。终于永徽四年(653),年七十七。①

玄爽,姓刘,南阳人,弃妻离家入道,"游习肆道,有空俱涉"。后往蕲州道信所,"伏开请道,亟发幽微"。后亦返归本乡:"唯存摄念,长坐不卧,系念在前"。在本邑聚结若干禅众,终于永徽三年(652)。②

善伏,一名等照,俗姓蒋,常州义兴人,五岁出家。贞观三年(629)被追充州学,"日听俗讲,夕思佛义",颇能令佛儒联类。后又逃隐,游学于苏、越、交、桂诸州。曾先后受学于天台超禅师的"西方净土观行"、润州俨禅师的"无生观";又入桑梓山行"慈悲观",曾"为神受戒",反对"肉祭",名声颇高。义兴令嫌其"动众","将加私度之罪",永徽二年(651)被括还家。后复山居,"苦节翘勤","众又屯聚"。倡导行慈,以为"不杀者,佛教之都门";又劝行"六道供"③,以为"先祖诸亡,无越此途"。曾居伏牛山,"经中要偈,口无辍音"④。显庆五年(660)终于衡岳。他之谒见道信,只是诸多参学中的一段,道信所示,为"入道方便"。

总观这些禅师,大体可知道信的影响区域范围主要在豫、鄂、皖、苏、浙一带,向南还延伸至两广,向北到达两京。他们所受道信的禅法,突出在"长坐摄念"和"入道方便",此二者正是以后禅宗北宗的纲领。这些门徒,在以后的禅宗文献中很少被提及。《传法宝记》曾记"荆州法显、常州善伏,皆北而受法",而谓"善伏辟支根机"⑤。大约以后的禅宗僧众是颇蔑视他们的。

---

① 本段所引均见《续高僧传·法显传》。
② 见《续高僧传·玄爽传》。
③ "六道供",指供养一切有生之类。按佛教业报轮回说,诸祖先死后托生,无外乎在六道之中。这是把儒家祖宗崇拜与佛教业报说结合起来的宗教观念。
④ 《续高僧传·善伏传》。
⑤ 辟支,梵语辟支佛的略称,意译"缘觉",泛指佛教小乘。

第二章　禅宗的形成及其分布（隋与唐代初期）

一、法融和牛头禅的建立

与法显、玄爽、善伏境遇不同，远在金陵牛头山的法融禅师却一直被禅宗纳进道信的门墙，反映了他在禅宗形成期确实占有重要地位。

据《续高僧传》本传，法融俗姓韦，为润州延陵（江苏丹阳）的望族，年十九，有鉴"般若止观实可舟航"，遂弃"儒道俗文"，入茅山（江苏金坛西南）依炅法师剃度。炅法师当即是三论大师兴皇法朗的弟子茅山明法师，与法融之师㬎法师为同门。炅法师曾"誉动江海"，"妙理真筌，无所遗隐"，贯彻了三论学者善于论辩的传统。法融颇不以为然：

> 以为慧发乱纵，定开心府，如不凝想，妄虑难摧。乃凝心宴默于空静林，二十年中专精匪懈，遂大入妙门百八总持，乐说无尽。

这"百八总持"，当就是《楞伽》中的"百八句"。这说明法融的禅法也以《楞伽》为哲学基础，同㬎法师、法冲一系大体相同。他之于空静林中宴默二十年，则不单纯出于对讲说的不满。

法融终于显庆二年（657），年六十四，上推他出家当在隋大业九年（613），时值隋末大乱，三论宗僧人也四处藏匿。十年后，即唐武德七年（624），房玄龄勒令江表僧众归于编户，法融似乎首当其冲，所谓"不胜枉酷，入京陈理"。御史韦挺曾出面调停，房玄龄坚持他必须"反道宾王"，于是不得不旋归本邑。不知何时，再次得度。又经二十年，即贞观十七年（643），始于牛头山幽栖寺北岩下别立茅茨禅室。"数年之中，息心之众百有余人"，法门逐渐兴盛。此前，法融曾隐在牛头山的佛窟寺，对其所藏佛典、道书及经史医方，昏晓抄阅，前后八年，由此文思大进，"动若联珠"，"玄儒兼冠"。贞观二十一年（647），于岩下开讲《法华经》，初出幽栖寺开讲《大集经》；永徽三年（652），邑宰请至南京初建寺讲扬《大品》，僧众千人。次年，江宁令又请出州讲解《大集》，听众道俗三千余人。

从这些零碎的材料看,法融受学于《楞伽》和"三论",与道信并无师承关系。他以"无住为本"、"事等风行"为处世哲学,对于世间骂辱、诽毁,"安忍刀剑",行事总带有"虚宗"那样的"无常"感。这也是当时江淮禅众的普遍倾向。他弘扬的《法华经》提倡三乘归一,说明他重视调和;他所讲的《大品·灭诤品》震动最大,给人的印象是"用心柔软,慈悲为怀"。道宣曾说:"览其指要,聊一观之都融。融实斯融,斯言得之矣。"①无住、灭诤、慈柔、安忍,都是"融"的表现,于是融合就成了法融的个性。

《大集经》的内容极杂,总的来说,玄理相对减少,突出鬼神佑护和禁咒法术的作用,尤以"菩萨"能于"一时中,示八万四千种色","无情亦有神"等说法最为新奇,是佛教向多神主义方面发展的重要典籍,最便于在底层民众中传播。南京的佛教,久受《般若》、"三论"的熏陶,三论宗人对于鬼神系统大都不屑一顾,因此,法融被邀讲《大集》时,吸引听众道俗三千,"皆曰闻所未闻",同时也使"前修负气"之辈,"来至席端,昌言征责"。把《大集》思想引进江南是一个创举,引进江南的禅众中更为稀罕。而这些思想对于牛头宗之泛神论宗教哲学的形成有明显影响。

法融虽多居山林,但不断讲说,处山寺"立为斋讲",进州城"相续法轮",口若悬河。这种举止,依然是摄山三论学的遗风,与黄梅禅系的不求闻达、不重经讲的禅风迥然有异。

永徽四年(653)冬,睦州(浙江建德东)女子陈硕贞起义,自云曾经"上天",能"役使鬼神",举兵反唐,号称文佳皇帝。在短时间内,破睦州,陷桐庐及于潜,攻歙州,围婺州,波及面很大。婺州刺史崔义玄和扬州都督府长史房仁裕等率兵讨伐,由此受到诖误诛连的沙门极多。所在僧尼,纷纷逃亡,会于建业者尤众,诸寺皆不容纳。"融时居在幽岩,室若悬磬,寺僧贫煎,相顾无聊。日渐来奔,数出三百……县官下责,不许停之。"法融说以"业命必然","祸福同之",冒险将他们收留下来。又以僧众口给艰难,乃"躬往丹

---

① 《续高僧传·法融传》。

阳,四告士俗",一日往来负米两三次,"百有余日,事方宁静,山众恬然"。相反,离山的散僧,"被官考责,穷刻妖徒,不胜支持,或有自缢而死者"。①

法融所聚山众,与道信、弘忍的来源完全一样。牛头山地近金陵,素有尚佛传统,加上稻米丰盛,募化或许不甚困难。法融在这里经营十二年(645—657),常有僧众百余人,自谓"山寺萧条,自足依庇"。似乎也从事自给性的生产活动,但缺乏记载。他之所以在道俗中享有声望,为僧史学者看重,主要是因为他能在危难时刻收容逃僧,庇护僧众的安全,其号召力与当时的黄梅禅系也大体相同。

法融在晚年受到江宁令的礼遇,其所以能在大规模的诖误牵连中令"山众恬然",显然也是由于此方官吏的宽容。当时的主帅崔义玄是有史以来第一个怀柔山居禅众的知名官吏,他似乎出任过蕲州刺史,于永徽二年(651)以前,曾入双峰山就礼道信;牛头禅系受到保护,当然也与他有关。崔义玄在隋末依附李密,后归唐军,从秦王败王世充,及至平定陈硕贞,功拜御史大大。武则天被立为后,崔义玄是协赞其谋者之一,他是一个颇有能力和远见的官员。禅宗最终能够形成并得到发展,朝廷与官吏的承认是最重要的外部条件。

显庆元年(656),司功萧元善请法融出山,入金陵初建寺,次年初卒。据说送葬者"万有余人"。山居禅师被召入城,表面上是一种荣耀,实际上也是安抚羁縻山居禅众的一种方法,并不一定出于禅师的自愿。所以,法融在离山之际,与诸僧作死别的嘱咐,"禽兽哀号,逾月不止","大桐四株,五月繁茂,一朝凋尽"。以后的禅宗著名代表人物大都走向这条道路。

道宣似乎曾经读过法融的著作,所以有以"融"概括其思想特点的评说。中唐后期的遗则(753—830)曾"集融祖师文三卷",内容不详。宗密(780—841)的《圆觉经大疏钞》始说法融有《绝观论》。宋初延寿(904—975)的《宗镜录》中有所摘引。近代发现有多种敦

---

① 《续高僧传·法融传》。

煌本《绝观论》,有学者认为它们就是法融所作。另有《信心铭》,或《心铭》,后人或说是僧粲撰,或说即是法融作。当然,从这类著作固然可以知道后人是如何看待法融思想的,但据此断定一定是法融所作,理由尚嫌不足。

在道宣时代,法融的知名弟子只有道綦和道凭二人。他们曾在牛头山岩下初构的禅室中"摄念"。曾有兽入室,腾倚扬声,而二人于心无扰,说明他们摄念已达到不为外缘所动的程度。余事不详。

二、牛头传承和润州籍僧群

法融的师资传承问题,是禅宗史上的悬案之一。约在法融死后百年,即天宝之末(755),李华撰《润州鹤林寺故径山大师碑铭》,说道信曾就牛头山为法融所得的"自然智慧"作证①,始确认法融为弘忍的同门,是与弘忍并列的达摩禅系。这一碑铭记法融以后的传承是:"融授岩大师,岩授方大师,方(慧方)授持大师,持授威大师"。碑铭记的"径山大师"则指元素(玄素、马素),即威大师的弟子。元素的知名弟子多人,以法镜、法钦为上首。李华的碑铭和所据的《传录》,大约就是来自这些徒众。此后,中唐宗密撰《圆觉经大疏钞》,始说道信特准慧融(即法融)自建宗派。《疏抄》中所列慧融宗系在初唐部分,全同李华的《碑铭》说。刘禹锡(772—842)于大和三年(829)撰《牛头山第一祖融大师新塔记》,更谓双峰(道信)广分其道为二支,即东山宗与牛头宗。东山宗指弘忍;牛头宗的传承中有严(岩)、持、威,而无慧方。此外,《宋高僧传》中还记有僧瑗、昙璀两人,也属法融门徒。这些后人的传说究竟可靠到什么程度,需要具体分析。由于这些禅师大都在初唐时代,后被统一到法融的门墙之内,也不是全无根据。

所谓岩大师,就是智岩,《续高僧传》有传:丹阳曲阿人,隋大业末年,参加大将军黄国公张镇州军,策为虎贲中郎将,曾随军北伐洛阳王世充(618—621)。武德四年(621),南定淮海(杜伏威),时年四十,乃弃官入舒州皖公山,从宝月禅师披缁入道,兰若而居。曾

---

① 意指证明法融所得禅法正确。

坐定山谷,山水暴涨,将没其身,怡然端坐,不为所动。以为"一切世间如幻如梦","吾本无生,安能避死"。又说,"世人但竟耳目之前,宁知死生之际!"他示以善伏的"无生观",大致就是这类视世间如梦如幻的空观。贞观十七年(643),突然回归建业,依山结草,"不以形骸为累,出处随机,请法僧众百有余人"。曾住白马寺,后居"疠人坊",为疠病者说法,吮脓洗濯,无所不为。永徽五年(654),终于疠所,年七十八。

从这一传记里,看不出智岩当过法融的弟子。但其中提到他约在公元621年入皖公山从学的宝月禅师,据后世传说,就是《续高僧传·道信传》中提到的皖公山"二僧"之一,另一个即是僧粲。这样,智岩与道信应是同门。又,《惠明传》中记,青布明从蒋州(南京)岩禅师咨请禅法,一经十年;此前曾在越州敏法师门下二十五载。敏法师即法敏,也受学于法融之师茅山明法师,则法融与法敏、慧嵩、善伏应系出同门。法敏的弟子除惠明外,还有摄山法聪;法聪弟子有苏州僧瑗,也是法融的门徒。据此,法融主要从学于三论宗,并与三论宗人关系密切;智岩应是他的师长,而不该是他的弟子。

据《宋高僧传》,僧瑗,高平昌邑人,年十三,依虎丘寺慧岩为弟子,龙朔二年(662),奉敕剃度。先从常乐寺聪法师(即法聪)听"三论",怡然独悟,"因智从心证,遂诣江宁融禅师求学心法,摄念坐禅,众魔斯伏"。冬夏常披一衲,滴水充渴,数粒济饥,"称扬叹羡,容色湛如;毁辱诃骂,欢喜而受"。终于永昌三年(689),年五十一。撰有《虎丘名僧苑》、《文集》等。弟子僧义玄,雉山县尉檀信。据此,僧瑗为贞观四年(630)生人,见法融于江宁是在他剃度以前的事,当时还属于非法游僧。

昙璀,吴郡人,始事牛头山融大师。师诲之曰:"色声为无生之鸩毒,受想是至人之坑阱。"后"晦迹钟山,断其漏习;养金刚定,趣大能位"。① 林居多年,与广陵觉禅师、建业如法师、栖霞约法师等交往。据说武则天曾征召,不赴。终于天授三年(692),年六十二。

———
① 《宋高僧传·昙璀传》。

关于传说中的慧方,在北宋初年出的《景德传灯录》中才开始有传,说他是润州[①]延陵人,投开善寺(在钟山)出家,后入牛头山谒岩禅师,咨询秘要。后以正法付与法持,自归茅山。终于天册元年(695),年六十七。

法持,《宋高僧传》有传,亦润州人,年十三,礼谒黄梅弘忍,后归青山(牛头山),"重事方禅师,更明宗极"。赞宁认为,他是"两处禅宗,重代相袭"。

智威,亦润州人,初依天保寺统法师,诵大乘经;年二十,隶名幽岩寺,从法持咨请禅法。后传法给慧忠禅师,自止延祚寺(在南京),说法利人。终于开元十年(722),年七十七。遗嘱:林中饲鸟兽。

按以上记载,将牛头法融的前后师承关系图示如下:

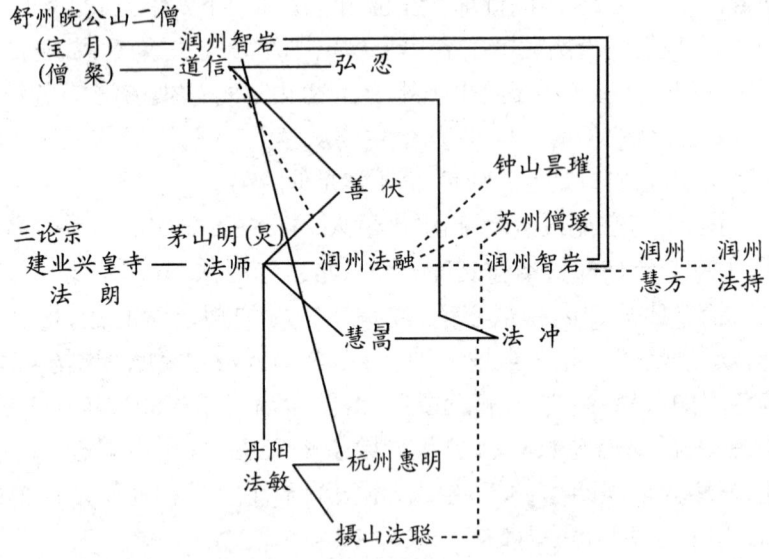

注:图中实线所示的关系,为道宣所传;虚线和括号所示的关系,为法融死后百年所传;双线表示是同一个人。

牛头法融前后师承关系略图

---

① 润州,唐代润州治在镇江,包括今南京、句容、丹阳、金坛等市县。

/第二章/ 禅宗的形成及其分布(隋与唐代初期)

据此可见,即使法融与道信、智岩没有后人传说的那种师承关系,在这些僧侣间也存在一些值得玩味的共同点:

第一,这一僧群基本上由润州人组成,可以称为润州僧群。他们以今南京为中心,分散在摄山(栖霞山)、钟山、牛头山、茅山诸山林中,个别人曾南到浙江,西到四川,但不久又都会集到南京地区,表明他们的恋土观念异常浓厚,在一般僧侣群体中显得十分乍眼。牛头的历代嗣法者都选择润州人,也是禅宗中少见的现象,这使牛头禅系不能不带有更多的地方色彩。

第二,与法融发生联系的僧侣,基本上是三论宗人、楞伽师和禅师,尤以与三论宗的渊源最深。茅山明法师与三论宗的完成者吉藏(549—623)同门,都是建业兴皇法朗(507—581)的弟子。三论学自梁重兴,至陈而升为佛家显学,垄断江南,其权势不下于北方的地论师。法朗奉敕进住建业兴皇寺(588),徒侣将千,达到这一宗系兴盛的顶峰。陈的灭亡是对三论学僧的第一次打击,吉藏逃往会稽,隋炀帝执政时被征入京;法朗的徒孙,明法师的另一弟子法敏,被迫还俗,也避难入越。唐兴隋灭,对三论宗是第二次打击,到吉藏之死,宗徒大都已作鸟兽散。及至摄论学与地论学会师两京,三论宗在佛教义学中的地盘也失掉了,茅山明法师可能是唯一保存下来的据点。他随法朗八年,"口无谈述,身无妄涉",受法之日,即"领门人入茅山,终身不出"。这同三论宗人竟将奔走于朝廷王侯之门的风气不同,也是能够避开多次政治变动的原因。但由于三论学僧多是败落子弟出身,加上梁、陈、隋、唐嬗变急剧,生死盛衰、世态炎凉的对比尤为强烈,这使润州僧群产生了一种奇特的恋土情绪:不得不离开金陵,又不愿离开金陵;面对败破,又不甘败破,以致行动时隐时显,时默时言,贯穿着说不清的落寞和伤感。从这个角度说,他们身上体现了六朝繁华之都最终沉没的遗风。

第三,从佛教哲学的基本观点看,润州僧群并没有超出般若空观的范围,这与达摩以来的禅师和楞伽师趋向的"虚宗"大体相当。但同样的哲学,在不同的人群中并不总是产生同样的效用。"无住"、"无得"、"无生"是这一僧群倡导的主要命题。对他们来说,

"无得"是因为所"失"太重,"无生"是因为面临死亡的威胁,而"无住"就是对于得失、生死等变化无常的感叹。他们大多以能够"忍辱"而闻世,因为如果缺少这种修养,世俗的白眼和心理的压力会使他们无法继续生活下去。

第四,佛教的多神主义和泛神论思想,以及由此表现出的各种自然灵异,在其他僧侣的记载中也时有所见,但都不像在润州僧群中那样集中而普遍。草木山水能被高僧高行所感动,恶兽毒蛇遇禅师而驯顺回避,则无情亦有情;禅师遗嘱死后不依佛教传统火化,而是施诸山林禽鸟,则禽兽也通佛性。法聪为嘉兴县高王神授菩萨戒,应鄱阳府君神之请讲《涅槃》、《大品》,民间诸神也由佛教管辖起来。为什么会造成这种风气,很值得探讨。一般地说,这是佛教仁慈而行及于禽兽;特殊地讲,是糅进了儒家的孝道于"六道供"。当然,也许还有其他原因。

这种神秘主义在三论经典中很少谈及,而在《华严经》、《大集经》甚至《楞伽经》中却能找到根据,对以后禅宗哲学的影响不小。他们曾企图利用这种神秘主义诱止江南的淫祀血祭,在客观上是积极的;而像智岩那样,将慈柔泽及疠人坊,人格就更伟大了。

第四节 弘忍门徒之一——嵩山禅系

在茅山、牛头山聚集起来的禅众,只是一个松散的地方性僧群,其地方主义色彩比作为一个宗派的特点还要明显。但由他们继承下来的般若空观,在江南各色禅众中却有相当的影响,以致混淆、纠缠在一起,除在中唐曾一露头角外,后来的踪迹就不清楚了。禅宗的真正奠基者是道信和弘忍,他们不但为群居的禅僧找到了一条解决生活稳定问题的道路,制定了适应这种生活方式的禅理论和禅践行,而且还向全国推广,在广大禅僧中引起了强烈反响,整个佛教界以至于政界,都为之震动。

在道宣的晚年,道信的声望已经很高,所谓"诸州学道,无远不至"。到了弘忍,门徒尤多,从中涌现出大批杰出的禅众领袖。据

第二章 禅宗的形成及其分布(隋与唐代初期)

玄赜的《楞伽人法志》记弘忍的话说:

> 如吾一生,教人无数,好者并亡。后传吾道者,只可十耳。我与神秀论《楞伽经》,玄理通快,必多利益。资州智诜,白松山刘主簿,兼有文性。华州惠藏,随州玄约,忆不见之。嵩山老安,深有道行。潞州法如,韶州惠能,扬州高丽僧智德,此并堪为人师,但一方人物。越州义方,仍便讲说。又语玄赜曰:汝之兼行,善自保爱。

这里提出的名单,大体反映了弘忍在世时禅宗在全国的分布形势:以湖北黄梅为基地,北往安州(湖北安陆)、随州(湖北随县),转上河南洛州和陕西华州(华县),西沿长江,经荆州,进入四川资州(资中),东下江苏扬州和浙江越州(绍兴),南至广东韶州(韶关)。及至神秀、玄赜等相继受诏入京,做"三主"(武则天、中宗、睿宗)国师,自然形成了居高临下、领袖全国沙门的新局面。中国佛教史上没有哪一个宗派能像这个时期的禅宗那样,既得到帝室的支持,又有如此雄厚的群众基础。

弘忍传法是因材施教,不拘一格,他的门下多是些极有个性的人物。就他们的总体思想和禅风言,依然沿袭了达摩以来禅与楞伽二支合流的传统,但加重了分歧,出现了分化。其中差别最显著的,是嵩山禅系与长安楞伽师系,两者对弘忍禅思想的介绍和解释很不相同。

一、法如禅门

弘忍门下成名最早的弟子是潞州法如(638—689)。此人在唐后期的禅宗文献包括《祖堂集》、《宋高僧传》和《景德传灯录》中,是连名字也没有的。但在当时,却是黄梅禅系第一个打通走向嵩山的渠道,占据禅林重镇少林寺,从而引起皇室对于弘忍禅门的特别瞩目的禅师。现存《唐中岳寺沙门释法如行状》(简称《法如行状》),勒在塔碑上;塔建于永昌元年(689),比神秀被征进洛(701)早十二年,是研究早期禅宗史的重要文献。

法如,山西上党人,曾于澧阳(湖北澧县东)事青布明为师,年十九出家。青布明就是曾受学于智岩、法敏的惠明,属于润州僧群。以后到弘忍处咨受三昧,经十六载,直至弘忍灭度(674),始由淮南北游中岳,"居少林寺,处众三年",不为人知。垂拱二年(686),"四海标领僧众,集少林精舍,请开禅法",并请他"再振玄纲"、"光复正化",由此确定了法如在少林寺的法主身份。①

少林寺,自北魏孝文帝建立以来,已成为经济上殷实持久的北方著名佛寺。道宣在《佛陀传》中说,此寺一立之后,终无事乏。尽管"造者弥山,而僧庑丰溢,沿彼至今将二百载,虽荒荐频繁而寺业充实"。这在屡经战火和盗贼连年的北方,确是不多见的。唐武德四年(621),李世民平王世充,少林寺僧出力不小,立有功勋②,可见它还拥有相当强大的寺院武装。武德八年(625),因功得赐田40顷,水碾硙一具,名柏谷坞寺庄。贞观六年(632),寺僧上报本应得良田百顷,且是常住僧田;原有田数不详,僧额未限。仅此赐庄一项就可见少林寺的经营规模。在政治上,少林寺抗御占有东都的王世充,也疏远已经立国的新王朝,拒受"大将军"官位,"止愿出家行道",表现了相当淡泊、自守独立的政治态度。

在少林寺的这种以农业为主体的庄院经济中,究竟有多少人参加生产和管理,不得而知。但弘忍门下,唯有这一系统的《传法宝记》突出坐作并重的双峰禅风,无疑印证了它那特别强烈的现实感。这些因素都使升为少林寺法主身份的法如,对"四海标领"具有号召力。

---

① 法如年谱:贞观十二年(638)生于山西上党,显庆元年(656)出家;从显庆三年(658)到咸亨五年(674)师事弘忍;弘道元年(683)得度少林寺;垂拱二年(686)于少林寺集众开禅,定禅法宗谱。永昌元年(689)卒于少林寺。

② 据《秦王告少林寺主教碑》:"王世充叨窃非据,敢逆天常,窥觎法境,肆行悖业……法师等并能深悟机变,早识妙因,克建嘉猷,同归福地,擒彼凶孽,廓兹净土。"说明王世充的被擒,少林寺僧从中起了重要作用,原因是王世充威胁了少林寺的安全。贞观六年的《少林寺赐田碑》又说:少林寺在"翻城归国,有大殊勋",则少林寺僧还参与了县城(辗州)的反正活动。

/第二章/ 禅宗的形成及其分布(隋与唐代初期)

由法如发起的这次少林寺集会,有些什么寺僧参加已不可考,在禅宗史上却是一个不可忽略的事件。首先,它第一次确定了禅宗的宗谱,并制定了师徒授受的方法和理论根据,形成了以后禅家习惯承袭的定式。僧众在集会上"佥曰:始自后魏,爰降于唐,帝代有五,年将二百,而命世之德,时时间出,咸以无上大宝,贻诸后昆"。具体说,就是"南天竺三藏法师菩提达摩","入魏传可,可传粲,粲传信,信传忍,忍传如"。① 注意,这里讲的传承,乃是禅法,而不是楞伽师。《法如行状》一文,对于楞伽师和《楞伽经》一字未提。又记,弘忍所传,只有法如,既非神秀,也非慧能。法如跟随弘忍十六年,直到弘忍死,这在弘忍的门徒中别无二人。所以弘忍传法如之说,可能更符合事实。至于道信之前的列祖,也是由《法如行状》首先提出的,但不知根据何在。这"大宝""贻后"的嫡传方法,是表示正宗的法统所在,并非众多弟子可以均等享有的权利,它为以后禅宗各派所共同接受,也为后来儒家的"道统"说提供了可仿效的先例。

讲到师徒授受的方式,《法如行状》说:"天竺相承,本无文字,入此门者,唯意相传。"并说弘忍之见法如,就是"默辩先机,即授其道,开佛密意,顿入一乘"。这种不立文字、传授密意,不需渐修、顿入一乘的方法,是对弘忍禅法的重要阐发,以后的禅宗南宗各派,无不乐道。《法如行状》大段地引用东晋慧远的《庐山出修行方便禅经序》作为师弟相传的权威性根据,但作了重要的删略和变动。《经序》中的原文如下:

达节善变,出处无际,晦名寄迹,无闻无示,若斯人者复不可以名部分;既非名部之所分,亦不出乎其外别有宗,明矣。

《法如行状》将其改为:

---

① 本段所引均见《法如行状》。

> 晦名寄迹,无闻无示,斯人不可以名部分,别有宗明矣。

换言之,慧远认为,在有文字记载的"五部"禅法之外,尚有"无闻无示"的禅师,他们不属于哪一个部派,但禅法内容不会超出五部的范围,别有所宗。《行状》删去了"不出其外"等文字,将本来特指"五部"的"名部",改成泛指一切以名言为特征的经教,从而把"晦名寄迹,无闻无示"的禅法,变成了别有所宗的新体系。以后禅宗标榜的"教外别传",实发源于此;而《法如行状》将"别有宗"者,直截了当地归为菩提达摩,则为后代禅宗有条件地接受。禅宗学人好增删经文典故,为其所用,《法如行状》是最明显的首创者。

《法如行状》所涉及的法如禅思想,有许多为以后的南宗所发扬。其中的"开佛密意,顿入一乘",最为突出。"顿入"就是"顿悟",是神会用来抨击神秀禅法为"渐"的主要武器。"密意"的"意",也就是"唯意相传"的"意",是南宗所谓"默传心印"的"心"的原型。

究竟"意"或"心"指谓的是什么,历来是禅门内部立宗的关键,也是解开该禅思想的钥匙。《法如行状》对此的解释谓:

> 观乎至人之意广矣,大矣,深矣,远矣。今唯以一法能令圣凡同入波定,勇猛当应谛受。如人出火,不容中断;众皆屈申臂顷,便得本心。师以一印之法,密印于众意:世界不现,则是法界;此法如空中月影,出现应度者心。子勤行之,道在其中矣。

这里用"至人之意"表达佛家思想,将求"道"作为佛家目标。前文形容法如"守本全朴,弃世浮荣",都说明他受老庄道家的影响很深。关于"波定",当是"彼定"之误,指前述广大深远的"至人之意"。法如"唯以一法"令学者入彼定中,这"一法"表现为"世界不现",也就是"法界"。此"法界"如"空中月影",无所不遍,其映现在"应度者"那里,就是他的"本心"。这一本体理论,与《大乘起信论》

的说法相似。《起信论》认为,"三界唯心"。"三界"即世界,唯是"一心"的显现;因为"心"能显现世界,故名法界,即诸法之因。如果能令"世界不现",就是回归"法界"。"法界"的特征是无分别的寂静;由寂静而能无所不知,《法如行状》谓之"到清凉池,入空寂舍,可谓不动真际而知万象者也。"因此,法如密印于众的"一法",就是《起信论》讲的"一心"。所以又说,一旦懂得这个道理,"屈申臂顷,便得本心"。这也是"顿悟"的含义。

《法如行状》中有一件令人难解的事。它首先提出了传法血脉,但对法如的继承人却只字未提;塔和碑文由"诸受业沙门"所立,亦不记姓名,这有些反常。事实上,法如的知名弟子并不少,如少林寺惠超、中岳东闲寺珪和尚、《传法宝记》的作者杜朏等就是。

杜朏,字方明,京兆人,生平不详。《传法宝记》作于神秀死(702)后,正是神秀门徒炙手可热的时候。所记法如生平,与《法如行状》大同,也突出法如曾受弘忍"密传法印",唐高宗去世那年(683)国家度人,被荐入少林寺籍。其所列宗系,在法如之后乃是神秀;并特别说明,法如临终,集门人遗训:"而今已后,当往荆州玉泉寺秀禅师下咨禀。"自菩提达摩至神秀,共七代传人,各有小传。及至讲到法如的禅思想,杜朏谓其来源于弘忍所讲的"开佛知见",与《法如行状》所说的"开佛密意"有所不同。垂拱(685-688)中,"都城名德惠端禅师等人,咸就少林,累请开法",其时法如弘扬的重点是"发大方便,令人直至,无所委曲"。"开佛知见"本于《法华经》,后来的禅宗将此语解释成"佛智"(佛知见)为众生心本有,"开佛知见"就是令众生"自得本心"。所谓"令人直至,无所委曲",当本自《大智度论》说的"蛇行性曲,入筒即直",一般喻作"三昧制心",此处则明直指"本心",不需像传统禅定那样烦琐曲折地做涤垢观想的功夫。但直指本心,不等于不要任何修持,而是强调不能拘泥于某一种方法,这就是"发大方便"。

《传法宝记》前有序言,后有简论,可以代表法如禅系的中心思想,那就是"善以方便,取证于心",简称"方便"、"取证"。"取证",指向自心取证"真如"。"真如"不在心外,而是圆觉本心;不在"众生心"外,而是众生悉有的"一心"。这一说法,也完全来自《大乘起信论》。序言引"《论》云:一切法从本已来,离心缘相,毕竟平等,无有变易,不可破坏,唯是一心,故名真如",即是《起信论》中的一段。能够把握自心真如本觉的认识叫作"悟";"悟"不名认识而曰"取证",是因为所取的"一心"本质"不动",不可以名言分别。"证"的特点,在于摆脱名言的框架,直观真如,与"一心"契合。杜朏称此等精神状态为"无言语地"。他又引四卷本《楞伽经》所讲的"宗通","谓缘自得胜进,远离言说文字妄想,趣无漏界自觉地,是名宗通相。是真极之地,非义说能入,信矣!"在《楞伽经》那里,"宗通"与"言通"相对而言。杜朏只引"宗通"而略去"言通",表明他贬低语言思维在认识真理上的作用,比《楞伽经》还要激烈,所以在陈述达摩传法上,他也强调"默指真境"。为了突出这一主张,杜朏还特别引证了儒释道三教教祖的话:佛说:"若言如来有所说法,则为谤佛";孔丘云:"吾欲无言";庄周复曰:"得意者忘言"。故"《易》咸卦上六曰:咸,其辅颊舌。象曰:滕口说也。此言在咸之末也,故感而取道,不在乎上六矣"。这样,三教就在以"无言语地"为最高境界上统一了起来。禅宗僧人将中国传统思想糅进佛教教旨之中的方面极多:在哲学本体论上,主要是以"静"为本;在认识论上,主要是这里讲的"无言"或"忘言"。

然而,照杜朏看,现存世界是"言语世界"。若要度世,"圣贤不可不言语",通过言语,"趣夫无言语地"。在这里,言语就是"方便",是"方便"就不能被其系缚,受名教的役使。所以,大师说法,"随所发言,略无系说";闻法者,"既得之于心,则无所容声",不能令言语文字措置其中。据此,他反复抨击那些讲说经教之徒,"多依言说,分文析字","光步法席,坐摇谈柄",对于存乎其间的"真如至性"、"圆顿法身","未有悟入其门,心证其理者"。

杜朏对语言的看法,很有些唯名论的意味,与三论宗吉藏的观点相近。但他不像吉藏那样玩弄文字游戏,而是有的放矢,指向正在行时的以"分文析字"和创建范畴体系为特征的义学家,具体说就是法相宗人与华严宗人。但抨击本身带有一般意义,它反映了

第二章 禅宗的形成及其分布(隋与唐代初期)

安于山野隐遁的佛徒与显名都邑僧人间的分歧和对立。

杜朏对于神秀的显赫门人也颇有微言。在他看来:

> 及忍、如、大通(神秀)之世,则法门大启,根机不择,齐速念佛名令净心,密来自呈,当理与法,犹递为秘重,曾不昌言……至乎今之学者,将为委巷之谈,不知为知,未得谓得,念佛净心之方便,混此彼流,真如法身之端倪,曾何仿佛?悲夫!岂悟念性本空,焉有念处?净性已寂,夫何净心?念净都亡,自然满照。于戏!僧可有言曰:四世之后变成名相,信夫!

这一陈述表明,从弘忍开始,即将念佛引进禅法,使其成为"净心"的手段。也就是说,"方便取证"中的"方便",主要不是读经讲说,而是"根机不择",普行于一切学徒的"念佛"。按《大乘起信论》说,为初学大乘法的众生,树立和巩固通向"正定"的"信心","当知如来有胜方便,摄护信心,谓以专意念佛因缘,随愿得生他方佛土,常见于佛,永离恶道"。可见,以"念佛"为禅定的方便法门,也是本自《起信论》,并成为弘忍禅法的重要特征的。中国禅宗到两宋以后,多与念佛结合为一,其发端当始于此。

由于"念佛净心"简便易行,对于任何文化层次的人都能适用,便于禅法的推广;但与以念佛为通往净土的途径的行者很难区别,致使本来秘密授受致静的禅法,变成了"委巷之谈",甚至于以"不知为知,未得谓得",这成为杜朏最不满意的地方。

杜朏的批评,在当时还有普遍的理论价值,那就是把特殊地反对"念佛净心",提高到一般地反对"念"与"净"上。从《起信论》看,"念"是"心"动的表现,是世俗的心态,所以杜朏说,"念性本空,焉有念处?"《起信论》也主张"心性本净",但因念动而染垢,所以需要有一个由动归静、自染还净的修持过程。杜朏从"净性"出发,认为"心"本是静,"夫何净心",反对有这样的修持过程,从而超出了《起信论》的说法。这一禅理论,对以后反对神秀的正宗禅法,促使禅宗多头发展产生了重大影响。

此外,《传法宝记》还提出一个为禅宗写史作传的原则:"凡在生平,不现其异,靡闻灵迹,以故略诸。"它主张为僧尼写传不记其灵异奇迹,这是一个非常可贵的倡议。禅宗僧众多重哲理,很少用神异眩世,杜朏应是这一优良传统的发起人之一。

法如的门徒,不都持杜朏这样的观点。其中的惠超,见于开元十六年(728)立的《少林寺碑》。碑文中称,法如"为定门之首。弟子惠超,妙思奇拔,远契元踪,文翰焕然,宗涂易晓"。看来是一个注重文字宣传的和尚,在开元年间的少林寺地位颇高。

珪和尚,即李元珪,河南伊阙(洛阳)人,上元二年(675)因孝敬皇后崩而得度,隶嵩岳闲居寺,居宠坞阿兰若,远近缁素受道者,不可胜计。终于开元四年(716),年七十三。开元中年写的《大唐中岳闲居寺故大德珪和尚记德幢》和《珪禅师塔记》,载有其简单生平。《幢》称,珪和尚之师为"如大师";《记》称其师为"少林尊者",都是指法如。《幢》谓:"此一行三昧,天竺以意相传,本无文教。如来在昔,密授阿难",及至传入东土,"忍传如,如传和尚(指珪和尚),凡历七代"。将达摩禅法归为"一行三昧",是受神秀禅系的影响;说此禅以"意"密传,则与法如、杜朏所说相同。元珪本因"患心相未祛"而求教于法如,后蒙启发,"豁然会意;万相皆如,圆觉在目,动静斯益"。这也与法如所传的弘忍禅法一贯。

法如在当时的声誉很高,像后来投到神秀门下的名僧义福,闻"嵩岳大师法如,演不思议要用,特生信重,夕惕不遑。既至而如公迁谢,怅然悲愤"①。但法如却被以后的禅宗遗忘了。就其创立禅系的法统观念和正宗法脉看,尤其是在与《老》、《庄》、《易》的融合,以及同神秀禅系的对立方面,实际上已经蕴涵了后来禅宗分化和发展的许多思想因素。说这一禅系是南宗禅法的重要发源地,并不过分。

二、老安禅门

比法如稍后进入嵩山传禅的,还有弘忍的另一弟子老安。

---

① 《大唐故大智禅师碑铭并序》。

老安,法名道安,亦称慧安。现存《大唐嵩山会善寺大德道安禅师碑并序》及《故大德道安禅师碑》所记其生平,与《宋高僧传》、《景德传灯录》中的《慧安传》所载,出入颇大。综合这些记叙,大体知他俗姓李(《宋高僧传》、《景德传灯录》记姓卫),荆州人,生于隋开皇年间(581—600)。《宋高僧传》、《景德传灯录》记开皇十七年(597),括天下私度僧尼,道安"遁于山谷"。大业(605—618)中,发丁开通济渠,饥殍相枕,师乞食以救之。因隋帝征召,遂潜入太和山。至炀帝幸江都,海内扰攘,道安乃登衡岳寺,行头陀行。碑文关于这段经历写得很模糊,但他在隋唐之交"或建功华阳,或授手边难",从这些闪烁不定的词语中可以断定,他大约是私度僧人,为逃避检括和劳役,时常山行;后入唐军,立有战功。因慕蕲州弘忍禅风,遂与神秀同学[《景德传灯录》谓其于贞观(627—649)中至黄梅],同润州智岩的经历相似。麟德元年(664)游终南山石壁,最后止于嵩山会善寺,终于景龙二年(708)。因其生年不详,一般估算为一百二十多岁,故称"老安"。

据碑文记载,道安曾先于神秀为"上"征请,"禅师顺退避位,推美于玉泉大通"。此说破绽太多,不甚可信。及至道安居会善寺,"举地依归,倾都市仰"。由于学者太多,不得不"随至随罝,击之逐之",后来者聚集山下,涕泪求法,甚至"解体而献心,决(抉)目而贡诚",因此"上骇天圣","哲后躬亲禅窟","中旨殷勤而一昼三接"。此事当发生在武则天和神秀死后,所谓"哲后",当指韦后。《景德传灯录》与《宋高僧传》说道安受高宗征请不赴,与神秀一起为武后征至辇下,是出于附会。

关于道安所传的禅思想,不得其详。从碑文看,他认为达摩所开"禅门要宗",在"纳众流以成海,总群妙以立身"。为了"立身",不适于专崇某种经典和教义;弘忍所教,在"令一切俱如妙门,获所安乐";"安乐"可以贯彻在世间的一切活动中,而不必专向西方追求。总之,"立身"、"安乐"是学者的目的,其他一切说教都可视作实现这一目的的方便。碑文称他"反经而合权,恢理而约喻",表达了他适应世俗生活需要、不受经文拘束的禅风。这种禅风,在两京或许少见,所以有"赞其溃靡"者,有"指以浅微者";悟之者,昧之者,"或垢或扬",似乎议论甚多,但影响不小:"始于山门,遍于天下"。《楞伽人法志》引弘忍的话说:"嵩山老安,深有道行。"评价甚高。

碑文也记有弘忍的嘱咐,说:"学人多矣,唯秀与安";"今法当付,付此两子"。这样,道安与神秀就双双成为弘忍的嫡传。道安的弟子亦名慧远,在制作此碑的开元十五年(727)已经没世。建碑者为破灶堕,其他传承不详。至中唐宗密撰《圆觉经大疏钞》,谓老安有弟子四人,"皆道高名着",注为腾腾、自在、破灶堕和陈楚章。其中的破灶堕,《宋高僧传》和《景德传灯录》皆有传,以破堕灶庙、反对淫祀血祭闻名。《景德传灯录》在慧安国师法嗣中列有洛京福先寺仁俭禅师,放旷郊墅,时谓之腾腾和尚,在天册万岁年(695)作短歌十九世,"其辞并敷衍真理,以警时俗"。自在居太原,曾为保唐系的无住受戒,也是当时的名僧。

此外,据《义琬禅师墓志》,义琬(673—731)字思靖,俗姓董,河南阳翟人,绍大安禅师智印在香山,也是道安弟子。乾元二年(759)郭子仪奏赐塔额;大历三年(768)又奏请谥号大演禅师。《墓志》称其禅思:

行慈悲海,得王髻珠;施惠若春,研芳吐翠;破邪宝剑,见网皆除;业为学山,万法包纳;练行凝寂,方能动天。

都是积极干预世务的表现。这一支在洛阳,再传至法演,余事不详。

至于晚唐,张正甫为怀让(681—744)作传,称其曾受教于嵩山老安。怀让后被推为慧能的两大弟子之一。

关于陈楚章,是老安的在俗弟子,生平不可知,曾传法给青年时代的无住。无住亦是净泉(众)寺无相金和尚的弟子,后来成为保唐系的开山鼻祖。据宗密考察,陈楚章与无住所传老安的禅法为"教行不拘而灭识",法意与金和尚大同,传授仪式则与其全

异,谓:

> 释门事相一切不行,剃发了便挂七条,不受禁戒;至于礼忏、转读、画佛、写经,一切毁之,皆为妄想;所住之院,不置佛事,故云"教行不拘"也。言"灭识"者,即所修之道也。意谓:生死轮转都为起心,起心即妄,不论善恶;不起即真,亦不似事相之行。以分别为怨家,无分别为妙道……毁诸教于相者,且意在息灭分别而全真也。故所住持不议衣食,任人供送。送即暖衣饱食,不送即任饥任寒,亦不求化,亦不乞饭。有人入院,不论贵贱,都不逢迎,亦不起动赞叹供养,怪责损害,一切任他。良由宗旨说无分别,是以行门无非无是,但贵无心而为妙极。

从这一疏解看,老安禅风的哲学基础依然来自《大乘起信论》,但更带有《大般若经》的趋向。一心"不起",即是"真如";"起心"动念,即是"虚妄"。"不起"亦名"无分别",就是"无心"义。这一体现了最高真理的境界,需要通过"灭识"来实现;而"灭识"的实施,则是"教行不拘",不为言教和仪行所拘束。因此,除了保留一个出家人剃发、着僧衣的标志以外,毁除一切释门法事和教戒禁律,更不为世事所动;不论贵贱,无是无非,所谓"一切任他"。"一切任他"是对周围环境无可奈何的叹息,也是对人生遭遇的解脱,即使穿衣吃饭也无求于人,也不自谋生计,表现了跌落到僧侣阶层的那种贵族式的高傲和懒怠。

当然,这不一定是老安本人的原貌,但它在整个禅宗史上是一种重要的思想类型,值得引起注意。《宋高僧传》将老安、李元珪等嵩山禅系人物都置于《感通篇》中,变成了与神鬼相通的法师之流,这或许因为他们在民间流传过程中被神化了的缘故,与他们的生平思想实际距离甚远。

第五节 弘忍门徒之二——京师楞伽禅系

一、玄赜与净觉

弘忍的另一重要门徒玄赜,俗姓王,太原祈县人。据他在《楞伽人法志》中自叙:

> 玄赜以咸亨元年(670)至双峰山,恭承教诲,敢奉驱驰。首尾五年,往还三觐。道俗齐会,仿身供养。蒙示《楞伽》义云:此经唯心证了知,非文疏能解。

他参与了弘忍后事的安置,包括运石构塔、将宅为寺等。弘忍临终"又语玄赜曰:汝之兼行,善自保爱,吾涅槃后,汝与神秀,当以佛日再晖,心灯重照"。据此,神秀与玄赜应是弘忍最合法的继承人。

玄赜何时进入安州寿山寺,不甚清楚。据他的弟子净觉在《楞伽师资记序》中说:

> 大唐中宗孝和皇帝景龙二年(708),有敕召入西京,便于东都广开禅法。净觉当即归依,一心承事。两京来往参觐,向有余年。

景龙二年,即神秀死后两年,道安死的当年,可见玄赜被召是去补充"两京法主"的地位的。净觉称他"形类凡僧,证同佛地,帝师国宝,宇内归依",至少影响两京不小。

据王维《大唐大安国寺故大德净觉师塔铭》,净觉俗姓韦,"孝和皇帝庶人之弟也"。韦庶人,即唐中宗李显的皇后韦氏。武则天被黜(704),中宗复位,韦后谋行武则天故事,与武三思结党蓄势,"主柄潜移,戚里之亲,同分珪组;属籍之外,亦绾银黄,况乎天伦?"净觉则在被议封的前夕逃离长安,"裂裳裹足以霄遁,乞食糊口以兼行。入太行山,削发受具,寻某禅师故兰若居焉"。此禅师故兰若,当是僧稠故居,时当神龙元年(705)。景龙二年(708),玄赜应诏入西京,则净觉投奔玄赜,至迟也是景龙三年。一年后,中宗遇毒暴崩,韦后被诛,玄赜可能就死在这一事件的前后。

及至玄赜"委运",净觉广其"化缘",行踪可能暴露,遂使"外家公主,长跪献衣;荐绅先生,却行拥篲。乞言于无说,请益于又损"。他以贵戚的身份,却逃避权势,远离杀身之祸,显示出他能分析形势,有先见之明,这不论在政治和宗教上都会博得尊重和声誉。王维评论他当时所处的盛况是:

不窥世典,门人与宣父中分;不受人爵,廪食与封君相比。至于律仪细行,周密护持,经典深宗,毫厘剖析。穷其二翼,即入佛乘。

净觉终于天宝五年(746),年五十七现存有他的《般若心经注》。他经历的开元年,是唐代鼎盛期,天下太平。他所目睹的主要是统治集团的上层斗争,那亲仇变化之剧烈、相互对待之猜忌与残忍,给予他的印象也许比任何一个置身事外的人更要深刻。他及早跳出了宫廷贵戚的权力圈子,接受了佛家出世的世界观,但也因此而具有一般僧侣难以比拟的富贵凝重的风度:以谨严的戒律自持,以广博的义学为方便,由此深入禅定,执笔玄谈,自与山林禅众不同。

玄赜和净觉,都自称楞伽师,而不以禅者自居。净觉撰《楞伽师资记》,为其列祖作传,推其始祖为"宋朝求那跋陀罗三藏",这个归宗是准确的。接下来,"魏朝之三藏法师菩提达摩"为二祖,齐朝邺中沙门惠可第三,继之为粲禅师、道信禅师、弘忍大师,与禅宗宗系全同。但忍大师之下第七代则有三师,即荆州玉泉寺大师秀、安州寿山寺大师赜、嵩山会善寺大师安,"此三大师是则天大圣皇后、应天神龙皇帝、太上皇(睿宗)前后为三主国师也。"第八代有四人,全是神秀门徒。净觉的这一记载,可能反映了当时朝廷的意向。

这一楞伽宗系,与法如所传禅系有一个显著的不同点,那就是推四卷本《楞伽》的译者求那跋陀罗为初祖。其所以如此,目的很明确,就是突出以《楞伽》传宗为根本旨趣。法如不同,他以慧远的《禅经序》为传法根据。慧远所序的《禅经》,乃是佛陀跋陀罗译介的达摩多罗禅法,强调的是以意密传,所以从来不提有《楞伽》传宗这件事。这样,由道宣开始,楞伽师和禅师混为一体的状况至此便泾渭分明了。净觉以后,楞伽传宗即中断无闻,神秀及其门徒被视为禅宗北宗,形势有了新的变化。

从此可见,禅宗的南北分化实孕育于楞伽师与禅师长期存在的差别中,尽管在哲学基本观点方面两者错综交叉,不出《楞伽论》、《起信论》的范围。

二、《楞伽师资记》中的禅宗诸祖和禅说

《楞伽师资记》署有"东都沙门释净觉居太行山灵泉谷集",其所列诸代宗师的生平思想言论,或许是净觉出走太行山时据传闻所集,回到洛阳后,又加以缀连增订。玄赜的《楞伽人法志》当是此记的主要依据,惜已不得其全貌。《师资记》所记诸师言论十分丰富,但不一定是事实,但当时确有这类言论流行则不一定是假。净觉一以贯之,让其列祖做他的代言人,将楞伽宗系上升为完整的体系,从而完成了长期流行的楞伽师说的最后总结。

1. 求那跋陀罗的安心说和禅理学

求那跋陀罗(394—468),《高僧传》有传,大略说:他于元嘉十二年(435)由中天竺经广州至宋都译经,受到南朝宋帝王官吏的欢迎。有神异,能知未来、驱鬼神、咒云雨,称念观世音,礼忏观世音。梦人以剑易首,即备领宋言,因此能为谯王刘义宣讲《华严》等经。净觉笔下的求那跋陀罗,将讲《华严》等经改作"开禅训",其余神异全删,反而把抨击鬼神"术法"和"鬼神禅"列在突出地位。他把"术法"定为"外道"巫术;"鬼神禅"指禅定神通,所谓"役使鬼神,着他家好恶事;诈言我坐禅观行,凡夫盲迷不解,谓证圣道"。净觉以反对"术法"开始《楞伽师资记》的正文,说明他与杜朏一致,都在努力把"禅法"从神异一途中解脱出来,从而构成中国禅宗言禅者的一大特色、一大传统,应该说,这也是弘忍门徒的一大共性、一大贡献。

净觉让求那跋陀罗提出同"鬼神禅"对立的,是"《楞伽经》云,

诸佛心第一",具体是"心不起处"。"心不起处"之作为禅法,"超一度之乘,越过十地,究竟佛果处"。达到这"佛果处"的途径,是"默心自知。无心养神,无念安身;闲居静坐,守本归真"。按照修持的次第说,首先是"安心",所谓"拟学佛者,先学安心"。"安心"就成了禅者的首要任务。

"安心"有四种:

> 一者背理心,谓一向凡夫心也。二者向理心,谓厌恶生死,以求涅槃,趋向寂静。三者入理心,谓虽复断障显理,能、所未亡,是菩萨心也。四者理心,谓非理外理,非心外心,理即是心;心能平等,名之为理,理能照明,名之为心,心、理平等,名之为佛心。

在这里,文字上讲的是"安心"的层次等级问题,内容涉及的则是如何由凡成佛的道路问题。照求那跋陀罗看,佛教通常提倡的三学六度,读经坐禅等"修道"所行,只限于"善"的范围,对于成佛来说并不起决定作用,起决定作用的是"安心"。衡量是否"安心"以及"安心"的程度,也就是划分凡、佛四等差别,唯一的尺度是"心"对"理"的关系:背"理"之心为凡夫,向"理"之心为二乘,入"理"之心是菩萨,"心"与"理"平等即是佛。所以"理"就成了禅者追求解脱的最高目标。

所谓"理",纯属中国传统哲学的范畴,外来佛教中是没有的。这里不用佛教通用的"真如"、"如",也不用涅槃、菩提、法界、如来藏等规范化的佛教概念,而是用"理"统摄概括这类概念的内涵,独立使用,这明显是受到华严宗的影响,在禅宗哲学史上也是一件大事。因为对"理"的含义尽可以有不同的规定,而由此引起的哲学结构上的变化,都可能促使禅思想日益疏远外来的佛教教义。

依净觉的记载,楞伽鼻祖讲的"理"其实就是"心":从"心能平等"上说,此心名"理";从"理能照明"上说,此理名"心"。因此,此"心"不是一般意义上的"心",而是《起信论》特指的那个"一心"。

净觉在《师资记序》的开首大段引用《起信论》关于"心真如"和"真如体相"的解说,充分表现了这个意思。此"心""从本已来,离言说相,离名字相,离心缘相,毕竟平等,无有变异,不可破坏",也就是安静不动,没有差别,不可以言说规定,由此构成"心能平等"的第一层含义。又,此"心"不论在"凡夫、声闻、缘觉、菩萨、诸佛,无有增减","性自满足一切功德,自体有大智慧光明义",众生完全一样,这是"心能平等"的第二层含义。《起信论》又说:"一切诸法唯因妄念而有差别",一切境界相都是自心的显现。《楞伽经》特别说明,自心所现境界略有"五法",即"名、相、妄想、正智、如如"。"名",指名言概念;"相",指表象;"妄想",指一切世俗认识活动;"正智",属出世间的"智慧";"如如",是佛教的最高真理。这一切,都是由"心"所作,"自心"所现。所谓"众物无名,由心作名;诸相无相,由心作相。但自无心,则无名相"。关于心本体的这种观念体系,就是"理";以此"理"观察"心"的"体"、"相"、"用",得以明慧,就叫作"理能照明"。

这种解心明理、以理明心的理、心平等的观点,即是《起信论》的具体运用,也是楞伽师发展到净觉时代的最后形态。由此形成的禅观,核心在于"知心";禅行则是"独守净心"。师徒授受,是令学者"知方寸之内,具足真如",也就是后来禅宗提倡的"以心传心"的早期表现。

从总体看,禅宗不出"心学"的范围,但像净觉这样,采取"理学"的形式,有把"理"与"心"分离开来,甚至将"理"对象化、客体化的嫌疑[1],影响也是很大的。因此,不但众生有背理之心,二乘有与"心"(生死)割裂之理(涅槃),菩萨也处在心(能)理(所)分别之中,

---

[1] 理、心分离,同真如、正智的分离相似,是佛教的传统观点,在法相宗中反映得尤为自觉。《瑜伽论记》在疏解《瑜伽一真实义品》中说:"因种姓故能发心,由发心故便能起行,行成转证理。"又说:"就行明法;行不孤起,必依理故。"这种以行"证理"和"依理"起行的思想,与净觉的禅理就有些相通处。《起信论》与此不同,它将此两者完全统一于"一心"之中,修持的任务不是识理、契理,而是向自心开发,回归心源的原始不变状态。

唯有佛才能达到心、理合一,所谓"理心"的境地。这一说法,付诸实践,必须有一个认识"理"、令心契合"理"的修习过程,这就是上述的"闲居净坐,守本(心)归真(理)"。

就实现"守本归真"的修习言,用不着"更多广学知见,涉历文字语言",关键在于"心证":以心证理,"证则有照,缘起大用"。以证"理"所得的智用观察周围世界,自然就会"自他无二"、"内外无著"、"圆通无碍"、"理事俱融,真俗齐观,染净如一"。此"证"及其照用的概括,就是所谓"心不起处",《起信论》称之为"无念",也就是净觉特别倡导的"安心"的内涵。所以"安心"的实质不过是使心归于安静,净觉亦称"无心"。

但要使搅扰起伏的心绪安定下来,尤其是对身历各种事变的人来说,是一件很不容易的事。据净觉说,求那跋陀罗主张用"念佛"来净念安心:"念佛极着力,念念连注不断,寂然无念,证本空净寂也。"显然,在楞伽师那里,也是把念佛作为"方便"的。

2. 从菩提达摩到粲禅师的安心说和禅理学

净觉所撰的菩提达摩传记,基本据《续高僧传》,但在记其所谓"如是安心,如是发行,如是顺物,如是方便"这四"如是"的"真道"提要之后,增加了一句总结性的话:"此是大乘安心之法"。就是说,净觉笔下的达摩,不是把"安心"局限于"面壁",而是将一切"真道"统归于"安心"。于是"二入"、"四行"都成了通向"安心"的途径,与求那跋陀罗的禅哲学和禅实践完全一致起来。

关于惠可,净觉所记也大同于《续高僧传》,将"答向居士问"作为重要内容。除继续贯彻"妄起于真,而妄迷真;妄尽而真现,即心海澄清,法身空净"等属于《起信论》的思想外,突出补充了两点:

第一,度世由己不由佛。因为成佛的根据在于"人中有佛性",唯有"精诚"内发,自知自证,所以说:"众生识心自度,佛不度众生;佛若能度众生,过去逢无量恒沙诸佛,何故我等不成佛?"

第二,成佛需要"净坐",而非"言说"。"依文字语言道者,如风中灯,不能破暗,焰焰谢灭;若净坐无事,如密室中灯,则能破暗,照物分明。"所以说:"若有一人不因坐禅而成佛者,无有是处。"原因是:"坐禅有功,身中自证"。

这两点,前者是禅宗此后大发展的基本根据,后者是对达摩"壁观安心"的普及化,即将特定的"壁观",化为一般的"净坐安心"。

净觉对粲禅师的记载,主要由《续高僧传》和《详玄传》略加删节、注疏拼成,表明《详玄传》对于净觉有不小的影响。

《详玄传》原名《详玄赋》,全文见《广弘明集》,作者慧命。据《续高僧传》本传,慧命俗姓郭,梁中大通三年(531)生于湘州长沙郡。早年诵《法华经》而"学无常师"。专行方等普贤等忏,"据《华严》以致明道"。后居沔阳仙城山,于州治讲《维摩经》,修学心定,探究正理,与天台宗的先躯者慧思定业是同,而文词过之。终于周天和三年(568)。除《详玄赋》外,他还著有《大品义章》、《融心论》等。据此可见,当时的禅师和楞伽师所学很杂,最后的归向,是以"一真常湛"(心)为世界人生的本体,以"违顺以之殊迹"作凡圣差别的原因,与《起信论》属于同一类思潮,而其理论重点,在用"心"融解一切矛盾和差别。净觉的注解①,也侧重在融解差别方面,但采用的观点却完全是华严宗的,所谓

> 秘密缘起,帝网法界,一即一切,参而不同。所以然者,相无自实,起必依真;真理既融,相亦无碍……故知大千弥广,处纤尘而不窄;三世长久,入促略以能容。

这些说法,连语言也是华严宗的。禅宗接受华严宗的影响,这是最早也是最明显的一例。净觉将《起信论》讲的"心真如",特别称之为"理",也可能受华严宗的启发。他曾想象,掌握了"理"的圣人,可以达到"相亦无碍"的程度:"自可洞视于金墉之外,了无所权;入身于石壁之中,未曾有隔"。这是"圣人得理成用"的表现:"若理不可然,则圣无此力"。禅宗的理学化趋向又进了一步。

---

① 净觉引《详玄传》,未署作者,令人很容易误解成是粲禅师所著。所引《详玄传》中的注,未按通例说明"大师注",所以断定是净觉所加。

3. 道信的"是心是佛"和"安心念佛"

《楞伽师资记》关于道信的言论记得最多,约占全书的三分之一强。陈述虽然散乱,思想却比较集中,可以看成是对历来楞伽师说的一种归纳:

第一,"佛即是心","是心是佛"。按刘宋畺良耶舍译《观无量寿经》要求观想佛的形象时说:

> 诸佛如来是法界身,遍入一切众生心想中。是故汝等心想佛时,是心即是三十二相,八十随形好。是心作佛,是心是佛。诸佛正遍知海,从心想生。是故应当一心系念,谛观彼佛。

意思是说,若此心想佛,此心即有佛的相好映现,所以佛是自心观想的产物。净觉摘引了这段话,删略了"心想佛时,是心即是三十二相,八十随形好"的内容,变成了"是心是佛,是心作佛","佛即是心,心外更无别佛",再加以发挥,就是离心无别有佛,离佛无别有心,念佛即是念心,求心即是求佛。换言之,本来是净土信仰中观想的佛,到楞伽师那里就变成了众生自心本有的佛,从而将《起信论》蕴涵的思想,转化为明朗而简单的口号,对推动禅宗的发展有重大意义。中唐以后,禅宗中普遍流行的"即心是佛,是心作佛",实脱胎于此。

第二,实现成佛的根本途径是"安心"。安心有"善巧"无数,总归为"行"(行六度等)、"解"(解理)、"证"(理心合一)。其中"解"、"证"最重要,而"证"起决定作用。"证"的方法是"坐禅看心":

> 初学坐禅看心,独坐一处。先端身正坐,宽衣解带,放身纵体,自按摩七八翻,令心腹中嗌气出尽,即滔然得性;清虚恬静,身心调适。能安心神,则窈窈冥冥,气息清冷;徐徐敛心,神道清利。心地明净,观察分明。内外空净,即心性寂灭。如其寂灭,则圣心显矣!性虽无形,志节恒在,然幽灵不竭,常存

朗然,是名佛性。见佛性者,永离生死,名出世人。是故《维摩诘经》云:豁然还得本心。信其言也!

这段话描述了坐禅看心、了见佛性的全过程,令不在其中的人也能有所了解,是很可贵的材料。这里将"幽灵不竭"视作"佛性",是对《大般涅槃经》所谓"常、乐、我、净"的概括,反映了禅者对"佛性"这一普通概念有其特殊的规定。至于为什么"见佛性"者能超越生死? 据说是因为"安心"中包括"舍身之法":"凡舍身之法,先定空空心,使心境寂静",心性寂定,即断攀缘,恬泊夷平,由此"泯然气尽,住清净法身,不受后有"。这种舍身法,在藏传佛教的瑜伽中也颇流行,今天可以作为安乐死的研究对象。但当时的禅者幻想这是住于"法身"、"还得本心"的表现,使我们知道禅定通向神秘主义还有这样一种途径。其中所谓的"敛心",是坐禅看心观理的必要条件,亦称"摄心":"其心欲驰散,急手还摄来",以保证"守一不移"。净觉对于这种"摄心"的评价极高,视为"得定"的"道场"和"功德",而后成为北宗禅法的特色之一。

第三,所依经典,除《楞伽》外,增加了《文殊说般若经》。此经有两个梁代译本,《楞伽师资记》引用的是来自扶南(柬埔寨)的曼陀罗仙译本,其整体思想是否定一切,所谓"我及诸佛,如幻化相,不见供养及与受者";"我但有名字,佛亦但有名字,名字相空,即是菩提"。在这种空观的指导下,它不但一般地复述"法界、众生无差别相"等大乘套语,而且还特殊地强调"逆罪亦无本性":"菩提即五逆,五逆即菩提……菩提、五逆无二故";"犯重比丘不堕地狱,清净行者不入涅槃。"这里讲的"法界",同所谓的"菩提"、"实际"、"实相"等含义一样,都是指"性相空寂"。从"性相空寂"来说,佛身与自身一样,所以观自身同观佛身,行清静与犯逆罪也都是无二无别。《师资记》所谓:"若善若恶,若怨若亲,若凡若圣……从本已来无所有,究竟寂灭。"就是这个意思。这种主张对于怀有犯罪感或破戒感的人来说,是一种提高生活勇气和做人尊严的激励方法,由此大致能反映出接受这类说法者的社会成分。重复强调这种思想

/第二章/ 禅宗的形成及其分布(隋与唐代初期)

最多的是《大品般若》。

净觉集中引用的则是《文殊说般若经》关于"一行三昧"的言论。《文殊说般若经》说:"法界一相,缘系法界,是名一行三昧。""法界一相",即是"无相";"缘系法界",就是以"法界"为禅定的观想对象;能始终如一地用"无相"观察周围的世界和事变,就是"一行三昧"。实现"一行三昧"的方法,乃是"念佛"。所以,此经又说:"欲入一行三昧",应"系心一佛,专称名字,随佛方所,端身正向,能于一佛念念相续,即是念中,能见过去、未来、现在诸佛……如是入一行三昧者,尽知诸佛法界无差别相。"净觉认为,由此"无差别相",就能摈除三毒心、攀缘心(取境心)、觉观心(寻伺心),令心地"忽然澄寂,更无所念",亦是"安心"。由无相、无念而安心,可以说是念佛的最后完成。"忆佛心谢,更不须征"。所以净觉提倡的"念佛",与净土念佛完全不同,它只是"安心"的手段,不是以净土为目的。他引道信的话说:"若知心本来不生不灭,究竟清净,即是净佛国土,更不须向西方"。楞伽师是反对净土信仰的。

在净觉的这些记述中,道信作为楞伽师,是旁引博证,佛理富赡,修持严谨,言行端庄,尽管在信仰上由佛陀转移到了自心,仍不失佛教的传统风范,同杜朏所传道信的那种坐作结合的山居禅风相比,迥若两人。其实,即使按净觉自己的记载,道信的禅风也不全统一。例如记道信主张"如来说法,以空寂为本";"身心方寸,常在道场,施为举动,皆是菩提"。据此可以导向"静乱不二",而不必一定净坐看心。又提倡:"亦不念佛,亦不捉心,亦不看心,亦不计心,亦不思维,亦不观行,亦不散乱,直(须)任运。"这一"直(须)任运",同其提倡的"安心"的修持体系是矛盾的。此外,批评庄子滞于"一",批评老子滞于"精诚",也都与倡导"一行三昧"的道信有异。所以出现这种情况,反映了弘忍门徒中存在不同的倾向,或是由于净觉的思想前后发生变化引起的。

从《楞伽师资记》表现的一贯观点看,净觉之禅还是以坐禅"安心"、"念佛"净心为主要特征。

净觉又有《注般若心经》一文,采自玄奘译本。在经文末尾,他增添了一个偈作为终结：

> 迷时三界有,悟即十方空；欲知成佛处,会自净心中。

同时注曰：

> 当自内来,莫外驰骋。

这一偈言,可以说是他解释《心经》的总纲：内心自有佛,全在迷与悟。

什么是"成佛"？成佛的标准是什么？大乘佛经讲得令人头昏眼花,还是摸不着头脑。净觉很明快,指的就是获得"自在"；获得自在,即是成佛。那么如何才能达到"自在"呢？"自在"即来自禅观：

> 内观四大五蕴空无所有而得自在,外观十方佛土空不可得而得自在。

一切都空,空得一无所有,于是内外全无挂碍,无挂碍即是自在。这种思想源自般若空观,但由于他把"内观外观"都放置在内省上,又把"自在"等同"法身",即等同众生"本常净"的"净心",因此,这个注解的基本精神,与《楞伽师资记》是一致的：佛即觉,觉即是无分别的静心。

第六节 弘忍门徒之三——京师神秀禅系

一、禅宗的合法化与神秀禅要

中国佛教诸宗的形成,需要具备内外许多条件。就外部条件而言,是否得到皇权国家的扶植或承认,是决定其能否生存和发展的最后一块基石。活跃于隋代的三阶教,有相当深厚的群众基础；

/第二章/ 禅宗的形成及其分布(隋与唐代初期)

佛教的大德们,多抱以赞赏和同情的态度,但最终没能站住脚跟,主要原因是任何王朝都不给予承认。宋、元、明三代时断时续的白云宗、白莲宗,也是同样的原因遭受类似的命运。禅僧聚众,或游动,或山居,到隋唐之际,可以说是遍地皆是,官方一般视作危险因素而又无法根本制止;禅众们则惶惶不安,游离于合法与非法之间。这种状况随着唐王朝的巩固而有所缓和,但直到武则天做皇帝,才将禅宗得以立宗的最后基石安置妥当。

武则天在中国历史上以扶植佛教而著名,她的着眼点全在政治。她初期序三教次第,立释教第一;利用《大云经》,鼓吹"女王承正",是为了请释教开周武"革命之阶"。又于洛阳造大毗卢佛,迎于阗实叉难陀和《华严经》到东京翻译,支持法藏创华严宗,主要是出于经略西域的考虑,同时也为了协调社会矛盾,首先是民族矛盾。她到晚年着手解决禅众这一社会难题,采取的基本方针是承认、安抚、稳定。①

历史地看,武则天对于禅众的政策是成功的。它在破产失意者和为盗造反者中间开辟了一个不小的缓冲地带,对缓和社会冲突、安置劳动力、维系正常的封建秩序起了积极的作用。至于武则天选择弘忍的门徒,则可能因早年受崔义玄的影响。前已说过,作为平定农民起义的将领,崔义玄看重双峰山上的道信,不是随意的。崔后来参与了立武则天为后的活动,与武氏关系密切,大有政治头脑。换言之,当时双峰禅系的模式,最适合唐王朝安内的需要。

武则天礼迎进京的首先是神秀,这又与神秀的特殊才能和影响力有关。

最早系统记载神秀生平和思想的文献,是张说在神秀死(706)后不久作的《唐玉泉寺大通禅师碑》(简称《大通禅师碑》),以及《楞

---

① 玄赜、净觉自称楞伽禅,与武则天崇尚《楞伽经》也有关系。久视元年(700),即召神秀入京那年,武则天请实叉难陀第三译《楞伽经》(七卷本),并于长安四年(704)正月为之作序,算是她在政治生命结束以前做的最后一件佛事。

伽人法志》和《传法宝记》。按这些记载，神秀俗姓李，陈留尉氏（河南尉氏县）人①，生于隋末。年十三，"属隋季王世充扰乱，河南山东饥疫，因至荥阳义仓请粮，遇善知识出家。便游东吴，转至闽，游罗浮、东、蒙、台、庐诸名山，嘉遁无不毕造。学究精博，采《易》道，味黄老及诸经传。自三古微赜，靡不洞习。二十受具戒。"②他所游历的路线，大体也是一般禅僧流动于江左、闽西、浙东、岭南的路线；他在游历中，受《老》《庄》玄学、《书》《易》大义、三乘经论和《四分》律仪等儒释道的全面熏陶，从而具备了融通内外，"说通训诂，音参晋吴"，领导僧众的才学。年四十六（永徽二年，651）③，往双峰山之东山归依弘忍。

    服勤六年，不舍昼夜。大师叹曰："东山之法，尽在秀矣"。命之洗足，引之并坐。于是涕辞而去，退藏于密。④

关于"涕辞而去，退藏于密"，《传法宝记》还有具体解释："后随迁适，潜为白衣，或在荆州天居寺，十所年，时人不能测。"其迁适的原因虽不可知，但为官方所不容，不得不长期逃遁，则十分清楚。⑤直到仪凤中（677－679），"荆楚大德数十人，共举度住当阳玉泉寺"，始取得"名在僧录"的合法地位，这时他已是古稀之年了。实际上，神秀本人并未住进玉泉寺内，而是在寺东七里的"地坦山雄"处，荫松藉草，修兰若行，影响迅速扩大。《大通禅师碑》形容前来问道者，"云从龙，风从虎"，"就者成都"，"学来如市"。宋之问上《迎秀

---

① 《传法宝记》说他是大梁（开封附近）人。
② 《传法宝记》。《大通禅师碑》则说他"武德八年（625）受具足戒于洛阳天宫寺"。
③ 《大通禅师碑》文说，时在"知命之年"。
④ 《大通禅师碑》。
⑤ 神秀四十六岁到双峰山，时在永徽二年，即道信终年。永徽四年（653），浙江发生陈硕贞起义，官方牵连的面极大，江左沙门受到普遍打击。神秀在弘忍门下服勤六年，即被强令迁适，可能与此事件有关。

第二章 禅宗的形成及其分布(隋与唐代初期)

禅师表》谓:此僧

> 开室岩居,年过九十……两京学徒,群方信士,不远千里同赴五门。衣钵鱼颉于草堂,庵庐雁行于邱埠;云集雾委,虚往实归……九江之道俗恋之如父母,三河士女仰之犹山岳。

神秀的声誉如此浩大,对于极度注意民众动向的唐王朝来说,理所当然地要引起关切。

久视元年(700)①,武则天遣使迎神秀入京,被"推为两京法主,三帝国师"。"诏请而来,趺坐觐见,肩舆上殿。屈万乘而稽首,洒九重而宴居"。每当说法,"帝王分座,后妃临席"。敕于当阳山置度门寺;于尉氏县其先人宅置报恩寺。崇敬之盛,仅次于太宗之对于玄奘。然而,神秀似乎并不安心,曾"屡乞还山",诏不许。武则天于长安四年(704)退位,神秀再次要求还乡,新复位的中宗敕曰:

> 禅师迹远俗尘,神游物外,契无相之妙理,化有结之迷途……弟子归心释教,载伫津梁,冀启法门,思逢道首。禅师昨欲归本州者不须,幸副翘仰之怀,勿滞枌榆之恋。②

这一敕文,可算作唐王室对神秀的基本评价和基本态度。像这样的禅师,虽说是"迹远俗尘",但对一个王朝来说却愈具"化有结"之用,所以,荣誉可以给予很多,"终焉"之志不能许可。

为他作碑文的张说,是唐代的名相,曾师事神秀,他对神秀的赞辞含有许多谶纬骨相、声动民众的神异成分,都属于当道敏感的政治问题。作为全国禅僧的代表人物,神秀所受的厚遇,半是羁縻,半是利用。

---

① 《楞伽师资记》记为大足元年(701)。
② 《楞伽师资记》。

神龙二年(706)，神秀坐化，约一百多岁，赐谥"大通"。有皇室后宫参与的丧事，办得极其豪华荣耀。其弘忍师门，立即身价百倍，在中宗、睿宗朝(705—712)，老安、玄赜相继被诏入京；神秀的弟子辈，诸如普寂、义福，一变而成为国师；神秀所传禅法，随之上升为官禅，达摩法系也被公推为禅宗的正统所在，直到"安史之乱"前的约五十年中，一直在禅思潮中占据着统治地位。

早期文献都说神秀奉行"不出文记"的原则，不可能有书面的东西留下来。传说有《达摩观论》(一名《破相论》)和《北宗五方便门》是神秀所撰，都不甚可信。宋之问《迎秀禅师表》中提到，神秀晚年在玉泉寺所开"五门"禅法，当是《楞伽师资记》所言"观心是佛"的"五事"，至宗密解释此"五门"为"方便通经"中的"五门方便"，实际上是将神秀门徒们的禅学加到了神秀身上。至于南宗方面，一贯把神秀当作抨击的对象，所述神秀禅法距离事实更远，尤不足为据。

神秀一生经历极多，所学驳杂，思想前后不一，内容不纯，是很自然的事。所以当时对他的记录已各有侧重。《楞伽人法志》记弘忍的话：

  我与神秀论《楞伽经》，玄理通快，必多利益。

这是突出神秀在弘忍门下擅长《楞伽》玄理。同时又记：

  则天大皇后问神秀禅师曰：所传之法，谁家宗旨？答曰：秉蕲州东山法门[①]。问：依何典诰？答曰：依《文殊说般若经》一行三昧。则天曰：若论修道，更不过东山法门。以秀是忍门人，便成口实也。

这是说，神秀向唐王朝表白并为唐王朝欣赏的，是《文殊说般若经》

[①] 弘忍在双峰山之东的凭墓山传法，此地亦名东山，其所开禅门，遂被尊称东山法门。

所讲的"一行三昧"。《传法宝记》评神秀承袭的禅法,是"根机不择,齐速念佛名,令净心",反映的也是同样的情况。

"玄理"深奥,是神秀禅学的旨趣所在;"念佛"简便,适合于普及僧俗的需要。他也是因人而施,不受方法上的限制。张说的《大通禅师碑》则概括神秀的"开法大略"为:

> 专念以息想,极力以摄心。其入也,品均凡圣;其到也,行无前后。趣定之前,万缘尽闭;发慧之后,一切皆如。特奉《楞伽》,递为心要。过此以往,未之或知。

其中的"摄心"、"专念",是一切禅定的共性,"万缘尽闭"是"息想"的前提;所谓"品均凡圣"、"行无前后",指悟理得证时的"平等"心态;由证悟所得的智慧,名曰"发慧";运用此等智慧观察现实生活,符合所证之"理",就叫"一切皆如"。这套修禅观行的操作规程与把握和运用佛理的步骤,与传统禅法没有丝毫差别。唯一不同的是奉《楞伽》为"心要",所以关键看他怎样解释这一经典。

《大通禅师碑》对神秀弘扬的禅修内容,略有涉及:

> 总四大者,成乎身矣;立万法者,主乎心矣。身是虚哉,即身见空,始同妙用;心非实也,观心若幻,乃等真如。

从表面上看,所谓观身是空、观心若幻,也属禅观中的老生常谈。但它把"心"作为立"万法"之"主",确乎属于《楞伽》唯识一流;就其所观,重在"心"的空幻,即能立万法的妄心方面。这与玄赜强调"方寸之内,具足真如"的禅观,明显不同。然而《大通禅师碑》记的铭文有言:

> 额珠内隐,匪指莫效;心境外尘,匪磨莫照;海藏安静,风

识牵乐。①

这些话表明,幻心风识之内,隐藏有安静照明的另一种心,即如来藏的真心,所以与玄赜指谓的心又完全相同。

据此看神秀的禅法,不外是净坐观心。但他不是直证心源以安心,而是观妄心之为幻,以磨垢而去妄,最后才达到安静以明照。所以说:"尽(指除尽垢污)不离定,空(指空除心幻)非灭觉(觉指本心)。"这里特别强调了"证"前必须具备"指"(即"解")与"磨"(即"修")的功夫,起码在他的两京门人中是这样看神秀禅学的主要特征。后来《坛经》记秀上座所作偈:"身是菩提树,心如明镜台,时时勤拂拭,莫使有尘埃。"事情不一定真,但其思想则与张说的《大通禅师碑》所记大同。

《大通禅师碑》记神秀以"即身见空"为"妙用"、"观心若幻"等"真如"的主张,涉及到神秀运用"体用"的范畴,发挥《楞伽》经理,概括禅行的一个重要方面。《楞伽师资记》记神秀语录有:

> 我之道法,总会归体用两字,亦曰重玄门(指理),亦曰转法轮(指说法),亦曰道果(指修持)。

说明他确乎是以"体用"贯穿全部禅理禅行,并用以教授学徒的。这样,给我们提供了神秀思想的又一个侧面。

以"体用"范畴组织佛教的理论体系,始于《大乘起信论》。"体"指一心本觉,亦即诸佛法身;"用"指从"不觉"回归"本觉"的一切智慧功德,是众生能够接受佛教、自觉修习的内在依据。懂得这种唯心的道理,行者即可于烦恼扰乱的世界中安心不动,也能够安心不动而行化于一切世间众生,这就是解脱,也就是佛。《楞伽师资记》在道信条里记,知解"佛即是心,心外更无佛"的方法有"五事",无疑是这一思想的引申和发挥:

---

① 所用典故见《文殊说般若经》和《楞伽经》。

> 一者知心体,体性清净,体与佛同;二者知心用,用生法宝,起作恒寂,万惑皆如;三者常觉不停,觉心在前,觉法无相;四者常观身空寂,内外通同,入身于法界之中,未曾有碍;五者守一不移,动静常住。能令学者,明见佛性,早入定门。

这"五事",无疑属神秀所传。第一、二两件事,知"体"知"用",是把握《起信论》的纲要,也是神秀传道的理论基础;第四、五两件事,"观身"、"守一",与张说《大通禅师碑》所记"即身是空"、"尽不离定"之说相同;第三件事,"常觉不停",则是"空非灭觉"的全称表达。值得注意的是,总归"五事"是为了一个目的,即"明见佛性",而"明见佛性"又只是"早入定门"的手段。众所周知,在此后的禅宗中,"见性成佛"已流为口头禅,而在神秀的时代,"见性"仅仅是"入定"的一种法门,比念佛净心更理论化,因而更带自觉性。

二、神秀语录与语录体的意义

净觉记神秀的遗嘱只有三个字:"屈曲直"。"屈曲直"出自《大智度论》:"蛇行性曲,入筒即直;三昧制心,亦复如是。"慧命的《详玄赋》中也引用过"蛇入筒而改曲",注曰:"喻定息乱"。这也说明,神秀终生的禅业集中在"制心"、"息乱",即"入定"、"安心"上,其他念佛、净心、观身看心、五事见性等,全是为这一中心任务服务的。这是神秀之所以成为禅宗缔造群中的佼佼者的一个原因。

此外,在《楞伽师资记》中保存有神秀的十数条语录,其中有问:

> 见色有色不?色是何色?
> 汝闻打钟声:打时有,未打时有?声是何声?
> 打钟声只在寺内有,十方世界亦有钟声不?
> 未见时见,见时更见?
> 此心有心不?心是何心?

这类问题,仅从佛教教理的立场,就可以有几种回答,很难准确地诠释神秀的本意。不过,从其崇奉的《楞伽经》和《文殊般若经》所具有的不可知论倾向看,它们的意图在将"见闻觉知"同"诸法自性"对立起来,说明世俗认识不可能把握物自体"真如",因而认识必然是虚妄,见闻的对象一定是空幻。不过,神秀承认心本体的实在性,即心真如不空,这和三论宗人否定一切的怀疑论又有所不同。

神秀另有一些禅语采用肯定的语态,如说"身灭影不灭,桥流水不流"[①],同常人的认识相违,也很费解。按他特别重视"即身是空"看,"影"当指"业","身"有灭失,而所造之"业"不失;譬喻"桥"有变迁,而映有桥影的水则相对不动。当然,也可用他的"体用"范畴来解释:"影"是空,空是"体"(如),"身"有生灭,则为"体"之"用";譬如"桥"有成坏,而水恒流不变。

还有一些禅语,属于佛经典故,如说"芥子入须弥,须弥入芥子也"。前句是常识,后句反常识。典出《华严经》。按华严宗人的解释:须弥山可以纳入芥子内,表明理事圆融,事事无碍;以"理"的一般性,消除一切个别上的差异性。从佛教说,或是用"性空",或是用"一心",消除一切现实的对立和差别。接受华严宗的思想,在这一代楞伽禅师中相当普遍。

又有一类禅语,是揭示《涅槃经》说的矛盾,引人深思:

> 《涅槃经》说:有无边身菩萨从东方来。菩萨身既无边,云何更从东方来?何故不从西方来,南方、北方来?可即不得也。

说其"无边",表示无方位形体;说其"从东方来",又是有方位形体,这种矛盾不可并立,如何使二说协调起来?那就须通晓法身菩萨

---

① 后传此语出自傅大士,但与傅大士所说内容并不相同。傅大士,亦作傅大师,自称"当来解脱善慧大士",见唐法琳《辩正论》,道宣《续高僧传·慧云传附传》。《楞伽师资记》记其主张"独举守一不移",在南方禅宗中传说很多,地位很高。

第二章 禅宗的形成及其分布(隋与唐代初期)

与化身菩萨的关系,有助于对一心"体用"的理解。

神秀的各类禅语,一般是随时随地触景即事而发,用以启迪学者对禅理的思考、悟解和运用能力。这在佛教弘法史上也是一大创造,它补充了义学家历来通行的高座讲席和主客论辩的形式,使枯燥的说教变得活泼生动、更有生机。而记录禅语、表达禅思想,并当作一种文体即"语录体"确立下来,当发端于《楞伽师资记》。

净觉所录禅师语录,不只神秀,自求那跋陀罗开始的列祖列宗全有。正是通过这些语录,表达出了净觉一贯而完整的禅观,所以不一定全都符合诸祖的本来面貌,有些或许就是净觉本人的制作。譬如说,求那跋陀罗的语录中有

> 树叶能说法,瓶能说法……土木瓦石亦能说法者,何也?

弘忍的语录中有:

> 汝正在寺中坐禅时,山林树下亦有汝身坐禅不?一切土木瓦石亦能坐禅不?土木瓦石亦能见色闻声、着衣持钵不?《楞伽经》云:境界,法身是也。

认为"法身"渗透在日常见闻的一切境界之中,土木瓦石亦能说法坐禅的思想,不只《楞伽经》中有,《华严经》中也有。《大乘起信论》论证,所谓"从本已来,色心不二";"智性即色故,说名法身遍一切处"。这种由彻底的唯心论通向泛神论,曾使牛头宗转化成万物有灵论,净觉把它作为楞伽禅系的一贯主张,变成了"藉境观心"的一种法门。也就是说,解悟禅理可以不限于坐禅内证,也可以对境即事,通过对日常生活的理解而得悟。禅宗后辈们经常是"言下便悟",与杜朏强调必须"离言内证"完全相反,其渊源可以推溯到净觉对于禅语的记录。因此,"语录体"的出现,不但是传教方法上的改革,而且也是"禅"概念上的重大变化。

净觉也是神秀弟子,他对楞伽禅学的归纳无疑受神秀的影响。

他记弘忍的传人是三个,唯记神秀一人的生平言论,说明神秀是当时楞伽禅师公认的领袖。其记楞伽禅系的第八代有四人,都是神秀的门徒,说明唯有神秀才是正宗所在。从这一意义上说,《楞伽师资记》反映了神秀系被知识界过滤了的禅思想。

三、神秀诸徒

神秀死后,身价更高,其弟子辈填塞两京,多半受到帝王官僚的优礼,声名显赫,成为禅宗一时之盛。净觉在《楞伽师资记》中将普寂、敬贤、义福、惠福并列为神秀的继承者,尤为著名,所谓

> 天下坐禅人叹四个禅师曰:法山净,法海清,法镜朗,法灯明。宴坐名山,澄神邃谷……学者皆证佛心也。

《景德传灯录》记神秀法嗣十九人,不甚可靠,其中录有生平、言行的只有四人:五台山巨玄、兖州降魔藏、寿州道树、淮南都梁山全植,可以探究的人物都极荒唐[①];而不在其录的,也还有一些知名人士。但真正以弘扬东山法门而影响巨大的,是义福和普寂,两人在《旧唐书》和《宋高僧传》中均有传。

1. 义福及其"五方便门"和"入七净"

关于义福,严挺之撰有《大智禅师碑铭并序》,杜昱撰有《大智禅师义福塔铭》,阳伯成撰有《大智禅师碑阴记》。文出于当时,相对可信。综合所述,义福俗姓姜,上党铜鞮(山西沁县)人,家境破败。遵母遗训出家,年甫十五,游动于卫、邺地区,好《老》、《庄》、《书》、《易》之说。后于汝南中流山灵泉寺读《法华》、《维摩》等经;又至东都福先寺,师事胐法师(当是杜胐),广习大乘经论;继之投奔嵩岳大师法如,适法如迁谢(689),追践经行者久之。载初岁(689),落发具戒,乃辗

---

① 据《传灯录》记,道树终于宝历元年(825),年九十二,生于734年;全植终于会昌四年(844),年九十三,生于750年。就是说,神秀终(706)时,他们还远没有出生,如何会成为神秀的嗣法弟子?《祖堂集》记神秀系最少,唯普寂一人,普寂传懒瓒,而懒瓒在南岳。传灯一类著作的史料价值,于此亦可见一斑。

转到荆州玉泉道场谒神秀大师,居约十年。及至神秀终于东都(706),唯有义福"亲在左右,密有传付"。即于此年,自嵩岳寺应邀至长安,于终南山化感寺栖置法堂,宴居廖廓,开演神秀禅慧之业。开元十年(722),受敕住京城慈恩寺;开元十三年(725),皇帝东巡河洛,特令赴都,居福先寺;开元十五年放还京师;开元二十二年有旨,复令入都,止南龙兴寺。开元二十四年(736)卒,年七十九。

义福活跃于盛唐顶极,先是由于他是神秀国师的门人,再是得到唐玄宗的扶植和官僚们的鼓吹,其影响之大可以设想得到。他在终南山时,不远千里而来的学者,"腾凑道场,延袤山谷",其中不乏"负才藉贵,鸿名硕德"的"息心贞信之士,抗迹隐沦之辈"。"从驾往东都,途经蒲、虢,二州刺史及官吏、士女皆赍幡花迎之,所在途路充塞"。住南龙兴寺后,"靡然向风者,日有千数"。及其葬日,"威仪法事,尽令官给。缙绅缟素者数百人,士庶丧服者有万计"。

义福在当时是以禅慧名世,卄演颇多,但记载他本人思想言论的文献甚少。据严挺之等说,他在神秀门下所行是"摄念虑,栖榛林,练五门,入七净。毁誉不关于视听,荣辱岂系于人我?或处雪霜,衣食磬匮,未尝见于颜色有厌苦之容"。此中需专门一提的是"练五门"和"入七净"。

所谓"练五门",当是宗密所记北宗普寂等大弘之"五方便"门。据《圆觉经大疏钞》介绍,内容大略是:

第一,依《大乘起信论》而总彰"佛体"。这是成佛的根据:"佛"即是"觉",觉"谓心体离念",故"自觉"即是"离心","觉他"即是"离色",心色俱离,就是觉满成佛。具体说,"离念故无心,无心故无色;色心清净,五蕴常空,故名一相","一相者即无相"。如此则"身心总不见,身心总是佛"。反之,"瞥起心即有心色",对境而动,有爱有憎,是破坏"法身",即非如来。

第二,依《法华经》,"开示悟入佛智见",即开发本有的佛智见。无念不动,"即能从定发慧",所谓"意根不动智门开,五根不动见门开",譬如眼虽见色而"不被色尘碍",六根不为诸尘所动,"即是圆满大菩提"。此等知见,必须"以证为先",由于是"以证为根本",所以"知见不染六尘",而于"六尘中得自在"。

第三,依《维摩经》,"显不思议解脱"。按"瞥起心是缚,不起心是解"的标准来衡量,"厌喧住寂",是二乘人"贪着禅味"的表现;"在定不能说法"和"住不动中无自在智见",也是二乘观念。菩萨反是,于"定中有慧,自在知见";也于"不动中说法",因为"不动是方便,说法是慧"。

第四,依《思益经》,"明诸法正性"。重论心"不起即无心,无心即无境性"。要求从无心无境方面观察一切现象。

第五,依《华严经》,"了无异,自然无碍解脱"。以"无差别"的智慧,观察和处理周围的事物和事变,就是"无碍道"、"解脱道"。"无碍道"属"等觉","解脱道"属"妙觉","等觉智照,依性起相;妙觉慧照,摄相取性;智能照理,慧能照事"。

这"五方便"的哲学基础是《大乘起信论》,以"体"(佛体)、"用"(佛知见)为纲领,都与神秀一致,但也有不同之处。

第一是"方便通经",即依经说法,依经悟解,经的功能提高,禅的地位下降,"说"比"坐"的份量加重。所依佛典为一论四经,与其祖师们一贯以《楞伽经》授人,神秀以《文殊说般若经》为依据的传承,迥然有异。

第二,这些差异反映在理论上,是将"离念"作为禅的中心概念,而"离念"即是"心色俱离",同"念佛净心"的神秀传承更是明显不同。

第三,在实践上,批判"二乘"之非,与"缄口于是非之场"的东山传承相违。其否定中含有肯定,不厌愦闹,不限于寂静;禅在于开发智见,而不是止于不动;"不动"是手段,发慧说法才是目的。这样一来,道信、弘忍提倡的山居静坐、禅灯默照、言语道断的禅风,神秀的"屈曲直"遗嘱,全然大变,建立了更适合往来于朝野、禅讲并用的学风。

"五方便"中倡导"自然无碍解脱",表明神秀后辈们受华严宗的影响日深。他们将智慧分开,对"理"的体认名"智",对"事"的认识名"慧";"理"属"性"(本质,指心),"事"属"相"(现象,指表象),于是智与慧的关系就成了"理"与"事"、"性"与"相"的关系。华严宗所谓的"理彻于事,事彻于理"的理事无碍,等于"依性起相"、"摄相取性",其结果是使佛教的特殊认识论,更能体现出从个别(相、事)到一般(性、理)和从一般到个别这一认识的普遍规律,尽管在表达上是完全颠倒的。

关于"入七净"的"七净",出自《维摩诘经·佛道品》。鸠摩罗什对于"七净华"的注,其中列首位的是"戒净:始终净也。身口所作无有微恶,意不起垢"。在诸多经论佛法中,特选这个不很显眼的注去"入",主要是看中了这个"戒净"。严挺之说义福"律行贞苦",也说明了这点。然而义福的先辈们中没有一个是倡导戒律的;相反,他们主张善恶一相,虚寂平等,反对分别善恶,做有意防恶行善的事。因此,将世俗社会中特别看重的道德修养重新纳入禅林之中,也是神秀后人的一种重要趋向。

义福的最后教诫是:"道在心不在事,法由己非由人。当自勤力,以济神用。"这种自我解脱之道,是禅宗的正统。严挺之总评说:"苦己任真,旷心济物;居道训俗,不忘于忠孝。"完全是一副道德家的面貌,与其先人大相径庭了。杜昱所记义福,除训俗的"茂德殊行"外,还有"冥贶神迹",也是他的禅法的一面。

义福的弟子众多,《景德传灯录》列名八人,《宋高僧传》不载,故均不可考。其见于碑塔铭记的有三:

一为禅师智通(683—751),俗姓张,虞乡七级人,请益于大智义福,"晚节当付嘱之重"。刺史裴宽"请传觉印",太守韩朝宗则"请师为僧宝"。可见他在官僚中颇有声望。①

一为比丘尼惠源(662—737),俗姓萧,南兰陵人,梁王朝贵胄,唐开国元勋萧瑀的孙女,萧钱之女。年二十二诏度为济度寺尼,羯磨阇梨为太原寺大德律师薄尘;后遇义福,"常宴坐请禅,止观传

---

① 龙兴寺主、沙门复珪撰《大唐栖岩寺故大禅师塔铭》,《八琼室金石补正》卷五八。

明,殊礼印可"。又有尼慈和者,时人谓之观音菩萨,"世算之识,知微通神,见色无碍"。惠源从其"精承密行,亲佩耿光"。惠源之为人,"天伦之性过人",不忘孝悌,故"内炳圆融,外示方便"。"行住坐卧,应必皆空;慈悲喜舍,用而常寂。"惠源出身奉佛世家,从梁武帝到其祖父萧瑀,都是中国历史上的佞佛名家。其姑法愿(601—663),萧瑀的第三女,亦出家于济度寺,除诵讲外,亦以禅定为业。义福在这样的贵族女尼中传禅,很能说明他在当时禅学中的高贵地位。

还有一个是优婆夷未曾有,俗姓卢,范阳人,世代官僚,终于开元二十六年(738),年仅二十二岁,似出嫁不久,即"终于城南别业"。不知她于何时和为什么宗师大智义福,"茂修禅法"。但在逝世前,"密有嘱咐:令卜宅之所要近吾师,旷然远望,以慰平昔",对义福的师情甚深。杜昱为她撰《有唐薛氏故夫人实信优婆夷未曾有功德塔铭并序》,谓其"居常而静虑不乱,临困而景行弥高",奉戒精一。"尝以诸佛秘密式是总持,诵《千眼》、《尊胜》等咒"。《尊胜》当指《佛顶尊胜陀罗尼经》,自唐至宋有多种译本,宣扬用诵咒的方法消灭恶业,以求今生"增益寿命",死后不受畜生、地狱、贫穷、残疾等苦报。《千眼》(全称《千眼千臂观世音陀罗尼神咒经》),也有多种译本,内容与《尊胜》相似,更谓,诵念此等神咒,即能"常为观世音菩萨恒常随逐,拥护是人,所思念事,皆得成就",包括不令鬼神娆害,降伏众魔等。

按这类咒术,本来与佛教的基础教义相悖,但它作为原始巫术的一种,在底层民众中有深厚的基础,佛教为扩张自己的影响范围,加以吸收,成了密教的先行成分。极度富有者和极端贫困者几乎同样地对它抱有幻想,前者是出于对死的恐惧,后者希望改善生的状况;而作为精神慰藉和平衡心理的方法,它在某些罹病者中间会起到精神治疗的作用。义福所行的"冥贶神迹",其内容和功用大略在此。

2. 普寂及其"摩拂"和重戒

普寂的地位和声望比义福还高,被公认为神秀的第一高足。

/第二章/ 禅宗的形成及其分布(隋与唐代初期)

李邕所撰《大照禅师塔铭》说：

> 四海大君者,我开元圣文神武皇帝之谓也;入佛之智,赫然为万法之宗主者,我禅门七叶大照和尚之谓也。

"大君"指唐玄宗,"大照"是普寂的谥号。在整部中国历史上都很著名的开元盛世,由唐代第一大手笔李邕作出这种石破天惊的评语来,大体可知普寂在当时的身份。

关于普寂的生平,《旧唐书》和《宋高僧传》都有记载,与李邕写于天宝元年(742)的《大照禅师塔铭》颇有出入,大约是后人传说有讹。《大照禅师塔铭》谓其俗姓冯,长乐信都人,原游学儒典,后依大梁璧上人、东都端和尚、南泉景和尚等听经受戒学律,隐居嵩山半岩,"布褐一衣,麻麦一食"。将寻少林法如禅师,未至而禅师化灭,乃转谒荆州神秀,前后七年,又回到嵩山。长安年(702—704)得度岳寺。神龙岁(706),神秀老死,中宗下诏,令普寂继神秀"心宝","统领徒众,宣扬教迹"。开元十三年(725),诏令住敬爱寺;开元十五年,玄宗将幸东都,诏义福从驾,普寂留都兴唐寺安置。

> 由是法云遍雨……闻者斯来,得者斯止。自南自北,若天若人,或宿将重臣,或贤王爱主,或地连金屋,或家畜铜山,皆毂击肩摩,陆聚水咽,花盖拂日,玉帛盈庭。

如果说义福对于唐王朝的作用主要在为平民训俗,普寂的功能则在为权势者调心。他于开元二十七年(739)终于洛阳兴唐寺,寿八十九,僧腊五十二。诏曰:

> (普寂)资于粹灵,是为法器,心源久寂,戒行弥高……宜稽其净行,锡以嘉名,示夫将来,使高山仰止,可号大照禅师。

唐中宗时,普寂被钦定为释迦正宗、神秀嫡传,在三十多年里一直是京派禅系中的当然领袖,也是全国禅众的领袖。①

普寂在荆州神秀处,曾充僧使,多作业于僻陋虺蜮之地,为他人之所不能为,因此得到神秀的特别器重。神秀教他看《思益》、《楞伽》,并告之曰:"此两部经,禅学所宗要者。"《思益》即《思益梵天问经》,鸠摩罗什译,就其空观言,与《楞伽经》相近。神秀所示禅要,则是"宝镜磨拂,万象乃呈;玉水清澄,百丈皆见"。普寂由此修得"心无所存,背无所倚,都忘禅睡,了悟佛知"。可见他从荆州所学的禅法,带有更多"虚宗"性质的悟解净心,由定成智,而"磨(譬磨去垢污)拂(譬拂去尘埃)"则是重要的方法。到京都后,他把自己的所得重作解释:

> 其始也,摄心一处,息虑万缘。或刹那便通,或岁月渐证。总明佛体,曾是闻传;直指法身,自然获念。滴水满器,履霜坚冰。故能开方便门,示真宝相;入深固藏,了清净因;耳目无根,声色亡境,三空圆启,二深(?)洞明。②

此中"摄心"、"息虑"是"磨拂"的前提,目的在于内不受诸根(感官情识)控制,外不为境界(声色之类)左右。这些主张与义福一致。证悟者或顿或渐,那是因为众生根机不同,所以方式不拘于一格。李邕的《嵩岳寺碑》称普寂"湛然观心,了然见性"之后说:"开顿渐者,欲依其根",就是这个意思。神会抨击北宗"法门是渐",不符合事实。又,入定之前,要学习经论,以明"佛体"之所在;入定之后,便可直指"法身",与原先所知的"佛体"相合。读经闻法叫作"方便门",及至了知佛因,佛体即在本心,耳目就不再受世俗意识的支配,而能用唯识空观洞察一切。从这类说法中看不出什么新义,但其规定"闻传"(即解经)、"方便"为禅的组成部分,使京派禅系在"方便通经"方面的特点比义福更加明显起来。

---

① 《旧唐书·神秀传》称:普寂,"及神秀卒,天下好释者,咸师事之"。
② 《大照禅师塔铭》。

此外，普寂与义福同样强调戒律对于禅众的作用。据说他在决心转入禅门时，已经认识到"文字是缚，有无是边；盍不以正戒为墙，智常为座？"他的最后遗训中有："尸（戒）波罗蜜是汝之师，奢摩他（定）门是汝依处"。把禅家历来注重的"定慧双修"，改造成"戒定并重"，从设戒律以摄乎乱，到以"戒"为师、在持戒上，他比义福强调得更为突出。

李邕在《碑铭》的最后总评说：

> 爰自六叶，式崇一门，未诵戒经，或传法要。大通以凡例起谤，将弃我闻深解，依宗遽求圣道。

这段话反映了一个重要史实：直到神秀为止，自道信、弘忍以来的禅僧们，是既不诵经，也不持戒的。神秀或因此而受到当时众所周知的指责。其标榜以《楞伽经》传宗，在很大程度上是为了合法化的需要，将《楞伽经》当作证明属出家佛徒的身份证件。了解了这个背景，就会理解武则天为什么要问神秀禅法是"依何典诰"，神秀答作《文殊说般若经》，而玄赜、净觉都强调他们的先祖历来是持《楞伽经》为心要的；普寂又增添了一部《思益经》。他们的说法已经不同。相反，法如、老安等禅系，从来不谈依据什么经典，至多引用慧远的经序作解。这些现象说明，"方便通经"与重设戒律，只是禅众由遁世山林走进都城闹市之后的产物。至于"五方便"，当是对京禅系惯于"依经"的综合。

普寂的门徒比义福更多，所谓"摄之孔多，学者弥广"，但"所付诸法，不指一人"。李邕记有大弟子惠空、胜缘等，"一以抒宿心，存妙用；一以奉慈训，宏教门。"《景德传灯录》记普寂法嗣二十四人。最后还东传朝鲜，可见他的宗系势力极大。但那些有可靠文献记录的弟子，大都死于"安史之乱"以后，那时全国的禅宗形势有了不小的变化，此处暂时从略。

3. 景贤与诸福

净觉曾提到的神秀的另一弟子嵩山敬贤，即景贤（660—723）。

据羊愉撰《嵩山会善寺景贤大师身塔石记》，景贤俗姓薛，汾阴人，世为著族。后驰奔大通神秀，"喻以方便，一见悟入，囧然昭洗。属世议迫隘，远迹幽绝，客居巴峡三抗山"，宴居霓谷。后再投神秀，"相许付宝藏，传明灯"，开元十一年(723)终于会善道场。门人有法宣、慧献、敬言、慧林等。神龙岁(705—707)，中宗曾诏请景贤入都，"大师雅尚山林，迫以祈恳，或出或处，存乎利济；化自南国，被乎东京，向风靡然，一变于代"。就是说，他经常来往于嵩山与洛阳之间，主要不是坐禅，而是为唐王朝行化利济。

净觉所说神秀的第四个弟子兰田玉山惠福，生平、事迹不详。《景德传灯录》中有京兆小福禅师，或即是其人。

另有大福者，也是神秀弟子。据陆海撰《大唐空寂寺大福和尚碑》，谓其俗姓张，家于沣，初学《五分律》于长安西明寺，后宗大通神秀。景龙(708—710)后，历任涂山荐福、庆山龙兴等寺上座，住持安国寺。天宝二年(743)卒，年八十九。据说神秀对其所说是："萌乃花，花乃实，可不勉矣。"大约是防微杜渐的意思，所以大福"闻之惕息"。又，"以为不生者生，起心即妄；无说是说，对境皆空"。这没有超出《大乘起信论》的范围。

又据《顿悟大乘正理决》载："摩诃衍依止和尚法号降魔小福张和尚准仰大福六和尚。"有人认为，这里的大福就是神秀弟子，摩诃衍为神秀系禅师，此说还缺乏说服力，因为神秀门徒的诸福中没有被称作"六和尚"的人。

总而言之，迄于神秀入京，弘忍的门徒开始了多头分化。历史上楞伽师与禅师或离或合的状况，最后统一到了神秀的门下，大都进入两京，或盘踞在两京周围诸山，从隐迹山林、自给自足的状态，转到了或出或处，半依皇权官僚、半靠自我经营的轨道；在禅观念上，也由非政治化和非道德化的宴坐安心，部分地承担起内训学徒、外化众生的教诫作用，因此，显著地增添了以"通经"为方便的法门，强化了戒律的功能。

禅宗的这一时代，是唐代社会最繁盛也最安定的时期，逃避兵赋役的现象显著减少，统治阶级的内部矛盾尚未激化到大规模冲

/第二章/ 禅宗的形成及其分布(隋与唐代初期)

突的程度。在这种社会条件下,出家逃遁、与世隔离已不具普遍性;而中央集权强大,也不允许有长久脱离国家政治控制的非道德化群体的存在,因此,禅宗特别是京派禅系的官禅化,就成为一种历史的必然。① 其禅观念随之而发生变化,是很自然的事。

四、京禅与官僚

然而,在唐王朝令禅宗官化的同时,禅宗对于贵族、官僚也产生了不可忽视的影响。除前边已经讲到过的以外,还有一些代表人物值得一提。其中为神秀撰写碑文的张说(667—730),武则天时授太子校书,长安初(702)以忤旨"配流钦州,在岭外岁余"。中宗时任黄门侍郎,景龙(707—710)丁母忧去职。睿宗时进同中书门下平章事。后支持李隆基诛太平公主等夺权有功,封燕国公,拜尚书左丞相,成为开元功臣。他与名僧交往,书写过不少同佛教有关的碑文、赞表。李林甫为相,曾以其与"私度僧"往来,"占人吉凶","引术士夜解"等为罪状逮捕。张说形容神秀身形"应王伯之家,合圣贤之度";说神秀之死,"解形东洛,相见南荆"。又崇拜卢舍那佛,谓"睹佛像者,成一切智;承佛光者,坏无始业"。这都说明,张说不是一般地赞赏禅宗的义理,而且对佛教有颇深的信仰。

另一位是为义福作碑铭的严挺之(673—742),自称"前后历任二十五官",与张九龄相善,官至尚书左丞、知礼部选,为李林甫排斥。《旧唐书》本传称:"挺之素归心释典,事僧惠义"。惠义当是义福之误。"开元末,惠义卒(义福卒于开元二十四年),挺之服缞麻,送之冢所。"至东都养疾时,自作墓志,遗嘱"葬于大照和尚(普寂)塔次西原,礼也"。史家以为这是"祈其灵也"。

最崇敬普寂的是裴宽(681—755),他屡在中央和地方为官;开元末,迁河南尹,仅一年;天宝年间,由陈留太守、范阳节度而进为户部尚书,兼御史大夫;后为李林甫排斥,曾"上表请为僧,诏不许。

---

① 中国的封建王朝对于遁世者大体采取两种政策:以法家为代表,作为五蠹之一,必须搜捕诛杀;以儒家为代表,则提倡征召,令其出仕。统治者不允许有一个与当权派保持距离的群体或个体存在。

然崇信释典,常与僧徒往来,焚香礼忏,老而弥笃"。普寂死时,裴宽适为河南尹,与其妻子"皆服缞经,设次哭临。妻子送丧至嵩山"①。据《宋高僧传·普寂传》说,裴宽之特重普寂是有原因的:"寂之阐化神异颇多,裴皆目击;又得心印,归向越深"。

此外,兵部侍郎张均、太尉房琯、礼部侍郎韦陟等,也都是义福的信重者。至于王缙之扶植普寂三代,留待下文再说。

这些权势者信仰和支持佛教禅宗的动机与目的不完全一样,但由于他们的信仰和支持,使禅宗有了权势,迅速变成社会上拥有信众最多、影响面最大的佛教派别,同时促进了佛教内部向禅宗化的倾斜。

第七节 弘忍门徒之四——四川禅系

一、资州智诜禅系

弘忍的又一弟子智诜,俗姓周,汝南人,随祖至蜀。年十三,"辞亲入道场,初事玄奘法师学经论"。后舍经论,投弘忍门下。不知何时归资州(四川资中)德纯寺,"首尾三十余年,化道众生"。长安二年(702)卒,年九十四。弘忍说他"兼有文性",或许不是后人的附会。按他从玄奘学经论,当是他四十岁以后的事;他也确实撰写过《虚融观》三卷、《缘起》一卷、《般若心疏》一卷②。在以"不立文字"为特色的弘忍群徒中,他的"文性"显示出另一种门风。

以上是《历代法宝记》的记载。此记写在无住禅师死(774)后,距离智诜在世有七十余年,禅宗内部已发生重大分化,叙事多出自宗派偏见,不实之处甚多。其中提到,万岁通天二年(697),武则天敕张昌期请诜禅师赴京内道场供养;久视年(700),又分别请神秀、玄赜、玄约、老安等人入京,与事实出入不小。但所记的典故禅味

---

① 《旧唐书》之《裴宽传》、《严挺之传》。
② 智诜所撰《般若心疏》现在。他采用的原本即是玄奘译本。内容与慧净的《心经疏》大同。关于慧净其人,《续高僧传》卷三有传。

十足，表现出另一种风格：

> 则天咨问诸大德，和尚等有欲否？神秀、玄约、老安、玄赜等皆言无欲。则天问诜禅师，和尚有欲否？诜禅师……答有欲。则天又问：何得有欲？诜答曰：生则有欲，不生则无欲。则天言下悟。

"不生不灭"本是般若空观的第一命题，这里以有生则有欲，不生则无欲，把"生"与"不生"对立起来，从而为一切众生包括诸大德在内的有欲作辩解，在佛徒中是相当大胆的言论。

智诜有弟子处寂，绵州浮城县人，俗姓唐，诗礼传家。年十岁，父亡，投智诜出家，住资州德纯寺。开元二十年[732，另本作开元二十四年(736)]卒，年六十八。人称唐和尚。唐和尚传法给净泉(众)寺的无相禅师，即无住、神会之师，形成中唐著名的净众保唐禅系。

二、南山念佛门禅系

宗密在《圆觉经大疏钞》中还提到一派，叫"南山念佛门禅宗"，据说它的创始人也是弘忍门徒，法名宣什，"果州(四川南充)未和尚、阆州(四川阆中)蕴玉、相如县(四川蓬安)尼一乘皆弘之"。这些地区，当时隶山南西道。此宗的"秉承师资昭穆"，宗密时已不得知。其禅理属"息妄修心宗"，与神秀、智诜等同。在修持和传法上，又多与保唐相近，所谓"藉传香而存佛"：

> 言"传香"者，其初集众礼忏等仪式，如金和尚门下，欲授法时，以传香为资师之信。和尚手付，弟子却授和尚，如是三遍，人皆如此。言"存佛"者，正授法时，先说法门道理，修行意趣；然后令一字念佛。初引声由念，后渐渐没声、微声，乃至无声，送佛至意；意念犹粗，又送至心；念念存想，有佛恒在心中，乃至无想，盖得道。①

---

① 《圆觉经大疏钞》。

将念佛作为入禅的法门,在东山禅系中不乏其人,保唐系还形成了特定的仪式。宣什所行,是强调以"存心有佛"为寂静无想的手段,更为保唐所承袭。其独特处在于,师资授受,既不藉经典以标宗旨,也不用"衣钵"作信物,而是藉"传香"去实现。这种方式带有浓厚的宗法色彩,在宋元以后的民间宗教团体中亦可见其遗迹。

附:

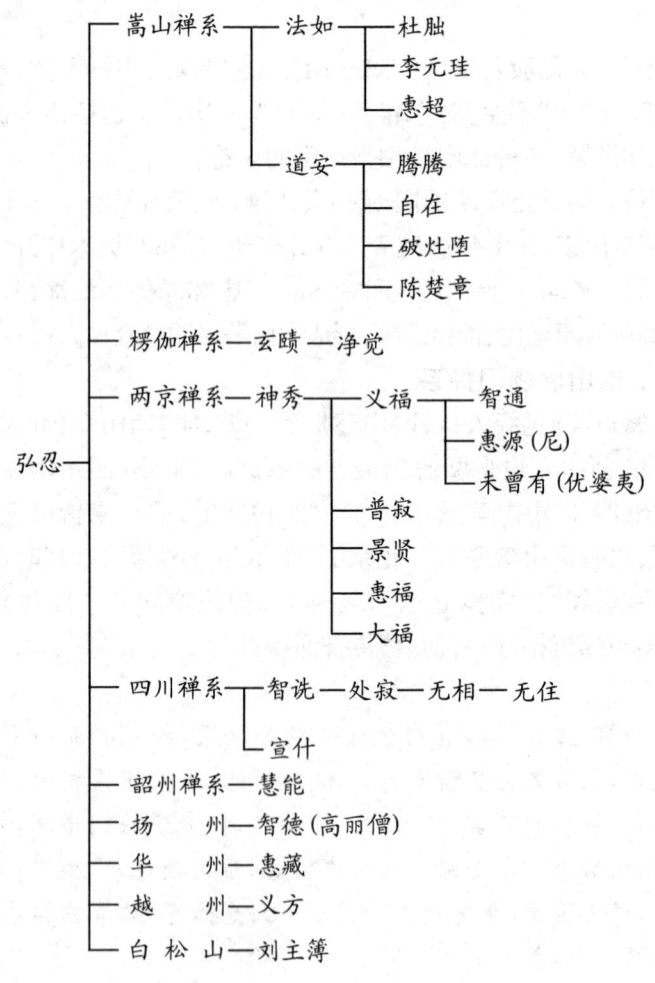

弘忍门徒分布状况图

第三章 禅宗的南北对立和诸家态势（中唐之一）

第一节 禅的性质和作用

"安史之乱"（755—763）逾时八年，是唐代由盛转衰的转折点，对于禅宗发展的影响极为巨大。首先是两京先后陷落，使京派禅师遭受严重打击，丧失了领导全国的特权。同时，以京畿为中心的北方多年战乱，再一次引起人口的大规模流动，江淮、闽浙、岭南、四川相继成为流民的世外桃源，南方禅众数量骤增，京派禅思潮的统治地位随之而发生动摇。此后，中央集权削弱、国家政令不一、藩镇割据等等，都为禅宗在全国范围内竞立门户创造了有利的社会政治气候。此外，由于吐蕃向唐王朝的控制区全面进逼，空前地加强了汉藏民族间的文化接触，进一步拓宽了禅宗的传播范围。域内密宗的突兀兴起，又为禅宗带来某些新的宗教内容。这一总的形势，促使禅宗的地方性色彩显著变浓；而各宗门派大都没有放弃效忠中央的政治倾向，从而加剧了争夺正宗法嗣的斗争。据敦博本《南宗定是非论》反映："今日天下诸州近有数百余人，各立门户"；仅宗密所撰《禅源诸诠集》所收的禅宗派别，"殆且百家，宗义别者，犹将十室"。这种状况，一直延续到唐武宗发动会昌灭佛运动（844），逾时约九十年。

第二节 关于慧能生平及其与神秀对立的传说

在诸家竞立的各种派系中，弘忍在韶州的弟子慧能横空出世，是中国佛教史上的重大事件。慧能被推为"菩提达摩南宗"的真正嫡传,禅宗的血脉所系,以此作为对抗和批判京派禅系的旗帜,将所有的新兴派别统一起来,形成所谓南能北秀的局面,禅宗因而为之大变。

一、慧能生平异说

正因为慧能为新兴各家所尊崇,形象不一,受到的涂饰既多且杂,要一一洗剥,弄清他的本来面貌,比神秀还要困难。没有疑问的是,慧能在玄赜、净觉时,已经因弘忍肯定其"堪为人师"而名闻两京,但势力仍限于岭南,所以只能被称作"一方人物"。这是有关慧能的最早记载。第一次系统介绍慧能生平思想的,是神会(684—758)请王维(701—761 或 698—759)于"安史之乱"后写的《六祖能禅师碑铭》,以及由神会一系所撰的《神会语录》等。继之而出的有《历代法宝记》(774 年以后)、《曹溪大师别传》(约 781,简称《别传》)、《六祖大师缘起外记》(简称《外记》)和《坛经》(约 780—800)。此外,还有约成书于公元 801 年的《宝林传》、柳宗元(773—819)所撰《曹溪大鉴禅师碑》、刘禹锡(772—842)所撰《大鉴禅师第二碑》、宗密(780—841)所撰《圆觉经大疏钞》(简称《大疏钞》)和《禅门师资承袭图》等。后来,一直到唐末、五代、宋、元、明,此类材料续出不断。但追根寻源,可归纳为三个方面的传说:其一是神会系统,其二是法海系统,其三是净众、保唐寺系统。后两个系统的说法,也可能是在神会所传基础上的增删。

据王维写的《六祖能禅师碑铭》,慧能"俗姓卢氏,某郡某县人也。名是虚假,不生族姓之家;法无中、边,不居华夏之地"。"不私其身,臭味于耕桑之侣;苟适其道,膻行于蛮貊之乡。年若干,事黄梅忍大师。愿竭其力,即安于井臼;素刳其心,获悟于稊稗"。至弘忍临终,"密授以祖师袈裟,而谓之曰:物忌独贤,人恶出己。吾且死矣,汝其行乎!"慧能"遂怀宝迷邦,销声异域,众生为净土,杂居止于编人,世事是度门。混农商于劳侣。如此积十六载。"后于南海印法师处听《涅槃经》,质以大义,被印法师视作"化身菩萨",即为其削发,领徒归依,由是开始传法,"道德遍覆,名声普闻",以至于"泉馆卉服之人,去圣历劫;涂身穿耳之国,航海穷年,皆愿拭目

第三章 禅宗的南北对立和诸家态势（中唐之一）

于龙象之姿,忘身于鲸鲵之口,骈立于户外,跌坐于床前"。则天太后、孝和皇帝并敕书劝征赴京,竟不奉诏。"某载月日中","薪尽火灭"。此处详摘以上碑铭,是因为它可以作为后来各种传说的对照物,便于探讨它们之间的差异和一致处,以及它们产生的原因。

《六祖能禅师碑铭》没有提慧能的生卒年龄,可能是出于王维写碑铭的惯例;但不提出身籍贯,却不那么简单了。后来出现许多不同的传说,都值得推敲。《神会语录》明确说慧能的先祖是范阳人,"因父官岭外,便居新州"（广东新兴县）。《坛经》据此略作变更,谓其父"左降迁流岭南,作新州百姓"。《历代法宝记》、《曹溪大师别传》等只说他是岭南新州人,并无本贯的记载。又,《神会语录》、《坛经》等均记弘忍称慧能为"岭南獦獠",《别传》则仅记"能是南人"。到了刘禹锡为六祖大鉴撰第二碑,更明确指出慧能出身于本地的异族:"至人之生,无有种类……蠢蠢南裔,降生杰异;父乾母坤,独肖元气。"对于唐人来说,出身籍贯不是小问题。自己的祖师应该具有什么样的形象,按哪些人群的面貌,求得哪些人群的共鸣,就要从出身籍贯上开始塑造。大乘佛教本身也有这样的传统。因此,有关慧能的这类记载,不过是他的追随者以他为旗帜,将其多方面表征化和理想化的一种表现。

有关慧能的其他记述,也有类似的情况。举例说,《六祖大师缘起外记》（简称《外记》）与《六祖大师法宝坛经略序》（简称《略序》）的署名者均是法海,事实是一个原本,都不记慧能的本贯,但在记其父时,《外记》比《略序》多了"唐武德三年九月,左官新州"字样。又《外记》作"惠能",《略序》作"慧能";在解释其所以如此命名时,前者谓:"惠者,以法惠济众生";后者谓:"慧者,以法慧施众生"。惠、慧二字,古文可以通用,但佛教在使用上是有区别的:"惠"是"施","慧"则是"智";"以法惠济众生",属六度中的布施;"以法慧施众生",则是六度中的般若。这表明,法海也只是署名,内容肯定不是出自一个人。此等以字面的微小变动来更改思想倾向的事例,在禅宗史料中多如牛毛。

《神会语录》谓慧能终于先天二年(713),年七十六;《外记》等称其生于贞观十二年(638)。生卒年代别无他说,但行事系年则差殊很大。《神会语录》谓慧能二十二岁拜忍大师,当为显庆五年(660),《历代法宝记》同。《外记》则称其年二十四参弘忍,时在"龙朔元年"(661);《别传》说年三十四,是"咸亨五年"(674),都与他的生平衔接不起来。这些不同的说法,可能各有用心。以"咸亨五年"之说为例,目的在同王维的《六祖能禅师碑铭》记弘忍"临终"授衣的说法联系起来,以至于不仅在计算年龄上发生了错误,而且暴露了所谓二十二、二十四、二十五等说的可疑。后来有人为了弥补此中的纰漏,竟将《六祖能禅师碑铭》的"临终"改为"临行"。在安排慧能的经历上真是煞费苦心,其所以如此煞费心机,目的之一是安排慧能与神秀在黄梅弘忍处有一个同学的机会。王维的《六祖能禅师碑铭》记,慧能离开黄梅十六年,始在南海削发,后来公认是在仪凤元年(676),由此上推,慧能到黄梅为龙朔元年(661)前后,与二十二或二十四岁之说大致相符。张说记神秀终于神龙二年(706),"百有余岁";"逮知命之年"入弘忍禅门,服勤六年,大约在公元656—662年左右。据此,慧能与神秀能够在弘忍处相遇,以致呈偈比试,就成为可能了。

二、慧能嗣法略稽

在《坛经》中,慧能与神秀相会,并以呈偈的形式比试悟解的高低,被认为是南能北秀思想分化的标志,也是禅宗史上流传最广、普及率最高的故事。但《坛经》有四五种,至今发现的版本有二三十个,内容有不少差别。

据敦煌本《坛经》,神秀呈给弘忍的心偈是:

身是菩提树,心如明镜台,时时勤拂拭,莫使有尘埃。

慧能是两个偈:

菩提本无树,明镜亦非台,佛性常清净,何处有尘埃。
心是菩提树,身为明镜台,明镜本清净,何处染尘埃。

第三章　禅宗的南北对立和诸家态势（中唐之一）

于是弘忍印可慧能,秘密传法授衣,慧能遂成为禅宗真正嫡传的"六祖"。

事实上,神秀的这一心偈,确实可以代表一切传统的禅法。它的理论基石是"心性本净,客尘所染",禅观的目的在于划垢还净,以求解脱。三国吴时的康僧会是最典型的代表。这种禅理论早就受到批判。北凉昙无谶译的《大集经·陀罗自在王菩萨品》中说:"一切众生心性本净;性本净者,烦恼诸结不能染着,犹如虚空,不可沾污。"因此,一般大乘经论就把"染"换成了"障",所谓"诸客烦恼障故,说凡夫心不净"。既然"心性本净,不能染着",那么神秀还在那里劝人"时时勤拂拭,莫使有尘埃",岂不全成了自寻烦恼?这就是法海本《坛经》为慧能所立的第一个偈的含义。慧能的第二个偈与第一个含义大同,只是前两句采取了与神秀同样肯定心性本净的语态,更加突出了"净心"不可污染的性质。换言之,慧能与神秀的差别,不是在"心性本净"这一有本体论意义的命题上,而是在"净心"是否能够受到污染,从而需要"时时勤拂拭"的宗教实践上。①

惠昕本《六祖坛经》可能成书于宋乾德五年(即丁卯岁,967)。它把法海本所记慧能的两个偈压缩为一个,即:"菩提本无树,明镜亦非台,本来无一物,何处有尘埃。"虽只将第一个偈中的"佛性常清净"改换成"本来无一物",但一句话的变化却表现了两种倾向不同的佛性学说。用"本来无一物"固然可以驳斥"有尘埃"、"勤拂拭"的神秀禅说,但更多地是否定了有"常清净"、"本清净"的佛性心体。确切说,佛性心体是不可以用"染净"、"常断"、"本末"、"有无"等言语分别的。这样,本来是记录慧能与神秀对立的偈言,反而变成了两个慧能之间的对立。事实上,任何一件早期的史料文

---

① 若从《般若经》当然的经典观点看,所谓"菩提"(觉悟),所谓"明镜"(智慧),只是俗谛上的假设,从真谛上说,均是虚妄不实。若如此解"菩提本无树"云云,那就表明慧能果真是奉《金刚经》得悟的。但贯彻全部于《坛经》的,是更倾向于《大乘起信论》,即以清净心为本体。故本文不取。

献,都没有关于呈偈比试这类传奇性的记载,所以只能是《坛经》编集者们的自我发明。有关问题,我们将在后面的章节中作更具体的考察。

弘忍传"祖师袈裟"给慧能,是禅宗中轰动一时的又一件大事,其始于《六祖能禅师碑铭》而源自神会。在神会的《答崇远法师问》中,神会解释了传法授衣的原委,谓"汉地多是凡夫,苟求名利,是非相杂,所以传衣示其宗旨"。《神会语录》还说:自达摩传慧可开始,即"传袈裟以为法信",如佛授记。因为"法虽不在衣上,以表代代相承,以传衣为信"。据此,袈裟就成了正法宗旨所在,嫡传的信物。《坛经》概括说:"衣将为信禀,代代相传;法以心传心,当令自悟。"由此,在有关派别所写的禅宗史传上,大都要有一场关于袈裟的闹剧。如《历代法宝记》说,慧能所得"传信袈裟",后被武则天要去,赐给了资州智诜,而且"师师相传",直传到无住禅师;至于曹溪慧能处,武则天另给"摩纳袈裟一领",但只是"供养"品,而非祖师的"信物"了。《别传》更制造唐代宗敕,谓"朕梦感禅师,请传法袈裟,却归曹溪",并令本寺"严加守护"。显然,这类袈裟故事,纯粹是宗派斗争的产物,先是神会用以攻击神秀的非嫡传,后来则成为南宗内部各自标榜的依据,持中间立场的则让此衣"至大鉴(慧能)置而不传",或让神会提议秘于慧能塔庙。事实上,这个故事当是受《弥勒下生经》一类经书的启发编造出来的。[①]

在唐代,头脑清醒的士人已经发现其作伪的种种,认为这不过是愚弄信徒、争夺正统、粉饰门面的手段。刘禹锡作《佛衣铭》谓:

> 民不知官,望车而畏;俗不知佛,得衣为贵。

[①] 据《佛说弥勒大成经》传,释迦牟尼佛临涅槃,将其"僧伽梨"(袈裟)作为信物,嘱咐迦叶交付给未来出世的弥勒,作为他继承佛位的合法性依据。是故迦叶不敢涅槃,而深入"灭尽定",以待若干千万年后,从定中觉,授予弥勒,"令奉世尊"。故此经亦名《释迦牟尼佛以衣为信经》。

/第三章/ 禅宗的南北对立和诸家态势(中唐之一)

又说：

> 六祖未彰，其出也微；既还狼荒，憬俗蚩蚩。不有信物，众生曷归？①

事实上，自神会举起慧能的大旗，就含有向王朝争取南方禅众合法地位的因素。

慧能离开黄梅，从王维《六祖禅师碑铭》开始的所有记载，都说是弘忍因其得法受衣，怕人忌害，令其逃走的。其实，这经不起任何推敲。慧能此后一直混迹于农商渔猎之中，接触的全是底层民众。《法宝记》说他"恐畏人识，常隐山林，或在新州，或在韶州，十七年在俗，亦不说法"②。可以说与夺嗣斗争毫不相干。直到仪凤元年(676)到广州，始终是白衣身份。当年他进黄梅，已超过丁年，即使作为逃丁，也是官府搜检的对象，王维说他从黄梅走出后"止于编人"，就含有这样的暗示。因此，慧能潜离弘忍并长年隐遁，与神秀的"涕辞而去，退藏于密"的性质类似，是为了逃避官府，而与法衣无关。弘忍收容了各种流民，也保护了各种流民，黄梅门徒满天下，这是重要原因。

最后，是关于慧能拒绝应召的问题。则天、中宗(孝和)曾敕书劝征一事，也始于王维的《六祖禅师碑铭》，而《坛经》③、《略序》和《神会语录》等皆不载，这是令人诧异的。而宣扬最甚的是《法宝记》和《别传》。前者说，长寿元年(692)和万岁通天元年(696)武则天两次敕请，慧能"托病不去"。后者说，神龙元年(705)、三年(707)，"高宗大帝"④分三次征请、奉养、赐额；自乾元二年(759)至

---

① 李知非为净觉的《注般若波罗蜜多心经》作序，让玄赜"所持摩纳袈裟、瓶钵锡杖等"付嘱净觉。如此，以衣钵为传法信物，在当时的禅众中相当流行。
② 《曹溪大师别传》谓，慧能南归曹溪，"犹被人寻逐，便于广州四会、怀集两县界避难"。和尚没有这样大的权力和实力，中国佛教也没有这样的传统。
③ 本文所言《坛经》均指敦煌本。
④ 神龙年，"高宗大帝"已经死了二十年。

永泰元年(765),"孝感皇帝"和"宝应元皇帝"还数次敕问慧能弟子行滔及其门徒惠象,令供养和守护慧能的传法袈裟,并录有往来的敕书和答表的全文。《全唐文》收有唐中宗《召曹溪惠能入京御札》和唐代宗《遣送六祖衣钵谕刺史杨瑊敕》,大体就是在这些敕书的基础上精加工而成的。唐王朝是否征召过慧能,是个悬案。但文中所附敕文之粗鄙,所记历史之错乱,只能是出自某个半通文墨者的伪造。后来好事者的精加工补救了它们的缺陷,却愈显其伪。

如上种种,难以澄清慧能的生平。因为禅宗史传所重视的,不在于慧能是一个真实的历史人物,而在于他是本宗信众的代表和领袖,他的形象必须符合这些信众的心态,从而使其典型化和理想化。因此,我们在探讨慧能其人时,就不能把他看成是单纯的孤立的个人,而首先应该看到在背后着意刻画他、塑造他的那些宗派群体。从这个意义上说,在被描绘的慧能的一生活动中,已经蕴涵着南宗的基本性质,包括地理、民族、出身、成分、文化以至于政治倾向等。

三、南宗与南人

关于"南宗"的名称,历史上有不同的指谓,《续高僧传·法冲传》称法冲所承师法,为慧可的"南天竺一乘宗"。这可能是从楞伽禅学的角度讲的。因为四卷本《楞伽》,意谓"佛入楞伽山所说之宝典",故七卷本、十卷本皆名《(大乘)入楞伽经》。"楞伽"是山名,地处师子国(今斯里兰卡)南部,或即指锡兰岛。译者求那跋陀罗虽生于中天竺,却来自师子国,终生又活动于南朝,后被楞伽师奉为汉地初祖,达摩数第二代,是他的传人。达摩宗系以此经递代相传,明显有与新译十卷本《楞伽》抗衡的意思。因为十卷本《楞伽》的译者菩提流支是北天竺人,而且终生活动在北朝。这样,有权势的地论师对楞伽禅师的压迫,很容易带上一种南北斗争的外观,楞伽禅系强调自己属于"南宗",自然含有与地论师不合作的意味。

楞伽禅系的这种传统,直到李知非序净觉的《注般若心经》时还在坚持。他说:"宋太祖时,求那跋陀罗三藏禅师以《楞伽》传灯,起南天竺国,名曰南宗。"所以神秀、玄赜、老安都属于"南宗"的继承人。如此一来，也影响了达摩的籍贯和来华的经历。最早传说达摩来自波斯，到了唐初变成了"南天竺婆罗门种"。婆罗门虽是社会上层，但属于"外道"，所以到《神会语录》以后又变成了"南天竺国王第三子"，即刹帝利种。《楞伽师资记》称"魏朝"的达摩，《法宝记》就改成了"梁朝"。这种不间断的南移在被有意识地推动，到《南宗定是非论》终于将"南天竺一乘宗"的概念换成了"菩提达摩南宗"。而原指《楞伽》的宗旨，则变成了禅的宗系。

在武则天的晚年，楞伽师对地论师的斗争以取得完全的胜利而告终。自神会开始重树"南宗"大旗，实际上是对楞伽传承的否定。从字面看，神会斥责神秀的门徒背离"达摩宗旨"，所以要审定是非，重振"南宗"，充满复古主义色彩，但这不过是一面旗帜。当时稍微客观些的评论者已经看到，所谓南能北秀，指的是以中国地域区分的两大禅系，与天竺和达摩的南北毫无关系。属于荷泽系的宗密答裴休（787—860）问，就明确地说过，"曹溪能大师"之宗系，"以神秀于北地大弘渐教，对之故称南宗"。《坛经》也说："法即一宗，人有南北，因此便立南北。"

从中国地域上划分南北禅系，最后以南宗统一全国禅系，致令"天下凡言禅，皆本曹溪"，是中国禅宗史上的又一重大转折，反映了多方面的社会问题。《坛经》载有慧能初拜弘忍时师徒有一番问答，可以说是这部名著的宗要，也是了解"南宗"真正含义的钥匙。其中慧能说："弟子是岭南人，新州百姓，今故远来礼拜和尚，不求余物，唯求作佛（法）。"大师遂责慧能曰："汝是岭南人，又是獦獠，若为堪作佛？"慧能答曰："人即有南北，佛性即无南北；獦獠身与和尚不同，佛性有何差别！"类似的记述亦存在于南宗初兴的各种文史中。如《神会语录》又补增弘忍传法之后，特别嘱咐慧能："汝缘在岭南，即须急去"。

按"一切众生皆有佛性"的佛性论思想，自昙无谶译出《大般涅槃经》以后，几乎为中国所有佛教派别所接受。初唐法相宗中的部分人曾坚持"五种姓"说，以为一分有情无佛性，受到多家抨击，所以影响很小。南宗在这里是老调重弹，将神秀门徒也无不公认的佛性论,当作自己的新发现,看起来是浅薄的。但是,由于这段话实有所指,其蕴涵的现实意义却极为深刻。因为,照佛教的传统观点,释迦牟尼成佛只能在"中国"(指古印度),而不能生于"边方"①,当然,作祖者也只能籍隶中原,不能由"南人"承担。《法宝记》载弘忍特别嘱咐慧能"汝为此世界大师";《别传》让慧能推辞:"能是南人,不堪传授佛性",正是从反面反映了对这种传统观念的抗拒。《六祖能禅师碑铭》突出"法无中边",成佛作祖完全可以"不居华夏之地",于是使陈腐的佛性平等观,变成树立南人为领袖的理论权威。至于这"南人",究竟是土著的"獦獠"②,还是从中原流亡去的移民,在当时均被排斥在"华夏"文化圈外,从而使南能北秀的宗派斗争带上了南北文化撞击的某些因素。

"安史之乱"削弱了京派禅系的势力,加剧了南宗对北宗的抨击。四川作为唐王朝的政治后方,江南以至岭南作为唐王朝的经济补给区,这些地方的禅僧大都成为唐王朝的支持者。而在两京的佛教支持者中,最明显的是密宗;禅宗中活跃的唯有以神会为代表的南宗禅师;实力最雄厚的京派禅师,至少是态度暧昧。据王缙《大证禅师碑》所记,东京大敬爱寺大证昙真禅师是普寂门徒之一。

> 天宝季年,禄山作逆,陷我洛阳,乱兵蜂螫。大德(指昙真)澹然,独在本处。天龙潜卫于左右,豺狼仰瞻而赞叹,施财献供,终朝盈门。于善恶等以慈,于苦厄人以忍。

这段话,活画出这位大德左右逢源、投机于官贼之间的骑墙面目。作为一个"出世"的僧侣,这种态度无可厚非,然而从其身列"高山仰止"、"万法宗主"的祖系考察,无疑要受到皇权的冷遇;终日收纳财物供献而不问当时的善恶是非,也令正派的禅师们齿冷。王缙为其作铭曰:"以我无思,破彼尽思;尔方厌俗,我则随时"。虽然在

---

① 参见义净《南海寄归传》。
② "獦獠",或"蛮貊"诸"獠",是当时对江南各少数民族的贬称。

唐代还没有像两宋那么看重"名节""操守",但以"无思"而"随时",给北宗禅旨的声誉带来的损失也够惨重的了。

据此而言,南宗的崛起,直接原因是京派禅系的堕落,南方禅众拥有足够的经济和政治优势,以剥夺原来北宗居高临下、号令全国的权威地位。然而,这一宗派斗争所以能够造成巨大的声势,在全社会引起震撼,则是由于有更深远的历史原因。

自从东晋"衣冠南渡",南方的开发速度加快,南北的交往日增,南北文化上的差异也就突出地显现出来。东晋以高贵的门第和高度发达的文化骄人,而南朝最后为北国所灭,北人又增加了政治上的优越感。及至隋唐由北向南武装统一,两个中心变成了长安一个中心,对于南人或许也造成一种文化心理上的压抑。据《世说新语》,在魏晋时期已经有了南北相互讥讽的风气;《洛阳伽蓝记》所记讥讽由江左及于闽楚①,至唐而延伸到岭南"蛮貊",是很合乎逻辑的。鲁迅说:"北人的卑视南人,已经是一种传统"②。据此,以"南人"、"獦獠"的本贯而成佛作祖、领袖全国,无疑含有对这种传统的挑战。

在争取南人的平等地位上,禅宗南宗是最重要的理论开创者,尽管采取的是纯宗教的形式。

四、南宗始祖的出身和攀龙附凤的背后

传统佛教还有另一个习惯,就是把自己的祖先归为高贵的血统。释迦牟尼以王子身份出家,中、印名僧中也多有皇室贵戚、官宦世家的子女。这大半是事实,因为破落户子弟自有其成为僧尼领袖的充分理由。但若以此为准绳,认为祖师非彼莫属,那就是在佛教中肯定出身特权,当然不利于普及。早在西晋就有"里闾小人无爵秩者为应得事佛与不"之问,至唐依然禁止奴婢剃度。楞伽师或禅师一直把达摩从一个游方僧人提高到王子或婆罗门的身份,反映了佛教内部这一传统所造成的心态在社会政治的压力下是非

---

① 参见《洛阳伽蓝记》卷二"景宁寺"条。
② 《花边文学·北人与南人》。

常顽固的。

对于慧能的家庭,尽管有上述种种传说,但有一点是认同的,即"作新州百姓"。在唐代,"百姓"就是庶人,不仅在现实的社会地位上低于有官爵的贵族之家,而且在家庭成分上就比世族豪门卑下。"百姓"的阶级结构也很复杂,其中被视为最为卑下的当然是劳动者,尤其是无文化的劳动者。南宗塑造的慧能,就是这样一个寻常百姓:目不识丁,唯知劳动,是最标准的"愚民"。《坛经》记慧能幼年"艰辛贫乏,于市卖柴"。初见弘忍,在几句有关出身的问答后,即令其"随众作务",于碓房中踏碓。《别传》说,踏碓需力,慧能"自嫌身轻,乃系大石着腰,坠碓令重,遂损腰脚"。《祖堂集》形容他"竭力抱石舂米","一日一夜舂得一十二石米"。《金石萃编》收有龙朔元年(661)的"六祖坠腰石"题字,大约就是后人根据这类故事伪造的文物。《六祖能禅师碑铭》说他离开黄梅,"混迹于农商渔猎十六年",当然与《维摩诘经》所谓的"至博奕戏处"、"入诸淫舍"和"酒肆"等玩世的衒内、长者不同,而是为了糊口谋生,到处奔波。南宗推举这样一位始终在社会底层中辛勤劳动的人物为自己的祖师,客观上反映了这个宗派的真正的群众基础,也标志着它在向各类普通劳动群众中广泛发展,以及禅僧劳动化的倾向。

大多数禅宗史料都说慧能是个百分之百的文盲。《坛经》记他因"不识字",所以请人代读神秀偈,代书自作偈。《别传》说他不能读经,只能闻经,原因是"不识文字"。此事大有可疑。因为慧能的知名门徒中,几乎全是有一定文化修养的人。南宗文化人之所以乐于渲染他们的祖师是文盲,不过是为了强化其作为普通劳动者的典型性。《别传》让慧能解释说:"佛性之理,非关文字能解,今不识文字,何怪?"反之,如果只有识文解字才能事佛、成佛,那将广大的底层群众置于何地?

这样,南宗理直气壮地以卑贱的愚民形象站立起来,同出身高贵、儒学传家的同行们公然对立,其意义大大超出了禅宗自身的范围,而与隋唐以来社会整体的经济、阶级和政治结构的变化有密切关系。事实上,一部禅宗史也可以看成是一部社会史的投影。

这个问题本身已无继续考察的价值。然而,另一个方面,南宗禅众特别喜欢攀龙附凤,却是一种不能不继续留意的品格。农民希望有一个好皇帝,而作为反映下层贫民情绪的佛教一派,当然也会带有这一般的特征。但中国的农民对皇帝是有选择的,时不时会揭竿而起,甚至"取而代之";佛教依靠王法也有条件,即王法必须支持佛教,否则,至少是一顿诅咒,甚或当作一阐提而诛之,这种倾向在《六度集经》中有最明显的反映。但在南宗,一切反抗的性格荡然无存,唯以"忍"为教首。因此,南宗的攀附,从消极方面说,是为了与"贼人"划清界限,表明自己忠于官府、愿做守法良民的心迹,希望从帝王的盼顾中得到自身安全的保障,甚至想象能拥有一种"铁券"(证书);从积极方面说,是一种平民的骄傲,一种荣耀,一种兴奋,也是一种安抚和号召。南宗的这一品格,使它成为中国封建集权国家中政治上最安分、生存时间最长久的教派,也是封建社会最正统、最稳定的力量。当南宗的创业者们举起"菩提达摩南宗"的义旗,声讨北宗的种种罪状时,总给人一种"若要官,杀人放火受招安"的印象,因为那是争宠,而不是造反。

关于这种品格,现在也许会褒贬不一。但在历史上,它反映的却是强大的内聚力。它乐于集中,愿意统一,拥护皇帝,而后于宋、明诸朝表现为令人敬叹的爱国主义,尽管带有不可避免的封建性。

第三节　南宗的创业者和他们的禅特色

据《坛经》记,慧能于"韶、广二州行化四十余年",僧俗门徒"三五千人,说不(可)尽",直接受法者为"十弟子"。《景德传灯录》录其有名的法嗣四十三人,立传者十九人,大体可以分为如下几个系统。

一、岭南系

《坛经》记,十弟子中,法海为上座。他是接受慧能临终嘱咐者,《坛经》的集记者,现存的《六祖大师法宝坛经略序》,或名《六祖大师缘起外记》,亦署名法海等集。敦煌本《坛经》最后记法海"本是韶州曲江县人",《景德传灯录》除了重复这句话外别无生平记录,《宋高僧传》根本无法海传,加上《坛经》及《略序》、《外记》等经后人改动的痕迹甚多,所以有学者怀疑或无法海其人。然而南宗的《坛经》禅系推法海为上首,决不会无中生有。他在中原的知名度不高,但在以韶、广二州为中心的岭南却自成派系。敦煌本《坛经》记其传承为:法海传同学道潾,道潾传门人悟真,"悟真在岭南曹溪山法兴寺,见今传受此法"。惠昕本《坛经》改为法海递传志道一彼岸一悟真而至于圆会。《神会语录》记其受命建塔的弟子玄楷、智本。关于这些人物,现今一无所知。

此外,慧能在岭南的弟子还有不少:广州有清苑法真、吴头陀、志道、印宗等,罗浮山有定真,韶州有祇陀、缘素(原文作韶山)、刺史韦琚(据)、曹溪令韬(行滔)等,可见是多头传播。其中行滔一家值得特别注意,《曹溪大师别传》就是出自这一家门,其所传慧能的生平思想多与《坛经》、《神会语录》等不合:

第一,多侧面地神化慧能。谓梁天监壬午九年(510)①,中天竺那烂陀寺大德智药泛泊至韶州曹溪,劝村民修建宝林寺,悬记一百七十年后"有无上法宝于此地弘化,有学者如林",其时正是慧能住此寺修道三年。仪凤元年(676),慧能于广州制止寺受戒——此寺及其戒坛是"宋朝求那跋摩"所置,当时遥记云:"于后当有罗汉登此坛,有菩萨于此受戒。"又梁末真谛于坛边种菩提树两株,谓"后有菩萨僧于此树下演无上乘"。慧能即是应这两位三藏的谶记者。此外,另记慧能生前死后有"六种灵瑞",其中三种与曹溪的水源污染有关,最后一种谓"大师灭后,精灵常在"。

署为法海所集的《六祖大师缘起外记》(与《略序》大同),更是集中地神化慧能,只是将戒坛改为宋朝求那跋陀罗创建;让智药自西天竺携来菩提树一株,植于坛畔,以预志"有肉身菩萨"于此坛上授戒,树下演法。同时又说,慧能之母得异梦有娠,"怀妊六

---

① 天监九年非壬午年。壬午年应为天监元年(502)。

年"始生,不饮母乳,由"神人灌以甘露"。回归宝林寺,以"坐具""尽罩曹溪四境","四天王"坐镇四方,成兰若十三所,大大扩大了宝林寺的范围。《全唐文》收有署名法性寺住持法才于仪凤元年(676)所撰《光孝寺瘗发塔记》,谓"佛祖兴世,信非偶言",即删节上述谶记作为慧能成为"佛祖"的必然性的证明。这一塔记当然属于伪造。

这类神话出自行滔、法海两家,最明显地表现了岭南一系的土著风采,也反映了慧能在韶州普通民众中的神圣、崇高地位,其影响经广州而远及于广西,只是由于他们主要活动于边僻下层中间,详情难为外界所知。

第二,依《涅槃经》立宗。楞伽禅系以四卷本《楞伽》授徒,东山法门依《文殊般若》行禅。依何佛典成了宗门标志,尽管事实上不完全如此。在《坛经》、《神会语录》中,都强调慧能闻《金刚经》得悟,持《金刚经》成佛;《曹溪大师别传》则突出《涅槃经》的地位,谓慧能于曹溪初听《涅槃经》,解"佛性之理",于广州制止寺再听印宗讲《涅槃经》,而开示"佛性不二之法",其说谓:

> 《涅槃经》高贵德王菩萨白佛言:世尊,犯四重禁,作五逆罪及一阐提等,为当断善根,佛性改否?佛告高贵德王菩萨:善根有二:一者常,二者无常,佛性非常非无常,是故不断,名之不二。

又说:

> 明与无明,凡夫见二。智者了达,其性无二。无二之性,即是实性。

《别传》用各种方式反复申述这类思想,让慧能自说:

> 将心要者,一切善恶都无思量,心体湛寂,应用自在。

令悟者说：

> 今日始知佛性本自有之……至道不遥，行之即是。今日始知涅槃不远，触目菩提；今日始知佛性不念善恶……不为诸恶所迁。

又让慧能解释："道无明暗，明暗是代谢之义"，因为"烦恼即菩提，无二无别。"据此可见，《别传》的思想侧重点，不是《金刚经》的空观，而是"佛性"上的平等"不二"及其"实性"，尤其表现在超越善恶道德和明暗智愚上。这类思想对当时的岭南有特殊的针对性。在唐中期，岭南既是朝廷需要时常剿抚的地区，也是中央官吏罪谪的流放场所，关于善恶明暗之类的思虑可能成为极重要的精神负担，而"佛性不二"有助于消除这种负担，并给以生活上的信心和勇气。

与"佛性不二"的理论相应，《别传》将全部禅实践归于"见性"上。慧能记述弘忍的言教："唯论见性，不论禅定、解脱、无为、无漏"，"见性"就是见"佛性不二"。据此，他否定"坐禅"，斥之为"空坐"。"禅"而不坐，是南宗区别于北宗最原始的标志。《别传》表现得也很鲜明，其记中使薛简的话说："京城大德禅师，教人要假坐禅；若不因禅定解脱得道，无有是处。"慧能答："道由心悟，岂在坐耶！……毕竟无得、无证，岂况坐禅？"就是说，"悟"不在坐禅，亦不需内证。并从经典上引《金刚经》的话为根据："若人言如来，若坐若卧，是人不解我所说义。"实际上，以"见性"为"悟"，与《金刚经》根本不涉及佛性是常的观点风马牛不相及。然而就在否定坐禅内证上，《别传》与南宗的其他派系完全一致。

第三，关于传法信物问题。《坛经》与《神会语录》都记有弘忍密授衣法给慧能，并以袈裟为法信的故事。但同时都记慧能临终嘱咐，"衣不合传"，因为"我缘此袈裟几失身命"。《坛经》还特别强调："已后传法，递相教授一卷《坛经》，不失本宗；不禀授《坛经》，非我宗旨。"这就是所谓《坛经》传宗。《别传》相反，全无《坛经》所记内容，而是不厌其烦地强调袈裟传宗的连续性。它说："非衣不传

/第三章/ 禅宗的南北对立和诸家态势(中唐之一)

于法,非法不传于衣。衣是西国师子尊者相传,令佛法不断。"因此,法与衣始终不能分离。及至弘忍传衣给慧能,慧能即以此衣相继向印宗及大众展示,以印证自己是得法的正宗。《别传》记载皇帝与曹溪往来的数次敕书表文时,也都突出"忍大师嘱付如来心印,传西国衣钵"等语。及至慧能染疾,谓"法不付嘱,亦无人得",表示他不指定继承人。神会问:"传法袈裟为何不传?"答云:"不传此衣,我法弘盛,留镇曹溪。"守此传衣的,就是行滔。

行滔,《景德传灯录》名之令韬,谓其吉州人,俗姓张,依六祖出家,未尝离左右。慧能卒,遂为衣塔主。开元四年(716),诏令赴阙,以疾辞;上元元年(760),肃宗遣使取传法衣入内供养,仍敕入朝,又以疾辞。据此,《传灯录》与《别传》所说相似,只是年代差别甚大。《别传》中无玄宗召征事;肃宗敕召,在上元二年(761),是由于广州刺史韦利见的推举;又,乾元二年(759),行滔遣上足僧惠象等"送传法袈裟入内"①,是年行滔卒,年八十九(《传灯录》作九十五)。永泰元年(765),代宗又送传法袈裟归曹溪,并令"亲承宗旨者守护,勿令坠失"。

这些传说中究竟有多少可靠的史实不值得细论,但集中说明了岭南系认为慧能的宗旨始终在曹溪,别无嫡传。《别传》记事止于建中二年(781),此后的情况就不甚清楚了②。

第四,关于禅宗的西方法统问题。自晋宋之际,佛陀跋陀罗同鸠摩罗什在禅法问题上发生了严重分歧,以禅为宗的僧侣就很重视禅法的传承。但道信、弘忍以来,禅的概念大变,禅僧背经违律的非传统化趋向愈益明显,引起政府的干涉和义学律师们的责难也愈多。为了在佛教内外求得自我发展的合法地位,在手持经卷的同时,把自己的族谱联结到佛教始祖释迦牟尼身上,就成为必

---

① 这种年代的错乱,或出于抄写之误。
② 据宋志盘《佛祖通纪》卷四五记,北宋天圣九年(1031),敕韶州守臣诣宝林山南华寺迎六祖衣钵入京阙供养。兵部侍郎晏殊撰《六祖衣钵记》。似乎衣钵在韶州的传说始终未断。

要。这种风气大约发端于开元年间,主要是用来对付官方的限制;"安史之乱"后大盛,其中既包含有与密宗崇奉毗卢佛相抗衡的意味,更多的是用于禅宗内部各派的自我标榜。因此,从有关西方诸祖的组成和排列上,也可以看出禅宗当时的内部派系状况。

从现有材料看,首先陈述西方传承的是神会,他据慧远的《禅经序》设想出来的宗系是:如来传迦叶,于是,迦叶——阿难——末田地——舍那婆斯——优婆崛——须婆蜜——僧伽罗叉——菩提达摩。禅宗西祖到菩提达摩,共为八代。这一传承,实际上是罽宾所传说的一切有部某些人物的随意排列,漏洞极多。此后,《坛经》、《历代法宝记》、《宝林传》等,根据《付法藏因缘经》以及僧叡的《禅经序》等加以重新排列,又形成多种西方二十八祖之说,反映了各派系的若干新特点。《曹溪大师别传》所主二十八祖说,与神会系所传不同;二十八祖中只列有前五祖名,同《坛经》等所说有差别,与《宝林传》全同;然而第二十八祖,即中华第一祖,《宝林传》作"菩提达摩",《别传》中则名"达磨多罗"。达磨多罗是佛陀跋陀罗和慧远等着力提倡的禅法祖师,所传经典为《禅经修行方便》,今题《达磨多罗禅经》。以达磨多罗为中国禅宗的始祖,同以菩提达摩为始祖的禅系相比,无疑含有与楞伽宗即京派禅系进一步划清界限的意思,这也是岭南系的主要特点。后来宗密撰《圆觉经大疏钞》,依然沿袭达磨多罗为中华始祖之说,可见影响不小。

从总体看,岭南系的文化水平较低,但群众基础深厚,对流放来的士大夫的影响甚大,极受地方官吏的重视,在形成中唐禅宗整个形势中起着重要作用。

二、荷泽系

高举慧能的大旗,为孕育于韶、广二州的南宗争取正统法系,从而向京派禅系公然挑战,揭开中国禅宗史上又一新篇章的,乃是洛阳荷泽寺的神会。

1. 神会与南宗的确立

关于神会,《宋高僧传》和《景德传灯录》均有传,校以永泰元年(765)慧空所撰《大唐东都荷泽寺殁故第七祖国师大德于龙门宝应寺龙岗腹建身塔铭并序》,错讹颇多。相对而言,宗密的《圆觉经大疏钞》比较可靠。

据《大疏钞》,神会俗姓万,无籍贯。先师北宗秀三年,秀奉敕追入(700),遂往岭南依能和尚。时能和尚"行门增上",神会即以"苦行供养。密添众瓶,斫冰济众,负薪担水,神转巨石",又说他"策身礼称,燃灯殿光,诵经神卫;律穷五部,禅感紫云"。也就是以劳动为主,同时习经、律,行禅和佛事。《宋高僧传》谓其俗姓高,襄阳人,先学"五经",次寻《老》、《庄》,后览《汉书》,始辞亲投本府国昌寺出家,习经律。后闻岭表曹侯溪慧能,乃奔往参问。居数载,即遍寻名迹,行踪不详。直至开元八年(720),配住南阳龙兴寺。据独孤沛集《菩提达摩南宗定是非论》序,谓神会于开元二十二年(734)在滑台(河南滑县东)大云寺设无遮大会①,"为天下学道者辨其是非,为天下学道者定其旨见"。通过与名播两京的山东崇远法师的辩论,着重驳难神秀的门徒嵩岳普寂和东岳降魔的主张。《大疏钞》称其在南阳"答王赵公三车义(指《法华经》所论三乘关系),名渐闻于名贤"。天宝四年(745),兵部侍郎宋鼎请入东都,至十二年(753),"被谮聚众,敕黜弋阳郡(河南潢川),又移武当郡(湖北襄阳西北),至十三载,恩命量移襄州(湖北襄阳),至七月,又敕移荆州开元寺。此北宗门下之所毁也"。乾元元年(758),即于开元寺坐化,时年七十五。

《宋高僧传》和《传灯录》都记神会死于上元元年(760),前者说他受生九十三岁,后者说他俗寿七十五,均误。又载,诬奏神会聚徒的是御史卢奕。天宝十四年(755),安禄山反,"两京版荡,驾幸巴蜀",郭子仪用裴冕计,"大府各置戒坛度僧,僧税缗谓之香水钱,聚是以助军须"。时卢奕为贼所戮,神会受请主坛度僧②,"所获财帛,顿支军费,代宗、郭子仪收复两京,会之济用,颇有力焉"。肃宗

---

① 《定是非论》所记时间混乱。与崇远的辩论,或始于开元十八年(730)。
② 慧空所撰《塔铭》记神会"遂行迈江表之际,方有羯胡乱常"。说明"安史之乱"时,神会是在放逐的路上。

因此为其造禅宇于荷泽寺。

各种有关神会一生的记载,光怪陆离、曲折隐晦处不少。但有几点可以肯定:

第一,神会是历史上第一个奋起向京派官禅争夺正宗地位的南宗代表,当时的神会被公认为慧能的真正得法弟子。慧空所撰《塔铭》记:"能传神会,宗承七叶,永播千秋"。支持安塔于龙山的,是"宙堂李公,嗣号王旐"者,属于皇室;作塔铭的慧空,《宋高僧传》记其原系普寂弟子,代宗诏其居京师广福寺,"朝廷公卿,罔不倾信"。至少在京洛,神会被看作慧能的嫡传。又,王维所撰《六祖能禅师碑铭》,直称其为"弟子曰神会,遇师于晚景"。属于荷泽系的宗密,更以"七祖"尊称神会。即使以正宗自居的岭南系,也不否认神会得法的事实,像《别传》中就有神会夜间密受能大师嘱咐的故事。《坛经》也肯定,慧能的十弟子中,唯有神会"得善不善等,毁誉不动。余者不得"。净众保唐系的《历代法宝记》则肯定神会"为天下学道者定其宗旨"的地位。因此,当时的内外僧俗,不论派系,公认神会为慧能的法统所在,亦是慧能旗帜的真正树立者。在这个意义上,说神会是禅宗南宗的创始者,是名实相符的。

第二,神会的大半生是在流动中度过的,至于晚年,更屡遭流徙。《大疏钞》引当时的《碑文》和《祖传》谓,普寂谬称七祖,"二乘法主,三帝门师,朝臣归崇,敕使监卫,雄雄若是,谁敢当冲?"在这种严重的情势下,神会"直入东都,面抗北祖",由是"三度几死,商旅缞服。曾易服执秤负归,百种艰难"。其所以遭受这样的命运,当然不全是由于南北的宗派斗争。

直接提出放逐神会的卢奕,天宝十一年(752)为御史中丞,"留台东都,又分知东都武部选事",是洛阳的"执法吏"。安史之乱,守职全节,时誉为"忠义""烈士"。从维系东都治安出发,驱逐可疑的"聚众"者,是分内的职责,与阿比普寂毫不相干(普寂此时已死十四年)。《大疏钞》谓:"因淮上祈瑞,感炭生芝草,士庶咸睹,遂建立无退屈心。"可见神会的聚徒带有很大的神异成分,这在当时的当权者那里是绝对不能容许的;又谓其"因洛阳诘北宗传衣之由",表明以袈裟为"法信"的说法实创始于神会,以此作为斗争手段,当然不易在当权的高层次的官僚、士大夫中通过。

第三,神会在"安史之乱"时忠于唐王朝的表现,赢得了肃宗特别是代宗的好感。以此为契机,加上有南方禅众日益壮大的基础,他的弟子辈多方经营,最终赢得了唐王朝对于南宗的支持。

2. 神会的宗脉与流向

神会的门徒很多,宗密的《圆觉略疏钞》记二十二人,《禅门师资承袭图》记十九人,而《景德传灯录》记十八人。今估计知名者有三十余人,主要分布在两京、四川、湖北、江苏、陕西、山西、山东等地。在两京活动的,除上述给神会立碑的慧空、法璘外,尚有他的再传弟子东京神照(776—838)。据白居易所撰《东都奉国寺禅师大德照公塔铭并序》,神照俗姓张,蜀州青城人。铭文记其教之大旨,"以如然不动为体,以妙然不空为用;示真寂而不说断灭,破计着而不坏假名"。这是从《起信论》的"心真如"出发,运用《般若经》所倡真谛与俗谛并重的禅风。

神照学此心法于惟忠禅师。惟忠亦名南印(705—782)[①],《宋高僧传》有传,谓其俗姓童,成都府人,因游嵩岳见神会析疑;后于黄龙山营茅舍禅居,能伏毒龙驱瘴而为山民所敬。神照亦出蜀入洛,住奉国寺禅院。其上首弟子清闲、服勤弟子志行等,"于宝应寺荷泽祖师塔东而塔焉"。门徒亦散于襄、洛、镇、徐、晋、润、潞、磁、汴、越、蔡、秦等,是两京中最有势力的一支。

另有《宋高僧传》称为灵坦者,贾悚所撰《扬州华林寺大悲禅师碑铭并序》作云坦,系武则天族孙,父官洛阳令,遂嗣法于神会,"凡操箠服勤于师之门庭者八九年,而元关秘钥罔不洞解,密承嘱付,莫有知者。"天宝十二年(753),神会被迁弋阳时,灵坦似同时遭逐,

---

[①] 裴休所撰《圭峰禅师碑铭并序》谓,"东京照"嗣法于荆南张,张受法于磁州如。考宗密的《禅门师资承袭图》,无荆南张其人,东京神照为益州南印弟子,南印属磁州智如弟子辈。据《照公塔铭》所言,则南印即是惟忠,与磁州如同为神会弟子。

至于庐州。大历五年(770),因慧忠应诏在京,得入上都礼觐。八年(773),又经慧忠奏请,赐号大悲,乃出关东化,历经润州、江阴、吴兴等地,于元和三年(808)止于扬州华林寺。元和十一年(816)终,年一百零八岁。据碑传,灵坦所到之处,降龙伏虎,感神龟灵蛇,制山妖木怪,被视为"菩萨大士游乎不思议解脱者"。"门人遍于天下,荷其教者惟上都西明寺全证"。全证于宝历元年(825)曾驻锡于毗陵(常州),由此形成荷泽系从两京到江苏的一支。此支特别以神异闻名于世。

乘广也是神会系由洛阳向南传播的一支。他原籍容州(广东容县南)张氏,至洛阳依荷泽,"始由见性,终得自在。常谓:机有浅深,法无高下;分二宗者,众生存顿渐之见……各自外得,故生分别。道由内证,则无异同。"是神会系中调和南北二宗、主张内证的代表。后结庐于袁州萍乡县(湖南萍乡市)杨歧山,开化于岭北湘南,终于德宗戊寅年(798),年八十一。在乘广死后九年(807),其弟子还源请刘禹锡撰《广禅师碑》,现收在《金石萃编》、《全唐文》中。

乘广的上首弟子甄升,或即甄叔,唐至贤有《杨歧山甄叔大师碑铭》,《宋高僧传》有传。出身、生平不详,扣大寂(道一)禅门,谓"群灵本源,假名为佛;体竭形销而不灭,金流朴散而常存",这一有神论观念,是标准的"南方禅师"神会的主张。他于杨歧山宴坐四十余年,终于元和庚子岁(820)。上首弟子任运请人立碑撰铭。看来此支后来是与马祖一系合流了的。

另有黄州(湖北新洲)大石山福琳,原籍荆州元氏,游方遇神会,"示无念灵知,不从缘有,即焕然见谛"。后于大石山结庵而居,禅侣甚众。贞元元年(785)卒,年八十二。[①] 其思想与甄叔全同。山东沂水光瑶(或名光宝),亦颇有名,他原籍并州周氏,晚年谒神会,曾请教"眼耳缘声色时,为复抗行,为有回互"的问题,神会答以"声色体空,亦信眼耳诸根及与凡圣平等如幻,抗行回互,其理昭

---

① 参见《景德传灯录》卷一三。

然"。表达了神会系的《般若》空观思想:作为认识客体的声色性空,作为认识主体的眼耳诸根性幻,两者有相互抗衡的一面,也有互相关联的一面。光瑶对认识论问题似甚有兴趣。他曾受充州节使之请,入州行化,元和二年(807)卒,年九十二。①

荷泽系中于后世名声最大的一支,是磁州(河北磁县)法如(或名智如,723—811)。据《禅门师资承袭图》,智如传益州南印,南印传遂州(四川遂宁)道圆,道圆传宗密,由是形成禅宗与华严宗汇流的一大派。《传灯录》沿袭宗密此说,唯将益州南印误作法如同门,又将荆南惟忠误为法如弟子。另据《传灯录》,神会有弟子五台山无名禅师,再传至五台山华严澄观大师;澄观则为宗密的华严宗师,遂形成禅宗与华严宗汇流的多层次关系。

3. 荷泽禅与唐、蕃佛教关系

在荷泽系中,与禅宗在河西和西藏传播有关的事件,特别值得探讨。"安史之乱"后,吐蕃先后占领了凤翔以西、邠州以北的唐朝大片领土,到大中五年(851),张义潮在沙州起义,唐置归义军为止,吐蕃统治河西、陇右近百年。最早发动对唐扩张战争的赞普墀松德赞(755—797),对内扶持佛教,以打击苯教势力;而佛教的来源,主要靠从唐土引进,包括向唐王朝请求佛典、汉僧,通过战争俘虏大量僧尼,及正常的民间往来。在吐蕃占领地区,多适应当地的信仰习惯,也支持佛教的发展。

约在宝应二年(763),河西佛教重镇沙州(甘肃敦煌)陷落,有禅师名摩诃衍(即大乘和尚)者,奉赞普命开示禅门②,后被发遣至逻娑(拉萨),教令说禅。当时"皇后没卢氏"、赞普的姨母及诸大臣夫人等三十余人,依其出家。从申年开始,诏令摩诃衍与婆罗

---

① 参见《宋高僧传》卷一〇,《景德传灯录》卷一三。
② 据王森《西藏佛教发展史略》,摩诃衍进藏时间为781年,或稍迟一两年。781年为唐建中二年,吐蕃遣使向唐求沙门善讲者,良琇、文素奉命前往。据《顿悟大乘正理决》,摩诃衍自述:"当沙州降下之日,奉赞普恩命远追,令开示禅门。"本文从摩诃衍自述之说。

门僧①辩论禅宗是非问题,延续到戌年②正月十五日,赞普肯定摩诃衍所开禅义,究畅经文,允许道俗依法修习③。关于这个事件的前后因果,有"前河西观察判官朝散大夫殿中侍御史"王锡所撰《顿悟大乘正理决》(简称《正理决》)及其《叙》,记载颇详。《正理决》为王锡受摩诃衍之请所记,《叙》出自他个人的经历,比较可信。

不论从什么角度看,禅宗传入西藏都是一件大事。禅宗对此后西藏佛教的影响持续不断,特别是对于宁玛派和噶举派。

摩诃衍在吐蕃人中也声誉颇高,在已知的敦煌吐蕃文写本禅宗文献中,他的著作最多。但关于他的身世和传承,却知之甚少。据摩诃衍自述,他"依止和尚法号降魔小福张和尚,准仰大福六和尚";"自从闻法以来,经五六十年,亦曾久居山林树下";"亦曾于京中已上三处闻法,信受弟子约有五千余人"。此文是摩诃衍写给赞普的辩护词,由此退后五六十年,则他离开师长时当在公元710—744年的约三十余年间,此时正是唐开元、天宝盛世,于京中行化的知名禅师多属北宗,其中兖州东岳藏师,神秀弟子,即号"降魔";另有"京兆小福",亦神秀门人;"大福"(655—743),俗姓张,屡为长安诸大寺主持,神秀嘱其"可教西土之众"。从摩诃衍自述的字面看,摩诃衍与这些禅师都可能有师承关系;但把前后文联系起来又难于解释,特别是在教义上。摩诃衍以"顿悟大乘"立宗,这在北方禅师中是少有的,相反,这正是神会系的南宗据以抨击北宗是"渐"的根本命题。

《禅门师资承袭图》所列神会的十九个法嗣者中间,就赫然记有摩诃衍一名,但余事全无记载。按《正理决》所说,摩诃衍所倡禅义,核心是"看心除习气"。所谓"看心",指"返照心源"。心源不

---

① 唐代称婆罗门为地名,指尼婆罗(尼泊尔)。根据藏传佛教史料,此僧为护寂弟子莲华戒。

② 自宝应二年至墀松德赞卒,共有三个申、戌年,即公元768—770,780—782,792—794年。

③ 这是汉藏佛教史上的重要事件,藏传佛教史料所记辩论结果与此有异,本文不取。

动,不动即是无想、无思、无念,亦无境界分别,"离一切相";顺此观行,即是解脱,即是觉悟成佛;反之,有想、有思、有念、有境界,诸相分别,就叫"习气",属凡夫众生,不得成佛。概而言之,"妄念"即"习气",是谓凡夫;"离妄念"、"除习气",即是诸佛。此"离妄念"是禅行的最高原则。据此,摩诃衍斥责六波罗密,贬低修善去恶的道德修养,认为这些都属于有想念和有所得的活动,属"声闻"乘,世间法,通是"渐门"。这种主张,在弘忍以来的诸多禅系中并不少见,都是从《起信论》所谓"心体离念"的哲学基础上发展起来的禅观,南北二宗在这一点上没有严格的区别。然而,独以"顿门"自诩,抨击"渐门","常说无念法",突出"离一切相"的,在当时,除神会系外,可以说别无二人。

按《历代法宝记》,成都保唐寺无住和尚(714—774)所传禅法亦名"顿悟大乘禅门",与摩诃衍所弘禅法名称全同。他承袭无相(684—762)以"无忆、无念、无妄"为总持门的禅法,又将"无念"为纲,统摄全部佛法,所谓"无念即是见佛,有念即是生死"。"无念"的含义是"无心,离意识",要求既无妄念,亦无其他思虑,因此,排斥任何有意识的佛法修持,在精神上与《正理决》全同。无住的这一禅思想来源,除无相外,还有他师事过的白衣陈楚章、太原自在和尚和范阳到次山明和尚等,而以神会对他的影响最大。天宝八年(749),无住居五台山清凉寺,"闻说到次山明和尚,纵由神会和尚语音,即知意况,亦不往礼",似乎只听说过东京神会"说顿教法",并未亲受,但给予的评价之高,甚至超过无相。《历代法宝记》充分肯定神会"为天下学道者定其宗旨",且认为这"宗旨"就是"说无念法,立见性",无住不过是对"无念"的阐发而已。又记神会暗示传法信衣即在剑南金和尚(无相)处,明言"佛法只在彼处"。这说明,净泉、保唐系的正宗地位,需要由神会印证,足见神会在这一法系中的权威程度。《历代法宝记》推其在中国的始祖曰"菩提达摩多罗"或称"达摩多罗",同宗密所传的神会血脉相近。这都不是偶然的。

摩诃衍也传播"卧轮禅法"。吐蕃文写本中有《卧轮禅师逸语》、《卧轮禅师出家安心十功德》等，或就是摩诃衍的译著。卧轮其人不详，《景德传灯录》于《神会传》后附有名卧轮禅师的一个偈："卧轮有伎俩，能断百思想；对境心不起，菩提日日长。"从口气上看，作者不像是禅师本人；就内容言，与陈楚章授无住的"绝思断虑，事相并除"一样，仍属神会、保唐一支的体系。或认为卧轮即是《续高僧传》中的昙伦(？—626)，"读经礼佛，都所不为，但闭房不出，行住坐卧唯离念心"，时人亦目之为"卧轮"。这也可能。以"离念"或"无念"为核心的禅法，源远流长，为神会系接受，也很自然。无住倡导离念，同时也反对读经礼佛，至少在精神上是一脉相承的。

　　剑南在"安史之乱"前后一直是与吐蕃接壤、关系紧密的地区。净泉、保唐系禅法亦向陇州(陕西陇县)和陇右(青海乐都)传播，这一地区在公元763年前后均为吐蕃占领。无相、无住的语录，在敦煌的吐蕃文写本中也有所发现。自宗密以后，曾经风云一时的神会，突然在新兴的禅宗诸派中消失，他的著作也湮没无闻。现在所知的神会言论，都是由敦煌石窟中发现的，表明神会系的主要流行区是在四川和西北与吐蕃的交界沿线。摩诃衍的禅思想属于这个系统，首先传入西藏的禅宗也是这个系统。至于摩诃衍自述的家门，可以继续探索，不过，一般来说，南宗承袭北宗的某些思想并不稀罕。神会本人就做过神秀弟子。《正理决》既引《金刚经》，也引《楞伽经》。吐蕃文写本中，以南宗文献居多，但也有《楞伽师资记》。所以也不能排除他承袭降魔、小福、大福等北宗禅师的可能，这都不影响摩诃衍所立禅门属神会系统。

　　4. 神会的著作和思想

　　关于神会的著作，《景德传灯录》只记其有《显宗记》盛行于世。20世纪以来，在敦煌石窟中陆续有不少发现，其中《显宗记》题为《顿悟无生般若颂》，另有《南阳和尚顿教解脱禅门直了性坛语》、《菩提达摩南宗定是非论》、《荷泽和尚五更转》、《南宗定是非五更转》以及《荷泽神会禅师语录》等。纵观这些文献，所记神会的思想不完全一致，说明它们不是出于一个支派，不是一个地区的产品，且大多数是几经修订,以致有晚至唐元和癸巳年(813)始整理成文者。但这些记载,确乎存在一些共同的观点,可以说是神会系的基础部分。

(1) 从"佛性"本有到"无念"为宗

首先,是关于"料简是非,定其宗旨"问题。这是神会各支的共同骄傲,也是所有文献必有的成分。据宗密解释,神会提出这个口号,在于"显秀门下师承是傍,法门是渐",用以捍卫慧能南宗的"顿门"嫡传。这一概括大体不错。但要使"顿门"得以成立,有一个理论前提必须首先解决:所谓"佛性",究竟是众生本有,还是后天修成?这个问题,与一向承认"心性本净"的神秀门下毫无关系,而神会却作了长篇的反复解释,说明在北宗之外,他还另有论敌。

《大般涅槃经》有"本有今无"、"本无今有"两个在表达上似乎对立的偈,按神会的解释:

　　本有者,本有佛性;今无者,今无佛性。

或者说:

　　本无者,本无烦恼;今有者,今日具有烦恼。

然而,《涅槃经·梵行品》则说:

　　本有者,本有烦恼;今无者,今无大般涅槃。本无者,本无摩诃般若,今有者,今有烦恼。

显然有人在利用经典上的这些矛盾说法,质难于禅宗共同承认的"佛性是常"的命题,以致神会认为"佛法东流已来,所有大德皆断烦恼为本"①,不得不给以多方辩护。那么,质难者是谁呢?从理论上看,法相宗人最有可能。窥基之后,"五种姓"说尤为炽烈,认为真如之理尽管不变,但般若之智,涅槃之果,只有后修始得,这在逻辑上就是肯定"烦恼为本"②。摩诃衍特别声明自己"不说法相",就是与法相宗自觉划清界限的表现。当然,律宗更是禅宗的对头。《优婆塞戒经》早就明确宣布:"一切众生无菩提性,如诸众生无人天性、师子虎狼狗犬等性",一切"性"都是后天因缘获得,菩提性、佛性等也必须"以无量善业因缘故发菩提心"成就,据此,要求佛徒必须认真修持,遵从强制性的戒律。在这个意义上,禅宗同律宗是对立的,而神会的理论特别鲜明地反映了这种对立。

事实上,有关觉悟成佛是"顿"还是"渐",早在晋宋之际已经引起了争论,竺道生就是著名的顿悟说的首创者。不过道生倡导的顿悟,是建立在"理不可分"的哲学基础之上的,"理"是"悟"的对象。神会不同,他所奉行的哲学侧重以《起信论》的"众生心"为本体论,以《金刚般若经》的空观为认识论和方法论,是对禅宗过去的理论总结,为此后的禅宗发展提供了新思维,与道生的主张有很大差别。

《显宗记》劈头就立:"无念为宗,无作为本。"③神会的门徒在《大乘顿教颂并序》中解释:"无念则境虑不生,无作则攀缘自息。""无作"主要指"无作意",所谓"不作意即是无念",所以"无作"只是"无念"的推演;"无念为宗",是神会系全部禅理论的核心范畴、真正纲领。它的含义有二:其一为主体"不虑",即"莫作意"、"离寻思",所谓"心不生即是无念"、"觉照自亡即是无念"。其二为对

---

① "断烦恼为本"的"断",可作"判断"解,下文有"疑烦恼为本"可证。但也正因"烦恼为本",故实践上以"断"除烦恼为本,亦通。

② 玄奘时已肯定菩提与烦恼各有"本有"、"始熏"两类。

③ 原文出自《文殊般若经》(下):"般若波罗蜜无边无际,无名无相,非思量,无归依,无洲无渚,无犯无福,无晦无明;如法界无有界齐,亦无限数,是名般若波罗蜜,亦名菩萨摩诃萨行处、非行非不行处,悉入一乘,名非行处。何以故?无念无作故"。据此,则"无念无作",即是"般若"的本质规定。

"境"无"攀缘",所谓"是无念者,无一切境界"。但这样的"无念",并不意味着内无知识、外无万物;相反,"无念即是一念,一念即是一切智"。"一切智"指对一切现象之本质的把握,是具指导意义的高层次认识,所以"无念"才是真正的"智"。此"智"亦称"本觉",或曰"本觉之智"。觉智的"本性不动",即名为"常"。"常"的佛教含义是"恒沙功德,本自具足",全非因缘修得,这就是"真如",或曰"佛性"。此种心体,一切众生皆有,所以说"众生心与佛心元不别"。然而"众生"毕竟不是"诸佛",究其原因,在于众生受烦恼的障蔽;而烦恼的渊源则在于"无念"的本心忽有"一念"妄动。一念妄动作为"无始无明","依如来藏故,一念微细生时,遍一切处",三界六道,诸种境界,都由此造作而生。① 这类说法,到此为止,都属于《起信论》的标准观点,在先前的楞伽师和禅师中间曾或显或隐地盛行过。此后,神会从"体"、"用"两个方面对"无念"进行解说,则发挥了《金刚般若经》(又称《金刚经》)的思想。

以《金刚般若经》为立宗的经典依据,是南宗区别于北宗的一个重要标志。道信曾教居民念"般若波罗蜜"退贼;神秀说他依《文殊般若经》行禅,似乎也重视般若的功能,但都没有像神会那样自觉地抬出《金刚般若经》来确立自己的宗旨,并以此经充实自己的禅观念。据此,他的宗系改变了达摩以来历代以四卷本《楞伽》授徒的说法,成了依《金刚般若经》嘱咐,"闻说金刚般若经"得悟的了。于是,此前的禅宗历史面貌全被改变了。

(2)《金刚经》与"无念"的运用

据神会看,"无念"既是"一切智",这一切智即是"甚深般若波罗蜜"。在一切般若波罗蜜中,"金刚般若波罗蜜最尊最胜最第一",因此,"无念"本质就是"第一义空"。以"第一义空"观察世间与出世间的一切现象,则是"无住"和"无相"。"无住"这一概念在其他般若经类中也用,尤以《维摩诘经》所说"以无住本立一切法"

---

① 天台智顗最著名的哲学命题"一念三千",也可以追溯到神会诠解的《起信论》。

最为有名。《金刚经》强调:"不应住色生心,不应住声香味触法生心,应无所住而生其心。"神会据此解释说:"'应无所住',本寂之体;'而生其心',本智之用。"此处的"住",指心住于事相;思想情绪若凝住于事相,就会产生情结执著,就会有善恶爱憎等烦恼;心性本寂,故无所住;以无所住心看待世界,就是般若智慧。因此,"无住"就成了禅的境界:"以无住故,即如来禅"。

"无相"更是佛教大乘经论常见的概念,尤以《金刚经》的论述最为集中,其中记世尊说偈言:

若以色见我,以音声求我,是人行邪道,不能见如来。

"以色见"、"以音声求"就是有相。推而广之,分别男相、女相、众生相、寿者相,都属于邪见;唯"离一切诸相,则名诸佛"。这种"无住"、"无相",概括起来也叫"不住于相"。于一切境界,不爱恋,不执著,不分别,虽然心能知见一切,身能遭遇一切,身心遍行于一切,而精神总是处于超然状态,不受制于主客观因素的支配,不为是非得失等所左右,无系无缚,此即谓之"无所得":"无所得者,是真解脱"。"无所得"是《大般若经》的至高原则,是三论宗吉藏提倡的最高境界,也是多数禅师的理想心态;神会则给它以"无住"与"无相"的规定,并使之上升到"无念"的本体论高度。

其实,"无念"也是一种心态。由于《起信论》把它作为精神实体的抽象,当成世间与出世间一切法的本源,从而变成了佛教真理、智慧、本觉和法身的同义语。因此,众生要达到真理性认识,成就本觉的法身,必须经过长期的(三阿僧祇劫)修持,包括从善去恶、广行六波罗蜜,才能令心由"动"到"静",从念念相续的世间相,回归到"无念"的出世间的本然状态。在原则上,《起信论》反对"超越"说,否定"顿悟"的可能。神会正是在这里同《起信论》分手。他认为,"无念"既是本有,就无须借助"渐修"而得。他回答王御史问"若为修道得解脱"时就是这样说的:"众生本自心净,若更欲起心有修,即是妄心,不可得解脱。"一个佛教徒在原则上反对"修道",

难免要令人"惊愕云大奇"了!

神会轻蔑"修道",是他以"无念"立宗的彻底化:"所谓不念有无,不念善恶……不念菩提,不以菩提为念;不念涅槃,不以涅槃为念。"又说:"善恶不思则无念,无思无念是涅槃。"这些说法中已经含有否定存心修道的意思。因为"言修习即是有为诸法,计属无常,无常者(不)离生灭",仍在世间盘旋。不过神会在这里特别强调他所抨击的主要是北宗流行的以坐禅修定为中心的禅系统。其中嵩岳普寂禅师、东岳降魔禅师,"此二大德皆教人凝心入定,住心看净,起心外照,摄心内证",可以说是北宗禅系的典型代表。据神会看,这"凝、住、起、摄"都是心念起住不定的表现,属于妄念而不是无念,所以只能"障菩提",不得解脱,他斥之为"妄心修定":"今修定者,元是妄心;妄心修定,如何得定?"因为从本质上说,一切修定都是"动",而不是"静":"动"即不是"定"。

北宗所持的基本上是传统禅法,往往用"坐禅"、"看心"或"坐身住心入定"来概括,神会对此也一并否定。他说:"若有出定、入定及一切境界,非(?)论善恶等,皆不离妄心。"因此,"禅"绝非由"坐"可成。《维摩诘经》诃责林间宴坐,就是经典的明证。又说:"大乘定者,不用心,不看心,不看静(净)。"因为"用心即有,有即生灭";"看即是妄,无妄即无看";"净亦是相,所以不看";"神无方所,有何定乎!"这样,神会不只直接否定了北宗禅的价值,也横扫了传统佛教中的一切禅定法门。他要重建一种全新的禅系,所谓"大乘顿门",即"如来禅",亦称"一行三昧"。

"如来禅"一词出自四卷本《楞伽经》,属该经罗列的"愚夫所行禅"、"观察义禅"、"攀缘如禅"、"如来禅"四种禅法中最高的一种,认为唯有此禅与众生"自觉圣智"的"如来藏"相应。神会据此作了很多发挥。他说:

> 见无念者,谓了自性;了自性者,谓无所得。以其无所得,即如来禅。

又说：

> 若人见本性，即坐如来地。

各派禅师大都主张众生"见性成佛"，但所见何"性"？"本性"何指？解释各有差别。神会则明确指出："了自性"、"见本性"，就是"见无念"，因为众生心的本性即是"无念"，"见无念"就成了"见性"的全部内容。"见无念"是神会的"如来禅"的精髓，也是形成神会禅系诸特点中的根本特点。

神会曾有一段颇长的话说明"见无念"的功能：

> 能见无念者，六根无染；见无念者，得向佛智；见无念者，名为实相；见无念者，中道第一义谛；见无念者，恒沙功德一时等备；见无念者，能生一切法；见无念者，即摄一切法。

这种"见无念"，也就是"定"，也就是"慧"："但一切时中见无念，不见身相，名为正定；不见心相，名为正慧"，"见无念"等于是定慧俱备。问题是，"无念"如何可"见"？现有的《神会语录》中没有具体说明，只是一味强调用"顿悟"当作"正觉"的唯一手段，可以说"顿悟"就是这种"见无念"的另一种表达。他说，若能无住离相，"如是见者，恒沙妄念，一时俱寂；如是见者，恒沙清净功德，一时俱备"。这里的"一时"，就是"顿悟"。

神会教授门徒，"唯令顿悟"。他曾宣布：

> 我六大师，一一皆言单刀直入，直了见性，不言渐阶……譬言母顿生子，与乳，渐渐养育，其子智惠自然增长。顿悟见佛性者，亦复如是，智慧自然渐渐增长。

因此，神会的"顿悟"说，是反对由"渐"到"顿"的，而提倡由"顿"到"渐"。这含有三个要点：

第一,"不由渐阶,自然是顿悟"。所谓"自然",指不假因缘而有,如"过去佛不从因缘得道",众生本有"自然佛性","承自然智得成乎佛",所以也不借修习而悟。这与他的佛性本有论是相应的。

第二,"一念相应,便成正觉"。这句话来自《起信论》,该论的原文是:

> 菩萨地尽,满足方便,觉心初起。心无初相,以远离细微念故,得见心性。心即常住,名究竟觉。

意思是说,行者必须循序修习,直到"菩萨十地"、"六度"等"方便"都已完满的时候,有"一念"与"无念"的"真如"相应,是即为"觉";此"觉"是最彻底的"离念",即是"见性"。在一般的佛教经典中,这个阶段被称为"见道"或"见谛",相应的认识叫作"证",所得智慧名"根本无分别智"。神会的"顿悟"不同,他将"菩萨十地"的阶次和"六度"修行的艰难过程全部删略,而代之以"善知识"的指示和言说。他说:

> (众生)若遇真正善知识,以巧方便直示真如,用金刚慧断诸位地烦恼,豁然晓悟,自见法性,本来空寂……证此之时,万缘俱绝,恒沙妄念,一时顿尽,无边功德,应时等备。

这样,其他渐修固然可以废除,但"真正善知识"却是绝对不可缺少的。所以说:

> 若遇真正善知识指示,即能了性悟道;若不遇真正善知识,即造诸恶业,不能出离生死,故不得成佛。

所谓"真正善知识",这里指的就是该宗崇奉的祖师和禅师。禅宗后来由对诸佛的崇拜转到对祖师崇拜,由"如来禅"转向"祖师禅",神会是始作俑者。

第三,"言下悟道"。这句话在神会系文献中几乎成了口头禅。他在解释顿悟时说:"大乘言下悟道,初发心①时,便登佛地。"所述达摩以来六代传法,全是由师长处闻说"如来知见",而"言下便悟"或"言下便证"的。他曾举传说中"具五欲乐"的诸王顿悟为例说:"于般若波罗蜜唯则学解,将解心呈向佛,佛即领受印可。"这样,或者由师说徒受,言下便悟;或者弟子将所解呈师印可而悟,师资间的言说便成了"顿悟"的主要形式和渠道,因为他所谓的"悟",实即是"解",解悟是同一回事。这与"禅灯默照"的祖师传统真可谓大相径庭。《历代法宝记》记述神会在东京的情况:

> 每月作坛场,为人说法,破清净禅,立如来禅;立知见、立言说为戒、定、惠,不破言说。云:正说之时即是戒,正说之时即是定,正说之时即是惠。说无念,立见性。

这个记载,抓住了神会禅法的根本特征。

由此可知,神会倡导的"见无念",与其所谓"了性"、"知心"、"见本性"、"悟"、"证"等是同一个意思,就是让学者真正把握"无念"的基本原理,以实现认识上的根本改变。但是,要将把握了的"无念"彻底运用于人生的一切方面,仍需要不断修养,使"智慧"相应增长,这就是神会又主张"顿中有渐"的原因。就其将"无念"原则贯彻于生活的一切方面而言,即名"一行三昧":

> 一念相应,顿超凡圣。无不能无,有不能有,行住坐卧,心不动摇,一切时中,空无所得。

在描述禅境界上,神会有受华严宗影响的痕迹。《显宗记》说:"动寂俱妙,理事皆如。理净,处事能通;达事,理通无碍。""理"指

---

① 初发心:大乘佛教把佛徒的全部修习分为五十多个阶位,由"十信"开端,继之以"十住"、"十行"、"十回向"、"十地"等,"初发心"相当于"十信"的初位。

"无念","事"指一切事相。按照华严宗"理事无碍"的思想,要求人们以"无念"处事,处诸事中贯彻"无念"。于是禅的境界不再是远离现实生活的存在,而成了唯有处在现实生活中才能体验的存在。

在解释禅理论上,神会运用《起信论》的"体、用"范畴说明"定慧"关系,深化了他的思维层次,也提高了他的批判水平。传统禅法大都主张"先修定,得定以后发慧",定是发慧的手段,发慧是得定的目的,所以定慧是分离的。神会反对这种传统,他提倡"定慧俱等",甚至认为"定慧等者,名见佛性"。对此,他解释说:

> 言定者,体不可得;所言慧者,能见不可得。体湛然常寂,有恒沙功用。

简言之,定"体"本无,而把握"体"无之"慧",则有功"用"。所以也说:"真空为体,妙有为用。"显然,神会是把"定"看作高于"慧"的,因为有定即有慧,他要用"定"统一"慧"。神会回答王侍御的问话时曾说:"今正共侍御语时,即定慧俱等。""共语"是"慧"之"用","无念"是"定"之"体",体用定慧,也是要求不脱离现实的生活。

神会的顿悟禅门的目标之一,在把学禅者从"坐禅"中解脱出来,以适应社会生活的需要,因此反对坐禅是神会系的一项重要任务。神会说:

> 了性即知当解脱,何劳端坐作功夫?

又说:

> 念不起为坐,见本性为禅。

此外别无坐禅形式。这种禅而不坐的主张,在扩大禅宗的群众基础和改变禅的性能方面都有重要意义。

(3)"无情无性"说

最后，使神会在禅宗中独树一帜的理论特征，还有"无情无性"说，即所谓"佛性遍一切有情，不遍一切无情"。

如前所述，从地论师经《起信论》而到禅宗牛头宗，都主张"无情有性"。牛头山的一位袁禅师述其"先辈大德"之言说：

　　青青翠竹，尽是法身；郁郁黄花，无非般若。

可见牛头宗对"无情有性"说还有特别的发挥。荷泽系则是这一学说的激烈反对者。神会说：

　　岂将青青翠竹同于功德法身？岂将郁郁黄花等般若之智？若翠竹、黄花同于法身、般若者，如来于何经中说与翠竹、黄花授菩提记？

"无情有性"是"外道"之说，因为这与《涅槃经》所讲"无佛性者，所谓无情物是也"相违背。但《华严经》令一切无情物说法，所以也很难说这是"外道"之说。此后围绕翠竹、黄花还发生过许多次争论，成为中国禅宗史和佛学史上一桩有趣的公案。

《宋高僧传》记神会"敷演显法能祖之宗风，使秀之门寂寞矣"。说明神会是使慧能南宗的成势、令天下禅宗归一的关键环节和第一功臣。神会于中唐的文人圈子中声誉也高。王维所撰《六祖能禅师碑铭》唯称神会为慧能弟子，已含有嫡传的意思。杜甫（712—770）的《秋日夔州府咏怀》中有："身许双峰寺，门求七祖禅"，这七祖禅的第七祖指的就是神会。刘禹锡的《送宗密上人归草堂》诗中，有"自从七祖传心印，不要三乘入便门"句，这七祖也是神会，因为宗密就是这样说的。宗密是整个中国佛学史上的大家，极有活动能力，他从荷泽系道圆出家，在他的《中华传心地禅门师资图》中，即列神会为禅宗的中华七祖。这标志着北宗神秀的六祖地位和普寂之称为七祖被彻底取代了。

三、净泉保唐系

推智诜为祖师,直接继承资州禅系而在四川壮大起来的禅宗,是净泉保唐系。

净泉寺①和保唐寺都在成都。记载这个禅系的基本资料是大历九年(774)以后写成的《历代法宝记》。此记编纂很杂,大体由三部分组成:

第一部分是据《付法藏因缘经》列禅宗天竺二十八祖名单,为汉地到慧能为止的六祖作传。其说杂采杜朏的《传法宝记》、净觉的《楞伽师资记》和岭南系关于慧能的传说等。唯一的独特处,是将汉地初祖写成菩提达摩多罗或达摩多罗,明显受慧远《禅经序》的影响。

第二部分重记弘忍门下十弟子,并为慧能受衣传法作传;然后写武则天授衣给智诜,智诜传处寂,处寂传无相的法系。最后,以神会印证袈裟和佛法即在此系结束。这些杂乱的说法,总而言之是在肯定慧能不可动摇的嫡传地位,同时又着力鼓吹本系统至少在"蜀地"是正宗之所在。

第三部分分量最重,集中阐述无相的传人无住的生平、思想。总的来看,净泉保唐系虽然公开标榜自己属于资州传承,但他们特别维护的是慧能的旗帜,在批判京派禅师中与神会的禅理十分接近,或许就是接受了神会的影响,从而站在南宗创业者的行列。

按《历代法宝记》传,达摩在南天竺曾先派弟子二人到秦地说"顿教悟法",后被摈(显然是暗示达摩多罗禅法的译介者佛陀跋陀罗),遂向庐山慧远传"烦恼即菩提,此即为疾"。所谓"疾"就是"顿","顿"的内涵在"菩提烦恼本不异"。又传,东晋道安,智辩聪俊,"讲造说章门,作僧尼轨范,佛法宪章,受戒法则",包括行香坐定,六时礼忏,布萨悔过,"事相、威仪、法事、咒愿、赞叹等",一直到"近代蜀僧",仍嗣道安,"造《斋文》四卷"等流行。对此,《法宝记》的作者没有评论,但大量引经,谓"乃至有所立,一切皆错乱","若

---

① 《宋高僧传》作"净众寺"。

依止于事,此法即便坏","随言而取义,建立于诸法……死堕地狱中",显然是对"近代蜀僧"所嗣道安的批判,也就是对佛教义学、斋戒、礼忏等所有修持的批判。

此外,《法宝记》还一一点名清算诸种传统禅法,从白骨观、数息观以至各种对治三昧。其中最精彩的是抨击"观佛三昧":

> 坐禅观中,见佛形象,三十二相,种种光明,飞腾虚空,变相自在……皆是自心颠倒,魔着系网。

事实上是否定传统禅法最诱人的部分,所谓"神通自在"。它引《思益经》所说:"不依止欲界,不住色、无色,行如是禅定,是菩萨遍行。"由此否定了传统禅法中根深蒂固的"四禅八定"。它又引《法句经》说:"若学诸三昧,是动非坐禅,心随境界流,云何名为定?"原则上否定了全部传统禅法,包括"林间宴坐"、"少欲知足"的头陀行和专修奢摩他、毗婆舍那的法相宗。净泉保唐系声明,它就是要在彻底否定这类传统上建立起新的禅系。

这个新禅系的创建可以从无相算起,由无住完成。

无相,俗姓金,亦称金和尚,原籍海东(朝鲜半岛),属新罗王族,后削发辞亲,西渡来唐,寻师访道。游至资州(四川资中北部),礼德纯寺唐和尚处寂,约二年,移居天谷山岩下,"草衣节食,食尽喰土"。此后受章仇大夫之请,去成都开禅,居净泉寺,经二十余年,卒于宝应元年(762),年七十九。与神会大体是同代人。

无相在每年的十二月和正月设道场,高座说法,"先教引声念佛,尽一气念,绝声停念",这显然是神秀所传"一行三昧"的遗风。所说以"无忆、无念、莫妄"统一戒定慧三学,称为"总持门"(总纲),实际上仍以"无念"为宗,将有念视作染污不净,加以清理,所以他反复强调:

> 念不起,犹如镜面,能照万像;念起,犹如镜背,即不能照见。

又说:"无念即是真如门,有念即是生灭门","一切众生依无念者,是(佛)孝顺之子"。念"生"即是"妄",故倡"无妄";念"住"即是"忆",故倡"无忆","无念即是戒定惠具足","恒沙诸佛,皆从此门入"。这些说法与荷泽神会的思想同出一辙,因此他郑重声明:"我此三句语,是达摩祖师本传教法"。他虽然师承智诜、处寂,但"不言是诜和尚、唐和尚所说"。他提出了一个令人刮目相看的原则:"许弟子有胜师之义"。这在中国传统的伦理观中是罕见的,在佛教中也是勇敢的。

无相有知名弟子五人,其中净众寺(即净泉寺)神会,《宋高僧传》有传。谓其俗姓石,生于凤翔,祖籍西域。年三十入蜀谒无相,冥契心印,当是无相的正宗传人。其禅宗大略谓:

寂照灭境,超证离念;即心是佛,不见有身。当其凝闭无象,则土木其质,及夫妙用默济,云行雨施。蠢蠢群甿,陶然知化……上中下性,随分令入。

贞元十年(794)坐灭,年七十五。受法弟子那提。

时韦皋(746—806)兼成都尹、剑南西川节度使(后封南康郡王),归心神会。及神会卒,亲为撰文立碑,"禅宗荣之"。韦皋在唐德宗(780—805)时,南联云南蛮,西破土蕃兵,使西南成为护卫中唐的重地。他对神会的推崇,不只对蜀地禅宗的发展起了促进作用,也为禅宗向云南和西藏传播提供了条件。

无住,凤翔郡郿县(陕西眉县)人,俗姓李。年二十(733)从军朔方,时信安王充河、朔二道节度使,留充卫前游弈先锋官,主要为抗御吐蕃和契丹兵。后弃官访道,遇居士陈楚章,"说顿教法",默传心法,由此"绝思断虑,事相并除",白衣修行约三五年。天宝年间,往太原自在和尚处削发——前已说过,陈楚章和自在和尚都是嵩山老安的知名门徒。天宝八年(749),无住受具戒,去五台山清凉寺,居一年,至西京安国寺、崇圣寺;十年(751),又北上灵州(宁夏灵武西南),住贺兰山二年。听商人传说金和尚在剑南教"三句总持门"，遂于至德二年(757)动身，经定远(陕西西乡)、凤翔入太白山，转梁州(陕西汉中)而抵成都府净泉寺见无相，时在乾元二年(759)正月。不知什么原因，仅住三昼夜，即被迫入茂州(四川茂汶)白崖山。在那里，他也以"无念"为"见佛"，"绝思断虑"，"不行礼念，只空闲坐"。永泰二年(767)，即无相逝世后五年，由杜鸿渐等主持，请无住回成都，住空惠寺，后居保唐寺至终。《景德传灯录》亦有传。

  整个看来，无住的禅理没有超出神会的"无念"范围，不过更多地引用经说，使"无念"的内涵有所丰富。他说："圣者内证，常住于无念"，"内自证不动，是无上大乘"。这样用"内证"界说"无念"，强化了"无念"的禅性质，也改变了"内证"原本的直观意义。他又说："若以心分别，一切法邪；若不以分别，一切法正。无心法中，起心分别并皆是邪。"因此，"见佛闻法，皆是自心分别；不起见者，是名见佛"，"无心、离意识，是即沙门法"。这样，"无念"等于"无分别"、"不起心"，也等于"无心"、"离意识"，他的禅观念便与其他禅系和佛教宗派的用语联系了起来，更清晰地揭示了"无念"的实际内涵。

  无住也用批判或重释道家、儒家经典的方式，阐发自己的禅理，同杜胐所传法如的做法相似。他解《易》说："'易'，不变不易，是众生本性"。"果报不求，果报自至；烦恼已尽，习气亦除，梵释龙神咸皆供敬"，此是"感而遂通"。他释"五常"说："若不变不易，不思不想，即是行仁义礼智信。"他释《老子》说："'道可道非常道'，即是众生本性；言说不及，即是'非常道'。'名可名非常名'，亦是众生本性，但有言说，都无实义；但名但字，法不可说，即'非常名'也。"又释"为学日益，为道日损"说："道即本性。至道绝言，妄念不生，即是损之；观见心王时，一切皆舍离，即是又损之，以至于无为。""无为"即"性空寂灭"。"无不为"即"不住无为，修行无起，不以无起为证；修行于空，不以空为证。"他又释《庄子》说："'生生者不生'，妄念不起，即是'不生'；'杀生者不死'，不死义者，即是无生。"据此，他力图以"无念"为纲领，贯通儒道诸说，同时指出两者的差别，以贬低孔、老、庄的思想地位。他说：

> 庄子、老子尽说无为无相,说一说净说自然。佛即不如此说,因缘、自然①俱为戏论。一切圣贤皆无为法而有差别。佛即不住无为,不住无相……是以超过孔丘、庄、老子。佛常在世间而不染世法,不为别世间。

意思是说,佛外诸贤,都以"自然"、"无为"为理想境界,独有禅宗才可能将"自然"与"因缘"、"无为"与"无不为"统一起来,做到身在世间而不染,出世间而不离世间。他要求:

> 不入三昧,不住坐禅。心无得失,一切时中总是禅。

即"活泼泼行坐总是禅"。

且不说无住对儒释道三教的比较和评论有多少客观成分,仅就其与传统文化有意攀比,就是值得注意的动向,此后宗密所著《原人论》对于儒道多有评论,在这里已露端倪。

无住把儒道一并作为遁世的楷模来批判,也很奇特,反映了这个禅系具有何等强烈的入世欲望。在禅宗史上,将佛教的宗教哲学转变为人生的处世哲学有一个颇长的过程,无住在这个过程中是一个不容忽视的环节。他有许多禅语,就起着处世箴言的功能,如:

> 但修自己行,莫见他邪正;口意不量他,三业自然净。
> 摄己从他,万事皆和;摄他从己,万事竞起。
> 知足大富贵,少欲最安乐。
> 有缘千里通,无缘人对面不相识。
> 说食之人,终不能饱。

---

① 净泉保唐系将"自然"说当作老庄和儒家的主张,将"因缘"说当作传统佛教的主张。他们认为,此二说可以互补,也可以双非,互补与双非可以交相为用。

无住还有一句名言:

> 无念即是转《法华》,有念即是《法华》转。①

这精确地表达了南宗禅人对于一切经典教条的基本态度,影响尤为深远。后世一些理学家高唱不是我注《六经》,而是《六经》注我,也是从这类禅语中活剥去的。

听说剑南诸僧欲往五台山礼拜文殊师利,无住劝阻他们说:"佛在身心,文殊不远;妄念不生,即是见佛。何劳远去?"这种思想也成为南宗反对净土、否定偶像的重要指针。

无住分众生为上、中、下三等,主张根据众生根性说法,不仅内容不必一致,形式也可以变化。他创造了一种"说缘起"的说法形式,生命力很强,至少在明清间还在流行。他曾与诸阇黎②

> 说一缘起:有聚落,于晨朝时有孩子啼叫声,邻人闻就看,见母嗔打。邻人问:何为打?母答:为尿床。邻人叱母:此子幼稚,何为打之!又闻一啼哭声,见一丈夫年登三十,其母以杖鞭之。邻人问:缘何鞭?母答:尿床。邻人闻说言:老汉多应故尿,直须痛打。如此僧等类,譬如象、马,拢悷不调,加诸楚毒,乃至彻骨。

禅宗僧人有时讥讽论敌为"尿床婆罗门",其典故当是从这里开始的。这种说法方式,是佛教譬喻经类同《庄子》寓言的结合,与神会创作"五更转"的演说方法相同,都是为了便于普及教义,其中含有相当的生活情趣,也丰富和推动了中国俗文学的发展。

净泉保唐禅系的传播地区与荷泽禅系大同,但更靠近蕃

---

① 《坛经》记有类似的话,是对擅讲《法华经》者的告诫。
② 阇黎:阿阇黎的简称,僧徒之师长。

唐接壤沿线，在驻军将兵中间影响尤大。据《历代法宝记》，杜鸿渐在调查成都府佛教现状时，当地知名的"诸军将"即共推白崖山无住为金和尚的衣钵所在；有节度副使牛望仙及秦狄等，曾"被差充十将，领兵马上西山打当狗城，未进军，屯在石碑营，寄住行营"，地近无住道场，"诸军将赍供养到彼，见此禅师与金和尚容貌一种"，以致认作"是金和尚化身"，可知无住在当地军将中拥有很高的威望，且主要由军将供养，最后由军将们推荐给杜鸿渐。

然而，净泉保唐禅系在正统僧侣特别是律师的心目中，地位始终是低下的。诸律师答杜鸿渐的问话说：

> 金禅师是外国蕃人，亦无佛法；在日亦不多说法，语不能正。在日虽足供养、布施，只空是有福德僧，纵有弟子，亦不闲佛法。

因此，"外国蕃人"、"不闲佛法"被视作这一禅系的主要罪状。然而，大概也由于这两个因素，他们在多民族杂居的地区取得了成功。据说在无住出山之前，"寇盗竞起，诸州不熟，谷米涌贵，百姓惶惶"。及至被迎出山，"谷米倍贱，人民安乐，率土丰熟，寇盗尽除，晏然无事"。这固然是宗教的虚夸，但起过一定的稳定作用是完全可能的。杜鸿渐（？—769）于永泰二年（766）以宰相兼剑南西川节度使驻四川，是在韦皋之前扶植蜀地禅宗发展的重要官吏。

《历代法宝记》记无住有弟子多人，男女僧俗都有，后来无传。其思想在为南宗开路，特别是清除义学和律学的障碍方面，功效是显著的。他说：

> 经云离相、无相、常寂灭相；律师、法师总违佛教，着相取相，妄认前尘。

这是南宗用来对抗一切正统僧侣的最精炼的语言。

四、永嘉禅观

1. 玄觉与《证道歌》的山林优游禅

浙江温州永嘉县玄觉(？—713)，俗姓戴，字道明。据《祖堂集》，玄觉以孝著称，居温州开元寺，并养其母、姊于寺，因有谤言，不能"观得"。有神荣禅师，劝其觅师授印，否则，"即堕自然"，得不到承认。年三十一，乃南行礼慧能，小留一宿，故号"一宿觉"，说明他并没有得到慧能多少教诲。终于先天二年(713)，春秋三十九。有"歌行偈颂"流行，"皆是其姊集也"，其姊也是很有文才的禅人。《宋高僧传》本传谓，"觉本住龙兴寺，一门归信，连影精勤"，含指其姊。但记玄觉死时为四十八岁。开元三年(715)李邕左迁浙江丽水司马，为其撰《神道碑》文。自称为玄觉弟子的魏靖(静)，刺史庆州(甘肃庆阳)，辑其"禅宗悟修圆旨"为《永嘉集》；至北宋杨亿为其作《无相大师行状》，专记玄觉与慧能的问答；宋太宗淳化(990—994)中，诏于本州重修龛塔。官方对他的看重可谓源远流长，而他的名声也越来越大。敦煌石窟中存有他的《证道歌》，可见他的禅法在河西也有市场。玄觉生前传法主要在江浙地区，"三吴硕学，辐辏禅阶"，与天台宗师左溪玄朗颇有交往。弟子惠操等"为时所推"，其中还有新罗国宣师。

现存的《证道歌》与《永嘉集》表达的实是两种完全不同的禅观。①

《永嘉集》编辑得极有顺序，在早期禅论中罕见，但内容矛盾颇多，时有抨击荷泽、保唐等主张的言论。《证道歌》自称宗旨曹溪，不但提到六代传衣，而且还有西天二十八祖之说，都远不是玄觉在世时可能涉及的论题。因此可以断定，这些著作大都

---

① 胡适肯定《证道歌》不是玄觉所撰，根据是日本入唐僧目录题："真觉《佛性歌》，或曰《曹溪大师证道歌》，真觉述。"真觉或即玄觉，似曾就学于天台宗。又，《佛祖统纪》卷七记，左溪玄朗"与永嘉真觉为同门友，尝贻书招觉山居。觉复书千余言，有'喧不在尘，寂不在山'之语"。此语即出玄觉的《永嘉集》。见后文。

经过后人的增删修饰,可能定型在北宋杨亿时期。由于《宋高僧传》、《景德传灯录》等都将玄觉列为慧能的一支,相当典型地反映了部分南宗禅师由出世到入世、从山林走向闹市、将道场移进官场的认识转化过程,可谓别开蹊径,所以有必要在这里优先作些考察。

以"摩诃般若"为指导原则,是玄觉论著中唯一保持一贯的说法。《证道歌》以"无生"为般若的核心范畴,将"悟无生"作为成佛的根本标志,所以有"是以禅门了却心,顿入无生知见力","勇施犯重悟无生,早成佛子于今在","自从顿悟了无生,于诸荣辱何忧喜"等语。"无生"也是龙树中观学派的主要观念,在著名的《中论》的"八不颂"中,所谓"不生亦不灭",即将"无生"列为"八不"之首。不过《中论》是由此揭示"生"的概念矛盾,说明世人关于生灭变化之认识的不可能性;《证道歌》则将"无生"作为"心"的本然状态,所谓"本源自性天真",由此说明起心动念派生世界的虚妄性,在哲学体系上与前者的区别很大,而可以与神会的《顿悟无生般若颂》视为同类。

按《大乘起信论》说,"无生"即是"不动",僧肇称为"不迁",中国传统的儒道哲学名之曰"静",佛教则统称"无分别"。这类主张普遍承认,处在"无生"一类状态的心识具有最高的智慧,玄觉称之为"灵觉"、"灵知"。体认"无生",按"无生"的观念考察,则所有事物无不处在生住异灭的变化中,无不存在差别和自性,因而也无不是"空"。如果能本能地运用这种观念于一切现象,那就是"灵觉"、"灵知"。《证道歌》着重于说"空",就是这种灵觉、灵知的运用,诸如"幻化空身即法身","法身觉了无一物","诸行无常一切空","了了见,无一物,亦无人,亦无佛"。如此"了空",即是"大圆觉"。

由此空观考察禅宗普遍关心的一些问题,则"无罪福、无损益","五阴"、"三毒"皆是空虚,唯有"心法双忘性即真";由此指导行禅,则"行亦禅,坐亦禅,语默动静体安然";据此声讨渐修,所谓累年"积学问","讨疏寻经论","分别名相不知休",都成了"入海算沙徒自困"。

从这类言论看,玄觉的禅观同神会的南方宗师的禅风一致,而且也很激烈,更带否定一切的锋芒。与此同时,他也有许多颇具个性的侧重点。

其一,是鼓吹深山静游,与世无争:"入深山,住兰若,岑岑幽邃长松下,优游静坐野僧家,阒寂安居实潇洒","江月照,松风水","永夜清宵","雾露云霞",召唤人们回到山林自然,过一种"境静林间独自游"的生活。对比世间愦闹,"几回生,几回死,生死悠悠无定止";一旦"势力尽,箭还坠,招得来生不如意"。《证道歌》作的这种对于风月和庙堂闹市的比较,及其对自然氛围的描述,往往容易在士大夫阶层中引起共鸣。

其二,按玄觉规划的境界,必然是任自然而不求修为,所以理想的"上士",乃是"绝学无为闲道人","不除妄想不求真",或曰"不求真,不断妄";反之,"舍妄心,取真理",就是有"取舍之心",反成"巧伪";"学人不了用修行",更是认贼为子。这些说法,至少在字面上与保唐系的"无妄"是对立的。

其三,《证道歌》重视抓"本","但得本,莫愁末"。"本"是灵觉,"末"是修行;一旦成就灵觉,一通百通,万事自然能了;反过来,一切现象悉为灵觉所知,都成了佛性的表现,因此说:

> 一性圆通一切性,一法遍含一切法;一月普现一切水,一切水月一月摄。诸佛法身入我性,我性同共如来合;地具足一切地,非色非心非行业。

这种圆通一切、遍含一切的思想,是来自华严宗关于个别与一般关系的解释,与以神会为师、以宗密为宗的华严教也有一致性,而在宋代理学的氛围中更容易引起反响。

2.《永嘉集》向古典禅修的回归和禅心理描述

然而,《永嘉集》反映的禅观与禅风则是另一种类型。其中触目可见的是,它强调"渐阶"而非顿悟,所谓"道不浪阶,随功涉位",

/第三章/ 禅宗的南北对立和诸家态势(中唐之一)

"渐修"成了"悟道"的关键,由"修"成"道"是全书的基调。前三章分别题名"慕道志仪","戒憍奢意","净修三业",包括出家尊师,忘身为法;严持戒律,净修身口意,端正行住坐卧四威仪,全面贯彻菩萨六度,统归之于"入道次第"。这些要求可以适用于传统佛教的任何派别,并不是当时禅宗的特征,这里把它们说成是曹溪宗旨,表明南宗同时存在一股企图磨灭禅宗本色、向佛教原始教旨回归的潮流。

其中重申"不净观",树立"宁近毒蛇,不近女色"的禁欲主义;修习"节身俭口"、"少欲知足"的苦行主义;倡导"背恶从善"、邪念为"万恶之本"的道德至上原则;以及鼓吹"贵法贱身"、"不顾形命"的殉道精神等,大都源自中国佛教最早的佛典《四十二章经》。其他什么"不杀不盗"、"行道礼拜"等,更是佛教的老生常谈。

《永嘉集》中间的四章,即"奢摩他颂"、"毗婆舍那颂"、"优毕叉颂"及"三乘渐次",其结构当抄自隋净影慧远①所撰《人乘义章》卷十:释"止(奢摩他)、观(毗婆舍那)、舍(优毕叉)义,八门分别"。这种分章的方式,表现的是禅修过程的次第性和等级性,即依定离妄,藉观发慧,止观双运,平等舍相,并以此禅修的程度,区分行者的"三乘"阶位。这与道信、弘忍以来,以"定"为统帅,或由定发慧,或定即是慧的主张,不属一个系统。与慧能全然摈弃道德和心理对治的顿悟禅旨更加不同。

但《永嘉集》的这一部分创造了不少新名词,用以分析禅心理的状态及其与禅观的结合。这种带有中国禅师特色的心理分析,在禅宗的其他文献中是难得见到的,所以很有价值。

其中的"奢摩他",玄觉直称之为"修心","修心"是禅的全部任务。据他看来,制约于"心"的因素有二:一是主观上有"念",一是客观上有"尘"。"以知知物,物在知亦在",是全部世俗认识的基础。修心的第一步就是息念忘尘,"以知离物";进一步再灭"知

---

① 净影寺慧远(523—592)系地论师最后的著名代表。

体"。由此达到"能所顿忘,纤缘尽净;阒尔虚寂,似觉无知",亦即"冥然绝虑,乍同死人"。这一过程总名"入初心"。此时似是"无知",但"异乎木石",且须与"三不应有"及戒、定、慧和见、偏、圆等各三种规定相应。这些规定须要围绕道德(善恶无记)、哲学(空、不空、空空)、解脱(般若、法身、解脱)等佛教重大问题开展,要求在修心过程或应具,或不应具,或须识别,或须圆备。例如,"定"须"三不应有",即"恶"、"善"(世间杂善)"无记"(善恶不思)皆须排除;"戒"则"三应须有",即断一切恶,修一切善,誓度一切众生;"慧"有"三别",所谓人空、法空、空空;"圆"中须"三具",所谓般若、解脱、法身。这种种三者相即,"举一即具三,言三体即一"。可见即使修定到"乍同死人"的程度,也不是"冥然绝虑",需要排除的只是世俗"妄念",与佛教教义自然契合,玄觉称之为"一念相应"。

"一念相应",是在克制所谓"五念"的基础上发生的。"五念",指坐禅入静过程中的五种心态,即:(1)"故起念":有意识地"起心",思维世间诸事;(2)"惯习念":无意识而由"惯动"忽而生起的思维活动;(3)"接续念":承接"惯习",不加制止,任其持续的思维活动;(4)"别生念":改悔上述三种散乱的心理;(5)"静念":令世间诸事悉不思维的意念。"静念"是对上述"四念"的对治,但不是目的。只有"五念停息",才是"一念相应",简称"一念"。"一念者,灵知之自性也",实际上,也就是神会系禅修所期望达到的"灵知之知"。《奢摩他颂》说:

恰恰用心时,恰恰无心用;无心恰恰用,常用恰恰无。

可作为这"一念"、"灵知"的概括:以"无心"而用心;"常用心"而无心。更具体的解释有:

辞曰:忘缘之后寂寂,灵知之性历历;无记昏昧昭昭,契真本空的的。惺惺寂寂是,无记寂寂非;寂寂惺惺是,乱想惺惺非。

这里,"寂寂"指不受"念"、"尘"支配的"静"境界;但"静"非"无记"("无记"指无善恶是非的"昏昧"),而是现示灵知本性、明察一切的"历历"、"昭昭"的功能,此即谓之"惺惺寂寂是"。"惺惺"是心理处于清醒聪慧的状态,最能发挥辨别善恶是非等功能,属于"动"的范畴,必须受"寂寂"的制导,而不能脱离佛教的轨道。所以说:"乱想惺惺非"。从"寂寂"言,就是"契真本空";从"惺惺"说,就是"的的"鲜明。前者即是"无心",后者则是"用心"。以静制动,以空驭有,以无为用,而以"动"、"有"、"用"为目的,可以说是永嘉禅的基本特点,所谓"寂寂为助,惺惺为正"。

从理论上说,任何禅系都要解决世界观和认识论问题。永嘉禅从一开始就瞄准这一目标,着力将最正统也最陈腐的佛教观念注入禅行之中,例如,禅行的最后一步"明识一念之中五阴"就很标准:

此五阴者,举体即是一念;此一念者,举体全是五阴。历历见此一念之中无有主宰,即人空慧;见如幻化,即法空慧。①

这样,"灵知"就等于关于"人无我"、"法无我"之知,禅修的最高结果就是让全部认识纳入这二"无我"中。"二无我"是大乘佛教普遍追求的认识。

玄觉的著作似乎并不完全否认佛性本有,故有"灵源不状"等说,但从来不提一切众生"佛性平等"这一禅宗公认的命题。他从"一切诸法,悉假因缘;因缘所生,皆无自性"的般若空观出发,认为"三乘圣果,皆从缘有,是故经云,佛种从缘起"。既从缘起,佛性当然不是本有。但他承认所谓"理"、"道"、"谛"等佛教真理是绝对的,或"绝名相之表",或"超群数之外",不属"缘起"之物;众生则品类不齐,"根"、

---

① 此说实脱胎于天台智颢的"一念三千"中的"五阴世间"。

"机"有别,分而有上、中、下三士,智有上、中、下三等;"道"等具"无缘之慈","随有机而感应;不二之旨,逐根性以区分"。因此,三乘差别,不是道理有异,而是众生根机不同。道理是绝对的永在,众生因先天条件和修持各别而迷悟程度不一,所谓"以一真之理,逐根性以阶差;取益随机,三乘之唱备矣"。又说:"法本无三,而人自三矣。"这些说法,至少在逻辑上承认"道"、"理"超越于众生之上,众生能否接受,以及接受到什么程度,则取决于他们先天的根性——按道家说为三士,儒家说为三品,法相宗说为五种姓。

在佛性论的骨骼上,《永嘉集》确有法相宗的影响痕迹。法相宗将理、智分离开来,从而使佛性两重化:"理佛性"即唯识性,是遍在物,它体现在诸法的两种"无我"上;"智佛性"则分"本有"和"新熏"(即缘有)两类,而且表现为五种姓的差别。这一理论早在地论师那里已经出现,一贯为强调后天艰辛修持的各种宗派所信奉。只因为《永嘉集》杂糅的各宗思想很乱,这条主线反而模糊不清了。相反,从形式上看,它援引《法华经》,讲非一非三,颇类天台宗三教归一的宗旨,实际上是斥小尊大,唱上智下愚,所以有"中下之流观谛缘而自小,高上之士御六度而成大"之说。在佛教教义上,它将三乘"同归出苦之要",特别看重小乘的"四谛",同当时高唱菩萨行、以度世成佛为目标的佛教大潮实在有些背道而驰。《三乘渐次》中有许多激烈的批判性言论,如:

> 见生自意,解背真诠;圣教之所不依,明师未曾承受……谈论以之终日,时复牵于经论,曲会自情。纵邪说以诳愚人,拨因果而排罪福……三受之状固然,称位乃俦菩萨;初篇之非未免,过人之衅又萦;大乘之所不修,而复讥于小学。

按这里刻画的形象比照,矛头显然又是指向荷泽、保唐这类禅师的。

《优毕叉颂》论述"定慧同宗",及其"双与"(止观有别)、"双夺"(止观均等)的关系,说明众生"迷"在于"从暗(痴)而背明(慧),舍

第三章 禅宗的南北对立和诸家态势（中唐之一）

静(定)以求动(乱)"；"悟"则"背动而从静，舍暗以求明"，无甚新义。但其所列"观心十门"，颇堪注意。

"观心"作为禅行的内容，在传说的达摩禅中已经有了，北宗尤为重视，玄觉则作了特殊的发挥。首先是所观的"心"，其规定唯是"一寂"，或名"灵源"、"玄源"。以其能鉴诸法差别，亦名"法眼"；以其本无差异，而称"慧眼"；就其理(境)量(知)双消，即是"佛眼"。据此，"三谛一境"、"三智一心"、"三德无乖"①，一切深广功德全在"一心"，欲求"出要"者，"寻流而得源"，最好的途径是"即心为道"。"即心为道"可以说是禅宗各家的共性，而玄觉对如何"观心"的解释，全是抄自天台宗。

《永嘉集》关于能观的"观"，即"观心"的方法论，也取自三论宗，所谓"一念即空不空，非空非不空"，吉藏名之为"四句"；又曰：

即念即空不空，非非有，非非无。

则是吉藏所谓的"超四句"、"绝百非"的支离破碎的表达。按三论宗的观点，人们对于事物的认识，在本体论意义上是既不能肯定也不能否定的，所以在方法论上也就既不肯定什么也不否定什么。"空、不空、非空、非不空"，是既有肯定又有否定，还有对肯定和否定的否定，已经带有佛教不可知论的外观，可以付诸践行，但它们仍拘于语言形式。唯有"超四句"、"绝百非"超绝一切语言概念，庶几近乎真谛。

玄觉"观心"的第十门"玄契玄源"，要求"悟心之士"明"理"会"旨"，达到"言语道断"、"心行处灭"，就是"超四句"、"绝百非"的精神境界，亦即禅境界。"十观门"就是从此"心"出发，以此"观"为方法，顺序考察"'心''身'"、"'依''报'"②，而终于断言语、灭心行的

---

① "三谛"指空、假、中。"三智"指一切智、道种智、一切种智。"三德"指法身、般若、解脱。这都是天台宗惯用的概念。

② "依"，指众生个体的生活环境；"报"，指众生轮回所获的个体形体。

过程。其与"观门"相应,则是严苛的宗教道德实践,例如:

> "心"与空相应,则讥毁赞誉何忧何喜?"身"与空相应,则刀割香涂何苦何乐?
>
> "心"与空不空相应,则爱见都忘,慈悲普救;"身"与空不空相应,则内同枯木,外现威仪。

"心"与"四句"相应,"则实相初明,开佛知见";"身"与"四句"相应,"则一尘入正受,诸尘三昧起"①。"依"、"报"也各有与佛教教义相应的实践要求。

《永嘉集》的第八章为《理事不二》,命题来自华严宗,中心是主张"学游中道",反对"执有滞无",从而将"事"(有)、"理"(无)统一于绝言的"真谛"(即"一寂")上。这里比较集中地论述了"名"、"体"的关系,其论证方法和基本观点全出自《肇论》关于"缘会性空"、"名实无当"的言论,无甚创见。

最具个性或能作为玄觉本人的思想代表的,是《劝友人书》。这封信是玄觉写给婺州(浙江金华)浦阳县(浦江)佐溪山朗禅师的。朗禅师即玄朗(653—744),系天台宗中兴者湛然之师,曾于重山深林独处岩穴三十年,宴坐佐溪,每曰:

> 泉石可以洗昏蒙,云松可以遗身世。

认为:

> 如来成道于雪山,未闻笼中(指市廛聚落)比夫廖廓也。

---

① "正受"与"三昧"都是禅定的别称。这里的意思是,只要一处入定,即一切皆定。表示此种禅定的深广不可思议。

心不离定,口不尝药,或衣弊食绝。① 其禅风大似《证道歌》的部分内容。玄朗即以其山居的禅修生活召唤玄觉勿在"世上",文中有云:

> 高低峰顶,振锡常游;石室岩龛,拂乎宴坐;青松碧沼,明月自生;风扫白云,纵目千里……锄头当枕,细草为毡。世上峥嵘,竞争人我;心地未达,方乃如斯。

这种对比和批评,对于一个有影响的禅师来说,是很严酷的。玄觉的信,就是专门回答这一责难的。

玄觉在其《劝友人书》中说,修道并非"泯迹人间、潜形山谷"可成,其首要条件是情问"识道",祛除"见爱之惑"。如若"心经未通,瞩物成壅",则"见惑尚纡,触途成滞"。因此,

> 若未识道而先居山者,但见其山,必忘其道。若未居山而先识道者,但见其道,必忘其山。忘山则道性怡神,忘道则山形眩目。

结论是:

> 见道忘山者,人间亦寂也;见山忘道者,山中乃喧也。

在修道上,人间与山林没有区别,修道的重要任务是圆具"悲、智"功德。"智"生于照境,离境何以能照?"悲"生于度众,乖众何以能度?从这个意义上说,人间群居比之山居独行,更加符合佛教的大乘精神。

这里支持玄觉积极入世主张的有两个主要观点:
第一,"触目无非道场"。从般若空观看,"法法虚融",境界本

---

① 参见《佛祖历代通载》卷一七。

无,物我冥一,动静皆如,万物不为道累,"声色何以非道!""道"的这种遍在性,保证彼此动静,"随处任缘",皆可成为悟道的场所,固不必爱静憎喧,徒增烦恼。所以说:"释动求静者,憎枷爱杻也。"

第二,"无我谁住人间"。按佛教公理,五阴皆空,人本"无我",如此,则人我之见若灭,还有谁住人间,谁住山林?这样人间山林的分别自然消失,所以关键在于修行者的观念是否符合佛道原理:"若能慕寂于喧,市廛无非宴坐","叫唤喧烦,无非寂灭",甚至可令"怨债"成为"善友","劫夺毁辱"亦是"本师"。就"道"的本体言,"实相天真,灵智非造"①,普遍而永恒不变,"人迷谓之失,人悟谓之得;得失在于人,何关动静者乎!"

总观玄觉的禅思想,主要是在地论师的禅观基础上,杂糅天台、华严、法相、三论等各个教门的理论与方法,显得烦琐而混乱。但玄觉拿来为其所用,在总体上依然反映出其特有的一贯性,足以构成慧能南宗中尤为士大夫喜爱的一种类型,这就是以无我主义的空观为指导原则,强化入世,发挥宗教道德的教化功能。更确切些说,其强化入世,目的就在于发挥宗教道德的教化功能;而教化的核心,则是向众生灌注无我主义。一般说,这是禅僧由道场走进官场、将禅宗自觉官化的表现,也是士大夫轻蔑利禄又追逐利禄的双重性格在禅宗中的反映。《世说新语》记僧竺法琛在东晋简文帝(371—372)处坐,"刘尹问:道人何以游朱门? 答曰:君自见其朱门,贫道如游蓬户。"玄觉的论证大体没有超出竺法琛的水平,但更具功利主义性质。《证道歌》中说:"大象不游于兔径,大悟不拘于小节",显得十分洒脱。《发愿文》中说:"不作王臣,不为使命",似乎很主张远离政

---

① 前已说过,被整理过的玄觉思想有许多自相矛盾处,其中之一是将般若学、三论宗关于缘起实相的空观理论,同始于《起信论》而后为宗密发展起来的以"灵知"为本体的理论杂糅在一起。"实相天真,灵智非造"就表现了两种哲学体系的糅合。

治,但对照"不造众恶,恒思诸善","不愿荣饰,安贫度世"之类的说教,实是一派矫饰。

附:

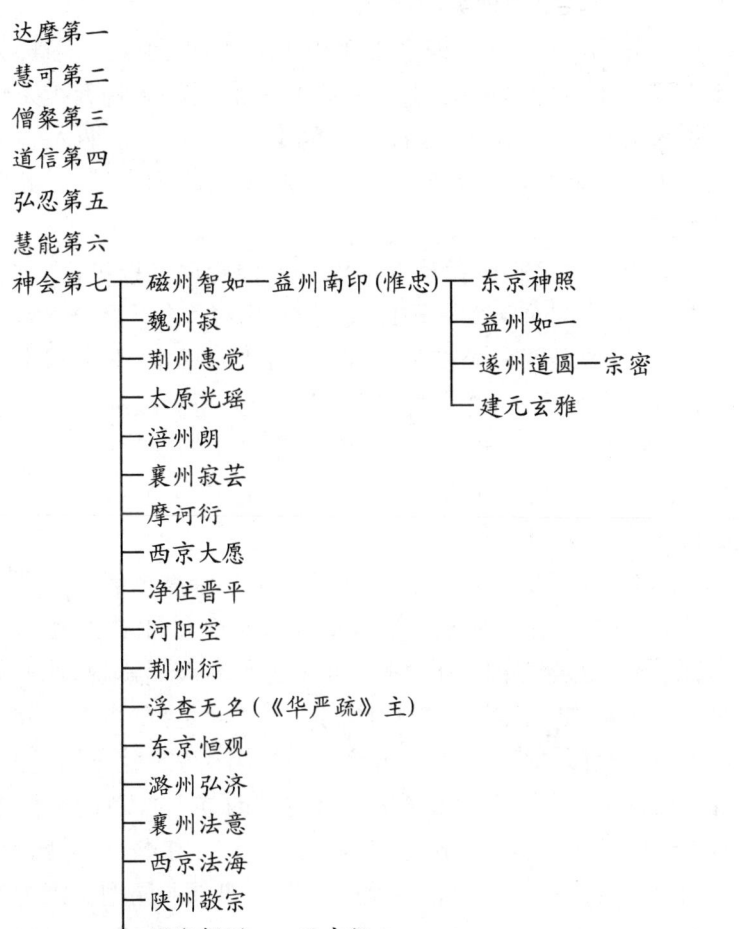

注:此外,还有袁州广乘、黄龙惟宽。另据胡适考,《宋高僧传》记神会弟子有怀安郡西隐山进平、宁州南山二圣院道隐、澧州慧演、荆州国昌寺行觉、南岳山释皓玉、太行山马头峰法如以及五台山法华院神英。

宗密所传神会师资承袭图

第三节 《坛经》的思想结构和历史地位

一、《坛经》的种类和演化

《坛经》的产生,是禅宗思想史上的大事,也是中国佛教思想史上的大事。它以简明的文字,将此前涌现的各种新禅系作了相对系统的理论概括,标志着禅宗的活动已全部被纳入心学的范围。中国佛教早已开始向自心探求解脱之路的尝试,至此已成熟定型。

关于《坛经》的作者及其年代有各种传说和推论,中日学者考究很多,至今尚难论定。现已发现的《坛经》分属唐、宋、元三个朝代编订,一般以四种类型为代表:一为法海集本(即敦煌本和敦博本),二是惠昕述本(简称"惠昕本"),三为契嵩改编本(已佚,或即"德异本"),四是宗宝校编本(简称"宗宝本")。这四种版本,总体思想倾向是一致的,但以禅宗的眼光看有许多重大的差别,尤其在法海本、惠昕本和契嵩本之间。

法海本《坛经》,全名《南宗顿教最上大乘摩诃般若波罗蜜经六祖慧能大师于韶州大梵寺施法坛经》,是今日能够见到的最早写本,但不一定是最早的流行本。北宋惠昕和契嵩都说,他们见过一种文字颇繁的"古本",并自称他们的本子就是据"古本"的改编,这话不一定全假。终于大历十年(775)的南阳慧忠就见到过两种《坛经》,他认为"南方"所传的《坛经》已被"改换","添揉鄙谭,削除圣意,惑乱后徒",已不能成为"言教"。这个南方本子,当属大树"南方宗旨"的荷泽禅系所造,也就是今天敦煌本的原型。因为慧忠批评南宗集中于两点:一是提倡身坏神不灭的"外道"说,二是无情无佛性说。这两点都是荷泽系的独特思想,也都反映在敦煌本中。另据近现代学者的多方考察,可以肯定,至少在神会生前尚无敦煌

第三章 禅宗的南北对立和诸家态势(中唐之一)

本的《坛经》出现①,则敦煌本的原型可能产生在神会死后与慧忠生前的十几年中。至于慧忠所见到的另一种版本的《坛经》,已经无法知道它的底细。唯一可以肯定的是,它应该没有慧忠所指摘的上述两点内容,可惜至今仍没有发现有这样一个本子。

元和十三年(818),洪州道一弟子大义卒,韦处厚为其撰《碑铭》,再次批评荷泽禅系,谓神会之徒"迷真,桔枳变体,竟成《坛经》传宗"。矛头所指似仅在以"《坛经》传宗",事实上,也是不全同意该本《坛经》的思想主张。自此以后,洪州禅系发起了一次重新解释《坛经》的运动,其中百丈怀海的著名弟子黄檗希运(?—855)专释"本来无一物,何处有尘埃"(惠昕本)一句,谓:"本既无物,三际本无所有,故学道人单刀直入,须见这个始得。""本来无物"是希运的重要命题之一,他用六祖偈证成自己的主张;而这句偈语恰巧是取代敦煌本"佛性常清净"句的,因此,"本来无一物"决不是惠昕带头妄加,更可能是慧忠所认可的原本所有。希运还记述说,当慧明于大庾岭寻见六祖时,慧能对他说:

不思善,不思恶,正当与么时,还我明上座父母未生时面目来!

明于言下忽然默契,便礼拜云:如人饮水,冷暖自知。

六祖云:到此之时,方知祖师西来,直指人心,见性成佛,不在言说。②

---

① 改"讲堂"或"高座"说法为设"坛"说法,当是神会的发明。《历代法宝记》记:"东京荷泽寺神会和尚,每月作檀(坛)场,为人说法"。后人集神会的言论名《南阳和尚顿教解脱禅门、直了性坛语》。自称"坛语",尊其师曰"坛经",是禅宗中的独一家,也是全部中国佛教史和文化史上的独一家。又,日人圆仁录《坛经》的全称是《曹溪山第六祖会能大师说见性顿教、直了成佛、决定无疑法宝记坛经》,指谓的内涵与神会的《坛语》更加接近。

② "直指人心,见性成佛"是禅宗的惯用语,但这心性的含义在理解上不完全相同。希运指的是无心无物而又是灵知不泯的精神状态。

这数段话,敦煌本全无,契嵩本则作了铺展,仅删去了后边"六祖云"一段。可见契嵩也不是无根据地给《坛经》胡添内容的。

洪州禅系的另一支派沩仰宗创始人之一仰山慧寂(814—890),复述他的先师灵祐(771—853)所传慧能的得法始末,有与上述希运所述的同样内容,其中卢行者呈五祖偈的全文,与惠昕本以后的诸种《坛经》全同。此外,还记有这样几件事:

(1)五祖特别肯定"能者即得",增添了排斥北秀的气氛。

(2)六祖说:"我有一物,本来无字,无头无尾,无彼无此,无内无外,无方无圆,无大无小,不是佛,不是物",反问众徒:"此是何物?"时有小师神会曰:"此是诸佛之本源,亦是神会佛性。"六祖索杖打沙弥数下,曰:"我向汝道无名无字,何乃安置本源佛性!"这增添了排斥荷泽系的气氛,而且观点更加明确:不承认含有"神我"意义的佛性。敦煌本和惠昕本均无这一内容,至契嵩开始吸收,而模糊了它的宗派倾向。

(3)仰山还传:"六祖对天使云:善恶都莫思量,自然得入心体,湛然常寂,妙用恒沙。""天使顿悟"。皇帝闻之,亦"当时顿悟",并表示要"顶礼修行"。这一天使征召慧能的故事和对话,敦煌本和惠昕本亦无,只有在契嵩以后的版本中才有反映。① 这也说明,契嵩的修订确有所本,即来自洪州系的传说。

顺便指出,沩仰宗人之所以不许神会"安置本源佛性",在于他们视我有之"物""无名无字",是不可言说的。因此,他们否认有"达摩将四卷《楞伽》来"的传闻,认为这一传闻"是谩糊达摩,带累祖宗"。按照同样的原则,他们更不会同意神会后辈以《坛经》传宗。这说明,沩仰宗关于慧能的记载不会是某种定型的《坛经》,而是流行于丛林中的口头传说。正因为是口头传说,添加传奇的机会愈多,离史实也就愈远。

总而言之,慧能被塑造成什么样子,就会有什么样的言行出现,形诸文字,就会成为不同类别的《坛经》。现存《坛经》诸本,基

---

① 以上所引希运的话,参见《断际禅师传法心要》和《宛陵录》。

第三章 禅宗的南北对立和诸家态势（中唐之一）

本上属荷泽与洪州两大禅系，前者主要流行于西北，后者则通行于江南。此外，是否还有另一些禅系的《坛经》，现在很难确定。南阳慧忠所见到的原本，有可能是岭南所传，因为最接近这一原本的敦煌本最后记：

> 此《坛经》法海上座集；上座无常，付同学道漈；道漈无常，付门人悟真。悟真在岭南曹溪山法兴寺，见今传授此法。

在此后的所有版本中，都删去了"悟真在岭南"这段话，就有欲盖弥彰的嫌疑。但内容是否为他人篡改过，则无法判断。

又，早在《历代法宝记》中，记慧能"至海南制心寺，遇印宗法师讲《涅槃经》"，印宗让众人解释"风吹幡动"之所以动这一现象。有说"幡动"，有说"风动"，有说"见动"，慧能于座下答："自是众人妄想心动"，"法本无有动不动"。由此成为印宗归依慧能的契机。在敦煌本中，既没有这一故事，更没有这一思想。但到了法眼宗的德韶（891—972），慧能此说已被概括为"非风、幡动，仁者心动"的唯识命题，并作为禅宗的"无上心印法门"而成为讨论的话题。所以，自惠昕本以后的各种《坛经》才有了相应的记载。据此，保唐系也可能有一种类似《坛经》的典籍流传。现存的各种《坛经》中，都载有慧能对诵《法华》者法达的批评，说什么"心正转《法华》，心邪《法华》转"，或"心迷《法华》转，心悟转《法华》"等，显然也是从《历代法宝记》中无住批评"史法华"的故事中借用来的。

诸如此类的考证，还可以写出很多，因繁且止，但已足够说明，《坛经》是经过多个禅宗派系增删修订、逐步演化而成的。因此，说它是集体产品，比推测它只有一个原本要全面；说它反映了南方禅宗的普遍思潮，比断定它只是慧能一人的思想要准确。及至宋、元以后，《坛经》变成为所有禅宗均可接受的典籍，那些与禅理密切的变化就再也不见发生了。

现有的各本《坛经》，是南方禅宗已经相当稳定、成熟后的产物。它主要由三部分组成：其一是慧能于大梵寺说法部分，是南宗禅思想的主体。不同版本间存在的某些细微的差异,往往反映着哲学体系上的重大分歧。第二部分是慧能平日与诸弟子辈的机缘语。第三部分是咐嘱语。后两部分最能反映诸版本间的差别,从中很容易看出《坛经》演变的历史足迹。所有版本中唯一不变的,是记慧能开堂说法的仪则。以敦煌本为例:慧能于"讲堂"中升高座说法,"能大师言,净心念摩诃般若波罗蜜法。大师不语,自身净心。良久乃言……"用这种方式开端是禅宗的一种传统,一方面讲者借以静心专意,一方面令听众安静专注。在《坛经》之前,这种开端多以长声念佛为内容,现在改成口诵摩诃般若,是表示宗旨之所在。

仅就仪则本身言,《坛经》要求在说法过程中为听众授"无相戒",令其"归依三身佛","发四弘誓愿",作"无相忏悔",最后以诵"无相偈"结束。此中净心、说法、授戒、归依、四誓、忏悔、偈语,是经过规范化了的说法程序,在此前是没有记载的。神会是"设坛讲法",无住是"严设道场,高座说法",都没有像《坛经》所记的在"讲堂"中说法。寺院中另辟"讲堂",是禅宗相当阔气之后才能发生的事。因此,《坛经》所记的这一程序,只能代表官许的"讲堂"禅宗仪则,而不是一切禅宗的仪则。

二、《坛经》的宗体本与道德化倾向

《坛经》涉及到禅宗的根本理论和实践,并在各个版本中均无变动的,可以用它的三句话概括,所谓"无念为宗,无相为体,无住为本"。

"无念"一词,在佛教其他经典中偶尔也用,集中加以发挥的则是《大乘起信论》。《起信论》将"无念"作为心本体和最高境界的同义语,用以突出心的本然状态为"不动"的静态。确立"无念为宗"的原则,最早见于《神会语录》。其中有问:

> 无念者,无何法?是念者,念何法?

答曰:

> 无者,无有二法;念者,唯念真如……所言念者,是真如之用;真如者,即是念之体。以是义故,立无念为宗。若言无念者,虽有见闻觉知,而常空寂。

《坛经》的解释则是:

> 无者,无何事?念者,念何物?无者,离二相、诸尘劳;念者,念真如本性。真如是念之体,念是真如之用。自性起念,虽即见闻觉知,不染万境而常自在。

两者相比,《坛经》的表达完备,语言精炼,但所表达的思想两者完全相同。唯一的差别,是在共同肯定"见闻觉知"的必要性的前提下,《神会语录》要求"常空寂",《坛经》要求"不染万境而常自在"。其实,"常空寂"就含有"不染万境"的意思,"常空寂"的运用就是"常自在",所以后者只是对前者的推演和揭示。

《坛经》在进一步解说"无念"时,愈益简要而明晰:"无念者,于念而不念",具体说:

> 于一切境上不染,名为无念;于自念上离境,不于法上生念。

面对世俗世界而不受制于世俗世界,认识境界而不对境界产生爱着,所以"无念"绝不意味着"百物不思,念尽除却"。因为"一念断即死,别处受生",就谈不上顿悟成道之类的禅问题了。这一主张,是《坛经》构成自身特色的基调,荷泽系的宗密对此也多有发挥。宗密曾用"宗于无念"去界定"无念为宗"的含义,把它当作荷泽宗与其他禅门区别开来的标志。

"无相为体"的"无相",也是神会根据《金刚经》之说时常发挥的概念,但提到以"无相为体"的高度,在神会那里尚未见到。《坛经》解释说:

> 但离一切相,是无相;但能离相,性体清净,此是以无相为体。

这样的"无相",似乎仅仅是对心体本然状态的另一层说明,与宗密所谓"真体无相无为"①的意思相同。不过《坛经》并没有停止在对心体的规定上,而是着重于它的应用——《坛经》对一切修为统冠以"无相"的限定词,所谓"无相戒"、"无相忏悔"、"无相三归依戒"、"无相偈"等,就是这种应用的具体表现。宗密的《圆觉经大疏钞》(卷三下)在疏解"修悟"时说:"谓以无相修……修即定也,体也。"质言之,"无相"即是"修","修"即以"无相"为体。

隋唐以来,关于"戒体"是什么,在律学界迭有争论。是"色",是"心",还是"不相应行"?《坛经》摈弃了律学的各种主张,将"戒体"统一于"修体",并定"修体"为"无相",致使戒律的意义完全变了。因为戒律是一种外在的行为规范,需要以其特殊的仪表相状(所谓"律仪")贯穿于衣食住行等各种宗教和非宗教的生活之中。假若取消了这种仪表相状,使戒律仪轨皆遵循"不着诸相"的原则,就等于消解了它们应有的拘束、限制、禁约的功能,所谓"受戒、忏悔、三归"等都成了空话。因此,《坛经》提倡的受戒等,实际是弘扬"自净其意"的内省,即所谓"自性自净"的扩展,没有一般正宗戒律的规定,不具有任何强制性质。

"无住"这一概念,也多为神会所用。"无住为本"的命题,最早出自《维摩诘经》的一段问答:

> 身孰为本?答曰:欲贪为本。又问:欲贪孰为本?答曰:虚妄分别为本。又问:虚妄分别孰为本?答曰:颠倒想为本。又问:颠倒想孰为本?答曰:无住为本……无住则无本……从无住本立一切法。

这段话是讨论世界人生本源的。按僧肇的释文,"无住为本"就是

---

① 《禅源诸诠集都序》。

"以心初动为本",这同《大乘起信论》以心的"初动"为生灭世界的根源是一致的,所以"无住"就是"心动"。《坛经》正是从这一观点出发,概括出"无住者,为人本性";"人的本性"即是:

> 念念不住,前念、今念、后念,念念相续,无有断绝。若一断绝,法身即是离色身。

"念念不住"有些像今人所谓的"意识流",是人有生命的表现;"一念断即死,别处受生",所死者是人的"色身","别处受生"者就是《坛经》里特指的"法身"。"法身"即佛性,是常;"色身"即人的生身,是无常。色身有灭,而法身常存。这正是东晋慧远提倡的"形灭神不灭论"的翻版。

神会关于"佛性体常"之说,也是一种"神不灭论",但他并没有用"无住"来解释。神会的"无住"来自《金刚经》:

> 诸菩萨摩诃萨,应如是生清净心……不(应)住色生心,不应住声、香、味、触、法生心,应无所住而生其心。

据此,神会发挥说:

> 但得无住心,即得解脱……无住体上,自有本智;以本智能知,常令本智而生其心。

这是将"无住"当作"本智",着重于认识论和方法论上的运用。《坛经》的"无住"也包含这方面的意思,要求行者

> 念念时中于一切法上无住。一念若住,念念即住,名系缚。于一切上念念不住,即无缚也。

这是将作为人本的"无住"转作实践的原则,目的在使心无所住(不

执著),情无所寄(无爱憎)。这种念念不住的心,不住于世俗,是一种趋向菩提的修持,所以神会把它比作"灯焰相续,自然不断",是为"向菩提道"。

"无念为宗,无相为体,无住为本",可以说是《坛经》对于自神会以来"南宗"全部理论和实践的最精炼的抽象。其中有两个结论影响尤大:

第一,"自性起念。虽即见闻觉知,不染万境,而常自在。《维摩经》云:外能善分别诸法相,内于第一义而不动。"意思是说,以无念、无相、无住为特征的本心,其"自性"就是佛智,与此相应的"见闻觉知"就成了"真如之用"。神会所谓"本寂体上自有本智、谓知以照用",这一主张与提倡闭目塞听、回避现实的小乘诸派不同,也与提倡"转识成智"、否定世俗认识的法相宗有别,而是在禅的心理基础(寂静)上,充分肯定通常认识活动的合理性。

第二,众生"本心"之智(本智),神会称之为"智命",宗密名之为"灵知",《坛经》也叫作"自性法身",其体常净而有大用,实际是承认"神我"的存在,构成南宗禅思想的特色之一,并一度成为禅宗内部争论的一个焦点问题。

当然,《坛经》的根本任务在于将向外的崇拜转为对内的自信,"神我"只是将这种自信推向极端、将自我神化的结果。如果说《坛经》在背叛中国传统的"天命"或"上帝"决定论,以及清算传统佛教的佛菩萨崇拜方面,显示了充分的批判精神,那么,它在继承并发扬中国传统的灵魂不死,将传统佛教的业力决定说纳入有神论的轨道方面,又显示了它的鄙陋和保守。这种批判和保守的双重性,集中反映在它高唱"自性清净,自修自作","自行佛行","自成佛道"等口号中。这在它对佛教其他重要观念的变革上也有表现。

首先是关于"三身佛"说。佛有三身为大乘佛教的传统说法,尽管在称谓和解释上有许多差别,但根本规定是一致的。其中,所谓"法身",指以"法"为身的佛身,实是"佛法"的抽象化和神格化;所谓"报身",指依"法"修行而成就的佛身,据说是唯佛能见能受的领域;所谓"化身",谓"随机而现"的佛身,指"三界六道"各自见到的诸佛形象。从佛教教义上说,这三身各具哲理和信仰的功能,但对于普通佛徒言,他们都是神圣的起教化作用的异己力量,是外在的或隐或现的拜膜对象。由此形成的诸佛菩萨崇拜和多种净土信仰,成了佛教拥有群众最多、影响面最广的信仰体系,一切塔庙建筑、佛像塑造都是这一体系的附属物。

《坛经》对"三身"的解释全然不同。它说:"此三身佛从自性上生","世人尽有",只"为迷不见",才"外觅三身如来"。因此,批判外觅诸佛成了《坛经》的又一重大任务。传说"达摩大师化梁武帝,帝问达摩:朕一生已来,造寺布施供养,有功德否?达摩答言:并无功德。"①《坛经》以慧能名义发挥说:"武帝着邪道,不识正法";因为造寺布施供养只是"修福",而非"功德"。"功德全在法身,非在于福因"。此说的首倡者亦当属神会,加上《坛经》的普及,对于以建寺造像为主体的佛教扩展,是来自内部的最有力的抑制。

《坛经》对净土信仰的批判也很有影响。净土信仰者认为,"常念阿弥陀佛",死后可"往生西方"(净土)。慧能说:"迷人念佛生彼,悟者自净其心",所以"东方人但净心无罪,西方心不净有愆"②。净土不在东西,而在自心的净与不净。德异本《坛经》说得更清楚:

> 东方人造罪,念佛求生西方;西方人造罪,念佛求生何国?

这一思想本于《维摩诘经》所说,"随其心净则佛土净",后来成为"唯心净土"的经典根据之一。

《坛经》的现实意义,除了贬斥建寺造像、破除西方净土信仰等外在崇拜以外,还在于反对把出家当作修佛的必要条件。慧能说:

> 若欲修行,在家亦得,不由在寺。

---

① 此说最初见于《神会语录》。
② 此说本自神会劝阻僧人去五台山朝拜文殊菩萨。

> 但愿自家修清净,即是西方。

这类说法,促使佛教冲出寺院的限制,堂皇地迈进社会的基层细胞——家庭之内,从而消除了僧侣与俗人的最后界限。

《坛经》也因袭传统佛教的"发四弘大愿",所谓

> 众生无边誓愿度,烦恼无边誓愿断,法门无边誓愿学,无上佛道誓愿成。

但《坛经》强调的,不是外在的某位圣哲令众生度,而是众生"各于自身自性自度",以"自有本觉性,将正见度"。

传统佛教总以"归依三宝"为信仰佛教的入门誓词。"三宝"指佛、法、僧,都是信徒本所不具的外在因素。《坛经》则解释说:"佛者觉也,法者正也,僧者净也"。"觉"为本有,"正"即"念念无邪","净"为"自性不染",都是众生自心事,所谓"受三归依戒",只是归依"自心"而已,并非归依于成佛的外在因素。

《坛经》对于"自心是佛"的主张,建立在对人的某种自觉上。域外的大乘佛教把普度一切众生当作自己的出发点和归宿,像《涅槃经》《胜鬘经》等,还提倡一切众生皆有"佛性"、"如来藏"等,表现了一种宗教的宏恢阔大的气魄。但"一切众生"所包括的范围,不只是人,而且有飞禽走兽、牛鬼蛇神,以及一切实在的和想象的"有情"之属。人的价值与蚁虫的价值相等,人贬值成了蚁虫。《坛经》改变了这种观念,它虽然也使用"众生"这个概念,但具体指谓的都是"人"。它说:"万法本因人兴,一切经书,因人说有","若无世人,一切万法本之不有"。因为人有"智慧性",有迷有悟,所以"大小二乘,十二部经"才能建立。这种观点,也含有对当时甚为流行的"道在瓦砾"的批判成分,其用意在强调佛教的存在根据唯一是人,目的全是为了人。相对于那种普及于蛆虫的慈悲观,这是中国佛教的一种进步;相比于中国的传统哲学,它不同于道家的"道",而更接近儒学的"仁"。

第三章／ 禅宗的南北对立和诸家态势（中唐之一）

《坛经》的这一切说法，不外乎"识心见性，自成佛道"八个字。它将一切外在的崇拜全部纳入自心的修养。然而，这正应了马克思对路德宗教改革的评论：

> 他把僧侣变成了俗人，但又把俗人变成了僧侣。他把人从外在宗教解放出来，但又把宗教变成了人的内在世界。他把肉体从锁链中解放出来，但又给人的心灵套上了锁链。①

《坛经》实现宗教崇拜由外向内转变的枢纽，是将宗教信仰道德化，将世俗道德宗教信仰化，它总结的是一种标准的道德化佛教。

同其他一些禅师的言论相比，《坛经》的另一个特色是不限于一般地谈论智愚迷悟，出离生死，而是充塞着许多善恶分别、正心悔罪之类的道德说教。它遵循"一切万法尽在自身中"的唯识原理，认为善恶的起源与客观环境无关，而全在于个人的一念之间。

> 思量一切恶事即行于恶，思量一切善事便修行于善。如是一切法，尽在自性。

据此，

> 一灯能除千年暗，一智（惠）能灭万年愚。
> 一念恶报，千年善亡；一念善报，却千年恶灭。

其所记《无相颂》，即是《灭罪颂》，颂中有言：

> 若解向心除罪缘，各自性中真忏悔；若悟大乘真忏悔，除邪行正即无罪。

---

① 《〈黑格尔法哲学批判〉导言》。

这样一来,禅就变成了一种却恶向善、除邪行正的法门,与儒家以"正心"为根本教旨契合无间。两者有所不同的,是禅毕竟要采取宗教的形式,所谓"思量恶法化为地狱,思量善法化为天堂;毒害化为畜生,慈悲化为菩萨","慈悲即是观音,喜舍名为势至,能净是释迦,平直是弥勒"。诸如此类,实际上成了以宗教诱胁推广道德正心的手段。

但道德化原则在《坛经》中也并非完全贯彻到底。在这个总的倾向中,《坛经》还收容了许多其他相互矛盾的观点。它一方面赞美人"自性"的慈善、智慧、清净,另一方面又诅咒人生的丑恶、愚钝、污浊;一方面呼唤某种适应人自性的人生,所谓"不染万境而常自在","于六尘中去来自由",呈现为放浪不羁的洒脱之风,另一方面又教人"少欲知足",谨言慎行,以"念念不离真如"拘束其心;一方面以道德的完善化为现实的目标,自我驯化,努力成为十足的良民,另一方面又提倡无善恶是非,无爱憎荣辱,似乎是漠然超然于现实社会之外。它力图证明世界人生的命运全部掌握在人自性手中,确实是抬高了个人的地位;但由于让个人承担起对世界人生不可能承担的全部责任,其结果是抹杀了社会环境的决定性作用。正是这些可以引申出极不相同的结论的观点被杂糅在一起,给予了社会各个阶层得以各取所需的言论,《坛经》才得以在中唐以后的封建社会中享有经典的声誉,长流不衰。

除了慧能大梵寺说法部分以外,《坛经》的其他部分也值得注意。其中之一,是在神会关于"言下便悟,即契本心",重视语言功能的基础上,提出了运用语言"不失本宗"的实用原则,即所谓"动用三十六对,出没即离两边"。这"三十六对"包括两组,一组从分析"三科"[①]的性相出发,分别对六尘(六境)、六门(六根)、六识等十八界进行"正"、"邪"两方面的比较考察,以坚持"自性含万法"的如来藏缘起观;另一组按"外境无情对"(天地、阴阳等),"言语法相对"(有为、无为等),"自性起用对"(正邪、智愚等)三类,分别进行

---

① 三科:佛教用以教授学徒的一种分科,即五阴(蕴)、十二入、十八界,简称"阴入界"或"蕴处界"。

概念考察，以把握相对主义的辩论方法。这种保障不失本宗的方法，教授"共人言论"，要"出外于相、离相，入内于空、离空"。既不着空，也不着相，直到最后表示"语言除"。

前一组"三科"是最正统的佛教教学法，特点是用分析法相的方法确立体系，这在中国的毗昙学、地论学和法相宗中都很盛行；后一组"三对"所用的主要方法是"相对"，所谓"暗不自暗，以明故暗；明不自明，以暗现明"等，属般若学和三论学的初步。

《坛经》的这些概括，远没有反映禅宗在方法论，特别是运用语言艺术上的特殊成就，但却是表明禅宗内部已经有将义学讲说纳进禅行的流向的一个标志，同"教门"义学僧侣间的距离大大缩小了。

前已说过，《坛经》与《神会语录》相近，似乎也是反对将佛典作为行者的悟解工具，反对受经典奴役的，而事实上是从反教条主义的立场上退了下来，重新树立了另一种经典崇拜，要别人成为新经典的奴隶，这就是《金刚经》。它鼓吹《金刚经》不止"一闻，心明即悟"，而且"但持《金刚经》一卷，即得见性，直了成佛"。对于《坛经》自身，它不但规定要"递相教授"，作为"不失本宗"的信物，而且将谤其"法门"者咒为"百劫万劫千生，断佛种性"。这类说法反映了禅宗内部的宗派主义情绪已经相当激烈，以至于对异己者采取了令人厌恶的诅咒威胁手段。

佛性本有说是《坛经》的立论基础。持此说的学派很多，流传的时间也久，但现实表明绝大多数众生都缺乏这种自知，不见自性，不向佛道，这是什么原因呢？《坛经》的回答是：

> 菩提般若之知，世人本自有之，即缘迷不能自悟。须求大善知识示道见性……悟即成智。

"自性"即众生皆有的"本觉性"，如同日月，"妄念"犹如遮蔽它们的浮云；只有遇善知识开示真法，"吹却迷妄"，才能拨开乌云见日月，令自性明彻。因此，不见自性，只缘心迷；由迷转悟，关键得有"大善知识"的开示。在禅宗诸家普遍否定诸佛菩萨权威、蔑视经律典籍的声浪的冲击下,"大善知识"的权威却越升越高。这里所说的"大善知识",实指本宗的祖师。早在东山时期即已发端的祖师崇拜,到《坛经》而完成了理论的证明。祖师代替了渺茫的诸佛菩萨,成为现实的救主——这倒不完全是禅宗自己的发明,《般若》、《华严》等大乘经籍也都是这样表达的。

总之,从禅宗总体看,《坛经》只是新旧佛教折中的产物。在推倒外力崇拜、破除经典权威,从而确立自尊自信、自力解脱的原则方面,它是大胆而激进的;而在重建祖师崇拜,另树自家经典权威方面,它贯彻的依然是一条拘束人心、令人做奴的路线。它宣扬"生死事大",教人鄙薄名利,超越是非,显得飘逸洒脱;同时又诲人以止恶行善,充塞着喋喋不休的道德说教,又表现得十足的拘谨和迂腐。在《坛经》的前后左右,有一些更激进的禅系,也有一些更保守的派别,而中国禅宗的发展主流始终在《坛经》这种折中的框架中摆动。这就是它的价值所在。

第四节 禅宗的南北对立与中唐政治

赞宁说,自神会入洛,慧能之风荡神秀渐修之道,"致普寂之门盈而后虚"①。此说并不完全符合史实。

一、北宗普寂的门徒及其分布

神秀死后,义福控制两京,而以居于洛阳的普寂势力最盛。开元以来,普寂被视作北宗嫡传,号称七祖,直到刘禹锡时还承认:中夏之人"言禅寂者,宗嵩山"②。在唐宋的佛籍中,嵩山即指由普寂继承的神秀禅系。③ 据《景德传灯录》,普寂的嗣法弟子二十四人,除继续跨有两京以外,还分布在南岳(湖南)、弋阳(江西)、襄州(湖北襄樊)、苏州、润州(南京)、广陵(扬州)、亳州(安徽亳县)、泽州

---

① 赞宁:《宋高僧传·神会传》。
② 刘禹锡:《唐故衡岳大师湘潭唐兴寺俨公碑》。
③ 《宋高僧传》即以"曹溪能、嵩山秀"作为南北禅宗的一种称谓。

(山西晋城)、晋州(山西临汾)、兖州(山东)、定州(河北定县)等大片土地上,在唐人心目中,都属"中华"本土领域。

普寂在两京的弟子中,最著名的是一行(683—727),《旧唐书》和《宋高僧传》均有传。俗名张遂,魏州昌乐人(《宋高僧传》作巨鹿人),"少聪敏,博览经史,尤精历象、阴阳、五行之学",是历史上有名的天文学家,尤以改撰《开元大衍历经》著称。又详究阴阳谶纬之书,善卜灾福。他的佛教造诣是多方面的:曾到天台国清寺随寺僧学算术,又往荆州当阳山依沙门悟真习梵律,从金刚智学陀罗秘印。后奉敕助善无畏译出《大毗卢遮那成佛神变加持经》(《大日经》),并为之疏解,撰《大日经疏》,成为中国密宗理论的真正奠基者。但一行出家剃染,是以普寂为师,临终之前又到嵩山谒礼本师,当受普寂影响不小。普寂与义福相同,也有许多神异的传说。禅的神异可以看成是密宗的一种准备,两者在神秘主义上是相通的。一行特别为唐玄宗看重,曾"访以安国抚人之道";一行卒,玄宗为制碑文,亲书于石,从内库出钱为之起塔,谥"大慧禅师"。

普寂的另一弟子灵着(691—746),据《宋高僧传》,本贯绵州巴西刘氏,精毗尼(律)道,兼讲《涅槃》,即以此一律一经教授学徒。晚岁请问大照,领悟宗风。后入长安传禅,慕道而来者不下千计。卒于安国寺楞伽经院,"将终,寺中极变怪,盖法门梁栋之颓挠也",也有神异炫世。弟子有朗智、道珣、如一等。灵着师弟主要受到内侍上柱国赵思侃的支持。

同光(700—770),晋人,早年出家。据《唐少林寺同光塔铭及序》,他以为"修行之本,莫大于律仪;究竟之心,须终于禅寂",故具戒之后,乃"持钵东山,归心禅祖;大照屡蒙授记,许为人师"。普寂死后,自开法门,"二十余年,振动中外"。大致"往来嵩少,栖息荆蛮"之间,终于少林寺禅院。门徒有寺主惟济、上座昙则等,登封县令崔湜则自称"在俗弟子"。

真亮(701—788),景城(河北东光)人,俗姓侯,于本州开元寺出家,"刈薪汲水率于先人,习行头陀行"。受具后游嵩山普寂门下。后入龙门山禅居,声望日隆。东都留守尚书王铎保送,召入广爱寺,以禅观示人。①

法玩(715—790),魏人,俗姓张,年十八学道于大照,二十受具戒。据李充撰《大唐东都敬爱寺故开法临坛大德法玩禅师塔铭并序》,他"以戒律摄妄行,以禅寂灭诸相,以慧辩通无碍",戒定慧三学并重。尤能反映他的佛学特色的,是提倡"法无爱憎,故喜愠不见于色";"法无分别,故贵贱视之若一";"法无取舍,故齐于得失";"法无去来,故泯于生灭"。这也是对佛教平等齐物观点的很好小结。弟子有少林寺主灵凑、上座净业等。

此外,《景德传灯录》传有惟政者,曾"得法于嵩山普寂禅师",决了真诠,即入终南山,学者盈室。曾说服唐文宗(828—840年在位)信佛,诏天下寺院各立观音像。而此人终于会昌(841—846)初,年八十七。按,其生时,普寂已死去约十八年,不可能直接从其就学。

普寂在京外的门徒,大都失传。见于《宋高僧传》的有三人:

慧空(696—773),江陵人,俗姓崔,因父死于陕州(河南陕县)任上,遂投本州回銮寺出家,蒙度后,入嵩少遇寂禅师,豁如开悟,乃回三峰,与道流论道,得到"州帅元公"的支持。这位"元公",当为元载②,因此而有代宗诏慧空入京居广福寺之举,"朝廷公卿罔不倾信"。

思公(701—784),恒阳(山西曲阳)人,俗姓李。得度后,游伊洛间,听普寂禅法,寻彻钩深。及至襄州(湖北襄樊),隐夹石山,"学众侁侁"。他的支持者是当时"观政河南"的"牛帅"。

石藏(717—799),俗姓吕,削染受戒,礼普寂,豁悟禅法,回至中山大像峰间石室,"孤坐冥寂"。同好者望风而至,陶化博陵(河北定县)。州帅李卓登山访问,奏院题额曰定真寺。

另据金献贞撰《海东故神行禅师之碑并序》,新罗神行(704—

---

① 参见《宋高僧传》卷一〇。
② 宝应末年(763),吐蕃侵入长安,元载是扈从代宗入陕的"天下元帅行军司马"。大历五年(770),元载助代宗杀鱼朝恩,权势倾朝。

779)渡海来唐,就学于志空和尚(普寂弟子),志空临终前曾为其"灌顶授记"。神行回国,于鸡林倡导群蒙,为道根者"诲以看心一言,为熟器者示以方便多门"。又提倡建像著文,以为"无形之理,不建像而莫睹;离言之法,非著文以靡传"。这颇反映了北宗传入朝鲜半岛的一些特点。志空其人,居长安唐兴寺,具体情况不详。

从以上简略介绍可见,普寂禅系的拓展主要得力于帝王将相的扶植。扶植的动机不尽相同,形式也不完全一样。按时间顺序可分为三个阶段:自武则天到唐玄宗即位为第一阶段,继之以开元、天宝年间,后到肃宗、代宗两朝达到顶峰。

二、普寂禅系在中唐初期的重兴

自武则天迎弘忍门徒入京,中宗、睿宗独尊神秀一支,北宗一直是钦定的禅宗正统。唐中宗(705—710)诏于嵩岳寺为神秀追造十三级浮图,敕令普寂统帅禅众,以其侄坚意为嵩岳寺主,都表明了普寂的帝师身份。李邕撰《嵩岳寺碑》,列达摩以来的传承,以"忍遗于秀,秀钟于今和尚寂",正是反映了朝廷的意见。

最早推崇北宗禅系的官僚,当属为神秀撰写碑文的张说。他曾累官于则天、中宗、睿宗诸朝,尤其见重于唐玄宗。他信仰佛教相当虔诚,认为帝系之兴,由于积德;皇室理应奉佛,为百姓求福。作为一代名相,张说对于神秀法系的尊重多出于政治考虑,并无特殊偏爱,但对于朝廷坚持扶植北宗的一贯性无疑有重大影响。

武平一(?—741)出身武氏贵族,"武后时,畏祸不敢与事,隐嵩山修浮图法"。中宗执政时,他成为帝党的积极拥护者,但始终未受重用。《曹溪大师别传》称其为"北宗俗弟子",并说他于开元七年(719)磨却韦琚为慧能所立的碑文,"自著武平一文",似乎参与过同南宗的斗争。然而,武平一也曾为慧能著名弟子怀让所铸巨钟撰写铭赞,为张说带香十斤,供养慧能法身。他是宋之问的好友,宋之问(?—712)曾为洛下诸僧撰《迎神秀表》,而后被谪钦州(广西),途中曾进谒慧能,这说明当时官僚文人的南北观念并不深厚。以后武平一被贬苏州参军,徙金坛令;宋之问因投机政治被杀。他们是对"禅"有兴趣,但不一定专奉哪个派系。

唐玄宗扶植普寂一系的重要步骤,是在开元中期追褒普寂,加"大照"谥号。当时推崇普寂一系的官僚尚有前文已经提及的严挺之(？—742)、裴宽(681—755)等,他们在很大程度上是迷信于禅的某些神异,与禅系同密教的关系密切有关,以致行为乖张悖礼,为史家所讥,但并没有影响整个政治大局。至于中唐,情况有了很大变化。史称,代宗(762—779)"好祠祀,未甚重佛,而元载、王缙、杜鸿渐为相,三人皆好佛"。元载等以为:"国家运祚灵长,非宿植福业,何以致之！福业已定,虽时有小灾,终不能为害,所以安史悖逆方炽而皆有子祸；仆固怀恩称兵内侮,出门病死；回纥、吐蕃大举深入,不战而退。此皆非人力所及,岂得言无报应也！"①经过"安史之乱",王室实力衰弊,内忧外患,战乱不已。从肃宗开始,即把神祐奇迹当作自救的一种希望；至于代宗,更是变本加厉,与上述几位国相互相煽动,神秘主义大张。其中最重要的表现,是将密宗直接导向护国卫家的轨道,禅宗也因而得到进一步的扩展。

元载(？—777)于天宝初策入高科,肃宗、代宗两代入相,权倾四海,大历十二年(777)被杀,罪名中有"阴托妖巫,夜行解祷,用图非望,庶遄典章",扶植佛教的具体活动不详。

王缙(700—781),平定"安史之乱"有功,代宗初年(762—763)兼任东都留守,后依附元载。他皈依佛教,迷信因果,建寺度僧,鼓吹密宗,对于禅宗普寂系则给以特别的支持。王缙在所撰《东京大敬爱寺大证禅师》中说,他尝官登封,"因学于大照"。大照有弟子广德,"素为知友"；广德弟子曰昙真(704—763),大历二年(767)谥"大证禅师"。时王缙正兼东都留守,他在碑文中说:达摩以来,"忍传大通,大通传大照,大照传广德,广德传大师(指昙真)……相承如嫡,密付法印"。昙真的弟子有"十哲",其一名正顺,"视缙犹父"。这给禅宗在中国的传承列出了一个由达摩经神秀而至正顺的十代宗谱。此等假皇帝之名、由国相的权势建立起来的普寂法系,其影响力是可想而知的。

---

① 《资治通鉴》。

/第三章/ 禅宗的南北对立和诸家态势（中唐之一）

至今能够见到的反响之一，是张延赏（727—787）、独孤及（725—777）等官僚在淮南地区大树北宗正宗地位的活动。

相传僧粲在黄山有"窀穸元宫"（墓穴）；广德二年（764），僧智藏、智空等筹划建塔于上，大历二年完成，郭少聿为之撰《黄山三祖塔铭》。然而早在天宝年间，即传说舒州山谷寺是僧粲荼毗（火化）处，有人于此起塔，房琯曾撰文论及。大历五年（770），独孤及为舒州刺史，乃状告当时出任扬州牧的御史大夫张延赏，奏请为僧粲赐塔额和谥号，七年（772）敕下，塔曰"觉寂"，谥为"镜智"。舒州本是有关僧粲传说最多的地方，黄山虽属江南道，但离舒州不远，出现三祖崇拜也不奇怪。问题是这次重树僧粲的历史地位，全是为了给现实的普寂系立传，意义自是不一般。

独孤及撰《舒州山谷寺觉寂塔隋故镜智禅师碑铭并序》中列举达摩至道信的传承后说：

> 信公以教传弘忍；忍公传惠能、神秀；能公退而老曹溪，其嗣无闻焉。秀公传普寂，寂公之门徒万人，升堂者六十有三，得自在慧者一，曰宏正。正公之廊庑龙象又倍焉，或化嵩洛，或之荆吴。自是心教之被于世也，与六籍侔盛。

在此处，独孤及断然否认慧能有自己的门徒嗣法，而以神秀、普寂为唯一的"传其（僧粲）遗言"者，对当时已经兴起的禅宗南宗取完全不承认的态度。宏正其人不详，与《历代法宝记》中提到的东京圣善寺弘政或是一人。弘政有弟子体无，曾与净泉无住辩论宗旨，对剑南禅系多有"毁言"。可以说，江淮打出僧粲的旗号，乃是禅宗南北斗争激化的一种表现。

首先提议为僧粲申请"尊号"的僧人，是"长老比丘释湛然"，他与"大律师"澄俊，会同来自广陵的嵩岳惠融、来自庐江的开悟等共同发起。他们的宗派目标是"俱纂我七叶之遗训"，即维护普寂在禅宗中的七祖地位不可动摇。湛然(711—782)是中兴天台宗的名师①，由他出面肯定普寂一系为正统，说明北宗势力已经渗透到了浙东地区。湛然是左溪玄朗的弟子，玄朗与尊崇曹溪的玄觉在禅观念上有严重分歧，可见天台宗同禅宗南宗相左而倾向于北宗，有其一贯性。此后，禅宗南宗与天台宗的对立也始终没有消除。

张延赏是唐中期很有才干的官僚。在代宗时历任河南尹、东都留守，出为扬州刺史、淮南节度观察等使；德宗(780—805)时，充成都尹、剑南西川节度使，一直官至宰相。他是北宗的长期扶持者，早在东都留守时即"迎致嵩山沙门澄沼修建大圣善寺"。澄沼"行为禅宗，德为帝师。化灭，诏谥大鉴，即东山第十祖也"②。在大历年间(766—779)，圣善寺是北宗的重要据点，这个澄沼与王缙视作子辈的正顺大约同门。独孤及也是能吏，又是著名文士，曾任濠、舒二州刺史，州人颇安。他们在舒州树立僧粲的活动，得到在中央的元载和王缙的赞同。咸通二年(861)，张延赏的曾孙张彦远任舒州刺史，重刊三祖大师碑。淮南一直留有北宗的影响。

上述官僚并不是一个党群，他们对于普寂一系的扶植，着眼于为唐皇室追福，对民众施行"心教"，即强化中央的君主集权。史书在评价元载、王缙上好话不多，但他们保卫皇权、内除宦官、外制吐蕃，是没有什么动摇的；张延赏、独孤及也是皇权的积极拱卫者，表现得毫不含糊。在藩镇割据、异族内侵、宦官肆虐的年代，他们向皇室尽忠效力，自有其值得肯定的一面。而从皇权政治考虑，在佛教弥漫全国的形势下，选择禅宗北宗也不是特别昏聩的表现。这有两个比较：第一，在肃宗、代宗两朝，密宗的势力熏天。密宗当时

---

① 按，天台湛然著名的世俗弟子是梁肃。梁肃文风尊独孤及，独孤及崇禅宗普寂一系。由此看来，由湛然出面重估僧粲的历史地位是符合逻辑的。有学者认为，此湛然非天台宗湛然，理由不充分。这个问题可以继续探讨。天台宗与禅宗的关系本身就值得研究。《续高僧传》习禅篇之六，记有僧法显其人者，先从学于"荆州禅宗智颛"于四层寺，贞观之末往依蕲州双峰见信禅师，"更清定水矣"，终于永徽四年(653)。在道宣时代，天台禅与双峰禅被视为同类，宗派观念尚不显著。

② 独孤及:《舒州山谷寺上方禅门第三祖粲大师塔铭》。

/第三章/ 禅宗的南北对立和诸家态势（中唐之一）

也有鼓励士气、安定民心的作用，但一旦陷进里面，往往是适得其反，成为败坏斗志的因素。从全面看，禅宗的迷信成分最少，不致于导向像密宗那样荒唐的程度。第二，在禅宗中，只有北宗一支最能循规蹈矩，它的主流始终是"律"、"禅"并重，不允许猖狂无羁。"律"的延伸是"戒"；"戒"不但规范僧侣的生活，而且是在家信徒必须遵循的行为准则，凡接受禅的信众，同时也必须是戒的奉行者。这对于维持社会秩序、补充刑法的不足的重要性是不言而喻的，尤其是在京畿地区。

三、南宗的兴起与地区政治

与普寂禅系同时发展的，以南宗自称的禅系，迤逦于岭南（主要是两广）、剑南（主要是四川）和河西诸州郡县。按唐人的标准，北宗占据的是"中华"大地①，而南宗则沿华夷杂居的边僻地带传播。影响于吐蕃、南诏、安南等地区的，也主要是南宗诸系。

在上面已经介绍的南宗四系中，唯岭南系文化水平最低，与朝廷官吏的关系也最少。他们一直传说，慧能曾受皇朝多次征召而不赴，这在早期禅宗文献中是没有的；但《楞伽人物志》已经列慧能为弘忍的十弟子之一，可见他在生前的声望已经远扬京都。传说赞助慧能的是韶州刺史韦据（琚），尽管在现有的史料中尚未发现其人，但慧能传法要受地方官吏的同意和保护则肯定无疑。《宋高僧传》谓广州节度宋璟曾去慧能塔礼拜，并向其弟子令韬（行滔）问"无生法义"。此事大约在慧能死后不久。开元四年（716），宋璟以广州都督身份代姚崇为相，这对于岭南禅系可能是很大的鼓舞。另据《曹溪大师别传》，行滔经广州节度使韦利见推荐，肃宗上元二年（761）也派使慰问过。韦利见在乾元元年（758）即在广州刺史任上，是年九月，大食波斯围州城，他被迫逾城而走。关于这个事件

---

① 《资治通鉴》开元二十四年，张九龄对玄宗说："臣岭海孤贱，不如仙客生于中华。"张九龄是南宗的策源地韶州人，牛仙客为泾州（甘肃泾川）人。事实上，当时两广、两湖、闽越、云川等地的土著民户大多分属僚、蛮、越、貊等族。

的详情,史无记载,究竟是"兵众攻城",还是商旅暴动,不得而知①,但已充分显示出岭南地区五方杂居的复杂性。因此,仅从安抚土著"蛮"、"獠"和外来侨民,协调多种文化信仰关系的大势言,官方有意扩大慧能禅系的影响力,加强它与唐中央的密切联系,是有充分理由的。

中央之所以能发现慧能,被放逐岭南的士人在其中所起的作用不可低估。宋之问有《自衡阳至韶州谒能禅师诗》,中云:

吾师在韶阳,欣此得躬诣。洗虑寓(?)空寂,焚香结精誓。愿以有漏躯,聿熏无生惠。日用益冲旷,心源日闲细。伊我获此途,游道晦晚计。②

他是把禅道视作晚年晦迹之计的。他于政坛有名,在文坛更有影响,而且从岭南到中央信息是畅通的。

相对而言,净泉保唐禅系更是直接由地方军政长官扶植起来的。为首者是杜鸿渐和崔宁,以及崔旰。前已说过,杜鸿渐是中唐三大佞佛的宰相之一。天宝十五年(756),玄宗逃亡,长安陷落,时杜鸿渐为朔方(在今宁夏灵武)留后,迎仓皇无措的太子到灵武,为肃宗做皇帝立下大功,朔方则成了平定"安史之乱"的重镇。永泰二年(766),杜鸿渐以宰相兼剑南、西川节度使身份入成都,怀来崔旰,次年崔旰为成都尹、剑南节度使。净泉寺在无相死后改为律寺;无住本居白崖山,受到成都僧侣的排斥。杜鸿渐一入蜀,即通过崔旰邀请无住出山,并硬将无住作为无相的传人确定下来,请他为相公(杜鸿渐)、仆射(崔宁)及诸军将说法,使这一禅系大振。杜、崔选中无住,明显是因为他久处军旅要塞,一直游历于与吐蕃、

---

① 大食中亚穆斯林东进的势力,在"安史之乱"后的唐代已经感觉到了。自至德二年(757)开始向大食借兵。广州事件是另一种表现。

② 《文苑英华》。按:慧能终于713年。宋之问于晚年两次被贬岭南,先是中宗初立(705)时被逐泷州(广东境);后是睿宗再次即位(710—713)将他流放钦州(广西境),赐死。此诗如果属实,当作于初度大庾岭时。

第三章 禅宗的南北对立和诸家态势（中唐之一）

契丹等异族接壤地区,在军将和诸族中间有一定的威望。崔旰主蜀十余年,使之成为唐王朝防御"南蛮"、"吐蕃"的重要屏障。杜鸿渐回京后,退而乐静,赋诗曰:"常愿追禅理,安能挹化源",朝士多和之。及病,令僧为之剃顶发,遗命"依胡法塔葬"。保唐系禅理对他的晚年可能有不小的影响。

当然,南宗最终引起帝王重视的,还是荷泽系。从《神会语录》看,神会与官僚层过往甚密,上至张说、房琯等宰相,下至无名的司马县吏,都有交往。在南阳有太守王弼,请其入洛的是兵部侍郎宋鼎,而关系最密切的当属王维。据说王维时为侍御史,于南阳兴龙寺屈神会等语经数日。第一个为慧能树碑的是神会;王维受神会之托,则成为第一个为慧能立传的人。王维是王缙的嫡亲兄长,同样以奉佛闻名。《旧唐书》本传说他"在京师日饭十数名僧,以玄谈为乐";"退朝之后,焚香独坐,以禅诵为事"。王维的诗画文思受禅的影响很浓,从神会禅观中更可见其精要。

但神会经一生的努力,也没有将南宗提高到和北宗一样的官禅地位。他所树立的慧能南宗法统,直到唐德宗(780—805年在位)时才有了根本性的变化。唐德宗在佛教政策上,除继续信奉密宗以外,对华严宗倍加重视。贞元十二年(796),德宗诏澄观(738—839)入内殿讲经,赐号"清凉",尊为国师。澄观判教,将禅宗定为"顿教";而当时以顿门为号召的,唯有神会推崇的南宗一家。澄观弟子宗密亦是神会法孙道圆的门徒,他在《中华传心地禅门师资承袭图》中说:

> 德宗皇帝贞元十二年,敕皇太子集诸禅师,楷定禅门宗旨,搜求传法傍正。遂有敕下,立荷泽大师(神会)为第七祖。内神龙寺见在铭记。又,御制七代祖师赞文,见行于世。

这个决定,可能就是受澄观的影响。同年,澄观参与《华严经·入不思议解脱境界普贤行愿品》的翻译,同时有"千福寺沙门大通证禅义"①。于是禅进入了译经院。澄观的华严思想充塞着南宗教义,而晚唐五代的南宗禅系多与华严宗接近不是偶然。

当然,鼓吹南宗最力的是宗密。他说:

> 南宗者,即曹溪能大师;受达摩言旨已来,累代衣法相传之本宗也。

以慧能为六祖、神会为七祖的法统,也是宗密宣传得最多。站在宗密背后的最大官僚,则是自觉为其教理作"内外护"的裴休。

裴休,家世奉佛,尤深于释典。在宗密生前,裴休任职不高。至唐宣宗(847—859年在位),裴休由于主持江淮漕运,治理经济,成绩斐然,遂累转中书侍郎,兼礼部尚书,在相位五年。宣宗纠正武宗的毁佛政策,恢复佛教的发展,裴休在其中是起过作用的;宗密被追谥为"定慧禅师",立"青莲之塔",当出自他的提议。裴休除了支持荷泽的南宗禅系以外,晚年又特别尊崇黄檗希运。他称希运为"曹溪六祖之嫡孙",对于慧能禅系在江西的发展是一大支持。

在此之前,马总在岭南以"佛氏第六祖"尊称慧能,并为慧能正式请得谥号曰"大鉴禅师",塔名"灵照"。马总,新旧《唐书》均有传。元和初(806)任虔州刺史;四年(809)充岭南(或安南)都护;八年(813)转桂广经略观察使等,故人泛称"广州牧"。在任期间,"用儒术教其俗,政事嘉美,獠夷安之。"十二年(817),为裴度副帅,宣尉淮西,平藩镇吴元济有功,留蔡州(河南汝南)。"蔡人习伪恶","犷戾有夷貊风",马总"为设教令,磨冶洗汰,其俗一变"。但没有关于马总奉佛的记录。他之所以为慧能上请封号,主要是出于教化獠夷、夷貊的需要,是补儒术之不足。柳宗元撰《曹溪大鉴禅师

---

① 这个大通事迹不详。唐宪宗信道教,令山人柳泌等合长生药,及至宪宗暴卒,柳泌与僧大通同时被杖杀。这两个大通或许是同一个人。见《资治通鉴》元和十五年。

碑》,详记元和十年(815)诏下,当地民众欢迎的盛况:

幢盖钟鼓,增山盈谷;万人咸会,若闻鬼神。

三年后,曹溪僧道琳率其徒请刘禹锡撰《第六祖大鉴禅师第二碑》。慧能故土对他的这种炽热崇拜,波及到岭南整片土地。

四、南北嬗变诸因

可以说,南宗在中唐的勃兴,首先是得到岭南、剑南的军政长官和掌握江淮经济命脉的大臣们的支持的。从大范围看,在道信、弘忍时代促使禅宗得以产生的那些社会条件,整个唐代都未消失。但"安史之乱"后,南宗日益强大,特别是经过德宗和宪宗先后对南宗的认可,为南宗完成了最后的"立法"程序,使南宗更是生气蓬勃,一日千里。而北宗则显得老气横秋,禅宗的固有本色日益消失,其原因是多方面的。

就王朝言,它接受佛教并不是完全出于主观的愿望。众所周知,唐建国之初的帝王对佛教的某些消极性就有比较清醒的认识。佛教的发展同统治阶级的利害冲突有时十分严重,所以排佛、限佛的言论和行动始终未断。政教之间的冲突集中表现在两个方面:一是寺院建筑大量损耗社会财富,寺院经济侵犯了世俗国家的利益;二是丁口流入僧侣阶层,既增加社会负担,又影响国家的役使。禅宗早期的群众基础是成分复杂的流民,由此带来的一系列特点,即多据边远山野地带,不建大寺,不造偶像;成佛不限于剃度,在家同样可以修持,诸如此类,同建构和占据富丽豪华的寺院为活动据点的其他宗派相比,大大缩小了其与国家的矛盾,从而成为佛教中最容易得到宽容的力量。早期的南宗文献几乎都有批判梁武帝的言论,异口同声地否定"造寺、布施"、"铸像、度人"等的功德作用。这类论点是南宗当时所处地位卑下、经济薄弱的反映,客观上则与统治阶级的利益相协调。唐太宗批评萧瑀佞佛时曾说过:

>至于梁武穷心于释氏,简文锐意于法门,倾帑藏以给僧祇,殚人力以供塔庙。及乎三淮沸浪,五岭腾烟……子孙覆亡而不暇,社稷俄顷而为墟,报施之征,何其缪也![1]

开元名相姚崇亦有过类似的言论:

>佛以清净慈悲为本,而愚者写经造像,冀以求福。昔周、齐分据天下(指北朝),周则毁经像而修甲兵,齐则崇塔庙而弛刑政,一朝合战,齐灭周兴。近者诸武、诸韦,造寺度人,不可胜计,无救祖诛。[2]

也可以说,南宗对塔庙、布施等福田所持的观点,正体现了统治者的意志。

唐玄宗即位后,采取措施,制止滥造寺庙,沙汰僧尼,并屡禁"左道"。对于"妄陈谶纬"和妄说因果者打击尤重。从政治上考虑,"左道"、"谶纬"往往是谋反的先声,王公大臣也避讳得很。玄宗又倡导三教归一,御注《金刚经》,令与《孝经》和《道德经》并行。他认为,《金刚经》的宗旨,乃是"先离诸相","证以真空";又说:"不坏之法,真常之性,实在此经。"他把《金刚经》作为"事关风教"的大事加以推广。

唐玄宗在佛教中独尊《金刚经》,且由此引起巨大的社会反响,这只要翻阅一下《酉阳杂俎》中关于《金刚经》崇拜的传说即可知其大略。但在佛教诸宗中,唯有南宗对此反应最为强烈,它将历来的《楞伽经》传承改为《金刚经》传承,是最突出的反映。当政者以佛教为教化手段的号召,在南宗中也有非常具体的反映。王维的《六祖能禅师碑铭》在说到慧能的功绩时说:

---

[1] 《旧唐书·萧瑀传》。
[2] 《资治通鉴》玄宗开元九年。《旧唐书·姚崇传》载其文甚详。

> 五天重迹,百越稽首。修蛇雄虺,毒螫之气销;跳犮弯弓,猜悍之风变……永惟浮图之法,实助皇王之化。

此后,柳宗元的《曹溪大鉴禅师碑》更概括了慧能的教法,谓:

> 其教人,始以性善,终以性善;不假耘锄,本其静矣。

若生物皆"静",自然会改变"好斗夺,相贼杀"等"悖乖淫流"的行为。

禅宗南宗不只否定心外有神,也极少渲染神异(神异是佛教中的"左道")。它被统治层看中,主要是因为它具有这种道德教化的社会功能。在整个中国佛教的道德化进程中,禅宗南宗达到了顶点;其中,怪力乱神、凶吉祸福之类的妖言,与北宗相比,被清除到了最低点。从这个意义上说,南宗也是一种道德化的佛教。

然而,若历史地宏观考察,南宗蕴涵的超政治非道德倾向及其提供的人生哲学,对于士大夫阶层的吸引力远远超过它的道德说教。唐代以选举取士,选举对象遍及庶人,致使官场的竞争和斗争达到了前所未有的规模。士大夫阶层除要受到一般社会变动的制约外,还要经历所谓"仕途"上的特殊遭遇。且不说意外的天灾人祸,即使在正常的朝野进退过程中,精神负担也是够沉重的。因此,如何超然物外,平衡心理,求得精神上的慰藉,也成了生活上的重要需要。在当时可供选择的各种学说里,禅宗是最合适的一种。像弘忍的嵩山禅系,吸取《周易》、《老子》等主静以制躁的清心功夫,糅以《庄子》轻蔑世间功利的风度,在南宗中保存最多,也最容易得到士大夫的欣赏。刘禹锡在其《送僧元暠南游并引》中说:

> 予策名二十年,百虑而无一得,然后知世所谓道无非畏途,唯出世间法可"尽心"耳。

略知刘禹锡生平事业的人,都能体会到"百虑而无一得"这话是如

何的深沉和悲痛。以世道为"畏途",于是求救于"出世间法"。所谓"尽心"是《孟子》的概念:

> 尽其心者,知其性也;知其性则知天矣。存其心,养其性,所以事天也。

按当时佛教的理解,"天"是自然,"心"是"静","性"是"佛";存心养性就是回归自然,也就是获得了自由。这是颇为契合南宗风格的一种感慨。

在唐代,特别是唐中期,有大批文人因政治风波、仕途坎坷而被放逐到"土风僻陋、举目殊俗"的"丑地",尤以岭南为最多,像前文提到的宋之问、王维、李邕以及后来的柳宗元、刘禹锡、韩愈等都是。流放使文人有了接近南宗禅法的机会,影响了他们的世界观;由于文人的参禅,也逐渐为南宗增添了若干文人的气质。像玄觉的《永嘉集》,是魏靖辑缀的;希运的《传法心要》、《宛陵录》,则出自裴休的编纂。甚至《坛经》的成文,有可能也经过了文人的加工。文人撰文,扩大了禅的波及范围,同时,更多地将儒道等传统文化带进禅林,这是南宗得以逐步独占禅宗天下的又一个重要原因。

相对而言,北宗禅系缺乏南宗的这种优势。从普寂以来,北宗多占据敕建寺院,完全受养于当权者,依附性极强;在政治气候的急剧变化中,反而失去了其应有的封建主义道德品格,"安史之乱"中没有发现一个有节操的北宗禅师,就是明证。然而,促使北宗衰落的主要原因,是官方的严格控制,使它逐渐失去了禅宗固有的个性。相反,南宗大都茅庐岩居,自谋生路,经济上无须依赖国家和权贵的供养,独立性和稳定性相对较强,与底层群众联系也比较密切。它在吸收流民方面的社会功能和教人以安心自足的哲理,被多数地方政府视作一种安定社会秩序的要素,从而能够得到政府方面长期而持久的支持。"安史之乱"后,中央对于江南经济上的需要日益迫切,南宗终于以完整的禅宗个性得到王朝的承认。其中有一定的必然性。

/第三章/ 禅宗的南北对立和诸家态势(中唐之一)

开元以来,国家对两京僧尼的管理尤趋严厉,强化戒律是其中最重要的一项。代宗朝是唐代佞佛的高潮期,对戒律的要求也相应趋紧,而且重点就放在禅寺禅僧身上。大历二年(767),元载、杜鸿渐、王缙等联名批准在著名的禅僧基地大会善寺建立戒坛,抽七名持戒僧常讲戒律;并突出地提出了"戒者万行之首"的佛教准则。大历六年(771),立少林寺大同碑,谓"修行之大,莫大于律仪",反映了普寂禅系在当时已经将律仪提到修行的主导地位。这同南宗用禅统一戒、定、慧,卑视传统戒律的风气,形成鲜明的对照。

中国佛教僧侣所持的戒律主要是小乘律、唐代盛弘的《四分律》。戒律的功能在于规范僧尼的日常行为,起制恶止非的作用,在群体生活中这当然是必需的,但也因此限制了人的思想言行,只允许循规蹈矩,难以容忍创造革新,在佛教中是稳定的,也是比较保守的因素。禅宗的兴起是佛教在特定历史条件下的一种创新,一旦容受戒律的约束,势必回归到传统佛教的轨道。这是北宗终于衰落下去的内在原因。

第四章 诸家竞起和它们的分布(中唐之二)

禅宗南北之分,只是禅宗多头发展的一个开端。"安史之乱"后,名家辈出,山头林立,到宗密(780—841)编纂《禅源诸诠集》,谓当时禅门诸宗:

> 殆且百家,宗义别者,犹将十室,谓江西、荷泽、北秀、南侁、牛头、石头、保唐、宣什,及稠那、天台等。

江西、湖南、福建等农业开发地区,成为禅宗新的策源地,禅宗在理论和实践上的创新达到了高潮。

第一节 南阳慧忠的"无情有性"说及其对南方禅师的批判

首先超越南北对立,独树一帜,而且影响禅宗整体发展颇大的,乃是被称为"南阳国师"的慧忠。

慧忠,越州诸暨人(浙江绍兴),俗姓冉,生年不详。《祖堂集》称他年十六离家出走,到曹溪六祖门下出家。《景德传灯录》也列他为慧能弟子。《宋高僧传》本传则笼统地说他"法受双峰"(指道信、弘忍),又受慧能门人行思的影响较大,与行思的门徒道一往来密切,似乎跨越的时间段很长。但他在禅宗中的作用主要是在肃宗和代宗两朝,即略后于神会,稍早于道一。终于大历十年(775),谥大证禅师。

慧忠居南阳白崖山(河南淅川县东)的党子谷四十余年。开元中年,历任十四州刺史的赵国公王琚,奏征慧忠居龙兴寺。

龙兴寺也是南阳和尚神会的旧居处,据《神会语录》,王琚亦曾向神会问禅。因此,慧忠对于荷泽禅法应该是相当熟悉的。王琚本人自称能"飞丹炼药,谈谐嘲咏,堪与优人比肩",由于参与了唐玄宗的夺权密谋,宠贵无比,时称"内宰相"。开元以后,他长期被放在外郡做官,心情颇受压抑,与李邕、王弼等书信往来,有"谴谪留落"等句。天宝五年(746)被李林甫诬陷而自缢。《旧唐书》本传说他"性豪侈","作造不遵于法式","常受馈遗,连榻饮谑,樗蒲藏钩,携伎恣欢",其行为正类似于魏晋名士的贵族式放浪。神会特别是慧忠的禅思想,在很大程度上反映了王琚这类官僚的放纵情绪。顺便说明,李邕也是屡屡遭贬,而且同样的"性豪侈,不拘细行",与王琚同年被决杀。王弼曾为南阳太守,也向神会问过道。

慧忠在"安史之乱"中表现坚定。当南阳"陷于贼境","临白刃而辞色无挠,据青云而安坐不屈";后"群盗又至",乃"杖锡发趾,沿江而去"。上元二年(761),受肃宗征入京,待以师礼,居千福寺;代宗即位,又敕光宅寺安置。曾上奏"理人治国之要,畅唐尧虞舜之风"。奏请于武当山置寺,以"二圣御影,镇彼武当"。"大历八年(773),又奏度天下名山僧中,取明经律禅法者,添满三七人,道门因之"①。这些矢忠皇朝、着重入世理国的作为和言论,在其现存的语录中几乎毫无反映,这很可以表现游离于积极治世和消极混世之间的士大夫们的双重人格。

慧忠的传承不清楚。僧传说他有在家弟子开府孙知古及其兄弟;僧弟子分布在千福、光宅、香严等寺,"凡数万人"。曾任相国的崔涣"从而问津"。《传灯录》等则记有他的另一弟子耽源。但这些门徒都没有什么作为,或失去记载。他本人在南阳和长安的"罢相、节使、王公大人"中有特别的影响,对于全国禅宗的大势了解颇多,是中唐禅宗理论的重要开发者,在唐中后期的禅家中有很高的威望。《祖堂集》传其初投六祖,"祖曰你是圣明,不动干戈六十年

---

① 《宋高僧传》卷九《唐均州武当山慧忠传》。

天子"。慧忠答:"非但六十年,百年天子也不要",但要出家。"师便摩顶授记曰:你若出家,天下独立。"他的独立性格确实是很明显的。

现存有以慧忠署名的《心经疏》。中心讲:"但了心地,故号总持;悟法无生,名为妙觉"。由了知自心,悟入"无生",作为妙觉的极致,与神会的主张大同;又反对"广录文义"和"息念观空",则与《坛经》的"无念为宗"相悖。

一、"一切无情皆是佛心"

慧忠的理论基础,可以概括为"道无不在,华野莫殊"①。

"道"的概念源于中国的传统哲学,早在《四十二章经》中即为佛教采用。魏晋以后,由于"阿耨多罗三藐三菩提"被译作"道"的同义语,或直接意译作"无上正遍道"②,从而使"道"具有了佛教中的特殊含义,也使中国佛教更加具有本土色彩。但在不同宗派中,"道"往往含有不同的意义,慧忠这里讲的"道",则指"佛性"或"佛心"。"道无不在",也就是"佛性"或"佛心"无所不在。所谓"墙壁瓦砾无情之物,并是古佛心","一切无情皆是佛心",是他的主要论题。

前已说过,"无情有性"之说,并不是禅宗才开始提出来的。从地论师经三论宗而至于唯识法相家,都不否认"佛性"的遍在性。但他们大都从"理佛性"上着眼,或将"无自性"(性空),或将"唯识性"作为诸法的共性(真如),并以之作为成佛的客观根据。慧忠与他们有所不同,他认为佛性即是佛心,所以佛性不只是认识的对象,而且就是成佛的主体。他特别论证了佛性与佛心的统一性,认为"心"与"性"的关系,只在"迷人"那里有区别,对于"悟人"来说即

---

① 《宋高僧传》卷九《唐均州武当山慧忠传》。
② 据僧肇《维摩经·佛国品注》:"阿耨多罗,秦言无上;三藐三菩提,秦言正遍知。道莫之大,无上也;其道真正,无法不知,正遍知也。"这是一种特殊的智慧,据说唯佛所有,所以通常也把获得此种智慧当作成佛的标志。菩提(觉)之被误译作"道",隋净影慧远《大乘义章》有详辩,唐窥基亦作过郑重纠正,但收效都不大。

第四章 诸家竞起和它们的分布（中唐之二）

无差别。

> 譬如寒月结水为冰,及至暖时释冰为水;众生迷时,结"性"成"心",众生悟时,释"心"成"性"。

水冰体一,寒暖有别,所以形态有异;性心一体,迷悟不同,导致凡圣差别。此说似乎也不新颖,凡持"如来藏"(真如)缘起论者,在逻辑上必然承认众生心即是佛性。《坛经》的禅学体系就是以这一观念为支点而构成的。尽管如此,慧忠将即"心"即"性"的关系如此明确起来,仍然有重要的理论意义。

慧忠从佛经所谓"三界唯心,万法唯识"的立场立论,认为世间一切法不出唯心所造,无情之物当然也不例外;若以为色等"非心",即与佛经相违。因此,"色"只是心的一种创造和特殊的表现形式。这种说法,相当于《起信论》讲的"心色不二",不过更强调了色之统一于心。又由于慧忠主张"心"即是"性",所以像色一类的"无情"亦有"佛性",也就成了顺理成章的结论。

慧忠这一"无情有性"说,改变了单以"理"为佛性的旧观念。抽象的佛"理"原来带有浓厚的客体外观,现在一变而为以"心"为佛性,墙壁瓦石等无情之物也带上了"心"的性质,从而将一种绝对的唯心主义推向了一种独特的泛心论:主体的"心"即遍在于万有之中。

这种泛心论在慧忠那里是一种典型的泛神论,因为他让一切无情之物也具有灵性,能够演说佛法。禅客问:

> 无情既有心,还解说法也?

师曰:

> 他炽然说,恒说常说,无有间歇。

禅客又问:

> 某甲为什么不闻?

师曰:

> 汝自不闻,不可妨他有闻者。

"他有闻者"意指不同凡情的"圣者"。这样,无情能够说法,等于无情有灵①,由此又产生了一系列佛教必须回答的其他问题,例如,按佛教教义,"杀有情而食取其身,即结于罪怨相报;损害无情,食取五谷菜蔬果栗等物",是否亦应有罪怨仇报? 慧忠答:"有情是正报"②,是"虚妄颠倒、计我、我所而怀结恨"的结果,故有"怨报";"无情是依报"③,"无颠倒结恨心,所以不言有报"。又问,有情有心可以授记作佛,无情有心是否也能授记成佛? 慧忠答:

> 有情授记作佛之时,三千大千世界④,一切国土尽属毗卢遮那佛身⑤,佛身之外,那得更有无情而得授记?

意思是说,有情一旦成佛,无情的山河大地也变成了佛身的组成部分。据此,又问:

---

① 此说实出《华严经》等佛典。让无情之物也出面说法,在域外佛教中并不新鲜。
② "正报",相当于众生所受之身,天人畜生,贫富美丑,佛教认为这是自己的思想、行为导致的直接结果。
③ "依报",指人身生活的周围环境,包括自然界、国土在内,佛教认为这是某类群体共同活动导致的产物。
④ 据佛教传说,"三千大千世界"乃一佛教化的范围,即一佛土。
⑤ 毗卢舍那佛,本为《华严经》、《大日经》等推崇的佛,特别为华严宗和密宗所尊,在佛的三身中相当于"法身"或"报身"的地位。此处的佛身即指法身。

> 若山河大地都是佛身,则众生便溺秽污,岂不亵渎神圣而获罪?

答曰:

> 一切众生全是佛身,谁为罪乎?

又问:

> 佛身无为,无所挂碍,今以有为质碍之物①而作佛身,岂不乖于圣旨?

回答有两点:

第一,《大品经》曰:"不可离有为而说无为,又不可离无为而说有为。"②"无为"是一般,是绝对;"有为"是个别,是相对。无为的佛身存在于有为的无情之物和一切众生中,所以离开这些"质碍之物",别无佛身。

第二,从般若智慧看,"色即是空";"色即是空,宁有挂碍?"所以有挂碍的看法,不过是世俗的一种习惯、一种偏执罢了。

泛神论是中国佛教中的一大哲学潮流,但像慧忠这样明晰而系统地加以阐述并与佛教的其他重要教义协调起来的,则不多见。天台宗湛然(711—782)著《金刚錍》,专立"无情有性"之论,铺展的篇幅颇大,但涉及的方面远不如慧忠为广。禅宗与天台宗在教义上交相影响,到中唐表现尤为明显,除共同接受《起信论》的本体论外,先后阐发"无情有性"说也是重要的内容。湛然是参与禅宗北宗排斥南宗内部斗争的天台宗代表,其《金刚錍》立意在"抉四眼无明之膜,令一切处悉见遮那佛性之指"。"四眼",是指大乘佛教提

---

① 自然环境属"色","色"的定义为"质碍"。
② "有为",指有生灭变化的现象;"无为",指恒常不变的东西。

倡之"五眼"说中,除去"佛眼"之外的"四眼"。意谓,除去佛的观念,任何观念都属于"无明",所以都要剔抉之,但没有指出具体的批判对象。慧忠则很明确,他的"无情有性"说抨击的主要对象,是南宗的身灭神不灭之说。

二、斥"即心是佛"和"神性"说

《景德传灯录》卷二八附《南阳慧忠国师语》,是中唐禅宗理论中的重要文献。它记南方禅客来见慧忠,忠问:"南方知识如何示人?"答曰:

> 彼方知识直下示学人:即心是佛。佛是觉义,汝今悉具见闻觉知之性。此性善能扬眉瞬目,去来运用,遍于身中,挃头头知,挃脚脚知,故名正遍知。离此之外,更无别佛。此身即有生灭,心性无始以来未曾生灭。身生灭者,如龙换骨、蛇蜕皮、人出故宅。即身是无常,其性常也。

对此,慧忠评之曰:

> 若然者,与彼先尼外道①无有差别。彼云:我此身中有一神性,此性能知痛痒;身坏之时,神则出去,如舍被烧,舍主出去。舍即无常,舍主常矣。

简单来说,南方禅师提倡"即心是佛",这与慧忠的主张没有原则区别;但南方解释此"心"为"见闻觉知之性",此性为"常",色身与"心"全然不同,属于"无常",这就是慧忠所不能同意的观点了。

"见闻觉知"是世俗"六识"的一种通称:眼识曰"见",耳识曰"闻",鼻、舌、身三识曰"觉"(触觉),意识曰"知"。因此,"见闻觉知之性"就是全部世俗认识的概括,也可以简称之为"知"、"知性"等。

---

① "先尼外道",见《大般涅槃经》等,主张神常身无常,思想当属于印度数论师的观点。参见窥基《唯识述记》二末。

在慧忠的时代,主张类似"知性"为佛性的有荷泽系,也有新兴的江西系。神会说:

> 所言念者,是真如之用;真如者,即是念之体。

这里的"真如"即"佛性",也就是"心"。又说:

> 无念者,虽有见闻觉知而常空寂。

"无念"也是佛性的一种规定,虽然"常空寂"而并不排斥"见闻觉知"。中唐后期的宗密将神会的这一思想进一步明朗化,所谓

> 空寂之心,灵知不昧;即此空寂之知,是汝真性(佛性)。
> 知之一字,众妙之门。

或谓:

> 今能语言动作,贪瞋慈忍,造善恶、受苦乐等,即汝佛性;即此本来是佛,除此无别佛也。

也属于这一理论体系。宗密统称之为"直显心性宗"。

慧忠的批判有三点:

第一,"见闻觉知"或"见闻觉知之性",乃是"妄心",并非"真心","南方错将妄心言是真心,认贼作子"。慧忠本人并不否认众生亦具"佛知见",但此"知见"唯佛能够开发,与众生现行的"妄心"完全不同。这样,"真心"与"无情说法"一样,只是超人、圣人的领域,实际上排除了凡情企及的可能。就此而言,慧忠继承了《般若》、"三论"的某些不可知论成分。

第二,如果承认唯"见闻觉知"是"佛性",则"佛性"只能成为有情众生的特权,而失去它应有的遍在性。早在东晋末年,

鸠摩罗什在《大乘大义章》中即将"佛性"与"法性"区分开来,以为真如在"有情"内方名"佛性";《大般涅槃经》更说,只因为离墙壁无情之物,故名"佛性"。所以,一般的佛性论者都是从众生方面立论,一直到神会,也是把有情作为当然的出发点。慧忠认为,以"妄心"为佛性,更强化了这种片面。他坚持"唯识无境"的命题,认为"色"既是"心"的创造,则"心"必藉"色"得以表现,色即是心,心即是色,两者是同等地不可分离。因此,在神学上提倡"无情有性",等于在哲学上捍卫"唯识无境",是客观唯心主义彻底化的必然结论。然而,也正由于"色心不二",所以,在精神的创造物中存在有创造者的形象,众生的周围环境也反映着众生自身的面貌。中国的哲学传统之一是主张"天人合一",但那主要限于天决定人;慧忠的禅理也是一种"天人合一"说,不过他颠倒过来,以为人决定天。抽象地说,这两种观点都有合理的一面,是可以互补的。

第三,分裂色心关系的后果之一,是分裂身心的统一。南方禅师以"知"为神,神则是"常";身是色的一部分,属于"无常"。据慧忠看,这种观点就是"外道"主张的"身是无常,神性是常",同佛教教义是不能相容的。他举出的"外道"不但有印度的"先尼",还有中国的"外道"老子:"吾有大患,为吾有身"就是。佛教中有人说:

但自识性了,无常时抛却,殻漏子一边着,灵台智性迥然而去,名为解脱。

或有经文说:

此阴灭,彼阴生,身有代谢而神性不灭。

同属于一类性质的谬误。

慧忠的这一批判,实际上已不限于南方禅师,而涉及到整个中国佛教的主流了。"存神之文"早在中国译经初期就有;东晋慧远立"形尽神不灭",几乎为中国所有正宗佛徒所服膺;至梁武帝敕臣下围攻范缜的《神灭论》,使"形尽神不灭"上升为官方尊祖敬亲的原则高度。慧忠在这里重新提出加以清算,当然也是一种离经叛道的表现。

《宋高僧传》中本传记,慧忠"有超毗卢之说……越法身之谈",大有否定佛教为至高权威和绝对真理的意味,也是惊世骇俗的。对此,赞宁解释道:

> 超毗卢之说,令其不着佛求;越法身之谈,俾夫无染正性。岂毗卢可越,而法身之可超哉!

假使这种解释符合慧忠的本意,那么,他宣扬的超越,不论是超越客观意义上的佛身,还是超越主观意义上的法身,都表现了他企求摆脱任何羁绊、保持个人更多自由的意向而且这个人是"色身"的人,是有血有肉的人。可以说发挥了他禅宗是佛教中的自由派一面。

南宗是自由派中的激进系统,道一则是激进系中承上启下的重要领袖。《祖堂集》记慧忠问道一"说何法示人?"道一的弟子伏牛和尚(自在)对曰:"即心即佛。师曰:是什么语话!又问:更有什么言说?对曰:非心非佛;亦曰不是心,不是佛,不是物。师曰:犹较些子。"慧忠之所以肯定道一,不在于他承认"即心即佛",而在于他能够超越"即心即佛"的命题,不给自己制造任何枷锁。这种风格,与三论宗、牛头禅接近。

总观慧忠的"无情有性"说,同佛教的其他泛神论者一样,也是神秘主义的。他把整个宇宙人生描绘成了一心即佛心的混沌,所有差别都消失在这种混沌之中。他维护"古德"所说的"青青翠竹尽是真如,郁郁黄花无非般若",成为禅宗史上的著名公案。但由此他也贬损了诸佛的圣光、真如的价值和有神论的权威,在密宗特别盛行的当时,无疑有抵制或驱散迷雾的作用。

但慧忠并不是无神论者,他反对神性是"常"的目的,在于证明色性也是"常"。法身值得崇拜,色身同样值得尊贵。他反对二乘厌离生死,反对老子以有身为大患,反对他们"趣乎冥谛",一扫佛教卑贱肉身的恶劣传统,是因为他看重人身,喜爱人生,尽管是站在佛教的立场,骨子里却充塞着游戏人生的旨趣。

三、"无心可用"与"无说"说

慧忠的正面禅观,不出"无心"二字。《慧忠国师语》记禅客问:"出家本拟求佛,未审如何用心即得?师曰:无心可用,即得成佛。曰:无心可用,阿谁成佛?师曰:无心自成,佛亦无心。"由此推论下去,也就"无佛可成",以至"无生无死亦无道"。因此难者质问道:"既得无物自在,饥寒所逼,若为用心?师曰:饥即吃饭,寒即着衣。"从成佛修道到着衣吃饭,悉以无所用心对待,这就是"无物自在",也就是佛所说的"佛与众生,一时放却,当处解脱";"善恶都莫思量,自然得见佛性"。

以"无心"观察世界,对待周围事变,在魏晋般若学中已经有了代表人物。历代禅僧中也不乏"无心"的倡导者,但在理论和实践上都不像慧忠那样说得详尽。他所指谓的"无心",是指"心无体段"或"心无形段",实是对认识主体和认识能力的一种抽象,与《起信论》的"一心"、禅宗公许的"真心"有类似处。但他所强调的,乃是此心的无功用、无缠缚的独自性方面,称之为"寂然无事"、"独脱无畏",亦曰"无形段金刚大士"。禅的意义就在于与此金刚大士相应:"一念与金刚相应,能灭殑伽①沙劫生死重罪,得见殑伽沙诸佛。"相应的方法叫作"忆智俱忘":"忆智俱忘即是相应";又曰"忘即无,无即是佛"。"忘"是《庄子》的概念,不论是"坐忘"还是"相忘于江湖",大约是积累了许多教训、凝聚了许多痛苦的一种无可奈何的总结。慧忠用庄子的"忘"释佛教的"无",同样是一种生活经历的总结。但他不提倡像老庄那样忘身,而代之以"忘忆",即《坛经》、保唐等倡导的"无忆":对过去绝对不再思念。他也反对追求

---

① 殑伽,印度三大河之一,意译恒河。

第四章 诸家竞起和它们的分布（中唐之二）

佛教普遍向往的智慧，而奉行老庄提倡的"无智"，即"忘智"。这种着意于忘却记忆、忘却智用的主张，主要在饱经忧患、沉浸于苦闷中的士大夫那里才能得到共鸣。清人所谓的"难得糊涂"的情绪与此类似。

有人曾问慧忠："如来如何说法？"他答道："无说说。"又问："云何无说说？"他又回答："言满天下无口过"。"无说说"，不是不说，而是一切都说，等于没说，即所谓"言不及义"；"无心"的另一个重要方面则是"无所用心"。顾炎武称"言不及义"为南方学者之病，"无所用心"为北方学者之病。鲁迅评论说："就有闲阶级而言，我以为大体是正确的。"慧忠的禅学兼南北之学，将士大夫的某些心绪和学风表达得相当完备。

然而，在封建社会，士大夫采取这种态度并非都不值得同情。唐代的政治环境算是相对宽松的，刘禹锡已经感慨自己"策名二十年，百虑而无一得"，"用心"而导向"畏途"，要它何益？又因一首《游玄都观咏看花君了诗》，为"执政不悦"而流刺外州，言若及义，岂不更加危险？《孝经》所谓"言满天下无口过，行满天下无怨恶"，特别作为"卿大夫"的处世箴言，实在是源远流长的。

"无说说"也是禅宗内部交往频繁、同社会联系增多的一种反响，与《坛经》提出的说法原则"出语尽双"性质类似。不过比较起来，《坛经》的方法趋向折中，至多使语义模糊；慧忠则精炼为"机辩"，根据不同的对象、不同的条件，而不失"本宗"的发言。例如：

> 十月中旬，有诸座主来礼和尚（慧忠）。师问：城外草作何色？对曰：作黄色。师遂唤少童子问：城外草作何色？对曰：作黄色。师曰：座主解经解论，与此厮儿见解何殊？座主却问和尚：城外草作何色？师曰：见天上鸟不？座主曰：和尚转更勿交涉也。愿和尚教某等，作么生即是。师……笑曰：诸座主且归寺，别日却来。诸大德嘿然而往。明日又来：愿和尚为某等说看。师曰：见即见，若不见，纵说得出亦不

得见。

这段问答反映的就是慧忠的机辩：既可悟得大有深意的哲理，也可看作全无意义的机智。这类机辩在中唐特别发展起来，几乎成为诸大宗师必须具备的品格和能力，其中有不少发人深省的警语睿智和诗画般的义趣，但也有更多的滥语、遁辞和故弄玄虚。慧忠自称他示人以"三点如流水，曲似刈禾镰"，恐怕就是一个只有他自己才能解开谜底的谜语。

第二节 牛头宗的南移与径山禅

与南阳慧忠禅法同时兴起而且颇有交涉的，是牛头禅系。

一、玄素和慧忠与牛头宗重兴

牛头法融的禅系，到鹤林玄素（668—752）而宗门大盛，出了不少有名的僧俗弟子，由此开始与双峰道信联宗，成了超越南北的另一个禅宗体系。据《润州鹤林寺故径山大师碑铭》一文说：

> （道信门人）达者曰融。（融）大师居牛头山，得自然智慧，信大师就而证之。且曰：七佛①教、戒、诸三昧，语有差别，义无差别；群生根器各各不同，唯最上乘摄而归一……由是无上觉路，分为此宗。

这个宗系表示不介入当时炽烈的宗派斗争。

其所列宗脉为："融授岩大师，岩授方大师，方授持大师，持授威大师"。玄素就是威大师——智威的门徒。

玄素，俗姓马，字道清，或称马素，润州延陵（镇江）人，髫龀

---

① 七佛：禅宗把自己的祖师向上推到所谓七佛，自上而下为：毗婆尸、尸弃、毗舍浮、拘留孙、拘那含牟尼、迦叶、释迦牟尼。

出依寺院,如意年(692)薙度,隶江宁(南京)长寿寺,后入牛头山师事智威,威"命于别位开导来学"。开元年中,润州刺史韦铣请于京口(即延陵)鹤林寺供养;天宝初年,扬州僧人请至广陵,据说当时"楚人相庆,佛日渡江。梁、宋、齐、鲁倾都来会,津塞途盈,人无立位,解衣投施,积若邱陵",时为扬州牧的李憕"斋心跪谒"。至天宝十一年(752)坐灭,赴哀者不可思量,"至有浮江而奠,望寺而哭"者;及其建塔,"州伯邑宰执丧师之礼,率众申哀,江湖震悼。"

以上是李华为玄素所撰碑文的描述,说明玄素在江苏境长江两岸的官民中影响确实不小。被称为他的"菩萨戒弟子"的,就有故吏部侍郎齐澣、故刑部尚书张均、故江东采访使润州刺史刘曰正,其他有在润州做刺史的徐峤、韦昭理,以及前广州都督、常州刺史等多人。李华自比为"乐正子春之于夫子",即自称玄素的再传弟子。

此处提到的礼部尚书、扬州牧李憕,当是在天宝初迁广陵长史的李憕,他以"美政"为当地所敬,"民为立祠赛祝,岁时不绝",后为东京留守,死于安禄山之难。刑部尚书张均,系张说之子,袭燕国公,曾被贬为苏州刺史,或即在此时从玄素受戒;安禄山盗国,授伪中书令,肃宗时流至合浦。从这一记录的情况看,除了在任的润州地方长官外,投在他门下的官僚大都是遭受贬斥的。其中特别需要一提的是齐澣和李华。

齐澣为开元年间著名文士,兼有吏才,官至吏部侍郎。曾因泄密事被贬,后量移常州刺史。开元二十五年(737),迁润州刺史,充江南东道采访处置使,以改移漕路、兴办水利运输著称于当时。天宝初,连坐被废,留司东都,与同时被废居东都的严挺之过从甚密。两人都受李林甫的迫害。齐澣采访江东,还扶持大照(普寂)一系的法云在润州天乡寺建立据点。

李华亦为天宝年间的知名文人,曾任监察御史、右补阙,以孝行闻。安禄山叛,伪署凤阁舍人。叛平后,贬杭州司户参军。自惭"不能完节,不能安亲",遂屏居江南,客隐山阴,勒子弟力农,拒绝出仕,"晚事浮图法",终于大历初年(767)。李华尊玄素的弟子径山法钦为师,当是被贬杭州时的事。他与齐澣一起,在振兴吴越牛头宗的活动中起着重要作用。

大和三年(829),李德裕尚在润州牧、浙江西道观察使位上,出月薪二十万缗,俾秣陵(南京)为"牛头山第一祖融大师"建造新塔,并命刘禹锡撰《新碑记》志之。应该说,这是官方对牛头宗最大的支持。

李德裕(787—850)是中唐后期的名相,也是有唐以来主张限制佛教膨胀的重臣之一。正是他在相位期间,唐武宗发动了著名的会昌(842—846)灭佛运动。迄于开成(836—840)初年,他曾三在浙西,出入十年,对江浙礼巫之类迷信风习颇多铲除:曾于所属州废毁"非经祠者"千余所,撤"私邑山房"①千四百舍;又上书制止徐州筑坛度僧,谏敬宗祷福祈年,是封建社会少有的清醒能干的官吏。然而就是这个李德裕,竟亲自出马为法融重新造塔树碑;大和(827—835)中追谥玄素为大律(津)禅师,当也是出自他的意见。这对社会的影响自然不同凡响。刘禹锡说他在镇,"尚理信古、儒元(玄)交修。始下令禁桑门赇佛以眩人者,而于真实相深达焉。尝谓大师(法融)像设,宜从本教。言自我启,因自我成。"就是说,李德裕是从玄理角度推崇牛头宗的,他希望以此引导佛教向符合本教教义的方向发展,并使其成为禁制赇佛眩人、妖妄乱众的一个途径。李德裕的这一政策,对于吴越佛教此后的定型是一个重要的制约条件。

据李华碑文,玄素的释门弟子主要有两个:一曰"法镜,吴中上首是也";二曰"法钦,径山长老是也"。

法镜在吴中的声誉似乎甚高,但自宗密论禅,已不见此人名

---

① "私邑山房",或即佛教兰若。隋唐以来多为禅僧自力筹建的居处。《宋高僧传·径山法钦传》记,杭州于贞元六年(790)开始废毁"山房",致使州牧不得不请法钦下山另行安置。及至李德裕出为剑南西川,又"毁属下浮图私庐数千",两者性质大体相同。这也说明,到中唐,禅僧非法山居的数量很大,已成了普遍现象。

字。宗密的《圆觉经大疏钞》以慧忠为智威的嫡传，属牛头的第六代，列玄素为智威的旁系。《景德传灯录》列有"吴门圆镜禅师"，或即是法镜；也称慧忠为牛头六祖，而将道钦（即法钦）列为玄素的同门。这样，在后来的传说中，慧忠其人就很惹人注目了。

这个牛头慧忠与前述南阳国师不是同一个人。据《景德传灯录》卷四，此慧忠姓王，润州上元（南京）人，年二十三受业于庄严寺，往谒智威，被视作"山主"。后来诣诸方巡礼。及归，出居延祚寺。晚年入城，于庄严旧寺殿东别创法堂，四方学徒云集。大历四年（769）坐化，寿八十七。他的门徒见于《传灯录》的有三十四人，集中在润州地区，而有传的唯是在天台山佛窟岩的惟则一系。

惟则，《宋高僧传》作遗则，京兆人，自慧忠处"大悟玄旨"后，隐于天台山瀑布之西岩，一坐四十年，"大官名侯赍书问询、檀舍，则未尝有极谢"。元和（806—820）中，法席渐盛，遂自目其岩为佛窟。终于庚戌年（830），世寿七十八。先后"序集融祖师文三卷，为宝志释题二十四章，南游傅大士遗风序，又无生等义"。现今流传有关法融、宝志、傅大士等在他们生前少有人知的著作，或都经过惟则的搜集整理。僧传称他善属文，"凡所著述辞理粲然。其它歌诗数十篇，皆行于世"。禅宗历来标榜"不立文字"，牛头宗公然破例，当始于惟则。其嗣法弟子为天台山云居智禅师。《传灯录》收有他与华严院僧继宗的一段对话，余事不详。

二、径山法钦与牛头南移的原因

牛头宗离开自己的基地向浙江转移，天台山算是其中的一支，而作为在南方绍隆本宗的代表，应是迁居杭州、出自玄素门下的法钦。

法钦亦作道钦，《宋高僧传》、《景德传灯录》均有传。俗姓朱，吴郡昆山人，门地儒雅，年二十八，于丹徒遇玄素出家，后至杭州径山挂锡。初由猎者募人营小屋为室，后临海县令舍别墅以居之，"自兹盛化，参学者众"。大历三年（768），诏迎进京，"代宗咨问法要,供施勤至",在征询"南阳慧忠"意见后,赐法钦号"国一"。司徒杨绾叹为"方外之高士"。贞元五年(789),德宗遣使赍玺书宣劳,庆赐丰厚。其在京城及回浙,"令仆、王公、节制、州邑、名贤执弟子礼者",有相国崔涣、裴度、第五琦、陈少游等。贞元六年,为励行当朝"废毁山房"的政令,州牧王颜请出州治龙兴寺净院安置。终于贞元八年(792),年七十九。赐谥大觉。

僧传所列"执弟子礼者"名单,都做过当朝宰相。崔涣在肃宗时曾任江淮宣谕选补使、江东采访防御使。早在天宝末年,他以剑州刺史拜黄门侍郎,与保唐无相有往来,后来又是慧忠国师的支持者。裴度在元和(806—820)和长庆(821—824)年间,为削弱藩镇割据、维护君主中央集权的能臣。晚年"稍浮沉以避祸",与白居易、刘禹锡等在京"酣宴终日,高歌放言",当时名士皆从之游。陈少游出身崇玄馆,以善《庄》、《列》、《老》等道家思想著称,大历五年(770)为越州刺史、浙东观察使,八年迁扬州大都督府长史。德宗(780—805)时又加检校左仆射,同平章事。史书以其投机于元载,又游离于军阀李希烈之间,颇不齿之,《新唐书》干脆将他列在《叛臣》传上。第五琦在"安史之乱"后,先后领财赋十余年,后出为饶、湖二州刺史。饶州在江西境,湖州在杭州北。这些大官僚人品不一,对佛教的态度也有差异,但在治理地方上表现都很干练。他们对于法钦一律"执弟子礼",说明牛头宗在吴越一带是一个值得当道借重的力量。

法钦的门人,《宋高僧传》记有崇福(或《传灯录》之崇慧)、大禄山颜、范阳杏山悟、清阳广敷等。而《祖堂集》、《景德传灯录》等都将其嫡传记作杭州鸟窠道林。道林原籍富阳(浙江富阳),俗姓潘,九岁出家,二十一岁于荆州果愿寺受戒,后诣长安西明寺,随复礼学《华严经》、《起信论》。及至法钦入京,谒之得法。南归后,居秦望山。长庆(821—824)初年,白居易除杭州刺史,曾上山礼谒,《祖堂集》、《传灯录》收有二人的若干问答句。道林终于长庆四年,年八十四。嗣法弟子杭州招贤寺会通,本郡人,俗姓吴,唐德宗时曾为六宫使,后因患病归乡,谒道林,为檀越,与结庵创寺;寺成,遂受披剃具戒。诵大乘经而习安般三昧。武宗废佛,莫知所终。

综上可知,牛头宗自玄素以后,在吴越历届官吏的扶持下,得到令人刮目的振兴。大历十二年(777),韩滉为苏州刺史、浙江东西都团练观察使,寻加检校礼部尚书,兼御史大夫、润州刺史、镇海军节度使,而成为吴越最有权势的军政长官。至于建中(780—783)年以后,李希烈在江北鲁豫一带大肆猖獗,为保证江浙通向朝廷的粮道通畅,韩滉在南京筑石头五城,全面备战;拆毁上元县(南京)寺院、道观四十余所,用佛殿材料缮置馆第,用寺庙铜钟铸造兵器,与当时镇守扬州的陈少游互为呼应。这种严峻的政治军事形势,对牛头宗的大本营造成了严重威胁。惟则和法钦分别向浙江东西南移,另辟据点,与此直接有关。本来由乡土情结凝聚起来的牛头宗,至此有了变化。

三、牛头—径山的禅特点

振兴后的牛头宗,遗留下来的原始文献也不多,综合有关记载,大略有下列特点:

(1)保持万物有灵和鸟兽感应的传承而倡导戒荤。李华记玄素生前的坐处,"高松互偃";涅槃之夕,"椅桐双枯,虎狼哀号";及其丧日,"风雨如扫,慈乌覆野";结论是:"有情无情,德至皆感"。又记其"慈母方娠,厌患荤肉"。此类传说,慧忠也有,以至他们在径山和天台的门徒依然乐于炮制。

(2)《祖堂集》将牛头一系列为禅宗中的"空宗"一派,与宗密对牛头宗的理论概括大致相应。《圆觉经大疏钞》传,法融"久精般若空宗,于一切法已无计执;后遇四祖(道信)于方*空无相体,显出绝待灵心本觉",这可能更准确地表达了牛头整个宗系,尤其是在中唐时期的特征。再清楚些说,以往的般若学仅停留在怀疑论上,它的变异三论宗则止于唯名论,两者都趋向于否定一切。牛头宗的许多言论仍带有这种倾向。有僧问:"如何是西来意?"玄素答:"会

---

* 按:"于方"二字疑倒。

即不会,疑即不疑。"又说:"不会不疑底,不疑不会底。"明显地反对将认识绝对化,而肯定怀疑论的价值。惟则认为,"凡之与圣,二俱是名",因为"假名不实","无有当名者",这显然是唯名论的具体运用。

然而,牛头宗在这个基础上有了很大的蜕变,它吸取了当时通行的"心性本觉"说,将其作为自己的本体论,将般若空观改造成一种观察和处理宇宙人生的方法论,从而使它与本来意义上的"空宗"区别开来。这一点,在慧忠和玄素两支的思想中也有表现,因为他们都以佛性遍在、众生平等为出发点。玄素曾亲入屠者家,受屠者供,令"士庶惊骇"。他的辩解是:"盗隐其罪,虎慈其子,仁与不仁,皆同佛性。"会通就学于道林,一日辞师,欲往诸方参学佛法。师曰:"若是佛法,吾此间亦有少许",遂于身上拈起布毛吹之,"会通遂领悟玄旨"。因为布毛也有佛性,当然不必在世事以外别求。

李华在为玄素撰写的碑铭中说,"性体空而本源清净","诸见灭而觉照圆明"。"本源清净"、"觉照圆明",着重指的是心本体;"性体空"、"诸见灭",则着重于空观的运用。以觉(佛)为体,以空为用,可以说是玄素的禅理论;运用空观而开发明觉,或由明见心性而把握空观,是玄素的禅实践。这种观点,在慧忠一系的天台智禅师那里表达得更加清楚。他说:"清净之性,本来湛然,无有动摇,不属有无、净秽","体自愉然"。认识到这种"性",乃是"明见","明见"才叫"见性"。"性即佛,佛即性,故云见性成佛。"因此,"见性成佛"的关键在于"明见"。"明见"的含义有二:其一是"见无所见","终日见未尝见",所谓"能、所俱绝",不"妄计"有无等,实指无分别、不执著、不用心。其二是"不坏方便应用及兴慈运悲",即仍然需要处世接物,弘法传教。换言之,"明见"就是与清净之性相应,并贯彻于全部实践,也就是体与用的结合。

在现有的材料中,可以见到牛头宗许多偏于虚无的思想,也有许多肯定现实的言论,大致可以由这种"体用"统一观中引申出来。

第四章 诸家竞起和它们的分布(中唐之二)

惟则的名言是:

> 天地无物也,我无物也,然未尝无物。斯则圣人如影,百年如梦,孰为生死哉!

这是把《金刚经》与《庄子》结合起来的说法:彼岸圣人的真实性被否定了,此岸死生的主宰者也否定了,"空"得可谓相当彻底。但他紧接着又说:

> 至人以是独照,能为万物之主。①

就在此等彻底的空观中,"至人"获得了明鉴一切的智慧,达到了驾驭万有的自由。这当然是一种超脱飘逸的理想了。然而传说白居易上山问道林:"如何是佛法大意?"道林曰:"诸恶莫作,众善奉行。"白云:"二岁孩儿也解恁么道。"师曰:"三岁孩儿虽道得,八十老人行不得。"这要求善恶分明,行善止恶,不但口说,且要身行,表达了一种很认真、很切实的人生态度,似乎与上述惟则的观点截然相反。但若从其整体理论考察,两者完全可以并行不悖。这样,牛头宗的思想体系,在大领域内同当时禅宗各派的流向就完全相同了。

(3) 宗密最后为牛禅头归结的理行特征是"本无事而忘情":

> "本无事"者,是所悟理。谓心、境本空,非今始寂;迷之为有,所以生憎爱等情;情生,诸苦所系,梦作梦受。故了达本来无等,即须丧己忘情;情忘即度苦厄,故以忘情为修行也。②

---

① 《景德传灯录》卷四。
② 《圆觉经大疏钞》卷三下。

"忘情"与"忘忆"、"忘智"属同样性质,都是为了"丧己";"本无事"是对"清净之性"的认识,在于为"忘情"提供理论根据。宗密如此归结牛头禅的特性显得十分精当,但这种明确的主张不知出自何处?《景德传灯录》记有慧忠的两个偈,其一曰:

人法双净,善恶两忘;真心真实,菩提道场。

从前两句中诚然可以引申出"本无事而忘情"的结论。然而另一个偈则说:

虚无是实体,人我何所存?妄情不须息,即泛般若船。

这后两句又明确反对有意的忘情。任何概括都难免有片面性,宗密的概括也可以这样看。

牛头宗游动于吴越两地,都是山水秀丽,气候适中,属于江南开发最早的区域。魏晋以来不乏文人旅游的足迹,也是禅僧乐于栖止的场所。处在优美的自然环境里,追求自然美的文化传统在牛头禅中理应有所反映,遗憾的是,至今尚少发现。不过,牛头宗人一般不掩饰他们读经好文,这是为禅宗创造的一种新风尚。

附:

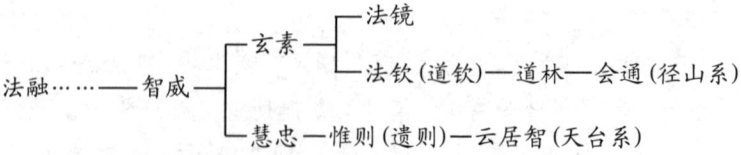

中唐牛头宗宗系略图

第三节　江西禅系的崛起

江西禅系,通称洪州宗,奉怀让为本系始祖,至其弟子道一,宗门大开,经过贞元(785—805)、元和(806—820)几十年的发展,名师辈出,成为当时禅宗中群众基础最为深厚、势力最大的一个宗系。

一、关于怀让及其禅思想的传说

在道一知名之前,怀让其人鲜为人知。权德舆所撰《唐故洪州开元寺石门道一禅师塔铭并序》说,"衡岳有让禅师者,传教于曹溪六祖"。此文写在贞元七年(791)以后。到元和(806—820)中[①],张正甫受道一门人惟宽、怀晖之请,撰《衡州般若寺观音大师碑铭并序》,始为怀让正式立传,亦说其传弘"曹溪教旨"。但在早期的禅宗文献中,作为慧能的弟子,怀让和永嘉玄觉、南阳慧忠等人一样,是不见记载的。在道一之外,怀让也别无其他有影响的弟子。这在禅宗史上是比较罕见的现象。

据张正甫碑铭和《宋高僧传》本传,怀让姓杜,原籍京兆,其先人迁至安康(陕西汉阴以西),弱冠诣荆南从智京(恒景或弘景律师)学律,受具后,入嵩岳从老安(道安)长老咨询禅法,"既授记[②]而身心自在,超出尘垢,厌离文字,思会宗元",遂去曹溪觐慧能,"以后学弱龄,分为末席";"同授秘印,目为宗师"。此后乃陟武当,"穷栖十霜,竭来衡阳终焉"[③]。由于宴居于衡阳观音道场(观音台),即以观音为号。"或微言析理,辩士顺风而杜其口;或林履将撰,山灵借留而规于梦",大约是很有辩才,并有许多感动山灵的神话传说。

---

① 张正甫所撰怀让碑铭,见《全唐文》卷六一九,谓"元和十八年受惟宽、怀晖之请,执笔为文",此"十八年"当是"八年"之误。因为元和止于十五年,且惟宽、怀晖分别在元和十年和十二年去世。

② "授记",本指未来必定成佛。此处表示怀让的觉悟已被认可,可以承受道安法嗣。

③ 《宋高僧传》本传谓:"能公大事缘毕,让乃跻衡岳,止于观音台。"与张正甫所撰《碑铭》所记不符,本文不取。

由此影响所及,"远自梁、益,近从荆、吴,云趋景附,风动川至"。终于天宝三年(744),年六十八。

关于怀让的思想,可知者甚少。《宋高僧传》记道一临终所说:"吾师之道存乎妙者也,无待而常,不住而至,能事集矣!""无待"、"不住",或许是他用以体"道"的主要主张。当然,剋实而言,这都是后人的传说。及至他的徒孙惟宽、怀晖进京,"扬其本宗法门"以后,怀让的名声越来越高。元和八年(813),衡阳太守令孤权舍衣财为怀让作忌斋,形成每年的"观音忌",变成了一种节日。宝历(825—827)中,敕谥大慧禅师。

另据《祖堂集》传说,久视元年(700),怀让离嵩山往曹溪,慧能问他:"什么物与么来?"怀让答:"说似一物即不中。"①至景云二年(711)辞别,慧能又问他:"说似一物即不中,还假修证不?"对曰:"修证即不无,不敢污染"。慧能十分赞赏地说:

> 即这个不污染底,是诸佛之所护持;汝亦如是,吾亦如是。

这个"不污染底",即是本有的清净心了。

《祖堂集》还记,道一在一处坐禅,"让和尚将砖去面前石上磨。马师(道一)问作什么?师曰,磨砖做镜。马师曰,磨砖岂得成镜?师曰,磨砖尚不成镜,坐禅岂得成佛也!"由是怀让发挥说:

> 若学坐禅,禅非坐卧;若学坐(作)佛,佛非定相。于法无住,不可取舍……汝若坐佛,却是杀佛;若执坐相,非解脱理。

《祖堂集》还记,怀让主张:

---

① 类似的问答见于《神会语录》:"此似是没(么)物?"答:"不似个物"。"既不似个物,何故唤作佛性?"答:"不似物唤作佛性;若似物,即不唤作佛性。"意指"佛性"是不可言说和比拟的。

> 学心地①法门,犹如下种;我说法要,譬彼天泽,汝缘合故,当见于道。

道一据此而问:

> 见道当见何道? 道非色故,云何能见?

怀让肯定说:

> 心地法眼②能见于道,无相三昧亦复然。

这三个故事在禅宗史上都颇有名,此后的传灯语录大都因袭照抄。

综合这些材料来看,至少在后人的眼里,怀让是主张道(佛性)为绝对的永恒("无待而常"),非语言可以表达("说似一物即不中"),亦不凝固为特殊的事相("无住"故"非定相")的,所以他所反对的只是用坐禅的方法去求索。但这并非否定"道"的可知性,只要以所谓"法眼"即"无相"的观点视诸现象,就能"见道",也就是"不住而至"。因此,在怀让那里,依然强调有"修"有"证",要求对"心地"本有之"道"取"不敢污染"的严谨态度。

《祖堂集》等还记慧能向怀让说,"西天二十七祖般若多罗"曾为其谶记,谓从怀让向后,"马驹踏杀天下人",预示道一的禅法将

---

① "心地"是禅宗常用的概念,最早见于《坛经》,可能来自《楞伽经》中"本元心地"之说。《大乘本生心地观经》中有专门的阐述,中国的民族特色很浓,就涉及"心地"问题。它实是由"唯识无境"蜕变而来的,形容心如大地一样,能生长凡圣万物。

② 佛教将认识分为五类,所谓肉眼、天眼、慧眼、法眼、佛眼。其中"慧眼"是关于"空性"的一般的认识;"法眼"则是在"空性"的理论指导下对个别人与个别事的认识。据《大智度论》,"法眼,令是人行是法,得是道,知一切众生各各方便门,令得道证。"这是指"法眼"对佛教实践的意义。抽象地说,"法眼"相当于对共性与个性统一的认识。

称雄于天下,而道一禅系真的一时担当起了这样的角色,中国禅宗史进入了另一个重大发展时期。

二、道一在洪州的创业和"触境皆如"、"随处任真"

道一俗姓马,被尊称为马祖,汉州什邡(四川什坊)人。据《道一塔铭》、《圆觉经大疏钞》和《宋高僧传》等记载,初削发于资州唐和尚处寂,再受具于渝州圆律师,师事过金和尚无相,后入衡岳怀让的"顿门"。在这里,怀让的讲说似乎不多。道一认为,"法惟无住,化亦随方",遂"禅诵于抚之西里山,又南至于处之龚公山。攫搏者驯,悍戾者仁,瞻其仪相,自用丕变",加上当时刺史"裴公"的信奉,由此知名。大历(766—779)中,路嗣恭为连帅,请至"里所",贞元二年(786),"成纪李公"临长此邦,"勒护法之诚",同年坐化,春秋八十。

塔铭的这一记载,若无脱讹,则与宋人的传说颇多不同。如说其先禅诵于"抚之西里山","抚"当为抚州(即临川,江西抚州),而后"至于处之龚公山","处"当为处州,在今浙江丽水。《景德传灯录》说他于开元(713—741)中习定于衡岳传法院遇让和尚,始自建阳(福建建阳)佛迹岭迁至临川,次至南康(江西南康)龚公山。《宋高僧传》谓其"于临川栖南康、龚公二山",语言尤为模糊①。至路嗣恭,"以钟陵之壤,巨镇奥区",一住十年。终于贞元四年(788),葬于建昌之石门。钟陵在今江西进贤县,建昌为今江西永修,均属洪州(南昌)。据此大略可以知道,道一一生的活动,是以洪州为中心,南抵大庾岭北,东南越过武夷山脉至福建、浙江境,时间大约是自天宝三年(744)到贞元四年(788)的四十余年。《宋高僧传》谓长庆元年(821)谥大觉,《传灯录》则谓元和(806—820)中谥大寂。"大寂"首先见于《祖堂集》,为此后禅史所沿用。

道一在江西传禅取得了很大成功,所以特别得到地方官吏的重视。为他撰写碑文的权德舆,自称"往因稽首,粗获击蒙","已被清凉"。史称权德舆在贞元、元和间"为缙绅羽仪",早年从江西观

---

① 一般认为,龚公山在南康,明时尚发现有"马祖石"。

察使李兼府为判官,又为裴胄辟为幕僚。李兼本人就是道一禅系的支持者;裴胄则是以佞佛受讥的宰相裴宽之子,也出任过江西观察使。碑铭突出提到禀奉道一的"刺史,今河南尹裴公",当是裴宽的另一儿子裴谞,他历任虔州(江西赣州)、饶州(江西波阳)等地刺史,晚年拜河南尹,终于贞元九年(793)。他曾"坐所善僧抵法,贬阆州(四川阆中县)司马",可见是很保持其父禀承佛教的家风的。

对道一禅系的发展起的作用最大的,应属邀请道一进入洪州的路嗣恭。路嗣恭在大历六年(771)出任江南西道都团练观察使,以"善理财赋"闻;大历八年,兼岭南节度使,平哥舒晃广州之乱,因起用"流人"、"招集义勇"致胜。其实,"义勇"也多属"流人",说明江南西道(包括今江西、湖南在内)在"安史之乱"后已成为流民特别乐于流入的地区。路嗣恭以"舟车旁午,请居理所",恭迎道一。他这样做,从社会安定方面考虑的居多,无疑影响也最大。他的儿子路应,贞元(785)初出为虔州刺史,诏嗣父封,累迁宣、歙、池观察使,曾发兵救被反军李锜所围的湖、常二州。他的另一个儿子路恕,曾任鄜坊、宣歙观察使,死后赠"洪州都督"。可以说,自大历六年(771)到元和末年(820),约半个世纪,路氏家族一直根植于江西,任职除京畿、关内外不离江南,这对于道一禅系的发展是一个非常有利的条件。例如,为道一立碑记述的"丹阳公包佶",即是从路恕在长安游的名卿之一。包佶与贺知章等号称"吴中四士",他为道一说话,显然是受路府影响。

"安史之乱"后,藩镇割据,进而相互兼并,佛教的命运很大程度上取决于方镇的态度。自代宗以来,凡官于江西的官僚,几乎无一不扶植道一禅系的发展,政策有相当的连贯性,从而影响着周边省区和皇室,这是洪州宗得以迅速扩大,终于成为中唐最大的禅系的一个重要的政治因素。

道一没有著作留世,他的思想行事都是后人的传说。他的门徒特多,所传主张也不甚相同,而且愈向后传,失真的可能性愈大。据权德舆碑文,道一的最后之说:

大抵去三就一,舍权以趋实,示不迁不染之性、无差别次第之门。常曰:佛不远人,即心而证;法无所著,触境皆如,岂在多岐以泥学者?故夸父吃垢,求之愈疏;而金刚醍醐,正在方寸。

这里的突出特点是,反对离心多学,将多门佛教更自觉地简化到心学一途上来;以为只要证得"方寸"中的"金刚醍醐",于法无所分别,无所执著,所见的一切境界就都是"真如"。因此,"真如"不需别求,只是自心和自境上的事。此说在理论上别无新义,因为"即心而证"的前提,就是已经为禅宗所公认的"即心是佛";而"触境皆如"则与"万法一如"之说相近。尽管如此,他把一些散乱的禅观念凝聚为几个鲜明的命题,并加以广泛的应用,仍然令人耳目一新。

《祖堂集》关于道一的记述,最切近权德舆的塔铭。它记道一经常教诲大众的是:"汝今各信自心是佛,此心即是佛心","心外无别佛,佛外无别心"。据此,"自心是佛"就成了道一禅的基础和出发点。我们知道,由"一切众生皆有佛性"转变到"即心是佛",是经过禅宗几代人探索的理论成果,他们用它来与法师、律师、净土等派别斗争,为建立非偶像化、非经院化、非仪律化,全靠自力解脱的佛教而披荆斩棘,开辟新路。道一对这一观念的弘扬依然有历史意义。

《祖堂集》记道一辩论的主要对象,是洪州大安寺的寺主兼座主("座主"一般是经论的主讲人)。他着重清算的是以经论教人清净解脱的法门,理由是"言论说诸法,不能现实相"。据说,一些寺主和座主后来都归依到了道一的门下。从这里很可以看出禅宗在佛教内部逐步占据领导地位的情形。

《祖堂集》所记道一的另一个重要命题是"见色即是见心":"凡所见色,皆是见心;心不自心,因色故有"。"于心所生,即名为色;知色空故,生即不生"。此说当脱胎于"带相唯识"说,是法相宗的主张。按此宗所说,人的认识不可能把握物自体,而只能认识自身挟带的映象。因此,所见色相,只能是自心的显现。有什么样的认识，必有什么样的色相，色相依识而转。道一正是从色由心生的角度判定色无自性，故曰色即是空，生等于无生；而"心"之所以能够表现为存在，又全在于有色的生起，所以说，"心不自心，因色故有"。这样，道一就把心、佛、色、空统一起来，使之成为可以互相渗透、互相替代的概念，所谓"触境皆如"则成了其中最重要的观念：任何"境"相都不外是心的产物，自性是空，故名为"如"。道一认为，对于"心色"关系的这种认识，是禅实践的基础：

若体此意，但可随时着衣吃饭，长养圣胎，任运过时，更有何事！

随时言说，即事即理，都无所碍。

《祖堂集》还记载了道一若干带有禅机的掌故。其中记西川来谒的黄三郎，以八十五岁的高龄对道一说：

若不遇和尚，虚过一生；见师后，如刀划空。

师曰：

若实如此，随处任真。

某座主炫耀他解经是以"心"讲，道一反诘说：

心如工技儿，意如和技者。

"心"只有幻想的功能，怎么能讲解经论？与其说以"心"讲得，毋宁说"虚空却讲得"。这类故事表明，承认"自心是佛"，就要觉悟到三界性空，以"空"观察一切，就是"随处任真"，定会"触目皆如"，所以他很重视"般若"的运用。

在把般若作为自净自悟的方法时，道一强调："不取善，不舍恶,净秽两边俱不依怙。"他所教化的大众似多属"流人",所以他特别指出:"达罪性空,念念不可得。"目的在于解除罪恶感的精神负担。他曾于地上作一画,表示"不得道长,不得道短",用以回答那些乐于说长道短的人。这些表明,道一禅的功用最终在于超越善恶是非,与当时通行的禅潮流一致。

然而,从"触境皆如"、"随处任真"的命题可以看出,道一是在着力把禅推进世俗生活之中,使禅生活化,所谓"随时着衣吃饭,长养圣胎"。因此,他很注意在日常的待人接物中发明禅理,启迪后学,而避免长篇说教,空泛论议。如汾州和尚为座主时,向道一请教"宗门中意旨","师乃顾示云:左右人多,且去。"及至汾州和尚才跨出门坎,师即召,"汾州回头应诺。师云:是什么?汾州当时便省"。当然,为什么叫一声名字,问一个"是什么",就能令其当即省悟,那只有省者知道;但若从"名是实之宾"上去看,这是表示一个禅师对泥于言语经论者的点悟,那么第三者也是可以理解的。中唐以后的许多禅师都袭用道一这一启悟方式。

到五代为止,所传道一的禅法大体如此。进入宋代,传说有了很大变化。《景德传灯录》首先在理论上作了修正:

僧问:和尚为什么说即心是佛?师云:为止小儿啼。僧云:啼止时如何?师云:非心非佛。僧云:除此二种人来,如何指示?师云:向伊道不是物。

这是一种把"即心是佛"的命题当作"对治悉檀"的用法①,只有世俗相对的意义,而不是绝对真理。这一观点尽管从禅家的基础理论中也可以引申出来,但与道一当时承担的禅任务却不相应。类似的记载,在《慧忠国师语》中也有,然而那只是为了反衬慧忠的主张,并不是专论道一的。慧忠、法钦与道一似有不少信使往来,三

---

① 《大智度论》所讲四种"悉檀"之一,指为了对治特定的烦恼所设施的说法,故此种说法只有相对的合理性。

者的思想有许多相近之处，但仍有差别，这从道一的门徒对"无情有性"的批判可知。

《古尊宿语录》等增补更多，道一成了一个激烈反对"修道"的人。其中记僧问："如何是西来意？"师便打，曰："我若不打汝，诸方笑我也。"又记与怀海讨论"即此用，离此用"问题，"祖便喝，师直得三日耳聋"。似乎用打、喝等方式悟人即创始于道一，这距离史实愈远了。

道一门徒之多，在禅宗史料的记录上可以说是空前绝后的。《祖堂集》说他有"亲承弟子八十八人"，《景德传灯录》记其入室弟子一百三十九人。这些徒众主要分布在江南两道，特别是以洪州（南昌）为中心的江西，和以潭州（长沙）为中心的湖南，以及京兆、洛阳、河中地区。然后东到池州（安徽贵池）、扬州、常州、苏州和越州（绍兴）、泉州（福建泉州），南经杭州、处州（江西赣州）而到韶州（广东韶关），北则从鄂州（武汉）、随州（湖北随县）和朗州（湖南常德）、澧州（湖南澧县东）、荆州（湖北沙市）、襄阳（湖北襄樊）、唐州（河南泌阳）或伏牛山，而进入两京。大体说来，这些地区正是唐中期的漕粮基地及两京与江淮联系的通道，也就是说，是当时全国最富庶、最稳定的地区，也是唐王朝的心脏和命脉所在。此外，还有一些徒众散布在山西、河北境内。就这些门徒的活动特点看，可分三类：其一为应唐王朝征召的京禅类，其二是在理论上多有发挥的理禅类，其三是在实践上大有创新的农禅类。

三、洪州诸大禅师之——京禅类

洪州系的京类禅师，首推惟宽和怀晖。

1. 惟宽及其"不得忘"

据白居易《西京兴善寺传法堂碑铭并序》，惟宽（755—817），姓祝，衢州（浙江衢县）信安人，十三岁出家，二十四岁具戒，先学毗尼，再"证大乘法于天台止观，成最上乘道于大寂道一"。"贞元六年（790）始行化于闽越间"，七年在会稽，八年到鄱阳，十三年上嵩山少林寺，二十一年（805）居卫国寺，次年转天宫寺；元和四年（809）宪宗召见于长安安国寺，五年参与麟德殿斋会，十二年（817

卒于兴善寺传法堂。碑文总结说:"师行禅演法垂三十年,度白黑众殆百千万亿",可称师之徒者,"殆千余,达者三十九人,其入室受道者有义崇、圆镜"。后来的传记都说他受谥大彻禅师。而《景德传灯录》只记他有嗣法弟子六人,均在京兆,亦无义崇、圆镜其人。惟宽的后人被禅宗史家完全遗忘了。

然而,惟宽仍然是个有影响的人物,至少从白居易的记述中可见。白居易称自己"为赞善大夫时(元和九年),尝四诣师,四问道"。白居易写这一碑铭时任南宾(四川石柱西)郡守(元和十三至十四年),动机之一,在"志吾受燃记,记灵山会于将来世"。传说过去世燃灯佛曾为释迦牟尼授记,谓释迦将于未来世(贤劫)成佛;灵山即灵鹫山,据说是释迦牟尼的报土(净土)。白居易在这里把自己同惟宽的关系,喻作燃灯之于释迦,又期未来相会于释迦之净土。这虽含有文学上的夸张,但其对惟宽的笃诚之意,仍跃然于纸上。*

白居易提出的四个问题,惟宽都有回答:

一问:"既曰禅师,何故说法?"答道:"无上菩提者,被于身为律,说于口为法,行于心为禅。应用有三,其实一也。"如前所述,禅宗是在批判教门(法师)和律仪(律师)中为自己开路的,惟宽则倡导教、律、禅三用一体,当是继承了所有京派禅师的共性,从而成为道一禅系中最保守的一支。

二问:"既无分别,何以修心?"答道:"心本无损伤,云何要修理? 无论垢与净,一切勿起念。"

三问:"垢即不可念,净无念可乎?"答曰:"虽珍宝在眼,亦为病。"

最后一问:"无修无念,亦何异于凡夫耶?"答:"凡夫无明、二乘执著;离此二病,是名真修。真修者,不得动,不得忘,动即近执著,忘即落无明。"无念、无修,是禅家的老生常谈。"不得忘"与"无忆"

---

* 按:白居易又笃信弥勒上生信仰。其《画弥勒上生帧记》云:"愿当来世,与一切众生同弥勒上生,随慈氏下降。"弥勒下降亦将于灵山举办法会,名龙华会。

的提法相反,着重教人心不离佛,以示与凡人的区别;"不得动",指心不得随逐净垢等分别,与"无念"的意思相近,以此排除执著带来的烦恼。总的来看,他的禅理平平,唯有"不得忘"表现出他还是主张于心有所拘束的。

《景德传灯录》记有惟宽的若干语录,其中讨论到"狗子还有佛性不?"这样一个在禅宗中轰动一时的话题。他的回答是:狗子有佛性,而他本人(觉者)无佛性。因为,从觉者看,无佛无众生,只有诱导不觉者,才假设有佛性。"道"属"不可思议",但道亦"只在目前";只因有"我"见,所以不见,及至"无我",又无谁求见。这一思路偏重于"空",大同于三论、牛头之说,表明道一的后学融解进去的思想很杂。至于这是不是惟宽的本来面貌,就很难说了。

此外,白氏的惟宽碑铭还屡屡提到他"驯猛虎于会稽","与山神受(授)八戒于鄱阳","感非人于少林寺"等。看来惟宽在京师仍然炫耀一些神迹,像白居易这样的士人也颇为所惑。其所居兴善寺,曾是密宗大师不空的主要据点,僧传记他"复灵泉于不空三藏池",或许是受密宗喜谈怪异的影响。

2. 怀晖和弘辨的"日理万机"即是"佛心"说

怀晖的政治地位比惟宽要高,《祖堂集》、《宋高僧传》、《景德传灯录》等均有传。俗姓谢,泉州同安县人,贞元初礼道一,后北上彭城(江苏徐州),潜岨崃山(山东兖州境),寓齐州(济南)灵岩寺,又移百家岩(或即定州之柏岩,今河北定县境),最后止于中条山(山西与陕西交界处)行禅,"蒲津人皆化之"。元和三年(808),诏居章敬寺毗卢遮那院安置,为人说禅要,"朝寮名士日来参问"。他在麟德殿斋会上被"推居上座"。贾岛为他作碑铭,谓:"始丙申,终乙未。"即生于天宝十五年(756),终于元和十年(815)。敕谥大宣教(一说大觉)。贾岛也是受禅宗影响较深的著名诗人。

怀晖所居的长安章敬寺,是鱼朝恩为代宗之母章敬太后祈福,以先所赐庄园为基础建造的,"穷壮极丽,尽都市之财不足用,奏毁曲江及华清宫馆以给之"①，其在中唐的高贵程度，堪比初唐的慈恩、西明的奢华和规模当有过之而无不及。曾敕天下名僧大德三学通赡者，并丛萃其中。大历三年(768)，代宗临幸，一次度僧尼千人。七月十五内出盂兰盆赐章敬寺，实为七庙行祭。次年，郭子仪入朝，鱼朝恩特邀往游。此寺的威势延续的时间颇长。洪州系有怀晖作为代表人物在这里受到供养，是很引以为荣耀的。他和惟宽都参与了宪宗在麟德殿举行的斋会，在僧众中也一直引为骄傲。洪州系有这样显赫的代表在京，是其在各地得到合法发展的一个重要因素。

《景德传灯录》记有怀晖的语录若干。大致以为，"至理忘言"，"灵烛妙明"，时人不悉，乃"强习他事以为功能"；"若能返照，无第二人，举措施为，不亏实相"。禅宗史上把他归于主张"心(灵)、法(理)双亡"的类型。用禅语言说，叫作"心、法灭"。在实践上，他强调"不假锻炼"，任运自然，所以有人问其指归，回答是："郢人无污，徒劳运斤。"

怀晖有弟子十六人(见《景德传灯录》)，大都在河中长安一带活动。另有新罗国玄昱、觉体，生平不详。回到江南的有朗州(湖南常德)怀政和古堤、福州智真等。在京兆的代表是荐福寺弘辨。

弘辨，《景德传灯录》载有他与唐宣宗的问答，其语言清楚，文字通俗，全无一般禅师那种不知所云的玄虚。其中有言：

> 心者，佛之别名，有百千异号，体唯其一，本无形状……在天非天，在人非人，而现天现人，能男能女，非始非终，无生无灭，故号灵觉之性。如陛下日应万机，即是陛下佛心。

这样，佛即是心，心即灵觉，灵觉之实，就是中国传统的"神"或"神灵"。这种"心"的抽象性、永恒性和遍在性，具有显现一切的神灵

---

① 《资治通鉴》卷二二四。

功能,保证一切人的言行作为,都可以成为佛的表现。因此,他在理论上很强调"是心是佛,是心作佛,心外无佛,佛外无心"。佛与众生、佛心与平常心,全无区别。

不过他有个很重要的补充:众生根器不一,身份地位有别,所说所作亦应有异。对于皇帝来说,"日应万机"即是"佛心的显现";对于普通沙门释子,礼佛读经,依戒修身,参寻知识,渐修梵行,则都是必要的。他对"三学"的解释就很合传统教义:"防非止恶为之戒";"六根涉境、心不随缘名定";"心境俱空、照览无惑名慧"。这样,"即心即佛"在怀晖那里变成了一种说明社会等级合理性的禅论,将禅宗复原到佛教传统的轨道上。

3. 大义和他的"不定"说

京禅类的另一著名大师是鹅湖大义。据韦处厚《兴福寺内道场供奉大德大义禅师碑铭》,大义俗姓徐,衢州须江(浙江江山)人,依本郡潜灵寺惠绩出家,二十受具戒,"若律若禅无不通贯,后谒道一于江西"。大历(767—779)中游上饶,丁郡西百里之鹅湖山宴坐,周围邑落,"或披苫盖,或窟岩石,未旬而来者襁属……既而涉夏,学者如麻"。贞元初(785),刘太真出典此郡,虔请大义下山,募修桥梁。可能就在此后,大义进入长安,居慈恩寺。碑铭说:"孝文皇帝,'既靖大难'①,斋心无为,建中尉以总武旅,名功德以统缁黄",大义就在此时由右神策护军霍某推荐为内道场供奉大德,与皇储李诵关系甚密。"两宫崇重,道俗宗仰,累锡缣缯,不可毕纪。"李诵即位为唐顺宗(805),旋即去位,大义因而回归本郡。送行者"自皇都及灞上,车盖溢路","郡守藩岳无不请益,以为有助于政术"。元和十三年(818)卒,年七十三。《祖堂集》称敕谥慧觉大师。

韦处厚说大义的信徒"及门者至多,入奥者盖寡",没有什么知名弟子,但对包括韦处厚、李翱在内的官僚文士可能有所影响。韦处厚在中唐以治史、善文学著称,文宗时(827—840)官至相位。曾

---

① "既靖大难"指李晟平朱泚之乱,迎德宗归长安,事在贞元元年(785)间。

诠释经文雅言,纂为《六经法言》,献给幼主,"以启导性灵"。《旧唐书》称他"雅信释氏因果,晚年尤甚"。李翱所著《复性书》,吸取佛家哲学,丰富儒家思想,是韩愈发起的道学运动中的理论代表。《景德传灯录》收有他与大义的几句对话。

韦处厚记大义有一些神异成分,反映了韦处厚的兴趣;又说大义的禅教有助于政术,这是所有在京禅师的共性。《景德传灯录》记李翱问:"大悲(菩萨)用千手眼作么?"师云:"今上用公作么?"在宪宗召集的麟德殿斋会上,有法师问:"如何是四谛?"师云:"圣上一帝,三帝何在!"这些言论,显然是在唤醒官僚们应做皇帝的手眼的意识,以强化"圣上"的一元化权力。这同德宗、宪宗两代力图削弱藩镇势力、增强中央集权的意向是相通的。历史地看,大义的主张有积极的一面,至少在当时的庶族地主和个体农民中会得到认同。

大义在禅理论的应用上有些新的提法,所谓"以不定之辨,遣必定之执,祛一定之说,趣无方之道"。把"不定"作为一种方法论,开端于《大般涅槃经》,而为三论学者所普遍应用,与前述之"对治悉檀"属同一种论议模式。用这种方法,可以肯定一切,也可以否定一切,总能使自己立于不败之地;也有破除执著、消解烦恼的功效。大义则用它来批驳以"知"(有分别)为"道"或以"无分别"为"道"等在当时禅宗中也很流行的一些说法。

另据李朝正在元和阉茂之岁(818)所撰《重建禅门第一祖菩提达摩大师碑阴文》,贞元十九年(803),德宗曾命"中贵王士则"舍官为僧,充大义弟子,法名惠通,"由是亲承教旨,妙达真宗"。强令中贵为僧,也是强化君主集权的手段之一。从这类弟子眼中看大义的禅理,就是"万法一如,得无所得,证无所证,开合不二,是非双泯"。意思是说,对于得失要看破一些,不要再去过问世间是非了。这对于刚从炙手可热的地位上下来的人,当然是一副很好的清凉剂。

4. 如满与唐顺帝

如满是受顺宗看重的又一个洪州门徒,他从五台山进入洛京,大约走的是与大义同一条路线。史称顺宗因病而禅位给太子,但无法掩饰背后严重的政治斗争。从韩愈的评论看,顺宗是一个"宽仁有断"、很想有所作为的人。有刘禹锡、柳宗元等参与的王伾、王叔文集团,就是在他在位时掌权的。然而也正是因为这个集团推行改革措施,他才不得不"传政元良",做了太上皇,数月而崩。《景德传灯录》记顺宗曾问如满:"佛今在何处?"又说:"佛向王宫生,灭向双林灭",天地日月,山河大地,"时至皆归灭,谁言不生灭!"

表现出极度忧郁悲愤的心绪,与一个短命帝王的身份是很吻合的。如满告诉他:"了见无心处","常在无心处";"来为众生来,去为众生去",自然可以解脱。在无可奈何中,如满的禅法也确实能给他以精神的慰藉。在唐代扶植佛教的皇帝中,真正喜禅的可以说只有顺宗一人。而禅的渗透力能达到如此的高度,也可略见中唐禅宗势力的一斑。

四、洪州诸大禅师之二——理禅类:大珠慧海

对于洪州禅理作系统发挥的,应推大珠慧海。此人《宋高僧传》无传,最初见于《祖堂集》;《景德传灯录》除收有他的语录外,又记他有自撰的《顿悟入道要门论》一卷,道一赞之为"大珠",遂以为号。此论仍存。现只知他俗姓朱,建州(福建建瓯)人,依越州(浙江绍兴)大云寺道智受业。后至江西师事道一六年,因业师年老,遵嘱归去奉养。余事不详。

1."心性"论和"解脱"论的新特色

《顿悟入道要门论》(简称《顿悟论》)一文,《祖堂集》未提,但它在禅宗哲学和中国佛教哲学的发展上占有一个很重要的地位,因为它突出地提出并论证了"心为根本"的命题,将南北朝以来议论最热烈的佛性论自觉而彻底地转向了心性论,显示了佛教向思孟儒学靠拢的重要走向。

《大珠语录》中记有人问:"一切众生皆有佛性,如何?"师曰:

作佛用,是佛性;作贼用,是贼性;作众生用,是众生

性……性无形相,随用立名。

就是说,"性"不是特指佛性,而是泛指"心性";心性是"体","佛性"与"贼性"等一样,仅为心体的一种功用。正如作恶时无善,入地狱即无佛性。这样,心是"体",佛是"用",心是第一性的,佛是第二性的。对众生来说,佛性或有或无,而心性才是永恒的。

据此,大珠在解脱论上也提出了一些惊人的观点。《顿悟论》引经说:

> 圣人求心不求佛,愚人求佛不求心;智人调心不调身,愚人调身不调心。

将"求佛"与"求心"对立起来,藉"求心"排斥"求佛",这无疑是对传统的佛教信仰的全盘否定。反对偶像崇拜,反对经典崇拜,反对净土信仰,这是禅宗的一贯传统;不主张寄希望于佛的外力解脱,提倡依靠自心解脱,也为禅宗各派所接受。大珠对此一传统有一系列类似的言论加以发挥,最后推向极端,公然反对"求佛",则把佛教的信仰色彩和佛的神圣地位淡化到了几乎等于无的程度。他的语录中还有这样的话:

> 汝若能谤于佛者,是不着佛求;毁于法者,是不着法求;不入众数(指僧团)者,是不着僧求。

由不求佛、法、僧三宝,到公然提倡谤佛、毁法、不入众数,这简直是号召大众对整个佛教进行清算了。

大珠的心性论和解脱论,同当时正在振兴的农禅运动相呼应,将禅宗的佛教改革潮流推向了顶端。就佛教内部言,它直接继承《大乘起信论》以"一心"即"众生心"为宇宙本体的世界观,所以定义"法身"即为此"心","即依此心显示摩诃衍义";同时又受"唯识无境"的法相宗影响,以为唯一"心"实,余悉为

"幻"。因此,大珠的理论并没有离开佛教的经典教义多远。但由于他突出了唯心的哲学成分,所以与儒家确实是更加接近起来。如果说李翱的《复性书》是站在儒家立场吸取禅宗的心学,那么大珠的《顿悟论》就是站在佛家的立场同儒家的心学作了衔接。有客问:

儒、道、释三教,为同为异?

大珠答:

大量者用之即同,小机者执之即异。总从一性上起用,机见差别成三。迷悟由人,不在教之异同。

儒道释都是"一心"之用,迷悟的差别不取决于"教",而取决于自"心"的运用。这是从佛教哲学上论证儒释道三教一体的最早也是最重要的言论。与同期宗密的《原人论》主张三教有等级差别相比,大珠提出的是"三教平等"之说,不论从中国思想史还是文化史上看都是值得注意的。

关于用"调心"反对"调身",也是一个极重要的动向。在当权者看来,戒律和律仪是约束僧侣遵循政令的主要手段;在正宗的佛教那里,它们还是与凡俗区分的标志,所以在戒、定、慧"三学"中,戒学列在首位。但据大珠看,它属于"调身"的范围,是弃本逐末。他认为:"佛戒者,清净心是也。"只要发心修持清净心,即名受佛戒,不必拘于调身的形式。推而广之,传统的儒学以礼教为核心,重点放在礼仪规范和个人修身上,也是一种外在的调身。思孟学派把儒学的核心从礼仪放到了"正心"上,才为礼教提供了内在的保障。

韩愈、李翱对于《孟子》的重新发现,以至宋以后把"四书"抬高到儒学的至上地位,同禅宗主张的调心重于调身,完全出于一种思路。不论从时间先后还是从造成的声势看,禅宗对佛教的这一改新思路,首先是受儒学转变的影响的。当然,就禅宗而言,它在当时还有从戒律的制约中挣脱出来,为自己的发展开路的意义。

大珠的解脱论也很有特色。《顿悟论》说:

> 如论究竟解脱理者,只是事来不受,一切处无心。

他反复重申后两句话,表明他曾"细细审之",是"究竟"之理。按佛教的经典定义,"受"为"五阴"、"十二因缘"之一,指由外在事物引起的痛痒、苦乐、忧喜、好恶等主观感受,是滋生爱欲的直接导因。因此,"事来不受",即"事来无所受",指的是虽遇违顺等事,而决不令主观上有任何感受,从而堵塞了爱憎之门。"一切处无心"源远流长,南北朝时期般若学六家七宗的"无心宗"可以说是它的远祖,在中唐禅宗中甚为流行,但都缺少解释。大珠说:"无所念者,即一切处无心","无念"即是"无心"。又说:"万缘俱绝者,即一切法性空是也;法性空者,即一切处无心是"。所以"性空"即是"无心"。如果说"无念"是强调主观上"莫思量一切物","莫愿莫求";则"性空"就是给"一切物"以"空"的本质,从"性空"的方面观察一切物。这样,"无念"与"性空"就构成了"无心"的两个基本环节,在"无受"的基础上,进一步排除了爱憎、是非等思想和情感。譬如说:"见一切色时,不起染着";"不染着者,不起爱憎心;即名见无所见也"。在这里,不要求行者闭目塞听。"一切色"还是要"见"的,关键在于"不染着",即相当于"事来无受";由"不染着"而不生爱憎,则相当于"一切处无心"。"无心"也不是"无见",而是给"所见"以"性空"的观念,这样,虽见而实"无所见"了,此即名作"正见",或曰"佛眼"。

2. 唯识框架与"即凡即圣"

"见无所见"也是佛教中的口头禅,但运用得十分含混。大珠则明确地表示,这一命题中包含着一个重大的认识论问题。他说:

> 眼、耳、鼻、舌、身，此五识共成"成所作智"；第六意，独成"妙观察智"；第七心识，独成"平等性智"；第八含藏识，独成"大圆镜智"。

总称为"转八识，成四智"。一眼即知这些说法全是照抄法相唯识宗的"转依"论。他的新发挥是：

> 湛然空寂，圆明不动，即"大圆镜智"；能对诸尘不起爱憎，即是二性空，二性空即是"平等性智"；能入诸根境界，善能分别，不起乱想而得自在，即是"妙观察智"；能令诸根随事应用，悉入正受，无二相者，即是"成所作智"。

唯识家提倡八识说，又分八识为四类。前五识所谓眼、耳、鼻、舌、身，属于直觉；第六识曰"意识"，以前五识提供的直觉为对象，也以非直觉的现象为对象，所有分别、思维、造作等功能，主要由此识进行；第八识名"藏识"，即含藏派生一切现象的因素，所谓"种子"，又摄藏一切新积累的经验和概念，形成"种子"；第七识视第八识为"我"，是谓"人我"，并同第六识一起，给一切法以"自性"，名曰"法我"。众生之所以流于生死，全在有人、法两我的执著，若破除人、法两执，就会在根本上转变第八识的性质，实现由凡到圣的飞跃，宇宙万物、一切认识，皆会因之而彻底改观。

　　大珠就是在这一理论基石上刻画解脱者的认识特征的：第八识如同兀然不动、空无所有、明净圆满的镜面，具有映现一切的功用；第七识具有"能对诸尘不起爱憎"的功用。"诸尘"，指一切物相；"爱憎"，代表一切情欲。它不回避"诸尘"，只是面对诸尘而不起"爱憎"。"二性"泛指一切分别，特指彼我、人法等自性分别。"不起爱憎"即是"二性空"，自然会以"平等"看待物我，此时的第七识就叫"平等性智"。换言之，"平等性智"不是否认差别，而是于差别中无所爱憎。第六识是最现实的意识活动，它的功用是，"能入诸根境界，善能分别"。"诸根境界"，指眼、耳、鼻、舌、身等感官面对的色、声、香、味等一切现实的现象;"善能分别",指具有比一般凡愚高超的识辨能力,决不被这类分别所控制而生起"乱想",失去"自在"。在"自在"的条件下,善能分别感官所面对的事物,就叫"妙观察智"。依唯识教义,前五识的本性是"无分别",即"无二相"。大珠这里强调"令诸根随事应用",即决不排斥和限制感官的功用,条件是"悉入正受";"正受"即禅定,以"定"统帅五识,不使散乱无序,这样的认识活动,就是"成所作智"。

大珠关于"转识成智"的说法,与法相唯识家的正宗解释不完全相同。在这个关系到由凡俗认识转变到诸佛认识的领域里,他鲜明地表现出两个特点:

第一,出世间的认识决不离开以"诸根"(感官)为依靠、以"诸尘"(现实事物)为对象的世俗认识活动。

第二,其所以异于和超越世俗认识者,仅在于不起乱想,不生爱憎。《顿悟论》说:

> 言"无心"者,无假不真也。假者,爱憎心是也;真者,无爱憎心是也。但无憎爱心,即是二性空;二性空者,自然解脱也。

于是,"无爱憎心"就成了"无心"的本质属性,是区别于世俗认识的分界岭,也是解脱成佛的主要标志。

大珠是用"无爱憎"统一"无念"、"无住"、"无生"、"无着"、"正见"、"正念"、"正智"等一切相关联的佛教概念的,又都可以用"见无所见"概括之,观点非常明晰。

禅宗诸家普遍提倡无分别,而突出的重点有异,或主无生灭,或倡无是非,或说无善恶,其意义各有不同。大珠强调的是无"憎恶",别出一家之旨。"爱憎"在佛教教义中可归于"三毒"中的贪爱、瞋恚,在中国的传统文化中是七情六欲的强烈表观。"无爱"的极端是"无欲",所以后世道学家就引申为"存天理,灭人欲";"无憎"的正面表述则是"忍","忍"是普通禅众赖以生存下去的首要品格,所以慧能以"忍为教首",这里则称"忍辱第一道"。当然,在洪州禅系那里,"无爱憎"还侧重于要求情感上的淡漠。

大珠的思想受到神会语录的多方面影响,其中之一,是"定慧等",而其阐发更能揭示他所谓的"无受"、"无心"的含义。他说:

> 对一切善恶悉能分别,是慧;于所分别之处不起爱憎,是定——即是定慧等用也。

又说:

> 知心不动,对境寂然,是定;知心不动,不生不动想……乃至善恶皆能分别,于中无染得自在者,是名为慧。

据此,明辨善恶而无爱憎,分别事相而不执著,总是"无受",这就是解脱。

大珠为洪州禅系提供的解脱论,完全建立在认识尤其是感情的转变上,将佛教的信仰色彩洗刷到近乎清白的程度。"佛"是佛教最根本的信仰对象,禅宗早已将它从神格化中还原为它的字义"觉"。"佛"有三身,是佛教大乘进一步神化佛的主要说法,唯识家提出"束四智成三身",让他们成为理智可以企及的目标。《顿悟论》则从唯识家出发,将三身只当作个人心识存在状态的象征,所谓"大圆镜智,独成法身;平等性智,独成报身;妙观察智与成所作智,共成化身"。因此,只要成就"四智",自然具备三身,佛身既不神秘,也用不着三大阿僧祇劫的无限期修行,这叫作"即凡即圣","不离此身,即超三界"。禅宗没有提出"肉身成佛"的明确口号,但大珠的禅理已经充分蕴涵了这个意思。

实现"不离生身,即得解脱"的方式,在于"顿悟"。"悟"而必须"顿",也是神会的首倡。大珠用"顿悟"作自己的论文题目,与神会之用"顿悟"题自己的《显宗记》(另名为《顿悟无生般若颂》)是一脉相承的。大珠特别解答"顿悟门"的宗旨,乃是"以无念为宗,妄心不起为旨"。这"无念"、"妄心不起"也带有神会—保唐精神的语言,然而在具体阐释上却完全是自己的性格:无念、无妄就是无心、无受,"顿悟"的基本含义,就是"此生解脱",而不是神会式的"言下便悟"。

事实上,禅宗的主流,从来也没有承认心外有佛,不过都没有像大珠那样明确佛身也只在"本心"中。"本心"是抽象的、无任何形象规定的心,大珠即名之曰"本身":"本身者即佛身也"。这样的"本心"或"佛身",概而言之曰"体",佛之"三身"则是其"体"之"用",或者说,"以清净为体,以智为用"。"三身"只是起智用时的分别,体性则一。按照这一主张,他坚持并重新诠释了神会的思想——"无情无性"说。

大珠从给"法身"下定义开始:"心是法身,谓能生万法故,号法界之身。"又谓:"能生万法,唤作法性,亦名法身。"他将"法身"、"法界"、"法性",看作是表达心的特定功能(能生万物)的概念,有很大的独创性①。据此他说:

> 迷人不知,法身无象,应物现形,遂唤青青翠竹总是法身,郁郁黄花无非般若。黄花若是般若,般若即同无情;翠竹若是法身,法身即同草木……如人吃笋,应总吃法身也。

更具体一些说:

> 法身无象,应翠竹以成形;般若无知,对黄花而现相,非彼黄花翠竹而有般若法身。

譬如虚空,应物现形;亦如水中月,月因水现。他的结论是:"佛身

---

① 域外佛教义学,尤其是一切有部,均把"法界"的界释作"种族"和"因",使之具有派生相应具体物体的功能,这样的法界,实指概念与物种,是标准的客观唯心论。大珠于此处连同法性、法身等一起归诸于"心",很顺利地把自己的哲学基础转到了"唯识无境"方面。

者,即法身也","若说无情是佛者","活人应不如死人,死驴死狗亦应胜于活人"。

这些话说得很激烈。前已说过,在当时提倡"无情有性"的是与牛头宗关系密切的南阳慧忠,在天台宗则是撰《金刚錍》的湛然。湛然曾参与神龙寺法会,同洪州系有直面的交锋,他登座宣称:"佛道遐险,经劫无量,南鄙之人,欺绐后学",大义斥其为"盲者迷性"①。

大珠的言论,当与禅宗内部的分歧及其同天台宗的争辩有关,针对性很强。总观他的意思是:由心能生色,心色不二,所以色只是心的幻化物,不是与心同等的实在。心体本身并无形象,只有假其派生物显示它的功用;翠竹作为心的一种映象,当然不能与心相等。般若是圣智而非凡识,属于超越感性的认识,所以说它"无知"。以般若"无知",名言非能真识,只有通过对具体事物的谛观,才能表现出它的性相来,所以说:"对黄花而现相",不能说黄花即是圣智。譬如说一个建筑物能体现出一个工程师的匠心,但不能说建筑物就是匠心。

是"无情有性",还是"无情无性",是中唐佛教理论界的一大争论。两者都从绝对的唯心主义本体论出发,以"心生万物"为前提,但结论相反,原因在于在解释一般(法身、般若)与个别(翠竹、黄花)这对范畴上存在差别。"有性"论者以为,既然"唯识无境",则识性遍于一切境界,一般即存在于个别之中,"色即是心",等于"个别即是一般"。因此,识性是一,色心无二,个别与一般完全相同。心所具有的"能生"(法身)、"能照"(般若)等性能,也同样会在翠竹、黄花中体现出来。此说的纯哲学错误,是忽略了个别与一般的差别。"无性"论者企图纠正这种错误,以为个别与一般不仅不能相等,它们还有能生(法身)与所生(翠竹)、能照(般若)与所照(黄花)的关系,其差别更不能抹杀。这样,唯心的特色更加鲜明起来。

① 韦处厚:《大义禅师碑铭》。

如前所述,"无情有性"之说引申出来的一种重要观念,就是"泛神论"和"万物有灵论",而大珠发挥的"无情无性"说则突出了人的地位,不只"无情"与人不同,甚至蚁兽等"众生",也不能与人并列。此种思潮在《坛经》中有所反映,在道一禅语中也时有所见。

3. 论"体用"不二和"势"

最后,大珠与神会一样,也用体用(亦依天台宗的范畴"本、迹")这类中国的哲学范畴统摄其全部理论和实践。他解释《维摩诘经》中的"净名"①说:"净者,本体也;名者,迹用也。从本体起迹用,从迹用归本体,体用不二,本迹非殊,不思议一也。一亦非一。若识净名二字假号,更说什么究竟不究竟。"此处作为本体的"净",就是"心"、"性"等;本质是超名相言说的;而作为迹用的"名",则属名相言说领域。禅者的根本宗旨在于"见性"、"见道",名言可以成为通达此性、此道的工具,目的则在于契会并切实践行。因此,大珠很欣赏魏晋玄学流行的"得意忘言",并增加一句"悟理而遗教",强调将会见之本性全面彻底地贯彻于日常生活。他说:

> 夫出家儿,莫寻言逐语。行住坐卧,并是汝性用,什么处与道不相应?且自一时休歇去。若不随外境之风,性水常自湛湛,无事珍重。

这个在"不随外境"基础上的行住坐卧悉是"性用",处处皆与"道"相应,构成了江西系的主要禅风。简言之,那就是:不拘时地,随机运用,一切身语举止,于一念间悉能示道,皆能发悟。

《大珠语录》称这种示道发悟的方式为"势",并列举了四种:一、"托情势",指依托主观表现的情态,交流各自的悟解。二、"指境势",随指一客观境物,以辨"性"之所用,"道"之所在。

---

① "净名"是梵文"维摩诘"其人的意译。

三、"语默势",即沉默不语。四、"扬眉动目",泛指一切表情举止。此类"势态",不胜枚举。按大珠说,世界"无有性外事。用妙者,动寂俱妙;心真者,语默总真。会道者,行住坐卧是道;为迷自性,万惑滋生"。人是色心的统一体,悟、迷都会反映在一个整体上。因此,一个悟者整体的所有行为,必然是会道的、性用的。曾有律师来问:"和尚修道,还用功否?"师曰:"用功。"曰:"如何用功?"师曰:"饥来吃饭,困来即眠。"曰:"一切人总如是,同师用功否?"师曰:"不同……他吃饭时不肯吃饭,百种须索;睡时不肯睡,千般计较。"

从"言语"的随机应用,经"三身"的应化示现,到诸"势"的无处不在,一方面使禅更普及化、生活化了,另一方面又增添了神秘莫测的成分。本来是难于思议的禅,变成了平常的举止;而平常的举止,有时却变得不可思议。禅宗在其师徒、宾主的交往中,往往有许多怪异而莫明其妙的举动发生,大体可以从大珠的理论中得到解释。

在大珠的时代,主要论敌仍是律师和法师,他重点斥责的佛事是诵经、念佛和净土。他称诵经为"客语","如鹦鹉只学人言,不得人意"。"念佛"则是"取相",取相是为凡夫所立的"随宜说",不是究竟之语。"秽净"在心,不在国土,离开净心,别无净土。

按照这种佛教心学,大珠不只随意解经,贯彻禅宗一贯的"转《法华》"、"经注我"的精神,而且随意解"法",给佛教已经确定的法数以全新的含义。他说:"迷时人逐法,悟时法由人。"人不能受法拘束,随逐法走,而应该让法为人服务,成为人解脱的工具。他的《顿悟论》和其他语录相当充分地体现了这一原则。例如,从竺法护、鸠摩罗什到隋唐义学家,关于"五眼"之说基本上是一致的:"肉眼",指通过人体感官的认识;"天眼",指佛教神话中诸天的认识,即通常所谓的"神通";"慧眼",指佛教视一切皆空的"无分别智";"法眼",是运用慧眼于广度众生的智慧,相当于无分别后得智;"佛眼",则等于"无法不见不闻不知不识"的全知。《顿悟论》一扫这种有浓烈宗教构想成分的说法,提出:

> 见色清净,名为肉眼;见体清净,名为天眼;于诸色境乃至善恶悉能微细分之,无所染着,于中自在,名为慧眼;见无所见,名为法眼;无见无所见,名为佛眼。

这一解释的特点在于,本质上取消了人、天、佛等"五道"和"十界"的纯宗教性的构想与划分,而把"五眼"只当作同一主体在认识上的差别,从而突出了观念转变的重要意义,排除了宗教信仰的因素。

曾有人问:"如何得神通?"大珠明确地告诉他,说什么"神性灵通",去来无碍,往返无迹,这都是"愚人自无心智"的表现。对于"取相凡夫"尽可"随宜为说",实际上"心无形相","只是清净法身"而已。就是说,他是连"神通"的真实性也是否定的。

关于"法身",他定义为能生万法的"心",也很特别。"法身"的本义是以"法"为"身",由于将佛法普遍化和永恒化而导向神格化,所以佛教诸宗或界定为"事"(所谓戒、定、慧等五分法身),或界定为"智",或界定为"理",众说纷纭,但没有如此明确地解说为"心"的,这也使"法身"的神秘性大为减少。

此外,大珠对许多佛教通用的概念也给予了新义。这种语义上的变更,在更深、更广的领域内改造了传统佛教的内容,标志着禅宗从反对唯经是瞻的本本主义,转向了批判唯佛唯法至上的教条主义,这使禅宗进一步扩大了与佛教义学各派的区别,加快了本土化的进程。

五、洪州诸大禅师之三——农禅类

洪州系中着力在禅行上独辟蹊径,从而带动禅宗整体走上新途的,乃是道一最主要的弟子怀海。他所完成的农禅体系,在中国禅宗史上具有划时代的意义,也是整部中国佛教史和中国通史中的重要事件。农禅发端于道信,开拓于弘忍,直到怀海,才将禅行与农作融合为一,并在制度上巩固起来。此后禅宗的发展,在极大程度上决定于其与农作结合的状况。

/第四章/ 诸家竞起和它们的分布(中唐之二)

1. 怀海的农禅理论和《禅门规式》

据陈诩于元和十三年(818)所撰《唐洪州百丈山故怀海禅师塔铭》,怀海俗姓王,福州长乐县人,原籍太原,其"远祖以永嘉丧乱"迁来。早年落发于西山慧照,进具于衡山法朝,诣庐江(安徽)"阅浮槎(浮图)经藏,不窥庭宇者积年"。后至洪州师事道一,"尽得心印"。道一死后,依其塔所,居止石门,重宣上法。不久,"以众所归集,意在遐深",遂移新吴(江西新奉)大雄山之人烟四绝处,号"百丈"。时"伊补塞(居士)游畅,甘贞请施家山,愿为乡导,庵庐环绕,供施仍积,徒众愈多"。元和九年(814)卒,年六十六①。"门人神行、梵云结集微言,纂成语本",文有答闽越灵霭律师问"佛性有无"书,一并流通。

然而于今能见到的怀海言行,只是分散于《祖堂集》、《景德传灯录》、《古尊宿语录》等后人的传记中,且侧重点与陈诩②所撰《塔铭》亦有不同。《传灯录》载其弟子三十人,以灵祐、希运为上首,大多分布在江西、湖南、浙江、福建和江苏各地。但《塔铭》中所记的法正、谈叙、神行等当时知名的弟子,《传灯录》中不载,看来陈诩所记的法系并未传播开来。

《塔铭》的作者陈翊,自称"从事于江西府,备尝大师之法味"。在他的笔下,怀海是以"好耽幽隐,栖止云松"为特色的禅师,其"遗名"而"独往",具有很强的号召力。我们在有关史传中确实没有见到他与官府往来的记录。他"常以三身(世?)无住、万行皆空、邪正并捐、源流齐泯"为教旨,"作人表式",是谓"顿门"。然而他给人印象最深的是"行同于众,故门人力役,必等其艰劳"。《祖堂集》谓其"日给执劳,必先于众"。"有一日不作一日不食之言,流播环宇"。这种强调劳动,带动门人共同劳动,以至将禅引进劳动的做法,形成他独有的品格和禅风。"由是,齐鲁燕代荆吴闽蜀,望影星奔,聆声飙至。"

① 《宋高僧传》等均记怀海终年九十五岁。
② 《塔铭》作者署名"陈诩",铭内文作"陈翊"。

（1）"心如木石"和"佛不住佛"

现存资料记有怀海的若干语录和刻画师友交往中的某些"势"，都是随机发挥，缺乏系统。关于本体论方面的言论极少，多是解决禅行中遇到的实际问题。他没有使用"无受"、"无心"这类概念，而用"心如枯木"来表达类似的思想。如：

> 僧问：如何是大乘顿悟法门？师曰：汝等先歇诸缘，休息万事；善与不善，世出世间，一切诸法，莫记忆，莫缘念；放舍身心，令其自在，心如木石，无所辨别。

又说：

> 若能一生心如木石相似，不为阴、界、五欲、八风之所漂溺，即生死因断，去住自由。

此中"先歇诸缘"，指超越感官本能的主体，不随逐"攀缘"外在的对象；"休息万事"，指意识停止对善恶染净等是非的思辨，直到"心无所行"。由此达到一种不为"五欲、八风"之所动，不受理与非理等所缚，身心全然自在的状态，这就是怀海所谓"心如木石"的主要内容。

"心如木石"之说，贯穿了洪州系从认识主体考察事物，而非按事物自身进行考察的思维方式，以为：

> 一切诸法本不自空，不自言色，亦不言是非、垢净……但人自虚妄计着，作若干种解，起若干种知见。

在这里，怀海不是说客观上存在"不自空"的"色"，而是强调，于物自体，不论说"空"、说"色"，都是人们自己的"虚妄计着"，至于物自体，本质上是不可认识，也是不必讨论的。"法身"是佛教多数宗派承认的宇宙本体，"五眼"是公认的具有洞察一切的认识能力。而怀海认为,对"法身"即使"佛眼"亦不能见,更不用说其余四眼了。可以说,怀海是禅宗中最有代表性的不可知论者,他的否定比任何禅师都要彻底,不只否定"染",也否定"净";不只否定"动",也否定"静";不只否定"世间",也否定"出世间"。如此类推,最后剩下的,全是假言:世俗是"虚妄计着"的假言,而佛教则是有对治性(药)的假言,也不是绝对的真理。

然而,法身,即心本体,虽不可知,但"如木中之火,如钟鼓之声,因缘未具时,不可言其无"。表明其为有者,在于有其用;而唯一能与此用相应的精神状态,就是"心如木石"。一旦达到这种状态,

> 个个透过三句外①,但是一切照用,任听纵横。但是一切举动施为,语默啼笑,皆是佛慧。

也就是说,一切言行情态,虽然与世间人无异,但都体现了佛的智慧,是佛慧之用。

这类主张,与大珠的思想相通,可以互相印照。不过怀海特殊地反对那些脱离现世生活、一心追求菩提、妄想成佛的人。他说:

> 佛是无着人,无求人,无依人。如今波波贪觅佛,尽皆背也。故云:久亲近于佛,不识于佛性;唯观救世者,轮回六趣中,久乃见佛者。

久亲近佛反而不识佛性,唯轮回六道才有希望见佛。所以说,"善根人无佛性","佛不住佛"。相反,"圣地习凡",佛只有深入众生,共受其苦,才能"诱引化导",起到与"众生作筏"的功用。佛入苦处,不是超然,而是"同渠受苦,无限劳极"。"佛不是虚空受苦,何

---

① "透三句"或"透过三句",是怀海的常用语,指突破经书文字,把握真义。佛经常说,佛所说法"初中后善",初、中、后即是三句。在实际运用上,怀海常用三句话来表现他的不执著、无知解。

得不苦！若说不苦,此语违负。"如果远离众生苦难,"希望得佛、得菩提等法者,似手触火",等于自烧,自找痛苦。这里的关键是"心不乱",即"心如木石":"心若不乱,不用求佛、求菩提涅槃。若着佛求,属贪;贪变成病,故云佛病最难治。"因此,他把治"佛病"当成修持的重要任务,以至于宣扬"文殊执剑于瞿昙,鸯掘持刀于释氏","谤佛毁法"乃可取食"无漏饭"。

(2)"有情无佛性,无情有佛性"

怀海的佛性论也放置在不可知论的基础上,以为佛性不可说有,不可说无,亦不可说非有非无,同样属于名言假立。但若不说,"众生无解脱之期,始欲说之,众生又随语生解,益少损多"。所以宁愿不说,也不要让他们承担不起。重要的是,通过佛性的议论,祛除众生的"情执"。在这个意义上,他提出"有情无佛性,无情有佛性"之说,并解释说:

> 从人至佛,是圣情执;从人至地狱,是凡情执。只如今但于凡圣二境有染爱心,是名有情无佛性;只如今但于凡圣二境及一切有无诸法都无取舍心,亦无无取舍知解,是名无情有佛性。只是无其情系,故名无情,不同木石、太虚、黄花、翠竹之无情将为有佛性。

据此来看翠竹、黄花有无佛性的争论,怀海说:心无情系即是"无情",与木石等的"无情"不是同一个概念,"只如今鉴觉,但不被有情改变,喻如翠竹;无不应机,无不知时,喻如黄花"。就是说,翠竹、黄花仅仅是对"鉴觉"(心)不被情爱系缚的一种譬喻,同给予无情之物以佛性者大相径庭。由此也可清楚,怀海提倡的"心如木石",只是形容不受情爱染污的意思,而不是完全麻木不仁。

(3)"自由分"和"无求人"

在所有禅宗大师中,没有人像怀海那样自觉地呼唤自由。解脱的归趣是自由,所以佛的本质规定也只能是自由。他说:"今日所依之命,依一颗米、一茎菜,饷时不得食饥死,不得水渴死。"这样事事烦恼,是"被四大把定",当然不得自由。相反,先达者(指十地菩萨)追求"不饱不饥,入水不溺,入火不烧",其实"被量数管定",也是一种缠缚。"倘要烧便烧,要溺便溺,要生即生,要死即死,去住自由,者个人有自由分"。能够做到"不畏地狱缚,不爱天堂乐,一切法不拘","使得四大风水自由,一切色是佛色,一切声是佛声,自己滓污谄曲心尽"。他有两句令一切佛徒振聋发聩的名言:

> 自古自今,佛只是人,人只是佛。
> 佛只是去住自由,不同众生。

无疑,怀海的自由观仍不出佛教范畴。他说:

> 只如今于一一境法,都无爱染,亦莫依住知解,便是自由人。

不被情爱所漂,不受罪垢所累,不为知解所缚,这种类型的自由,基本上属于精神上的自我控制,最好的功效是调节心理平衡,使人变得开朗豁达一些。然而若联系他开拓的农禅考察,这"自由"所含的实际意义远比在士大夫那里丰富。曾有人问:"沙门尽言,我依佛教……合受檀越,四事供养,为消得否?"他的回答是,如果"境上都无纤尘取染,亦不依住不取染,亦不依住无知解",这样的人,食万两黄金亦能消得,然而如今一旦见得"一切有无等法","便于六根门头刮削,并当贪爱",这样一些人,即使"乞施主一粒米、一缕线,个个披毛戴角(指做牛做马),牵犁负重,一一须偿他始得"。

在佛教史上,没有谁提出应该接受布施与否的问题。[①] 因为,按佛教教义,没有布施,等于不为施生造福,也切断了僧侣的生活来源。然而怀海提出,作为一个原则,即使乞食,也不是一般人都可行的。接受布施应有条件,即心里"无纤尘取染",至少不能去主动索求。他还说:"从色界向上布施是病,悭贪是药;从色界向下,悭贪是病,布施是药。"推而广之,越是操行高尚的人,越不能给予布施;对于品德低劣者,倒是应该布施。这些与佛教把布施视作"福田"、"功德"等传统相背的说法,反映了怀海禅群体力图摆脱对外在布施的依赖,争取经济自给的意向,从而给他的"自由"概念增添了经济独立的内容。他说:"佛是无求人,如今贪求一切有无诸法",皆是谤佛。"无求"既包括无佛求,当然也包括无布施求。他常劝人:"须惧法尘烦恼,如惧三涂,乃有独立分。""布施"也属"法尘"之一,只有祛除这类法尘,才有独立可言。很明显,在自然经济条件下,"无求人"首先是争取经济上的自给自足。他所谓有"独立分"的人,也首先是在生活上不依赖他人供养的人。做无求人,做自由人,则成了怀海禅中最响亮、最鲜明的口号。

(4) 劳动入禅

在与怀海禅系有关的语录中,充满了山野直朴的农作风味。例如:某日,

> 普请钁地次。忽有一僧闻饭鼓鸣,举起钁头大笑,便归。师(怀海)云:"俊哉,此是观音入理之门!"师归院,乃唤其僧问:"适来见什么道理便恁?"对云:"适来只闻鼓声动,归吃饭去来。"师乃笑。

[①] 原始佛教曾讨论过不应该接受哪类布施的问题,而没有讨论是否应该接受布施的问题。大乘佛教更把布施列为六度之首,认为僧尼接受布施,是给施主积福。

这种普请镬地,鸣鼓吃饭,不寻道理,不论是非,生动地表现了怀海禅行的本色。

传说他的弟子灵祐也是通过劳动得悟的。一次,怀海要灵祐"拨炉中有火否",灵祐拨了一下说:"无火"。"百丈躬起深拨,得少火,举以示之云:此不是火?师发悟,礼谢。"另有一次,师徒共同"作务",怀海问:"有火也无?"沩山(灵祐)云:"有。"师云:"在什么处?"沩山把一枝木吹三两气过与师。师云:"如虫蚀木。"前拨有火,是批评灵祐不认真,不深入;后谓"如虫蚀木",是批评灵祐故弄玄虚,有害性心。这种随机而发不离其宗,使禅由坐住行卧阔步进入了生产劳动领域,让劳动也渗透了禅机。

中国佛教不一般地排斥生产经营和体力劳动,这是一个优良的传统。姚秦时道恒所撰《释驳论》,以为沙门

> 体无毛羽,不可袒而无衣;腹非瓠瓜,不可系而不食……年丰则取足于百姓,时俭则肆力以自供……但令济之有理,亦何嫌多方,以为烦秽。

不以劳动为耻,力争"肆力以自供",曾是一部分僧侣的理想,其实也是一般贫困民众的理想,但始终没有真正实现过。就佛教自身言,劳动不只被视作卑贱,也为传统戒律和社会舆论所不许。魏晋以来,寺院经济迅速壮大,即使有部分僧侣参加劳动,也仅限于下层。所以,直到禅宗山居,情况才有了根本性的变化。从道信提出"能作三五年,得一口食疗饥疮,即闭门坐",到怀海号召"一日不作,一日不食",事实上已把自己的劳动当成生活的主要供给线。怀海的《禅门规式》进一步将禅众劳动作为一种制度巩固下来,意义重大。

2.《禅门规式》中的佛教社会主义纲领

《禅门规式》的原文已不可得,《景德传灯录》中的《怀海传》虽略叙大要,亦见精神。全文如下:

百丈大智禅师以禅宗肇自少室,至曹溪以来多居律寺。虽别院,然于说法住持,未合规度,故常尔介怀。乃曰:"祖之道欲诞布化元,冀来际不泯者,岂当与诸部阿笈摩①教为随行邪!"或曰:"《瑜伽论》、《璎珞经》是大乘戒律,胡不依随哉?"师曰:"吾所宗非局大小乘,非异大小乘,当博约折中,设于制范,务其宜也。"于是创意,别立禅居。

凡具道眼有可尊之德者,号曰长老,如西域道高腊长呼须菩提等之谓也。既为化主,即处于方丈,同净名之室,非私寝之室也。不立佛殿,唯树法堂者,表佛祖亲嘱授,当代为尊也。所裒学众,无多少,无高下,尽入僧堂中,依夏次②安排;设长连床,施椸架,挂搭道具。卧必斜枕床唇,右胁吉祥睡者,以其坐禅既久,略偃息而已,具四威仪③也。除入室请益,任学者勤怠,或上或下,不拘常格。其阖院大众,朝参夕聚,长老上堂升坐,主事徒众雁立侧聆,宾主问酬、激扬宗要者,示依法而住也。斋粥随宜,二时均遍者,务于节俭,表法、食双运也。行普请法,上下均力也。置十务谓之寮舍,每用首领一人,管多人营事,令各司其局也。或有假号窃行混于清众,并别致喧挠之事,即堂维那检举,抽下本位挂搭,摈令出院者,贵安清众也。或彼有所犯,即以柱杖杖之,集众烧衣钵道具遣逐,从偏门而出者,示耻辱也。④

这一规式,是山居禅众的典型模式,影响很大,多为后世山门所因袭;同时也为今人了解中唐以来禅僧的生活方式提供了相当具体的材料。这里没有提到财产来源、所有权和继承权等涉及寺院经济性质的问题,因为,作为僧侣,禅众不可能拒绝布施,除了新垦山

---

① "阿笈摩"亦作阿含,指小乘经藏。
② "夏次","夏"是夏腊之略,"次"即次第,总指出家后的年数。
③ "四威仪",指行住坐卧符合沙门应有的仪表。
④ 此文亦见杨亿作于景德甲辰年(1004)的《古清规序》。

地之外,当时也谈不上什么固定的生产资料;禅堂、僧舍等建筑相当简陋,也不属私有,无须对继承权作出规定。在这里,特别引人注意的首先是"行普请法"。"普请",指集体劳动;"上下均力",指寺僧不分职务高低,一律出力。普请的范围,限定在镢地、除草、收割等农业生产,也包括捡野菜、拾蘑菇、打柴、挑水、烧饭、补衣、丧葬之类,尚无经商、设店等记载。其次是关于消费:"斋粥随宜"的"斋"指素食,"粥"是饭的主食;至于每天吃什么,要视所种的品种、丰歉等情况而定,是谓"随宜";一天只用两餐,人人有份,无有例外,这就是"二时均遍"。"设长连床",集体同睡,实行"卧必斜枕床唇",防止私生活混乱。这种严格的同吃、同住、同劳动制度,反映了禅众内部以共同劳动为基础的生活,贯彻的是人际平等和消费平均的原则。

实现这种原则和制度的保证是严密的组织和纪律。禅寺内有必要的分工,其中"长老"是通晓禅理(道眼)、德高望重的人,负责演说佛法,对答禅问,属于思想领袖。也只有长老才有资格"上堂升坐";届时"主事"、"徒众"一律"雁立侧聆",井然有序。阖院大众,朝参夕聚,成为日常法事。"化主",相当于寺主,也是当然的"长老",在全部禅众中,是唯一享有单间住房的人。此单间名"方丈",表明其面积之小;即此小间,亦非"私寝之室",而是效仿维摩诘,用于接待门徒的个别"请益"。全院置十"寮舍",各用"首领"一人,将所有禅众分别组织到有关生产劳动和生活服务的岗位上。禅堂设"维那",负责监察和维持禅律,对违纪僧侣采取严厉的态度。

禅律完全是为适应禅众这种独特的群居生活而制定的,必须一体执行,不得例外。它明确排除以禁欲为核心、以繁苛为特征的小乘戒律(通常为国家寺院,尤其是律寺所奉行的戒律),同时禁止为纵欲辩护、含有浓厚的排他性质的大乘戒律。这样,不只废除了僧侣贵族的特权和寺院的等级制度,在极大程度上也变革了寄生和游乞的生活方式,改变了僧侣的整体性质。

《景德传灯录》的作者说,在怀海之前,禅宗僧侣多居律寺,与史实不尽相符。史实是：自道信、弘忍以来，即使著名的大禅师如神秀等，也只寄名于合法寺院，本人大都离寺别居，或岩洞，或茅庐，或通称"山舍"、"山棚"。尤其在普通禅僧中，无度牒、无寺籍的人占多数，他们与律寺更加无缘。律寺之兴，当始于唐玄宗，他将禅师聚居的诸寺，重点改为律寺，将禅众置于戒律的控制之下，逐渐使其失去本色。至于怀海，公然"别立禅居"，自创"规式"，既是对禅众附庸于律寺的抗议，也是禅师与律师长期对立的结果，是禅宗在新的历史条件下再次争取独立的表现。

别立禅居的又一改革，是"不立佛殿，唯树法堂"。佛殿是供养诸佛菩萨等偶像的场所，也是耗资巨大、屡遭讥抨的主要设施。废除佛殿，是禅宗将佛教的外在信仰彻底地转变成向内修持，将以佛崇拜为中心的多神结构变成为单一心学的合乎逻辑的结果；同时也扫除了反佛、排佛者的重要借口，在多变的历史条件下给佛教以新的生机，应该说意义是重大的。法堂则是禅众聚会、集中讲法的地方。作为维系禅众的思想纽带，讲说的基本内容在佛教经典中多半能找到根据，如《楞伽》、《维摩》、《金刚》、《华严》、《法华》等最为常用。在理论上，唯识与般若（三论）交互运作相当明显。尽管经过禅师们的引申发挥，面貌全非，依然不失其为佛教的基本精神。因此，改佛殿为法堂虽然是佛教界的重大事件，其仍属佛教的一个派别则没有变化。

根据马克思主义经典作者的观点①，宗教社会主义是一种世界范围的社会思潮。在西方的基督教中存在过，在中国的历史上也屡有发生。佛教中的禅僧团就往往带有这种倾向，但只有到了怀海，才将它规范化，成为佛教社会主义的典范类型。禅众聚居，建立在无私有财产、共同劳动和平均消费的基础上，所以说它是社会主义性质的；集体群居，禁止婚姻，没有家庭，是标准的僧侣主义。怀海要求他的模范成员："粗食续命，补衣御寒暑，兀兀如愚，如聋相似。"生活是极度清苦的，维持生命而

---

① 参见马克思和恩格斯《共产党宣言》。

已;知识绝不可开通,宁愿如聋似愚。显然,这种佛教社会主义反映的是中国个体农民的生活状态和精神面貌。对于因种种原因不得不弃家出走、四处流亡的人来说,它无疑是人间天堂。禅众的自力自给、无求于人,以及把由此带来的自我满足当成理想主义的自由、独立,也往往令徘徊于官场中的士大夫心向往之。它不是桃花源,却胜似桃花源。中唐以来,禅宗特别为士大夫青睐,这是一个重要因素。

与怀海同门的其他一些洪州系禅师,也有居山聚徒数十年不出,并以农禅闻世者,表明它已经形成一股不可遏制的禅思潮。就是说,它是禅众定居和自食其力的必然结果。现在能够零碎见到的一些材料,不少是与共同劳动、共同生活有关的禅语。其中,如潭州三角山总印禅师,有僧问:"如何是三宝?"师曰:"禾麦豆。"曰:"学人不会。"师曰:"大众欣然奉持。"这反映的是于粮食之外别无他求的一种"自由"。镇州金牛和尚,"自作饭供养众僧,每至斋时,舁饭桶到堂前,作舞曰:'菩萨子,吃饭来!'乃抚掌大笑。日日如是。"这也曾成为一桩公案:抚掌唤僧吃饭,"意旨"是什么?其实,这不过是对能够糊口疗饥的一种自足,探讨另外的意旨,多半是已经温饱以后的闲话。庐山归宗寺智常,铲草时,"忽有一蛇过,师以锄断之"。来参的讲僧看到,不满地说:"原来是个粗行沙门。"①智常答:"座主归茶堂内吃茶去。"让讲僧回茶堂吃茶去,实因讲僧(座主)辈属有闲阶级,不能理解劳动对于维护禅众生存的意义;而就义理言,则反映了这位座主全然不懂"全心即佛,全佛即人,人佛无异"②,一切举止全是佛行的道理。有关这类记载,以《祖堂集》最多。禅宗本来不主张心着善恶,归宗智常更提出"虽行畜生行,不受畜生报"的观点,号召"师僧须向异类中行",何况杀一蛇虫!农禅给予正统义学和律学的冲击是行动上的,因而也是不可抵挡的。

---

① 佛教戒律严禁杀生,杀蛇也是杀生。
② 《景德传灯录》幽州盘山宝积禅师语。

3. 农禅的普及和普愿的禅道学

洪州系的另一大家,是池州(安徽贵池)南泉山普愿。他也以农禅知名,所述禅理也很有影响。自《祖堂集》以来的禅史中,都载有他的传记或语录,尽管详略不同,在侧重点上时有出入。

普愿(748—834),俗姓王,河南新郑人。至德二年(757)投密县大隗山大慧禅师受业,"苦节笃励,胼胝皲瘃";大历十二年(777),诣嵩岳会善寺嵩律师受具。曾研习相部旧章①,毗尼(律)篇聚,游诸讲肆,听《楞伽》、《华严》,悟《中》、《百》等三论玄旨。投到道一门下的时间不详,但由此"顿然亡筌,得游戏三昧",成为思想的转折点。贞元十一年(795),上池阳南泉山,"堙谷刊木以构禅宇,蓑笠饭牛,溷于牧童,斫山畬田,种食以饶。足不下南泉三十年"。大和年初(828),宣慰使陆亘、当地太守与护军彭城刘某,"同迎下山,北面申礼",不再经岁,"毳衣之子,奔走道途,不下数百人"。②

普愿的思想与大珠、怀海接近,与其同门长沙东寺如会(744—823)、庐山归宗智常等遥相呼应。对道一的根本主张"即心即佛"和他人阐发的"非心非佛"又作了重新解释。

(1)"心不是佛,智不是道"

《景德传灯录·如会传》中反映,自道一去世,其门徒"以即心即佛之谭,诵忆不已,且谓佛于何往而曰即心?心如画师而云即佛?"如会等为破除这类执著,平息种种论议,遂提出"心不是佛,智不是道"的命题。普愿的语录,主要就在阐发这一新的观点。他说:"江西和尚说,即心即佛,且是一时间语,是止向外驰求病,空拳黄叶,止啼之词。如今多有人唤心作佛,认智为道,见闻觉知皆云是佛",这好像"将头觅头"。反之,若认定"非心非佛",也是一种病症:

---

① "相部"指律宗中法励所创的一个派别,至唐与道宣的南山部和怀素的东塔部鼎足而三。"旧章",当指法励所撰《四分律疏》等。

② 《宋高僧传·唐池州南泉院普愿传》。

第四章 诸家竞起和它们的分布（中唐之二）

若言即心即佛，如兔马有角；若言非心非佛，如牛羊无角。你心若是佛，不用即他；你心若不是佛，亦不用非他。

对于有无佛性持不置可否的态度，当然比陷于执著而不可拔者要洒脱得多，但也因此在哲学观上有了与其同门不尽相同的变化。

中唐以来的禅宗，多以般若"无心"为认识论。"无心"的含义主要有二：一是以空观视一切现象，给现实世界以空的本质；二是以泯灭爱憎等情欲为主，并不排斥外境的客观性及对它们的认识。这两种情况，都不否认"无心"也是一种"知"。像宗密等神会一系，更明确地将"知"（觉）规定为心本体，以至一旦把握了灵知，或转识成智，一切举止皆符合道，平凡的见闻觉知也成了道体的迹用。这类思想在大珠和怀海那里都有表现，只不过体系不那么完整罢了。

但据普愿看，"心"作为识，或知或智或觉（佛），都属名言分别的范围，尽管这些分别有高下层次的阶差，其作为名相的性质则是一样的。他批评佛教义学家把"法身"当作"极则"，以为"法身"为佛三身之一，是"有无相形"的产物，也属名数。真正的"极则"应是绝对的永恒，所谓"真理"，或曰"道"："大道无形，真理无对，等空不动，非生死流，三世不摄。"只有识得这种"不变异性"，才是"真修行"。这样，"道"不再是佛教一贯理解的"菩提"、觉悟，而变成了《老子》中"不可道"的"道"，"名"则成了"非常名"中的"名"了。"心"与"佛"一起，成了名相中物，而凌驾于名相之上的"道"，才是真正的本体。换言之，他把"无心"变成了不可知的"道"，将"心"规定为见闻觉知，从而把"无心"与"心"对立起来，把"见闻觉知"从"道"的领域排斥出去。这种观点，从思想渊源上看，是来自《大乘起信论》中的"一心二门"说，普愿再加发挥，则"真如门"变成了"道"，而称"生灭门"为"心"。仅就理论形式看，此说更加接近《老子》的哲学体系。

从"道"为至高本体出发，普愿对于追逐"心"、"智"或"佛"求解脱者——作了批判。他说："佛性是常，心是无常，所以智不是道,心不是佛。"因为"心"的特征是"造作",如"工伎师",或曰"三界采集主",是世俗的根源。他的箴言是:"宁作心师,不师于心。""智"是心之用,性"多矫诈",而一般的"知","即被知处所拘",是不自由的根源。至于佛教通常向往的法、报、化三种佛身,也不出知解的范围;"真佛"则与"道"一体,决不在名数之内。他说:

> 五祖会下四百九十九人,尽会佛法,唯有卢行者一人不会佛法,只会道。

又说:

> 佛出世来,只教会道,不为别事,祖祖相传,直到江西老宿(道一),亦只教人会者个道。

禅宗的经典传统说法是:"心与佛众生,此三无差别。"普愿在此三者之上安置了一个驾凌于一切之上的"道",即使在洪州系中也是别树一帜的。他把"会道"与"会佛"对立起来,使佛家向道家靠拢;把"道"与"心"对立起来,使洪州系的禅观在由"心学"向"道学"转变的过程中迈出了关键的一步。

普愿所讲的"道"或"大道",亦曰"理"或"真理"。《祖堂集》卷一六:"大道无影,真理无对"。指两者皆无表象,均是绝对。唯一的规定是不可知:"潜通密理,无人觉知。不是见闻觉知",亦非"意会"。"大道一切,实无凡圣;若有名字,皆属限量。"在这个意义上说:"穷理尽性,一切全无。""道"的本质与"空"无异。然而,"道"是真实的存在则不容置疑。它的存在其一表现在有"用"上,其二体现在可"会"上。

(2)"平常心是道"

关于道之"用",普愿解释得既抽象,又含混。他说:"真理一如,潜行密用。""真理自通,妙用自足"。意思是说,真理不通过任

第四章 诸家竞起和它们的分布(中唐之二)

何语言思维的中介,其固有的"妙用"自会在无意识中密行潜化出来。这种"妙用",反映在众生的现实生活中,乃是"于诸行处,无所而行"(按:"无所而行"可能是"而无所行"之误)。意指,虽行于一切行处,而不为境尘所拘,与"得自在"同义。在已经"会道"的禅者那里,"亦云遍行三昧,普现色身",即任凭自性而行,不作思量,不听言教指使,这就是贯穿一切的禅(遍行三昧),也就是"道"的现实表现(普现色身)。在此类模糊语言的背后,闪烁着赞美自然天真、崇向人生本能的意向,尽管尚处在朦胧的不自觉中。《中庸》言:"天命之谓性,率性之谓道,修道之谓教。"普愿将"性"与"道"统一起来,反对"修道"之"教",而倡率性之行,是佛教道学化的早期表现。

"道"可"会"而曰"会道"。"会"即体会,亦名"冥契",佛教一般称作"证"或"悟",属于佛教特有的神秘主义直观。普愿的"会道",显然不是指这种直观。宋代圆悟克勤在其《题南泉和尚要语》中说:

> 王老师真体道者也,所言皆透脱,无毫发知见解路,只贵人离见闻觉知,自透本来底,方得自由。

就是说,"会(体)道"的实质是,超越见闻觉知的藩篱,不为知见所缚,一任自己的本性自由行止。因此,"会道"只是表达率性而行的一个概念。

至普愿的弟子辈,大都把他的"道"归结为"平常心"。据《景德传灯录》,赵州从谂曾问"如何是道?"普愿即答:"平常心是道。"又问:"还可趣向否?"答:"拟向即乖。"长沙景岑进一步对"如何是'平常心'"作答,谓"要眠即眠,要坐就坐";"热即取凉,寒即向火"。特别能揭示出率性而行中的本能成分,充分肯定了人生基本需要的合理性,这是禅宗也是佛教中少有的饱含积极性的观念。

《景德传灯录》附《诸方广语》载《道一禅师语》,谓"平常心是道"的发明权属道一,并解释说:"平常心无造作,无是非,无取舍,不断常,无凡无圣……只如今行住坐卧,应机接物尽是道。道即是法界,乃至河沙妙用"云云。对"平常心"的这种解释,几乎可以被南宗的一切禅师所承认,但将这些解释概括为"平常心是道",并给以赞称为人生本能的内容,最早不超过普愿,或者说,在普愿之外没有第二人。事实上,《诸方广语》所记的道一语录,由逻辑体系尽相同的三部分构成,明显是后人的杂糅。其后一部分,要求分别真妄、智愚、迷悟,与普愿一系所讲的"平常心"出入尤其明显。

真正的"会道"者"无心"、"心如木石",主要表现为无知无智。普愿说:"近日禅师太多生,觅一个痴钝底不可得"。"痴钝底"是会道者的理想形象,他自己就"似个痴钝人,少神人"。他提倡"百事不思最好。普贤将心问,文殊初心入,被一棒粉碎"。普贤是"理"的象征,文殊是"智"的化身,"昨夜三更每人与二十棒趁出院也"。这表明他对于说理谈智者的厌恶。他曾向陆亘说:"有道君王不纳有智之臣"。一语双关,若作禅语解,表明"会道"与"有智"不能相容;当然,也可以看作是对做官者的忠告。他还问陆亘:"将何治民?"陆答:"以智慧治民。"普愿感叹地说:"怎么即彼处生灵尽遭涂炭去也。"这俨然是老子的政治学了。

禅宗向道学的转化,中介是"老子",从保唐无住起就很明显了。如果说以《庄》解禅反映的是士大夫的消极情绪,那么,此处则是曲折地表达了农民希望无为而治的愿望。

(3)"向异类行"

前述之"向异类行"的首创者,也是普愿。据他上堂示众:"夫沙门行须行畜生行,若不行畜生行,无有是处。"及其临终,有弟子问:"和尚百年后向什么处去?"他答:"山下作一头水牯牛去。"又问:"某甲随和尚去还得也?"师云:"汝若随我,即须衔取一茎草来。"这种惊世骇俗的言论,也是禅史上的一个公案,后人有各种解释。就普愿自己的禅观看,所谓"向异类行",当然不是为了像传统佛教宣扬的菩萨行那样,与畜类为伍,以救拔畜类。他曾因东西两

堂各争猫儿把猫儿"斩却",他不会把自己也放置到被"斩却"的地位。《祖堂集》卷一六记:

> 师每上堂云:近日禅师太多生,觅一个痴钝底不可得。阿你诸人莫错用心,欲体此事直须向佛未出世已前,都无一切名字,密用潜能,无人觉知,与么时体得方有小分相应,所以道祖佛不知有,狸奴白牯却知有。何以如此?他却无如许多情景,所以唤作如如,早已变也,直须向异类中行。

此处所谓"有",指道未道之"道";祖佛用"如如"来表达的"道",已经变为名相,与本然的"道"全然不同。曾有僧问:"三世诸佛为什么却知有?"师云:"似他即会。"意谓,"会道"之后,诸佛才能有那本然的"道"。据此,"向异类行"是一种譬喻,表示只有像水牯牛那样,无思虑、离言语,才能"会道"。据传有人问:"水牯牛成得个什么事?"后世的曹山回答说:"只是饮水吃草底汉"——这正是"饥来吃饭,寒来着衣",以"平常心"做"无事人"的极端说法。至于要求跟随他的弟子"衔取一茎草",自然是暗示他需要自食其力,不要期望他人的施舍和豢养。至于普愿的弟子长沙景岑,谓南泉迁化处是"东家作驴,西家作马",意为"要骑即骑,要下即下",是表示逝去的祖师不过是今人的工具,这与"作水牯牛"的喻意已全然不同了。

普愿与怀海相似,也有许多令人难测的禅势与机语,如:

> 师因入菜园见一僧,师乃将瓦子打之,其僧回顾,师乃翘足,僧无语。师便归方丈,僧随后入,问讯曰:"和尚适来掷瓦子打某甲,岂不是警觉某甲?"师云:"翘足又作么生?"僧无对。

如果作为一种劳动景色来看,是蛮有田园情趣的;如果作为禅机认真参究,顶多是只有两人可以意会的哑谜;假若连对方都茫然不解,那就变得毫无意义,还不如从生活的正面表现去看待为好。

实际上,普愿的应机语言中相当一部分是为了调节单调的生活气氛,活跃一下木石般的心绪,算是一种禅的幽默。若硬要寻求有多少深奥的哲理,不是枉费心机,就是为蛇添足,如:

> 师问维那:"今日普请作什么?"对曰:"拽磨。"师云:"磨从你拽,不得动着磨中心树子。"维那无语。

此类禅语不少,都可作如是观。

六、洪州诸大禅师之四——其他支派

洪州系在中唐和晚唐一直很有势力,赞宁评论说:"于时天下佛法极盛,无过洪府,座下贤圣比肩。"他们尽管都奉道一为师,但思想行事差别很大,似曾形成过一些禅风互异的支流,所以后世的传记也各有不同的记载。《祖堂集》记江州庐山归宗智常"久与南泉(普愿)同道"。又记当时的谚语:"北有汾州(无业),南有盐官(齐安)。"《宋高僧传》谓伏牛山自在,"与天然(丹霞)为莫逆交";常州芙蓉山太毓,"与大彻(惟宽)、大宣教(智藏)、大智等皆昆仲也"。《景德传灯录》谓虔州西堂智藏,"与百丈海禅师同为入室,皆承印记"。唐人唐伸所撰《澧州药山故惟俨大师碑铭并序》,将惟俨所明禅宗之道,比作儒教之"阐于洙泗"者。此外,还有其他一些知名人物,也各有一些名言隽语在禅门中流行。就他们的禅思想言,大体可分为三类:

1. 坚持"即心是佛"支

北方的汾州无业[①]是其中之一。据说他初见道一,自云不了"即心是佛"的意思,道一答道:

---

① 《祖堂集》以后的诸禅史以及《宋高僧传》等均有无业的传记,《景德传灯录》卷二八附有他的语录。

第四章 诸家竞起和它们的分布(中唐之二)

> 即汝所不了心即是,更无别物。不了时即迷,了时即悟;迷即众生,悟即是佛道。

无业言下开悟,感动得涕零悲泣,说:

> 本谓佛道长远,勤苦旷劫方得始成;今日始知,法身实相本自具足,一切万法从心所生,但有名字无有实者。

这段话相当通俗地说明了"即心是佛"的基本含义。明州大梅山法常也持这一观点。《祖堂集》记其初参道一,道一教他:汝心是佛,是法,是祖意,"但识取汝心,无法不备"。三十年后,盐官(浙江盐官县)齐安转告大梅说:"马师近日道非心非佛。"法常表示:"任他非心非佛,我只管即心即佛。"盐官闻而叹曰:"西山梅子熟也。"如此,盐官与汾州在思想上确有相通的地方。

2. 以"灵知"为佛体支

唐至贤所撰《杨歧山甄叔碑铭》,谓道一告诉甄叔:

> 群灵本源,假名为佛。体竭形消而不灭,金流朴散而常存。性海无风,金波自涌;心灵绝非,万象齐昭。体斯理者,不行而遍历沙界,不用而功盖元化。

这本质上是形谢神不灭论,不过强调了心神具有灵知的性能罢了。他的禅源即是神会,而持"心即是佛"者大部分接受了这种解释。汾州临终遗言:"见闻觉知之性,与太虚同寿,不生不灭;一切境界本自空寂,无一法可得。"就属这一类型。卢简求为盐官撰写碑铭,谓"人心常灵,法灯常明,定慧一相,有无俱名",更与甄叔相近。不过甄叔更明确地贬"佛"为灵性的"假名",而后两者则视佛与灵知为一,这是他们之间的区别。

3. 倡"心非佛非智"支

据《祖堂集》,此支的首倡者为潭州东寺如会。以为道一死后,好事者不能遗筌领意,"认即心即佛,外不别说"。事实上,"心如画师",以心为佛,"贬佛甚矣。遂唱于言:心不是佛,智不是道"。这种与普愿相同的思潮,大约也是主张以"道"(性理)为本的。相国崔胤问如会:"今雀儿还有佛性也无?"如会云有。又问:"既有为什么向佛头上屙?"如会反问:"他若无,因什么不向鹞子头上屙?"这正是以"道"的遍在性推论"佛性"遍在的对答。

此支崇尚自然无为、率性而行,在南阳丹霞山天然那里表现得最为典型。《宋高僧传》记天然于某寺遇大寒,"乃焚木佛像以御之。人或讥之,曰:'吾荼毗舍利'。曰:'木头何有?'然曰:'若尔者,何责我乎?'"《祖堂集》载,蒲州麻谷山宝彻与丹霞游山,见水中鱼,麻谷以手指丹霞,丹霞云:"天然。"次日,麻谷问:"昨日意作么生?"丹霞便作卧势。麻谷曰:"苍天苍天。"鱼在水中游,人应随意卧,都是自然的表现。苍天是自然,"天然"也是自然,所以天然又自称"无事僧"。

道一的门徒究竟有多少很难一一考定,仅从现有的史传、铭文看,挂在他名下的弟子,有相当一部分是向牛头宗的径山国一参学过的,唯名论(性空假名)的倾向很浓。又有一些门徒,还同时走动于石头希迁门下,同禅门中的道(理)学相互交错。在批判无情有性论和主张以"知"为佛性方面,又明显受荷泽宗的影响。中唐新兴的四大宗派——荷泽、牛头、江西、湖南——发展到后来,思想界限越来越模糊,以致为他们作史传的人也往往张冠李戴。

当时著名的禅史学者宗密,概括由道一代表的洪州一系为"触类是道而任心者"。所谓"触类是道",指"起心动念,弹指、声咳、扬眉",以至"全体贪瞋痴、造善恶、受苦乐","因而作为,皆是佛性全体之用,更无第二主宰"。意谓:

> 佛性非一切差别种种,而能作一切差别种种。意准《楞伽经》云:如来藏是善不善因,能遍兴造一切……或有佛刹,扬眉动睛,笑欠声咳,或肩摇等,皆是佛事。

第四章 / 诸家竞起和它们的分布（中唐之二）

这一诠释，是对"即心即佛"的引申，同道一的根本思想相符，与"能境皆如"之说一致。

> 言任心者，彼息业养神（原注：或云息神养道）之行门也。谓不起心造恶修善，亦不修道。道即是心，不可将心还修于心；恶亦是心，不可以心断心。不断不造，任运自在，名为解脱人，亦名过量人。无法可拘，无佛可作。何以故？心性之外，无一法可得，故云但任心即为修也。①

这一概括，大体是准确的。既然"即心是佛"，则由"心"生发的一切言行都应该是佛性的表现，所谓"佛性全体之用"。由于"佛性"这个概念被"道"所取代，"道即是心"，或"平常心是道"，所以"佛性全体之用"就变成了"触类是道"。据此指导实践，则"任心"就是契道，是"道"之"用"。然而，宗密这里所指的"心"，是"过量"的、"不起"的心。"量"指识量、思量，"过"谓超越。超越一般情识和语言分别，不随逐境界的"心"，才是"性"，才是"道"。在《大乘起信论》中，此"心"即名"一心"，是绝对的、永恒的、没有任何生灭分别的精神抽象，某些佛典称之为"如来藏"。《大乘起信论》中另一种"生灭心"，相当于法相唯识家所讲的阿赖耶识，是因果的统一，也是流转生死、还灭解脱的本体，在洪州系中是不许其自由泛滥的。所以，有不少大师提倡"无心"说，认为"无心"才能体道，才是道之用，以至发展到"心不是佛，智不是道"，这是与宗密总结的洪州系特征完全相反的。在他们看来，关于"佛"和"智"等佛教追求的最高目标，依然属于"生灭心"，所以要加以否定；但其用于超越"生灭心"的"道"，虽然也是"心"的一种，却是"非生灭心"。因此，不论以"心"为"道"，还是"无心"为"道"，在哲学本体论上没有原则区别，在理论表达上则有很大不同。

---

① 《圆觉经大疏钞》卷三下。

由"道"或"性"取代"佛"的地位，再由"无心"会"道"、"道即是心"，到"道"超心、佛、智，是一个级差很大的飞跃。在理论上，它在完成佛性论向心性论转变的基础上，同时开拓了由心学向道(理)学发展的新领域。就社会伦理实践看，洪州系诸师普遍提倡摆脱言教的统治和思虑的支配，继承和发展了禅宗轻蔑权威和传统的狂狷精神，而不停留在消极的唯名论的范围。他们呼唤按照人身固有的自然本性生活，争取有畅达这种本性的自由。他们所反对的，是对自然本性的种种拘束，而追求不受这些拘束的解脱。因此，在形式上，他们依旧带有禅者浓厚的非理性色彩，实质是在模糊地肯定人的自然本能，以及满足这些本能的合理性。在当时，这种本能仅仅限于饥来吃饭、寒来着衣的最低生存需要，以及能像平常人那样随心地行住坐卧。仅此而言，其表现出来的那种冲破封建名教和佛教教诫双重禁锢的理论勇气，也值得后人赞叹。尽管它所反映的社会内容，只是对自然经济的一种美好憧憬。

最后应该说明，即使在非官方供养的禅师中，也不都是不加区别地一律宣扬超然的禅理。据传有一俗士问："有天堂地狱否？"西堂智藏答："有。"又问："有佛法僧宝否？"答："有。"更有多问，尽答是有。问者怀疑："和尚怎么道错否？"因为这位俗士曾参径山国一，所得答案与此完全相反，是"一切总无"。于是智藏反问："汝有妻否？"答："有。"又问："径山和尚有妻否？"曰："无。"智藏说："径山和尚道无即得。"这说明，在世俗环境中，只能按世俗的道德和宗教观念而行，以顺应世俗社会的要求，那种超然的境界、惊世骇俗的言谈举止，只能行之于与其相应的群体中。如果没有这种世与出世的区别，禅僧是一刻也不能在现实社会中生存下去的。

附：

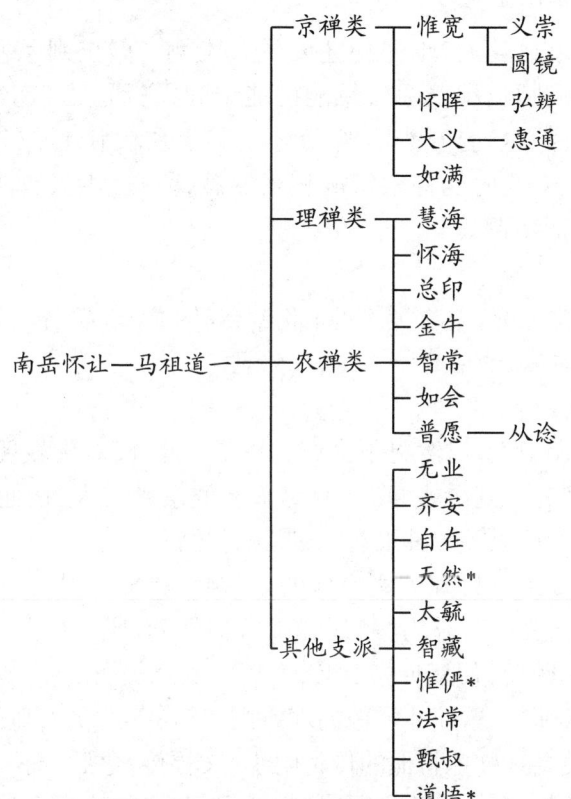

注：打 * 者指师承上有争议或有异说的人物。

江西洪州禅系传承略图

第四节 关于湖南石头宗系及其禅风的考察

《祖堂集》记慧能有弟子八人，排行思于首位。行思及其弟子希迁创湖南禅，与江西禅并兴，成为此后禅宗诸流派的两大族源。两宋以后的禅史宗谱多如牛毛，大体沿袭《祖堂集》之说，只是次第或有变动，续增了一些新的人物。赞宁说："自江西大寂(道一)、湖南主石头(希迁),往来憧憧,不见二大士为无知矣。"① 这在入宋以后已经成为历史铁案。

至于行思其人,比怀让还要令人难测。截止到宗密撰《中华传心地禅门师资承袭图》,慧能门徒中尚无行思的名字;至《禅源诸诠集都序》,始有石头出现,而不记其祖系。韦处厚(793—848)雅信释氏,对当时的禅宗状况相当熟悉,所撰《大义禅师碑铭》论天下禅宗形势谓:

> 秦者秀,普寂其允也;洛者会,终成《坛经》传宗;吴者融,径山其裔;楚者道一,大义其党也。

唯独不提湖南主,当然更不会有行思了。此外,对佛教现状也颇有了解的柳宗元、刘禹锡、白居易等著名的崇佛文人,在他们的文字中也是连希迁的踪影都没有的,曷论行思?

首先提到行思并为之作传的是《祖堂集》。它称行思为在"吉州"(江西吉安市),尊为"靖居和尚",俗姓刘,庐陵(即吉安市)人,"自传曹溪密旨,便复庐陵化度群生"。终于开元二十八年(740),谥"弘济大师"。希迁礼拜他的地方则在清凉山。《宋高僧传》沿袭此说,但莫名其妙地将他的传记附于《义福传》之后,而不记其嗣法者。《希迁传》在记石头生平时,顺便提到"庐陵清凉山思禅师为漕溪补处"。《景德传灯录》谓其住吉州青原山静居寺——是故后人多称"青原行思",或略作"青原"。敕谥是唐僖宗(873—888 年在位)的事,行思已经去世一个半世纪了。

关于行思的思想,《祖堂集》只让他扮演一个秕糠神会的角色:

> 师问神会:"汝从何方而来?"对曰:"从曹溪来。"师曰:"将得何物来?"会遂震身而示。师曰:"犹持瓦砾在。"会曰:"和尚此间莫有真金与人么?"师曰:"设使有与汝,向什

---

① 《宋高僧传》。

处着?"

这段问答说明,所谓"荷泽、洪州参商之隙",连续的时间颇长,以至于后起的湖南也参与了贬黜荷泽的行列,但在行思生活的开元年间是绝对不会发生的。

一、希迁及其门徒

据《祖堂集》等传,希迁俗姓陈,端州高要(广东肇庆市)人,曾往新州礼慧能,慧能预言其"当绍吾真法",劝令出家。开元十六年(728)于罗浮山具戒。慧能临终曾嘱其"寻思去",遂去"清凉山靖居行思和尚处礼拜",直到行思迁化。天宝初(742),始届衡岳,于南台寺东之石台上结庵,时人遂号为"石头和尚"。在这里行化近半个世纪,终于贞元六年(790),年九十一。也是到了僖宗时,谥"无际大师"。有《参同契》行世。

《宋高僧传》所记希迁生平大略相同,但特别补充说,希迁有门人慧朗、振朗、波利、道悟、道铣、智舟,相与建塔,塔成三十载,刘轲据道铣所述为碑记德。显然,赞宁所传,即是据此碑文而作。但若与禅宗史书比较,差别就很大了。《祖堂集》为之列传的弟子七人:天皇道悟、尸利、丹霞天然、招提惠朗、药山惟俨、大颠、长髭。《景德传灯录》列石头法嗣二十一人,附有语录者,除《祖堂集》所列者外,又增加了六人,即长沙兴国寺振朗、潭州大川、汾州石楼、凤翔法门寺佛陀、潭州华林,以及水空;至于道诜(或作"铣"),则仅列其名。这样,大致把刘轲和《祖堂集》两家之说也都糅和进去了。

石头法嗣中影响于后世最大的三家,《宋高僧传》中有两家未列进去,即丹霞、药山,一家名字含混,即引发后世争论很大的道悟。

关于丹霞,《宋高僧传》谓其名天然,"不知何许人也"。谒见石头,凡三年始落节;后于嵩岳寺希律师受戒;再造江西大寂,"大寂甚奇之"。"次居天台华顶三年,又礼国一大师",元和(806—820)中北上龙门香山(洛阳),末年入南阳丹霞山结庵,终于长庆四年

(824)，年八十六，亦由刘轲撰写碑铭。

很明显，这是一个学无常师的禅者，他所游参的禅门，包括了江南最著名的三大系：希迁、道一、法钦，最后以"无事僧"自称，反映了他的思想更倾向于径山和洪州。据《祖堂集》记，丹霞下出京兆翠微无学，再传舒州投子大同。《传灯录》扩大翠微的同学七人，其中有吉州性空者、法嗣二人；翠微弟子除投子外，还有四人。《祖堂集》记到投子为止；《传灯录》更列投子的门徒十三人，附十二人的机缘语，可见这一系自唐末五代至于宋初势力不小。然而，由此可知，最后将丹霞挂到石头的名下，实是后人的意见。

药山惟俨，《祖堂集》中有个简略的介绍。俗姓韩，原籍绛州（山西新绛），后徙南康（江西南昌），年十七事潮州西山慧照禅师，大历八年（773）受戒于衡岳寺希操（或作"澡"）律师。乃曰："大丈夫当立法自净，焉能屑屑事细行于布巾耶？即谒石头，密领玄旨。"贞元初（785）居澧阳（湖南澧县东）芍药山，因号药山和尚。大和八年（834）卒，年八十四。《景德传灯录》大致沿袭此说，而列李翱为其俗家弟子。《宋高僧传》将惟俨列在《护法篇》，所记卒年为大和二年（828），春秋七十。它突出地记述了他对李翱的思想影响，谓"翱邂逅于俨，顿了本性"。余无新的内容。然而《全唐文》所载唐伸于惟俨卒后八年所撰《澧州药山故惟俨大师碑铭》（简称《惟俨大师碑铭》）则另有一说。《惟俨大师碑铭》谓："上嗣位明年，澧阳郡药山释大师以十二月六日终于修心之所"，与《宋高僧传》记惟俨卒于大和二年同；《惟俨大师碑铭》说"春秋八十四"，则与《祖堂集》同。出入最大的是《惟俨大师碑铭》特注的一笔："硕臣重官归依修礼于师之道，未有及其门阃者"，等于把李翱的思想排除在惟俨的禅门之外。而这个惟俨与前述三种僧传所谓"谒石头"、"领玄旨"云云全然不同。《惟俨大师碑铭》这样说："时是南岳有迁，江西有寂，中岳有洪，皆悟心契。"又说："寂以大乘法闻四方学徒，至于指心传要众所不能达者，师（指惟俨）必默识悬解，不违如愚。居寂之室垂二十年。"后大寂以其"普济迷途，宜作航梯"遣之，遂涉罗浮，游清凉，历三峡，过九江，贞元初（785）因憩药山。现在没有证据可以证明《惟俨大师碑铭》是后人的伪造。自《祖堂集》开始,将惟俨这段重要的经历全删,以致把本来从学于道一的门徒,硬划到了希迁的门下,这比修改天然的师承关系更令人诧异。

李翱的《复性书》是有史以来以佛教心学充实传统孔孟儒学的标志性著作,惟俨当是影响他的思想的重要禅僧。而大颠则与韩愈重新发现《孟子》可能有所关联。《佛祖统纪》卷四一记:"韩愈至潮州,闻大颠师之名,请入郡问道",后登山造其居,"问师,如何是道?师良久。愈罔措。时三平义忠为使者,乃击禅床三下。师云,作么?三平曰,先以定动,后以慧拨。愈大喜曰,和尚门风高峻,愈于侍者边得个入处"。① 无论事实可能有多大出入,韩李师弟吸取佛家哲学而将传统儒学作了新的塑造,实开两宋新儒家的先声,应该是中国思想史上的大事。这个问题,值得作专题探讨。

据《祖堂集》记载,惟俨有知名弟子四人,《传灯录》扩大为十人,六人有机缘语,其中云岩昙晟下出洞山良价,为禅宗五家中曹洞宗的鼻祖。又有潭州道吾山圆智者,下出石霜庆诸,到唐末也大有影响。正当这一宗系大发展的时期,竟至改换了自己祖师的门庭,这一现象引人注目。

早期禅宗史料都记,丹霞、药山至少是行走于石头希迁和马祖道一两家门庭的,但他们最后均被列为青原—石头一系,令人奇怪。但这事没有在佛教界引起什么风波,而围绕道悟的传承关系,聚讼就很大了。道悟有弟子崇信,经宣鉴、义存而至于文偃,遂创云门宗。因此,道悟究竟属于谁的门徒,就涉及到云门宗的血脉族源问题,这成为五代以后禅史中的一个悬案,不但在后来的临济宗和云门宗之间发生争论,而且到清代还酿成了政治事件,在学术界也莫衷一是,一直至今。

依《祖堂集》记:"天皇和尚嗣石头,在荆南,讳道悟。未睹行状,不决终始之要。"但列崇信为其门徒。到《宋高僧传》始为之作传,谓道悟俗姓张,婺州东阳(浙江金华东北)人,年十四,往明州

---

① 此文先见于《祖堂集·大颠传》。

(浙江宁波)大德剃落;年二十五,于杭州竹林寺具戒。后投径山国一,密受宗要,年仅五载,随即印可。大历十一年(776)转遁于余姚(浙江余姚)大梅山,昼夜精进。建中初(780),诣钟陵马大师;次年(781)秋谒石头上士。由此成熟,乃"卜于沣阳,次居于灃口,终栖于当阳柴紫山"。当阳属荆州,"荆州,雄藩也,都人士女动亿万计,莫不擎跪稽首。"当地军政长官邀请入都,"白黑为之步骤"。此后,即强占郡左之天皇寺居之,影响日大。"江陵尹右仆射裴公,盛礼问法,理冥意会,投诚归命。""自是禅宗之盛,无如此者。"终于元和二年(807),年六十。弟子"比丘慧真、文贲等,禅子幽闲,皆入室",太常协律符载着文颂德,世号"天皇门风"。另于本传之后,附有崇信传,谓崇信因道悟之劝而出家受业。

看来赞宁撰《道悟传》与《崇信传》,依据的是两个不同的材料来源。《景德传灯录》所记道悟的生平与此大同,唯将"禅宗之盛"云云改为"石头法道,盛于此席",同时增补说,道悟从石头"顿悟"后,即"于前二哲(径山法钦与马祖道一)言下所得心,磐弹其迹",而崇信是他唯一的法嗣者,全没有慧真等名字。于是石头传天皇道悟,道悟传崇信,即成定案。

但是,据更早一些的文献考察,石头的这个宗系也有可疑处。宗密的《禅门师资承袭图》,在洪州道一门下有"江陵悟兼禀径山"的记载,这位"江陵悟"在时间、地点与学历上,都与后来所传的天皇道悟相同。又,权德舆所撰《怀让碑铭》,列怀让弟子八人,其中亦有名道悟的。此外,《全唐文》收有《荆州城东天皇寺道悟禅师碑》(简称《天皇道悟碑》),署名即是《宋高僧传》中提到的那个符载,所记生平事迹也与《宋高僧传》所记全同,后者似乎全是在这一碑文基础上的扩展,唯有"石头之道殆盛于此"与《传灯录》同。重要的是,碑文谓其"法嗣三世:曰惠真,曰幽闲,曰文贲",同《宋高僧传》貌似,但无崇信其人。

这样,史料中就出现了两个天皇道悟:一个受学于道一,是早期之说,一个受学于希迁,是后出而被公认的;一个有三个弟子而无崇信,一个只有崇信而无他人。至北宋后期,有达观颖禅师者,集《五家宗派》，内收有唐符载所撰《天皇道悟碑》和唐丘玄素所撰《天王道悟碑》，证明道悟实有两人，名"天王"道悟者，出自道一门下，为崇信绍续；名"天皇"道悟者，出自石头，至三世而斩。不言而喻，后来的云门、法眼二宗即属于道一的法系了。此说特别受到慧洪和张商英的重视，多方弘扬，成为禅宗五家传承上的另一个传说。

这里提到的《天王道悟碑》，《全唐文》中亦存，谓此道悟渚宫（即江陵）人，俗姓崔，十五岁出家，二十三受戒，三十三参石头，"未曾投机"，次谒忠国师，三十四与国师侍者应真南还谒马祖，"于言下大悟"；后返荆州城郊结庐，某节使迎请"于府造寺，额号天王"。终于元和三年（808），年八十二，"嗣法一人曰崇信"。但这塔碑的来源一直有人怀疑为伪，内容为其他记载所无，尤难令人相信。这样，连带对于《天皇道悟碑》的真实性也产生了疑问。对这两个碑文持否定态度的人，大都是为了肯定云门、法眼属于石头法系，否认其与马祖有关系。

总而言之，石头宗系在传承上存在许多尚待澄清的问题。这些问题之所以发生，与晚唐、五代间刮起的一股贬道一、抬石头的风潮有关，而以《祖堂集》反映得最为集中。它记石头初结庐衡岳，怀让拟收其为徒，石头的回答是："任你哭声哀，终不过山来。"怀让因此而感叹："这阿师，他后子孙噤却天下人口去。"《祖堂集》还不断制造一些让石头噤却洪州系口的故事。譬如，它假借惟俨门徒的嘴，评"石头是真金铺，江西是杂货铺"，对此评语，《祖堂集》让怀海表示："灼然是生我者父母，成我者朋友。"它记天然本来是为"选佛"而谒道一的，道一却推荐他去师石头，并赞扬"石头路滑"。又记潭州招提惠明，亦谒道一。道一批评他："你从南岳来，似未见石头曹溪心要耳。汝应却归石头。"诸如此类，都是抬举石头为当时禅门之最的意思。

严格说，石头系兴起，实应从《祖堂集》为石头大造舆论开始。此前，江西与南岳，宗派观念并不那么强烈，所以一并成为参禅者的求学处。《祖堂集》的编纂者属于云门宗人。云门宗对官方的依附性极强,其势利的眼光,同怀海、普愿时代的洪州农禅风气不可同日而语,这当是他们贬黜道一的一个重要原因。

二、传说中的石头禅观

石头宗系上的混乱,表现在禅观念上也很模糊。《祖堂集》所记与后来的《传灯录》就有些差别。

据《祖堂集》说,石头曾

> 略探律部,见得失纷然,乃曰:"自性清净谓之戒体;诸佛无作,何有生也!"自尔,不拘小节,不尚文字。因读肇公《涅槃无名论》,云:"览万象以成己者,其唯圣人乎!"乃叹曰:"圣人无己,靡所不己;法身无量,谁云自他?圆境虚鉴于其间,万象体玄而自现;境智真一,孰为去来?"

又引石头自称:"吾与师(慧能)同乘灵智,游于性海久矣!"这些记载在后出的《传灯录》中全删,但恰恰是这些记载最能反映出石头早期被塑造的面貌。

其中之一,是石头对于"律部"的态度。中国佛教的律学,经南朝梁僧祐、北魏慧光,至唐代道宣、法砺、怀素而大盛,但也因此出现分歧,争论竞起。争论的中心是"戒体"问题,即戒律在佛徒身上发生作用是依生在什么实体上。有说戒体为"色"(无表业),有说为"心"(阿赖耶识种子),有说为"无作"(不相应行法)等,石头皆不以为然,而自定"自性清净谓之戒体",成为律学中又一家言。本来禅宗的主流始终是轻蔑戒律的,但若全然不顾戒律,难以为社会长期相容。石头为禅宗创造了自己的律学,为冲决传统戒律以至"不拘小节"提供了理论根据。这对于促进禅宗的自由发展也是一个有利因素。

其二,关于石头从《涅槃无名论》中得悟的记载,尤其值得注意。僧肇曾被推为三论宗的主要奠基者,他的思想在禅宗中有很大的市场,但把他的《涅槃无名论》作为权威依据的却为数不多。石头在这里所引的原文是:

/第四章/ 诸家竞起和它们的分布(中唐之二)

> 夫至人空洞无象,而万物无非我造;会万物以成己者,其唯圣人乎!何则?非理不圣,非圣不理,理而为圣者,圣不异理也。

按僧肇的意见,"一切众生本性常灭",即"空洞无象";而"万物"纷呈,则只是"我"的虚妄所造;若能从认识万物的虚妄不实中,体认到自己的本性,那就是圣人。因为假而不真即是"空洞",也就是僧肇所谓的"理";圣人以此理成,契此理者始为"圣人"。在这里,"理"是万物的共性,也是众生的"本性":万物与众生同共一"理",所谓"物我不异";圣人之所以优越于众生,就在于他能身居世界而"物我玄会"。石头的说法,大体没有超出这个范围,只是侧重点略有不同:"圣人无己"的"无己",指无自性,即"空洞无象";"靡所不己",意指没有什么不是自己的投影,与"万物无非我造"大同。从"法身"(理)的抽象普遍性上看,"自他"没有差别,对象(境)与认识(智)均属空寂(真一)。在这些玄虚而可作多种解释的言语背后,反映了石头禅系的三个主要特点:

第一,"理"的客体化。"理"不只是"心"或"智"的别号,仅有主观的属性,它主要是作为认识和契悟的对象,而且也属于"境"的范畴,因此,禅的功用不再是单纯地向心的静态回归,而且要求对"理"的把握和运用。

第二,"理"的遍在化。"理"也不限于为一切众生所有,它同时存在于"五阴"特别是"色阴"中,因而也为万物所有。"佛性"作为"理"的同义语,在"无情"中存在就成了应有之义。

第三,"乘灵智、游性海"。这是会"理"悟"智"所达到的禅的理想境界。灵智非六识之智,而是通过契会真理开发出来的,是超越时空、无所分别的般若智慧。"性海"之"性",泛指法性,即诸法性空,而不是专指心性。"性"而曰"海",是表示它存在于森罗万象的广袤世界里。因此,石头禅的目的,是以般若空观悠游于被视作幻化的世间人生。

这也是一种禅的"自由"。早在东晋道安的《道行经序》中,就曾提出一种超人的想象:"据真如,游法性","与进度齐轸,逍遥俱游",他名之为"智度之奥室"。石头在这里所谈的"禅"的境界,本质上与道安同。

石头禅系的这些思想特点,无疑是在般若学和三论宗的基础上形成的,与牛头禅系属同一种思潮。宗密判定石头与牛头、径山,在禅门中同为"泯灭无寄宗",在教门中同属"密意破相显性教",是相当确切的。宗密对"破相显性"之"性"专门作过区分:"空宗以诸法无性为性,性宗以灵明常住不空之体为性"。这里讲的"空宗",指主张缘起性空的般若学和三论学;"性宗"则主"自性清净心"不空,属"如来藏缘起"论。石头将两者结合起来,既以"缘起性空"为遍在的"理",又承认有不灭的"灵智",强调的重点在于契"理"悟"智",因此,他的"性"学是禅门中标准的"理学",与提倡率性而行的洪州禅系之属于禅门"心学"明显不同。宗密将洪州系列在"直显心性宗"、"显示真心即性教",也是很恰当的。

《祖堂集》所记石头禅系的这些重要特征,到了后代,被磨琢得十分模糊。《景德传灯录》载有他上堂示众、表达宗要的话,不出"即心即佛"的范围,看不出他与道一的区别。另有流传很广的一番问答,源出《祖堂集》:"僧问:如何是解脱?师曰:谁缚汝?"又,"问:如何是净土?师曰:谁垢汝?问:如何是涅槃?师曰:谁将生死与汝?"这种禅风在形式上与洪州系没有什么区别,当然,若从空观上解释,理论基础也可以有所不同。唯一能够表达希迁特性的是另外两个对答:"问:如何是禅?师曰:碌砖。又问:如何是道?师曰:木头。"这符合石头关于理(道)亦在"无情"中的主张。

三、《参同契》析

《祖堂集》载有希迁所撰《参同契》全文,一般都把它视作石头禅系的理论基石,后世的疏解颇多,影响也大。

《参同契》是专为"参玄人"写的,将"参禅"正式命名为"参玄",当自希迁始;"参"而"同契",顾名思义,是提倡调和的[①],在当时主

---

① 《参同契》一名,系借用东汉道教徒魏伯阳所著《周易参同契》,此书是调和儒道对立的。

要是调和禅宗内部南顿北渐的对立。所以《参同契》开首就说：

> 竺土大仙心,东西密相付,人根有利钝,道无南北祖。

他认为,禅宗历来以心传宗,密相嘱咐,而不是像各家自我标榜的那样,以什么经典或衣钵相承;利钝、南北是存在的,但"道"一以贯之,没有差别,所谓顿门、渐门自然不能成立。他所推崇的《涅槃无名论》,就是东晋末期重要的主"渐"论。这些表现,使石头比洪州更带有超宗派的色彩。

《参同契》相当集中地表达了石头的本体论和认识论：

> 灵源明皎洁,枝派暗流注;执事元是迷,契理亦非悟。门门一切境,回互不回互;回而更相涉,不尔依位住①。

"灵源",即禅宗所传的那个"心"本体;"枝派",即由心本体派生的现实事物。"心"造万物,"心性"或"空性"即为万物的共性;事物的共性,名之为"理"。若就事论事,不见其"理"曰"迷";若只契其"理",不识事相差别,也不名"悟"。据此考察一切对象,都有两种关系:一曰"回互",即由理的同一性体现的相互联系;一曰"不回互",即表现为个性的各自住于己性。因此,参禅人必须从"理""事"及其相互关系上把握现象,才能真正得悟。

以下是更广泛地论述理事关系：

> 色本殊质象,声元异乐苦;暗合上中言,明明清浊句。四大性自复,如子得其母:火热风动摇,水湿地坚固。眼色耳音声,鼻香舌咸醋,然于一一法,依根叶分布。

---

① "依位住",是小乘说一切有部的术语,指"有"(物种、概念、自性)在特定位次上的实现而成为现实的具体事物。如麦种在一定的水土温度下生成为某一特定麦粒,这就是麦种的"依位住"。

"色"作为一种抽象,不同于赤黄青白等具体物象;"声"也是一种抽象,也无具体的哀乐可言。[1] 据此,在语言表达上就要注意,是指理,还是指事,或指事理联系;有的含义清楚,有的则隐奥不露。以"四大"为例,火以热为性,风以动为性,水是湿性,地是坚性(含义清楚),这里的"性"如"母","火"等为"子",性理派生事相而为事相的本质(隐奥不露)。眼耳鼻舌、色声香味,都可以作如是观。据此可知,任何事物都是按类似根(性理)、叶(事相)的原则罗列分布的。

按照以上陈述的理事关系,《参同契》特别提出了运用禅语的艺术:

> 本末须归宗,尊卑用其语:当明中有暗,勿以明相遇;当暗中有明,勿以暗相睹。明暗各相对,譬如前后步;万物自有功,当言用及处。

不论讲"本"(心)、讲"末"(物),都须汇归自家宗旨,遣言用语要轻重得当:应该说得明白的,要含有深义,不要把明白的说得那么明白;应该将蕴有深义的说得明白,不要把深义说得更加晦暗。明说和深义要相对而用,如同走路有前后步,不可偏废。事物各有自身的功能,言说也应视效用和处所而定。

《参同契》的结论是:

> 事存函盖合,理应箭锋拄;承言须会宗,勿自立规矩。触目不见道,运足焉知路?进步非远近,迷隔山河(固)。

"事"就像盒子的盖子,而与"理"相合;"理"就像一支支衔接急飞的箭锋,通过"事"而相续不断。懂得"理""事"的这些道理,就能"触目""见道",不失宗旨规矩,否则就会迷失精进的方向。

---

[1] 嵇康作《声无哀乐论》,虽论证与此不同,结论则一。

总起来看,《参同契》渗透着华严宗的佛教世界观。它与法藏的唯心主义相同,以灵知的"心"为宇宙万有的本原,并将心性遍彻于一切现象,而成为万有共同的"性"、"理"、"道",决定着事物的本质。在这一哲学基础上,它与华严宗人一样,着重陈述"理"、"事"之间的现实关系:理是一般,事是个别;一般存在于个别之中,个别以一般为本质;一般是空洞的,个别则自有己性。因此,理、事是既有差别,又相互关联的。不看到它们的差别,以致相互取代,是"迷"的表现;不看到它们的关联和统一,更不能会旨得悟。这大体也是华严宗关于"理事圆融"的思想。这类说法反对把"理"孤立起来,而承认个性的地位,对中国哲学历来重本(理)轻末(事)的传统也是一种纠正。

《参同契》关于运用语言技巧而不失本宗的论述,在禅宗史上有特殊意义。自禅宗参禅之风盛行,早期"离言语道"的默坐禅风退居次要地位,"言下便悟"逐渐成为主流派,运用语言的艺术日益受到重视。《坛经》总结"起用三十六对",主要用于论辩,多半属于相对主义的诡辩,没有超出三论宗的范围;《参同契》提出的明暗相对,虽然也来自《坛经》,但主要是用于启悟,在中国传统哲学的"言尽意"和"言不尽意"两家间折中,大大丰富了新的一代禅风。如果说洪州系创"势"以表义,推动了踢打棒喝的风气,披靡当世;则湖南石头系乃用"语"以示理,直接带动了禅语录体的发展,影响同样深远。"势"与"语"的相互激扬,成了中唐以后禅的两种最重要的表现形式。此后,禅宗的"传灯录"或禅师的"语录"越出越多,其中不乏精彩的篇章:或于平淡中见隽永,寓艰深哲理于平常言语;或将司空见惯的事理,说得高深莫测,使本无什么意义的话头也耐人寻味。当然,也有许多禅语,介乎于可解、不可解之间,把本来清晰的思想弄得反而含糊混乱起来。这种流弊,也可以从《参同契》的语言应用原则中引申出来。其中,《参同契》的"明暗对"堪称禅语言学的奠基性原则。

据上所述,石头希迁的思想特点还是鲜明的。马祖道一由"即心即佛"出发,最后引申出"平常心是道",付诸实践,倡导率性而行,可说是禅宗中标准的"心学"派的发扬者。希迁也从"即心即佛"出发,突出"心"造万物,并为万物之"理"的主张,付诸实践即是"触目是道",发展了禅宗中的"理学"派。这种在侧重点上的差别,由于语言使用上的相近和禅行的一致,往往被人们所忽略。例如,希迁说的"触目是道"同道一讲的"触境皆如",语言确实相似,含义却有不同:前者强调一切对象都是"道"的表现即"识"的外在化,要求从客观现象中见到"道"的本质,即唯识空观;后者强调凡所认识皆是"真如",即外在化的识体,要求承认认识自身即是"真如"。两者在禅行上都提倡自由放旷、不拘戒律,但理论根据有别,启悟方式也有差异。希迁重理悟,行"言教";道一重"无事",以"势"导,就是显著的不同。这两家的区别,被他们的后辈弄得越来越模糊,个性全然不见,以致将原本就不严格的传承弄得颠颠倒倒了。

附:

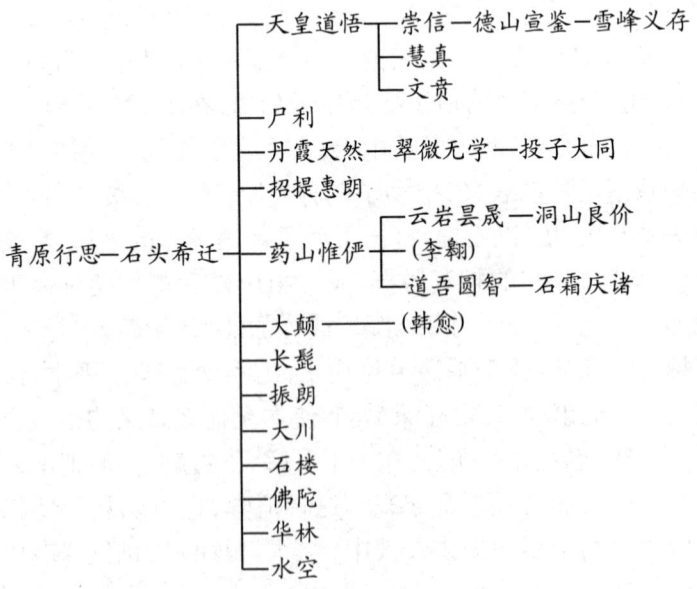

湖南青原禅系传承略图

第五章 晚唐五代十国的形势与禅宗五家的分立

关于晚唐开端的具体年代，史学界有不同的意见。从佛教史的角度看，直接促使佛教发生巨大变化的，乃是会昌年间的毁佛运动，所以我们就从武宗即位那年(841)算起。

公元907年，朱氏取代唐朝称帝，建国曰"梁"，以江淮以北的中原地带为统治基地。在这一区域中，又经历了唐、晋、汉、周的政权更迭，直到赵宋立国(960)，延续了半个多世纪，史称"五代"。与五代同时或前后，在南方和四川等不同地方，先后建立了吴、吴越、楚、闽、南平(荆南)、南汉、北汉、前蜀、后蜀、南唐等十个小国，史称"十国"。它们对中原五代，或完全独立，或表示臣服，使五代十国间的关系，若即若离，战和不一，错综复杂。总的来看，晚唐以来，北方战争频繁，天灾也多，人民遭受的苦难和经济遭受的破坏，其严重程度，只有东汉末年能与之相比；长江以南，相对安定，经济持续发展，湖广越闽得到进一步开发，于是北方难民纷纷流入，成为禅宗僧众的主要来源。北方诸朝，大都武夫当权，迷信武力万能，基本上是军国主义的天下；南方诸国，大都重视农业生产和水利建设，有些也开科取士，或聚儒释论道，文化气氛相当浓厚。[①] 这样，也吸引士人和佛教义学纷纷南下，以不同形式参与已经稳定了的农禅体系，赋予禅宗的持续发展以新的机制。

晚唐五代的形势给予禅宗最直接的影响，至少有两点是明显

---

① 韦庄的《秦妇吟》形象地反映了黄巢造反时期(874—884)南北方的形势："乃闻汴路舟车绝，又道彭门自相煞；野色徒销战士魂，河津半是冤人血。适闻有客金陵来，见说江南风影异：自从大寇犯中原，戎马不从生四鄙……避难徒为阙下人，怀安却羡江南鬼。"

的:其一是由排佛和毁佛造成的,使佛教整体加快了禅宗化的进程;其二是由全国分裂割据造成的,使加入禅宗队伍的人数大增,强化了地区性特色。这两大因素,把禅宗的发展推向历史的巅峰:聚徒立说,设施门庭,往来于深山大都、民间官场,宗派纷呈。自《五灯会元》明确将慧能禅系归结为南岳、青原两系,沩仰、临济、曹洞、云门、法眼等五宗,遂成为禅宗定说,为佛教史学界所公认。实际上,决定禅宗多种形态的因素,主要是它所处的时间、地点和社会条件,而不全是师资血脉方面的自我演化。在近一个半世纪中,影响于当时和后来的禅家不止五宗,而五宗史实上的师承关系也与"传灯"类禅书的传说不尽相同。为了叙述的方便,我们沿用这一禅史体例,只作一些必要的补正,以使其更符合历史的本来面目。

在这一时期禅宗的文字记载中,很少出现文学作品中表现的那种离乱的苦难和呻吟;在汉末佛教中出现的极度悲观厌生倾向,也不多见①。这是因为禅宗的任务就是为生的艰辛者提供精神慰藉,与原始佛教的"修死之道"大异;更因为它所处的社会条件——尽管全国分裂,但大部分地方在割据者的经营下都有数十年甚至上百年的安定——使遁世者有逍遥于山水间的条件,入世者可以适应治世教化的需要。而遁世与入世,依旧是禅宗内部的两大潮流。

第一节 排佛和毁佛的升温与佛教整体的禅宗化趋向

唐代是佛教发展的盛世,但限佛、排佛的言论和举措始终未断。这股势力有深厚的社会基础,强大而持久。在思想上,传统的儒、道是佛教的老对头;在经济和政治上,社会各个阶层中都有反对派。唐宪宗元和十四年(819),敕迎凤翔(陕西凤翔县)法门寺佛

---

① 临济宗的创业者是个例外,可惜研究者注意不多。详见文本。

骨,韩愈上《谏迎佛骨表》,终于触发了奉佛与排佛间长期酝酿着的斗争。众所周知,斗争以韩愈被流放潮州而告终。排佛者在政治上是失败了,然而由此造成的社会舆论对于佛教的影响,远比它暂时取得的胜利要深远得多。二十多年后,即会昌四年(844),唐武宗正式颁布了在全国毁佛的诏令,对有唐二百多年以来几乎深入到民众生活各个角落的佛教,强制取缔,其酷烈和彻底的程度,可谓反佛史上之最。又过三十年,黄巢造反(874—884),起自山东,南下北上,所到之处,佛教寺院也成了打击对象。到五代末年,周世宗(954—959)在所治领地内,再次发动限佛运动,将佛教仅余的元气摧残殆尽。①

然而,与这些震动全社会的排佛、毁佛活动几乎同步进行的,是禅宗的相应壮大,最终成为统一佛教其他教门和宗派的势力。

---

① 今天有些学者对于韩愈的《谏迎佛骨表》和这两次毁佛运动,微词甚多。这恐怕是只从佛教自身的发展看问题造成的。客观的学术研究,不能脱离佛教所处的社会条件,以及佛教在当时社会中的状况和作用。这里摘一个不见经传的唐释怀信以抱愧和内省的心绪写的《释门自镜录序》,略见当时佛教的奢侈腐败以及被斥的一点内在原因。

"余九岁出家,于今过六十矣。至于逍遥广厦,顾步芳阴,体安轻软,身居闲逸。星光未旦,十利之精馔已陈;日彩方中,三德之珍馐总萃。不知耕获之顿弊,不识鼎饪之劬劳。长六尺之躯,全百年之命者,是谁所致乎? 则我本师之愿力也。余且约计五十之年,朝中饮食,盖费三百余硕矣;寒暑衣药,盖费二十余万矣;尔其高门邃宇,碧砌丹楹,轩乘仆竖之流,几案床褥之类,所费又无涯矣。或复无明暗起,邪见横生,非法弃用,非时饮啖,所费又难量矣。此皆出自他力,资成我用,与夫汲汲之位,岂得同年而较其苦乐哉。是知大慈之教至矣,大悲之力深矣。

"况十号调御以我为子而覆之,八部天龙以我为师而奉之,皇王虽贵,不敢以臣礼畜之,则其贵可知也;尊亲虽重,不敢以子义瞻之,则其尊可知也。若乃悠悠四俗,茫茫九土,谁家非我之仓储,何人非余之子弟! 所以提盂入室,缄封之膳遽开;振锡登衢,弛慢之容肃敬。

"古人以一口之惠犹能效节,以一言之顾尚或亡躯,况从顶至踵,皆如来之养乎? 从生至死皆如来之荫乎? 向使不遇佛法,不遇出家,方将晓夕犯霜露,晨昏勤陇亩,驰骤万端,逼迫千计;弊裯尘絮,或不足以盖形,藿茹饔食,或不能以充口,何暇盱衡广殿,策杖闲庭,曳履清谈,披襟闲谑,避寒暑,择甘辛,呵斥童稚,征求捧汲,纵意马之害群,任情猿之矫树也。"

因为当时反佛者的理由,主要在僧侣的寄生生活,不劳而享,且奢靡无度;执政者看重的是寺院对财物地产的贪婪和聚敛;士大夫多不满于佛教之缺乏儒家伦理观念。至于佛教的深层思想,它的世界观和人生观,它所反映的精神世界及其赖以生存的社会根源,却没有受到任何触动,更不可能在实践上得以解决。于是,佛教不得不改变旧的存在和发展形式,向禅宗转化就成为一种潮流。禅宗能够用普遍可接受的方式,继续承担起佛教在精神领域内的功能,满足社会多方面的特定需要。

佛教的全面禅宗化开端于中唐。其中三论宗转化为牛头禅虽然发生在初唐,也只有在中唐始与双峰挂勾。法相宗的"唯识无境",潜移默化在禅宗的多数派系中,晚唐五家中不少禅师修学《瑜伽》、《成唯识》、《百法》等法相宗经典。即使密教在禅宗中也不寂寞,除了北宗普寂系以外,五代的云门宗的先师也有推行密教的迹象。天台宗湛然发起给禅宗三祖建塔立碑,站在北宗立场与南宗抗争;他的《金刚錍》针对荷泽禅系而阐发的观点,与南阳慧忠的"无情有性"说一致。到五代吴越,则是禅门大师协助天台宗重兴。华严宗澄观(738—839)自称:

  用以心传心之旨,开示诸佛所证之门;会南北二宗之禅门,摄台衡三观之玄旨。

直截了当地提出会教门与禅门为一门的主张。

一、宗密的禅教一致和三教融合论

将教门会入禅门的自觉论证者,应该是宗密(781—841)。他自称是荷泽系的传人,又师承澄观的华严宗教义,独自发挥《圆觉经》的经旨,以经释禅;所撰《禅源诸诠集》,以心学为基础,广论禅教合一;又著《华严原人论》,鼓吹儒释调合。隋唐以来儒释道三教分流的文化形态,至此有了重整合流的新趋向。禅宗既是禅教融会的主体,也是三教合流的佛教代表。

《禅源诸诠集》,原为"写录诸家所述,诠表禅门根原道理文字句偈",搜集当时的禅宗论述"殆且百家",可惜已佚;现存《禅源诸诠集都序》四卷,依然是反映中唐禅宗的重要文献。《都序》叙述当时禅教的形势是:"修心(禅)者以经论为别宗,讲说(教)者以禅门为别法。闻谈因果修证,便推属经论之家……闻说即心即佛,便推属胸襟之禅。"相互间"各皆党己为是,斥彼为非"。宗密为自己制定的任务是:"以权实之经论,对配深浅之禅宗",达到"以教照心,以心解教",合会为一的目的。他认为,理有是非,法有正邪,衡量是非正邪的标准不出三量,即现量(实证、直觉)、比量(推理)和佛言量(文证);比度证悟,只是泛信,于己未益;现量自见,自以为是,难判邪正;只有经过经论印证,三量具备,证悟才有保障。据此,宗密要求"传禅者必以经论为准",禅门必须研习经论,并以经论规范自己的思想行为,同时提倡"以心解教",把禅作为悟解经教的钥匙。

《都序》把当时众多的禅家概括为三宗:"一、息妄修心宗;二、泯灭无寄宗;三、直显心性宗"。同时又将当时流行的众多经论略为三教,所谓:"一、密意依性说相教;二、密意破相显性教;三、显示真心即性教"。佛之三教与禅之三宗一一相应,在整个佛教史上则表现为三大宗派,所谓"有宗"、"空宗"与"性宗"。但是克实而言,"三教三宗是一味法",都是疗病的"妙方",执著者字字疮疣,通达者三宗互不相违,它们都可于"一心"中融会。

宗密关于"三教三宗"之说,是隋唐诸宗"判教"的余波,并不能概括全部佛教史。但它反映了中唐佛教的主要思潮,史料价值极高。

第一,"密意依性说相教",包括《阿含经》、《毗婆沙论》、《俱舍论》等小乘(主要是有部)经论和《解深密经》、《瑜伽师地论》、《成唯识论》等大乘法相唯识宗的言教。后者亦称"将识破境教",与禅门"息妄修心宗"而相扶会:"以知外境皆空,故不修外境事相,唯息妄修心也。息妄者,息我法之妄;修心者,修唯识之心。"此宗主张心性本净,客尘所染;"息妄看心,时时拂拭",以神秀北宗为典型代表,同属"有宗"①。南宗中有些派别,如牛头等,也不排斥。第二,"密意破相显性教",指《般若经》和《中论》、《百论》等为般若学和三论家所宗的经论,"与禅门泯灭无寄宗全同",以为"凡圣等法,皆如梦幻,都无所有,本来空寂"。因此,"无法可拘,无佛可作;凡有所作,皆是迷妄。如此了达,本来无事,心无所寄",即名解脱。主要代表为石头、牛头和径山,同属"空宗";荷泽、江西、天台等亦说此理而非所宗。第三,"显示真心即性教",该宗所奉有《华严经》、《密严经》、《圆觉经》、《胜鬘经》、《法华经》、《涅槃经》等"四十余部经",《宝性》、《佛性》、《起信》、《十地》等"十五部论",主要由华严宗人发挥的"真心(如来藏)缘起"的教义,"全同禅门第三直显心性之宗",谓"一切诸法,若有若空,皆唯真性"。其中又分为二说:一说"今能语言动作",即是佛性,故"道即是心","恶亦是心";"不断不修,任运自在,方名解脱"。另一说"空寂之心,灵知不昧,即此空寂之知,是汝真性";"空寂之知"亦名"无念",但得"无念知见","爱恶自然淡泊,想智自然增明",此名"自然无修之修",就是成佛之路。此二说皆属"性宗",前说指江西,后说则是宗密推崇的荷泽。

荷泽禅系传到宗密,有了很大的变化,那就是与华严宗教义的融合。他将神会所说"无念为宗"的"无念",同法藏所说"一心法界"的"法界",都解释成"知"。当时佛教诸派都以"心"为世、出世的本源,他给这一本源以"知"的界定,"知即是心","知之一字,众妙之门"。把历来朦胧的问题如此明晰起来,是域外所传经论之未曾有,也是宗密最大的创造。此"知"有两个主要特征:一是"空寂",无任何规定性,故曰非有非无,非净非浊,非善非恶,非佛非众生;二是"灵明",又名"自然常知",既包括佛教诸圣所证之"理"与能证之"智",又是六道众生情识之所依。"空寂灵明"是谓"真

---

① 事实上,法相唯识宗有两个不甚相同的体系:其一是以菩提流支、真谛为代表的旧译家,即地论师、楞伽师和摄论师;另一个是由玄奘、窥基为代表的新译家。北秀的心性说与旧译家相通,与新译家有别。宗密把新译家同北秀列为一个系统,从佛教教义看并不准确。

性",亦曰"灵性",作为万物变化的本体,又名"不变";菩提涅槃、生死流转都本此"知"而起,成为"灵知"的"相用",故又名"性灵"①,亦曰"随缘"。于是"不变随缘"和"随缘不变"这一华严宗人关于理事圆融的标准说法,就成了禅宗的宇宙观和解脱观。至于禅修,目的全在于体认"心"的这一"知"性,由此烦恼都尽,"寂照现前,应用无穷,名之为佛"。据此来看,三宗三教自然各有存在的理由:"息妄修心",功在"断我习气";"泯绝无寄",用在"破我情执"。"执情破而真性显","习气尽而佛道成",与"直显心性"殊途同归,都是同一"真心"的表露和功能。

宗密统一禅教的结果,是将华严宗的理论体系融进了荷泽禅系,使其失去了原有的个性。所以到宗密为止,荷泽禅被推崇到了顶峰,此后即湮没无闻。同样,华严宗所倡的法界缘起,由于宗密给予其本体以超"理"、"智"的"知"的规定,并将其纳入禅宗的"直显心性"轨道,大失其固有的理论特色②,华严宗的哲学发展也告终止。

从哲学的高度论述三教一致,并最终统一于佛教基础之上的,也是宗密。他写的《华严原人论》,从探讨人生的本源来比较三教的异同优劣,认为儒家将人身之生,源自乃祖乃父,传体相续;道家远溯混沌一气,万物与人皆以气为本;一般习佛者皆云前生造业,业报得身,以阿赖耶识为本。前两家在解释人生不平等现象时,或归为"天命"论,或归为"自然"说;在说明生死现象时,多归为"元气"之聚散,均与既有的事实相矛盾。佛教中以"业"或"阿赖耶识"为人生和生死之本,也有许多说不通的地方。因此,它们都不是究竟之说。尽管如此,宗密强调,这些说法可以相互补充、汇为一流,对于社会都是必要的。据他分析,一切言教不出五种,所谓"五教"。

---

① "性灵"是南北朝时期形成的概念,至宗密始有一个明确的界定。
② 同佛教其他宗派相比,华严宗着重探讨理事关系和事事关系,创造和运用了丰富的语言概念,哲学地说明普遍联系的道理,《华严经》的"佛光普照"之说反而被淹没了。

其中儒、道两家的主张,相当于"五教"中的"人天教";其余佛家之说,分别是"小乘教"、"大乘法相教"、"大乘破相教"和最圆满的说法——"一乘显性教"。后"三教"即前述之三宗三教,此处需要着重分析的是他对"人天教"的解释。

所谓"人天教",宗密指佛教中有关"三世业报,善恶因果"、天堂地狱等想象,以修得世俗人天果报,避免堕于畜生、饿鬼、地狱等三恶道为目的的说教,相当于小乘佛教中的"业感缘起"观,也是佛教的宗教基础部分。据此教义,要求修善止恶,故立"五戒",大同于儒家"五常之教"。① 人身本于灵性(真性),"灵性"亦名"心神";人身之所以得生,生而之所以有智愚、贫富等差别,在于"心神"为"业"所感,"入母胎中,禀气受质"。"气"渐成色身,"心"渐成诸识,"十月满足,生来名人,即我等今者身心是也"。更佛教化些说,"业既成熟,即从父母禀受二气,与业识和合成就人身"。② 这样,在解释人生本源上,儒家和道家的思想一起被融入佛教的业报说中,而儒道两家的天命论和自然说也被赋予了佛教因果说的内容。儒道两家的思想,均被宗密纳入佛教的轨道,因而也都经过佛教的洗礼,佛教也就成了三教融会的基础。

宗密的禅思想,并没有为当时所有的禅系所接受,但他提出的禅教合一、三教合流的主张,则代表了此后佛教发展的大方向。对于"灵性"这一早在南北朝时期即已提出的概念,他明确地将其规定为抽象的"知"性,并进而释之为"心神",即不死的灵魂,这对于了解它在什么意义上被当作禅语运用是相当重要的。

二、士大夫舆论对禅教合一和三教融合的影响

宗密代表的这种佛教思潮,比之禅宗的派系主张更有普遍性。这其中固然有社会、政治诸方面的原因,而最直接的原因,是士大夫对于佛教尤其是对禅宗的态度。

---

① "五戒":指不杀、不盗、不邪淫、不妄语、不饮酒。"五常",谓仁、义、礼、智、信。两者依次相配,说明儒佛一致。此说开始于汉末三国时期。

② 将道家"元气"说纳进佛家"业感"说中,也是开端于三国时期。

中国佛教在理论上的变化,很大程度上受落魄和失意的士大夫的制约,禅宗也不例外。禅宗的初期信众大体有两类:一类是逃世的士大夫与生活无着的流民在山林的结合;一类是遁于空门而不甘寂寞的士大夫与种种官僚在都城的结合。以这两类禅众为主力,在社会上形成一股不拘名教、自由放旷之风,反过来,又为部分士大夫所喜爱,他们从中得到某种精神慰藉和心理平衡。在客观上,禅宗一般是维护中央集权或保持中立的,所以能为皇权政治所容忍;在通常情况下,它的基础教义教人安分守己,是社会安定的因素,也是太平吉祥的象征,所以很少有当政者粗暴干预的事件发生。中唐以后的士大夫,绝大部分主张将佛教改造成对封建社会少一些消极性、多一些积极性的宗教,其方法就是在宗密那里表现出的会禅教、合儒释,同起协调社会矛盾、减轻民众精神负担的作用。这里且以柳宗元、刘禹锡和白居易为例,略加介绍。

柳宗元所撰《曹溪大鉴禅师碑》说:"自有生物则好斗夺,相贼杀,丧其本实。"孔子死后,讲"本实"①的话流传不多,全杨墨黄老益杂。直到"浮图说后出,推离还源,合所谓生而静者"。

他把佛教当作向孔教"本实"的回归,将慧能之教概括为"始以性善,终以性善,不假耕耘,本其静矣"。"静"的本质是"性善",功用在平息斗杀,故禅宗能"以仁传","丰佐吾道"。柳宗元之所以这样用孔教诠释佛教,用佛教诠释孔教,"统合儒释",主要目的在入世而治世,而不可能全部赞同禅宗那样的超然物外,无善无恶。他在《南岳大明寺律和尚碑》中表达得十分清楚:"儒以礼立仁义,无之则坏;佛以律持定慧,去之则丧。是故离礼于仁义者,不可与言儒;异律于定慧者,不可与言佛。"要求"定慧"接受戒律的制约,"丕穷经教",正反映了主张治世的士人对禅宗轻蔑教戒的不满。换言之,他是希望禅宗吸取经律,循规蹈矩。

柳宗元在《送僧浩初序》中叙述他"嗜浮图言"的原因,大体反映了士大夫接受佛教的两种倾向:第一,"浮图诚有不可斥者,往往

---

① 本实,此处指"静",所谓"不生不灭"之"一心"。

与《易》、《论语》合","不与孔子道异";第二,为浮图之道者,"不爱官、不争能,乐山水而嗜闲安者为多。吾病世之逐逐然,唯印组为务以相轧也,则舍是其焉从?"这两种倾向不论是进是退、是处是出,都给士大夫安排好了。这也类似葛洪在《抱朴子》中的主张:处世用儒,出世为道;进而治世,退而修仙。尽管佛道二教的差别很大,精神则全然一致。

刘禹锡是为慧能撰写第二个碑文的文人。他评论当时佛教的形势说:"中夏之人汩于荣,破荣莫若妙觉,故言禅寂者宗嵩山;北方之人锐以武,摄武莫若示现,故言神通者宗清凉山;南方之人剽而轻,制轻莫若威仪,故言律藏者宗衡山",并称此三山皆为"庄严国"。① 据此,他不只是肯定禅律,也肯定佛教其他法门,因为法门是可以因地因人而异的设施。在佛教哲学上,他的思想可能与柳宗元相同:"即动求静,故能常定;绝缘离觉,乃得究竟"。然而,虽然以"静"为最高境界,但绝不排斥世俗"万行"。他曾读《中庸》有悟,到晚年读佛书,始知所悟只相当于佛教之"初心"。因此,他要会儒归佛。有人"消予困而后援佛",那是因为他们分儒佛之道为二,其实二者精神是一致的。② 他所作《秋日过鸿举法师寺院便送归江陵并引》,是一篇精粹的禅文学论,亦见其极注重文辞。

白居易是另一种情况。他自称"香山居士",可算是中晚唐文人中笃信佛教的代表。他早年修道,炼丹烧药,似乎一事无成。至病老的后半生,则皈依三宝,持十斋,受八戒,冥心于因果之际,修寺造像,藏经偈唱,誓愿于阿弥陀和弥勒之前,尤向往兜率净土,全是为来生打算。这与当时的禅宗主流似乎是背道而行,但从发展看,禅宗内部始终没有中断过这类为来生造福的信仰,到了五代,几乎泛滥于禅宗各家,白居易也可算是呼唤这种禅教统一的先行者。他的诗句中,"阴德既必报,阳祸其虚设",是"教"提供的诅咒;"无事日月长,不羁天地宽",是"禅"提供的心境。对现状的愤懑,

---

① 见刘禹锡《衡岳大师湘潭唐兴寺俨公碑》。
② 见刘禹锡《赠别君素上人并引》。

/第五章/ 晚唐五代十国的形势与禅宗五家的分立

与自我的超脱,是在白居易身上体现的禅教一致。在当时,元稹基本上也取同样的态度。

即使是排佛的士大夫,也不是排斥佛教的一切。韩愈是中唐排佛最激烈也最大胆的代表。然而究其批判的理由,在于佛教出于夷狄,非"中国"之法,与"先王"关于三纲五常之教相悖,惑众败政,为乱亡之源。他写的《原道》明确提出,要用儒家之"道",代替佛老之"道"。就理论上看,韩愈的意见没有超出汉末以来儒家排佛的传统见解。但历史上的排佛者,除个别人,如范缜外,都着眼于政治伦理观,而没有触及佛教的世界观和人生观这类深层次的问题,以致在排佛的同时,仍难免受到佛教的哲学影响,韩愈就是这样的。他在《送文畅师序》中说:

> 夫鸟俯而啄,仰而四顾,兽深居而简出,惧物之为己害也,犹且不免焉。弱之肉,强之食。今吾与文畅安居而暇食,优游以生死,与禽兽异者,宁可不知其所自邪!

韩愈是以继承孟子的道统为己任的,但其知"与禽兽异者",不是得自孟子,而是受僧人文畅的启示,说明佛教的人生哲学,在韩愈那里同样能引起共鸣。"安居而暇食"、"优游以生死",主要不是指生活状况,而是由悟解"弱之肉,强之食"所获得的一种精神境界,也就是禅宗渲染的那种超脱。

文畅在当时的文人中颇有声望,柳宗元在《送文畅上人登五台遂游河朔序》中记"夏官韩公",是"厚于上人而袭其道风"的文人之一。禅风对于文人的吸引力,连韩愈也在所难免。文畅居江表三十年,后北上长安行化,终住五台山,"将统合儒释,宣涤疑滞",有可能是受韩、柳等文人的影响。

韩愈被谪潮州,情绪低劣,是他接受佛教思想的直接原因。《祖堂集》写道,他曾向石头门徒潮州大颠禅师问法,大颠回以缄默,其弟子三平则以敲床回答,表示"先以足动,后以智拔",禅韵颇为深隽。又传有他寄大颠信三件,有学者认为是伪造①。此类具体细节,可继续考订。

李翱卒于会昌(841—846)中,贞元十四年(798)登进士第。他以韩愈为友,从韩愈为文章,一般视他为韩愈的弟子。如果说韩愈的《原道》发挥了《大学》的思想,李翱的《复性书》则发掘了《中庸》的底蕴,两人同为儒家思孟学派的复兴者,同以激烈排佛著称,又同时都接受了佛教的思想影响。这些都为后来的宋儒所继承。从《复性书》看李翱的新儒学,其中几乎彻头彻尾地渗透着佛教的哲学精神,而且就是在禅宗中流行的那种哲学精神。《复性书》中说:"百姓之性,与圣人之性弗差也。"一切众生在"性"上平等,就是禅宗的启蒙观点。李翱称此性为"人之性",曰"人之性皆善",与孟子的性善说衔接起来。本善之"性",因"动"而生"情",由"情"而"惑",于是"性"随情感而流为"百姓,是谓不善"。这个因"情"匿"性"流为"不善"的构架,与孟子无关,而是禅宗所据主要佛典《大乘起信论》关于人生本源的说法。李翱给自己提出的任务是"灭情以复性",通过"弗虑弗思","情则不生",回归到"心寂不动"——其实这就是禅的理想境界。"弗虑弗思"等于"无念","情则不生"等于"无生",及至实现"寂然不动",则"不往而到,不言而神,不耀而光,制作参乎天地,变化合乎阴阳",这比中唐的禅宗更加符合佛教禅的性质,因为他直接把"神通"也引进了"复性"的目标,尽管在语言上多半是采自《周易》。

李翱用禅理、禅境改造古典儒学使之成为新儒学,比韩愈更加显著,可以作为从儒家立场出发,在理论上实现儒释融合的代表。

李翱在《与本使杨尚书请停修寺观手状》中说:"天下之人以佛理证心者寡矣,惟土木铜铁周于四海,残害生人,为逋逃之薮泽。"又在《去佛斋》中说:"惑之者溺于其教,而排之者不知其心。"意思

---

① 《祖堂集》记韩愈予孟简书,称大颠"能以理自胜,不为事物侵扰"。《佛祖统纪》作"实能外形骸,不为事物侵乱"。不管事实是否如此,他敬重大颠,当为不虚。

是说,佛的教①是不好的,建寺造像更坏,但佛理和佛心是好的。他主张排其教,毁其寺,纳其理,证其心。这大体可以代表韩愈的意见,也正是禅宗大师们通过援儒入佛正在实践中的事。《祖堂集》记李翱为朗州刺史时,谒药山惟俨,面刺惟俨:"见面不如千里闻名。"惟俨回答说:"何得贵耳而贱目?"李翱进一步问道,惟俨答以"云在青天水在瓶"。李翱为此赠惟俨诗两首:

练得身形似鹤形,千株松下两函经;我来问道无余说,云在青天水在瓶。

选得幽居惬野情,终年无送亦无迎;有时直上孤峰顶,月下披云笑一声。

对禅僧生活的这种赞叹,是士大夫在热昏后对于大自然的重新发现,有很大的代表性。后一首诗中的"月下披云笑一声",源自惟俨的一则故事:"师一夜登山经行,忽云开见月,大笑一声,应澧阳东九十许里。"这个故事后来也成为一则公案,并东渡日本;至近代被作为禅家神韵的典型,传至欧美。

《宋高僧传》将惟俨编在《护法篇》,是因为惟俨折服了排佛的李翱。而李翱则应属于禅宗的护法者,因为他不只用禅理改造儒学,而且以儒者身份反对佛教教门,护卫禅宗的思想方向。

三、裴休的禅教统一论

在士大夫中,裴休是倡导禅教统一,纳教入禅,促进佛教禅宗化最有力的人物。中唐以来,士大夫一直向往有一种能够提供人生哲理而不糜费财物、人力的佛教,并为之作了许多努力,经裴休而臻于完成。

裴休,河内济源(河南济源)人,家世奉佛。其父肃,贞元中自常州刺史兼御史中丞、越州刺史、浙东团练观察使等。他本人长庆(821—824)中登第,大和初(827)历诸藩辟召,入为监察御史、右补

---

① 李翱所谓的"教",主要指佛教的宗教信仰部分。

阙、史馆修撰。会昌(841－846)中,自尚书郎历典数郡。大中初(847)累官户部侍郎,充诸道盐铁转运使,转兵部侍郎,兼御史大夫。大中六年(852),以本官同平章事,判使如故,在相位五年。大中十年罢相,检校户部尚书,汴州刺史,充宣武军节度使,分司东都。次年,为潞州大都督府长史,充昭义节度使,潞、磁、邢、洺观察使。十三年为太原尹、北都留守、河东节度观察使等。十四年以本官兼凤翔尹,充凤翔陇州刺史。咸通初(860)入为户部侍郎,累迁东部侍郎等。

由于受家庭的影响,裴休奉佛亦笃,尤深于释典。中年后,不食荤血,常斋戒,屏嗜欲;香炉贝典,不离斋中,咏歌赞吹,以为法乐。

了解裴休的家庭出身和一生经历,对于了解禅思想在唐中、后期的社会基础和发展趋向,是颇为重要的。像他这样的官僚门第,宦海相对平稳的士人,在当时并不多见;他本人不但以文见长,且在管理国家财政和地方军政事务上也很能干,并不浮诞。从他父亲在江南为官,到他终于京都任上,这个家族连续约七十年,奉佛不衰,而最后归于禅门,这是一个很值得思考的社会现象。

裴休所奉禅宗,在会昌前后略有变化。此前他推崇宗密的荷泽宗,说他与宗密"于法为昆仲,于义为交友,于思为善知识,于教为内外护",是宗密禅思想的主要追随者和扶植者。宗密撰《中华传心地禅门师资承袭图》,是答裴休所问;《禅源诸诠集都序》,裴休为之作《叙》;宗密死后,裴休作《圭峰禅师碑铭并序》,可见他们关系的深密。会昌以后,裴休官于江淮,着重复兴江西禅系。他在湖南任观察使时,值宣宗释武宗之佛禁,乃延请已经还俗的沩山灵祐,"乘之以己舆,亲为其徒列",重振同庆寺。禅宗五家中,沩仰宗最早兴起,与裴休的支持直接有关。据裴休自述,他在会昌二年(842)官于钟陵(洪州境),曾迎请黄檗希运至州治龙兴寺,"旦夕问道";大中二年(848)官于宛陵(安徽宣城),又礼迎希运至所部,安居开元寺,"且夕受法"。大中十一年(857),裴休记录希运的言论传世,既代表希运的思想,也反映了裴休的观点,使士大夫的精神面貌与禅的精神境界融为一体。

裴休在《圭峰禅师碑铭并序》一文中,大体表达了他早年的佛教思想。他说:

> 夫一心者,万法之总也。分而为戒定慧,开而为六度,散而为万行。

"一心"才是统帅,"禅"只是六度之一,不能取代其他法门。历代大师"著论释经,摧灭外道","以戒力为神尊","以苦行为道迹",如此等等各有道行,是不能用禅宗加以排斥的。在他看来,宗密是"以知见为妙门"作基础,既提倡"寂静",又主张"慈忍"、"慧断",所以禅宗与其他教门并无高下。他还进一步判断宗密的学说:"三乘不兴,《四分》不振,吾师耻之;忠孝不并化,荷担不胜任,吾师耽之。"据此,不但禅、教、戒可融为"一心"知见之用,儒家忠孝、做官胜任,也应是佛教教化的内容。这种佛教观,同裴休将佛教视为救世度生、"助国家之化"的工具有关,完全是功利主义的。因此,他对于禅宗内部的派系对立,所谓"互相诋泚,莫肯会通",感到不满,力图分别给以"合法"的地位。他肯定道信传弘忍为五祖,同时又传融为牛头宗;弘忍传慧能为六祖,同时"又传秀为北宗";"慧能传神会为七祖,又传怀让至道一而为江西宗"。宗系虽有嫡旁,禅法并无尊卑。

以"一心"而协调佛教各宗和儒释两家,共为助国化世效力,是裴休站在治世的官僚立场表现的倾向,代表了士大夫从政期的禅教统一观。在他由荷泽宗转向江西宗,与希运相处的后半生,他的思想有了明显的变化。这个变化依然以"一心"为永恒不变的本体,但强调了曹溪的传承:"唯传一心,更无别法,心体亦空,万缘俱寂"。由于是"唯传一心","证之者无新旧、无深浅,说之者不应义解,不立宗主,不开户牖;直下便是,运念即乖"。这种主张不只贬斥经教义学,而且贬斥一切坐禅运念的禅系。所谓"心体亦空"的禅理,更接近牛头径山一系的般若空观,与宗密提倡的以"知"为体的观念有所不同。这种变化，表现在他整理的希运言论中，已经不再有统一禅内外和教内外各种门派的努力，也没有了为国家承担教化重任的热忱。他的兴趣转向了"言简"、"理直"，欣赏的是"道峻"、"行孤"，充满勘破世事和希求超脱的淡泊情绪。

前已说过，《坛经》是经过多次修订编纂而成的，希运的思想言论中有许多与《坛经》相契，裴休可能就是参与此种修订的文人之一。《坛经》的重要特征，是用《金刚》的旗帜，取代《楞伽》传宗的地位，突出"自心是佛"和"法无渐顿、直下便悟"的主张，这些在希运的语录中都有淋漓尽致的发挥。特别是慧能所谓的"本来无一物"，尤其为希运所乐道。希运、裴休在推动晚唐禅理论的发展趋向上，是值得重视的一环。他们所反映的心绪，已不限于个人的生平际遇，而是更广泛地表现了整个晚唐动荡的社会背景和士大夫们相当普遍的绝望。

裴休有系统的禅理论，全部是通过整理希运的言论体现出来的，我们将在有关希运的章节中详谈。

第二节　藩镇割据下的河北禅宗

唐武宗毁佛和黄巢的流寇主义，客观上刺激了禅宗的高速发展，它分布的范围进一步扩大。江西、湖南、浙江等禅宗原有的基地依然兴隆，河北首先成为禅宗振兴的支撑点，福建则成了孕育多数新宗派的摇篮。

晚唐以后的禅宗态势大变。神秀的北宗禅系，再也不见有名僧闻世；而江西禅师遍天下，几乎无处不在，尤以百丈怀海、南泉普愿两支最盛。

一、赵州从谂和赵州门风

南泉的弟子，《祖堂集》记七人；《景德传灯录》记十七人，十三人有语录，其中首屈一指的是赵州从谂。各种僧史和僧录大都有关于从谂的记载，但差别很大，后人给他塑造的形象不止一个。关于他的记载，最早见于《祖堂集》，谓其"讳全谂，青社缁丘人"；《宋高僧传》改为"释从谂,青州临淄人";《景德传灯录》记为"从谂禅师,曹州郝乡人也,姓郝氏"。少于本州龙兴寺出家,至嵩山琉璃坛受戒,"不味经律,遍参丛林,一造南泉,便无他往"。何时去赵州不清楚。《传灯录》以后,始记他卒于唐乾宁四年(897),寿一百二十。后谥为"真际大师"。《古尊宿语录》载有南唐保大十一年(953)"东都东院惠通禅师"所述《赵州行状》,谓从谂死在戊子岁,未记寿令。戊子岁系唐懿宗咸通九年(868)。这些记载之所以有如此大的不同,与晚唐五代战乱、消息隔离有关。但对他的禅法评价相当一致。《宋高僧传》说他"凡所举扬,天下传之,号赵州去(之)道,语录大行,为世所贵"。《传灯录》也说:"师之玄言,布于天下,时谓赵州门风,皆悚然信伏矣。"

从谂的禅生涯全在赵州。赵州(河北赵县),"安史之乱"后属恒州(河北正定)节度,归成德镇(军)管辖;"安史之乱"后,奚人李宝臣(张忠志)任恒州节度使;公元782年,契丹人王武俊继李氏自立,称赵王,以恒州为真定府。次年,又对唐称臣。此后,成德镇与魏博、幽州两镇相呼应,与唐中央保持一种若即若离的状态。王氏二传至承宗(?—820)被回鹘人王廷凑所取代。王廷凑史称其"凶毒好乱,无君不仁",比其前人更甚,死于大和八年(834)。其子元逵继位,开成二年(837),唐文宗诏以寿安公主出降,会昌中,曾参加唐中央对昭义镇的讨伐,任北面招讨使,与魏博军同收山东三州,终于大中十一年(857)。其后,绍鼎、绍懿、景崇(?—883)等都实行"下礼诸藩,上奉朝旨"的方针,以唐王室贵戚的身份拱卫中央,形同诸侯国家。王镕继位年方十岁,基本上靠向周边军阀藩镇纳贡维持政权,直到出降朱全忠,为五代梁封赵王,天祐十八年(921)被杀。从李宝臣到王镕,成德镇割据一百六十年,在中晚唐全国战乱不断的局面中,是保持长时期相对稳定的地区之一。据日人圆仁所撰《入唐求法巡礼记》,武宗毁佛,"唯黄河以北镇、幽、魏、路等四节度使原来敬重佛法,不毁拆佛寺,不条疏僧尼,佛法之事,一切不动之"。"镇"即镇州,为成德镇的治所。黄巢流寇全国,战争酷烈,然不及河北。河北三镇对佛教采取的保护政策和比较安定的社会条件,对于僧尼肯定起招徕的作用。但由于这里的自然环境远不如江南,垦荒农耕不足以维持众多僧群,所以生活更加艰辛,大都得乞食饭斋,靠施舍度日,由此形成的禅风,与南方诸宗相比,孤愤多于容忍,峻烈多于洒脱,质直多于文采。

禅史传说,从谂八十岁始从游方住赵州城东观音院,住持四十年。如果他卒于897年,是成德镇后期的自保阶段,当权者主要是王景崇;若是卒于868年,则是王廷凑末年,王元逵归顺唐王朝的兴旺阶段。据《赵州行状》记,从谂初到赵州,所居十分简陋。及至燕王(指幽州镇)兵临镇州界,有观气象者谓"赵州有圣人所居,战必不胜"。燕、赵二王因此罢战,并发现"圣人"就是从谂,即时参礼。寻后,赵王发使迎入镇州城中供养,为之摩顶授记;又有窦行军者,舍果园而为从谂作"真际禅院",由此"海众云臻",燕王也从幽州奏到"命服"送至镇州。从谂即终于这一禅院,"道俗车马数万余人,哀声振动"。据此,从谂的活跃期主要在镇州而非赵州;他之所以受到赵王的礼遇,是因为他被当作国之瑞祥,镇国之宝;也被当作联结幽州镇的一种信仰上的纽带。从谂在河北承担的角色,类似佛图澄之于石赵,道安之于苻秦,很符合北方少数民族政权对待佛教的态度,它们都不甚看重佛教的教义,所以无碍于禅宗的流布。与从谂同辈的道一法孙,至少还有五个知名者在这一地区活动。

从谂的门徒,《祖堂集》无记,《景德传灯录》载法嗣十一人,七人见录,大多数分布在江南数省,而镇州无一传人,说明镇州成为晚唐禅宗的一个重要基点,与王氏割据的政治形势直接有关,与禅宗本身的经济结构无关,因而只能是短暂的。赞宁说,真定帅王氏抗拒朝廷过制,"而偏归心于谂",也反映了这一点。

从谂传播的禅观为"平常心是道",更确切些说,道一、普愿关于"平常心是道"之说,主要是通过从谂一系才大行起来的。据《祖堂集》传,普愿向从谂解释:此"道"不可"趣向","拟(向)则乖";"道不属知不知,知是妄觉,不知是无记;若也(是)真达不拟之道,犹如太虚,廓然荡豁,岂可是非"。从谂"于是倾领玄机"。因此,从谂所谓的"平常心"是不可是非、不可规定的精神主体，带有更多的不可知论倾向；又因其虚廓无规定性，能够容纳万有，适应一切事变，所以兀然不动。他创造的"随缘任性，笑傲浮生，拥毳携筇，周游烟水"的生活方式，可以作为他的禅理的写照。

中唐以来，禅宗僧侣往往举止乖僻，言语怪诞，使人们难以常理理解，难用正常思维推断。这种反逻辑、非理性的禅风，在从谂这里表现得尤为突出。有僧问："柏树子还有佛性也无？"从谂答曰："有。"又问："几时成佛？"答曰："待虚空落地。"再问："虚空几时落地？"答曰："待柏树子成佛。"又有僧问："如何是祖师西来意？"答曰："庭前柏树子。"僧说："和尚莫将境示人！"答曰："我不将境示人。"于是重问："如何是祖师西来意？"从谂仍答曰："庭前柏树子。"这个著名的"赵州柏树子"公案，硬说它有多少禅理还未尝不可，另有一些就更加莫明其妙了。如某僧辞从谂，从谂问他："若有人问你见赵州也无，该怎么回答？"僧说："只道见和尚。"谂说："老僧似一头驴，汝作摩生见？"又一僧在从谂处五六年，从谂问他的印象，他说："师似一头驴。"从谂乃问："什么处见似一头驴？"对曰："入法界见。"谂道："去，未见老僧在！"一次，从谂与一个七岁的孩子论义，"以劣为宗"，输者买胡饼给胜方吃。从谂先说："老僧是一头驴。"孩子说："某甲是驴粪。"二人争说自己最"劣"，久不得决。从谂认为"这个事军国一般大"，于是召集三百余众，请求公断。大众依然断不得，说："须是具眼禅师始得。"三日后，这个七岁沙弥"觉察"，向从谂认输。此一名"赵州驴子"的公案，与普愿的"水牯牛"相比，更增添了无聊的成分。然而，人宁愿像驴，而驴不如粪，在无聊中充塞着一种愤懑，一种悲凉，一种压抑的渲泄，是可以感觉到的。

从谂还有一些禅语。他自云："自往已来，未曾遇着一个本色禅师。"有人问："忽遇时如何？"答道："千钧之弩不为鼷鼠而发机。"又有僧问："如何是和尚家风？"谂答："不向你道。"又问："为什么不道？"乃答："是我家风。"他曾以脚踢空中口吹。座主问："这个是《涅槃经》中什么义？"答："佛之一字，吾不喜闻。"但有人问："师还为人不?"师云:"佛也佛也。"他的思想没有离开佛教,但在佛教中他也没有找到知音。因此,他感叹不遇本色禅师,也不轻易发机,只以"不道(说)为道"。有人问:"如何是学人师?"他答:"云有出山势,水无投涧声。"这有"势"无"声",固然可以作为赵州家风"不道"的注解,而其所以造此家风,实在与其悲凉的孤傲有很大关系。有人请他救世,他说:"老僧自疾不能救,怎能救得诸人疾?"请者感到失望,以为学人由此将要"无依"了。他说:"依则榻着地,不依则一任东西。""无依"是独来独往,是他的禅性格,也是他的真正家风。

《古尊宿语录》中附有后人集的《十二时歌》,据说是从谂的作品。它以通顺的文字,唱出了一个禅僧的贫困和辛酸:"谁道出家憎爱断,思量不觉泪沾巾";"裙子褊衫个也无","裩无腰,袴无口";"土榻床破","老榆木枕,全无被";"尊像不烧安息香,灰里唯闻牛粪气";"食时辰,烟火徒劳望四邻,馒头锤子①前年别,今日思量空咽津";夜间"独坐一间空暗室,唯闻老鼠闹啾唧,凭何更得有心情,思量念个波罗蜜!"这样的生活条件,也只能是"不习禅,不论义","比望修行利济人,谁知变作不唧溜"。此处描述的情景,可以代表北方多数禅众依靠贫民布施为生的生活状况和无可奈何的低沉心绪。

从谂大约也是从类似的困顿生活中被推崇起来的,所以对赵王颇感知遇之恩。赵王来拜,他不下床,侍者以为无礼,他解释说:"上等人来上绳床接,中等人来下绳床接,下等人来三门外接",表示他对赵王十分尊重。有人问:"如何得报国王恩?"师云:"念佛。"或许这是有意劝赵王出家的。《行状》记其为赵王授记,祝词是"愿大王与老僧齐年",其实也是一种劝告。及其临终,托人"送拂子一枝与赵王,传语云:此是老僧一生用不尽底"。这是最明显的劝赵王退身。这一系列劝说,或出于从谂对晚唐以来各种社会政治力量殊死斗争的形势的观察,或者就是他自身经历的体验,是带有情感的,真切的。王氏传位至王镕,被部将王德明所杀,"至于赤族"。

---

① 锤子:蒸饼的别称。

从谂是一个真正参透了政治风云的禅师。

从谂至两宋,声名转高,关于他的传说很多,公案也多,被塑造的性格则有了变化。其中最普通的,是把他说成是一个谄媚的人,例如说他以阿谀普愿为"卧如来",普愿始许其入室等类。另据《五灯会元》载:

> 有问:狗子还有佛性也无?师曰:无。曰:上至诸师,下至蝼蚁,皆有佛性,狗子为什么却无?师曰:为伊有业识在。

"业识"是《起信论》重视运用的概念,指"不觉心动",凡处于动态中的心识,都可称为"业识"。若从这个意义上说,狗子无佛性,则一切众生应皆无佛性,这当然要成为轰动佛教界的大事①,所以也为后来的禅众所参。但《祖堂集》另记,有问从谂:"如何是平常心?"师曰:"虎(狐)狼野干是",含义与此相反,也为宋代禅书采用,似乎没有当公案处理。表明后人制造公案和参解公案,不过是借题发挥的一种形式,不一定是史实,也不能把后人的参解当作公案的本义。②

二、镇州义玄和临济宗风

洪州禅系在河北的另一大家,乃是临济宗的创始人义玄。

1. 义玄和普化

义玄,俗姓邢,曹州(山东荷泽)南华人。关于他的生平言行,所有的僧传禅史都有记载,但零碎参差,不很一致。《祖堂集》、《宋高僧传》等记他终于咸通七年(866),《古尊宿语录》收有他的弟子写的《临济慧照禅师塔记》,说他终于咸通八年(867),寿龄不详,慧照是他的谥号。义玄的师承也颇复杂,一般定他是黄檗希运的门

---

① 这与怀海所谓的"有情无佛性"不同。怀海指的"有情"是世俗的染情,从谂指的"业识"是"动"识,"动"识包括染情,但也包括离染的菩提智慧。

② 以上关于从谂的引文,凡未注明出处的,均见《祖堂集》。后出的《景德传灯录》的思想情绪,都与之不合。如上引从谂用一脚踢空为上座解《涅槃经》义,并自释曰"佛之一字,吾不喜闻"。《传灯录》作"五百力士揭石义",原意全失。

徒,而《镇州临济慧照禅师语录》则记其自言:"山僧佛法,的的相承,从麻谷和尚(指在蒲州麻谷山的道一弟子宝彻)、丹霞和尚、道一和尚、庐山(指道一弟子归宗智常)拽石头和尚",一直到黄檗、石巩(在抚州石巩的道一弟子慧藏),列了一串名单,表明他相承的只是禅宗的"玄旨",而不限于某个禅师的衣钵言辞。《塔记》说他"首参黄檗,次谒大愚"。大愚是庐山归宗的弟子;归宗则是希运敬佩的禅师。总之,义玄是在江西系诸大禅师的哺育中成长起来的,代表了此系于唐末五代在北方的另一重要流向。

综合各种传说可知,义玄于落发受具后,曾先居讲肆,"精究毗尼,博赜经论"。继之,"更衣游方"①,辗转至江西参希运,在黄檗麾下,以"行业第一"闻。后来三次参问"如何是佛法的大意",三次遭黄檗打,未领深旨,遂向高安(江西高安)滩头的大愚请教,大愚说:"黄檗与么老婆心切,为汝得彻困。"义玄于言下大悟,常参加普请劳动,又为希运做信使,与径山、沩山多有往来。在这期间,可能还师事过德山宣鉴。离开黄檗以后,继续行脚参禅,后到镇州(河北正定),于城东南隅临滹沱河的小院住持,因号"临济"。他在道一的另一法孙普化的佐助下,颇能轰动群众。及至兵革,有太尉默君和者,于城中舍宅为寺,即以临济为额,迎义玄居之,"府主王常侍"曾延以师礼。不久,去大名(属魏州,河北省大名东),住兴化寺,终于此寺。

据《景德传灯录》载,义玄有嗣法弟子二十二人,其中十六人见录,主要分布在河北三镇,以镇州的宝寿沼、三圣慧然和魏州的兴化存奖为代表,有个别人在江南传禅,即潭州的灌溪志闲。

义玄的禅师生涯主要是在行脚乞食中度过的,与赵州从谂的经历大体相同。他以"孝"闻名,而竟至于出家;本在官寺研习经律,而不得不"更衣游方",其中的隐衷虽不得知,但遭遇的坎坷和不幸是可以推想得到的。他敬佩和接近的知名禅师多半禅行乖诞难解,对他的禅风的形成当有不小的影响。除前已叙述过的数人

---

① "更衣游方",语出《塔记》,指改为俗装,"游方"是被迫的。

外,像庐山归宗常"敲鼎盖"或"弹指"以示"观音妙智力"(观音行),石巩慧藏则常拽人鼻孔悟人,或张弓架箭接机。

佐助义玄的普化,原为道一弟子蒲州盘山宝积的门徒,《祖堂集》《景德传灯录》《宋高僧传》等均有记载。他先在镇州,疯癫佯狂,出言无度。寻常暮宿塚间,朝游城市。见人无高低,皆振铃一声,有回顾者,即展手云:"乞我一钱。"非时遇食亦吃,显然是头陀行的变种。他曾与"马步使"喝道并喝,被打五棒,曰:"似即似,是即不是。"①又振铃街头云:"明头来也打,暗头来也打。"②尝暮入临济院吃生菜饭,义玄道:"这汉大似一头驴。"普化便作驴鸣。有可能因为他经常到这里偷吃东西,所以义玄称他"贼贼",他也以"贼贼"作答。他曾用"临济小厮儿,只具一只眼"讥讽义玄。此后,普化成了义玄传法最得力的助手。咸通初(860),普化先于义玄死,死前告知郡人死期,"众人云集相随",连走四天,始入棺而逝。"郡人奔走出城,揭棺视之,已不见,唯闻铎声渐远,莫测其由"。

普化被目为"风汉",在市民中可以起到与神异类似的轰动效果,这是义玄创建临济宗得以成功的一个条件。在"佯狂"中深蕴着愤世嫉俗和辛酸痛楚,能引起不少同道者的共鸣;对于热衷世间功利者,也不无发聩警觉的作用。普化是义玄的影子,在纷乱的年代中反映着一种消极无望的社会情绪。就此而言,义玄与从谂是一样的,不过义玄将这种情绪进一步禅化,并使之成为一种模式,具有更强的感染力和影响力。

2. 棒喝交加和毁佛毁祖

义玄的禅模式,可用《祖堂集》的"以喝、打为化门"来概括。"喝打"或"棒喝",作为表现禅机一种的"势",并不是义玄的专利,但把这种方式贯穿于一切禅行中,则是临济的独家门风。他到处宣传他"在黄檗处三度发问,三度被打"。若有人拟议,先是"喝",

---

① 义玄以"棒喝"示禅。此处的声喝和棒打,虽形"似"禅,而实非"是"禅也。要在"似"中悟"是"。

② "明暗"是一对范畴,出于《坛经》。一般指理与事、智与愚。

"随后打"。打使用棒杖,故曰棒打。他与一个叫洛(乐)普的禅师对话,问:若"一人行棒,一人行喝,阿那个亲?"洛普答:"总不亲。"又问:"亲处作么生?"洛普便喝,义玄便打。这种喝打,有表示言语投机的意思。但实际运用时含义很杂,义玄自己解释说:"有时一喝,如金刚宝剑;有时一喝,如踞地金毛师子;有时一喝,如探竿影草;有时一喝,不作一喝用。""宝剑"可喻断惑,"师子"可喻醒迷,"影草"或喻试探,"不作一喝用"或指无意义。棒打的含义当与喝大同,不过是施与迷惑更严重的情况。

临济门风素以峻烈著称,其表现不仅在以棒喝应机,也反映在毁佛、毁祖、骂僧和排斥经典三藏上。他说:

大善知识始敢毁佛毁祖,是非天下,排斥三藏教,辱骂诸小儿,向逆顺中觅人……自古先辈到处人不信,被递出,始知是贵;若到处人尽肯,堪作什么?

这至少是在佛教领域内公开号召反潮流、做叛逆。他反对思想有任何束缚,以至教人"莫受人惑,向里向外,逢着便杀。逢佛杀佛,逢祖杀祖,逢罗汉杀罗汉,逢父母杀父母,逢亲眷杀亲眷"。他称"坐禅观行"的禅师是吃饱了的"老奴",骂座主讲家为"野狐精魅"、"野干",呼"无位真人(心佛)是什么干屎橛",说"十地满心,犹如客作儿;等、妙二觉,担枷锁汉;罗汉、辟支,犹如厕秽;菩提涅槃,如系驴橛",如此等等。对既有的佛教秩序和佛教教义憎恨之深,溢于言表,这是否意味着是对当时的社会秩序和伦理观念的憎恨,值得深思;但其与当时社会上的排佛浪潮和佛教改革的声音相呼应,成为从内部持续破坏传统佛教的重要因素,当无疑问。

毁佛毁祖(不受佛祖拘束)、杀父杀母(不为家族樊笼),类似的思想也可以从义玄的前辈那里推论出来,但用如此激烈的言词表达出来则是史无前例的,在某种程度上反映了晚唐五代封建主义上层建筑和意识形态土崩瓦解的状况,至少在客观上适应了地方性独立自主的需要。后来的一些士大夫特别欣赏临济宗的呵佛骂祖,是因为可以用它来指桑骂槐,藉以发泄对于当前政治腐败和道德堕落的牢骚与不满。宋元以来,有相当一批具有叛逆性格和反潮流精神的人物服膺临济宗旨,与此不无关系。

3. 自信自主和"立处皆真"

然而,义玄的棒喝应机和呵佛骂祖,有他自己的理论基础和人生准则。理论上,他继承的是道一以来的"即心即佛",而突出个人的"自信"。他与其师黄檗略有不同,不是一般地反对求知存见,而是强调"求真正见解",而"真正见解",说到底,就是认识到你与祖佛不别,你就是佛,由此树立牢固的"自信"。他说,如今学者不得,"病在不自信处。你若自信不及,即使茫茫地徇一切境转,被他万境回换,不得自由"。他反对任何向外的驰求,不论它多么尊贵;要求摆脱一切境界的支配,不论它多么美好。只有这样,自己才能成为自己的主人,而不致沦为境界的奴子。他号召人们做"大丈夫汉",决不"自轻而退",不"屈言我是凡夫,他是圣人",不"被他凡圣名碍"。他说:

> 大器者要不受人惑,随处作主,立处皆真,但有来者,皆不得受。

又说:

> 大丈夫汉不作丈夫气息,自家屋里物不肯信,只么向外觅,上他古人闲名句?倚阴博阳,不能特达;逢境便缘,逢尘便执,触处惑起,自无定准。

正是为了唤起人们的自信、自尊、自由、自主、自有定准,不受外界环境的支配,做到立处皆真,所以他喝他打,以至于逢到什么便杀什么。

义玄发挥了黄檗关于"一精灵分为六和合"的哲学观,认为人人都有一个"无形段"的"历历孤明"。这"孤明"是"真佛"、"真道"、

"真法",此三者混融和合而为一,是世与出世法的本源,也是人们理应自信的基石。对于这一"人人未曾欠少"的"孤明",若不辨不信,一味向名句境界上生解,等于负死尸行,担担子走,踏破草鞋也是黑暗深坑。这"孤明"其实就是"灵知"的别称,其特征是"空",由它派生的"世、出世法,皆无自性,亦无生性,但有名字,名字亦空"。佛教最多是一种用来治病、解缚的药方,本质则是假话,欺弄小儿。在这个意义上,他斥骂种种执持传统佛教的僧侣为"一般瞎秃子"。

义玄坚持禅宗的基本宗旨,认为"拟心即差,动念即乖",一切境界无非是"业识"的言语施设,如人着衣,衣有种种,终不是人。因此,解脱之道在于"无心",实现"无心"的途径是"歇念"或"息念"。"歇念"的主要标志是"无求"、"无依",既不向外索求,也不依他教导,不要"无事"找事。这也正是江西系一贯倡导的行平常心,做平常事,平常心是道。他说:"佛法无用功处,只是平常无事,屙屎送尿,着衣吃饭,困来即卧。""无用功处"即是"歇念":"求心歇处即无事","无事是贵人";"一念心歇得处,唤作菩提树"。他的理想人生,归根结底,是"无事过时",是标准的混世主义,这在当时的义玄,可能有许多无可奈何的苦衷。处于社会崩溃边缘的时代,有事可能不如无事,逍遥也许胜于参与。他极强调"有求皆苦"的佛教原始教义,又时时流露出生死无常的感慨。由于我们对他的出身和经历几乎一无所知,很难揭示导向他这种禅观的具体原因。

4. 临济宾主句①

佛教发展到晚唐五代,到处漂泊流浪的行脚僧大增。与社会的剧烈动荡相应,佛教内部争取生存空间和势力范围的斗争也日趋激烈。禅宗经历了缄默静坐、不立文字、农禅兼行、寓禅于作等各种变化,现在必须适应行脚天下、接应四方的新形势,创造出新的行禅方式,这就是"参禅"和"应机"。

"参禅"本指探究禅的奥秘,与禅僧正常的访师问道同义,有时

---

① 本小标题下的引文,见《镇州临济慧照禅师语录》、《人天眼目》。但被总结得如此系统,可能是出自后人之手。

第五章 晚唐五代十国的形势与禅宗五家的分立

则只是游动僧侣寻找吃住的口实;"应机",指对来访者的身份、动机、水平、临事言行等具体情况(机)的观察,理应给以相当而不失本宗的酬答(应)。后人传说,义玄总结了不少主客间应对的方法,将历来禅宗重视的"机辩"又推进了一步,成为自家门庭设施的组成部分。他说:

> 主客相见,便有言论往来,或应物现形(根据不同人表现为不同面貌),或全体作用(以本来面貌出现),或把机权喜怒(以喜怒为手段),或现半身(留有余地),或乘师子(示以智),或乘象王(示以理)。

这种根据不同情况采用不同对应的方式,也是义玄寓禅于人际关系的总原则。他还用三句偈言概括他的宗风:"三要印开朱点窄,未容拟议主宾分";"妙解岂容无著问,沤和争负截流机";"看取棚头弄傀儡,抽牵都藉里头人"。他自己解释道,这三句中,每"一句语须具三玄门,一玄门须具三要,有权有用"。这"三句"、"三玄"、"三要"的含义,后人有些解释,但那是后人的事,他的意思是:在宾主问答中,要设法制止对方长篇大论(拟议);主人的言行不可尽情表露,要话中有话,行中含机;要善于截取对方言行,权变应对(沤和、权用)。"三句"中的第三句就带有玩世不恭的悲观情绪了,既可能是他对社会人生的认识,也可能是他对宾客酬问的态度。

义玄关于主客关系的言论,总称为"临济宾主句"。他说:"今时学者总不识法,犹如触鼻羊,逢着物安在口里,奴郎(主)不辨,宾主不分,如是之流,邪心入道。"他把区分宾主关系看成是辨别主奴关系的大事。"随处作主",不为万境所惑,"应物现形",不把物形当真,这是处理宾主关系的立足点。他说:"我有时先照后用,有时先用后照,有时照用同时,有时照用不同时。"以此分别对待不同的来客,以保证主人的身份。"先照后用",是以存"人"(情识)而破法执(客境);"先用后照",是以存"法"而破人执;"照用同时",是人执、法执皆破,故形容为"敲骨取髓,痛下针锥";"照用不同时",宾主分立,有问有答,不拘一格,"应机接物"。禅史称这种"宾主句"为"四照用",但解释上不全相同。

与此类似的"宾主句",还有所谓"四料简":"有时夺人不夺境,有时夺境不夺人,有时人境俱夺,有时人境俱不夺。"义玄对此各用两句偈言式的譬喻作的解释过于繁细,此处不再重复。

另一种"宾主句"被称作"四宾主",是用来衡量宾主应对间的得失成败的:一曰"宾看主"。参学者先拈出一个"胶盆子"①,"善知识"(师长)不辨此境,便在这境上作模作样,即使被参学者斥喝,也不肯放下,"此是膏肓之病,不堪医治",失败者是"善知识"。二曰"主看宾"。"善知识不拈出物,只随学人,问处即夺;学人被夺,抵死不肯放",失败者是参学者。三曰"主看主"。学人拈一个"清净境","善知识辨得是境,但把它抛向坑里;学人则言:大好善知识!善知识即云:咄哉,不识好恶!学人便礼拜。"这是双方都很理解,因而都不失自家作主的对答。四曰"宾看宾"。"学人披枷带锁出善知识前,知识更与安一重枷锁,学人欢喜,彼此不辨",所以两者只能同时为奴为囚。

"临济宾主句"表现了禅宗内部斗争的特殊方式,隐晦得令人难以常理测度。但其中贯彻的这一禅系的根本精神是清楚的:以彻底的空观,打破一切精神枷锁,做无求人、无事人、自由人,尽管是在流浪中,需要以乞食赴斋维持生计。

临济义玄继承了江西禅系重视独创、反对因袭的传统。他自己希望能"成一株大树,与天下人作阴凉去在"。沩山评论义玄对于其师黄檗的关系时说:"见与师齐,减师半德;见过于师,方堪传授。"这种要求一代高于一代的精神,是禅宗特别是临济宗得以长期延续的又一个因素。

《祖堂集》关于义玄的记载,与《古尊宿语录》所收的内容颇异。《祖堂集》说,义玄系因黄檗指点,受大愚数杖始悟,他曾表示,这一棒令他"入佛境界,假使百劫,粉骨碎身",难报如此深恩,"因此侍

---

① 胶盆子即盛胶的盆子,这里喻指很容易缠粘人的命题或禅势。

奉大愚经十余年"。至大愚临终,嘱其以后出世传心,"第一莫忘黄檗"。则义玄的棒喝实出大愚。高安大愚素以"诸方行脚,法眼明彻"为人称道,不好群居,独栖山舍,余事不详。这一记载关系临济宗的师承,不关宗风大局,附备参考。

5. 义玄门徒和魏州存奖

义玄死后不久,河北掀起了军阀割据的战争,一直延续到五代十国,一变而为全国遭破坏最严重、人民受苦难最深重的地区之一。然而,北方诸大强镇的首脑和五代诸朝几乎无不奉佛,使佛教再度成为逃亡者的避难所。义玄的门徒们在战火纷飞的夹缝中求得生存,而且有所发展。其中影响后世最大的,是魏州兴化寺的存奖。

存奖,自《祖堂集》以来,所有"传灯"体禅史都有记载,详略不一,内容也有差别,而对其生平均未言及。综合《天圣广灯录》、《古尊宿语录》等大致可知,他是由栾城(河北中部偏西)来到临济的,后来向南方行脚匝,又回到镇州,"在三圣(慧然)会里为上首";尔后投奔魏州兴化寺的大觉,为大觉当院主。据此,他在义玄门下属于幼辈,三圣、大觉是他的师兄,而他并以师长视之。在开堂日,他第一炷香为三圣,第二炷为大觉,最后供养临济,表示他尊重自己的传承。三圣所在的镇州,当时仍是成德镇的中心;大觉在魏府(河北大名),是魏博镇的中心。至9世纪80年代末,二镇的长期联盟关系遭到破坏,分别被朱全忠和李克用控制,保持约一百五十年的稳定地区,变成了梁、晋两家争夺的主要战场。公元907年,后梁建国;公元923年,后唐取而代之。三圣、大觉可能死在这一战乱年代。① 存奖则死于后唐庄宗同光(923—926)年间。

存奖经历了中国历史上灾难最深重的时期之一,且住在当时灾难最深重的地方。据传,后唐庄宗驾幸魏府行宫,曾把他作为"有道德之人"召见。帝云:"朕收下中原获得一宝,未曾有人酬

---

① 义玄的另一弟子灌溪志闲,死于乾宁二年(895),他的年龄与三圣、大觉等相差无几。

价。"存奖问:"如何是陛下中原之宝?""帝以手舒幞头脚。师云:君王之宝,谁敢酬价! 圣颜大悦,赐紫衣、师号,师皆不受。选马一匹与师乘。骑马忽惊,师遂坠伤足"。存奖令院主为做木拐子,拄拐绕院行,问:"汝等还识得老僧么? 僧云:和尚争得不识! 师云:疠(跛)脚法师,说得行不得。遂上堂,以此示众,众皆无对。掷下拐子,端然而逝。"敕谥"广济大师"。这个故事,有些像新丰翁折臂,不过存奖伤足不是为了逃避兵役,而是拒绝为新王朝贴金。从抗拒到死亡,都满含禅机,有可能出自后人的加工。可是,"说得行不得"一语,不是有切肤之痛的人是很难说得出的。《景德传灯录》记存奖"为后唐庄宗师",《祖堂集》等也以"国师"称呼他,不知是否还有别的根据。①

存奖没有系统的禅理论留传下来。他自云"于三圣师兄处,学得个宾主句",后被大觉"折倒了";他又要求从大觉师兄处学个"安乐法门",结果被"痛打一顿","即于棒下荐得临济先师于黄檗处吃棒道理"。因此,在存奖一代,棒喝成为更主要的阐化形式,"宾主句"之类的应对语言其实是没有的。他曾评论"三圣为我太孤","大觉为我太赊"。"孤"而傲世,"赊"而悠远,这种性格在存奖身上确实印有朦胧的痕迹。

存奖的嗣法弟子,《景德传灯录》记有二人,《天圣广灯录》载有五人,其中汝州宝应禅院(或称南院)慧颙禅师,生卒不详,传延沼(昭),于汝州(河南临汝)风穴山聚徒,大振诸方,汝州遂成为五代、宋初临济宗的大本营。

以上是综合各种灯录所记,有关存奖的事迹与言行大都已成定论。然而,《全唐文》收唐公乘亿所撰《魏州故禅大德奖公塔碑》,与传灯录所传相差不啻天壤。碑文称,存奖俗姓孔,原籍邹鲁,为孔子后裔,乃祖乃父官于蓟州三河(河北三河),遂生于蓟。年七岁

---

① 关于存奖与后唐庄宗的对话与关系,《佛祖统纪》记是三圣慧然。见《佛祖统纪》卷四二。又,卷五四亦记:"唐庄宗问道于三圣惠然,及亡,谥广济太(大)师,通寂之塔"。

辞亲出家于三河县盘山甘泉院禅大德晓方。大中五年(851),卢龙节度使张公①置坛场,始受戒;大中九年,又于涿郡(河北涿县)新起戒坛,存奖设讲筵。后谒临济大师元公(义玄),"得奉旨归,传黄檗之真筌,授白云之秘诀"。此后,历游诸方,"西主京华,南经水国",至于钟陵(江西南昌),"遇仰山大师,方开法宇,大启禅局",乃参解奥义,仰山"称叹再三"。"遽闻临济大师已受满相②",遂追至中条山,得获参随。时"太尉中令何公"③遣专使迎请义玄至于府下(魏州),止于观音寺江西禅院,"簪裾继踵,道俗连肩"。不到一年,义玄死去,大约存奖即止留此院。乾符二年(875),即李茂勋逐张公素"幽州节度使④押两蕃副使"并自立为卢龙节度使的那年,幽州临坛律大德惟信、涿州石经寺监寺律大德容屿等,祈请存奖北归故乡盘岭,被当时的魏博当政者中丞韩公⑤之叔劝阻,并立精舍,"开解脱门,演无量法"。中和三年(883),乐彦祯取代韩氏为魏博主。文德元年(888),罗弘信取代乐氏为节度使,存奖即死于此年,五十九岁。

这一碑文应该受到重视,它反映了晚唐河北三镇的佛教状况和统治集团的佛教政策,有史料价值。作者公乘亿曾以儒士身份为乐彦祯幕府,赡礼过存奖;碑文写于存奖死后的第二年,受其弟子藏晖之托。据此勘对各种灯录所传,存奖不可能与唐庄宗相遇是勿庸赘言的。但这并不能完全抹杀灯录在思想上的真实性。碑文把存奖描绘成一个谨守戒律、演说经教的法师,与禅宗全不相干;他的"亲信弟子"藏晖、行简,也不见于禅宗史籍。存奖在禅宗

---

① 张氏据卢龙(即幽州,包括北京西南和河北卢龙,公元762年改幽州节度使兼卢龙节度使),始于会昌初年的张仲武,授节度使者则为大中初年(约850)的张允伸(784—871),他同时为检校散骑常侍。

② 满相,当指受具足戒,是僧侣合法化的重要标志;或指修满菩萨行的僧人。

③ 何氏据魏博(治所在今河北大名东北)始于大和三年(829)何进滔。兼中书令的是何重顺(?—866)。

④ 新立的幽州节度使为李茂勋,是回鹘人。

⑤ 韩氏据魏博始于咸通十一年(870)的韩君雄,一传十二年。

中的地位,主要是由他移居汝州的门徒们确立起来的,他的门风经过这些门徒的加工,是可以想见的。同一个禅师,有两种以上的造型,在禅史上并不少见,存奖则是其中突出的一个。

第三节　赣湘禅宗的复兴和沩仰宗

会昌毁佛以后,首先在江南重新振兴禅宗的,是洪州禅系的禅师希运和灵祐。希运后来被推为临济宗的祖师,灵祐是沩仰宗的创始者,他二人重振禅宗的活动,都受到了裴休的积极鼓动和有力扶持。

一、希运的不求知解和"无心是道"

希运,福州闽县(福州市)人,自少于高安(江西高安)的黄檗山出家,《宋高僧传》把他列在《感通篇》,当作有神异功能的人物看待。《祖堂集》记他"阛阓无生,不拘小节"。先游天台,后至上都(西安),因行分卫(乞食),遇一老女,问答之间,希运"玄门顿而荡豁","拟欲师承",阿婆则介绍他到江西参承百丈,并预示"他日为人天师",希运遂投入怀海门下。然而据裴休的《传心法要序》,希运"乃曹溪六祖之嫡孙,西堂、百丈之法侄",不言他是百丈之徒;《传灯录》等又说他曾参南泉普愿,普请择菜;参盐官齐安,论色空等义。希运自己表示,马大师弟子中得"正眼"者,止三两人,"庐山和尚(智常)"是其中之一,似乎他还师事过智常。因此,只能说希运师承的是江西禅系,师长则不限于怀海一人。后来希运回到黄檗山,"四方学徒望山而趋,睹相而悟,往来海众常千余人"。会昌二年(842),希运被裴休迎至钟陵,逃避了会昌法难;大中二年(848),又受裴休之请,北上宛陵(今安徽宣城)。终于大中九年(855)左右,谥"断际禅师"。裴休整理他的言论为《断际禅师传心法要》,另有《宛陵录》,也多是记录与裴休的问答。

从禅史记载看,希运传禅发机喜语、势兼用。他曾对问"西来意"的僧人以"打"回应;对云集堂上听讲的大众,"把棒一时趁出"。又曾以大雄山上的"大虫"自居,"打百丈一掴"。《传灯录》说他的

"施设,皆被上机,中下之流莫窥涯涘",指的大约就是这类情形。他批评当时的一些行脚僧,但知学语言,"到处称我会禅,还替得汝生死么?"说明他的门庭设施重在解决生死出离问题,思想比较深沉;又曾大言:"大唐国内无禅师"。并解释说:"不道无禅,只道无师",自认为称得上禅师的人寥寥无几,所以正面表述自己见解的时候不多。《传心法要》和《宛陵录》则相当详尽地记录了他的言论,反映了他的全面主张——也许是与裴休相通的主张。

希运的整个禅理论,可以用两句话八个字概括:"即心是佛,无心是道。"若细考察,则有异于荷泽宗密而杂糅江西、牛头两家之说,也可以作为中唐禅理论的一个总结,所以创见虽然不多,糅为一体则别成一种风格。

从"即心是佛"的传统命题出发,希运突出地反对"向外求佛",特别是反对"广求知见"、"唯认见闻觉知"等重智派的主张和修持方法。他认为"阐提"①中有一种叫作"善根阐提"的,否认佛教有大乘、小乘的区别,否认佛与众生有差别,否认"佛道"与"魔道"有差别,否认通过"教法"可以得悟。他认为,这样的阐提应该赞扬,应该推广。在他看来,"今时人只欲得多知多解,广求文义,唤作修行,不知多知多解,翻成壅塞"。追求知解,本质是希望"于教法上悟,不于心上悟";"若不于心上悟,乃至于教法上悟,即轻心重教,遂成逐块,忘于本心"。

因此,他说:"我此禅宗,从上相承已来,不曾教人求知求解。"有时教人"学道",只是一种"接引之词",事实是,"道亦不可学"。这样,"即心是佛"就变成了批判经教和知见,指斥义学和开法分流

---

① 阐提,即一阐提,原指断善根不能成佛的人,是贬义词,《大般涅槃经》甚至认为其罪当诛。至窥基等人,承认有所谓菩萨阐提,即宁于世间永做菩萨,不入涅槃而成佛,于是阐提又变成了中性词,以至于可以作为入世而救世的大慈大悲者的品性。

的口号。①

"一心"明净如虚空,具足一切功德,所以不假修添。但它"无一点相貌",不动不摇;不管多么高妙的思想,"举心动念,即乖法体",在这个意义上,"一心"又是"无心",而"无心"即是"息虑",令心全无思虑,所谓"息念忘虑,佛自现前";"沙门果者,息虑而成,不从学得";"只怕一念有,即与道隔矣"。所以说"无心是道"。希运由此又回到了《坛经》提倡的"以无念为宗"的旨趣。据他看,凡人多以为"境碍心,事碍理",所以"常欲逃境以安心,屏事以存理"。法相宗人倡导"唯识无境",就属于此类。其实恰巧相反,"不知乃是心碍境,理碍事。但令心空,境自空;但令理寂,事自寂"。因此,他主张"心境双忘",而以"忘心"为根本。"忘境犹易,忘心至难。"所谓"愚人除事不除心,智者除心不除事",这就是他的"无心是道"的核心内容。

在这些基本思想中,希运特别发挥了"灵(觉)性不灭"和"本无所有"的观念。他曾指导凡人临终前的观法:

> 但观五蕴皆空,四大无我,真心无相,不去不来。生时性亦不来,死时性亦不去,湛然圆寂,心境一如。

在这里,"灵(觉)性"又称"精明",即"心"本体,是唯一的、永恒的真实;其余四大、五蕴、三界六道、世与出世,全是它动念思虑的产物,因而全属虚妄。修道的根本任务,在于摆脱生死,超越轮回,复归于"精明"的湛然圆寂状态。在现实的日常生活中,是使一切言行与"精明"的宁静相应。

这种力图摆脱"无常"、幻想永恒的追求,使希运的禅思想倍加

---

① 佛教正义,是崇尚智慧,以具备知识为荣,尤其是大乘观念,像《华严经》等将向"善知识"学习视为解脱的主要途径。禅宗的游方参学,亦本自于此。希运突出无知、无识、无学,表达的是文人受知识之累的特殊痛苦,当源自《庄子》。禅宗受《庄子》影响甚深,这是一例。

接近佛教的原始教义,而更具有了中国本土的哲学色彩①,在外观上,则采取否定一切的立场,以至说"无心无法"、"无事无物"、"无人无佛"、"无道理可说"。正是在强调空无一切的情况下,希运讲了只有在惠昕以后的《坛经》中才出现的一些言论。其一是,慧能对追赶他的惠明说:"不思善,不思恶,正当与么时,还我明上座父母未生时面目来!明于言下忽然默契,便礼拜云:如人饮水,冷暖自知。"其二是,引慧能的偈为"本来无一物,何处有尘埃?"②这反映了希运禅观中蕴涵有牛头宗系"本来无事"的宗旨,也表明了构成各种《坛经》版本的复杂情况。

在修持方法上,希运比他的祖师们更强调"直下顿了",即一言一势,皆可觉悟。"顿了"的是"心",名曰"悟心";"悟心"的标志则是"无心",所以他经常说"当下无心,便是本法"。"本法"便是抽象的心体。以其不可言说,又谓"直下无心,默契而已"。这样,"唯直下顿了自心是佛,无一法可得,无一行可修,此是无上道,此是真如佛",总称"直指人心,见性成佛,不在言说",亦名"单刀直入"。由此得悟的人,"于一切时中行住坐卧,但学无心","向无中栖泊",以致"如痴人相似"、"如寒灰死火"、"枯木石头",由此就能达到"所见一尘一色,便合无边理性,举足下足,不离道场";"语默动静,一切声色,尽是佛事",从而成为江西禅师们理想的"见性人"、"无求人"、"无事人"或"自在人",即真正的"道人"了。

这一由禅师和文士共同完成的禅理论,尽管是江西系诸支与牛头宗的一种拼凑,但意义不小。它在批判经教中,创建了自己的禅教;在痛恶知解中,教他人以自己的知解;在倡导默契中,撰写自己的言语;在"无常"空幻的烦恼中,总希望有一个灵性。这是士大

---

① 佛教的原始教义,以"无常"为苦,加以否定;以"涅槃"寂静为终极目的。但从来不承认有永恒的"精明"之类的精神实体。希运往往用"明"表达《起信论》所谓的那个永恒不动而又自我满足的"一心",与宗密之"灵知"大同,与《楞严经》的用语一致。

② 据《祖堂集》,慧能针对神秀的偈是:"身非菩提树,心镜亦非台,本来无一物,何处有尘埃。"又记慧能对惠明所说法要,亦与此大同。

夫禅的一种内在矛盾,在多数参禅的文人中都有表现,所以也最容易引起这一阶层的呼应。

希运的弟子,《祖堂集》收有三人,《景德传灯录》列十二人,六人见录,分散在大江南北,最著名的义玄在河北,被认为是直承临济宗旨;余下多数徒众在江南活动。

二、灵祐、慧寂和沩仰宗

与希运同一时代,主要在湖南复兴禅宗的,首推灵祐。

灵祐,《祖堂集》、《宋高僧传》等均有传,《全唐文》有郑愚所撰《潭州大沩山同庆寺大圆禅师碑铭并序》。俗姓赵,福州长溪(福建霞浦)人,年十五,依本郡律师剃发,于杭州龙兴寺受戒,并学究律科。后入浙江天台山,遇寒山子,造国清寺又遇拾得,均指示他去洪州依止大智(怀海)。年二十三,游江西,参百丈,顿了祖意。元和末(820),随缘长沙,因过大沩山,遂庵于山上,"凄凄风雨,默坐而已"。于是徒众渐聚,为之结构庐室,"以至于千有余人,自为饮食纲纪"。时襄阳连率李景让统摄湘潭,乃奏请山门,号同庆寺。如此十数年,"言佛者天下以为称首"。会昌毁佛,遂空其所,灵祐"裹首为民,惟恐出茧茧之辈"。及至宣宗解禁,出为湖南观察使的裴休,"固请迎而出之,乘之以己舆,亲为其徒列",乃重新削发,回归其所,诸徒复聚如初。崔慎由亦崇重加礼。大中七年(853)卒,年八十三。卢简求为碑,李商隐题额。又十一年(863),谥大圆禅师,郑愚碑写于咸通七年(866)。

灵祐经营的大沩山,代表了唐后期南方禅宗的典型结构:一方面居山聚徒,自给自足,自为纲纪,长住人口达到一千五六百人,比百丈怀海的规模还大,为当时僧俗所普遍注目;另一方面,密切与官府和文人的关系,争取从地方到中央各级官吏的支持,获得合法地位,增强社会影响力。《宋高僧传》提到灵祐接触的寒山、拾得,是当时佯狂、疯癫,被视为有神异的僧人,与辅佐临济义玄的普化类似。据说,灵祐自身也有许多灵异故事,一直到临终,还有"水泉旱竭,禽鸟号鸣,草木皆白"的传说。这些,当然容易煽起群众的信仰热情,但其最终能够成功,是因为被大量遣散的僧侣需要安置,而在黄巢造反前夕,日益恶化的生活条件又不断地迫使农民向僧侣队伍流动。禅僧定居,有广泛的群众基础。因此,仅从维护社会安定出发,当道者给这些流亡者以自食其力的机会,比之无区别地采用暴力打击更为妥当。

《祖堂集》载灵祐弟子五人,《景德传灯录》记四十三人,十一人见录,大体分布在江、淮、闽流域。其中在袁州(今属江西宜春)仰山传禅的慧寂影响最大,后人即以他为代表的灵祐禅系名之为"沩仰宗"。慧寂原籍韶州怀化,俗姓叶,年十七出家,"断左手无名指及小指置父母前,答谢养育之恩",依南华寺通禅师剃发。次年,以沙弥身份行脚,先参宗禅师,再礼耽源,数年后始造大沩山投灵祐门下,约十四五年。"年三十五,领众出世住,前后诸州府节、察、刺使相续一十一人礼为师"。曾住王莽山,中止仰山,"学徒臻萃";后居洪州观音院,"接机利物,为禅宗标准"。卒于韶州东平山,时间不详,年七十七。

关于沩仰一家宗风,诸灯录记载亦不尽相同,后人评论各有所重。事实上,在世界观、认识论、处世哲学和对传统佛教的态度等重大问题上,都没有超出他们的先行者,但具体表现却比较杂乱,致使沩山与仰山之间也出现不少差异。

据《祖堂集》,灵祐很重视"体用"这对范畴在禅中的运用,认为现下诸人"只得大识①,不得大用",实际上需要体用兼得,不可偏废。可以说这是灵祐主张的唯一特点。一次普请摘茶,慧寂与之讲话,灵祐说:"只闻汝声,不见子身",请现身见。慧寂便把茶树摇动。"师云:只得其用,不得其体。"慧寂反问灵祐:"未审和尚如何?"师则沉默不语。慧寂评曰:"和尚只得其体,未得其用。""体"无定相,不可言说;"用"必有相,必须言说,这是矛盾。禅宗中的怀疑论和不可知论倾向将这一矛盾绝对化,以致把体、用对立起来,分离开来,牛头、径山,以至临济,大致可以代表这种趋向;特别看

---

① "大识",相当于"无分别智",此处指对心本体(真如、佛性、理、道)的体认。但也有记作"大机"或"大体"的,亦通。

重三界唯心、万法唯识的唯心主义派别,则多半主张体用一致。前述石头希迁是这一主张的大家,灵祐也属于这个范围。《景德传灯录》记灵祐说:

> 以要言之,则实际理地不受一尘,万行门中不舍一法。若也单刀趣入,则凡圣情尽,体露真常,理事不二,即如如佛。

这里"理"是体,"行"与"事"是用,"理地不受一尘"是得"体",即认识到三界唯心,虚幻不实;"万行门中不舍一法"是得"用",即将既得的观念贯彻于一切行为之中,而不是去逃避和舍弃尘世间事。所谓"一切时中,视听寻常,更无委曲,亦不闭眼塞耳,但情不附物即得"。然而,若当真认为"视听寻常",做"无事之人",与世俗行为全然无异,那也是体用分离的表现。灵祐问云岩禅师:"寻常道(是)什么?"对云:"某甲父母所生口,道不得",表明他是很注意体用之别的。隐峰禅师来访,无语而去,灵祐向左右说:"莫道无语,其声如雷",隐峰看重的是得"体"。云岩说,药山的"大人相"是"水洒不着";灵祐说:百丈的"大人相"是"蚊子上铁牛,无你下嘴处"。"相"也是一种"用","体"是一,"用"无量,得体的人尽可有种种相状表现,但自己不着"相",也不容他人以"相"识量,这才是"理事不二,即如如佛"。

有人曾用"狗衔赦书,诸臣避路"这一讽刺宦官的话揭示灵祐对于"用"的重视,同时提醒人们不要被假相所惑。灵祐让侍者唤第一座,"第一座来。师云:我唤第一座,干阇梨什么事!""第一座"、"阇梨"是普通名词,可以泛指任何具有此种身份的人,而一个具体的人可以用很多类似的普通名词称谓,因此,禅者不应惑于名而失其实,得其用而忘其体。据传,灵祐临终问其门徒:"老僧死后山下作一水牯牛,胁上书云:沩山僧某甲;与么时唤作水牯牛,唤作沩山僧某甲?"据此可见,毕其一生,他弘扬的是:处名言世界,而不忘其本心;顺万行,而不受一尘。

灵祐的禅风,更能体现佛教大乘的处世之道。与其他禅门相比,保留传统佛教的内容也多。他教人不要止于"顿悟",不要排斥渐修。他说:"初心虽从缘得,一念顿悟自理,犹有无始旷劫习气未能顿净,须教渠净除现业流识,即是修也。""顿悟"与"顿修"不同,"悟"指对"理"的认识,可以在"一念"间完成;"修"是灭除现行"业识",不是一朝一夕之功。但这"修"是在"悟"的基础上进行的,是"悟"的延续,所以叫作"顿修"。

据《祖堂集》等传,灵祐接引慧寂的话是:"以思无思之妙,返(思)灵焰之无穷;思尽还源,性相常住,理事不二,真佛如如",慧寂于此言下得悟。此处的"无思",即"无念"、"无心";观想至于"无思",即回归到念想之后神妙的"灵焰"(灵知、灵性),常住无穷,一切事相不过是它发生思念的产物。以它为本源,就会认识到"理事不二"、"真佛"原来如此,自然会恍然大悟。显然,这是禅宗中普遍流行的一种哲学观,而慧寂则用"无思"这一概念重新发挥。

慧寂答韦冑问,认为曹溪宗旨是不劝看读,而主张"不收、不摄、不思"。"无思"一词就是直接引自慧能的。他说,慧能在大庾岭对惠明所讲的五祖"密语",乃是"端坐静思、静虑,不思善,不思恶,正与么思不生时,还我本来明上座面目来!"又引慧能对"天使"(钦差)所说:"善恶都莫思量,自然得入,心体湛然常寂,妙用恒沙。""天使顿悟",始知"佛性不念善恶"。慧寂还用同样的话,表示这就是"禅宗顿悟入理门的的意"。《坛经》所收慧能涉及宗旨的地方甚多,慧寂不引,而特别发挥其未重点论述的"不思善恶",这就是仰山的特点。

"无思"作为"入理"之门,主要在清除"心境"。因为心境是障"理"的,有"心境"即表明尚未契"理"。但入"理"之后,即知事不弃理,理在境中,所以"理事不二"才是真佛。他的同门福州双峰禅师自云近日所得:"某甲所见,无有一法可当情。"慧寂说:"你所见不出心境。"问:"和尚所见如何?"答:"岂无能知实无一法可当情乎?""无有一法可当情",指除情识之外别无一物,即一切皆不真实(不合理)的意思。慧寂的批评是,"无"并不能知"无一法可当情";既有此"知",表明仍受心境的限制,并不是高层次的认识。

有一个幽燕人思邈问:"毕竟禅宗顿悟入理门的的意如何?"慧寂让他"安禅静虑",他不满意,希望有"别更入处"。于是慧寂问:"汝还思彼处(幽燕)不?答云:思。仰山云:彼处是境,思是汝心。如今返思个思底,还有彼处不?答云:到这里非但彼处,一切悉无。仰山云:汝见解犹有心境,在信位即是,入位即不是。"思乡怀旧,这是一类心境,属于世俗的"事";"一切悉无",是另一类心境,属于出世的"理"。作为一个禅者,在信解阶段("信位")悟"理"是应该的,但至于践行("入位"),仍停留在"一切悉无"上就不应该了。

慧寂与沩山一样,基本理论源自华严宗的理事圆融。他的特点不只有这类生动的运用,而且有表达这种理论的特殊形式,即画圆相(○,满月相)。《传灯录》传,韦胄曾向灵祐乞"偈子",以示"曹溪宗旨",灵祐认为道理不可拟议言说,因而"将纸画圆相,圆相中着(注)某字。谨答:左边思而知之落第二头,右边不思而知之落第三首"。这无疑是用来图解"无思"这一宗旨的,尽管很难解这第二、第三的含义①。慧寂画圆更勤。一次,他闭目静坐,一僧潜步于其身边侍立,慧寂即于地上作圆相,圆相中作水字(㊅),顾示其僧。又有问:"如何是祖师意?"慧寂以手作圆相,圆相中书佛字(㊛)。这种作图示意的方法,叫作"表相现法,示徒证理",若不经解释是很难猜测的。慧寂弟子海东朴顺之,进一步把这种方法系统化,并作了文字说明。据他解释,"○此相者,所依涅槃相,亦名理佛性相"。识此相者名"圣人",迷此相者是"凡人",从凡到圣,就是解行这个"理(㊛)性"的过程。为了表征解行的程度,在○的内外,又附加了另外一些文字符号,如牛、犇、卐、王、人、佛、土、厶等。慧寂所作圆中佛相,朴释之为"已成宝器相㊅";至于圆中水相,朴无此图。这表明,从沩山经仰山到海东,师徒们普遍倡导以"相"代言,而所

---

① "左、右"是两边,圆中之字表示"中",即第一。"思"即着世俗见,"不思"即着出世间见,只有体验到"名言"只是名言,既不着其有,亦不否其无,是乃行"中道"——这可以作为一解。后文朴顺之将圆解作"涅槃相",是另一种解法。

作图像及其含义并不相同,所以没有构成一种足以独立的图像体系①。

尽管如此,作相示意仍是沩仰宗的重要创造②。这一设计,当是效仿《周易》,所谓"圣人立象以尽意",最后达到魏晋玄学所谓的"得意忘象",熄灭一切圣凡心境。在理论内容上,沩仰宗在融入华严宗的"理事"观的同时,又吸取了法相宗的"理行"观。"理佛性"是相对"行佛性"而言的,就是法相宗常用的一对概念,在哲学的抽象上它们有与"理事"相通的一面,但在具体教理上则差别极大。沩仰宗,特别是海东一支,将此二者杂糅到自己的禅观中,反映了禅教合一的新趋向。虽然他们在口头上也是反对读经和义学的。

据慧寂说,他受到沙汰到沩山时,灵祐问他在仰山时如何与诸方师僧争辩,以及怎样才能识别他们是义学还是禅学。看来,区别义学和禅学,在宾主应酬中已经成为一个重要论题。沩仰禅系已明显地将义学纳入自己的禅体系,但不是用解经疏文的方式,所以自称"禅学",或直接称为"玄学"。于是"参禅"即称"参玄",终于用"参玄"代替了"参禅"。此中,除了需参所示诸"相"之外,也参许多重要的禅宗论题,所谓"举一境"而开展问答。例如,沩山说:"见色便见心。"慧寂问:"眼前树子是色,阿那个是和尚色上见底心?"沩山反问:"我今共树子语,汝还闻不?"慧寂答:"和尚若共树子语但共树子语,又问某甲闻与不闻作什么?"通过这种隐晦的问答,表明理应"心色一如"、"心如木石"的道理。由此看来,"参禅"涉及的理论内容大都是陈旧的,只是方式上有所翻新。

然而,在慧寂的时代,也还有个别新意值得发掘。例如,有次下雪,慧寂置问:"除却这个色,还更有色也无?"沩山云"有",并以手指雪。慧寂说:"某甲即不与么。"沩山则问,那么"除却这个色,还更有色也无?"慧寂亦云"有",也以手指雪。这里参究的是"这个

---

① 《人天眼目》中有另外一些圆相和解释,那是宋人的事,离此更远了。
② 《景德传灯录》把"竖起拂子"作为仰山禅示意的特征,也是宋人的认识。

色"与"雪"的关系,涉及到佛教哲学上的两个观点:其一是"诸行无常":二人指谓的"这个色",现象上是同一种"雪",实际上已有前后差别,与希腊哲人所说的"我们踏进又踏不进同一条河"的含义相近;其二是"理事无碍",属个别与一般关系上的差别性与统一性问题。"这个色"中的"这个"是个别(事),"色"(雪)是一般(理),两个"这个"是差别性,二人指谓的都是雪(色)是统一性。此中所要表达的是"体"一"用"多的复杂性,但揭示的思想深度远远超出先秦诸子关于"白马非马"之类的争论。遗憾的是,沩仰宗人并没有把这些讨论深入下去。

《祖堂集》记,慧寂的原则是:"是则一切皆是,不是则一切不是。"洞山良价的原则是:"是则一切不是,不是则一切是。"表面上两人的主张相反,一个是肯定即一切肯定,否定则一切否定;一个是凡肯定的全予否定,凡否定的全予肯定。但其本质是一致的,都是把语言概念看作可以任意设施而不足以达"理"证"体"的东西。这一思想本自印度中观学派的提婆,可能通过三论宗人而影响于禅宗,不过在沩仰宗这里又多了一层"体一用多"的意思。

总而言之,禅宗在南方发展到沩仰一系,有一个显著的变化,特殊地表现在标榜"玄学"、用"参玄"代替"参禅"上。这种形式上向魏晋玄学复归,而内容上甚少创新的禅风,反映了禅学的经院化和脱离普通禅众的倾向开始上升,而增强了在部分士大夫中的受欢迎度。郑愚在《大圆禅师碑铭》中说:"至于荡情累,处生死,出于有无之间,覮然独得;言象不可以拟议,胜妙不可以意况,则浮屠氏之言禅者,庶几乎尽也。"沩仰的禅学依然具有这样的性格,至少可以使某些士人减少烦恼,超然于言象之外,忘却忧患。

沩仰宗对于禅宗内部亦津津乐道的神秘预言,所谓"悬记",要求在本宗中加以剔除。他们认为,可以预记人的"见解",但不可以预记人的"行解"。"见解"指人的某种观点、认识,对此预记,有理性推理的意思;"行解"指人的行为或事件,对此预记,与卜筮、谶语同类。在这方面,他们超出了《坛经》的水平。与此相应,他们要求禅者不要追求"行通",而是争取"理通"。"行通"指传统禅定中幻想的神通;"理通"指通达佛教义理。从禅中排除神通成分,一直是中国禅宗优于外来禅法的一个良好的传统。

第四节 惟俨禅系的兴起和曹洞宗

稍后于沩仰而在湘赣兴起的禅宗,是惟俨禅系。

挂名在药山惟俨门下的禅师主要有三大家,即潭州道吾山圆智、潭州云岩昙晟和秀州华亭(江苏松江)德诚。他们以避难山林、逍遥江湖,曲折地反映了晚唐的战乱和人们对社会政治生活的厌恶,在同时代的其他禅系中是少见的。他们的徒子徒孙在晚唐五代的数十年内多头发展而向政治倾斜,以湖南和江西为基地,分布于全国,是当时传播面最广的禅系,由此形成的曹洞宗在后来禅宗五家中的延续时间之长,仅次于临济宗。

一、华亭的"避世禅"和夹山的"弄潮人"

华亭德诚的生平不详。据《祖堂集》等传,他在惟俨门下居长,惟俨死后,他与圆智、昙晟同议,拟持少量种粮家具,"隐于澧源(湖南之澧水,源出桑植县北)深邃绝人烟处避世,养道过生"。后因圆智改变了主意,三人分手,德诚即到华亭吴江,泛一小舟,游戏人生,"上无片瓦遮头,下无卓锥之地",时称"船子和尚"。他的唯一弟子澧州夹山会善(805—881),将其影响扩大。会善俗姓寥,广州岘亭人,精通经论,以讲家身份投奔华亭,后则激烈抨击"三乘十二分教"和"祖师玄旨",以为此等"皆属所依之法,不得自在",看来他是主张"无依"的。咸通八年(867),定居夹山,聚二百众,自辟一个农禅基地。他曾批评佛陀,曰:"看君只是撑船汉,终归不是弄潮人。""撑船汉",喻作入世弘教,是负有度人责任的;"弄潮人",只是游戏世间,于他人世事全然无干。可见他的农禅贯彻了乃师的宗旨,时时流露出某种败落的伤感情绪。有僧问:"迷子归家时如何?"答:"家破人亡,子归何处?"又问:"迅速不停时如何?"答:"有眼不窥天子乐,目前且取老僧歌。"

会善的知名弟子甚众,《景德传灯录》记二十二人,以江西最多,同时散布于南到韶州,北向两京、太原、凤翔等地。其中在澧州洛浦(洛浦)山的元安(834—898),凤翔麟游人,曾问道于京兆翠微(丹霞天然的弟子无学)和镇州的临济义玄,后谒夹山,会善以为知音。其所以弃临济而入夹山,可能有社会原因,但门风有差别则是显然的。洛浦元安接机多用诗偈,就是继承夹山做派的。现存有他的《神剑歌》、《浮沤歌》等,颇好文辞。曾与故人话旧,故人问:"倏忽数年,何处逃难?"元安答:"只在阛阓(城市)中。"问:"何不无人处去?"元安反问:"无人处有何难?"这番问答,或许别含玄机,就字面看,他赞成居住城区,这与华亭主张于"绝人烟处避世"是相反的。作为大乘佛徒来说,脱离人群就失掉了存在价值;但在战乱期间,城镇闹市是最危险的地区,如果逃到无人烟处,安全问题是可以解决的,可又没有了宣教的对象。元安表示他宁处难境,而不至无人处。不过这也是一种在教言教的矫情罢了。后来他还是迁至朗州(湖南常德)的苏溪,聚徒亦多,临终遗嘱:"出家之法,长物不留;播种之时,且宜减省;缔构之务,悉从废停。"据此,元安也以经营农禅为生,但不提倡扩大耕作范围,反对兴建土木,仍属于逃世自保的那种类型。

会善的另一弟子令超(?—890),初住洪州兰山,也以歌偈化导。后来"钟陵大王①统羁豫章",礼之为师,迎进城府,并为构"护国院","凡百亿所须,始终不替","奏紫衣师号",成了护卫地方势力的象征,这是华亭系中的又一种类型。

二、道吾的《乐道歌》和石霜的"枯木众"

圆智(769—835),俗姓张,豫章(南昌)海昏人②,何时去药山惟俨处不详,后居长沙道吾山传禅。据其《乐道歌》,开头谓:"乐道山僧纵性多,天回地转任从他,闲卧孤峰无伴侣,独唱无生一曲歌。"

---

① 钟陵大王,当指自中和二年(882)开始割据江西的钟传(?—906)。《新唐书》称其"凡出军攻战,必祷佛寺",也是禅宗在江西的扶植者,包括洞山的门徒云居山道膺和曹山本寂。

② 《祖堂集》作姓王,钟陵建昌(江西永修)人。

表示他是不过问"天回地转"的动荡时局,唯以"无生"的宇宙观纵性孤游于山间的。《乐道歌》的最后说:"慈悲恩爱落牵缠,棒打教伊破恩爱。"他连慈悲度人的佛教宗旨也视作牵缠,反映了他的避世情绪与华亭相通;以棒打破人情执,又同赵州从谂、德山宣鉴相似。他们的生活年代,也大致接近。

圆智至其弟子潭州石霜山庆诸(807—888 或 809—885),宗门大张,嗣法弟子多到四十余人,主要分布在湖南各地。据《宋高僧传》等传,庆诸俗姓陈,庐陵新淦(江西新干)人,年十三,于洪州西山出家,二十三往嵩山受具戒,并就洛阳学律,南返湖南,入大沩山灵祐法会为米头,后参道吾,居二年。继之,"避世混俗于长沙浏阳陶家坊"。年三十五,因洞山良价推荐,得住潭州石霜山,道吾亦随之而至。及至洞山、道吾相继逝世,远方禅侣多来围绕,遂进入深山无人之境,聚众五百,结茅宴坐,而游学者晨夕扣击。如是二十年,学众中有长坐不卧、屹若株杌者,"天下谓之石霜枯木众"。据赞宁考,这种"枯木众",在南方即称之为"丛林",与"禅那"之被译为"功德丛林"的宗旨相合①。死后,谥"普会大师"。传说唐僖宗曾赐紫衣,不受。庆诸的弟子玄泰,曾纂其言行传世。

这位玄泰,生平不详,于衡山东结兰若而居,不立门徒,四方后进前来依附者,皆用交友之礼。这也是一种风格。曾撰《畬山谣》,就山民斩木烧舍、毁灭衡山林木的习俗,歌咏讽喻,多方劝止,成效显著。这是禅宗在保护生态环境中值得赞赏的又一事例。

三、昙晟的"失去人身最苦"说

惟俨的门徒中,影响于后世最大的是昙晟(?—829 或 782—841)。他俗姓王,钟陵建昌(江西永修)人,幼年于石门(湖南石门)出家,先参百丈怀海,为侍者二十年,怀海死后(814),始投药山惟

---

① "枯木禅"当源自《文殊师利佛土严净经》(上):"专心守靖,寂无他念;入无生寂,伏想不起;心如灰灭,形如枯朽"。此为严净佛土的六大愿之一。

俨,后居潭州云岩山①弘化。据《祖堂集》,惟俨曾向昙晟说:"因汝识得百丈矣"。所以昙晟也是百丈的重要传人。

关于昙晟的禅思想,后人记载比较杂乱。大体说,他以善解国师慧忠的"无情说法"著称于当时;又以"一即六,六即一"解"弄师子"为重要机语。两者都涉及到个别与一般的关系问题,属于华严宗讨论的理事范围。这在禅宗中都不是新鲜的东西,但昙晟用以解决实际问题则别有意义。他曾问众:"世间什么物最苦?"答:"地狱最苦。"他说:"地狱未是苦。今世作这个相貌中失去人身最苦,无苦于此苦。"用现代话来解,就是现世的人生(今世作这个相貌)是失去人性(人身)②的,而失去人性比地狱还苦。因为据他看,今世的"这个相貌"是由语言事相造作的,是完全的虚伪,并不能反映人性的本体。这种充满对于现实的虚伪人生之憎恶并为之痛苦的想法,无疑也是时代的产物。

昙晟的这一观念,给他的弟子洞山良价的印象很深。良价继承了他的观念,并在理论上作了发挥,但相对地淡化了它的悲观含义。据良价说,他曾问即将迁化的昙晟:"和尚百年后有人问,还貌得师真也无?向他作么生道?"昙晟答:"但向他道,只这个汉是。"(《景德传灯录》作"即这个是")。良价当时沉吟不解。后来偶过大溪,"临水睹影,大省前事",因而造偈说:

> 切忌从他觅,迢迢与我疏;我今独自往,处处得逢渠,渠今正是我,我今不是渠,应须与么会,方得契如如。

这里的"我",相当于"人身"(一般性理),"影"譬如"这个相貌"(事相)。昙晟侧重说明:"这个相貌"背离了"人身",因而个别事相与一般性理是对立的;良价"大省"的结果是:"影"(渠)正是"我"的造

---

① 云岩,据《宋高僧传》,在澧阳,为寺名;《景德传灯录》记在潭州攸县,山名;《祖堂集》记在潭州澧陵或攸县,未说明是山还是寺。
② 佛教释"身"为"体","体"有"性"义。

作,只要认识到这种造作不过是我的幻影,那么"我"就会从幻影中醒悟,还归为"我",可以恢复"人身"。于是个别与一般得到了统一:从世间说,"这个相貌"是一般理性的假象,而假象也是反映本质的;从出世间说,认识到"这个相貌"只是一种假象,就是把握了本质,实现了与一般理性的契合。

据此,仅从理论形式看,从昙晟到良价的思想,都属于华严宗的哲学范畴;但表达的社会背景和触及的深度,不同于华严宗,而且高于华严宗。他们讨论的"这个汉",与沩仰宗讨论的"这个色",属于同一时代,同一思潮。

四、良价的师友伦理学和禅宗政治学

良价(807—869),俗姓俞,越州诸暨(浙江诸暨)人,于本村寺院出家,学念《心经》,因问"无眼耳鼻舌身意"义,院主不能答,遂引去婺州(浙江金华)五泄山剃度。年二十,至嵩山具戒。继之行脚游方,首参南泉普愿。普愿赞扬他有"雕琢之分",他回答说:"莫压良为贱"。由此"名播天下,呼为作家"。后因沩山推举,投于云岩昙晟门下。大中末(860),居新丰山,后转豫章高安(江西高安)之洞山,聚众五百,见于《传灯录》的嗣法弟子有二十六人。

禅僧聚集,成分很杂,禅宗的领袖们既需要与官府周旋,求得合法地位,又要防止"盗贼"流入,授人话柄。同样,禅僧游方,也要头脑清楚,避免误入"匪类",否则会贻害无穷。因此,禅宗僧侣很注意择师交友之道,经常宣传自己的师承关系,往往有这种安全上的考虑。良价提出了"住止必须择伴"、"远行要假良朋"的原则,把禅宗历来重视的师友关系提炼成一个新的伦理观念,要求在禅众中推行。他说:"生我者父母,成我者朋友。亲于善者如雾里行,虽不湿衣,时时有润。蓬生麻竹,不扶自直;白砂在泥,与之俱黑。"又说:"玉不琢,不成器,人不学,不知道"。故"一日为师,终世为天;一日为主,终身为父"。交友是为了闯荡江湖的需要,尊师是为了巩固非血缘集团的需要,两者都是禅宗群体生活日益稳定的产物。如果说百丈怀海为禅宗群体创立了经济制度和生活纪律,洞山良价则为他们制定了特殊的道德规范。这种规范,与儒家传统上的

"三纲"、"五常"全异,而大同于儒家传统中注重环境对于教育和人生机遇的影响一派的主张。在这里,没有君臣的地位,父母只有血亲意义,不属政治伦理范畴。所以,唯一重要的社会联系是与政治和血缘无关的朋友和师友。这种凌驾于社会一切关系之上的最高伦理,进一步强化了禅宗的宗派观念,对于此后出现的各种会社,特别是民间的秘密会社,影响是非常深远的。

其实,良价对于政治是相当关心,而且敏感的。有人问:"六国不宁时如何?"良价答:"臣无功。"又问:"臣有功时如何?"答:"国界安清。"问:"安清后如何?"答:"君臣道合。"问:"臣传身后如何?"答:"不知有君。"这番问答,当然也是"语带双机",但把它当作一般臣民对于晚唐政治的一种批评和理想也是恰当的。洞山的弟子中,有不少人发表过类似的禅语。其中年龄较长的是洪州云居山的道膺(?—902),年龄较小的是休静;还有一位京兆蚬(虾)子和尚值得一提。

道膺,俗姓王,幽州蓟门玉田(河北玉田)人,年二十五于幽州延寿受具戒。先访翠微(京兆府无学),宴止石室;后造洞山,"密领玄旨",终居洪州云居山。当时的"钟陵大王"信重殷勤,为奏紫衣、师号,由是"法轩大敞,玄教高敷",经十五年,聚千余众,这对洞山禅系的发展无疑起了重要的推动作用。《祖堂集》传,曾有兵马进入云居山,众僧逃避,唯道膺不动。统军问:"世界什么时得安?"道膺答:"待将军心足。""心足"是他的禅观,也是他用以治愈乱世的药方。有俗士说:"某甲家中有一个铛子,寻常煮饭三人吃不足,千人食有余",请问怎样解释?道膺代答:"争则不足,让则有余。"因此,"心足"首先是"无争"。他每上堂示众,先讲"出家人但据自己份上决择,切不得份外"。"份",即既有的身份。安分守己,少欲知足,就成了道膺禅的社会内容和济世良方。道膺的禅宗也得到了荆南割据者成汭的响应,"遣赍檀施,动盈巨万"。他的徒众很多,《景德传灯录》载有二十八人,十九人有机缘语,法脉流长,成为洞山中历史最久的一个支派。

休静的生平不甚详。曾先在洛浦处作维那,后参洞山,继而住

/第五章/ 晚唐五代十国的形势与禅宗五家的分立

福州东山的华严寺。公元923年,李存勖在魏州称帝,同年,攻陷梁都洛阳。他之称帝,曾得到魏州和五台山僧侣制造的舆论的支持,在北方五代中是佞佛最重的帝王。同光二年(924),闽王王审知遣使奉贡,大约与此同时,休静与其在福建的同门蚬子和尚应诏入京。一时徒众三百。不久,明宗即位(926),限制佛教发展,或即在此时,休静离开洛京,游诸河朔,最后回到平阳(湖南桂阳)迁化,敕谥"宝智大师"。他的弟子于晋州(山西临汾)、房州(湖北房县)和终南山的逍遥园、华严寺等四处分别置塔,说明他的影响范围很广,门徒中大有建塔能力的人物。他的语录多是在洛京行禅时的问答,颇能反映当时禅僧对于后唐王朝的心态。问:"日未出来如何?"答:"国乱思明主,道泰则寻常。"赴内斋时,诸名公皆执经诵读,唯休静及其弟子不转经。庄宗问其原因,答:"道泰不传天子令,时人尽唱太平歌。"这话确实道出了人民久乱思治,并希望治以"无事"(寻常)、"无为"(不传令)的情绪。唐朝的繁盛使得乱世的人特别追念,李克用护卫唐室和中兴唐室作为争霸的口号,致使人们对后唐抱有幻想,是容易理解的。但休静无意中也道出了佛教对于天下太平的无助。

至于京兆蚬(虾)子和尚,《传灯录》不悉其生平,唯记其语录对答。《佛祖统纪》卷四二所传大同:

> 京兆虾子和尚,自印心于洞山,混迹闽中。日,岸拾虾蚬以充饥;暮,卧白马庙纸钱中。华严(休)静禅师夜入纸钱伺之。师至,静把住问曰:如何是祖师西来意?师云:神前酒台盘。静礼谢而退。后入京师,佯狂人间,神异莫测。

晚唐五代盛行宾主问答的一个重要话题,就是这里提到的"如何是祖师西来意"。答案可以说是千奇百怪,多数只能供人猜测。蚬子和尚对答的"神前酒台盘"却比较清楚,那就是吃供养。佛祖的出世只是为了让一些人吃供养,对佛教僧伽来说实在是叛逆到家了,或许也符合他那无食无住的身份状况。

在禅宗诸家中,洞山是良价法系的一个比较稳定的居点,良价的其他弟子道全、师虔、本仁等,都在这里继续传禅,也颇有名声。但在理论上有所创新的,乃是抚州(江西抚州)曹山的本寂。由本寂继承和发展的洞山一支,称为曹洞宗。

本寂(?—901或903),俗姓叶,泉州莆田(福建莆田)人,谥"元证"。据《宋高僧传》本传,"其邑唐季多衣冠士子侨寓,儒风振起,号小稷下焉"。这一文化背景,对本寂的思想有不容忽视的影响,所谓"小染鲁风,率多强学",是表现之一;而衣冠士子的流亡漂泊情绪,也难免有所感染。年十九,入福州云名山出家①,二十五岁受戒,即云游方外,后谒洞山得契,盘桓数年,因受请去抚州住曹山,继之又居荷王(玉)山②,主持"处法席二十年,参学常有二、三百人"。"钟陵大王"再三降使迎请,本寂托疾不赴。曾书大梅法常(道一弟子)的《山居颂》一首作答:

> 摧残枯木倚青(寒)林,几度逢春不变心,樵客见(遇)之犹不顾,郢人那更(得)苦追寻。

这是几经摧残,决不再受世俗荣华动摇的一种反映,属于道一门徒中提倡枯木禅的类型。

据传,曹山初参洞山,良价问他姓名,对曰"本寂",又要他"更向上道",他说不能再道了,因为再道即"不名本寂",表示人本无名,名是虚伪无常,洞山因此而"深器之"。及至辞别洞山,良价问他去处,答"不变异处去",又说"去亦不变异"。这"不变异"与"逢春不变心"是同一个含义,都表现了与世决裂的坚定性,这构成了他的禅思想的重要方面。本寂的嗣法弟子,《景德传灯录》载十四

---

① 参见《宋高僧传·抚州曹山本寂传》,当据南岳玄泰所撰塔铭。《祖堂集》、《景德传灯录》均记本寂于"福建唐县灵右(石)山"出家,是据福州的传说。

② 据《抚州曹山元证禅师语录》传,本寂离洞山后,先礼曹溪,后回吉水(江西临川),遂名所住山为曹山。后遇贼乱,乃之宜黄(江西境),住何王观,因改何王为荷玉。

/第五章/ 晚唐五代十国的形势与禅宗五家的分立

人,对后世无甚影响。

曹洞宗的理论,奠基于良价和本寂。日本《大正藏》收有《筠州洞山悟本禅师语录》、《瑞州洞山良价禅师语录》和《抚州曹山元证禅师语录》三种。它们的真实程度,有待考订。其中保存有良价的《宝镜三昧歌》、《玄中铭》、《新丰吟》、《纲要颂》、《五位显诀》等,还有书信数件;本寂的有《五位君臣旨诀》、《解释洞山五位显诀》、《注释洞山五位颂》等,颇有价值。赞宁称,本寂素修举业,文辞遒丽,富有法才,曾"排五位以铨量区域,无不尽其分齐",又注对寒山子诗,流行宇内。事实上,良价的文辞并不亚于本寂,这表现了江南禅宗的一贯风气。

曹洞的思想,一方面表现为与世的决绝,一方面是对世事掩饰不住的关切,这一矛盾贯彻在他们的各种言论中。良价的《自诫》说:

不求名利不求荣,只应随缘度此生……一个幻躯能几口,为他闲事长无明?

这是很悲观的淡泊了,但在劝弟子的《规诫》中则说:沙门释子"割父母之恩爱,舍君臣之礼仪",唯有戒律威仪,"专心用意,报佛涂恩,父母生身方沾利益"。出家变成了报父母恩重、令父母得利的手段。他的《辞北堂书》,继承和发挥了东晋慧远的主张,以为"诸佛出世,皆从父母而受身;万汇兴生,尽假天地而覆载。故非父母而不生,无天地而不长,尽沾养育之恩,俱受覆载之德"。唯一酬报此恩此德的途径是出家为道:"一子出家,九族生天。"他这里讲的父母恩,着重在母恩;天地之德,特指"皇德"。中唐以来,以《心地本生观经》的问世为标志,关于母爱和报母恩的思想在佛教界特别流行,是中国佛教史上很值得注意的一种现象。至于报皇恩,中国佛教的主流始终没有明文排斥,不过在曹洞那里,与禅理论和禅践行密切结合起来,形成了有名的"君臣五位",反过来解释了他的禅观。

据本寂的说法,所谓"五位",表示理(空)与事(色)之间可能存在的五种关系,并以君臣关系作譬喻,或即用以解释君臣关系,叫作"君臣五位"。他说:

> 正位即空界(理),本来无物;偏位即色界,有万象形;正中偏者,背理就事;偏中正者,舍事入理;兼带者,冥应众缘,不堕诸有,非染非净,非正非偏,故曰虚玄大道,无着真宗。

"正",相当于宗密所谓的"理法界","偏",相当于"事法界",两者同是孤立的存在,因此,不论是"背理就事",还是"舍事入理",都是片面的。唯有理应众缘,众缘应理,达到所谓"兼带"的状态,才是合乎"大道"的"真宗"。这理事"兼带",相当于华严宗的理事互彻,所以识必"事理双明",行必"事理俱融"。据此正偏五位解释君臣关系,则"君为正位,臣为偏位,君视臣是正中偏,臣向君是偏中正,君臣道合是兼带语"。君相当于理,臣相当于事。在两者的关系中,若仅有君主一方面发挥作用,相当于"舍事入理";反之,若只有臣民一方面发挥作用,就是"背理入事",都是失"位"(身份)的表现。只有"君臣道合",才是"事理俱融",也就是理想化的封建主义政治。本寂特别加以解释说:

> 如何是"君"? 妙德尊寰内,高明朗大虚。如何是"臣"? 灵机弘圣道,真智利群生。如何是"君视臣"? 妙容虽不动,光烛本无偏。如何是"臣向君"? 不堕诸异趣,凝情望圣容。如何是"君臣道合"? 混然无内外,和融上下平。

中唐以来,藩镇割据,地方势力大增,柳宗元作《封建论》,要求坚持郡县制,以强化中央君主集权;韩愈力图从明确君主与臣民各自的职份上,重振中央君主的绝对权力;曹洞的这一"君臣五位"论,在政治倾向上就是这一思潮的延续,但同时反对把君权绝对化。本寂说:"以君臣偏正言者,不欲犯中……此吾法宗要"。所谓

"中",即两者必须"兼带","君臣道合",上下平等,损害任何一方都是有害的。曹洞的政治学是用禅学的形式阐发的,可以叫禅政治学。

本寂有时用"五相"来表示这五种关系,用一个圆,中以黑白两色的形状加以显示,即(●●☉◐●),各配以诗偈作出解释,结果,使本来不难明白的一些道理反而变得隐晦不清。有时又配以《周易》的卦象,称"五位旨诀",向越发玄妙的方向推进。例如"正中来",相当于"大过";"偏中至",相当于"中孚";"正中偏",相当于"巽卦";"偏中正",相当于"兑卦";而"兼中到",即是"重离"。假若结合《周易》对于这些卦象的释文加以发挥,那就可以运用于任何一个领域,反而使本来清楚的主张模糊起来。

其实,理事关系是曹洞宗全部理论讨论的基本问题,良价也经常用"体用"、"动寂"、"偏圆"等概念来表示。《玄中铭》说:

> 混然体用,宛转偏圆,亦犹投刃挥斤轮扁得手,虚玄不犯,回互傍参。

就禅学言,认识体用、偏圆等混然回互的关系,都是一种手段,目的在于指导禅者的现实生活,"虽体空寂然,不乖群动";"用而不动,寂而不凝",所谓"清风偃草而不摇,皓月普天而非照",说穿了,是以不变应万变,万变不离其宗。所以良价归结他的"玄中之旨",是"用而无功,寂而虚照;事理双明,体用无滞"。这样我们又回到了本寂在洞山的所得:"不变异(易)"、"不动"。以"不变异"处世,"不乖群动"是必然的,这是曹洞宗由开始的悲观遁世,逐渐走向弘化世间的理论机制。

曹洞也运用当时通行的一些概念,表达他们关于理事、体用的思想,像"宾主句"就是:

> 主中宾,青山覆白云;主中主,长年不出户;主宾相去几何?长江水与波;宾主相见有何言说?清风拂白月。

此中的"主",指理、体;"宾",即指事、用,同沩仰宗的"宾主"范畴不全相同。"主中宾",表示理、体被事、相所蔽;"主中主",表示理、体的自我坚持。正确的理事关系,应该像水(理)与波(事)那样;宾主间的言说,当如清风白月,不要执著。

良价用君主句解释君臣父子的关系时说:

> 臣奉于君,子顺于父,不顺非孝,不奉非辅;潜行密用,如愚如鲁,但能相续,名主中主。

作为臣子,要能不张扬地、本能地奉君顺父到底,这就是坚持了臣子之理,符合自己的身份,是谓"主中主"。如此类推,可以了解他的宾主句所含的政治伦理意义。

在本寂的语录中,有一些"即相即真"、"幻本元真"等命题,也都是表达体用一致、事理俱融的。这种思想的理论来源,无疑可以追溯到石头希迁的《参同契》,但江西禅系的思想影响也很明显,除枯木禅、宾主句以外,本寂反复申述南泉普愿关于"异类行"、"畜生行"、"作水牯牛"一类言论,也十分突出。他对门徒说:

> 黧奴白牯修行却快,不是有禅有道,如汝种种驰求……皆是生灭心。所以不如黧奴白牯,兀兀无知,不知佛,不知祖,乃至菩提涅槃,及以善恶因果,但饥来吃草,渴来饮水。若能恁么,不愁不成办,不见道。

这几乎是照搬普愿的思想了。这也是我对《大正藏》所收本寂语录的真实性存有疑惑的根据之一。

第五节 福州雪峰禅系与韶州云门宗

一、宣鉴诸徒和福建禅宗之发达

原在澧州龙潭的崇信,属于隐居独修类型的禅师,生平不可考,曾受法于道悟。前已说过,道悟的师承是历史上的一个悬案,而崇信的弟子宣鉴(782—865),居朗州(在湖南境)的德山,至宋始声誉趋高。赞宁为其作传,称"天下言激箭之禅道者,有德山之门风焉,今襄(湖北襄樊)、邓(河南邓县)、汉东(汉水以东)法孙极盛者是"。

宣鉴俗姓周,剑南西川(四川成都)人,精研毗尼胜藏,"解脱、相宗,独探其妙",追随崇信于澧州三十余年,武宗废佛,乃避难于独浮山之石室。大中初(847),一说咸通初(861),武陵太守薛延望以私卖"盐茶诬之",强令入州,安置于"古德禅院",四海玄徒常盈五百。他告知徒众:"汝但无事于心,无心于事,乃虚而妙全。若毫厘系念,皆为自欺;瞥尔生情,万劫羁锁去。"这种无心无事、离念去情的主张,是当时禅宗中的流行观点,但他用"打"、"喝"接机,在"打"、"喝"中贯彻他的这一主张,则带有个性。他说:"问则有过,不问则又乖。"僧便礼拜,鉴则打。僧问:"为什么?"他说:"待尔开口,堪作什么?""打",即是不许"拟议"的意思。有人问:"凡圣相去多少?"鉴"喝一声"。这"喝",是要求超越凡圣分别的意思。这种禅风,与其同时代的临济义玄相似,所以赞宁说,义玄"示人心要,与德山相类"。《景德传灯录》补充说,宣鉴"常讲金刚般若",时谓之"周金刚";沩山灵祐预见他"将来有把茅盖头,骂佛骂祖去在"。《祖堂集》记全豁说:"德山老汉只凭目前一个白棒,曰佛来也打,祖来也打。"到了宋代,遂有"德山棒,临济喝"之说。这些强化德山与临济同宗的言论,反映了宣鉴在禅宗中的地位日益提高的趋向。

《景德传灯录》记宣鉴的弟子九人,其中全豁与义存都是泉州人,对于推动禅宗在福建的兴旺起了特别重要的作用。

历史上,江西禅系中的福建籍僧侣很多,像已经提到的道一弟子中的百丈怀海是福州长乐人,章敬怀晖为泉州人,大珠慧海是建州(福瓯)人;怀海弟子中沩山灵祐是福州长溪人,黄檗希运为福州闽县人。此外,江西禅系的著名人物中,还有在浙江天目山千顷院弘法的明觉(?—831),于道一处剃度,是建阳(福建建阳)人;在杭州秦望山栖于松巅近四十年的圆修(735—833),号"鸟窠禅师",是怀海弟子,福州闽人。至于既是福建籍又在福建行化的怀海门徒,有大安和神赞。大安(793—883),福州人,在黄檗山出家,师事百丈。曾问:"如何是佛?"百丈答:"大似骑牛觅牛。"又问:"识得后如何?"曰:"如人骑牛至家。"问:"未审始终如何保任?"曰:"譬如牧牛之人执鞭视之,不令犯人苗稼。"大安从此得悟,表明他特别重视顿悟后渐修的宗旨。在百丈时,"夜则山野头陀,昼则倍加执役"。后来随灵祐同创沩山,十数年间,"头头耕耨,处处劳形,日夜忘疲,未尝辄暇",直至僧徒聚至五百,应是沩山的重要创业者。咸通六年(865)离开沩山,回归故土。《祖堂集》等只记他"垂化闽城二十载"[①]。神赞的生卒不详。因行脚,得遇百丈开悟,后回到福州,居古灵聚徒,倡百丈门风。他把读经譬作"蜂子投窗纸求出","钻他故纸,驴年去得?"故以"灵光独耀"、"不拘文字"、"但离妄缘,即如如佛"之说教人。

至于全豁与义存,依然与江西禅系有千丝万缕的联系。全豁(826—883),俗姓柯,泉州南安县人;义存(822—908),俗姓曾,也是南安县人。他二人与其同乡文邃三人为友,曾结伴北参临济。义玄死后,三人又同参洞山[②]。后来文邃投于洞山门下,在钦山传禅,全豁与义存即归德山。据传,三人曾一起喝茶,见明月彻于碗水,文邃说:"水清则月现。"全豁说:"无水清则月不现。"义存便放却碗水,说:"水月在什么处?"[③]这个故事无疑是为了表示全豁、义存与洞山禅系的不相干。洞山是被公认的石头法系,而德山的祖师不明,其禅风与临济接近,临济则是江西的嫡传。当然,他们实际弘扬的是什么内容,那是另一回事。全豁在德山盘桓数载,移至洞庭卧龙山,又居鄂州唐年县之岩头,光启三年(887)被流贼所杀。在

---

① 《宋高僧传》卷一二有《福州怡山院大安传》,谓大安为闽城人,先参石巩山慧藏,再游五台山,后止沩山,颇受地方官僚重视。弟子慧长入关扬德,追谥"圆智大师"。石巩慧藏亦是道一的知名弟子。

② 《景德传灯录》记其参仰山,本文不取。

③ 文见《祖堂集》卷八《钦山和尚》。《景德传灯录》在《全豁》一节里有记,与此处所说差别颇大。

福建大放光明的，则是义存。

二、义存的"入地狱去"和雪峰禅系

据黄滔所撰《福州雪峰山故真觉大师碑铭》，义存生于一个世代友僧亲佛的家庭，年十二，游莆田玉润寺出家，为童子，十七落发。会昌毁佛，乃儒冠束发，止于芙蓉山宏照大师处。至宣宗佛教再兴，乃北游吴、楚、宋、燕、秦，于幽州宝刹寺受具戒后，更巡名山，扣诸禅宗，"爰及武陵，一面德山，止于珍重而出"。咸通六年(865)，义存回到芙蓉山故地；同年，圆寂(当是圆智，即大安)亦自沩山拥徒而至，住于怡山。圆寂徒中有名熟者，与之发生矛盾，义存被迫迁于府西二百里山上(即象骨山)，起名雪峰，立庵传禅。自庚寅(870)至乙未(875)，天下释子，"不计华夏"，趋之如赴召。观察使韦公(当指韦胄之弟韦山由)，于乾符中(877)，司空颍川陈公(当指陈岩)于中和中(883)，分别请其入府。僖宗赐紫，名"真觉大师"。至辛亥岁(891)，因福建内乱，乃率徒东浮丹邱四明。翌年，王审知据闽自立，致礼禅林。又两年，义存自吴回来，大受礼遇。王氏为其增宇设像，并铸钟庄严其山，优施供养其众；凡斋僧构刹，都以义存为龟鉴，对"熊罴之士"、渔猎之民，均有影响。戊辰年(908)卒，寿八十七。在雪峰传法四十年，学徒不可胜计，常年不减一千五百人，福建禅宗由是大振。《景德传灯录》记其弟子五十六人，有机缘语的四十五人，绝大多数分布在福建、浙江和江苏，少数在广东和北方。当时得到闽王赐紫袈裟因而被认为是"庶几者"的弟子有五，即玄沙师备、洞岩可休、鹅湖智孚、招庆慧稜、鼓山神晏，分别于福州、泉州、越州、信州拥徒传禅，名望极高。其中师备在福州，后被推为禅宗五家法眼宗的祖师。而不在这五大门人之列的另一弟子文偃，则在韶州独树一帜，后称云门宗。

闽国(893—945)的奠基人王审知，是五代十国中史学家评价最好的统治者之一。在他当权的三十年中，福建得到多方面的开发，经济、文化和海上交通都有新的发展，史称他采取"与民休息"的方针，致使"一境晏然"。其中，"奉大雄之教，崇上善之因，象法重兴，道士如在"，当是他治理福建的辅助措施。他先"建报恩、定光多宝塔于福州",又"藏佛经于寿山,凡五百四十一函,总五千四十八卷",后"铸金铜佛像,高丈有六尺,铸菩萨像二,高丈有三尺",以致"虹梁雕棋,重新忉利之宫;钿轴牙签,更演毗尼之藏。盛兴宝塔,多舍净财,日丽飞甍,霞攒彩槛"。① 这类设施,原与禅宗的传统宗旨不合,却给禅宗的开拓以适宜的土壤,并极大地推动了禅风的变化,而佛教也为之大盛。《佛祖统纪》卷四二记,后唐天成三年(928),"闽主王延钧素敬佛,是年度僧二万人"。

关于雪峰义存的思想,很难知其实相。《宋高僧传》本传称其有"自述塔铭",今不得见;赞宁评其"道","恢廓乎骏奔";又说他"化众切乎杜嘿禅坐"。对照《祖堂集》与《景德传灯录》两家的有关记载,差别甚大,而且都缺乏清晰的主导线索,这大约是"所出门生,形色不类",所以记述也多差异造成的。《祖堂集》载其初出家时,有人送诗三首,其中有云:"宪原之贫志不移,颜回安命更谁知?嘉禾未必春前熟,君子从来用有时。"又记他与全豁、文邃一起行脚,各述己愿。岩头豁说:他希望分手后,"讨得一个一舡子,共钓鱼汉子一处坐,过却一生"。钦山(文邃)说:他希望"在大州内,节度使与某礼为师",着锦坐银,斋时金银花楪子,"大盘里如法,排批吃饭"。义存则说:他希望"十字路头起院,如法供养师僧"。这大体反映了当时禅僧的三种不同类型的心态。其中义存希望他能有用于世,不论是做君子,还是做僧人,应一贯如此。不过义存说明,他努力的结果是与本志相违,只得"住在这里,造得地狱柤(渣)滓"。这当然是他成功以后教人悟解的说法。但由此他把自己的教法即称作"入地狱去"。僧问:"未审这里事如何?""入地狱去"。问:"古人有言,欲得不招无间业,莫谤如来正法轮。如何得不谤?""入地狱去"。问:"如何是涅槃?""入地狱去"。这种教法是为了断绝学者的一切期望,作为通达"无求人"的手段。

有藏主问:"三世诸佛在什么处?"义存指面前走过的母猪说:"在母猪背上。"意思也是这样。他向门徒说:"向汝道,尽乾坤是个

---

① 见《王审知德政碑铭及序》。

解脱门,总不肯入! 但知在里许乱走,逢着人便问,阿哪个是? 我还着么? 只是自受屈。所以道,临河渴水,死人无数;饭罗里受饿,人如恒河沙。"由此教诫学徒要理解菩提达摩所示"以心传心,不立文字",不要背对自心"神光",向外苦苦索求;也反对释文"明经",钻故纸堆。

三、雪峰师备支

1. 师备的唯识空观和"金刚眼睛"

义存的首席弟子师备,似乎颇与其师相悖,故僧史称其有"过师之说"。据《祖堂集》、《宋高僧传》、《景德传灯录》等,师备俗姓谢,闽县人,"少而憨黠,酷好垂钓"。咸通初(860)上芙蓉山出家,至钟陵开元寺受戒,后回山门义存处。"力役无不率先,布纳添麻,芒鞋续草,减食而食,语默有常,人咸威之。"他曾与义存同学,在开垦雪峰据地上多率先出力,称为"备头陀"。居数年,义存劝他行脚,"经历诸方",至于岭上,"踢着石头,忽然大悟:达摩不过来,二祖不传持",因得雪峰器重。先住普应院,次卜玄沙山。后闽王迎居安国寺,礼重为师,赐紫,号"宗一大师"。三处住持三十余年,有众八百。他与义存死于同年(908),年七十四。

禅宗南宗各家,尽管普遍反对诵经立言,实际上所依经典甚多,他们公开承认的是以《金刚经》取代《楞伽经》和《文殊般若》,通常引用的有《维摩》、《涅槃》、《法华》、《华严》、《起信论》等。至于荷泽宗密,开始弘扬《圆觉经》,开一新途。而师备特别以《楞严经》释禅,影响尤为深远。赞宁说:"玄沙乘《楞严》而入道,识见天殊。"《传灯录》也说:师备"阅《楞严经》,发明心地,由是应机敏捷,与修多罗冥契,诸方玄学有所未决,必从之请益"。《楞严经》是8世纪初产生于岭南的一部疑伪经,它的哲学核心与《起信论》、《圆觉经》等疑伪经论大体相同,是最有中国佛教特色的经典之一,重点是以"明"释心,讲"即事而真"、"即身成佛"的道理,加上有四百多句"大佛顶陀罗尼"和其他密教的内容,在密宗中也占有重要地位。这样一部经典被直接引进禅的领域,对于禅宗以后的发展一直起着微妙的作用。师备"所演法要,有大小《录》行于海内;自余语句,各随门弟子章及诸方征举出"。

关于师备与义存的理论分歧,难得其详。据传,义存曾示众云:"明镜相似(一说'古镜当台'),胡来胡现,汉来汉现"。师备问:"明镜来时作么生?"义存答:"胡汉俱隐也。"师备批评说:"山中和尚,脚跟不踏实地。"所谓"明镜",是对心本体的譬喻。义存的意思是,心随境转,故有影像差别;若境界无相,即无差别映现,因此,在禅行上必然强调对境界要作般若空观的认识。然而从唯识家看,境依心生,一切影像分别,全是识的内在作用,与义存承认有识外之境的主张大不相同。且不管这里的记述是否为义存的本意,但通过这个典故,突出师备将"唯识无境"贯彻其全部禅行,则异常明显。

正是从"唯识无境"出发,师备否认一切客观事物的真实性。他说:"虚空犹从迷妄幻生","何处有三界?""如今道无尚是诳语,岂况是有知乎?"人生在世,"安身立命",首先要认清是处在什么世界,如今面前"见有山河大地,色空明暗,种种诸物",其实"皆是狂劳华相,唤作颠倒知见"。出家沙门,应该超出这种知见,善自省察,"识心达本"。据师备自己解释,"识心达本"有两个途径:其一是,"从上宗风,是诸佛顶族"所出,这是一般人承当不得的;其二是,"从迦叶门接续顿超"所出,是他要弘扬的重点。关于前一途径,师备没有进一步解释。"佛顶"一词,是《楞严经》所取密教用语,表示最高智慧;"诸佛顶族",相当于一般所谓"大根机人"。师备将这类人列在"迦叶门"之上,等于说他们不属禅宗系统,或即指佛教秘密门言。迦叶被禅宗推为本宗在印度的最高祖师,所以"迦叶门"即是"禅门",在师备前后多称"宗门"或"宗乘"。

师备归结"迦叶禅门"为"顿超",显得很特别。他说:"此一门超汝凡圣因果,超他毗卢妙庄严世界海,超他释迦方便门;直下永劫,不教有一物与汝作眼见"。据此,"顿超"就是超越一切境界,使行者视一切物"如同梦事,亦如寐语",而不被凡圣因果所谩。他举例说,世间画师,自画地狱变相,以及大虫、刀剑等,然后自己看了,又自生怕怖;"汝今诸人亦复如是,百般见有,是汝自幻出,自生怕怖"。因此,只要能觉悟到一切万有无非是心的幻变,那就会毫不费

/第五章/ 晚唐五代十国的形势与禅宗五家的分立

力地超越各种境界的拘束。要达到这种觉悟,他认为必须识取"金刚眼睛":

> 汝今欲觉此幻惑么?但识取汝金刚眼睛。若识得,不曾教汝有纤尘可得露现,何处更有虎狼刀剑胁吓得汝?直至释迦如是伎俩,亦觅出头处不得。所以我向汝道,沙门眼把定世界,函盖乾坤,不漏丝发,何处更有一物为汝知见?知么,如是出脱,如是奇特,何不究取!

他这里讲的"金刚眼睛",实质是建立在唯识无境上的空观;此等"眼睛",他或称"沙门眼",亦称"道眼"、"法眼",也是人人悉有,不必外求的。正因为如此,所以人们"出超",省心省力,无须"加功练用",以至"不用一毫工夫",此即谓之"顿超"。

在这里,师备把一切众生皆有的佛性,既不解释为"理",也不解释为"心",更不解释为"知见",而是"金刚眼睛",是一个很有影响的创见。义存曾强调,达摩西来是"以心传心"。师备则说:"佛言:'吾有正法眼付嘱摩诃迦叶。'我道犹如话月。"把传"心"改成传"正法眼",这是禅宗史上的又一个不大不小的变革,尽管他是把这件事当作一个假说。他特别批评了那种以"知"为心体的观点,对自神会以来的这一主张再次做了清算。他说,有一种说法,"昭昭灵灵、灵台智性,能见能闻,向五蕴身田里作主宰",这实在是以"善知识大赚人"。"我今问汝:汝若认昭昭灵灵是汝真实,为什么瞌睡时又不成昭昭灵灵?若瞌睡时不是,为什么有昭昭时?"这唤作"认贼作子,是生死根本、妄想缘气"。事实是,"汝昭昭灵灵,只是前尘色声香等法而有分别……若无前尘,汝此昭昭灵灵同于龟毛兔角"。大意是说,平常所谓的"灵台",即具见闻能力的"心"、"知",是受境界制约的,它有休止的时候,因而不能成为"主宰";"金刚眼睛"不同,它不是平常人的闻见之知,而是一种无知之体,亦称"秘密金刚体"。他说:"汝今欲得出他五蕴身田主宰,但识取汝秘密金刚体。"即古人所说"圆成、正遍、遍周沙界"。譬如:"世间人所作兴营,养身活命,种种心行作业,莫非承他日光成立。只如日体,还有多般[及]心行么？还有不周遍处么？"此"金刚体"亦是如此,现今"山河大地,十方国土,色空明暗,及与身心,莫非尽承汝威光现"。其他人天群生、受生果报,以至诸佛成道,接物利生,"莫非尽承汝威光"。因此,从"金刚体"上说,没有凡圣之别,也没有见闻等心行。众生如果识得自身即具"如此奇特",就不会随逐五蕴境界,而自得超脱。

师备的这些道理并不深奥,他不同于江西禅系所说的平常心是道,而是取唯识家的主张:前六识,即见闻觉知,不是最高本体;他把"金刚眼睛"即"金刚体"作为最高本体,又不同于唯识家的阿赖耶或如来藏,而是一种特殊的观念,即将唯识空观抽象化、实体化了的观念。这种观念如同日光,自身虽无分别,但能无所不遍,映现一切物象;以其是一种特殊的明智,所以称之为"威光",亦称"神光"。《景德传灯录》附有他的偈颂三首,其中有说:"万里神光顶后相,没顶之时何处望？"就是启示人们从提取自己的"神光"中解脱三界苦难。在《华严经》中,这种能遍照一切的发光体,是法身佛"大日如来"(毗卢舍那),师备把它移过来,安放在每个人的心上,与《楞严经》之将"心"释为"明"紧密衔接起来,所以这说法也有密教的味道。赞宁评他的禅风,以为"此学虚通无系,了达逍遥无拘",这可能是师备后学重视实际运用的情况了。

2. 玄沙的门人和桂琛的"密学"

玄沙师备的嗣法弟子基本上都在福建活动,于福建禅宗的扩展作用极大。其中在福州中塔的慧救,为闽王钦敬,曾请说法,赐紫。他以"三处"示人方便:"若从文殊门入者,则一切有为,土木瓦砾,悉助汝发机;若从观音门入者,则一切善恶音声,乃至虾蟆蚯蟮,助汝发明;若从普贤门入者,则不动步则到。"表明这一禅支正向多头法门开拓。

师备最著名的弟子,是在漳州罗汉院的桂琛(867—928),常山人,俗姓李,出家受戒后,初谒云居道膺,再谒雪峰、玄沙两会,是师备的重要助手。从思想上看,他主要继承玄沙的"唯识无境"之说,而更洒脱;同时坚持"灵性金刚秘密"为不变的实体。当时的漳州牧曾为其在闽城西之石山建"地藏精舍",聚徒二百余。据《宋高僧传》本传,"琛以秘重妙法,罔轻示徒,有密学恳求者,时为开演"。说明他是在秘密地传布密教。据传,义存的另一弟子神晏,曾借重漳牧王氏势力,胁令其舍玄沙而嗣雪峰,桂琛则"确乎不拔,终为晏谗而凌轹"。"凌轹"的含义模糊,至少是压制、排斥。这大约与他继承师备的密教有关。在禅宗中输入密教,是禅宗史上的又一种趋向,始自神秀门徒,至此而又显著活跃起来。

四、雪峰在闽的其他弟子

义存的另一弟子神晏,居福州鼓山三十余年,受闽王所重,《传灯录》称之为"国师"。原籍大梁,幼年颇多神异,曾作诗言:"白道从兹速改善,休来显现作妖祥,定祛邪行归真见,必得超凡入圣乡。"似乎他所弘传的禅法又具有镇妖祛邪的功用。他认为,诸圣之兴,"盖为人心不等,巧开方便,遂有多门,受疾不同,处方还异"。所以经有经师,论有论师,律有律师,各有传持,不宜贬黜诸家,独尊禅宗。从本质上说,一切佛法均属言教,都是为了遣除执著,所以"禅道"也只是"止啼之说"。他提出鼓山的论点:"句不当机,言非展事;承言者丧,滞句者迷。"这是在否定言教的真实性的同时,肯定佛教一切教化法门均具合理性。

雪峰在福建还有一个重要门人,是福州人从展。其人俗姓陈,年十五礼义存为师,于本州大中寺受戒,曾游吴楚,后又返回雪峰。丁丑年(917),漳州刺史王某创保福禅苑,迎请居之,故简称"保福"。据传,开堂日,刺史"礼跪三请,躬自扶掖升堂"。这在当时的禅众中是很少见的,所以有僧不无讥讽地说:"郡守崇建精舍,大阐真风",请他即此"举扬宗教"。从展解释说:"久在丛林",可以"随处任真",对于"初心后学",则须有所"次第",其中官府的崇信尤不可少。他说:

> 佛法付嘱国王、大臣、郡守,昔同佛会,今方知足。若是福禄荣贵则且不论,只如当时受佛付嘱底事,还记得么?若识得,便与千圣齐肩;倘未识得,直须谛信!

他的这番言论,大体代表了雪峰一系的政治态度,也说明了雪峰门徒在南方几个小朝廷中普遍处在显贵地位的原因。从展后来又得到闽王的礼重,也是被赐紫的人物。他住保福禅苑约十年,学徒经常不下七百,卒于戊子年(928)。《景德传灯录》记其弟子二十五人,多在福建,少数在湖南境传禅。

雪峰门徒中著作最多的当属惟劲,福州人。初参义存,后又问法于师备。师备弟子鉴上座注《楞严经》,惟劲颇不以为然。光化中(900)入南岳,住报慈东藏,因睹"镜灯"(传说为贤首法藏所制)而悟,"广大法界,重重帝网之门,佛佛罗光之像",乃著《五字颂》五章,阐扬华严宗的"理事相融";开平中(909),撰《续宝林传》四卷。《双峰山曹侯溪宝林传》为中唐朱陵(南岳)沙门智炬集,惟劲即续写此书,记贞元以后禅门继起之源流。又制七言《觉地颂》,广明诸教缘起;别有《南岳高僧传》行世。

总观雪峰的众多门徒,在禅的旗号下各行其是,表明义存授徒多是因材施教,不拘一格。在闽国小朝廷的多方扶植下,原被禅宗排斥出去的建寺造像、讲经习律等传统教门被逐渐收拢回来,而南方各个禅系中始终未曾断绝的立论作偈等文字功夫在福建也有新的发展。

五、雪峰文偃支和云门宗

雪峰在韶州的一支,为文偃开创,在南汉王国(905—971)的扶植下极为红火。据《大汉韶州云门山大觉禅寺大慈云匡圣宏明大师碑铭并序》,自刘陟(岩)、刘晟据有岭南,即"耀干戈弧矢以宣威,救生灵涂炭;用声明文物而阐教,致寰宇雍熙"。

刘晟本人既崇儒道,复重佛僧,把增修佛刹、供养僧侣当成获取瑞感的渠道。文偃就是在这样的政治文化条件下发展起来的。

1. 文偃的生平和宗系

文偃(864—949),俗姓张,苏州嘉兴(浙江嘉兴)人,童年出家于本地空王寺,具戒于常州戒坛,初习小乘,次通中道,为往睦州(浙江建德东),谒道踪禅师。道踪即陈和尚(陈宿尊),为百丈系黄檗的门徒。道踪告以"秦时镀铄钻",因而有所发明。经数载入闽礼雪峰。有僧问《参同契》句:"如何是'触目不见道,运足焉知路'?"文偃答以"两斤麻,一匹布"。僧又不明,再答以"更奉三尺竹",①由此见重于义存。

义存死后,文偃复参韶州灵树如敏。如敏为百丈弟子大安的门徒,曾在岭南行化四十年,以"道行孤峻"著称,甚得当地儒士敬重,南汉小朝廷赐号"知圣"。文偃追随如敏八年,以"识心相、见静本"相契。戊寅岁(918),如敏卒,刘岩令文偃说法;次年,又命其于韶州"为军民开堂"。癸未年(923),领众开辟云门山,"构创梵宫,数载而毕","层轩邃宇而涌成,花界金绳而化出",雕楹珠网,庄严宝相,合杂香厨,赠额"光泰禅院"。可以说这是南宗有史以来,自建寺院中最具规模也最豪华的一座,与其先辈们的岩洞、茅茨、庵庐、山棚而居,实是不可同日而语。自此,"抠衣者岁溢千人,拥锡者云来四表"。戊戌岁(926),被诏入阙,赐号"匡真"。后返本院,朝廷频加赐赉。刘晟称帝(943),复诏文偃入内殿供养,月余,却旋武水②,赐其塔院为瑞云之院,宝光之塔。至其死后,"诸国侯王,普天僧众",竞致斋馐。及至刘铱继刘晟即位,宦官当权,大兴佛法。大宝六年(963),秀华宫特进与雄武节度使推官相勾结,奏报文偃托梦要求为其开塔,遂诏往云门修斋迎请真身入于大内,大陈供养,刘铱以为是"金刚不坏之身","许群僚士庶,四海蕃商,俱入内庭各得瞻礼"。据说当时"瑶林畔千灯接昼,宝山前百戏联霄",供施无算。其身以"七宝装龛,六铢裁服,颁赐所厚,古今难伦"。

这个小朝廷之所以如此厚待文偃,实寄希望于文偃"冥垂慈贶,密运神通,资圣寿于延长,保皇基于广大"。正由于这个原因,文偃的弟子百余人都得到南汉的赏赐。其上足门人四十余,"散在诸方,或性达禅机,或名高长者";另有六十余人在京,"或典谋法

---

① 关于"两斤麻,一匹布"的问答,也是一宗有名的公案。其中的问话,是要你理解"不识道,即不得行"的含义;而以斤麻、匹布、尺竹等答之,表示道不离具体生活中的日用交往,因此,行道亦寓于百姓的平常生活中,不须于生活之外别求。这从华严宗的理事关系和事事关系中可以推演出来。

② 武水与云门山均在今广东韶关之西北。

教,或领袖沙门"。《景德传灯录》记其弟子语录二十五人。云门宗系,就是在南汉王国如此奉养扶植下形成并发展起来的。

按文偃法系,实属百丈怀海,在雪峰门下时间不长。后来"据知圣(如敏)筵,说雪峰法",全然抛开百丈血脉,是禅宗史上洪州系向石头系转变的一个重要标志。这种转变,很难找出理论或宗旨上的原因。《宋高僧传》未给文偃这样重要的人物作传,是很奇怪的[①];赞宁对神晏颇有微言,也未单独列传。在禅宗史上,云门宗究竟应属南岳系还是青原系的分歧,至少在这个时期已经出现了。

据《云门匡真禅师广录》,文偃死前有《遗表》、《遗诫》两则。《遗表》除为南汉王朝祝福外,自称"困风霜十七年,涉南北于数千里之外……始见心猿罢跳,意马休驰",说一生追求唯在止心。《遗诫》则嘱其门徒:"吾灭后,置吾于方丈中;上或赐塔额,祇悬于方丈。"又嘱:"凡系山门庄业杂物等,并尽充本院支用,勿互移他寺。"一代宗师的名利如此深重,说自己早已罢休心猿意马,恐怕是言不由衷了,其为达观者视之,亦恐齿冷。

2. 云门"三句语"

关于文偃的思想,后人记述很多,但仁者见仁,智者见智,取舍的差别颇大。据其门人在朗州的德山缘密记,云门有"三句语",即"函盖乾坤,截断众流,随波逐浪"。[②]《云门广录》里记文偃示众:"函盖乾坤,目机铢两,不涉外缘。"并用"一镞破三关"作解释。法眼宗的文益也说:"韶阳(云门)则函盖截流。"从字面上看,"函盖乾坤"是形容某种至大无外、包容天地、一切具足的本体;就禅宗史考察,这本体或指心,或指智,或指理(道),由此形成多种不同的哲学体系。云门用"函盖乾坤"一词,将禅宗内部的这些差别模糊起来,变成了可以蕴涵多种义理的笼统譬喻,这是他在禅宗范围里能够

---

① 惠洪对赞宁所撰《宋高僧传》处处不满。《林间录》卷上:《宋高僧传》"列岩头奯禅师为苦行,智觉寿禅师为兴福;而云门大师乃僧中王也,与之同时,竟不载,何也!"遗憾的是,惠洪也没有道出个中原因来。

② 《景德传灯录·缘密传》谓此三句为"德山句",属缘密本人的见解,而非文偃的说法。

"擒纵舒卷,纵横变化"的重要原因。"截断众流,随波逐浪",当指他用以教化的方法:前一句是制止学者不得照旧继续思维下去,必须改变思维方式;后一句是要求适应学者的水平,按不同情况加以引导。"目机铢两,不涉万缘",则是禅者普遍追求的境界,前一句表示要明察秋毫,后一句表示要不被心境左右。不过对后来影响比较大的,还是由缘密解释的那"三句语"。

缘密以颂体作解释。关于"函盖乾坤"的颂是:

乾坤并万象,地狱及天堂,物物皆真现,头头总不伤。

意思是:宇宙万有,都是"真"(心、理、道)的显现,而显现之物各有个性而无碍其并存。这本质上是华严宗关于理事互彻、事事无碍的思想。关于"截断众流"的颂是:

堆山积岳来,一一尽尘埃;更拟论玄妙,冰销瓦解摧。

意思是:不论来参者带来多少难题,都以尘埃视之;如果还继续"葛藤"(纠缠),则坚决给以摧断。因为按文偃的意思,生死事大,若陷到语言义理的圈子,不仅无益,而且有害。关于"随波逐流"的解释是:

辩口利天间,高低总不亏;还如应病药,诊候在临时。

意思是:辩才还是需要的,但讲的道理要有针对性,不能取凝固不变的定式。

从缘密的这些解释看,《碑铭》和《广录》所记的文偃语录,多半属于"截断众流"句,如"两(亦作三)斤麻,一匹布",亦可以作此类理解。此外,"有问禅者,则云正好辨;有问道者,则云透出一字;有问祖师意者,则云日里看山",都是拒绝正面回答,而要学者转移话题、不可错用心机的意思。如果连这类话头也坚持参究下去,以为真的是"了义元远,法藏幽微",含有什么高深莫测的哲理,那确实需要棒喝交加了。《广录》三卷绝大多数属于毫无意义的"断流"语,只有少数或许例外。例如,"师因见僧量米,乃问:箩里多少达磨?"文偃自答:"斗量不尽。"这里的"达摩"①,若是表征"一般",则是"理"在"事"中;若"达磨"限指个别,则是"事事无碍"。有的语录也能发人深思,例如文偃"问僧:什么处来? 僧云:摘茶来。师云:人摘茶,茶摘人?"类似的还有:"人吃饭,饭吃人?"这里讲的是关于事事圆融、相互含容的道理,而揭示的则是人与环境相互制约、相互渗透的关系。不过从总体来说,思想含混,精彩的东西不多。

《景德传灯录》记载的文偃,眉目比较清楚。他一方面说:"句里呈机,徒劳伫思,直饶一句下承担得,犹是瞌睡汉",表示禅机决不会由语言中表达出来;另一方面又说:"若是得底人,道火不可烧口,终日说事,不曾挂着唇齿",即言说还是必要的,只是不要执著而已。由此看他的禅语,一部分是反对以语言夸示、反为经教所误的,所谓"食人涎唾,记得一堆;一担骨董到处逞,驴唇马嘴夸我解";另一部分则劝人学道,善于思量,甚至引孔子言"朝闻道,夕死可矣"。

3."总在这里"

文偃的总体观点,是建立在华严宗关于"道"的遍在性上的:理在事事,事事具理。他引乐普的话示徒:"一尘才举,大地全收;一毛,师子全身。总是汝把取,翻覆思量,日久岁深,自然有个入路。"由此得悟,则处处是"道"。"师以拄杖指前面云:乾坤大地,微尘诸佛总在里许。"又说:"微尘刹土,三世诸佛,西天二十八祖,唐土六祖,尽在拄杖头上说法;神通变现,声应十方,一任纵横。"他突然起身,以杖划地一下说:"总在这里。"又划一下说:"总从这里出去也。""总在这里",就是文偃贯彻"理事无碍"、"触目是道"的特殊禅语了。

"总在这里",对当时僧侣、民众的大流动起到了稳定作用,所

---

① "达摩":是"法"的梵音,一切事物皆可名"法",也就是一般;"达摩"亦作"菩提达摩"的略名,是对人的特称,也就是个别。

以有社会意义。文偃批评行脚者说:"知你行脚,驴年得个休歇么!"又说:"北去礼文殊,南去游衡岳,若恁么行脚,名字比丘,徒消信施,苦哉苦哉!"他把行脚称作"游州猎县",是很不以为然的。因为流动不但影响治安,对于自给的农业经济也是一种破坏。"总在这里",令人安居乐土,也是一种修养,可以使人省却许多心思。他说,只要"大用现前,更不烦汝一毫头气力,便与佛祖无别",就是要人不费气力,省心、省事,"除去着衣吃饭,屙屎送尿,更有什么事?无端起得许多妄想作什么?"在《广录》里记有他的一句名言:"好事不如无",都是贯彻这种处世哲学的。

总观云门一系,并无独立的理论体系,也没有创造性的禅门家风,但他们上为统治集团服务,下为信徒提供安身立命之处,对于当时稳定社会、维护生产、开发岭南有一定的作用。这也是云门宗得以兴起和发展的重要原因。南方诸小朝廷的帝王,大都精于构筑自己既得的安乐窝,在常年的割据纷争中,没有出现一个有雄才大略、争取统一全国的人物,甚至连这样的设想、谋划都没有。云门的"总在这里",也反映了南方诸国的统治者满足于自我享乐的性格。

文偃的知名门徒很多,《景德传灯录》记有六十一人,五十余人有机缘语,主要分布在岭南和湖南、江西、江苏诸地,唯独福建不见,这可能同文偃不为雪峰系承认有关,也与公元940年以后闽国内乱直至灭亡有关。

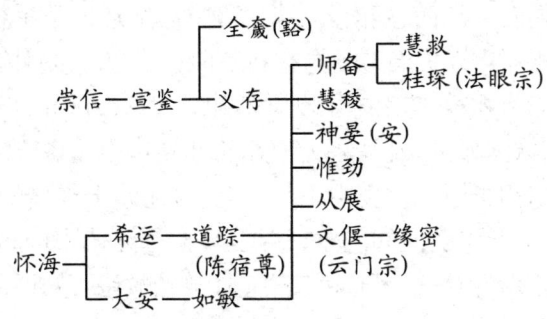

雪峰禅系略表

第六节　法眼宗及其在南唐、吴越的发展

漳州罗汉院桂琛所传玄沙师备的宗旨,到他的弟子辈,于南唐、吴越得到很大的发展,成为五代末期影响最大的宗系,后被称作法眼宗。

一、文益生平和他的"一切见成"

桂琛的嗣法弟子,《景德传灯录》记有七人,以文益为上首。文益(885—958),俗姓鲁,余杭(杭州)人,七岁落发,受具戒于越州(浙江绍兴)之开元寺,习律于明州(宁波)鄮山阿育王寺,同时又"傍通儒典,游文雅之场"。曾南抵福州谒长庆慧稜,似不甚投机,乃结伴更游,偶然得遇桂琛,参接之际,"疑山顿摧"。后至临川(江西抚州),州牧请住崇寿院,由此传法,"四远之僧求益者不减千计"。大约在李昪(888—943)建立南唐(937)之初,即迎文益住金陵之报恩院,赐号净慧禅师;再迁清凉寺,持续开堂,致使"诸方丛林,咸遵风化,异域有慕其法者,涉远而至。玄沙正宗,中兴于江表"。终于周显德五年(958),谥"大法眼禅师"。同年,南唐兵大败于周世宗,割淮南江北诸州求和,南唐遂走向衰亡。

文益法席极盛于南唐的兴旺期。公元945年,李璟攻闽,取得建、汀、漳三州;公元951年,又派兵入长沙,灭楚。原来禅宗最活跃的几个主要省份,江西、湖南、江苏、福建等,全在这个王朝的控制之下,成为法眼宗得以扩展影响的有利条件。据《五代史补》:"僧谦光,金陵人也,素有才辩,江南国主以国师礼之。"这个谦光,当即是文益。"然无羁检,饮酒如常,国主无以禁制,而于诸肉中尤嗜鹅鳖。"

文益的这种放狂,僧史中不载,在当时还属于禅僧的常态,也不值得骇怪。如此崇敬他的国主,就是李璟。"显德中(956),政乱,国主犹晏,然不以介意。一日,因赏花,命谦光赋诗",乃讽云:"拥衲对芳丛,由来事不同。鬓从今日白,花似去年红。艳冶随朝露,馨香逐晓风。何须对零乱,然后始知空。"此诗亦见于《文益禅师语录》和《五灯会元》等,只有个别字不同,说明文益在当时是以文采见长,并颇具

政治眼光的。传说他有"三处法集,及著偈颂、真赞、铭记、诠注等,凡数万言",流布天下。现存除了后人所集《语录》,只有《宗门十规论》和《大法眼禅师颂十四首》等属于他的自作。

关于法眼的禅思想,后人的记述各有偏重。赞宁强调:"玄沙与雪峰血脉殊异。"表示法眼以师备为正宗,同雪峰及其以下的云门宗是分道扬镳的。《景德传灯录》记法眼初遇桂琛,桂琛问他:"行脚事作么生?"他说:"不知。"桂琛说:"不知最亲切。"于是"豁然开悟"。所谓"不知",与师备提倡顿超"见闻觉知"的主张一脉相承。《五灯会元》和《语录》等又增加了些内容:文益辞别欲行,桂琛送到门外,指一片石问:"上座寻常说三界唯心,万法唯识,且道此石在心内,在心外?"答曰:"在心内。"又问:"行脚人着什么来由,安片石在心头?"文益窘无以对,乃求抉择。"唯识无境"是师备弘扬的观点,而桂琛进一步要求,连这无境的"境"也不要着于"心内"。他使文益最后得悟的话是:"若论佛法,一切见成。""一切见成"①就成了法眼禅的特征。

此外,桂琛曾和文益讨论过《肇论》关于"天地与我同根"的观点,桂琛问:"山河大地,与上座自己是同是别?"文益答"别"、答"同",桂琛都"竖起两指"。这可能是启示文益去研讨"华严六相"圆融的理论。又,长庆慧稜曾作悟解颂:

> 万象之中独露身,唯人自肯乃方亲。昔时谬向途中觅,今日看如火里冰。

此颂的第一句,后来成了桂琛门徒们参究的重要话头。文益曾问同学绍修:"万象之中独露身,是拨万象不拨万象?"绍修答以"不拨"。文益

---

① "一切见成"的"见",与"现"通,故亦有解作"一切现成"的。从文益关于理事不二,同异总别相即,因而反对离事求理的观点看,此解亦通。但若考虑到文益是由唯识出发,突出唯心缘起,强调改变见闻觉知为另外的"眼目",则"见"相当于法相宗所谓的"见分"的"见",与"眼目"的含义同,都可今译作观念、观点,故"一切见成"更符合原意。

说:"说什么拨不拨!"绍修憬然,乃回去请教老师。桂琛对他所答"不拨",评之曰"两个也"。又反问:"汝唤什么作万象?"绍修始悟。此处讲的"身",指"法身",即"心真如";"万象"指"心真如"的变现物。"法身"只能在"万象"中显露出来,所以不能否定万象,不能把万象与法身分离为二。这也是华严宗讨论的理事不二说。

根据这些零散的记载可知,文益继承了玄沙的唯识论和理事观,但撇开了他的密教成分,而发展为"一切见成"的观点。他作《三界唯心》颂:

> 三界唯心,万法唯识,唯识唯心。眼声色耳,色不到耳,声何触眼?眼色耳声,万法成办。万法匪缘,岂观如幻?大地山河,谁坚谁变?

大意是说,尽管三界唯心,万法依然要凭借特定的因缘而生,如眼借色生,而不能凭声生;假若"非缘",连幻象也制造不出来。因此,他的唯识论又突出了缘生论的内容。缘生论本是般若学、三论宗看重的理论,文益则用来说明万法唯心,即色是空的道理。他引"古人"言:"离声色,着声色;离名字,着名字。"意思是说,声色名字都是"心"的产物,本属空幻,空幻即是声色名字的"真实",因此,若摆脱声色名字,别寻"真实",正是执著"声色"、"名字"为真实的表现。他说,与其修习八万大劫、三祇果满,仅限制在如何断绝名字上,"不如一念缘起无生,超彼三乘权学等见"。因此,他也是坚决反对离声色、离文字而别求解脱之道的。

"真实"属"理","声色名字"属"事"。文益从理事关系上考察,就是"理事不二":

> 理无事而不显,事无理而不消(指不统一),事理不二。不事不理,不理不事。

在这里,"事"是显"理"的,"理"只能于"事"中存在,所以他特别强调"理"不能离"事"和从"事"入"理"的道理。他引"古人"言:"一切声是佛声,一切色是佛色",正是在声色中才能真正见得佛性。为了说明事理不可分割的关系,文益作《华严六相义》颂:

> 华严六相义,同中还有异;异若异于同,全非诸佛意。诸佛意总别,何曾有同异?

华严六相指同异、总别、成坏。文益承认"同中有异",但"异"不会超出"同"的范围,所以"异"始终是属于"同"的,"事"总是表现"理"的。

法眼倡导的"一切见成",就是建立在这种唯识观和理事论的基础之上的,使之成为指导禅众实践的通俗易懂的口号。

二、古圣"眼目"和《宗门十规论》中的"禅社"

据文益看,他所弘扬的这一理论,与世俗的见闻觉知全然不同。他发挥玄沙关于"沙门眼"等说法,要求他的门徒必须彻底改变既有的观念,树立起与其理论相应的另一种"眼目",即"道眼"。他说:"奉劝上座,且明取些道眼好。些子粥饭智慧不足可恃。""粥饭智慧"即是世俗的见闻觉知。他认为,弘法宣教,乃是给他人作"眼目"的大事,"若是错与他人作眼目,陷在地狱,冥冥长夜",将永无出期。他把向人传法看得如此郑重,要求对传播的思想内容负绝对责任,这相对于那些信口雌黄,连自己也不相信自己所说的那些禅师而言,是一种可贵的品格,至于客观上是否能给人以正确的眼目,那是另一个问题。

事实上,文益要求人们具有的"眼目",主要限于"古圣"的一些教诲。他对门徒们说:

> 奉劝且依古圣慈悲门好。他古圣所见诸境,唯见自心。祖师道:不是风动幡动,仁者心动①。但且怎么会好,别无亲于亲处也。

---

① "不是风动"云云,见于《坛经》惠昕等本,敦煌本无。

因此,他给人的观点,不出唯心唯识的圈子。他说,石头的《参同契》中最重要的话,无过于"竺土大仙心"。他看重的只是一个"心"字。

文益否定常人之知,特别是否定"向意根下卜度",取而代之的"眼目",却只是"古圣"的言论,这使一贯轻蔑经教的禅风传承,一变而成为看重经教,对禅宗以后的发展有很大的影响。禅行不只是向自己内心的开发,还必须求教于经书。他说,如果行者"不会","不如且依古语好"。又因僧看经而作颂曰:

  今人看古教,不免心中闹;欲免心中闹,但知看古教。

在这里,文益是公开号召禅众读经说教的。

从《宗门十规论》看,当时读经说教之风在南方禅师中已相当普遍,文益把这种风气推向了自觉,并力图将其摄入他的法眼规则。《十规论》第八,即是批评"不通教典,乱有引证"的。他说:

  凡欲举扬宗乘,援引教法,须是先明佛意,次契祖心,然后可举而行,较量疏密。倘或不识义理,只当专守门风。如辄妄有引证,自取讥诮。

简言之,"援引教法"是"举扬宗乘"的手段,而不是目的,这等于回归到北宗倡导的"借教悟宗",教门并没有被提到与禅门并重的高度。

《十规论》反映了晚唐五代十国禅宗的若干原貌,有史料价值。他指出,当今"天下丛林至盛,禅社极多"[①],宗派纵横。按达摩西

---

① 文益用"丛林"代表禅宗,用"禅社"命名禅宗中的诸宗派,是件很值得注意的事。至少在文益的时代,禅宗诸宗已形成具有会社性质的团体,同初唐时期只有师承关系和思想联系的没有什么组织形式的宗派是不同的。但关于这种"禅社"的具体情况,史籍记载甚少,难以详知。

来,"但直指人心,见性成佛",并无门风可尚。自南能北秀,见解差别。而于慧能之后,"有思、让二师绍化;思出迁师,让出马祖,复有江西、石头之号。从二枝下,各分派别,皆镇一方,源流滥觞,不可殚纪。逮其德山、林际(临济)、沩仰、曹洞、雪峰、云门等,各有门庭施设,高下品提(题)。至于相继子孙,护宗党祖,不原真际,竟出多歧,矛盾相攻,缁白不辨。"关于这一现象,文益认为,各立门风不符禅宗原旨,而今发展为宗派主义,"是非蜂起,人我山高",实在可悲。因此,他在南宗、北宗、江西、石头之间,无所偏袒,表现了他对禅宗内部采取调和的立场。文益对晚唐以来禅宗态势的分析,与《五灯会元》之分为五家者不同,特别提出德山、雪峰等也有独立的门庭施设,这可以使我们了解到,所谓"五家"之说,远不足以概括当时宗派林立及其相互关联的复杂状况。

《十规论》对丛林的混乱提出的批评,虽分十项,却集中针对那些不懂装懂、徒张声势、鼓吻摇唇、诳惑信众的方面。其中,"臆断古今",妄测圣意,而不知"其间有逆顺之机,回互之语","一字法门之要,有万端建化之方",就是很普遍的现象。至于"举唱宗乘,提纲法要",而不了解它们的历史源流(血脉)和提出的具体情况(时节),以致"棒喝乱施",自云曾参德峤(山)、临济;"圆相互出",惟言深达沩山、仰山,比比皆是。另有"奴郎不辨,真伪不分";"偏正滞于圆互,体用混于自然";"理事相违,不分浊净",全然不知自己的"宗眼"所在,也都以善知识自命。当时禅门用"歌颂格式"表达宗门旨趣,形成风气,文益对此也表示不满。他说,今之参学者,"以歌颂为等闲,将制作为末事,任情直吐,多类于野谈,率意便成,绝肖于俗语"。这却反映了禅宗向民间大普及的局面。

总观五代十国的禅家,当时已很难辨别他们在观点上的明显界线。有些本来并无意义的话头,包括一时的猥俗戏谐之言,"在后世以作经,在群口而为实"。禅宗却因此而向大众化的方向日趋深入。文益力图加以整顿,希望在制作上"俱烂漫而有文,悉精纯而靡杂",适应文人的趣味,因而形成他以"万法唯心"、"事理圆融"调和禅教及诸宗的新宗眼。由此"宗眼"考察诸宗,则"曹洞家风则有偏有正,有明有暗;临济有主有宾,有体有用";或"曹洞则敲唱为用,临济则互换为机,韶阳(云门)则函盖截流,沩仰则方圆默契"。他们之间,"如谷应韵,似关合符,虽差别于规仪,且无碍于融会"。文益的这一评论,多为后来的禅宗研究者所接受,并沿着他的这一思路探索。事实上,晚唐以来诸家的兴起,虽然处在同一个大的社会背景下,但由于历史地理和政治经济上的明显差别,它们反映的社会内容和弘扬的旨趣确实各有特点,不只表现为接机授徒等"规仪"上的不同。

三、法眼宗的炽盛和德韶、慧明禅的经院化

文益生前被南唐署作净慧禅师,死后谥"大法眼禅师",又重谥"大智藏禅师"。《景德传灯录》载其知名门徒六十三人,集中分布在南唐、吴越的领地。

如前所述,南唐继承吴国对江南的治理,使这个地区得到持续的开发,社会相对稳定了七八十年;而吴越自立,直到归宋,经济有很大的发展,在八十余年中没有农民暴乱的记载,吴越的奠基者钱镠,被民间尊为海龙王供养,是南方十国中的佼佼者。钱氏王朝与南唐一样,也以奉佛为史家所讥,但事实证明,南方诸国的奉佛,特别是对禅宗的扶植,有特殊的社会意义,至少在安定社会、与民休息、开拓自给的农业经济上是有积极作用的。公元955年,周世宗在北国采取严格限制佛教发展的政策,废其领地内的佛寺3 336座,悉毁铜像以铸钱,僧尼需经考试。这对江浙禅宗的扩展也是一种推动。法眼宗人在这一良好的土壤上滋长蔓延,其影响于禅宗整体的发展方向,比当时任何一个宗派都大。

在吴越扩大法眼势力的是文益的首席弟子德韶。德韶俗姓陈,缙云(浙江缙云)人①。年十七于本州出家,十八受戒于信州(江西上饶)开元寺。梁开平中(909)游方,历参投子大同、龙牙遁等五十四善知识,终至临川谒文益。有僧问:"如何是曹源一滴水?"文益答:"是曹源一滴水。"僧惘然而退,德韶则豁然开悟。后回浙江,

---

① 《景德传灯录》谓其处州龙泉人,即今浙江龙泉。

游天台山，睹智𫖮遗迹，颇有以智者后身自许的意思。时钱俶为台州刺史，曾延请问道，德韶则预告他将为国王。及钱俶继位(947)的次年，遣使迎德韶至杭州，申弟子之礼。又曾接受天台宗名僧螺溪羲寂的提议，请钱俶遣使到新罗国写回散落于海外的智𫖮论疏，成为天台中兴的重要契机，也是禅宗与天台宗相互融合的一个标志。卒于宋开宝五年(972)①，年八十二。

德韶死后，当时任都僧正的赞宁奉命为撰塔碑。据赞宁说，德韶在天台山建寺院道场，"大兴玄沙法道，归依者众"。"术数尤精"，"每有言时，无不符合"，因"有先见之明"著称当时。传法弟子百许人，兴建智者道场数十所，对禅宗在江浙的建树和天台的复兴都起过重要作用。但是否因此将玄沙的密教因素引进天台，从而成为日本台密藉以建立和发展的依据，这是值得探讨的线索。

《景德传灯录》集中记载了德韶在十二次法会上的说法要点，反映了当时僧侣对佛祖教义的许多疑问。概括起来有两个方面：第一，"心"与"境"的关系问题，属唯识学讨论的范围。慧能说："非风、幡动，仁者心动"，德韶尊之为禅宗的"无上心印法门"。围绕这一"法门"，当时有多种议论：风幡不动，唯心妄动；不拨风幡，风幡亦动；非风幡动，应须妙会，风幡动处是什么；附物明心，不须认物（不管风幡动不动），如此等等。包括"心与法界，是一是二"之类，说法很多，但都是在承认心境为二的前提下发生的，德韶一律不许，认为如是解会与佛祖意志全无交涉。第二，"空"与"有"，以及诸法寂灭与语言教化的关系问题，属般若学的讨论范围。其中有古人说："见般若即被般若缚，不见般若亦被般若缚"，应如何理解；德韶所谓"眼不见色尘，意不知诸法"，是否就是"见闻路线，色声喧然"；"归源性无二，方便有多门"，如何是"归源性"；"诸法寂灭相，不可以言宣"，如何还为人师；"人空法亦空，二相本来同"，如何是本来同。如此等等，都是把"空""有"割裂、不解"权""实"所致，所以德韶大都不作正面回答，而用转移话头的方式解决。像此类问

---

① 《景德传灯录》作开宝四年(971)。

答,相当生动地表现了江浙禅学向经院化倾斜的状况。

德韶认为,"如来一大藏经,卷卷皆说佛理,句句尽言佛心",学者只要就此经卷会解,究尽诸佛法源,就会发现,诸佛时常出世,说法度人,未曾间歇,"乃至猿啼鸟叫,草木丛林,常助上座发机"。关键问题是要善于读经,善于参解。如果仅从"言教意识解会",经尘沙劫亦不能得彻;一旦彻得法源,则全部贯通,这叫作"一了千明,一迷万惑"。因此,德韶是特别强调一以贯之的,而他所谓的"一"即"理",不出唯识无境与般若性空,并用华严宗的事理融通和天台宗的权实双运加以协调,最后则归结为一切众生,"佛法现成,一切具足"。

德韶是满足于现状,并力加维护的那类禅师。他在弘法时,一再祝愿"天下太平,大王长寿,国土丰乐,无诸患难"。他认为"此是佛语",古今不易,要求门徒为此尽力,在一定程度上也反映了当时当地普通民众祈求安居乐业的心理。他对吴越国主表现得特别忠诚,在佛教弘扬的"四恩"中,他将"国恩难报"提到首位,以为佛法兴隆,"若非国王恩力焉得如此"。若要报此恩力,最好的办法是"明彻道眼,入般若性海",即归依他所解释的法眼宗旨。吴越的佛教与闽、南唐的佛教相同,与当政者的关系都十分密切,使其对于社会的影响力大增,成为不可小觑的力量。宋代开放佛禁,着重推崇江浙的佛教领袖,是认真考虑到这一因素的。

在吴越,文益的门徒还有慧明禅师。他为"玄沙正宗"在杭州打开局面,应对种种论敌,起了先导的作用。初居天台白沙卓庵,后为钱俶延入王府问法,城下禅匠名公参与问难,其中的问题之一是:"一切诸佛及佛法皆从此经出,未审此经从何而出?"按《般若》诸经,自称"为诸佛母",有一切佛法由此流出之说,而这类经典,又都自称为佛所说,要求信徒依说奉行。佛经自身的这类逻辑矛盾在这里被揭示出来,并要慧明给以解答。慧明则举雪峰塔铭问诸老宿:"从缘有者,始终而成坏;非从缘有者,虚劫而长坚。坚之与坏且置,雪峰只今在什么处?"这是针对以雪峰为正宗的云门宗徒而言的,要回答这个问题,必然涉及到许多有争议的佛教理论。我们且不管法眼、云门两宗的禅僧们是如何互相设置难题和处理这类难题的,但由此可见,法眼、云门向沙龙玄学的复归,在吴越是一种普遍的趋向。像慧明这样得到吴越王看重的法眼门徒,还有杭州永明寺的道潜、灵隐上寺的清耸等。

四、德韶的门徒和延寿禅论对佛教的整合

见诸《景德传灯录》的德韶门徒四十九人,主要分布在吴越境内,而所弘曰杂。像出生于余杭的志逢(909—985),"通贯三学,了达性相",是极有义学修养的人,但又以梦三佛列坐①、天神告诫等昏话示人。吴越王创普门精舍,大将凌超于五云山造华严道场,先后请志逢主持,可能与他宣扬华严教义或密教有关。另有出生于温州永嘉的永安(911—974),曾被吴越王征为僧正,初住越州清泰院,复召居杭州报恩寺,似亦传播华严教旨,曾整理李通玄(635—730)的《华严释论》,与经文合编成百二十卷雕印。当然,最能代表法眼宗走向的还是延寿。

1. 延寿生平和思想特点

延寿(904—975),俗姓王,字冲元,余杭人。年十六作《齐天赋》献吴越王钱俶,曾为余杭库吏。年二十八,任华亭(江苏松江)镇将,亏累巨万,被判死刑,可能用于购买鱼鳖等放生,故为吴越王所赦,听其出家为僧,礼当时居龙册寺的雪峰弟子翠岩令参(永明)为师。"执劳供众,都忘身宰,衣不缯纩,食无重味。"继而往天台山天柱峰习定九旬,参礼德韶,抉择所见。后于国清寺结坛修《法华忏》,再到金华天柱峰诵《法华经》三年。公元952年,住明州(浙江宁波)雪窦山,学侣臻凑。宋太祖建隆元年(960),钱俶请延寿到杭州,重建灵隐寺,翌年,移居永明道场,度弟子一千七百人。开宝七年(974),入天台山又度戒约万余人。同年,奉敕于钱塘江建造六和塔,用以镇潮。吴越王署延寿为"智觉禅师",宋太宗赐其塔额曰"寿宁禅院"。延寿的著作很多,以《宗镜录》一百卷、《万善同归集》

---

① 指《佛说师子月佛本生记》所记三佛,即释迦、释迦补处弥勒、弥勒补处师子月。

六卷影响最大。另有《唯心诀》、《定慧相资歌》、《神栖安养赋》、《警世》等。

延寿以禅宗命家,属法眼血脉,但其弘扬范围之广、内容之杂,为此前禅宗诸家所未有。禅教合一,禅诵无碍,禅净并修,禅戒均重,内省与外求兼行,是他所宗禅法的特点,为后来禅宗向佛教全体整合提供了完整的理论资料,并作了成功的示范。

据慧洪《林间录》卷下、《禅林僧宝传》(卷九)传说,《宗镜录》是集中精于法义的贤首、慈恩、天台三家学者参与讨论,由延寿以"心宗"为准绳审定编辑之作。所引资料约三百家之言,经论六十部,总一百卷,"证成唯心之旨"。其中保存了不少散佚的文籍,极有史料价值。钱俶曾为作序,认为"域中之教者三","正君臣,亲父子,厚人伦,儒,吾之师也";而"道","君得之则建善不拔,人得之则延贶无穷",乃"儒之师也";至于"佛","时习不忘,日修以得,一登果地,永达真常",则"道之宗也"。从钱俶此说很可以了解吴越王国的文化政策和延寿思想产生的文化背景。延寿在《宗镜录》的自序中称:

> 此识此心,唯尊唯胜。此识者,十方诸佛之所证;此心者,一代时教之所诠。唯尊者,教理行果之所归;唯胜者,信解证入之所趣。

因此,唯心唯识,真源觉海,是他所有论述的唯一主题;力图以唯心唯识的观念去观察周围世界,指导人的日常行为,求得最后解脱,是他作录的目的。所以,尽管《宗镜录》洋洋百卷,广征博引,多番问答,但仍不出"举一心为宗,照万法如镜"的范围。

将禅宗归为"心宗"或"一心宗",不是自延寿始。延寿的特点是用法相宗证成万法唯识,用华严宗明万行的必要,用天台宗检约身心,去恶从善,从而使一切经教全部纳入禅宗领域。他沿袭宗密分教为三的说法:"相宗多说是,空宗多说非,性宗唯论直指,即同曹溪见性成佛。"但延寿并不自称他属"性宗",而屡屡强调"佛语心为宗","立心为宗",原因在于他所宗的"心"中,融进了法相宗的八识说,天台宗的性恶说,空宗的毕竟空说。延寿自谓他所"宗"的是达摩,奉的"教"是《华严》,事实上大大超出了这个范围,他是用宗密以来所推崇的灵知之心为本体,将全部佛教和各家禅旨糅为一个系统的。

2. 从"三界唯心"到"即境即佛,是境作佛"

《警世》一文,完成了三界唯心的论证,确立了"一心"的信念;而"既信一心,须以禅定冥合",禅是对"一心"的实证。《万善同归集》则突出"三界唯心"的实践功能:"万法唯心,应须广行诸度,不可守愚空坐。""广行诸度",指以六波罗蜜为中心的一切佛教修为,延寿称之为"万事齐兴":"欲万事齐兴,毕竟须依理事;理事无阂,其道在中。""理事无阂"最集中的表现,延寿归结为心境圆融,客观与主体的统一。因为在"八识"中,前五及第八,"皆是现量所得,无心外法;以第六明了意识比量计度而成外境"。识与境、内与外、主与客,都是同一唯心的自我运动;心为万有的共同本质,故名之曰"理";所显影像,即是诸"事"。因此,"凡所见色,皆是见心;心不自心,因色故心;色不自色,因心见色。故经云:见色即是见心"。他非常看重南阳慧忠关于"无情有性"之说,认为若不承认这一判断,就不能坚持"三界唯心"。他又引华严澄观批评当时佛教现状的话:

> 今法学之者,多弃内而外求;习禅之者,好亡缘而内照,并为偏执,俱滞二边。既心境如如,则平等无碍……

据此,延寿评论当时的禅宗说:

> 今人只解即心即佛,是心作佛,不知即境即佛,是境作佛。今明:以如为佛,心境皆如,心如即佛,境如焉非?又,心有心性,心能作佛;境有心性,安不作佛?以心收境,则心中见佛,是境界之佛;以境收心,境中见佛,是唯心如来。

"即心是佛,是心作佛",是马祖道一以来诸禅家的命脉,几乎没有人公开表示过反对。石头希迁虽然言"道",理学味十足,但其"道"、其"理"的含义模糊,多半被理解成以"即心即佛"之理,行"即心是佛"之道。南阳慧忠和牛头径山等主张的"无情有性"之说,似乎被人们遗忘。延寿从华严宗的"理事一如"中重新发挥了这一学说,用来批评"即心即佛"的片面性,同时提出了"即境即佛,是境作佛"的口号,给予了重要的发挥,不但使"境"有了客体化的外观,也使"理"与"心"出现了分离的趋向。这是禅宗由"心学"向"理学"的进一步转化,使理学达到了可以独立的程度,意义是深远的。

3. "万善同归"和禅独立性的丧失

延寿的新理学与三论学、唯识学和牛头、慧忠等的理学不完全相同。他的重点不是要求人们从境上悟唯心性空之理,而是要使心体不落空寂,令禅者回到修诸善行的实处。换言之,他的着眼点不在悟空,而在行善,不在会理,而在道用。《万善同归集》主要就是为了清算禅宗蔑视佛教善行而作的。他抨击了禅宗许多流行的观点:第一是:"万法皆心,任之是佛,驱驰万行,岂不虚劳?"第二是:"祖师云,善恶都莫思量,自然得入心体,如何劝修,故违祖教?"第三是:"万善统唯无念,今见善见恶,愿离愿成,疲役身心,岂当是道?"第四是:"泯绝无寄,境智俱空,是祖师普归……若论有作,心境宛然,凭何教文广陈万善?"第五是:"拟心即失,不顺真如,动念即乖,违于法体",为何广说世间生灭缘起?第六是:"若得理本,万行俱圆,何须事迹而兴造作?"第七是:"无心合道,岂须万行、动作关心?"第八是:《金刚经》说"若以色见我,若以音声求我,是人行邪道,不能见如来;如何立相标形而称佛事?"第九是:"众生不得解脱者,皆为认其假名,逐妄轮回;云何徇斯假名,转增虚妄?""名字性空,不能诠说诸法",何必"听闻诵读"?第十是:"即心是佛,何须外求?"包括"唱他佛号,广诵余经",念佛息罪,生彼净土等。诸如此类,延寿对于禅宗中已经习以为常甚至成为公理的观点,一一作了解析批驳。从理论上看,他以"心境一如"、"理事无阂"为指导思想,着重解答了三个问题:

第五章 晚唐五代十国的形势与禅宗五家的分立

第一,外力与自力的关系问题。禅宗立宗,说到底,是建立在自信上,自造枷锁,自力解脱。延寿认为,这只是佛教的一种说法,而非全部说法。诸佛法门,"皆有自力、他力,自相、共相"。佛教主"缘起"之说,无一可以独立自成,"若自力充备,即不假缘;若自力未堪,须凭他势",不能用自力排斥他力。据此,佛教的一切外在崇拜皆应成立。虽然在本质上,从心现境,境即是心;摄"所"归"能","他"即是"自",所以"外力"依然是自心的对象化。

第二,语言的性质与功能问题。大乘佛教自般若开始,普遍否认语言思维有把握真理和表达真理的能力,因而语言文字只是世间设施,称为"假名"。禅宗将这一观点直接用来否定各种经典言教的权威性,不仅攻击从事讲说注疏的义学法师,反对一般信众听闻、诵读,自身也标榜不立文字,以心传心,看重内省默契。延寿试图从根本上改变佛教对语言性质和功能的看法。他说:

> 名字性空,但从缘起,不落有无。

语言本身或无意义,但在特定的条件下,决不是全不代表实物。如果只说"食"予人,其人即得充饥,这是假话;但说"食"给食,则不是空。他进一步说:

> 若言名字无用,不能诠诸法体,亦应唤火、水来。故知筌蹄不空,鱼兔斯得。

尽管延寿并没有真正解决名与义,特别是语言与物自体(法体)的关系问题,但他发现并提出了这个问题,而且力图使两者统一起来,应该说是佛教理论上的一大进步。他从具体的生活应用上所作的驳斥,对于持类似观点的哲学派别也是适用的。

第三,应否关心善恶是非的问题。"善恶莫思"是禅宗一切教义中最重要的教义。不有意作恶,不留善于心,是求得心理宁静、免除烦恼、达到"八风"不动的基本条件。禅宗丛林是藏龙卧虎之地,诸大禅师大都有一些不愿告人的遭遇,因此,不问是非,不谈善恶,又是自我保护的一种措施。他们追求的所谓自在超脱,在很大程度上是政治冷淡主义的表现。延寿的所有批判,都可以归结为对这类态度的批判上。他认为,制恶行善,大悲度人,积累福德,是成佛的条件,"世出世间,以上善(指十善)为本。初即因善而趣入,后即假善而助成,实为越生死海之舟航,趣涅槃城之道路,作人天之基陛,为祖佛之墙垣,在尘出尘,不可暂废。"甚至引经言:"因积善故乃得成佛。"从理论上说,心性是理,诸善是事,"因事显理,藉理成事",性理只能作为成诸善事的本体存在,也唯有行诸善事才能表现性理的功用。因此,"理事无阂"的现实反映,就是履行万善。

关于万善,延寿讲了许多种类,最重要的一条是恢复持戒,尤其是强化内心的自我禁约机制。他说:"戒为万善之基,出必由户。"若不持戒,不但不能"开发菩提心",且"与禽兽无异"。他援引天台的《法华忏》,推广"方等忏",要求昼夜六时礼佛忏悔,时时不忘罪孽深重。以忏悔灭罪息障,求福获智,保障安乐,他认为这是"无价珠宝"。他提倡的"检校三业",尤具特色,值得全文摘出:

> 检校者,审察我此身从旦至中,从中至暮,从夜至晓,乃至一时一刻,一念一顷,有几心行?几善几恶?几心欲摧伏烦恼?几心欲降伏魔怨?几心念三宝四谛?几心悟苦空无常?几心念报父母恩慈?几心愿代众生受苦?几心发念菩萨业道?上已检心,次复检口:如上时刻,自旦以来,已得演说几句深义?已得披读几许经典?已得礼诵几许文字?已得几回叹佛功德?已得几回称菩萨行?次复检身:已得几回屈身礼佛几拜?已得几回屈身礼法礼僧?已得几回扫除尘垢,正列供具?如是检察,自相训责,知我所作,几善几恶。

这是一个"克己复佛"、以佛治心的标本,由此可以概知法眼宗的发展导向,以及禅宗在这个时期的变化路线。

延寿很崇拜天台诸祖,对于《法华经》也一引再引。其中最令人惊异的是他对此经的《药王品》鼓吹舍身残肢的欣赏和倡导,并列举历代僧传中的有关记载加以证成。他把早期佛教关于施鹰饲虎等神话寓言故事,当作历史事实宣传;将焚身、燃臂之类极残忍、极愚昧的行为,当作灭恶救苦、布施供养的楷模。这种自杀或自戕的事件,在禅宗中没有受过谴责,最早有惠可断臂求法的传说,晚唐五代也有断指示诚的记载,往往当作美谈。然而,特别着力于渲染鼓吹的以延寿为烈。稍后,中兴天台的智礼也曾多次表示要焚身供佛,这也可能是一时的风气。

延寿主张"万善"诸行的另一个重点是:大力提倡"济急利时",开展慈善公益事业;主张"博爱济生"、"止杀兴哀"、放生赎命。前者包括"施食、给浆、病缘汤药、住处、衣服"等"安乐有情"的救济活动,以及平路开道、造船置桥、打井修厕、建造亭台、植树造林等有利于行人交通和绿化环境的公益活动。这些活动,是禅宗丛林的优良传统,也是佛教联系周围民众的重要纽带。后者则从"六道众生皆我父母"、"地水火风是我本体"的业报轮回教义出发,将"永断杀业"作为戒首,要求保护一切有生之类和无情之物,使之不受伤害,从罢渔猎、禁屠宰,发展成为救生续命、赎命放生的佛教又一福田。延寿引《正法念经》的话说:"造一所寺,不如救人一命。"他把救人看得比建寺重要。这些主张,在特定的历史条件下,对于保护动物资源,尤其是保护人的生命免受残杀,也有积极意义。

不过就延寿看来,称得上"第一福田"的善行,乃是"尽忠立孝,济国治家,行谦让之风,履恭顺之道"。这表明儒家的伦理观,远胜于佛教的其他入世教条。自东汉以来,历代帝王都提倡以"孝"治国,"孝"在"忠"之前。即使在大统一时间最久的唐朝,这个原则也没有显著的变化。延寿自觉不自觉地把"尽忠"、"济国"置于"立孝"、"治家"之前,不仅标志着禅宗由个人本位再次向国家本位回归,自愿成为辅政的工具,而且也蕴涵着整个时代思潮的转变,即国家责任感的普遍增强。

延寿对于传统佛教的诵经、念佛、行香礼佛等全部给予肯定,而影响后世禅宗最大的是恢复净土信仰。

净土信仰历来有两种:其一是起源于《维摩经》而为天台、华严等倡导的"唯心净土",与《坛经》等所述禅宗原旨一致,把"净土"只当作"净心"的一种表现,而不承认离心别有"净土"存在;其二是净土宗着力弘扬的"西方净土",认为生前若专念阿弥陀佛,死后即能往生"安养国"(极乐世界)的信仰①。延寿调和了这两种完全不同的说法。他说,"唯心净土"是"识心方生"时的提法,是从"唯识无境"得知"诸佛及一切法皆唯心量"中产生的结论;一旦"净土"这个境界由心产生,以此为所缘,就要堕于所缘境中,这个所缘境就是"西方净土"。佛说二谛,无俗不真;西方净土属于俗谛,处在因果之中,若不信其实有,就是"断见"。因此,他调和两种"净土"的结果,是要肯定"西方净土"的实在性,让净土宗名正言顺地进入禅宗领域。

这样,延寿丰富了禅宗的理论和实践,同时也使禅宗本色丧失殆尽,因此法眼宗难于作为禅宗的一个独立支派继续流传是必然的。这也反映了整体佛教经过禅宗化的曲折过程,纯然一色的禅宗时代也终于结束了。

---

① 自东晋至唐,由说一切有部和瑜伽行派传入的弥勒兜率净土亦为僧俗所信仰,宋以后衰微。

第六章 两宋社会与禅宗巨变

第一节 概 说

北宋王朝(960—1127)的建立,结束了唐末以来长期的社会动乱和地区分治的局面,全国再次出现了统一。与汉、唐等大一统的帝国相比,北宋王朝有许多新的特点制约着禅宗演变的方向,其中最突出的是强化君主专制主义的中央集权。

北宋采取君主专制主义,也是一种历史的必然。中唐以来,藩镇猖狂,最后造成封建割据,对整个统治阶级不利,所以必须结束。自五代开始,北方少数民族崛起,从东方和西方两个方面内入,为了抗御"外患",需要军政财力的高度集中。在经济上,南方的农业开发和工商业的繁荣,客观上要求消除地方势力,使个体业者(主要是农民)得到保护,并保证市场的统一。因此,君主专制制度的推行几乎没有遇到任何阻力。

在这种特殊的内外社会条件下形成的专制制度,对于意识形态的影响是巨大的。特别是在伦理观念和价值取向上,变化尤为剧烈。国家至上,君主至上,化作"忠君报国",成为那个时代的最强音,也是思想纲领和道德标准。这种倾向随着民族危机的加深愈益强烈,直到北宋南渡和南宋灭亡。这也成为影响禅宗变化中最持久的一个因素。

影响两宋禅宗发展的另一个社会因素,是士大夫普遍喜禅。士大夫喜禅自唐初开始,至中唐转盛,他们的思想情绪始终是影响禅宗发展的一大动力。但相对而言,农民,特别是其中的流民,对禅宗的推动力更强。至于宋代,农民的影响力明显减弱,禅宗与士大夫的联系则全面加强。在特定意义上说,宋代的禅宗主要是为适应士大夫口味的禅。

士大夫增强与禅宗的联系,集中表现在两个方面:第一,通过禅宗吸取佛教的哲学世界观、修心养性的路线和通俗语录的表达方法,为新儒学提供丰富的思想资料;第二,将禅宗作为平衡心理的手段,把丛林当作避世、逃世的退路,政治失意者尤其从中寻找精神慰藉和人生出路。两宋文人之所以特别需要禅的慰藉,也与时代有关。君主专制主义强化了士人对国家的依赖性,增强了国家观念和民族责任感,充分表现了中国士人的爱国主义和勇于牺牲的精神。与此同时,也滋长了独裁者的昏聩无能和苟且无耻,致使最有才能、最有抱负的士人,也不能不产生无可奈何的沮丧和无所作为的失望。

宋王朝为防止官吏擅权而进行的行政改革,并没能解决小人擅权的问题,反而给大量干才以种种牵制,所以往往是"志未伸,行未果,谋未定,而位已离矣"①。出于削弱和分散官僚权力的考虑,机构设置往往臃肿膨胀,人浮于事,加上任用和罢黜随意,提拔的多,需要安置的更多,从而造成了历史上少见的在职加赋闲的官僚阶层。而官场变换,宦海沉浮,都促使士大夫从禅中寻找精神寄托。

大致说来,士大夫经世都要作两手准备,这几乎成了两宋文武官僚的共性。宋人罗大经在《鹤林玉露》中说:

> 士岂能长守山林,长亲蓑笠?但居市朝轩冕时,要使山林蓑笠之念不忘,乃为胜耳。……荆公拜相之日,题诗壁间曰:"霜松雪竹钟山寺,投老归欤寄此生"。……山谷(黄庭坚)云:"佩玉而心如枯木,立朝而意在东山。"

包括像岳飞那样气吞山河的将领,也不时流露出退隐之志。在当

---

① 王夫之:《宋论》卷二。

时,精神上退隐的最好去处,莫过于禅了。参政钱端礼临终遗言谓:

> 浮世虚幻,本无去来。四大五蕴,必归终尽,虽佛祖具大威德力,亦不能免……大丈夫磊磊落落,当用把定,立处即真。顺风使帆,上下水皆可;因斋庆赞,去留自在。此是上来诸圣,开大解脱,一路涅槃门,本来清净空寂境界,无为之大道也。①

此中"上下水皆可","去留自在",就是用禅语言表达的罗大经思想;而"浮世虚幻"、"必归终尽"的佛教禅理,则是失意后不可或缺的安慰。

据志磐的《佛祖统纪》记:

> 荆公王安石问文定张方平曰:"孔子去世百年生孟子,后绝无人,或有之而非醇儒。"方平曰:"岂为无人,亦有过孟子者。"安石曰:"何人?"方平曰:"马祖、汾阳、雪峰、岩头、丹霞、云门。"安石意未解。方平曰:"儒门淡薄,收拾不住,皆归释氏。"安石欣然叹服。后以语张商英,抚几赏之曰:"至哉,此论也!"

王安石和张商英都是做过宰相的文人,他们肯定张方平关于孟子以后无醇儒之谈,本自韩愈的道统说。说儒门皆归释氏,而释氏唯以禅宗为代表,大致反映了晚唐五代的思想状况。王、张都是政坛上的失败者,又都是喜禅的著名人物。王安石的"天命不足畏,祖宗不足法"云云,就大有呵佛骂祖、目视霄汉的禅风。他们将禅宗抬举得比时儒还高,当然含有强烈的政治成分,最后归心禅宗,正反映了时代的悲哀。此外,禅宗所崇经典、传灯和语录的风骨,对文人也有吸引力。早在唐代,皎然作《诗式》,以为诗境要高,需得

---

① 《五灯会元》卷二〇。

益于释氏。至宋，类似的观点得到更普遍的承认。

《云卧纪谭》卷上载：

> 待制韩公子苍与大慧老师（宗杲）厚善……因公话次，谓：少从苏黄门问作文之法，黄门告以熟读《楞严》、《圆觉》等经，则自然词诣而理达。东坡家兄谪居黄州，杜门深居，驰骋翰墨，其文一变，如川之方至。后读释氏书，深悟实相，参之孔老，博辩无碍，浩然不见着涯。

《罗湖野录》卷上记张商英的话："比看《传灯录》，一千七百尊宿机缘，唯疑德山托钵话。"可见他对《景德传灯录》的熟悉。朱熹喜读大慧宗杲的语录，从中受到启发。他甚至说："今之不为禅者，只是未曾到那深处，才到深处，定走入禅去也。"[1]士大夫在与禅僧的日常交往中，也喜欢运用《灯录》和《语录》中那种机语问答、诗歌、酬唱的形式。相见时节斗机锋、逞辩才，被视为"禅悦之乐"。苏轼兄弟在这方面留下不少佳话。至于文人直接审订《灯录》、《语录》，制作颂古，插手禅宗的宗派聚讼，也多属名家。其中特别值得提出的，是《景德传灯录》的问世。

景德元年（1004），法眼宗僧人道原编就《景德传灯录》送呈朝廷，宋真宗命翰林学士杨亿等人裁定。杨亿（974—1020）等用了一年多时间修订成书三十卷，成为有史以来第一部官修禅书，入藏流通。

灯录的形式起于初唐，中唐始有卷帙浩大的《宝林传》、《续宝林传》等产生。及至五代十国，《祖堂集》综合当时各家禅师传闻、语录，已具《景德传灯录》的规模。据杨亿自序，他的修订着重在三个方面：首先是修饰文字，使其文意畅达，具有可读性："或辞条之纠纷，或言筌之猥俗，并从刊削，俾之纶贯"。第二，对史实作必要的订正，纠正一些明显的错误，使其具有可信性："至有儒臣居士之

---

[1]《朱子语类》卷六。

问答,爵位姓氏之著名,校岁历以愆殊,约史籍而差谬,咸用删去,以资传信"。第三,确定《灯录》的体裁,以记载历代禅师启悟学人的机语为主,而有别于僧传:"自非启投针之玄趣,驰激电之迅机,开示妙明之真心,祖述苦空之深理,即何以契传灯之喻,施刮膜之功? 若乃但述感应之征符,专叙参游之辙迹,此已标于僧史,亦奚取于禅诠? 聊存世系之名,庶纪师承之自。"

总观杨亿的编改,删去了禅僧史传的大部,变成了主要是禅师的语录集锦,从而失去了历史感;压缩了禅僧的信仰和神异,着重于机锋禅理,失去了禅宗的宗教性;文字润色不少,显得文字飞扬,失去了它们在下层流传中的粗俗淳朴。杨亿的眼光在于有利于王朝的安定,着重适应士大夫的口味。所以,此灯录最受士大夫的欢迎。它的功能有些像《世说新语》之于南北朝的谈玄者,成为两宋参禅者效法和模仿的教本。一般认为,两宋士人多受理学熏陶,这里要补充的是,他们还受禅学熏陶,理学性格加禅学性格,才是宋士人的全面性格。在形成其中的禅性格上,《景德传灯录》起了重要作用。

《景德传灯录》的问世及其广泛流传,在佛教界引起巨大反响,推动了佛教禅化向深层发展,效颦之作不断出现。今天尚能见到的有四部,它们是临济宗李遵勖所撰《天圣广灯录》、临济宗悟明所撰《联灯会要》、云门宗正受所撰《嘉泰普灯录》、云门宗惟白所撰《建中靖国续灯录》,与《景德传灯录》合称为《五灯》。至普济将五灯合一,编成《五灯会元》,才告一段落。《五灯会元》的影响也不小,它将中唐以后的禅宗整理为青原与南岳两大系统,分为五家七宗,使师资传承的眉目十分清晰,同时精简了繁缛的禅语和复杂的义理,显得言简意赅,给检索查阅提供了方便。但这种简化过于俯就现实的需要,加上僧侣的固有限制,使得扭曲历史、背离事实更加严重。

《语录》只记禅师个人及其与师友、弟子的言论,大同于《论语》之记孔子语的体裁。编集者多属禅师的后学。此风也始于初唐,在中晚唐转盛,到了宋代简直是泛滥成灾。一些禅僧不但编集前代禅师语录,也编集当代僧人的语录;不但编有名震一方的禅师语录,而且无所影响的禅师也有语录流传。士大夫欣赏它们,纷纷为之写序,犹如唐代文人乐为禅师高僧撰写碑铭一样。《丛林盛事》卷下称:

> 本朝士大夫为当代尊宿撰语录序,语句斩绝者,无出山谷(黄庭坚)、无为(杨杰)、无尽(张商英)三大老。

两宋的社会条件,促使禅宗的地位、性格和作风发生了巨大变化。自五代十国开始,禅众由山林陋居,逐渐向城市、都邑、大中寺院分流,佛教社会主义的传统受到破坏,地主式庄院经济日渐成长。禅僧内部两极分化,部分禅师取代了过去法师和律师的社会政治地位,迅速贵族化,并且成为可以影响佛教发展方向的力量。慧洪在《冷斋夜话》中说:"予南还海岱,逢佛印禅师元公出山,重荷者百夫,拥舆者十许夫,巷陌来观,喧吠鸡犬。"这个场面可以作为上层禅师生活的一个缩影,比之窥基以三车出游要威风阔气多了。禅师中的新贵巨富,对其他禅僧有强烈的诱惑力。于是他们纷纷结交士大夫,争取士大夫们的敬仰,以积累财富,这成了禅宗的又一动向。流弊所及,也出现了奔走权门、奉迎官僚的现象。慧洪嘲讽说:"法道陵迟,沙门交士大夫,未尝得预下之礼,津津喜见眉目。"[①]道融对此更是深恶痛绝,大加斥责:"破法比丘,魔气所钟,狂诞自若,诈现知识身相,指禅林大老为之师承,媚当路权贵为之宗属;申不敬之请,启坏法之端,白衣登床,膜拜其下;曲违圣制,大辱宗风。吾道之衰落极至于此。呜呼,天诛鬼录,万死奚赎,其佞者欤!"[②]但其结果却产生了积极的一面,即禅风受士风的影响,刚猷的士气曲折地渗透进禅的精神。在佛教史上,宋代是涌现有持操的僧侣最多的时期之一,尤其是在民族危难关头,守士

---

① 《禅林僧宝传》卷二六《圆通居讷禅师》。
② 《丛林盛事》卷下。

抗战者有之,逃遁不合作者有之,宁死不屈者有之。中国佛教的爱国主义传统,尽管可以追溯得很远,但它的真正形成,始于宋代的禅宗。①

第二节 临济宗的振兴和禅家新风

在唐末五代形成的禅宗五家中,沩仰一系入宋不传,法眼一系在延寿以后衰落。宋代禅宗主要有临济、云门和曹洞三派,而在它的前中期,相当于宋太祖到哲宗时期(960—1100),主要由临济和云门两派推动禅学发展。

临济宗的主要基地是河北,在宋初仍无变化,从仁宗统治时期开始(1023),其活动区域转到了南方,以江西为中心,变成为禅宗中最活跃的一派。

一、汾阳善昭的公案代别和颂古

临济宗从兴化存奖,经南院慧颙(?—952)、风穴延沼(896—973),至首山省念(926—993),日呈衰落之势,以致流传有仰山慧寂的谶语,所谓"临济一宗,至风而止"②。省念重视佛教戒律,提倡《法华经》,有"念法华"之称。他也沿袭机锋棒喝的传禅手段,每有禅僧来,"必勘验之",因而禅宗典籍中有"天下法席之冠,必指首山"的记载。在省念身边的禅僧,"留者才二十余辈",他常住"汝州城外荒远处"的首山,是一个不具多大影响力的丛林,他本人在禅理论和实践上都没有什么建树。

---

① 茅盾写于1963年的《海南杂记》,有助于我们理解当时士大夫的心情,摘录如下,可作参考。"苏东坡到海南'天涯海角',为乱世题诗:'突兀隘空虚,他山总不如;君看道旁石,尽是补天遗'。"茅盾据《道光琼州府志》统计,流落于此的"谪宦"在唐宋两代各有十人;流寓者唐宋各有十二人,隋代一人。贬于岛上的"宋代名臣,就有五个人是因为反对和议、力主抗金而获罪。其中有大名震宇宙的李纲、赵鼎和胡铨。"他们在宋南渡之际,无缘"补天",而被放逐于此,做了"道旁石"。作为一个时代的宋禅,其禅风禅语就反映有这类"补天石"的情绪。

② 《禅林僧宝传》卷三《首山传》。

改变临济宗这种形势的是省念的弟子善昭。他倡导公案代别和颂古,以复古主义的形式将禅化解为文字玄谈;在解释古圣语言中寓以禅境,为禅在士大夫中扩展开辟了一条新路。临济由此大盛,并推动着整个禅宗的发展。

善昭(947—1024)俗姓俞,太原人,因父母早逝,十四岁出家。此后,他一直过着流浪的游方生活,"历诸方,见老宿者七十有一人,皆妙得其家风"。至首山谒省念,"大悟言下"。后又"南游湘衡","北历襄沔",继续访师问道,前后达三十年。① 杨亿称誉他"效遍参于善财,同多闻于庆喜"②。他的禅学在游学中形成,也在游学途中声誉四播。

淳化四年(993),首山省念逝世,道俗千余人迎请善昭住持汾州(山西吉县)太平寺太子院。从此,善昭"宴坐一榻,足不越阃者三十年",被尊称"汾州"。③

善昭重视游方遍参,并鼓励他的弟子们践行。他教诲门徒兼容并蓄,参学各家禅说。慧洪在《林间录》中说:

> 汾州无德禅师,示徒多谈洞山五位,临济三玄,至作《广智歌》,明十五家宗风,岂非视后进惰于参寻,得少为警之以遍参耶?

善昭倡导行脚广学,有明确的目的,那就是磨练锋机酬对的能力,作禅宗"正法"的"内护",以争取"国王大臣"为自己的"外护"。他说:

> 我大觉世尊于多子塔前分半座,告摩诃迦叶云:吾有清净法眼,涅槃妙心,实相无相,微妙正法,将付嘱汝,汝当流布,勿令断绝。如是展转,西天二十八祖,唐来六祖,诸方老

---

①③ 见《禅林僧宝传》卷三。
② 杨亿:《汾阳无德禅师语录序》。

和尚,各展锋机,以为内护;及付嘱国王、大臣、有力檀信,以为外护。①

简言之,"各展锋机"是历代祖师开创局面、求得发展的根本途径。善昭强调参学,目的就在于提高掌握和运用各种锋机的能力。

诸大禅师的锋机,蕴藏在关于他们的语录行事中,称作"公案"。"公案"一词原指官府用以判决是非的案牍,禅宗用来特指前代禅师的言行范例。《碧岩集·三教老人序》说:

> 祖教之书谓之公案者,唱于唐而盛于宋,其来尚矣。二字乃世间法中吏牍语。

说它始于唐,系指黄檗希运;说它盛于宋,倡导者即是善昭。他把参究祖师锋机最终落实到了参究"公案"语录上。

据善昭说,古代禅师的言行在"随机利物",学者随之而"各人解悟"。因此,禅师以文字语言示禅,学徒通过文字语言解悟,文字语言成了禅可"示"可"悟"的中介。参究古人语录"公案",等于悟解禅的真谛,故亦名"参玄"。这种从古人语录上把握禅理的主张,同沙门义学从三藏经论中把握佛理的做法,没有什么原则区别,都是把言教看成是第一位的。然而,善昭特别把禅学与义学作了区别:

> 夫参玄之士,与义学不同,顿开一性之门,直出万机之路;心明则言垂展示,智达则语必投机。了万法于一言,截众流于四海。②

禅之所以优于义学,仅在于"顿开"、"直出",而不是拖泥带水;在于

---

① 楚圆:《汾阳无德禅师语录》卷下。
② 《汾阳无德禅师语录》卷上。

"一言"而"了万法",没有那么多的烦琐注疏。至于语言,仍然是垂示、了法和参玄投机的钥匙。

善昭的这些主张,代表了中国禅宗演变的又一个方向,从"说似一物即不中",经过五代十国对公案的自发讨论,转成了"了万法于一言"的理论自觉,于是参禅变成了名副其实的"参玄"①,对禅境的直观体验的追求,变成了对含"玄"的语录的追求。所以,对语言的运用和理解,成了禅宗僧人修行的头等大事。

善昭特别重视临济义玄的"三玄三要",把它看成是禅语玄言运用的典范。慧洪作《临济宗旨》,集中讲善昭对"三玄三要"的理解。其中还引用了张商英对慧洪讲的话:"汾阳,临济五世之嫡孙,天下学者宗仰,观其提纲,渠唯论三玄三要。"善昭本人解释道:"三玄三要事难分,得意忘言道易亲,一句明明该万象,重阳九日菊花新。"意思是说:"三玄"、"三要"具体指谓的是什么难于区别,关键是悟解它们蕴涵的玄旨,由"得意忘言"而"会通"。他又说:"汝还会得三玄底时节么?直须会取古人意旨,然后自心明去,更得变通自在,受用无穷,唤作自受用身佛,不从他教,便识得自家活计。"②简言之,通过"三玄三要"的语言,会取古人意旨,使得自心明睿。至于"一句明明该万象",是形容"三玄三要"之言,在于抓纲,一通百通。"重阳"指《周易》中的乾卦,用以譬喻万象更新的本源"道",这里指圣人"意旨"。因此,善昭之强调"三玄三要",在于提倡语言玄化,寓禅于言;但不是照字面去理解禅师语录,而是在公案中别求古人意旨。这样,作为中介的语言,成了只是可以示现和悟解的符号和门径。他说:"言之玄也,言不可及旨之妙也。"③"言之玄"是及于禅之妙的前提,而这玄化了的言,当然就不能单从词义上去理

---

① "参玄"始于三国。初以《老子》、《论语》、《周易》为参究的经典,后改为《老》、《庄》、《易》,并称"三玄"。临济义玄也有"三玄"之语,为宋代禅师所乐道,其非玄学家所称的"三玄"是明显的,但不排除玄学的影响。《老子》说:"玄而又玄,众妙之门。"就禅宗而言,"众妙之门"就是"心",不管是唤"理",还是"道"、"佛"。

② 《古尊宿语录》卷一〇《汾阳善昭语录》。

③ 《汾阳无德禅师语录》卷上。

解了。

为了倡导言玄,善昭作《公案代别百则》和《诘问百则》,弘扬这些公案,并给出自己的解释。关于公案代别,善昭指出:

> 室中请益,古人公案未尽善者,请以代之;语不格者,请以别之,故目之为代别。

"未尽善者"和"语不格者"的意思相同,都是指公案的语意未尽,需要给以"代语"或"别语",作进一步的揭示,也可以说是对公案的修正性解释。"代别"就是"代语"和"别语"的复合词。

所谓"代语",原有两个含义:其一是指问答酬对间,禅师设问,听者或憎然不知,或所答不合意旨,禅师便代答一语;其二是指古人公案中只有问话,没有答语,禅师便代古人的答语。所谓"别语",是指古人公案中原有答语,作者另加一句别有含义的话。两者区别不大,都是对古人或他人禅语的发挥。由于云门语录中多有代语、别语,一般认为"代别"以云门为始。《祖堂集》和《景德传灯录》运用"代别"相当广泛,因此它不是善昭的创造。然而,善昭利用这种形式,将禅引导到发掘古人意旨方面,更确切些说,是借用古代公案表达自己的思想。譬如:"梁武帝问祖师:如何是圣谛第一义?祖曰:廓然无圣。帝云:对朕者谁?祖曰:不识。代云:弟子智浅。"又如:"梁武帝请傅大士讲经,大士俨然。帝曰:请大士与朕讲经,为什么不讲?志公曰:大士讲经毕。代云:讲得甚好。"再如:"马鸣问迦毗摩罗:汝有何圣?云:我化大海,不足为难。又问:汝化性海得否?云:若化性海,我当不得。别云:许即不让。"

《诘问百则》是对著名的禅语提出问题,并代以作答。以"四誓"为例:

> 众生无边誓愿度。谁是度者?代云:车轮往灵山。法门无边誓愿学。作么生学?代云:朝参暮请。烦恼无边誓愿断。

将什么断?代云:有么?无上菩提誓愿成。作么生成?代云:天子不刈草。

无论是公案代别还是诘问代答,都反映了善昭追求玄妙语句的用心和为公案提供一个标准答句的努力。其中有的就是字面的含义,别无他解,如"朝参暮请"之类;有的是对原意的引申,如"智浅"即是"不识","讲得甚好"即是"讲经毕",代别得并不高明;有的是纯譬喻,如"车轮往灵山","车轮"是"法轮"的譬喻,代得也不甚新奇。值得寻味的是"有么?"以反问的口气表达对"烦恼无边誓愿断"的否定。"天子不刈草",暗喻"无上菩提"无须劳作生成,带有浓郁的山村野风,倒是少些矫揉造作。

"代别"之作为一种文体,对后世还是有不小的影响的,明清特别盛行的批点,以及通过批点让古人著作代自己立言,就是这种代别的发展。因此,尽管善昭的代别也有精彩的部分,但多数平平,或不如原来语言含蓄生动。因为代别之作同公案的选择一样,真正的目的不是发明古圣意旨,而是借题发挥,既可以作为言谈往交的口实,也是阐述自己思想观念的途径。① 所以,从善昭的代别中,大致能够看到善昭的禅者面貌。

善昭自认为他的百则诘问可以将道理收全,但不敢肯定他的诠释能够穷尽这些道理,也表明他只是一家之言。所以他说:"诘问一百则,从头道理全,古今如目睹,有口不能诠。"他还说:"夫说法者,须及时节,观根逗机,应病与药。不及时节,总唤作非时语。"所以也不能把他的代别当成真言。善昭着意追求语言上的"善"和"格",实际上是用自己的标准去统一公案的答语,与此同时,也把禅宗引向了追求玄言妙语,在文字上下工夫。宗杲说:

近世以来,禅有多途……或以古人入道因缘,聚头商榷

---

① 上引均见《汾阳无德禅师语录》卷中。

云:这里是虚,那里是实,这语玄,那语妙,或代或别为禅者。①

北宋末、南宋初仍然普遍存在的这种现象,就是由善昭发起的。

由于代别成为一种时髦,禅师们普遍希望通过与众不同的新奇语句显示自己的心明智达,导致同一问句会出现多种不同的答语。宗杲举例说:"或师家问:不是心,不是佛,你作么生会? 便云:和尚不妨惺惺。或云:和尚什么处来? 或云:不可矢上加尖。或云:漫却多少人。或再举一遍云:不是心,不是佛,不是物。"②"古圣"多具深意的佳言机语,在代别中多变成了无聊的套话。圆悟在《枯崖漫录》中说:

> 金华元首座,刚峭简严,丛林目为饱参,见等庵于白云,始了大事。僧问:如何是佛?曰:即心是佛。问:如何是道?曰:平常心是道。问:如何是祖师西来意?曰:赵州道底。闻者皆笑。后有僧问:如何是佛? 曰:南斗七北斗八。问:如何是道? 曰:猛火煎麻油。问:如何是祖师西来意? 曰:龟毛长数丈。传者皆喜。嘻,若如此辨验答话,不惟埋没己灵,抑亦辜负前辈!

流风所及,使老实简严的禅师也不得不刁钻古怪起来。而"前辈"们的不无苦心的"断流语",变成了一片油腔滑调,引起正派禅师的谴责是正常的。事实上,高层次的士大夫对此也不满意。岳珂说:"今之言禅者,好为隐语以相迷,大言以相胜,使学者怅怅然益入于迷妄。"③这"隐语"、"大言"可以成为代别者追求妙语玄言的注解,其在宋代禅宗中始终占主导地位的原因之一,就是它能使人更加迷妄、更加糊涂。

---

① 《大慧普觉禅师语录》卷三〇。
② 《大慧普觉禅师语录》卷一四。
③ 岳珂:《桯史·解禅偈》。

"颂古"是以韵文对公案进行赞誉性解释的语录体裁，它不仅是研究公案的方法，而且是教禅学禅、表达明心见性的手段。善昭首创颂古百则，是对宋代禅学发展的又一促进。在北宋以后的禅史上，颂古比代别和拈古具有更大的影响。由于得到士大夫的特别喜爱，它有着很强的生命力和感召力。

善昭的颂古之作是《颂古百则》，选择百则公案，分别以韵文阐释。他在其后作《都颂》，简述选材的原则、作用和目的："先贤一百则，天下录来传。难知与易会，汾阳颂皎然。空花结空果，非后亦非先。普告诸开士，同明第一玄。"①意谓他选用公案的标准主要是择优，不论宗派，唯以禅林公认的"先贤"言行，作为弘禅证悟的典型范例流通天下。这反映了善昭力图融合禅宗各家宗风的倾向，也为日后多数颂古禅师所接受，成为共识。当然，由于各选家的眼光不同，水平有别，所选公案也就不会完全一致。善昭认为，公案中的古德言行和机缘，有的晦涩难懂，有的易于理解，颂古的文字都应该使其清楚明白，便于学者同明"第一玄"（即禅理）。他的颂古明确宣示：禅既可以通过文字"普告"学者，学者也可以通过文字去"明"。这一主张在他的颂古实践中得到更明朗的表现。

与善昭的"颂古"文体同时流行的，还有一种"拈古"，也是从文字上解禅，不过采用散文体，与"颂古"之采用韵文体不同。至圆悟克勤写《碧岩集》时，始认为两者还有深层的区别："大凡颂古，只是绕路说禅；拈古大纲，据款结案而已。"这话被认为是"颂古"与"拈古"的经典定义。意思是说，颂古与拈古相比，前者不是照直把古圣的意旨叙述出来，而是绕着弯表达自己的禅理。因此，即使平直的语言，也不能单从字面上去理解，这也是禅宗常讲的"不点破"原则。但事实上，善昭的颂古特点远非如此，他总是从公案的事实出发，推论出古圣的意旨来，倒是与"拈古"的"据款结案"相同。例如《俱胝一指》这则公案，说的是唐代俱胝和尚，每遇有人向他问禅，

---

① 《汾阳无德禅师语录》卷中。

他都不多说话,只竖起一个指头表示回答。善昭的颂文是:"天龙一指悟俱胝,当下无私物匪齐,万互千差宁别说,直教今古勿针锥。"意思是说,俱胝和尚竖一指悟人的方式,是从天龙和尚那里学来的,因为他就是从一指得悟。"一指"喻一以贯之,在千差万别的世界中要把握它们的统一性,佛教通常或指"空",或指"心",善昭给予的解释是"无私物匪齐"。"无私"即"无我","无我"即"性空",所以从"无私"的角度看世界,无物不是齐一的。至于俱胝的本意是否如此,是另一个问题,但善昭在这里并没有故弄玄妙是很明显的。可见他的颂古,有很大成分是为了普及禅知识。

善昭之后,颂古之风弥漫禅宗界,成了明心见性的重要手段,颂古本身也经历着变化。

二、黄龙慧南和黄龙派

善昭的著名弟子是石霜楚圆(986—1039),全州清湘(广西桂林)人,俗姓李,二十二岁出家。他慕名到山西参访善昭,从学七年,后又游历今河南一带,结识杨亿、李遵勖等人。晚年至潭州(湖南长沙)弘教传禅,临济宗的活动区域开始南移。

楚圆的门徒以黄龙慧南和杨岐方会的知名度最高。他们各立门户,分别形成黄龙派和杨岐派。禅宗史上把这两派与唐末以来的五家合称"五家七宗"。

1. 慧南和他的黄龙三关

慧南(1002—1069),信州玉山(江西玉山县)人,十一岁出家,十九岁受具足戒,先随云门宗的三角怀澄习禅,后投楚圆门下,先后住持同安(福建同安县)崇胜禅院、庐山归宗寺、高安黄檗山等。从景祐三年(1036)开始,常住江西南昌黄龙山。慧南的禅要,人称"黄龙三关"。

> 师室中常问僧出家所以,乡关来历,复扣云:人人尽有生缘处,那个是上座生缘处?又复当机问答,正驰锋辩,却复伸手云:我手何似佛手?又问诸方参请宗师所得,却复垂脚云:我脚何似驴脚?三十余年,示此三问,往往学者,多不凑机。

丛林共目为三关。①

这里的"生缘",指决定人生及其命运的诸因素;"我手"与"佛手"相比,涉及人身与诸佛的关系;"我脚"与"驴脚"相比,涉及人身与畜生(异类)的关系。这类问题,在禅宗史上都有过热烈的讨论,所以涵盖有深厚的佛学理论内涵,与一般禅师的信口提问或随根发机不同。

据慧洪在《林间录》中记载,南禅师"以佛手、驴脚、生缘语问学者,答者甚众。南公瞑目如入定,未尝可否之。学者趋出,竟莫知其是非。"为什么对任何回答都不置可否? 慧南解释说:"已过关者,掉臂径去,安知有关吏? 从吏问可否,此未透关者也。"②所谓"已过关者",指由此三问而自悟的人,就用不着再作解释;所谓"未透关者",指虽经三问启发犹未悟解的人,再作讲说也无济于事。慧南的"三关"之设,目的在启示参禅者自修自证,自悟佛道。

慧南曾对自己的"三关语"以颂文形式作过阐述。《林间录》中记有"佛手"和"驴脚"两颂,《云卧纪潭》将三颂录全:

我手佛手兼举,禅人直下荐取,不动干戈道出,当处超佛越祖。我脚驴脚并行,步步踏着无生,会得云收日卷,方知此道纵横。生缘有语人皆识,水母何曾离得虾,但见日头东畔上,谁能更吃赵州茶?

意思是,我手、佛手兼举,表明凡圣无二,只要直下荐取本心,即会超佛越祖;我脚、驴脚并行,显示我与畜类在"无生"性空上一致,只要懂得这个道理,即可在世间自由纵横;参悟"生缘",在于理解生存争斗之烈(水母食虾)和生死无常之速(不能更吃赵州茶)。

由此看来,"黄龙三关"的思想并没有超出佛教禅师一般弘扬

---

① 《建中靖国续灯录》卷七。
② 《林间录》卷上。

的内容,他的特点在使用具体形象,将抽象的道理寓于其中,从而使平凡的事理变得迂回含蓄起来,使已经成为老生常谈的佛教教义变得生动而增添了新的风采。

慧南的三关之设,推动了禅宗用语示意的灵活性。据传,他离开怀澄的原因,是认为怀澄以"死句"教人,慧南主张以"活句"说禅。他的弟子隆庆庆闲(1037—1081)对黄龙三关的答语,可被看作是使用"活句"的标本:

(南)又问:如何是汝生缘处?对曰:早晨吃白粥,至今又觉饥。又问:我手何似佛手?对曰:月下弄琵琶。又问:我脚何似驴脚?对曰:鹭鸶立雪非同色。①

相比之下,慧南自己的解释,反而成了"死句"了。这样的活句,虽然也算具体风趣,但其中表达的禅理,已不是含蓄而是晦涩了。

尽管如此,"活句"的提出,说明同一思想可以用多样的语言表达,不拘一格,能够各具千秋。这对于推动语言运用艺术和语言表现上的生动多姿,无疑是有益的。

据慧洪说,黄龙以"三关"立宗说禅,采用"三句"格式,是源自百丈怀海:"大智禅师(怀海)曰:夫教语皆是三句相连,初、中、后善。初直须教染发善心,中破善,后始明善菩萨即非菩萨,是名菩萨法,非法非非法……故知古大宗师说法皆依佛祖法式,不知者谓苟然语。"②这里讲的"三句相连",实脱胎于天台宗的三位一体,即由《中论》三是偈那里转化过来的"假"、"空"、"中"三谛说,与怀海无关。怀海有关三句的说法是这样的:"若透得三句过,不被三段管教家举,喻如鹿三跳出网,唤作缠外佛,无物拘系得渠,是属燃灯后佛,是最上乘,是上上智,是佛道上立,此人是佛,有佛性。"③因

---

① 《禅林僧宝传》卷二五。
② 《林间录》卷上。
③ 《古尊宿语录》卷一。

此,怀海的"三句"是透"三句"、超"三句",不被三句所缠,与"三句相连"的意思恰恰相反。不过慧南的"三关"确受怀海说法的影响。所谓透过三关,即可掉臂而去,不再受文字教理的束缚,就是怀海的精神。

宋初云门僧人惯以三句教人,德山缘密概括文偃思想为"云门三句",缘密的同学巴陵景鉴有所谓"巴陵三句"。慧南设"三关"之后,影响扩大,"转三句"的方法在禅僧中十分流行,有的照搬黄龙旧说,有的是花样翻新,同善昭倡导的代别、颂古相呼应,形成了宋初在文字语言上立禅的一代风气,由此产生了许多似有哲理又似"行话"的"玄言"。

2. 黄龙诸徒与慧洪的文字禅

慧南以黄龙山为基地,建立了庞大的僧团,称为其嗣法弟子的达八十三人之多。其中以晦堂祖心、东林常总和宝峰克文最为著名。

晦堂祖心(1025—1100),是南雄始兴(广东始兴县)人,俗姓邬。二十一岁时依龙山寺沙门惠全剃发受具足戒,曾求学于云峰文悦禅师,后到黄龙山参见慧南,深得赏识。慧南生前曾让他分座训徒。慧南逝世后,他继任黄龙住持十二年,嗣法弟子四十七人。元丰三年(1080),王韶推荐他住持东林禅寺,他举常总以代,自己乐于闲居。祖心与官僚士大夫来往较多,除观文殿学士王韶外,与潭州太守谢师直、江西转运判官彭汝砺等人也很密切。他曾游历京城,驸马都尉王诜"尽礼迎之"。

在祖心之前,禅僧名前多加居住的地名以为道号,是唐代以来的惯例。祖心首创以所住庵堂为道号,为各派禅僧所仿效,成为一种时尚。

东林常总(1025—1091),南剑州(福建南平)人,出家后到庐山归宗寺追随慧南,前后二十余年。曾住持江西泐潭,被称为"马祖再来"。元丰三年(1080),"诏革江州东林律居为禅",他应命住持,被认为是应了七百年前东晋慧远的谶语,又号"肉身大士"。宋廷曾诏其住持京城相国寺智海禅院,以年老多病推辞。元祐三年

(1088)赐号"照觉禅师"。

常总在江州东林寺经营的规模巨大,其寺"厦屋崇成,金碧照烟云,如夜睹史之宫从天而堕。天下学者从风而靡,丛林之盛,近世所未有也"①。常在常总身边的徒众达七百余人,嗣法弟子六十一人。

宝峰克文(1025—1102),陕府阌乡(河南阌乡)人,俗姓郑,号真净。少年出家,二十六受具足戒。克文曾游历京城,"贤首、慈恩、性相二宗,凡大经论,咸造其微"。后离京南下,弃教习禅,多方参访,最终投到慧南门下,先后住持江西的宝峰、洞山、圣寿、庐山归宗寺和金陵报宁寺。与王安石、张商英等官僚文人过从甚密。王安石曾舍金陵家宅为报宁寺,请其住持。克文在江西的影响尤大,"民信其化,家家绘其像,饮食必祠"。

克文精通佛教义学及儒学,能够融会儒释典籍,用以解释公案,以善于说法著称。他"五坐道场,为诸方说法,得游戏三昧,有乐说之辩"。② 他反复宣讲的,依然是禅宗一贯提倡的学说,认为"达摩西来,亦无禅可传,唯只要大众自悟自成佛,自建立一切禅道。况神通变化,众生本身具足,不假外求"③,内容毫不新鲜。但由于他擅长辞令,他的《语录》很受时人的欢迎。

克文的嗣法弟子三十八人,黄龙第二代弟子中的知名人物均出自他的门下。如兜率从悦(1044—1091)、泐潭文准(1061—1115)等,当时都有影响,然而在两宋禅宗史上占重要地位的,乃是清凉慧洪。

慧洪(1071—1128),字觉范,号寂音,江西筠州(高安)人,俗姓俞(一说姓彭)。十四岁入寺,二十九岁在京城天王寺试经得度,四年后到庐山归宗寺学禅于真净克文,并随其迁往洪州石门;十九岁后,游历江南一带,住持过临川北禅寺和金陵清凉寺。在金陵时,

---

① 《禅林僧宝传》卷二三。
② 上引均见慧洪《云庵真净和尚行状》。
③ 《住金陵报宁寺语录》。

有僧人告他持伪度牒,被下狱一年,经张商英的帮助,恢复了僧人身份,几年后改名德洪。

慧洪博闻强记,精通佛典,在京城及江南的士大夫中享有盛誉,尤为张商英所看重,被誉为"今世融肇"。据《宋史·张商英传》,大观四年(1110),蔡京下野,张商英入相,"于是大革弊事",包括"行钞法以通商旅,蠲横敛以宽民力。劝徽宗节华侈,息土木,抑侥幸"。蔡京党人"日夜酝织其短","因僧德洪、客彭儿与语言往来,事觉,鞠于开封府"。说明张商英罢相,直接的罪名是与慧洪等有"语言往来"。究竟是什么"语言",史无记载。但从张商英当时正在改革部分积弊,抨击蔡京"劫持人主,禁锢士大夫"的倾向,大致可以推断出他们谈话的内容。政和元年(1111),慧洪因此被流放崖州(海南省)。政和三年获释回江西。宣和四年(1122),有僧人告他为张怀素的同党,尽管地方官吏知道这是把张商英误为张怀素,纯系诬告,仍以查清事实为由,将他下狱百余日。此后,慧洪深感"涉世多艰,百念灰冷"①。

有一首诗很能表达他晚年的心境:

霜须障面老垂垂,瘦搭诗肩古佛依。灭迹尚嫌身是累,此生永与世相违。残经倦读闲凭几,幽鸟独闻常掩扉。寝处法华安乐行,荡除五十二年非。②

最后两句特别值得注意:《法华经》中讲的"安乐行",要求"不亲近国王、王子、大臣、官长……"不"造世俗文笔、赞咏外书"。③ 慧洪作为僧人,积极涉世,遭几度身陷囹圄;及至晚年闭门隐居,而国事日非,北宋王朝已走向末路。他的诗充分流露出对自己,也是对北宋官僚士大夫和整个北宋王朝的悲观失望情绪。

---

① 《石门文字禅》卷二四。
② 《石门文字禅》卷一二。
③ 见《妙法莲华经》卷五。

慧洪的著作很多，在禅宗史方面，可以《禅林僧宝传》和《林间录》为代表。《禅林僧宝传》三十卷，撰于宣和六年(1124)，以北宋时期的禅师为主，记有八十一人。《林间录》上下两卷，笔记体，录其所见所闻三百余事，"莫非尊宿之高行，丛林之遗训，诸佛菩萨之微旨，贤士大夫之余论"①。《石门文字禅》三十卷，集诗、偈、书、序等，很能看出北宋后期禅宗的面貌。他的《临济宗旨》等论文，在后来的禅僧和士大夫中也有影响。

慧洪是北宋时期最具眼光的禅史学家。他关于禅宗的史学评论，在当时和后代都具权威性。作为一个禅师，他才华出众并有政治头脑，任性不羁，屡触当道，富于个性。反映在学术观点上，也是驰骋纵横，而不那么严谨周密，失实之处常为史学家所讥。

慧洪在禅学上有自己的独立看法，他反对把禅同语言文字割裂开来。他指出："禅宗学者，自元丰(1078—1085)以来，师法大坏，诸方以拨去文字为禅，以口耳受授为妙。"②对此他很不以为然。他最推崇汾阳善昭，认为"淳化(990—994)以后宗师，无出汾阳禅师之右者"。因为善昭重视临济义玄提出的"三玄三要"，并通过对"三玄三要"的新解释，追求玄言，提高了文字语言在明心见性过程中的功能。慧洪的《临济宗旨》，就是联系讲解善昭关于三玄三要的颂文，实现以文解禅的。他在善昭主张的"三玄三要古难分"的基础之上，进一步把三玄分为句中玄、意中玄和体中玄。他说："言通大道，不坐平常之见，此第一句也，古(指荐福承古)谓之句中玄。"③以"言"沟通"大道"，成为慧洪所倡文字禅的基本特色，他在许多著作中作了反复论证。

慧洪指出：

　　心之妙不可以语言传，而可以语言见。盖语言者，心之

---

① 《洪觉范林间录序》。
② 《石门文字禅》卷二六。
③ 《临济宗旨》。

> 缘,道之标帜也。标帜审则心契,故学者每以语言为得道浅深之候。

这里的"心",就是"大道"。心的神妙不可用语言传递,而可以用语言表现。心表现为语言,语言就成了大道的外在标帜;标帜明悉了,心即契会了。所以,"得道",就可以从其所使用的语言上来衡量。据此,禅宗的修持自然也要归结到语言运用的技巧上来。

慧洪很注意禅师的文字运用,他曾借曹洞宗僧人之口,批评某些公案记录的语言,谓:"古人纯素任真,有所问诘,木头、碌砖,随意答之,实无巧妙。"所谓"实无巧妙",本质上是指那种不事雕琢、缺乏文采的断流语。他认为:"借言以显无言,然言中无言之趣,妙至幽玄。"①用语必须蕴涵"无言之趣",使人能体会到"幽玄"之旨,那才是值得肯定的。显然,要使用这样的巧妙语言,参禅者必须有足够的文化素养。北宋以文字为禅的禅师,大都具备这样的条件。

慧洪的诗文既多,词句也美,可作为他提倡的文字禅的一种标本。其中"十分春瘦缘何事?一掬归心未到家"②,被认为是他的得意之句。批评他俗情未泯,固然有理;说它表现探求心源的执著,也未尝不可。另有《赠尼昧上人》诗:"未肯题红叶,终期老翠微;余今倦行役,投杖梦烟扉。"③似乎情浓于禅,很难避免正人君子的责难。传说王安石之女即称他为"浪子和尚"。事实上,慧洪本人是充满世俗情感的,以文字为禅,就是情不自禁的表现。

文字禅特别能为士大夫所接受,苏东坡是其中突出的一个。慧洪评论说:"东坡居士,游戏翰墨,作大佛事,如春形容,藻饰万象。"④苏东坡使文学走进佛事达到了自觉,也使文学步入禅境达到

---

① 上引均见《石门文字禅》卷二五。
② 《石门文字禅》卷一〇。
③ 《石门文字禅》卷九。
④ 《石门文字禅》卷一九。

了自觉。北宋文字禅的兴盛,把有文化的禅师与士大夫联系得更紧密了,也把禅与文学联系得更紧密了。

南宋以后,一些反对以文字为禅的僧人,往往把批判的矛头指向倡代别创颂古的善昭,指向把颂古之风推向高潮的重显。实际上,从理论上论证文字禅的合理性的北宋禅师,应首推慧洪,这是一般人所没有意识到的。

三、杨岐派初兴和早期传承

杨岐方会(992—1049),袁州宜春(江西宜春)人,俗姓冷。二十岁在筠州(江西高安)九峰山出家,曾到潭州(湖南长沙)随石霜楚圆习禅,后被道俗迎至袁州杨岐山(江西萍乡县北),庆历六年(1046)迁住潭州云盖山。关于方会的言行,有《袁州杨岐山普通禅院会和尚语录》一卷,《杨岐方会禅师后录》一卷。

方会在门庭设施上融会临济、云门两派风格。慧洪说他"提纲振领,大类云门","其勘验锋机,又类南院(慧颙)"。[①] 方会不像黄龙慧南那样,用"三关"之类的固定格式启悟学者,而是侧重灵活的机语,推崇机锋棒喝。"杨岐天纵神悟,善入游戏三昧,喜勘验衲子,有古尊宿之风。"[②]在巧言善辩方面,方会要远远胜过慧南。

方会的嗣法弟子十二人,白云守端为上首。方会晚年曾"以临济正脉付守端"。

守端(1024—1072),衡阳(湖南衡阳)人,俗姓葛,出家后从学于方会多年。二十八岁时辞别方会游庐山,深得云门僧人圆通居讷的赏识,"圆通讷公见之,自以为不及,举住江州承天"。不久,守端辞去,应郡守之请,住舒州小刹法华寺。这个寺院很小,难得有名家住持,但守端"欣然杖策来"。这种做法,深受当时文士的称赞。后又应士大夫请,移住白云山。守端的嗣法弟子十二人,以五祖法演最有成就。

法演(1024—1104),绵州(四川绵阳)人,俗姓邓。三十五岁出

---

① 见《禅林僧宝传》卷二八。
② 《佛祖历代通载》卷一九。

家,先在成都习《唯识》、《百法》等法相经典,后来弃教习禅。张商英曾称赞他"应机接物,孤峭径直"。由于他常住湖北黄梅五祖山,故称"五祖法演"。法演弟子二十二人,以佛眼清远、佛鉴慧勤和佛果克勤最为著名,被称为法演门下的"三佛"。

从方会到法演,杨岐派辗转于江西、湖南、湖北一带活动,尽管势力不断扩大,但远不能与黄龙派相比。到北宋末年,从佛果克勤开始,杨岐派兴盛起来,逐渐取代了黄龙派。

第三节 云门宗的扩展和多头开拓

宋徽宗以前,云门和临济并驾齐驱,是禅宗中最活跃的两派。云门宗逐渐由岭南向北推移,出现了许多有影响的禅师,大都是文偃的第三和第四代弟子。其中,圆通居讷和佛印了元在江西与江苏建有比较稳固的传法基地;雪窦重显以明州(浙江宁波)雪窦山为中心,影响更大,被称为"中兴云门";大觉怀琏、宗本和善本师徒、法云法秀等人住持汴京国立大寺院,使南方禅宗在北方得到发展;明教契嵩虽然在扩大禅宗队伍方面没有什么建树,但他所倡导的儒释融合论,特别为持排佛立场的士人所接受,对以禅宗为主流的佛教发展起了清障"护法"的作用。

一、从结交文士到住持京都寺院的诸师

圆通居讷①(1010—1071),字敏中,樟州中江(四川中江)人,俗姓蹇,十一岁出家,于汉州什邡(成都附近)竹林寺侍奉元昉,十七岁试经得度。后东行至庐山,成为延庆子荣的弟子。先后住持归宗寺和圆通寺,在江州(江西九江)一带有不小的影响。特别是他重视儒学,致力于沟通儒释关系,深得士大夫的好评。庆历四年(1044),激烈反佛的欧阳修遭贬时见到居讷,交谈中,居讷"出入百家而折中于佛法",使欧阳修"肃然心服"。皇祐(1049—1053)初年,

---

① 圆通居讷是文偃的第四代弟子,其传承是文偃——香林澄远——智门光祚——延庆子荣——圆通居讷。

有诏请他住持京城净因寺,他荐怀琏以代。另外,他还荐举临济僧人守端住持江州承天寺。

佛印了元①(1032—1098)字觉老,饶州(江西波阳)人,俗姓林。十五岁出家,十九岁去庐山参见开先善暹。当他见到圆通居讷时,居讷称赞他:"骨格已似雪窦,后来之俊也。"居讷把他与雪窦重显相比,可见他青年时代便精通儒学,擅长诗文。了元曾住持庐山归宗寺、镇江的金山、江西的大仰和云居等,"凡四十年间,德化缁素,缙绅之贤者多与之游"②。

了元与苏轼兄弟的交往堪入文坛史话,"佛印禅师与东坡昆仲过从,必以诗颂为禅悦之乐"。某次,苏辙要见了元,先寄诗一首:"粗砂施佛佛欣受,怪石供僧僧不嫌,空手远来还要否?更无一物可增添。"了元回赠一首:"空手持来放下难,三贤十圣聚头看,此般供养能歆享,木马泥牛亦喜欢。"宋代士大夫好与禅僧结方外之交,往往通过机语问答、诗颂酬对,表达各自的禅学见解,交流感情。了元只是一个缩影。

佛印了元与理学家的关系也很密切。周敦颐与了元结"青松社",推了元为青松社主。他们"相与讲道,为方外友",有"青松已约为禅社"之语。名僧晓莹指出:"公(指周敦颐)虽为穷理之学,而推佛印为社主,苟道不同,岂能相与为谋耶?"③儒释兼通的禅僧与理学家的交往,促进了宋代思想界的活跃和理学的形成。

尽管了元本人擅长诗文,并以此作为与士大夫联系的纽带,但他依然坚持禅宗固有的"不立文字"的主张,反对学者"渔猎文字语言"。《佛祖历代通载》记了元语:

> 今室中对机缘,皆香林(澄远)、明教(契嵩)以纸为衣,随所闻即书之。后世学者渔猎文字语言,正如吹网欲满,非愚即

---

① 佛印了元的传承是:文偃——双泉仁郁——开先善暹——佛印了元。
② 《佛祖历代通载》卷一九。
③ 上引见《云卧纪谭》卷上。

狂。时江浙丛林尚以文字为禅之谓请益,故元以是风之。

首先应诏住持京城寺院的云门僧人是大觉怀琏(1009—1070),系文偃的第四代法孙①,漳州龙溪(福建龙溪)人,幼年出家,曾随泐潭怀澄十年。后到庐山,掌居讷的记室。皇祐初年(1049),居讷推荐他住持汴京左街十方净因禅寺,使禅宗始行于北宋京城,改变了那里只有唯识、律宗诸派的局面。

另外几个住持汴京名刹的云门僧人中出自雪窦重显一系的有天衣义怀。义怀(989—1060)曾住持安徽无为县的铁佛寺等,后来常住越州(浙江绍兴)天衣寺,组建了庞大的僧团,嗣法弟子八十三人。其中的慧林宗本(1020—1099),常州无锡人,俗姓管,十九岁出家,二十九岁受具足戒,前后住持过姑苏瑞光寺、杭州净慈寺。元丰五年(1082),应诏住持汴京慧林禅院,曾受宋神宗召见,晚年返归南方。高丽僧人义天来华,"请以弟子礼见"。有《慧林宗本禅师别录》一卷,记其言论。宗本的门人中有长芦崇信,崇信的弟子怀深于宣和三年(1121)住持慧林寺。宗本的另一弟子法云善本(1035—1109)比较著名。善本是颍州(安徽颍上)人,出家后到姑苏瑞光寺,随宗本五年,住持过婺州双林寺和杭州净慈寺。在继宗本住持净慈寺时,"食堂千余口",可见规模之大。当时人们把他及其师长宗本并称"大小本"。哲宗时诏善本住持东京法云寺,赐"大通禅师"号。他住持法云寺八年,晚年归隐于西湖之畔。

义怀的另一位弟子法云法秀(1027—1090),秦州陇城(甘肃秦安县)人,俗姓亭,十九岁试经得度,重视钻研佛典,后到安徽无为铁佛寺参见义怀。曾在江苏、江西一带住持多处寺院。京城法云寺落成,他应诏为第一代住持。他的弟子佛国惟白撰《建中靖国续灯录》三十卷,并继任法云寺住持,晚年移住明州天童寺。

由于云门宗僧人奉诏住持京城寺院的人数众多,挟皇权之势,影响及于全国,但他们的大本营仍在江浙一带。

---

① 怀琏的传承:文偃——双泉师宽——五祖师戒——泐潭怀澄——大觉怀琏。

在这个时期,对于禅风和禅理的发展产生影响的,乃是雪窦重显和明教契嵩。

二、雪窦重显及其诗文颂古

重显(981—1053)字隐之,俗姓李,遂川(四川遂宁县)人。二十二岁时在成都普安院出家,后离川东行,长期游学于湖北、江苏、安徽、浙江等地。他嗣法于智门光祚,是文偃的第三代弟子[①]。重显后来居明州雪窦山资圣寺,长达三十一年。《佛祖历代通载》谓其"迁明之雪窦,宗风大振,天下龙蟠凤逸,衲子争集,号云门中兴"。他的传法弟子八十三人。现存有他的《明觉禅师语录》六卷。

重显受汾阳善昭的影响,作《颂古百则》,把宋初的颂古之风推向高潮,风靡整个禅林,几乎所有能提笔的禅僧都有颂古之作,所有参禅者都要钻研颂古,所有的名禅师都发表颂古的评说。于是颂古著作剧增,构成了禅宗典籍的重要组成部分。到南宋中期,一些禅僧把它们从众多的单行语录本中抽出来,加上零散的颂古之作,分门别类,汇集成册,以利参学。池州(安徽贵池)报恩光孝禅寺僧人法应,花了三十年时间,收集颂古,于淳熙二年(1175)编成《禅宗颂古联珠集》,"采摭机缘(即公案)三百二十五则,颂(即颂古)二千一百首,宗师(即作颂古的禅僧)一百二十二人"。元初,钱塘沙门普会接续法应的工作,从元代元贞乙未年(1295)开始,用了二十三年,编成《联珠通集》,"机缘先有者,颂则续之,未有者增加之"。因此,"加机缘又四百九十又三则,宗师四百二十六人,颂三千另五十首"[②]。从这些远不能囊括宋代全部颂古之作的集子中,大体可见它席卷禅林的规模。

大师的颂古各有自己的特点,所以在善昭之后,颂古也经历了一个演变过程。影响最大的作者有四位,即云门宗的雪窦重显和曹洞宗的投子义青、丹霞子淳以及宏智正觉,其中以重显的《颂古百则》尤具创新意义。如果说善昭制作了颂古的雏形,重显则使之

---

① 重显的传承:文偃——香林澄远——智门光祚——重显。
② 《禅宗颂古联珠通集序》,见《续藏经》第一辑二编第二十套。

成熟,他们代表了宋代颂古的两种基本类型。

《俱胝一指》,前有善昭的颂文,重显也有关于此则公案的颂文,谓:

> 对物深爱老俱胝,宇宙空来更有谁?曾向沧溟下浮木,夜涛相共接盲龟。

从中可以看出,重显讲解公案带有情感色彩。前两句的大意是:从真谛看,宇宙本空,无物我之别;然而,面对世间种种苦难,俱胝和尚以一指度人的苦心,令人赞叹。后两句引用《法华经》关于"如一眼之龟值浮木孔,无没溺之患"的寓言,说明俱胝和尚以一指示人,如同在夜幕笼罩下的波涛汹涌的大海中投下一浮木,拯救沦于生死苦难中的芸芸众生。由此,引经据典构成了颂古的又一特点。"雪窦《颂古百则》,丛林学道诠要也,其间取譬经论或儒家文史,以发明此事。"①重显好用儒释经典,又善于融入情感,这使他的颂古之作显得富赡华丽,文词可读,这与善昭颂文之"殊不以攒华叠锦为贵",是很不相同的。重显有很好的文学素养,其上堂小参、举古勘辩,都很注意辞藻修饰。元代名僧行秀评论说:"吾宗有雪窦天童,犹孔门之有游、夏;二师之颂古,犹诗坛之李、杜。"②这评价不一定恰当,但确实反映了这种追求。后来的禅僧纷纷仿效,推动禅宗走上舞文弄墨、着意于文字华丽一途,使本来注重的"玄言",演变成辞藻之学。对此,一些崇尚朴实的禅僧颇为不满,心闻昙贲说"天禧间,雪窦以辩博之才,美意变弄,求新逐巧,继汾阳为《颂古》,笼络当世学者,宗风由此一变矣"③。

尽管如此,重显的颂文并没有完全脱离公案。由于他着力于艺术表现,使语义愈加模糊,有利于人们的联想,所以特别能为文

---

① 《碧岩集·关友无党序》。
② 《评唱天童从容庵录寄湛然居士书》。
③ 《禅林宝训》卷四。

学之士所喜爱。但他的后学们却因此而抛开公案,使人无法理解颂文是什么意思了。圆悟在《枯崖漫录》中记:

> 临安府净慈肯堂育禅师,余杭人,嗣颜万庵。风规肃整,望尊一时。颂"即心即佛"云:美如西子离金阙,娇似杨妃下玉楼,终日与君花下醉,更嫌何处不风流。①

作如此颂古的禅师,竟然是"风规肃整,望尊一时"者,可见当时禅林风气之一斑。晓莹直评之为"以疏带俳优而为得体,以字相比丽而为见工"②。多是助人优悠消闲,已经没有多少禅韵了。

"颂古"密切了禅僧与文人的关系,也为释氏哲学向文人中渗透架起了一座文艺的桥梁。绍兴年间(1131—1162),一位士人到焦山风月亭,题诗一首:"风来松顶清难立,月到波心淡欲沉。会得松风元物外,始知江月似吾心。"这是一首具有超然物外情调的诗,显然受般若空观的思想影响。月庵果禅师行脚到此,读后说:"诗好则好,只是无眼目"。他把后两句改为"会得松风非物外,始知江月即吾心",使之符合"唯识无境"的教义:"松风"不是"物外",与"江月"一样,乃是"吾心"。诗词宜于渲情抒意,不便于说理讲道,从这个意义上说,唯识说比般若论更适合于诗的创作,所以月庵的修改,寓意于境,更有品头。据此,晓莹说:

> 做功夫眼开底人,见处自是别,况月庵平昔不曾习诗,而能点化如此,岂非龙王得一滴水能兴起云雾耶!兄弟家行脚,当辨衣单下本分事,不在攻外学。久久眼开,自然点出佛眼睛,况世间文字乎?③

---

① 《枯崖漫录》。
② 《罗湖野录》。
③ 《云卧纪谭》卷下。

禅与诗相通,诗眼需要佛眼点化,始能提高意境,这就成为禅家标准的诗论了。

当然,在追逐文辞工巧的同时,发明公案古圣意旨的颂古亦不断如缕,倡导所谓发扬善昭这方面传统的主要代表是宗杲。他与其他禅师作颂,以"斟酌古人之深浅",亦以颂古启发后学。绍兴三年(1133),宗杲与东林珪禅师在泉州云门庵度夏,效法白云守端和保宁仁勇,取古公案一百一十则,各作颂古一百一十首,"更互酬酢,发明蕴奥,斟酌古人之深浅,讥诃近世之谬妄;不开智见户牖,不涉语言蹊径,各随机缘,直指要津,庶有志参玄之士,可以洗心易虑于兹矣"①。

这种斟酌古人、讥诃近世的做法,是典型的古为今用,讽古喻今。宗杲特别推崇"颂古",也在厚今薄古,抬高时论的价值。他在给林判院(少瞻)的信中说,与其喜读《圆觉经》,不如读我写的一首颂,"但将此颂放在上面,却将经文移来下面,颂却是经,经却是颂。试如此做功夫看"②。他认为,有些颂文表达的悟境,可超过"公案"昭示的古德言行,像白云守端的颂文就有"提尽古人未到处",重颂文超过了重公案。

三、契嵩的三教合一新说

在倡导三教融合,特别是儒释融合的历史上,契嵩代表了一个全新的阶段。在他以前的僧人,大都主张释不违儒,而能容儒,强调释是融合的主体。延寿始将儒教伦理纳入佛教的行为规范,在理论上还羞羞答答地说什么是"万善同归"。在新的历史条件下,契嵩前进了一大步,他要求把儒家伦理置于佛教戒律之上,承认儒家在国家社会生活中的至高地位,并作了理论阐发,从而成为最适用于君主专制社会的原则,几乎被所有正统佛徒所遵循。

1. 以"三教"融合护法

契嵩(1007—1072)字仲灵,自号潜子,藤州镡津(广西藤县)人,

---

① 《大慧普觉禅师年谱》。
② 《大慧普觉禅师语录》卷二九。

俗姓李,七岁出家,十三岁剃度,十四岁受具足戒,十九岁开始游方参学,十余年间来往于南方各地,在瑞州(江西高安)谒云门宗洞山晓聪,得法。明道年间(1032—1033),他以佛教五戒十善会通儒家五常,作《原教》一文;庆历年间(1041—1048),他来到杭州灵隐寺,独居一室,潜心著述。由此,"以文鸣道于天下"。

嘉祐六年(1061),契嵩带着他的著作《辅教编》①、《传法正宗论》、《传法正宗记》和《传法正宗定祖图》北上京城,通过开封府尹王素上达仁宗,请求将它们编入《大藏经》。次年"诏付传法院编次,以示褒宠",并赐"明教"师号。不久,辞归杭州,先住佛日山数年,后回灵隐寺,直至终老。

契嵩一生著述甚丰,据称:"所著书自《定祖图》而下,谓之《嘉祐集》,又有《治平集》几百余卷,总六十余万言。"但是,这些著作没有完整地保留下来,到两宋之际已散失很多。怀悟从大观(1107—1110)初开始搜集契嵩的著作,至绍兴四年(1134)编成《镡津文集》,只相当于他全部著作的一半。《大正藏》第五十二卷所收为十九卷,其次序与怀悟所记大体相同,卷目有差别。此外《传法正宗记》、《传法正宗论》和《传法正宗定祖图》也保存在大藏经中。其中,《辅教编》等书,倡三教融合,特别强调儒释两教的一致性;《传法正宗记》等书,厘定禅宗传法世系,都带有时代的特征。

契嵩倡三教融合之时,正值宋仁宗开始减度僧尼,朝野上下抑佛排佛的呼声高涨。早在北宋初,即有儒士从传统的伦理观点著书批评佛教,如孙复的《儒辱》、石介的《怪论》等,就是其中的代表。"当是时,天下之士学为古文,慕韩退之排佛而尊孔子,东南有章表民、黄聱隅、李泰伯,尤为雄杰,学者宗之。"②

至仁宗初,佛教发展失控,国家掌握的僧尼人数猛增,这是引起排佛声浪高涨的直接原因。仁宗即位以后,大臣不断提出裁汰

---

① 《辅教编》分上中下三卷,包括《原教》、《劝书》、《广原教》、《孝论》、《坛经赞》和《真谛无圣论》。《真谛无圣论》是怀悟在重编时加入的。
② 陈舜俞:《镡津明教大师行业记》。

僧尼之议,最后听从张洞之言,减度僧三分之一,毁天下无名额寺院,使僧尼人数从四十余万减至二十余万。

朝中执掌权柄的重臣中主张抑佛的人很多,如范仲淹、富弼、文彦博、韩琦、欧阳修等,他们持此主张,则与当时国家处境窘迫有关。庆历四年(1044),宋政府以每年付西夏银七万二千两、绢十五万三千匹、茶叶三万斤的代价换来宋夏间的停战;辽则胁迫宋廷向其增纳"岁币"银绢各十万。这些不断加码的负担,最后全部都要落到人民的头上。因此,在庆历年间,农民和士兵起义也有发展,不但"一年多如一年,一伙多如一伙"①,而且从边远地区发展到腹心周围。宋王朝处在严重的内忧外患的压力下,不少士人提出了变法图强的主张。范仲淹在庆历三年(1043)九月提出:"官壅于下,民困于外,夷狄骄盛,寇盗横炽,不可不更张以救之。"②他制定了整顿吏治、培养人才、发展生产、加强武备等措施,被称为"庆历新政"。变法仅一年左右即告失败,但改革的趋势不可遏制。1068年,又发生了王安石的"熙宁变法",抑佛排佛是其中的内容之一。李觏的观点有一定的代表性,他支持新政,主张变法,并尽可能地取缔佛道二教。他在《富国策第五》中提出:"缁黄存则其害有十,缁黄去则其利有十。"认为,"去十害而取十利,民人乐业,国家富强,万世之策也"。

在这一从上到下的排佛浪潮中,契嵩顽强地坚持了三教融合、调和儒佛两家关系的主张。他以护教的宗教热情,与排佛者争论。"遇士大夫之恶佛者,仲灵无不恳恳为言之。由是排者浸止,而后有好之甚者,仲灵唱之也。"③他上书仁宗,不仅讲明自己"谋道不谋身,为法不为名",而且申明自己"不避死亡之诛",④这种精神也受到不少缙绅的称誉。

---

① 《欧阳文忠公文集》卷一。
② 《范文正文集·政府奏议上》。
③ 《镡津明教大师行业记》。
④ 见《镡津明教大师行业记》。

契嵩在京城上书逗留期间,与其书信往来的有韩琦、富弼、田况、曾公亮和欧阳修等人。"朝中自韩丞相而下,莫不延见而尊重之"①。以后士大夫中主张调和儒佛关系者,如张商英、李纲等人,都受过契嵩的影响。

作为一名禅僧,契嵩为确定禅宗在佛教中的正宗地位进行了煞费苦心的论证。到契嵩时代,禅宗已流行了两三个世纪,关于菩提达摩到慧能的禅宗东土六祖说已成公论。但是,关于禅宗在西土传承的神话仍有异议。天台宗僧人"颇执《付法藏传》以相发难,谓所传列二十四祖,至师子祖而已矣,以达摩所承者,非出于师子尊者"②。针对"虽一圆颅方服之属,而纷然相是非"的局面,契嵩决心"推一其宗祖,为天下学佛辈息诤释疑,使百世而知其学有所统"。于是他"力探大藏,或经或论,校验其所谓禅宗者,推正其所谓佛祖者"。③ 他依据《宝林传》等,确定了禅宗"西天二十八祖"的传法系谱,而后成为禅门定论。

契嵩重视《坛经》,著有《坛经赞》一文,也有影响。当时吏部侍郎郎简颇喜《坛经》,但流行本"为俗所增损,而文字鄙俚繁杂,殆不可考",便请契嵩校订。契嵩用了近两年时间,于至和三年(1056)完成。据说"果得曹溪古本,校之勒成三卷,璨然皆六祖之言,不复谬妄"。④ 这个编校本今已不存,但后世流传的所谓曹溪原本及元代德异本、宗宝本,都是以此为底本略作增减而成。

契嵩坚持禅宗"教外别传"之旨,他认为:"以佛后摩诃迦叶独得大法眼藏为初祖,推而下之,至于达摩为二十八祖,皆密相付嘱,不立文字,谓之教外别传者。"而别传的核心,是"传佛心印"。他之所以重视《坛经》,就在于"《坛经》者,至人之所以宣其心也。何心耶?佛所传之妙心也"⑤。此"妙心",正是他融合三教的哲学基础。

---

① 《镡津明教大师行业记》。
② 契嵩:《传法正宗论》卷上。
③ 见《镡津文集》卷九《再书上仁宗皇帝》。
④ 上引均见《镡津文集》卷一一。
⑤ 《辅教编·坛经赞》。

契嵩尽管强调教外别传，不立文字，但并不把禅与教割裂开来。他认为："能仁氏之垂教，必以禅为其宗，而佛为其祖。祖者乃其教之大范，宗者乃其教之大统。"禅、教的对立，乃至大小乘的相争，仅在于祖不正、宗不明，只要承认禅宗的正统地位，就可以息诤疑释，"后世之学佛者，不能尽考经论而校正之。乃有束教者，不信佛之微旨在乎言外；语禅者，不谅佛之能诠遗乎教内。"教是手段，禅是宗旨，这就是契嵩的禅教统一观的特点。

契嵩融合儒佛的最有名的两篇文章《原教》和《广原教》，是他从理论上阐发儒释关系的代表作。在谈到两文体例时，他说：

> 始余为《原教》，师《华严经》先列乎菩萨乘，盖取其所谓依本起末门者也。师《智度论》而离合乎五戒十善者也。然立言自有体载，其人不知，颇相诮讶，当时或为其改之……今书（指《广原教》）乃先列乎人天乘，亦从《华严》之所谓摄末归本门者也。①

按照契嵩的解释，《原教》先述高级修行果位，即"菩萨乘"，然后从高级修行阶位叙述到低级修行阶位，即"人天乘"，这是依据《华严经》"依本起末"的体例。《广原教》则相反，先述低级修行阶位，然后进到高级修行阶位，这是仿效《华严经》"摄末归本"的体例。然而，无论是"依本起末"还是"摄末归本"，都是《华严经》所没有的。这些体例是唐代华严学僧在诠解《华严经》过程中创造性地提出来的，普遍运用于说明经文的组织形式和教义内容的安排。"本"与"末"的关系，也同于"体用"、"因果"等。法藏在解释"摄末归本"时说："今案前题目（指《华严经》的题目），然则大之一字，是一部通名，所检果海……又摄用归体唯理也，摄因归果唯佛也。"②作为"本"的"果海"（佛境界）不可言说，所以用"末"（经典文字）来

---

① 《辅教编·广原教·序》。
② 《华严经关脉义记》。

说明。如"大"字(《华严经》题目上的第一个字)代表的整部经典只是"末",所要说明的是"果海"(本)。在华严学僧诠解《华严经》的注疏中,"依本起末"和"摄末归本"被广泛用于分析经文组织和说明教义的各方面。

契嵩所说的依《华严经》,实际上是依华严宗的学说。在宋代禅宗运用华严学的过程中常有这样的现象,就是打着讲《华严经》的旗号,实际讲华严宗的理论。他们所读的是《华严经》的文字,所悟的却是华严宗的义理。认为华严宗学即是华严经学,并不只是佛教界的普遍现象,而且是士大夫群中的普遍现象。不论是依本起末,还是摄末归本,都是在心性论的基础上,采取华严宗理事圆融的方法将儒释统一起来的。这一方向自宗密开端,亦为契嵩以后的禅宗僧人所仿效。

2. 以"心"为三教统一之本

(1)"自信其心"

契嵩的第一篇知名文章《原教》,用佛教的五戒十善比附儒家的五常,认为两者是"异号而一体"。这种从伦理观方面寻找佛儒两教契合点的方法,早在《牟子理惑论》和《颜氏家训》等书中已经讲得很透彻了。契嵩的新意主要表现在《广原教》中。

《广原教》作于1056年,开宗明义即曰"惟心之谓道,阐道之谓教"。较之于《中庸》所谓"天命之谓性,率性之谓道,修道之谓教",以及韩愈《原道》所讲"博爱之为仁,行而宜之谓义,由是而之焉之谓道",差别是明显的。契嵩讲的"道",与天命无关,与仁义等道德无关,"道"唯是一"心"。"道",为"圣人所履",所以圣人所行的只是"心";"教",指"圣人之垂迹",圣人教诲和示范于世人的也是"心"。因此,以"心"规定道的内涵,而非天命和儒家的道德规范,就成了他的主要思想特点。

关于这"心"的含义,他糅进了《老》、《庄》、《周易》关于"道"的规定:

心乎,大哉至也矣!幽过乎鬼神,明过乎日月,博大包乎天地,精微贯乎邻虚。幽而不幽故至幽,明而不明故至明,大而不大故绝大,微而不微故至微,精日精月,灵鬼灵神,而妙乎天地三才。若有乎,若无乎? 若不有不无? 若不不有? 若不不无? 是可以言语状及乎? 不可以绝待玄解谕。得之,在乎瞬息;差之,在乎毫厘者。是可以与至者知,不可与学者语。

契嵩所作《坛经赞》对"心"的描述,与此大同:"心"具有哲学本体论和佛教伦理学的双重意义,心既是最高的精神存在,世界的本原,又有"本觉"①的功能,与"佛性"同义。这样的"心"是绝对的、遍于一切的整体,无任何对立和差别,所谓"一物犹万物也,万物犹一物也"。正因为如此,心具有离言绝相的性质,既不是有,也不是无,不可以言传,不可以相示,只能为悟者所知,所谓"是可以与至者知,不可与学者语"。

契嵩关于三教融合的新主张,就是把它牢固地安置在禅宗这一心学的基础上:释迦牟尼所传的心,既是佛教圣人之心,也是三教乃至百家圣人之心;既是天地之心,也是众生之心。这样,契嵩找到了众圣与众生相同处,所以不论信奉何教,都是信奉自己的本性,信奉自心。

是故圣人以信其心为大也。夫圣人博说之,约说之,直示之,巧示之,皆所以正人心而与人信也。人而不信圣人之言,乃不信其心耳。②

相信圣人与相信自心,是一而二、二而一的。

如果说此前的禅宗仅是把对佛的信仰转变为对自心的信仰,那么契嵩就是把对三教百家的信仰统归之于对自心的信仰,他把

---

① 《坛经赞》指出:"方《坛经》之所谓心者,亦义之觉义,心之实心。"
② 上引均见《辅教编·广原教》。

禅宗传统的"自信其心"之说贯彻到了最彻底的程度。他作《劝书》三篇,目的即在于此。"潜子为《劝书》,或曰:何以劝乎?曰:劝夫君子者自信其心,然后事其名为然。"①所谓"事其名",便是信奉"迹异"的儒教和佛教。信佛即是自信,排佛即是自弃。用心统一三教,落脚点是为佛教张目,使佛教在三教中获得一个平等的地位。

(2)"正心"与"正情性"

契嵩从禅宗心学出发,着重解释了新儒学所热衷于讨论的"性情"说,拓宽了儒释融合的理论视野。他对"性"有两个相似的规定:"夫性也,为真,为如,为至,为无邪,为清,为静。近之,则为贤,为正人;远之,则为圣神,为大圣人。圣人以性为教教人。""性也者,无之至也,至无,则未始无。出乎生,入乎死,而非死非生。圣人之道,所以寂焉,明然,唯感所适。"

性是唯一的真实(真),诸法的实相(如),它非有非无,非死非生,清静无邪。从近言之,循性可以造就世间的正人君子;从远言之,见性可为圣神,为大圣人。圣人以"性"成道,也以"性"教人。

对于"情",契嵩也有明确的解说:"情也者,有之初也。有有,则有爱;有爱,则有嗜欲;有嗜欲,则有男女万物生死焉";"夫情也,为伪,为识。得之,则为爱,为惠,为亲亲,为疏疏,为或善,为或恶;失之,则为欺,为狡,为凶,为不逊,为贪,为溺嗜欲,为丧心,为灭性"。这里把"情"当作"有"之始,与传统佛教把"无明"当作人之本,或把"动"、"名"作为世之初的观点,是很有些不同的。自道安、慧远以来,中国佛教义学多在情欲性爱的意义上使用"情"字,契嵩则泛指一切"情识",即扩展而为一切思想情感。按照佛教教义,这样的"情"必然具有"伪"、"识"、"变"等属性。"伪"指其"假有",性空而不实;"识"指其不智,受世俗认识左右;"变"指其非静,受生灭无常的规律支配。据此,这"情"就成了佛教对世俗世界诸特征的概括,相当于"有情世界"的"情"。因此,人的任何活动都必然具有这些特征:所谓爱惠、亲疏、善恶等,它的本质应是"无记"(非善非

---

① 《辅教编·劝书第一》。

恶)。这里值得注意的是,得"情"者,性属"无记",是善是恶全在得者的个人作为;而失"情"者,则肯定全恶无善,欺狡凶戾,沉溺于贪欲,以至于"丧心"、"灭性"。

人之不能无"情"如此,不仅在佛教中独树一帜,在某种程度上也反映了宋禅特别钟情的一大特色,而且在宋明理学有关性情之辩中也是极有个性的主张。把失情当作"丧心"、"灭性"的表现,使这一个性特殊而鲜明起来。支持这一个性的理论基础,则是性情统一说:"情出乎性,性隐于情"。具体说来就是:

> 心必至,至必变。变者,识也;至者,如也;如者,妙万物者也;识者,纷万物,异万物者也;变也者,动之几也;至也者,妙之本也。……万物之变见乎情,天下之至存乎性。以情可以辨万物之变化,以性可以观天下之大妙。善夫情性,可以语圣人之教道也。

契嵩用的"至",相当于玄学喜用的"极"、"宗极",指最高本体;"如",即佛教通用的"真如"。"心"必然是最高本体,这一本体称之为"如";此"如"必然变动而成为人的通常情"识"。在契嵩看来,这是无须论证的,因为这一宇宙发生论同《起信论》构造的"一心二门"图式完全一致,至少在禅家中是得到公认的。契嵩的创新在于用"性"表示"如",用"情"表示"变",从而使他的议论同他所处的整个时代的关系密切起来,有了强烈的社会意义:情与性一样都是不可偏离的圣人之"教道"。

契嵩反对儒家把"性"看成外在的"天命",强加于人。"问曰:郑氏其解天命之谓性云,天命谓天所命生人者也,是谓性命……考夫郑氏之义,疑若天命生人,其性则从所感而有之也。"契嵩回答说:"然郑氏者,岂能究乎性命之说耶?夫所谓天命之谓性者,天命则天地之数也,性则性灵也。盖谓人以天地之数而生,合之性灵者也。性乃素有之理也,情感而有之也。"①

在五代以前,佛教普遍认为人需感"气"而成,同道家学说相调和。这里提出,人需假"天命"而生,反映了契嵩在细微处也向儒家倾斜,但佛教的根本理论未变,只有与"性灵"相合的"天命",才能成人。"天命"属"数"的有限变化领域,"性"才是绝对的不变之理。

但是,契嵩在《论原·性德》中还说:"性,生人者之自得也;命,生人者之得于天者也。""性内也,命外也。圣人正其性而任其命,故其穷之不忧,而通之不疑也。"这一说法反映了契嵩向儒家原则的让步。中国佛教历来认为,"天"属于世间轮回范围,"业"是世界人生的决定因素,天地万有无非一心,所谓"唯识无境"。因此,不论从宗教观念,还是从哲学体系上看,佛教都不承认"天"有决定人生之"命"的作用,更不会承认"天"是存在于"性"外,与"性"并行的独立力量。契嵩这样做,完成了佛教最后臣服于君主专制的理论步骤。因为,"天"之在中国,乃是君主的象征,君主代表了天命之所归。此外,说"正其性"等,同他用"正心"、"治心"等词一样,特别与禅宗之主张"任性逍遥"者有别,而是来自儒家的"正心"、"诚意"。因此,他对正宗儒学的批评,不过是为佛教在新儒学中找到一个恰当的位置,即分工于治心顺天。

然而契嵩关于"性"的规定,却始终坚持佛教的正宗观点,并以此批评孔孟的人性论:

> 或问:吾尝闻人之性有上下,犹手足焉,不可移也。故孔子曰:唯上智与下愚不移。韩子曰:上焉者,善焉而已矣;下焉者,恶焉而已矣。孟子曰:然则,犬之性犹牛之性,牛之性犹人之性。而与子之谓性者疑,若无贤不肖也,无人之与畜也,混然为一,不辨其上下焉……子何以异于圣贤之说耶?

上智下愚,上善下恶,人与畜,如此等等差异,是"分"的不同,属于

---

① 《镡津文集》卷四《中庸解第三》。

"情"而不是"性":

> 吾之所言者,性也;彼二子(孟子与韩愈)之所言者,情也。情则孰不异乎?性则孰不同乎?①

他以"性相近也,习相远也"证明孔子也是主张"性"无上下的。契嵩的这种观点为禅宗僧人所共同承认。金山达观昙颖禅师作《性辩》一文,认为:"今古圣贤言性者,只得情也,脱能穷理,不能尽性。"②

契嵩根据自己的"情性"论,最后提出了他的儒释分工互补说:圣人之"心"相同,垂迹"制情"之"教"有别,因而各得其所而不相扰;"圣人各为其教,故其教人为善之方,有浅有奥,有近有远,及乎绝恶,而人不相扰,则其德同焉"。就佛教言,用以制情的是"五乘"之教,因为众生"其所成情习,有薄者焉,有笃者焉,机器有大者焉,有小者焉,圣人宜之,故陈其法为五乘者","前之二乘云者,以世情胶甚,而其欲不可辄去,就其情而制之"。"后之三乘云者,盖导其徒超然之出世者也,使其大洁情污,直趋乎真际,神而通之,世不得而窥之。"③至于儒家则以"礼"制情,他说:

> 礼者,因人情而制中……人情莫不厚生,而礼乐之养;人情莫不弃死,而礼正之丧;人情莫不有男女,而礼宜之正;人情莫不有亲疏,而礼适之义;人情莫不用喜怒,而礼理之当;人情莫不怀货利,而礼以之节。④

据此,契嵩强调,佛儒百家都有其存在的合理性:"方天下不可无

---

① 上引均见《镡津文集》卷四《中庸解第四》。
② 《云卧纪谭》卷下。
③ 《辅教编·原教》。
④ 《镡津文集》卷五《论原·礼乐》。

儒,无百家者,不可无佛!亏一教,则损天下一善道;损一善道,则天下之恶加多矣。"具体说来:"儒者,圣人之治世者也;佛者,圣人之治出世者也。"①治世与治出世不同,但其起"治"的作用则一,所以说:"儒佛者,圣人之教也,其所出虽不同,而同归于治。"②他在《再书上仁宗皇帝》中说,他之所以作《辅教编》,主旨就在于"推会二教圣人之道,同乎善世利人矣"③。

总之,契嵩融合儒佛两教,在实践上求佛教的生存条件,在理论上则纳儒入佛,同当时新儒学之援佛入儒是同一种思潮,都有着明确的为君主专制服务的政治目的。就契嵩解决当时的热点问题而言,他坚持性情统一,肯定"厚生"、"男女",没有走禁欲主义的道路,因此它的意义比某些道学家还要积极。

(3) 孝在戒先

契嵩曾说:"吾之喜儒也,盖取其于吾道有所合而为之耳。"④他很重视《中庸》,作《中庸解》五篇,"以中庸几于吾道,故窃而言之"。这种"于吾道有所合"、"几于吾道"之说,实是基于妥协性的求同,中心是在用佛教的五戒十善会通儒家五常的基础上,用五常解释佛教的全部说教:"儒所谓仁义礼智信者,与吾佛曰慈悲,曰布施,曰恭敬,曰无我慢,曰智慧,曰不妄言绮语,其为目虽不同,而其所以立诚修行,善世救人,岂异乎哉。""今儒之仁义礼智信者,岂非吾佛所施之万行乎!"⑤把五常等同于佛教的"万行",等于把佛教僧侣的一切言行统纳入儒家的伦理范围,绝对地接受儒家的规范。

在儒家的伦理规范中,契嵩特别尊崇"孝"道。他撰《孝论》,第一句话就是:"夫孝,诸教皆尊之,而佛教殊尊也"。全论多处引用《孝经》、《书经》、《礼记》等儒家经典,以至把孝说成"天之经也,地之义也,民之行也。至哉大矣!"其大足以感天地、动鬼神,"天地鬼

---

① 《辅教编·原教》。
②④ 《镡津文集》卷八《寂子解》。
③ 《镡津文集》卷九。
⑤ 《镡津文集》卷四《中庸解》。

神,不可以不孝求,不可以诈孝欺"。推"孝"至于社会,就会"与世和平,而忘忿争也"。维护了社会安定,当然是大大有利于王朝的事。因此,契嵩特别要求发挥佛教在维护儒家孝道中的作用,其中,做佛教功德,就是尽孝道的重要内容。

佛教一传入中国,即有所谓"福业"一途,至南北朝而大盛。"福业"涉及的范围很广,其中之一是为父母亡灵追福。按兴福的方式讲,北方多为造像、建寺,南方则侧重创制各种"法事",诸如作道场法会,办盂兰盆会等,至于写经、读经、供养、布施等,在全国都很流行。但这类活动最后形成为民间习俗,则经过了隋唐数百年的酝酿,到宋代才定型。

契嵩说:"孝也极焉,以儒守之,以佛广之;以儒人之,以佛神之,孝其至且大矣。"佛教成了推广和神化孝道的手段,也成了"慎终追远"的儒家孝制中不可缺少的组成部分。佛教再也不能任人随意地从社会生活中排斥出去了。

正因为"孝"具有如此重大的意义,契嵩要求一切佛徒必须无一例外地强制执行,这就是所谓"孝为戒之端"。契嵩说:

> 子亦闻吾先圣人,其始振也,为大戒,即日孝名为戒。盖以孝而为戒之端也。子欲戒而欲亡孝,非戒也。夫孝也者,大戒之所先也。戒也者,众善之所以生也。为善微戒,善何生耶? 为戒微孝,戒何自耶? 故经曰:"使我疾成于无上正真之道者,由孝德也。"①

他的逻辑是:正觉由万善成,众善由戒生,戒由孝发端。于是"孝"由儒家的"万善之首",变成了佛家的正觉之端:尽孝即可成佛。

契嵩的这一主张,不仅背离了传统佛教,也与禅宗的根本精神相违。他遇到的最现实的问题是,《孝经》云:"不孝有三,无后为大。"而僧尼必须出家独身,不能结婚生子。如何调合这一不可调

---

① 上引均见《孝论》。

合的矛盾,历代高僧虽有一些无甚说服力的辩词,但大都回避。事实上,在禅宗中即有全家尽入丛林的事,但是否仍保持家庭形式,不得而知。据说宋代僧人有家室的很多,特别在岭南地区。鲁迅在《我的第一个师》中记的和尚,也是娶妻生子的,而且儿子继续当和尚,似乎可以世袭。这在当地无疑是得到普遍默许的。现在不能肯定契嵩的《孝论》是否对僧尼结婚起了鼓动的作用,但至少可以从中得到合法化的理论证明则是明显的。

第四节 两宋之际的临济两支

一、概略

两宋之际是中国封建社会再一次陷入全面危机的时期,民族矛盾上升为社会的主要矛盾,围绕这一主要矛盾而形成的主战派与主和派的斗争,也达到了极端尖锐的程度。社会的长期动荡和连年的战争,迫使许多人流入禅宗队伍。及至宋廷南迁,北方僧人也纷纷渡江,以杭州为中心的东南一隅再度成为禅宗活跃的中心。据南宋高宗(1127—1162)时统计,半壁江山中有僧尼二十万,著名的禅宗寺院动辄有僧一两千人。

由于时代的急剧变化,涌入禅众中的社会成分和社会关系不同,对禅学也提出了新的要求,从而促进了禅宗向多途径发展,改变了旧的格局。就宗派兴衰言,云门宗度过了它的鼎盛期,已经不能代表禅学发展的趋向,逐渐走向衰落。在整个南宋(1127—1279),尽管它传法世袭不断,但没有出现有影响的禅师。到元代初年便湮没无闻了。临济宗的黄龙派,自北宋末期开始衰落,进入南宋不久便法系难考。代之而起的杨岐派,以临济宗的正宗和唯一代表自命,成为禅宗中的最大派系。此外,北宋前中期的曹洞宗逐渐崛起,其影响仅次于临济宗,所谓"临天下,曹一角"的格局由此确定。

在北宋末年,直接影响禅学思想变化的,是朝廷的宗教政策。宋徽宗排佛崇道,力图用道教神化自己的政权,曾于晚年推行佛教道化的措施。他自号"教主道君皇帝",宣和元年(1119)下诏说,佛教属于"胡教",虽然"不可废",但仍为中国"礼仪之害",所以"不可不革"。于是改"佛号为大觉金仙,余为仙人、大士之号;僧称道士,寺为宫,院为观,即主持之人为知宫观事"①,还下令僧尼蓄发、顶冠、执简,完全按道教改造佛教,希望以此泯灭佛道的差别。这些措施虽然实行的时间不长,对佛教还是产生了相当程度的影响。它促使一些禅僧引道教入禅宗,形成了禅学发展中的另一个支流。其中最显著的是把修禅与道教的胎息、长生等联系起来,将修禅的目的归结为长寿永年,羽化升天;同时用道教的观点解释禅宗史上的神话,使禅宗根本改观。

徽宗的崇道抑佛做法,引起佛教徒的强烈抗议;引神仙术入禅门,更受到正宗禅师的批判。克勤在《破妄传达摩胎息论》中说:

> 嗟见一流拍盲野狐种族,自不曾梦见祖师,却妄传达摩以胎息传人,谓之传法救迷情,以至引从上最年高宗师,如安国师、赵州之类,皆行此气,及夸初祖只履、普化空棺,皆谓此术有验,遂至浑身脱去,谓之形神俱妙……复有一等,假托《初祖胎息论》,赵州《十二时歌》,庞居士《转河车颂》,递互指授,密传行持,以图长年,及全身脱去,或希三五百岁。殊不知,此真是妄想爱见!②

一部分士大夫也不满意将禅与养生术混为一谈,他们重视禅与老庄的思想结合,而不是吸收长生不老之类的方术。罗大经说:

> 庄子谓至人入水不濡,入火不热,如周公遭变而赤舄几几,孔子厄陈而弦歌自如,皆至人也。不濡、不热,其言心耳,

---

① 《宋大诏令集》卷二二四《佛号大觉金仙,余为仙人、大士之号等事御笔手诏》。
② 《圆悟佛果禅师语录》卷二〇。

非言其血肉之身也。

又说:

> 老庄之意,以身为赘,以生为苦,以死为乐也。今神仙方士,乃欲长生不死,正与老庄之说背而驰矣。佛家所谓"生灭灭已,寂灭为乐",乃老庄之本意也。故老庄与佛,元不为二。①

尽管正统的禅师和侧重于从禅中寻求心理平衡的士人都反对把禅归结为长生术的一种,但以长寿健身为目的的修禅人在佛教中还是很普遍的。这种倾向自禅传入中土就已经存在,在天台宗创始者那里有突出的发展。但是,使禅脱离佛教的基本教义而与道教一致起来,应该从北宋末年算起,这与徽宗崇道抑佛的政策导向有关系。正如克勤所说:"其流浸广,莫之能遏。"②

影响禅宗全局变化的,主要还是当时的社会政治形势。禅学上出现的一些微妙变化,也迂回曲折地反映了僧人们对于时局的心态,以及处于战争环境中的出家僧人们的心愿之所系。例如,绍兴三十一年(1161)七月,"金虏主完颜亮涉居汴京,九月自将入寇,兵号百万,中竺寺沙门昙莹学禅悟《易》,屡对禁中,至是策以易数,谓亮当毙于江北",于是鼓励皇帝"亲征浙西"。③《周易》思想早已为禅宗所接受,曹洞宗自曹山本寂之后,传授《洞山五位》与《宝镜三昧》。在《宝镜三昧》中说五位,就是用《易经》思想来作解释。临济僧人慧洪也曾结合卦象解释《洞山五位》,主张"学禅悟易",用占卜吉凶来为抵抗外敌服务,这是禅僧忧国忧时可能的表现形式。

然而反映这一时代比较集中、影响又大的,首推圆悟克勤及其

---

① 上引均见《鹤林玉露》乙编卷三。
② 《圆悟佛果禅师语录》卷二〇。
③ 见《佛祖统纪》卷四七。

弟子大慧宗杲。

二、圆悟克勤及其《碧岩集》

圆悟克勤(1063—1135),字无著,俗姓骆,彭州崇宁(今属四川)人,十八岁出家,先习佛教经论,后属意禅宗,就学于昭觉胜禅师。不久,克勤离川东下,参见法演。崇宁(1102—1106)初,因母老归省,住持成都昭觉寺。而后来到澧州(湖南澧县),住持夹山灵泉院,再迁湘西道林寺。政和(1111—1118)末,奉旨移住金陵蒋山。此时,克勤已名冠丛林,"法道大振"。宣和(1119—1125)中,奉诏住持京城天宁寺。不久因战乱返蜀,仍住持昭觉寺。绍兴五年(1135)逝世。

克勤非常重视研究佛教经论和禅宗语录。"凡应接虽至深夜,客退必秉炬开卷,于宗教之书,无所不读。"①这里的"宗",谓"宗通",特指"禅"言;"教"为言教,即所谓"说通",他是主张"融通宗教"的。张商英在听了他讲《华严》教义和禅宗机语之后说:"夫圆悟融通宗教若此,故使达者心悦而诚服,非宗说俱通,安能尔耶!"②克勤也重视当时禅宗通行的机用,据说他跟随法演来到五祖山,要建"东厨",而"当庭有嘉树"挡道,法演对克勤说:"树子纵碍不可伐"。克勤不听,把树砍了。法演大怒,"举杖逐师",克勤仓促躲避间,"忽猛省,曰:此临济用处耳。遂接其杖曰:老贼,我识得你也。演大笑而去。自尔命分座说法"。③这种机锋棒喝已形同儿戏。

又传,克勤在五祖山时,有某漕使入山问法,法演"诵小艳诗云:频呼小玉元无事,只要檀郎认得声",时克勤侍侧,"忽大悟,即以告演。演诘之,师(克勤)曰:今日真丧目前机也。演喜曰:吾宗有汝,自兹高枕矣"。诵艳诗以传禅,由艳诗而得悟,同棒喝儿戏可谓双璧。政和末年(1118),北宋王朝已危在旦夕,克勤移居金陵蒋

---

① 祖琇:《僧宝正续传》卷四。
② 《罗湖野录》卷上。
③ 见《僧宝正续传》卷四。

山。有人问:"忠臣不畏死,故能立天下之大名;勇士不顾生,故能立天下之大事,未审衲僧家又作么生?师曰:威震寰区,未为分外。曰:恁么则坐断十方、壁立千仞?师曰:看箭。"①他肯定忠臣勇士之不畏死、不顾生,理应"威震寰区",而他的禅法却不能因此而动摇。所谓"看箭",也是古禅师的机锋,但在这里变成了纯粹的遁词。

克勤一生南北辗转,结交的知名禅师和士人官僚很多,因而具有广博的禅学知识和丰富的阅历。他颇为得意地说:"老汉生平,久历丛席,遍参知识,好穷究诸宗派,虽不十分洞贯,然十得八九。"②他在此基础上,创作了影响巨大的《碧岩集》。

《碧岩集》虽以克勤所住夹山(碧岩为异名)为名,但形成却不限于此一地。现存《卍续藏经》中的《碧岩集》,收有前后序、题记、疏等十篇,其中以署名"关友无党"的序最早,为宣和七年(1125)作,记述了《碧岩集》的形成过程:

> 圆悟老师在成都时,予与诸人请益其说(指《雪窦颂古百则》),师后住夹山、道林,复为学徒扣之。凡三提宗纲,语虽不同,其旨一也。门人掇而录之,既二十年矣,师未尝过问焉。③

克勤住持成都昭觉寺是在崇宁(1102—1106)初年,到宣和七年,正是二十年左右。因此,《碧岩集》是克勤的门徒根据他在昭觉、灵泉和道林三寺讲解重显《颂古百则》的稿子汇编整理而成的。《僧宝正续传》又记,克勤分别在成都、夹山和湘西住持上述三寺之后,又奉旨住金陵蒋山,于是"法道大振",说明克勤影响力的扩大与讲解重显颂古有直接关系。

克勤在三地的讲稿,可能先分别流传,多有被窜改的情形发生,关友无党的序说,克勤的讲稿,"流传四方,或致踳驳,诸方且因其言以其道不能,寻绎之而妄有改作。"克勤本人也曾指出:"不知

---

① 上引均见《佛祖历代通载》卷三〇。
②③《圆悟佛果禅师语录》卷二〇。

何人,盗窃山僧该博之名,遂将此乱道为山僧所出,观之使人汗下面赤,况老汉尚自未死,早已见如此狼藉,请具眼衲子详观之,勿认鱼目作明珠也。"①究竟窜改的是什么内容,虽不得而知,但包括关于重显《颂古百则》的讲解,应无疑问。由此可见,《碧岩集》是在禅宗普遍重视颂古的情况下形成的,而不是应某个人的邀请之作。

《碧岩集》由重显《颂古百则》所选的一百个公案为骨架组织起来,共分十卷,每卷解释十个公案和相应的颂古,形成十个部分;每一部分都有五项内容,依次是"垂示"、公案"本则"、雪窦"颂文"、"著语"和"评唱"。其中"垂示"是关于公案和颂文的总纲。克勤对公案、颂文的解释,都围绕"垂示"的主题展开。公案的"本则",是指重显《颂古百则》所选的公案。雪窦"颂文"是复述重显原著的颂文。"著语"是克勤给公案本则和重显颂文所作的夹注,也称"下语",文字简短,多则十余字,少则三五字,有时只有一个字;形式则多样,有书面语,也有口语、俗语、谚语,大多具有点评性质,或称誉,或嘲讽。著语实际上就是机语。最后一项"评唱",是《碧岩集》的主体部分,分散在公案本则和颂文之后,是克勤对公案和颂文的正面解释。语言活泼,间或有韵。

试以《碧岩集》第十二则《洞山麻三斤》为例,来分析《碧岩集》的特点。

"第十二则,洞山麻三斤"是题目,以下进入正文:

> 垂示云:杀人刀,活人剑,乃上古之风规,亦今时之枢要。若论杀也,不伤一毫;若论活也,丧身失命。所以道:向上一路,千圣不传,学者劳形,如猿捉影。且道,既是不传,为什么却有许多葛藤公案?具眼者试说看。

大意是说,消除参禅的错误观念,启发参禅者认识自己本来具有的智慧,既是上古禅师教禅的原则,也是现在参禅者要掌握的关键。

---

① 《圆悟佛果禅师语录》卷二〇。

然而,要消除参禅者的错误观念,不能正言直说,而要旁敲侧击,应机示现,不留丝毫痕迹;要启发参禅者自证自悟,也必须消除世俗的观念,才能获得佛教智慧。既如此,为什么还要研究这些公案呢?克勤的反问,就是强调古圣所传"麻三斤"的公案,其意义在于启发人们自证自悟,不要在表面文字上兜圈子。

公案"本则"及其夹注是这样:

> 举。僧问洞山:如何是佛[铁蒺藜,天下衲僧跳不出]?山云:麻三斤[灼然破草鞋,指槐树骂柳树,为称槌]。

意思很简单,克勤在"如何是佛"后下的注语,暗示这个问题难以回答,难以理解。"麻三斤"后面的注语,暗示"麻三斤"并不是对"如何是佛"问题的正面作答。

本则公案之后,是克勤的"评唱",文字颇长。首先,他指出这则公案的特点:

> 这个公案多少人错会,直是难咬嚼,无你下口处,何故?淡而无味。古人有多少答佛话,或云:殿里底;或云:三十二相;或云:杖林山下竹筋鞭。乃至洞山却道麻三斤,不妨截断古人舌头。

"如何是佛",是参禅者通常要提出的问题,历来有多种回答。克勤认为,这些答语都同"麻三斤"一样,是用"淡而无味"的话去截断从字面上的理解。继之,他批判了关于这则公案的几种错误理解:

> 人多作话会,道:洞山是时在库下称麻,有僧问,所以如此答;有底道:洞山问东答西;有底道:尔是佛,更去问佛,所以洞山绕路答之;死汉! 更有一般道:只这麻三斤,便是佛。且得没交涉。尔若怎么去洞山句下寻讨,参到弥勒佛下生,也未梦

见在。

这些解释都没有超出"麻三斤"的字面意义,所以都不能把握公案中蕴涵的禅理。按克勤的主张,"言语只是载道之器,殊不知古人意,只管去句中求,有什么巴鼻,不见古人道:道本无言,因言显道,见道即忘言。若到这里,还我第一机来始得。"因此,这则公案是让人追求言外之旨,即扫除情解,离言会道。他引用五祖法演的颂云:"贱卖担板汉,贴称麻三斤,千百年滞货,无处着浑身。"由此证成:"你但打叠得情尘、意想、计较、得失、是非,一时净尽,自然会去。"简言之,洞山以"麻三斤"来回答"如何是佛"的问话,只是让人扫除一切情解,净尽所有得失是非,由此自然会道。

接下去是列举重显的颂文,中间也有夹注:

金乌急[左眼半斤,快鹞赶不及,火焰里横身],玉兔速[右眼八两,姮娥宫里作窠窟],善应何曾有轻触[如钟在扣,如谷受响],展事投机见洞山[错认定盘星,自是阇黎怎么见],跛鳖盲龟入空谷[自领出去,同坑无异土,阿谁打你鹞子死]。花簇簇,锦簇簇[两重公案,一状领过,依旧一般],南地竹兮北地木[三重也有四重公案,头上安头]。因思长庆陆大夫[癫儿牵伴,山僧也怎么,雪窦也怎么],解道合笑不合哭[呵呵!苍天!夜半更添冤苦]。咦[咄,是什么便打]!

克勤对这段颂文的解释也很长。他首先指出,重显讲的禅理同洞山是一致的:"雪窦见得透,所以劈头便道'金乌急,玉兔速',与洞山答'麻三斤'更无两般"。"南地竹兮北地木,与麻三斤只是阿爷与阿爹相似"。据此,他批判禅僧对重显颂文的各种错误理解。关于"金乌急,玉兔速"一语,克勤说:"人多情解,只管道:'金乌是左眼,玉兔是右眼'。才问着便瞠眼云:'在这里'。有什么交涉?"关于"花簇簇,锦簇簇,南地竹兮北地木"一语,他说:"后人却转生情见道:麻是孝服,竹是孝杖,所以道'南地竹兮北地木'。'花簇簇,锦簇簇',是棺材头边画底花草。还识羞么?"克勤之所以认为这些解释都是错误的,不在于它们脱离了公案,而是没有超出"情见",同"麻三斤"公案的主旨背道而驰。为此,克勤对重显的颂文每一典故都作了考证,以此证明颂文的主旨与公案相同,都是表达不要执著于言句,不要作道理会的。

比如,他考证"花簇簇,锦簇簇,南地竹兮北地木"出自智门和尚,智门和尚这句话的意思已由洞山守初讲出来:"言不展事,语不投机,承言者丧,滞句者迷。"重显在颂文中加以引用,就在于"破人情见,故意引作一串颂出"。"因思长庆陆大夫,解道合笑不合哭"典出《景德传灯录》卷一〇《陆亘大夫》①。这样,颂文的每一句话都应该考证,考证的结果,就是说明颂文与公案表达的是同一主旨。由此形成了《碧岩集》的一大特点,即思想单一而考证烦琐。

中国的传统哲学大多是一元论的,在认识论和方法论上特别看重纲举目张,一以贯之。在特定条件下,这种哲学特色具有从根本上转变观念、革新实践,或坚持原则、不为现象所迷惑的意义。但它简化了复杂和多变的现实,很容易导向主观、片面、凝固、僵化,令认识贫困化。克勤的《碧岩集》就有这种趋向。

克勤在《碧岩集》第一则《圣谛第一义》中说:

> 达摩遥观此土,有大乘根器,遂泛海得得而来,单传心印,开示迷途,不立文字,直指人心,见性成佛。若恁么见得,便有自由分,不随一切语言转,脱体现成。

这本是隋唐以来诸大禅师咀嚼过多遍的老生常谈,他却将其当作新的发现贯彻到颂古之中,所谓"古今言教,机缘公案,问答作用,

---

① "陆大夫"指陆亘,是南泉普愿的弟子;"长庆"即福州大安,为百丈怀海的弟子。陆亘事迹最早见于《祖堂集》,与《景德传灯录》的记载差别很大。重显颂文用的典故,本于《景德传灯录》,编者以长庆的口吻,对陆亘的话作代别曰"合善不合哭",此处改为"合笑不合哭"。这是禅师们随兴用典的例证之一。

并全明此"①。"古人举一机一境,皆明此事"②。这样,他把丰富多彩、表现诸多禅僧生活和社会内容的禅思想,统归到一个框架之中,使得禅也贫困化起来。

正因为克勤是把"百则公案从头一串穿来"③,所以正像《禅林宝训》等称,"圆悟又出己意,离之为《碧岩集》"。克勤对公案、颂文的解释,处处都要装进一个框架,处处都使之显出属于"己意";为要证明他所穿的那"一串"符合公案和颂文的本旨,又进行了细密的考据,用大立文字的方法,支持"不立文字"的宗旨。结果将人引进了烦琐的考证,形成《碧岩集》的另一特点。

总之,克勤的《碧岩集》把公案、颂文、经教三者结合起来,用评唱直截了当地进行解说,容易为人们所理解。但在夹注中或透机锋,在评唱中时用机语,仍不失禅家的特色,创造了一种新的禅宗经典形式,在禅林中产生了很大的影响。

《碧岩集》反映了当时禅宗的一种思潮,它以烦琐的文字说禅,能令人暂时忘却当代的是非得失,故不在于思想之丰满与否,因此在相当多的士大夫中得到响应。与此同时,起来反对的也大有人在,他们的主要代表是大慧宗杲,这是反映了另一种社会倾向的禅思潮。

三、大慧宗杲和他的话头禅

1. 宗杲生平及其思想渊源

宗杲(1089—1163),宣州(安徽)宁国人,俗姓奚,出身于一个祖上为官但已"家道日微"的破落地主家庭。十三岁入乡校,因用砚台误伤老师而弃学。十七岁出家,受具足戒于本州景德寺。他一生的活动可分为四个阶段。

第一,游方参学时期。从徽宗崇宁四年(1105)至钦宗靖康元年(1126),前后二十一年。这是对他禅学思想的形成有很大影响

---

① 《圆悟佛果禅师语录》卷一四。
② 《击节录·德山示众》。
③ 《碧岩集·普照序》。

的阶段。

宗杲出家之后,在景德寺潜心苦读两年。他喜读禅宗语录,特别是云门文偃的语录,同时也学习其他佛教经典。在游方参学中,他最初接触的是曹洞宗僧人,曾就学于芙蓉道楷的弟子瑞州微和尚。两年中,对"曹洞宗旨,一时参得"。但不满于微和尚将"功勋五位、偏正回互、五王子之类许多家事来传",认为若"禅有传授,岂佛祖自证自悟之法?遂弃之"①。这反映出他不喜欢那种所谓细密的禅风。

大观三年(1109),宗杲到泐潭山宝峰寺(江西南昌),投到湛堂文准门下,文准是临济宗黄龙派真净克文的弟子。他同时又与文准的同学慧洪、兜率从悦的弟子慧照(1049—1119)保持着密切关系。宗杲对慧洪尤为崇拜,慧洪对宗杲的评价也高。文准逝世后,宗杲编集他的语录,"谒洪觉范,以议编次"②,并请慧洪题记。宗杲的为人和禅风,与慧洪有许多相似处。

黄龙派僧人广交士大夫的传统,文准重视道德修养的作风,都对宗杲有深刻的影响。文准在逝世前一年与宗杲有一段对话:

> 杲上座,我这里禅,你一时理会得,教你说也说得,教你做拈古、颂古、小参、普说,你也做得,只有一件事不是,你还知么?对曰:"什么事?某甲不知。"湛堂曰:囝,你欠者一解在,你不得者一解。我在方丈里与你说时便有禅,才出方丈便无了。惺惺思量时便有禅,才睡着时便无了。若如此,如何敌得生死?③

这里值得注意的有三点:其一是宗杲善于写作拈古、颂古、小参、普说,即善于"说禅"。在南宋初年,善于写作或讲演是成为知名宗师

---

① 《大慧普觉禅师年谱》,大观二年(1108)。
② 《大慧普觉禅师年谱》,政和五年(1115)。
③ 《大慧普觉禅师年谱》,政和四年(1114)。

的起码条件。其二,文准批评他还"欠这一解在",是强调其在"说禅"的同时,必须有自己独特的"妙悟"。以后宗杲果然重视参禅过程中的瞬间顿悟。其三,文准强调要时时处处于禅的境界,否则就达不到超脱生死的目的。这一思想后来也为宗杲所发挥。宗杲的禅风在一定程度上是文准的继续。

文准临终,嘱咐宗杲投奔当时已名冠丛林的佛果克勤。宗杲几经周折,又经克勤的同乡张商英推荐,于宣和七年(1125)四月抵京师,在天宁寺见到克勤。一个月以后,克勤"著《临济正宗记》以付之,俾掌记室,分座训徒",宗杲"乃握竹篦为应机之器,于是声誉蔼著,丛林咸归重之"。① 克勤所示,主要是讲解公案。他听过宗杲解释法演的一段公案,评其"出语无滞",同时又指摘他"只恐你透公案不得"。这表明,两人在解公案上一开始就有意见分歧,不甚投机。宗杲在汴京很快就声誉大振,"士大夫争与之游",钦宗赐号"佛日大师"。②

第二,弘教传禅、独辟新说时期。这是宗杲思想最活跃的阶段,从高宗建炎元年(1127)到绍兴十年(1140),前后十三年。

靖康二年(1127),汴京陷落,二帝被俘,宗杲和许多僧人一起逃离京城,辗转于江、浙、广、闽等地。建炎四年(1130),"妙喜庵于云门,方成法席"。绍兴八年(1138),住持新都杭州径山能仁禅院,聚集僧众多达一千七百余人,"宗风大振,号临济再兴"。

这一时期,宋王朝依然是危机四伏,朝不保夕,民族战争和阶级斗争都处在最尖锐、最激烈的状态。宗杲主要做了两件事:

其一,批判"默照禅"。绍兴四年,他结庵于福建洋屿,看到正觉倡导的默照禅盛行于闽,不仅吸引了许多禅僧,而且受到士大夫的欢迎,这引起他的强烈不满,遂"力排默照为邪"③。

其二,火烧《碧岩集》。这一事件发生的具体时间史无记载,

---

① 见《大慧普觉禅师年谱》,宣和七年(1125)。
② 见《大慧普觉禅师年谱》,靖康元年(1126)。
③ 《大慧普觉禅师年谱》,绍兴四年(1134)。

大体不会晚于绍兴十年(1140)。对自己师长的著作采取如此深恶痛绝的态度,即使在极不看重权威的禅宗历史上,也是罕见的。究其原因,固然可以从禅宗内部的歧见中找到解释,但主要还是由时代触发的。《宋史》评徽宗失国之因,有"君臣逸豫,相为诞谩,怠弃国政,日行无稽"之语。作为从汴京逃亡过来的禅师,当然也会有自己的反省。克勤虽然大力推行文字禅,没有像道教那样虚诞蠹国,但《碧岩集》那种以烦琐粉饰空虚的禅风,也是"君臣逸豫"的表现。

据《碧岩集·斋陵后序》记:

> 大慧禅师,因学人入室,下语颇异,疑之。才勘而邪锋自挫,再鞠而纳款自降,曰:我《碧岩集》中记来,实非有悟。因虑其后不明根本,专尚语言,以图口捷,由是火之,以救斯弊也。

宗杲毁《碧岩集》是由于它导致禅僧"专尚语言,以图口捷",认为它不应继续流传在国难时刻,而并不是针对克勤其人。心闻昙贲(嗣育王介谌,南岳下十六世)说:

> 绍兴初,佛日入闽,见学者牵之不返,日弛月骛、浸渍成弊,即碎其版,辟其说,以祛迷援溺,别繁拨剧,摧邪显正,特然而振之,衲子稍知其非而不复慕。然非佛日高明远见,乘悲愿力救末法之弊,则丛林大有可畏者也。①

如果说宗杲是在游闽时即碎《碧岩集》版,则其动机与力排默照禅完全一致,都有其社会政治意义。

尽管如此,《碧岩集》并未因此而禁绝,而是继续有人欣赏,元延祐年间(1314—1320)再次刻版流行,对元、明两代北方曹洞僧人影响尤大。

----

① 《禅林宝训》。

就在扫荡默照禅和《碧岩集》的过程中,宗杲形成了自己的禅学,这就是"看话禅"。绍兴五年(1135),有人致书宗杲,讨论关于"看狗子无佛性一语"的效果问题,这是有关看话禅的最早记录。

第三,流放时期。从绍兴十一年(1141)至二十六年(1156),约十五年。绍兴十年(1140)五月,金人叛盟,大举来攻。宋高宗急于议和,于六月始,屡贬主战派重臣赵鼎,八月又降黜主战派大臣张九成等七人。次年,前线诸帅在全面北进中被先后召回,八月,罢岳飞兵权,十二月以诬杀之。绍兴十三年(1143),张九成又坐党赵鼎,谪居安南军。宗杲与张九成甚善,据《宋史》张九成本传:"径山僧宗杲善谈禅理,从游者众,九成时往来其间。(秦)桧恐其议己,令司谏詹大方论其与宗杲谤讪朝政",由此放逐。据《大慧普觉禅师塔铭》,绍兴十一年,宗杲于径山同张九成的问答中有"神臂弓"之语,因而被追牒流放。先是衡州(湖南衡阳),后移梅州(广东梅州),直至绍兴二十六年(1156)遇赦,恢复僧人身份。在此期间,他主要为参禅僧人讲说公案语录,其弟子汇集成书,自题《正法眼藏》,六卷。

第四,晚年垦荒传禅时期。宗杲遇救后回到浙江,先后住育王山和径山,威望盛极,所谓"裹粮问道者,万二千指,百废并举,檀度响从,冠于今昔"。他把众多僧人组织起来,开荒垦田,建立农禅庄园,其中"筑涂田凡数千顷,诏赐其庄名般若"①。绍兴三十一年(1161),到仪真,听说"州学文宣王殿建造未圆",便"以说法施利二十万而助之"。尽管当时他的思想已相当消沉,但爱国之心依然未泯,垦田拓荒和扶植儒学都属南宋的基本国策。绍兴三十二年,宋孝宗赐"大慧禅师"号,次年逝,谥号"普觉"。祖琇曾经指出,宗杲"去世未几,道价愈光,法嗣日盛,天下学禅者仰之,如泰山北斗云"②。嗣法弟子八十四人,随他参禅的僧人和士大夫不计其数。

---

① 《大慧普觉禅师塔铭》。
② 《僧宝正续传》卷六。

记载宗杲言行的主要著作有其弟子蕴闻所编的《大慧普觉禅师语录》(简称《大慧语录》)三十卷、祖咏的《大慧普觉禅师年谱》一卷和道谦的《大慧普觉禅师宗门武库》一卷。

纵观宗杲的禅学,各个时期表现的冷热形式有很大不同,但忠君爱国之情始终如一。他自己说:"予虽学佛者,然爱君忧国之心,与忠义士大夫等。但力所不能,而年运往矣。"①他所结交的张九成、张浚等,都是主张抵御外侮、革除弊政、振兴国家的"忠义士大夫"。张浚在《大慧普觉禅师塔铭》中也说:"师虽为方外士,而义笃君亲。每及时事,爱君忧时,见之词气。"这种忠君忧国之心,以及自恨"力所不能"的情绪,是同时代许多士人的共同心声。宗杲的忧患意识,同无限忠于宋王朝的热情,不能不反映在他的禅思想中。他提出"菩提心则忠义心也,名异而体同"②,可算是一个集中的表现。

在禅风上,宗杲是变化多样的。他的参访经历,使他能够博采众长,容摄各家精粹而不拘一格。《僧宝正续传》谓:

> 凡中夏有祖以来,彻法源,具总持,比肩列祖,世不乏人。至于悟门广大,肆乐说无碍,辩才浩乎沛然如大慧师,得非间世欤!

对宗杲禅风的这一评论,大体确当。然而最能显示他的本色的,是张浚概括的"嬉笑怒骂,佛事炽然"③。

按禅众的本分,是不应过问是非得失,更不应该形诸情感的。制情不仅是僧人应有之义,也是两宋儒者修养的内容。把"嬉笑怒骂"当作"佛事",在佛教中是前无古人的,对当时的士大夫也是一种振奋。早在北宋,张商英不满于宋哲宗更改新法,曾移书苏轼,其中就有"老僧欲住乌寺,呵佛骂祖"之语,被视作"庾词"。由此一

---

①②《大慧语录》卷二四。
③《大慧普觉禅师塔铭》。

斑,可见"嬉笑怒骂"在当时含有多么强烈的社会政治意义。

现存《大慧普觉禅师语录》三十卷,有九卷是宗杲在各地与禅僧的机语问答,与一般《灯录》相似,没有什么价值。卷十至十二是"颂古"、"偈颂"和"赞佛祖"的诗偈,也很平平。他的禅思想,特别是关于"看话禅",主要保存在卷十三以后的"普说"、"法语"和"书"这三部分之中。"普说"六卷,半数是为士大夫和居士讲的;"法语"六卷,则全是对在家人的讲话;"书"六卷,几乎全是与士大夫的往来书信。从他宣教的对象中,也可以透露出他的禅思想特点。

2. "话头"与"死句活句"

在丛林中和佛教史中,一般将宗杲的特殊禅说归结为"看话禅"。"看话禅"与公案既有联系,又不同于对公案的解释。所谓"看话",指的是参究"话头";而"话头",指的是公案中的答话,并非公案的全部。《大慧语录》提出要求参究的话头只有六七个,即"庭前柏树子"、"麻三斤"、"干屎橛"、"狗子无佛性"、"一口吸尽西江水"、"东山水上行"之类以及云门"露"字①等。但是,宗杲论述看话禅使用频率最高的,乃是"狗子无佛性"这一赵州话头。

据传,最早引用赵州这则公案的是黄檗希运。他说:

> 若是个丈夫汉,看个公案。僧问赵州(从谂):狗子还有佛性也无。州云:无。但去二六时中看个无字,昼参夜参,行住

---

① 这七个话头的原公案是:"庭前柏树子"出自唐代禅僧赵州从谂。有个僧人问赵州:"如何是祖师西来意?"州云:"庭前柏树子"。"麻三斤"出自唐代僧人洞山守初。僧问洞山:"如何是佛?"云:"麻三斤。""干屎橛"出自五代僧人云门文偃。僧问云门:"如何是佛?"云:"干屎橛。""狗子无佛性"出自赵州从谂。僧问:"狗子还有佛性也无?"州云:"无。""一口吸尽西江水"出自唐代禅僧马祖道一。庞蕴居士问马祖:"不与万法为侣者是什么人?"马祖道:"待汝一口吸尽西江水,即向汝道。""东山水上行"出自云门文偃。僧问:"如何是诸佛出身处?"云门答:"东山水上行。""露"出自云门文偃。僧问:"杀父杀母,向佛前忏悔;杀佛杀祖,向什么处忏悔?"云门答:"露。"

坐卧,着衣吃饭处,屙屎放尿处,心心相顾,猛着精彩,守个无字,日久月深,打成一片。忽然心花顿发,悟佛祖之机,便不被天下老和尚舌头瞒,便会开大口。

此文出在《频伽藏》所收的《黄檗断际禅师宛陵集》中,可疑处甚多,《古尊宿语录》本中无。《宛陵集》经后人添加了不少内容,此段当是其中之一。希运终于公元855年左右,从谂终于868—897年之间,从禅宗宗系上说两人同是道一的法孙,从年龄上讲希运比从谂年长近乎一代,因此,说希运把从谂的答语当作公案去参,是不可能的。

但《古尊宿语录》载《黄梅东山演和尚语录》,其中有一段记五祖法演(？—1104)的事:

僧问赵州:狗子还有佛性也无?州云:无。僧云:一切众生皆有佛性,狗子为什么却无?州云:为伊有业识在。师云:大众,你诸人寻常作么生会?老僧寻常只举无字便休,你若透得这一个字,天下人不奈何你。你诸人作么生透?还有透得彻底么?有则出来道看。我也不要你道有,也不要你道无,也不要你道不有不无,你作么生道?

上举赵州的狗子公案,与《五灯会元》所记同。法演对此公案的论述,似乎是承袭《宛陵集》而来,也或许是法演后人的附会。但在这两则传说中,已经具备了"看话禅"的基本特征则无疑问:其一,参究"话头",并不是对话头作解释,更与公案的上下文无关。它只取话头中的"无"字作参究对象,而不是去正面回答狗子是否有佛性的问题。其二,看话头是一种长期的践行功夫,要求与禅僧的生活打成一片,而不是停留在一时一刻。因为它的终极目的在于全悟,而不仅仅是对一则公案的简单理解。也就是说,它要求体验整体的禅精神,而不是纠缠在公案的文句上。因此,看话头的本质,在于摆脱公案,超越文字。

宗杲所倡导的看话禅，就是围绕这些特征开展的。从中他提出了一个重要原则，即应该把话头作为"活句"看，而不是作为"死句"读，在《答富枢密(季申)》(载于《大慧语录》)的信中说：

> 但将妄想颠倒底心，思量分别底心，好生恶死底心，知见解会底心，欣静厌闹底心，一时按下，只就按下处看个话头。僧问赵州：狗子还有佛性也无？州云：无。此一字子(无)，乃是摧许多恶知恶觉底器仗也。不得作有无会，不得作道理会，不得向意根下思量卜度，不得向扬眉瞬目处垛根，不得向语路上作活计，不得飏在无事甲里，不得向举起处承当，不得向文字中引证，但向十二时中，四威仪内，时时提撕，时时举觉。狗子还有佛性也无？云：无。不离日用，试如此做功夫看，月十日便自见得也。

在这里提的"按下"五种"心"和八个"不得"，具有全面清算宋以来的各种禅风的意味。他曾说过："近代佛法可伤，邪师说法，如恒河沙，各立门户，各说奇特，逐旋提合，疑误后昆，不可胜数。"①

其中"不得作有无会，不得作道理会，不得向意根下思量卜度"的三"不得"，是针对以语言意度而"谈"禅和"解"禅者讲的，既可包括专逞机锋口辩的禅风，也可包括参究公案、颂古、评唱等专逞笔墨诗文的倾向。如他批判对"庭前柏树子"这一话头的解释：

> 或问：如何是祖师西来意？庭前柏树子。即下语云：一枝南，一枝北；或云：能为万象主，不逐四时凋。已上尽在瞠目努眼提撕处，然后下合头语，以为奇特。②

据宗杲看，尽管这些答对满含机辩，显得奇特，但依然只是一种注解，而且是令人莫明其妙的注解，不可能从中体验禅的境界。他

---

①②《大慧语录》卷一四。

说:"近世学语之流,多争锋,逞口快,以胡说乱道为纵横,胡喝乱喝为宗旨。"①因此,"看话头"首先不能就话头下注语;至于胡说乱道,貌似深奥,离禅旨就更远了。

所谓"不得向扬眉瞬目处垛根","不得向举起处承当",批判的是那些以"不立文字"为口实,对"举觉"所问,或回以怪异动作,或一概采取"不受"的态度。他说:"或者谓一切言语总不干事,凡举觉时先大瞠却眼,如小儿患天吊见神见鬼一般,只于瞠眉努眼处领略……亦各自谓得祖师巴鼻"。"凡问他古人因缘,皆向举起处承当,击石头,闪电光处会,举了便会。凡有所问,皆不受,唤作脱洒自在,得大快乐。"②所谓以"势"示禅,"一切不受",在唐宋以来的禅宗中也是风靡不已的。据此,"看话禅"不是否定任何文字,也不一概拒绝回答问题,以致弄得学者不知所云,无所适从。

所谓"不得飏在无事甲里",按下"欣静厌闹底心",从广义上讲,这是反对一切以"守静"为宗旨的禅风的;特殊地说,是针对默照禅而发。宗杲认为,这类禅师教人"是事莫管","只管守静",是迎合了一部分士大夫逃避世事的遁世趋向,与禅之必须贯彻在世事之中的精神是相违的。

按下五种"心",做到八"不得",关键就是把"话头"当作"活句",而不是当作"死句"看。什么是活句、死句?慧洪在《禅林僧宝传》卷一二《荐福古禅师传》中早有解释。当时他指责饶州荐福寺承古禅师(?—1045)"罪巴陵(景鉴)三语,不识活句"。他认为:

> 夫语中有语,名为死句;语中无语,名为活句。使问提婆宗,答外道是;问吹毛剑刃,答曰利刃是;问祖教同异,答曰不同。鉴作死语,堕言句中。今观所答三语,谓之语则无理,谓

---

① 《大慧语录》卷二四。
② 《大慧语录》卷一四。

之非语则皆赴来机,活句也。①

慧洪认为,巴陵三语答非所问,是超越"言句"的表现;不是从文字上作解,所以叫作"活句"。以此悟人,不应受到指责;相反,那种就问作答,堕在言句,只能是"死语"。这种答非所问的"活句",通常称为"玄言"。

《僧宝正续传》的作者祖琇作《代古塔主(指承古禅师)与洪觉范书》,批评慧洪,认为"活句"不应限在"语中无语"上,一切能启悟人的手段,乃至风声雨声,都可视为活句:

> 承许巴陵三语曰:谓之语则无理,谓之非语则赴来机。呜呼,此失之远矣! 夫死句活句,虽分语中有语,语中无语之异,然在真实人分上,棒喝讥诃,嬉笑怒骂,以至风声雨滴,朝明夕昏,无非活句,岂唯玄言妙句而已哉。

这样,在"活句"中,不但恢复了一切机辩禅势,而且连翠竹黄花也成了菩提般若。很明显,慧洪使用"活句"一词,是反对颂古者钻故纸堆,走向考据学的歧途;祖琇则复古唐人禅学,要求扩大禅的适应范围,不要仅限于文字一途。两人的主张不悖,但着眼点不同。

宗杲的看"话头",是从这种死活之辨出发的,所以他也强调:

> 夫参学者,须参活句,莫参死句。活句下荐得,永劫不忘;死句下荐得,自救不了。②

---

① 《禅林僧宝传》卷一二。巴陵三句是:"僧问:提婆宗? 答曰:银碗里盛雪。问:吹毛剑? 答曰:珊瑚枝枝撑着天。问:佛教祖意是同是别? 答曰:鸡寒上树,鸭寒下水。"

② 《大慧语录》卷一四。

但他理解的"活句"又全然不同。一方面,这话头取自公案,不能离开公案,这公案毕竟是可理解的;另一方面,这话头是活句,不能从字面理解,所以又具有不可解释性。因此,他既作颂古以释公案,又倡"看话禅"参究话头,两者并行不悖。

3. 从逻辑分析到心理体验

宗杲的弟子开善道谦与秦国夫人法真①有段对话:"真一日问谦曰:径山和尚(指宗杲)寻常如何为人?谦曰:和尚只教人看狗子无佛性及竹篦子话……"②所谓"竹篦子话",是宗杲在宣和七年(1125)受命"分座训徒"时提出来的。据《大慧语录》卷一六记:

> 妙喜(宗杲)室中常问禅和子,唤作竹篦则触,不唤作竹篦则背;不得下语,不得无话,不得思量,不得卜度,不得拂袖便行,一切总不得。你便夺却竹篦,我且许你夺却,我唤作拳头则触,不唤作拳头则背,你却如何夺?更饶你道个"请和尚放下着",我且放下着。我唤作露柱则触,不唤作露柱则背,你又如何夺?我唤作山河大地则触,不唤作山河大地则背,你又如何夺?

上文中的"触"即触觉,以承认客体与主体的分离为前提,又是沟通主体与客体联系的中介,世俗认识将它作为认识的唯一来源,这与禅宗奉行唯识空观的哲学和提倡内证真如(道)的实践是对立的。在这里,宗杲以手持的竹篦为例,提出了一个佛教哲学上的二律背反:如果唤它作竹篦,就是世俗化认识,就与禅要契合的真理无关;如果不唤它作竹篦,或可符合佛教教义,但又与现实生活经验相违背。换句话说,佛教通常用真俗二谛说,调和它的出世理论同其入世实践间的矛盾,宗杲则用竹篦的实例揭示:这一矛盾是不可调和的,不论如何判断,如何推理,都不可能得到解决;要想以惯用的禅

---

① 秦国夫人计氏法真,是张浚之母。
② 《五灯会元》卷二〇。

势绕过或逃脱,也不可能。通过参究"话头",达到这种二律背反式的困惑,是宗杲看话禅要达到的第一个目标。

从看竹篦到看山河大地,是从个别推及一般;从看某一"话头"到一切经教公案,也是从一到一切,从个别推及一般。因此,宗杲认为参究"话头"不在多,而在于"悟",所谓"一了一切了,一悟一切悟,一证一切证"。如果穷年累月尽参佛语祖语,探究日用尘劳,只能成为"邪魔眷属"。他说:"千疑万疑,只是一疑。话头上疑破,则千疑万疑一时破。话头不破,则且就上面与之厮崖。"①宗杲经常要人参看的话头,的确主要是"狗子无佛性"一句。

法演所引用的这一赵州公案,也是一个二律背反。神宗普遍承认"一切众生皆有佛性",狗子属于众生之列,当然也有佛性。赵州偏说"狗子无佛性",而赵州属于古贤,他的话在禅众中不容置疑,于是就发生了逻辑矛盾。当然,后人还记赵州另有个解释,说狗子"有业识在"。但这更糟糕,因为照佛教教义,凡属世间众生,无不"有业识在",如果从狗子"有业识在"推论出"狗子无佛性"的结论,那么"一切众生"岂不是"皆无佛性"了。所以参究的结果同样令人困惑。

"看话禅"教人的第二步,就是跳出这种困惑,不要按二律背反那种思维方式去思考。譬如说,在"狗子无佛性"中,只看一个作为答语的"无"字:"方寸若闹(包括陷入逻辑矛盾),但只举狗子无佛性话……若透得个无字,一时透得。"至于怎样才能把"无"字看透,宗杲没有进一步阐述。对于"看话头",他有一个总纲性的说明:

> 但于话头上看,看来看去,觉得没巴鼻,没滋味,心头闷时,正好着力。切忌随他处。只这闷处,便是成佛作祖,坐断天下人舌头处也。所谓功夫者,思量世间尘劳底心,回在干屎橛上,令情识不行,如土木偶人相似,觉得昏怛没巴鼻可把捉

---

① 《大慧语录》卷二八。

时,便是好消息也。莫怕落空……①

看话禅的形式,同禅定的观法基本一样,都是以一定的事物为观想的对象。但不论哪一种禅观,都有消除烦恼扰动的功能,都能获得某种宁静的安适感。看话头则相反,它是让人"觉得没把鼻,没滋味,心头闷","觉得昏怛没把鼻可把捉",以致由超脱理性思维制造的二律背反,达到一种极特殊的心理体验,即近乎非理性的困惑和不可名状的烦闷。据他的《答张丞相(德远)书》,要达到这种心理体验,只须做十余日功夫即可,而这种体验的心理感受,"如人饮水,冷暖自知,说与人不得,呈似人不知"②。

宗杲要求人们在看话头中追求这种奇特的感受,目的何在?他没有直接明说。但他告诉人们,这个时刻会"蓦然不知不觉,向'露'字上绝却消息"③,劝诫大家"莫怕落空"。这说明,他是激励人们"绝却消息",由此"落空":即在走投无路的烦恼之后,接下去的应是一片空白;什么人我、法我、山河大地,全部空寂。按禅宗哲学,这是精神的原始状态,也是精神的最后归宿。在《答荣侍郎(茂实)书》中,宗杲谈得比较具体:"只觉得肚里闷,心头烦恼时,正是好底时节,第八识相次不行矣。觉得如此时,莫要放却,只就这无字上提撕。""第八识即除,则生死魔无处栖泊。生死魔无栖泊处,则思量分别底,浑是般若妙智,更无毫发许为我作障。"④禅宗承接的是真谛旧译的唯识说,把"第八识"看作是生死之本、流转出离之本。"第八识相次不行",不等于除灭第八识;除灭第八识的灵性(神灵),剩下的是干干净净。宗杲并不强调去复原这种永恒的灵性,而是突出把"无"字贯彻到底,让"生死魔无处栖泊";只要令"生死魔无栖泊处",则一切思量分别,"浑是般若妙智",人就得到了完

----

① 《大慧语录》卷二八。
② 《大慧语录》卷二七。
③ 《大慧语录》卷二四。
④ 《大慧语录》卷二〇。

全的自由。

仅从字面上看,"看话禅"所达到的这一结果,没有超出禅宗已经历的轨迹:通过对于"无"的把握,成就般若智慧。但联系宗杲强烈的入世干政的价值趋向,则具有它的时代特征:从消极方面说,它肯定落空是一种必然,给仕途坎坷的士大夫一种思想准备或精神安慰;从积极方面说,它能勘破生死难关,为"武官不怕死,文官不爱钱"提供一种精神支撑。正如灵魂不灭、生死轮回也能激励一些人视死如归一样。

然而,宗杲认为,由看话头得悟成智,并非一次能完成的;即使勉强完成,也不会一劳永逸。所以他要求时时看,事事看,贯穿在一切世事活动中。他说:像"赵州狗子无佛性话",要"时时向行住坐卧处看,读书史处,修仁义礼智信处,侍奉尊长处,提诲学者处,吃粥吃饭处,与之厮崖。"①这样训练既久,则能够促成认识上的突变,确立一种视天地、彼我为一的思维模式,才能最终获得自我,达到自主:"若得囚地一下,儒即释、释即儒,僧即俗、俗即僧,凡即圣、圣即凡,我即尔、尔即我,天即地、地即天,波即水、水即波,酥酪醍醐搅成一味,瓶盘钗钏熔成一金,在我不在人。得到这个田地,由我指挥,所谓我为法王,于法自在,得失是非,焉有墨碍?"②

4."随缘放旷,任性逍遥"

从整体上说,"在我不在人"是看话禅全面追求的终极目标,也是宗杲为士大夫勾画的理想人格。他说:

> 忽然一句下透得,方始谓之法界无量回向,如实而见,如实而行,如实而用。便能于一毛端见宝王刹,微尘里转大法轮。成就种种法,破种种法,一切由我。如壮士展臂,不借他力;师子游行,不求伴侣。种种胜妙境界现前心不惊异,种种恶业境界现前心不怕怖。日用四威仪中,随缘放旷,任性

---

①② 《大慧语录》卷二八。

逍遥。①

"随缘放旷,任性逍遥",本是反映唐代自给自足的经济和表现独立个性的名言,宗杲把它视作"一切由我"、"我为法王"的代用词,则反映了士人在宋王朝的两难境地:既不能不忠君爱国,又不得不遁世避祸。为此,必须既准备功名事业,又准备后路退路,造作出一种能伸能屈、不为顺逆诸境所动的观念和性格。他说:

> 现在事到面前,或逆或顺,亦不须着意,着意则扰方寸矣。但一切临时随缘酬酢,自然合着这个道理。②

"不须着意",也是"如实而见,如实而行,如实而用"的一种概括。具体包含两层意思:处逆境要忍,处顺境无执。他说:"逆境界易打,顺境界难打。逆我意者,只消一个'忍'字,定省少时,便过了。"处顺境不同:"顺境界直是无你回避处,如磁石与铁相偶,彼此不觉合作一处。"③因此,不必回避,但决不能执著。他曾对秦国夫人说:"儿子做宰相,身作国夫人,未足为贵。粪扫堆头,收得无价之宝,百劫千生受用不尽,方始为真贵耳。然切不得执著此贵,若执著则堕在尊贵中,不复兴悲起智,怜愍有情耳。"④这是劝告尊贵者,不要执此凌物,暴虐无辜。在更多情况下,他是要人在春风得意时作好一旦倒霉的思想准备。他在《答刘实学(彦修)书》中说:"往往士大夫,多于不(如)意中得个瞥地处,却于如意中打失了。不可不使公知:在如意中,须时时以不如意中时节在念,切不可暂忘也。"⑤

据此而言,宗杲的"一切由我",多是历尽沧桑、饱经风霜之言,蕴涵着几多无可奈何的悲哀。

"随缘放旷,任性逍遥"的另一面,是促进了看话禅思想开放的

---

①④⑤《大慧语录》卷二七。
②③《大慧语录》卷二九。

程度,减免了不少禅宗的僧侣主义气质和宗派主义恶习。宗杲说,一旦"得消息绝了,起佛见、法见、众生见、思量分别,作聪明、说道理,都不相妨"①,即使"邪禅"也可以运用:"而今诸方有数种邪禅,大法若明,只这邪禅,便是自家受用家具。"②

因此,在宗杲看来,世间法与佛法是一致的,儒释道可以协调统一起来。他把禅宗主张的任性的"性",即佛性,与儒家主张的"天性",视为同一个东西,尤其突出。例如,他听说汪彦章(内翰)死了儿子,便向汪说:"世间法则佛法,佛法则世间法也。父子天性一而已。若子丧而父不烦恼不思量,如父丧而子不烦恼不思量,还得也无?若便止遏,哭时又不敢哭,思量时又不敢思量,是特欲逆天理天性,扬声止响,泼油救火耳。"③

宗杲在禅宗中也是主存"情"说的代表人物,肯定父子人伦之情是其表现之一;而不一般地否定功名利禄,不一般地提倡禁欲制情,也有不少表现可见。

第五节　宏智正觉与曹洞宗复起

一、北宋曹洞宗概况

五代至宋初,曹洞系统中没有出现知名禅师,宗派影响微弱。尤其到仁宗时期,在临济、云门两宗名家辈出,新禅学激荡佛教界,其社会影响不断扩大的形势下,曹洞宗依然没有起色。在这百余年间,源自云居道膺(835—902)的曹洞宗传法禅师依次是同安道丕、同安观志、梁山缘观、大阳警玄(948—1027)。警玄晚年从自己的弟子中找不到合适的继承人,请求与他关系密切的临济僧人浮山法远(?—1067)日后为他物色人选,并且写了一首偈,连同一双皮履和一件布直裰留下,作为接续曹洞法统的信物。警玄死后二

---

① 《大慧语录》卷二八。
② 《大慧语录》卷一五。
③ 《大慧语录》卷二七。

十余年,法远嘱咐投子义青(1032—1083)嗣法警玄。

义青是青社(安徽舒州)人,俗姓李。据《投子义青和尚语录》卷下所载《行状》,义青七岁投本州妙相寺出家,十五岁试《法华经》得度,第二年受具足戒,习《大乘百法明门论》,后入洛中,专习《华严》,"深达法界性海、刹尘念劫、重重无尽之义"。在开讲《华严玄谈》时,"妙辩如流,闻者悦服"。但是,当他讲到诸林菩萨即心自悟偈文时,忽然醒悟,"法离文字,岂可讲哉?"他是在讲《华严经》的过程中领悟到修行佛法不能以讲解为目的的,于是离开讲席,南下游方,参学禅宗。他从临济僧人浮山法远学习六年,遵其所嘱,传承当时已经断绝了的曹洞宗法系。熙宁六年(1073),义青始住舒州白云山,八年后移住投子山,"道望日远,禅者日增",曹洞宗法系从此流传下来。

义青从教入禅的修学经历,使他在弘传禅学的同时也注意宣传佛教义学,特别是对他所熟悉的华严学的传播和创用,在北宋曹洞宗僧人中颇有特点。

在义青的语录中,有不少出自华严典籍的内容,基本被作为传禅的材料使用。"莲华世界,毗卢现七佛家风;流水莺啼,观音示千门法海。尘尘影现,刹刹光明,转大法轮,普成佛道。到这里,若信得去,只悟得佛边事,须知七佛外消息始得。诸仁者,作么生是七佛外消息?半夜白猿啼落月,天明金凤过西峰。"①义青早年习《华严经》时所重视的内容,也保留在他晚年的禅语中。此中"尘尘影现,刹刹光明",与当年他所"深达"的"法界性海、刹尘念劫、重重无尽之义"的含义大体相同,是更简略的说法。就是说,作为一真法界体现的世界万有,处于大(刹)小(尘)无碍,长时(劫)短时(念)互摄的圆融无尽状态。这里,他坚持了早年离教从禅时的认识,强调懂得华严教义不过是"悟得佛边事",还"须知七佛外消息"。在禅宗语录中,"七佛外消息"是停止追求外在的佛,反观自心,求得自证自悟教义的另一种表达方式。因此,义青对华严教义的不满足,

---

① 《投子义青和尚语录》卷上。

最终通过信奉自证自悟的禅宗法门来弥补。

然而,信得华严教义只是"悟得佛边事"之说,并不意味着义青完全否定华严教义,"尘尘影现,刹刹光明"也可以运用于另外的方面:"毗卢楼阁,善财见七佛家风;华藏海心,普贤指一生妙果。尘尘影现,刹刹光明,主伴交参,互兴佛事,致使尧云弥布,舜雨膏萌,星辰交换于九宫,和气淳风于万国。"①禅宗吸收华严宗圆融无碍的教义是普遍现象,但在不同的时代又有不同的表现。义青生活在北宋前中期,宋王朝还保持着发展势头,有一定的活力,反映在"中兴"曹洞宗的义青禅语中,使圆融无碍说又增加了一层歌颂升平盛世的色彩。而"主伴交参,互兴佛事"又有一种号召上下齐心协力振兴佛教的少见气派。

在义青的弟子中,有个性且著名者是芙蓉道楷(1042—1117)。他是沂州(山东临沂)人,少时信奉道教,后从投子义青习禅。先后住持安徽马鞍山、江西洞山、湖北大阳等地寺院。徽宗崇宁二年(1103),住持京城净因禅院。大观二年(1108),移住天宁寺。徽宗曾赐紫衣和师号,道楷拒不接受,被遣放缁州(山东缁州)。次年,徽宗许其在芙蓉湖畔结庵传禅。道楷和临济、云门的许多传法宗师不甚相同,他与统治者和官僚士人的关系相对疏远。他很注重个人修行,坚持每日一食。追随他的僧众不多,但影响不小,曹洞宗从此有了起色。

道楷的著名弟子有鹿门自觉和丹霞子淳。自觉一系初无著名禅师,到金元时盛行于北方。子淳(?—1119)门下出现了长芦清了和宏智正觉,使曹洞宗在两宋之间兴盛起来。

清了(1091—1152)号真歇,左绵安昌人,出家后先随子淳习禅,后游山西、河南等地参学。从宣和五年(1123)开始,历住真州(江苏仪征)长芦山、四明补陀、福州雪峰、杭州径山等多处寺院。他所提倡的禅法,主要是禅、净、教各宗合一。曾作《华严无尽灯记》,以华严宗"十法界"说论证禅学。又作《净土集》,倡导念佛法

---

① 《投子义青和尚语录》卷上。

门。关于他的言行,有《真歇清了禅师语录》两卷。南宋中期的南方曹洞宗僧人,大都出自清了一系。而在北宋末年到南宋初,影响最大的是宏智正觉。

二、宏智正觉与"默照禅"

1. 正觉生平

正觉(1091—1157)是隰州(山西隰县)人,俗姓李,"七岁诵书,日诵数千言,少时遂通《五经》"①。正觉的祖、父两代对禅宗都有浓厚的兴趣,或参询禅师,或诵习《般若》。在家庭的熏陶下,正觉十一岁出家,十四岁受具足戒,十八岁开始游方参学。

在游方行脚的最初几年,正觉主要活动在山西、河南两省。他接触的第一个名禅师,是汝州(河南临汝)香山寺的枯木法成。法成是曹洞僧人,芙蓉道楷的弟子,曾受诏住持汴京净因寺,名重一时。至二十三岁,正觉在邓州(河南邓县)见到丹霞子淳,并随子淳到唐州(河南泌源县)大乘山和随州(湖北随县)大洪山,先掌记室,后升首座。了淳逝世后,正觉与清了保持密切关系,宣和四年(1122),清了住长芦山时,请正觉为首座。

从宣和六年到建炎二年(1128),正觉先后住持过泗州大圣普照禅寺、舒州太平寺、江州庐山圆通寺等,建炎三年开始住持明州天童寺,并倡导默照禅,前后近三十年。高宗诏谥"宏智禅师"。其生平言行,主要收录在《宏智正觉禅师广录》中。

"默照禅"是正觉的主要创作,在南宋初年有特殊的吸引力,追随正觉修习的僧俗数以千计,天童"寺屋几千间,无不新者",形成了一个庞大的修禅中心。知名弟子只有十四人,其余绝大多数是"分化幽远,晦迹林泉"。宗杲评正觉是"起曹洞于已坠之际,针膏肓于必死之时"。曹洞宗之所以振兴,主要在于正觉之力。

2. 默照禅

默照禅的主要特点,是把静坐守寂作为证悟的唯一方式。正

---

① 周蔡:《正觉宏智禅师塔铭》。

觉本人"昼夜不眠,与众危坐,三轮俱寂,六用不痕"①。冯温舒在《天童和尚小参语录序》中记,正觉"结屋安禅,会学去来,常以千数。师方导众以寂,兀如枯株"。一进入正觉住持的天童寺,便会见到"禅毳万指,默座禅床,无謦欬者"。②

禅宗自南北分流后,奉慧能为正宗的一系,大都遵循永嘉玄觉提出的"行亦禅,坐亦禅,语默动静体安然"的主张,力图打破唯以坐为禅的传统模式,其激进的支派甚至完全否定坐的形式。但就禅宗的多数派言,坐禅依然占重要地位,唐代石霜庆诸更以长坐不卧的"枯木众"著称于世,其影响力是很大的。在一定意义上,正觉的"默照禅"正是发展了庆诸的坐禅法统。

正觉持戒严谨,终生信守过午不食的戒律。他"自幼得戒,坐必跏趺","师初以宴坐入道"③。他初识的曹洞僧人法成,即以喜"枯木禅"著称,世称"枯木法成"。对他的禅学思想影响最大的丹霞子淳,也极注重坐禅,政和五年(1115)在唐州大乘山教导僧众"休歇去","把今时事放尽去,向枯木堂中冷坐去"④,这当是正觉得到的直接启示。

正觉的默照禅与先前的坐禅的不同之处主要在于它的观法,包括观想的对象和由此形成的基本观念。据说正觉是在子淳所讲的"空劫自己"一句之下证悟的,因此,他以后教人,就专讲"明空劫前事"。这个"空劫前事",就是默照禅的观想对象。正觉本人把曹洞宗的理论特征就归结为"劫外",所谓"劫外家风兹日辨,他侬真与我侬俦"⑤。"劫外"就是"空劫前"。

"劫",梵文音译"劫波"之略,用以表示时间极长的单位。《大智度论》卷三八说:"大时名劫"。"劫"有很多种,正觉这里所使用的属于佛教的宇宙论范畴,相当于"大劫"。按这种宇宙

---

①③《正觉宏智禅师塔铭》。
② 见《宏智正觉禅师广录》卷九。
④ 见《丹霞子淳禅师语录》。
⑤《宏智正觉禅师广录》卷四。

论的说法,世界是从无到有,又从有到无的循环过程,每循环一次,名为一"大劫";每一大劫又分作成、住、坏、空四个阶段,亦称"四劫"。"成劫"指世界的形成期,"住劫"指相对稳定期,"坏劫"指普遍灾害、世界毁坏期,"空劫"则"唯有虚空"。这样的"虚空"作为一劫存在,是受时间的限定,仍属"世间法"。正觉专明"空劫前事",是要参究"唯有虚空"以前的面貌,即世间连"空"也不存在的原始状态。因此,观想"空劫前事",实质上还是探究世间本源问题。

正觉沿袭唯识性空的思想,对这个问题的回答并无新意,所谓"一切诸法,皆是心地上妄想缘影","影含宗鉴,心生则种种法生;步入道场,心灭则种种法灭"。这样,世间的成住坏空也全是心的产物,那么"空劫前事",也就是"本心"或心的本来面目。这些说法,依旧是陈辞滥调。由此推论:"十方法界,起自一心;一心寂时,诸相皆尽",也是唯心论的应有之义。正觉的特点不在这里,而在于把对本体论的这种认识放置到默照禅中去实现,通过静坐冥想"空劫"之外的本源,加以内证,从而让唯识空观彻入骨髓,变成参究者的个人经验和本能见解。

"所谓"心寂",是默照禅追求的直接效果。正觉说:"你但只管放,教心地一切皆空,一切皆尽,个是本来时节。"①这里的"本来时节"与"本来面目"同,均指心处于"空劫前"的本然状态。但是,要在扰动不安的现实条件下,令心趋向空无所有的地步,是一个很艰难的过程,正觉称之为"净治揩磨","休歇"诸缘。他说:

> 田地虚旷,是从来本所有者。当在净治揩磨,去诸妄缘幻习,自到清白圆明之处,空空无像,卓卓不倚,唯廓照本真,遗外境界。

这个"净治揩磨"的功夫,是在静坐默究中完成的。其一是歇诸内

---

① 上引均见《宏智正觉禅师广录》卷五。

缘,即休歇向外攀缘之思;其二是歇诸外缘,即不为外在因缘流传:

> 真实做处,唯静坐默究,深有所诣,外不被因缘流传,其心虚则容,其照妙则准,内无攀缘之思,廓然独存而不昏,灵然绝待而自得,得处不属情,须豁荡了无所依,卓卓自神,始得不随垢相。个处歇得,净净而明,明而通,便能顺应,还来对事,事事无碍。

就是说,只要内无思维活动,外不被事物左右;内不随情感而动,外不为声色所诱,那就是"空空无像",照见"本真"——"本来时节"的时刻。届时,"灵"、"神"独存自得,明通无碍,达到佛祖的境界。所以说:"诸佛诸祖无异证,俱到个歇处。"①

"歇处"所得的体验,属于"心虚",或曰"念尽"。照得的"本真",是"空劫前事",或称"法界虚空"。按《大乘起信论》的说法,前者属"始觉"和"毕竟觉",后者则是"本觉";前者由修习揩磨得,后者是本然的存在。揩磨所得者,也就是那个本然的存在。正觉说:"直须歇得空空无相,湛湛绝缘,普与法界虚空合,个是你本身。""你本身"就是由念尽而达到的对于本然"空心"的自觉。所以正觉一再强调:"此是选佛场,心空及第归。若心地下空寂,便是及第底时节。"又说:"若人欲入佛境界,当净其意如虚空。"

"空"是心的特质,由心派生的世间一切也以"空"为共性,但是这作为法界虚空的心却空不得:"一切法到底其性加虚空,正恁么时却空它不得。虽空而妙,虽虚而灵,虽静而神,虽默而照。"②此"心"作为诸法"法性",说它的本质是空、虚、静、默;此"心"具有特殊的功能,说它是妙、灵、神、照。前者是心之"体",后者是心之"用"。默照禅的最高目标,就是契合心的空虚静默本性,运用它的妙灵神照功能。这种体用关系,正觉是用默与照这对范畴来加以

---

① 上引均见《宏智正觉禅师广录》卷六。
② 上引均见《宏智正觉禅师广录》卷五。

概括的:"默照之道,离微之根;彻见离微,金梭玉机。"意思是说,"离微"是遵循默照之道的,是默照的表现;只要彻见"离微"的本质,那就会机用自在。

此中"离微"这一概念,本自伪托姚秦僧肇所撰《宝藏论》,原文是这样说的:

> 无眼无耳谓之离,有见有闻谓之微。无我无造谓之离,有智有用谓之微。无心无意谓之离,有通有达谓之微。又离者涅槃,微者般若。般若故兴大用,涅槃故寂灭无余。无余故烦恼永尽,大用故圣化无穷。

正觉特别使用"离微"来阐释"默照",以说明"默照"的含义及"默照"间的关系。尽管如此,正觉仍有新的发挥,强调由"歇缘"达到的"默"与"照"的统一性,就是其中之一。他说:"默照明明似面墙。""面墙"指达摩禅,达摩传的就是"默照"。又说:"默默忘言,昭昭现前……妙存默处,功忘照中……默唯至言,照唯普应。"①在这里,"默"即是"照","默处"即"有照功",中间没有任何隔阂,不需任何意识作功夫。所以说:"默默功夫,心田自锄。"又说:"缄默之妙,本光自照。"②这样,"默"成了"照"之体,"照"即"默"之用,体用完全融合为一了。前引的《默照铭》中说:"照中失默,便见侵凌……默中失照,浑成剩法。默照理圆,莲开梦觉。"

"默照"的"照",本是般若智慧的运用,不论大乘佛教,还是《宝藏论》,都主要指空观之贯彻于世间事物,而不排斥日常的认识活动。正觉则有所不同。他说:"隐几虚心还自照,炷香孤坐绝它思。"③他的孤坐"默照",在于"自照",既不与世间交往,也没有特定的观照对象,亦所谓"灵然独照,照中还妙"。他在《坐禅箴》中说:

---

① 上引均见《宏智正觉禅师广录》卷八。
② 《宏智正觉禅师广录》卷九。
③ 《宏智正觉禅师广录》卷七。

"佛佛要机,祖祖机要,不触事而知,不对缘而照。不触事而知,其知自微;不对缘而照,其照自妙。"① "不触事"、"不对缘"也就是"默";即"默"而"照","空其所存",是默照禅的重要步骤,其直接的结果,是达到"照体独立,物我俱亡"。据正觉看,"物我俱亡"只是忘却物我在相待和对立中的存在,对于绝对的我,即"本来面目",则是一种自觉,是真正的获得:"照与照者二俱寂灭,于寂灭中能证寂灭者是你自己。若恁么桶底子脱去,地水火风,五蕴十八界,扫尽无余。作么生是尽不得底?"② 正因为如此,正觉不强调修禅者入世,也反对其他解脱之道,认为"作道理,咬言句,胡棒乱喝,尽是业识流转"。他把静坐歇缘看成唯一可以得悟的途径。

从表面上看,默照禅重视坐禅,又提倡"净磨心鉴绝游尘",与"时时勤拂拭"的北宗相似,但两者差别很大。正觉的"净磨心鉴"指休歇诸缘,并没有可以揩磨的尘埃,也不引导去观看什么"心"。他批评过"身是菩提树,心如明镜台",认为,"菩提无树镜非台,虚净光明不受埃,照处易分雪里粉,转时难免墨中煤。"③ 既然本来虚净光明,再去拂拭,全是自寻烦恼。总之,默照禅既有别于动静语默皆是禅的南宗潮流,也不是向北宗坐禅的回归,在很大程度上是吸取《庄子》入禅的结果。

正觉说:"坐忘是非,默见离微,佛祖之陶冶,天地之范围……麒麟步药峤,金毛师手威,相逢捉手,大道同归。""形仪淡如,胸腹空虚;懒不学佛,钝不知书。静应诸缘而无外,默容万象而有余。齐物而梦蝶,乐性而观鱼,渠正是我兮我不是渠。""梦蝶境中闲有趣,露蝉胸次净无尘。槁木之形,谷神之灵。"④ "坐忘"、"齐物"、"梦蝶"、"观鱼"、"槁木"、"谷神"等,都是庄老的术语或寓言。正觉用来说明默照禅的特性,集中表现在"静应诸缘"和"默容万象"上。

---

① 上引均见《宏智正觉禅师广录》卷八。
② 上引均见《宏智正觉禅师广录》卷五。
③ 《宏智正觉禅师广录》卷四。
④ 《宏智正觉禅师广录》卷九。

不论世界天翻地覆,不管时事是非曲直,我皆以"静"应,以"默"容,令渠我相忘于静默中,感受到梦幻般的逍遥和解脱。他在《圆禅者求颂》中说:

> 枯歇身心百不思,湛圆自照劫空时;妙明智鉴那留垢,虚廓灵机未度丝。①

这首颂可算是他对默照禅的一个全面的总结和意趣深沉的概括。

三、宗杲对默照禅的评论

正觉的默照禅在南宋初年一度盛行,既吸引了众多僧人,也吸引了许多士大夫。同时,它在流行过程中也受到非议,其中,对默照禅评论最多、批判态度最严厉、产生影响也最深远的,首推临济禅师宗杲。他说:

> 今时有一种剃头外道,自眼不明,只管教人死獦狙地休去歇去,若如此休歇,到千佛出世也休歇不得,转使心头迷闷耳。又教人随缘管带,忘情默照,照来照去,带来带去,转加迷闷,无有了期。②

在宗杲看来,行"休歇",求"默照",只能令人迷闷,不能导向觉悟,这表明提倡者"自眼不明"。这种批评是相当激烈的。

他曾致书刘彦修说:

> 彦冲云,夜梦昼思十年之间,未能全克,或端坐静默,一空其心,使虑无所缘,事无所托,颇觉轻安。读至此不觉失笑。何故?既虑无所缘,岂非达摩所谓内心无喘乎?事无所托,岂

---

① 《宏智正觉禅师广录》卷八。
② 《大慧语录》卷二五。

非达摩所谓外息诸缘乎?①

按,"内心无喘"、"外息诸缘",是宗密对于达摩禅的概括。宗杲把默照禅与达摩禅挂勾,符合正觉的本意。宗杲借此也给达摩的壁观划定了一个有限的范围,即:"外息诸缘,内心无喘,可以入道,是方便门;借方便门入道则可,守方便而不舍则为病。"②达摩禅只能是入道的手段,不能成为究竟的目的;而默照禅恰恰把手段当成了目的,所以称之为"病"。

有一个喜好默照禅的士大夫郑昂(尚明),听说宗杲力排默照禅,就责问说:"只如默然无言,是法门中第一等休歇处。和尚肆意诋诃,昂心疑和尚不到这田地,所以信不及。"宗杲就专用郑昂最熟悉的《庄子·则阳》中的话予以反驳:"庄子云:'言而足,(则)终日言而尽道。言而不足,(则)终日言而尽物,道物之极,言默不足以载,非言非默,义(议)有所极。'我也不曾看郭象解并诸家注解,只据我杜撰说,破你这默然。"因为据宗杲看,"道与物至极处,不在言语上,不在默然处,言也载不得,默也载不得。公之所说,尚不契庄子意,何况要契释迦老子、达摩大师意耶?"③

宗杲虽然反对默照禅,但不一般地反对坐禅。他说:

> 今时学道之士,只求速效,不知错了也。却谓无事省缘,静坐体究,为空过时光。不如看几卷经,念几声佛,佛前多礼拜,忏悔平生所作底罪过,要免阎老子手中铁棒。此是愚人所为。④

他还告诉他的门徒:

---

① 《大慧语录》卷二七。
②④ 《大慧语录》卷二五。
③ 上引均见《大慧语录》卷一七。

虽然不许默照,却须人人面壁。既不许默照,为什么却须面壁?不见白云师翁(白云守端)云:"多处添些子,少处减些子"。①

因为"面壁"即坐禅作为入道手段,是不可缺少的;把它作为唯一目的,则不能容许。

宗杲坚持《维摩经》所说"不二法门"的观点,认为静与闹、世间与实相是统一的,不应割裂,像杜撰长老辈,"教左右静坐等作佛,岂非虚妄之本乎?又言静处无失,闹处有失,非坏世间相而求实相乎?""平昔做静胜工夫,只为要支遣个闹底,正闹时却被闹底聒扰自家方寸,却似平昔不曾做静胜工夫一般耳。"②因此,单纯求静,只是逃避"闹",而不是真正克服"闹"。他提出:

禅不在静处,不在闹处,不在思量分别处,不在日用应缘处,然虽如是,第一不得舍却静处,闹处,日用应缘处,思量分别处。③

简言之,只有在日常动静作为、思量分别中贯彻空寂之心,那才是禅。

宗杲对于默照禅的抨击,有其特定的历史背景。自徽钦二帝被俘,高宗即位(1127),全国处在全面的动乱中。一贯为禅宗聚集盘踞的地区,自江淮以南,以至湘、赣、浙、闽,也是遍地战火,经历着史无前例的灾难。建炎三年(1129)末,金兵连续陷落庐州、洪州、建康、临安府(杭州)、越州,并围困明州。翌年初,明州失守。就在建炎三年,正觉住持了明州天童寺,开创和发展了他的默照禅。建炎四年,东南沿海全面禁严。与此同时,官军叛变、农民暴

---

① 《大慧语录》卷四。
② 《大慧语录》卷二七。
③ 《大慧语录》卷一九。

动此起彼伏,不可胜计。绍兴初(1131),范汝为攻据建州,整个福建为之震动,次年为韩世忠所平。宗杲于绍兴四年(1134)进入福建,看到那里的默照禅竟然如此炽盛,似乎与时代完全断绝,从"爱君忧时"之心引起不满,是可想而知的。

宗杲对于默照禅之向士大夫流动尤为痛心,正面批评也多。他说:"往往士大夫为聪明利根所使者,多是厌闹处,乍被邪师指令静坐,却又省力,便以为是"①。这种"闹处",有战场,也有官场。厌战场,是逃避;厌官场,是弥补失落感。宗杲很敏锐地感觉到了士大夫进入禅门的特殊心理:"今时士大夫学道,多是半进退:于世事上不如意,则火急要参禅;忽然世事遂通,则便要罢参。"②像正觉一类禅师,正是抓住了士大夫多在世事沉浮中生存的特点,向默照等邪禅中引导:"往往士大夫多是掉举,而今诸方有一般默照邪禅,见士大夫为尘劳所障,方寸不宁怗,便教他寒灰枯木去,一条白练去,古庙香炉去,冷湫地去。"③

宗杲曾直言不讳地指责一位士大夫:"尔尚滞在默照处,定是遭邪师引入鬼窟里无疑。今又得书,复执静坐为佳。其滞泥如此,如何参得径山禅!"④

然而,客观地说,正觉的默照禅也有积极的一面。在当时,东南是支援前线最主要的经济基地。稳定社会,维持和发展农业生产,是关系南宋命运的大事。宋高宗逃奔的方向是明州、台州以至温州,可见王朝对这一地区寄予了何等的希望。即使在军费异常困难的条件下,皇帝仍然诏令减免受害州县的田税,同时大力鼓励垦地拓荒。在这种条件下,默照禅有限制流民入盗、安定民心、辅助生产恢复和发展的作用。宗杲流放回来以后,也走上了以农禅为务的道路,而且规模很大,对于默照禅的看法可能也有变化。正觉临终时,曾派人致书宗杲,请他主持自己的后事。宗

---

① ④《大慧语录》卷二六。
②《大慧语录》卷一九。
③《大慧语录》卷一七。

杲为正觉的遗像作赞,把正觉引为"知音",并评之曰:"烹佛烹祖大炉鞴,锻佛锻圣恶钳锤。起曹洞于已坠之际,针膏肓于必死之时。善说法要,罔涉离微……个是天童老古锥,妙喜知音更有谁"①。这个时候的宗杲在几经"言"祸之后,大约也深知沉默的必要和重要了。

第六节 南宋中后期的禅宗

孝宗(1163—1189)以后的南宋,禅宗相对稳定,两宋之际形成的禅宗分派格局和地域分布没有发生大的变动,队伍依然十分庞大。但禅思想却处于停滞状态,而它的对外传播则走入黄金时代。

一、王朝的宗教政策与禅宗概貌

在这个历史阶段,佛教没有再经受严重的政治打击,但也不是可以任情地膨胀。孝宗以后诸帝,对佛教基本上采取既扶植又限制的政策,特别重视用经济手段进行调控。北宋以来实行的鬻牒、出售紫衣师号、征收寺院田产税等措施,仍在执行,并得到进一步加强。孝宗为了避免僧尼人数激增,采纳了"试经以行古道,贵牒以限常人"的建议,把本来已经上涨的度牒价格再次提高。淳熙十四年(1187),每道度牒增加到七百贯。与此同时,"州县人吏卖亡僧度牒,与僧行洗改重行"②。度牒也在民间买卖,并成为调剂官价的重要渠道。尔后,国家鬻牒成了弥补国库亏损、增加财政来源的手段,而民间交易也多以谋利为目的。这样,本来用作确定僧尼身份的证件变成了商品,给整个佛教以重大的冲击。

影响佛教特别严重的,是朝廷出卖紫衣、师号。赐紫、封号,本是帝王对于高僧大德的褒奖,一般来说,只有佛教界的领袖人物、

---

① 《大慧语录》卷一二。
② 《宋会要辑稿·道释一》。

国家大寺院的住持堪受。入宋以来,紫衣、师号也成了买卖品,至南宋愈烈。理宗时,岳珂建议,凡无紫衣、师号者不能任住持,就像没有官位不能任职一样。这样,紫衣、师号不只是一种荣誉,而且成了有利可图的东西,所以引起许多僧人的反对。嘉熙年间(1237—1240)双杉元禅师上书说:"近世货赂公行,求为住持者,吾教之罪人。""嚣顽无赖之徒皆以贿进,何以整齐风俗?况僧道非能自出己财求住持,必将取之寺观,师徒相残,常住心坏。"长此以往,不仅会败坏僧纪,也会影响佛教对社会的教化功能。如果住持者是个无赖,不能为人师表,那么,"师废则正法微,正法微则邪法炽,以清净之门而为利欲交征之地,非国家之福地也。"①其实,宋代佛教在很多情况下是"利欲交征之地",官场上盛行的贪赃行贿也渗透到了佛教净土。

早在高宗时,鉴于鬻牒太滥,曾一度下令停止。绍兴十五年(1145),又下诏向寺院征收"清闲钱":"令纳丁钱,自十千至一千三百,凡九等,谓之清闲钱。年六十以上及残疾者听免纳。"但在执行中似不甚得力。志磐说:"今州家征免丁,则必举常年多额以责之,而不顾僧之存亡去住。又欲以亏额均赋诸寺者,其为患皆此类。尝考郡县志云:僧道免丁钱无定额,官吏曾不省。"②志磐是站在僧侣立场上说话的,所以只记官府多征的事例。说"免丁钱无定额",粗糙马虎,可能更符合实际情况。

南宋朝廷的上述政策促使丛林寺院普遍重视生产经营和经济效益,以致在禅僧中形成"以清贫为耻,以厚蓄为荣"的风气。需要专靠国家供养的义学,在南宋境内进一步衰落。

佛教在元代表现出的南禅北教的形势,在宋金对峙时代已经酝酿成熟了。

随着南宋政权的稳定,江南地区的禅宗也逐步形成了一些稳定的聚集地。国家为了加强对禅众的管理,采纳了史弥远的

---

① 《枯崖漫录》卷下《双杉元禅师》。
② 《佛祖统纪》卷四七。

建议,确定了"五山十刹"禅寺区划分布制,"五山"在杭州的有径山兴圣万寿寺、北山景德灵隐寺、南山净慈报恩光孝寺,在宁波的有太白山天童景德寺、育王山雪峰广利寺。"十刹"是杭州的中天竺天宁万寿永祚寺、湖州的道场山护圣万寿寺、温州的江心龙翔寺、金华的云黄山双林寺、宁波的雪窦山资圣寺、台州的天台山国清教忠寺、福州的雪峰山崇圣寺、建康的蒋山兴国寺、苏州的万寿山报恩光孝寺和虎丘山云岩寺。这些禅寺实际上是传禅中心,也是国家藉以控制整个丛林的枢纽,亦为以后元、明等朝所沿袭。南宋时期,禅宗的对外传播主要以这些寺院为基地。

二、禅宗派系结构及其外传

南方禅宗是临济宗的天下,有影响的禅师大多出自克勤弟子大慧宗杲和虎丘绍隆两支。特别是宗杲一系,始终与南宋王朝保持着密切关系,影响最大,这就推动宗杲的禅思想变成了禅学的主流;被宗杲批判的两大禅支——评唱公案和默照禅,没有继续盛行。

宗杲的嗣法弟子八十四人,大都在江浙、福建一带住持寺院。其中感山晓莹例外,他以撰写《云卧纪谭》和《罗湖野录》而著名。它们记录了他生平的见闻,有当代禅师的言行、禅僧与士大夫的往来、禅宗界的趣闻逸事等,是研究宋代禅宗历史的重要资料。特别是《罗湖野录》,"其所载者皆命世宗匠、贤士大夫言行之精粹,机锋之劲捷,酬酢之雄伟,气格之弘旷,可以辅宗乘、训后学、抑起人于至善,是故阅者不忍释手"①。

宗杲的弟子辈中,以佛照德光(1122—1203)最有代表性。他住持过多处大寺院,与朝廷关系密切。"孝宗皇帝在位二十七年,每宣诸山长老论道,唯佛照禅师最为知遇。"②他入宫谈禅论道,既有禅学,也有儒学,多表达对朝廷的忠诚。《古尊宿语录》收有《佛

---

① 《大明高僧传》卷八。
② 《丛林盛事》卷下。

照禅师奏对录》一卷。德光的弟子也多,北磵居简和妙峰之善两支比较活跃,在元初都出现过知名禅师。

虎丘绍隆(1078—1136)是和州(安徽和县)含山县人,九岁出家,十五岁受具足戒,二十岁以后游方参禅,曾从学于长芦崇信、湛堂文准、黄龙死心等禅师,后来慕名投到圆悟克勤门下,习禅二十年,晚年常住苏州虎丘。在南宋初年,绍隆的名望远不能和宗杲相比。《大明高僧传》卷五说两人在当时被并称为"二甘露门",是后人对绍隆的抬高。现存《虎丘绍隆禅师语录》一卷。

绍隆一系后来十分兴盛。他的弟子应庵昙华(1103—1163)是湖北黄梅县人,俗姓江,十七岁于东禅寺出家,曾追随圆悟克勤,后投到绍隆门下。不久,即辗转于江西、江苏、湖北、浙江一带,住持过多处寺院,先后有"衢之明果,蕲之德章,饶之报恩、荐福、婺之宝林、报恩,江之东林,建康之蒋山,平江之万寿,两住南康归宗"[①],最后居住浙江天童。昙华的影响开始扩大,据说大慧宗杲见到僧人们传抄他的"示众"语录,"极口称叹"。[②]

昙华的嗣法弟子八人,密庵咸杰(?—1186)的知名度较高。他是福州人,俗姓郑。曾随昙华习禅四年,后奉诏住持杭州径山和灵隐。咸杰有弟子破庵祖先和松源崇岳,绍隆一系由此大盛起来,其影响逐步超过宗杲系。

祖先(1136—1211)是广安(四川宁西)人,俗姓王,字破庵。出家后,"闻密庵大弘临济之宗,遂腰包参谒"[③]。咸杰住持灵隐寺时,令他"分座"训徒。祖先住持夔州(四川奉节)卧龙寺,后又至江浙一带住持多处寺院。他的著名弟子无准师范(?—1248),四川梓潼人,俗姓雍,九岁出家,后到灵隐寺侍奉祖先。先后亦在江浙一带住持寺院,晚年奉诏住径山。师范的门徒中有断桥妙伦、雪岩祖钦、兀庵普宁、无学祖元,以及日僧圆尔辩

---

① 《佛祖历代通载》卷二〇。
② 见《大明高僧传》卷六。
③ 《大明高僧传》卷八。

圆等。这一系在把禅宗传向日本方面起过突出作用。另外,元代南方最著名的禅师大都出自这一禅系,代表了元以后临济宗的传承。

松源崇岳(1132—1202)是处州龙泉(浙江龙泉)人,俗姓吴,隆兴二年(1164)出家,长期游方参禅。咸杰住灵隐寺时,曾命他为"第一座"。庆元三年(1197)奉诏住持灵隐寺。他的弟子有运庵普兴、灭翁文礼等人。相对来说,这一系影响力较弱。

南方的曹洞宗自宏智正觉之后,没有出现有影响的禅师,数传之后法系不明。长芦清了经天童宗珏、雪窦智鉴,传至天童如净(1162—1228),曹洞宗开始有了起色。如净是明州苇江人,出家后多年游方参学,嘉定三年(1210)住持建康清凉寺,继之住持台州瑞岩净土禅寺、杭州净慈禅寺、明州定海县瑞岩寺等。宝庆元年(1225)住天童山。他虽然有多年游方经历,却注重坐禅修行,认为参禅是身心脱落,坐禅才是明心见性的唯一途径,实质上他是正觉默照禅的延续。现存《如净和尚语录》两卷,《天童山景德寺如净禅师续语录》一卷。日本京都人道元(1200—1253),入宋师事如净三年,如净将芙蓉道楷的法衣和洞山良价所著《宝镜三昧》《五位显诀》及自赞顶相相赠。道元回国后,创立日本曹洞宗。

南宋时期相当于日本的镰仓幕府时代,日本佛教进一步发展,来华求法的僧人很多。其中荣西(1141—1215)于乾道四年(1168)和淳熙十四年(1187)两度来宋,参学于天台、庐山、育王、天童等处,回国后创立日本临济宗。圆尔辩圆,嗣法于无准师范,1241年回国,开创东福寺派。无关普门1251年入宋,嗣法于无准师范的弟子断桥妙伦,1266年回国,开创南禅寺派。另外还有无象静照于1252年入宋,1262年回国;南浦绍明于1259年入宋,1267年回国。这些人都属于临济系统。

南宋后期,社会动荡,国之将亡,许多禅宗僧人或南走越南,或东渡日本。应请去日本弘法的禅师,有出于松源崇岳系下的兰溪道隆(1213—1278),于淳祐六年(1246)赴日;出自破庵祖先系下的兀庵普宁,于景定元年(1260)赴日。另有无学祖元(1226—1286)、大休正念等。他们不仅把禅学,也把儒学传到了日本。

第七章　元代禅宗及其南北分流

第一节　元代社会与禅宗

一、元代社会与宗教政策

成吉思汗于1206年在漠北建国时,中国大地尚有南宋、金、西夏、西辽、大理、吐蕃等政权并存,经过半个多世纪,全国逐渐统一。1271年,忽必烈定国号曰元。1279年,南宋亡,元建都大都(北京)。

元代是一个幅员辽阔、由多民族组成的帝国。它为各民族经济的平衡发展和多民族文化的融和,提供了必要的社会条件。但由于是蒙古族少数民族上升为统治民族,所以采取的许多政策措施也有别于唐、宋旧制,不论在政治结构、经济结构还是意识形态方面都有新的特点。其对于宗教,包括禅宗在内,影响是巨大的。

首先,元王朝实行民族等级制。按照民族的不同和被征服的先后,把全国人民分为蒙古、色目、汉人和南人四个等级,在任用官吏、法律地位以及其他权利和义务等方面作出种种不平等的规定,在各族人民间的友好往来和文化融合中人为地制造障碍,直接波及到民族心理和文化的分布。由于南人是最低等级,主要在南方流传的禅宗自然要受到不小的影响。

第二,由于特殊的社会条件,元代允许多种宗教并存。除佛教、道教、儒教、伊斯兰教以外,也里可温(天主教)、术忽(犹太教)也占有一席之地。元代对不同民族的宗教信仰,基本上遵循成吉思汗和窝阔台统治时期的既定方针。宪宗蒙哥(1251—1259)在对宗教一律加以保护的基础上,开始着重扶植佛教。他说:"今先生言道门最高,秀才人言儒门第一,迭屑人奉弥失诃言得升天,达失蛮叫空谢天赐与,细思根本,皆难与佛齐。"①

第三,喇嘛教统制。蒙古统治者明确地把佛教置于诸教之上,与蒙古贵族崇奉喇嘛教有直接关系。早在定宗贵由时(1246—1248),吐蕃的喇嘛教就与蒙古统治者建立了联系。到忽必烈时,建立帝师制度,进一步密切了中央与西藏的关系,喇嘛教受到帝室的信仰,成了元代占统治地位的宗教。

第四,设置宣政院和帝师制度。至元二十五年(1288),释教总制院改为宣政院。它的职责是管理全国的佛教事务,特别是直辖西藏地区的民政、军政和司法事务。任用宣政院官员的原则,是"僧俗并用",权限为"军民通摄",代表中央对西藏有全面管辖大权,对全国的佛教则全面负责领导,从而与中书省、枢密院、御史台并列为国家的四大军政机构。

据至元二十八年(1291)统计,在宣政院注籍的寺院42 318所,僧尼213 100人。僧尼人数显然是太少了,未经注籍的要远远超出这个数字。一般说来,禅僧逃避统计或不在统计之列。

事实上,宣政院长官主要由帝师担任,始于帕思巴(1239—1280)。中统元年(1260)忽必烈即位后封帕思巴为国师,至元七年(1270)进封为帝师,从此以后,历届皇帝都奉喇嘛教僧人为师,这成为元朝的一项制度。

由于帝师权势极大,其徒众也随之飞黄腾达,地位显赫。泰定年间(1324—1327),帝师"弟子之号司空、司徒、国公,佩金玉印章者,前后相望"②。喇嘛教由此大踏步地进入汉族聚居地区,并深刻地影响着蒙古民族,成为中国文化的重要组成部分。

第五,土地集中和寺院的大土地占有。元统一全国后,以蒙古贵族为首的统治阶级大量占有土地。朝廷把土地作为"官田",以赏赐的形式分配给贵族、官僚,其数额之巨之滥,为历史上所罕见。

---

① 《辨伪录》卷三。
② 《续资治通鉴》卷二〇三。

与此同时,佛教寺院和以喇嘛教僧人为主的佛教界头面人物也获得大量土地。由国家主管的大寺院动辄占田成千上万亩,如至大四年(1311),仁宗一次赐大普庆寺田八万亩。《至顺镇江志》载,镇江路平均每人占有土地约六亩,而僧尼则达五十亩左右。史称泰定帝时(1324—1328),"江南民贫僧富",以至有人说,"天下之田,一入僧业,遂固不移"。①

元朝崇佛重在修功德、做佛事。从建寺造塔、赐田斋僧、写经印经、念经祈祷,到帝后受戒、受法,各种功德法事常年不断,几无虚日,为此耗费的人力、财力、物力是惊人的。大德七年(1303),郑介夫说:"今国家财富,半入西蕃"②,这是特指西藏而言的;至大三年(1310),张养浩说:"国家经费,三分为率,僧居二焉"③,这是指全国的情形了。据延祐五年(1318)统计,各寺做佛事日用羊万头。清赵翼指出:"此供养之费,虽官俸兵饷不及也";佛事"土木之费,虽离宫别馆不过也";寺院"财产之富,虽藩王国戚不及也"。④

以喇嘛教为主导的佛教在政治、经济上的优势表明,它在整个意识形态中占据的特殊地位,形成了有别于历代封建社会文化形态的特殊结构,那就是不但在口头上,而且主要是在实际上,将儒学放置在佛道之下,一般儒士长期受到冷落。所谓"释氏掀天官府,道家随世功名,俗子执鞭亦贵,书生无用分明。"⑤这话也许有些偏激,但就主要方面说是符合事实的。至仁宗(1312—1320),开始认识到"明心见性,佛教为深;修身治国,儒道为切"⑥;皇庆二年(1313),决定恢复久废的科举制度。儒学受到重视,反映了大部分蒙古上层的意向,影响是深远的。但是,无论是科举取士的数量,还是入仕者在统治集团中的作用,都不能与唐、宋两代相提并论,

---

① 见吴师道《吴礼部文集》卷一二。
② 《历代名臣奏议》卷六七。
③ 《归田类稿》卷二。
④ 见《陔余丛考》卷一八。
⑤ 汪元量:《湖山类稿》卷二。
⑥ 《元史》卷二六。

它始终没有造就一个大批从科举入仕的官僚士大夫阶层。这样，元代禅宗就失去了一个推动它发展的社会因素。

二、佛道斗争与禅宗

12世纪中叶，金代道士王重阳（1113—1169，号重阳子）创全真教。据元代祥迈追述，全真教创立的目的之一，就是为了对抗禅宗。因为王重阳"尝谓：禅僧达性而不明命，儒人谈命而不言性，余亦兼而修之，故号全真"①。事实上，道禅之争在金代并没有真正展开。

至于丘处机（1148—1227）西游，谒成吉思汗于雪山行宫（1222），全真教得到新王朝的积极扶植，从而迅速发展。据说，河溯之人十分之二成了全真教徒。② 也就是在此期间，全真教与北方佛教的冲突激化。根据佛教的记载，丘处机在燕京时就"持力侵占"佛教寺田，他的弟子们在各州县更是肆意侵夺寺产，甚至捣毁佛像，改佛寺为道观。

丘处机死后，其弟子李志常（1193—1256）依然得到元统治者的支持，1227年被任为都道录兼领长春宫事，1233年受诏教授蒙古贵族弟子，1238年嗣住道教事，1251年受金符玉诰。在侵占佛寺、打击佛教势力方面，至李志常时期达到顶点。祥迈说他"虚冒全真之名，不行道德之实。枭鸣正道，虎视释家；挟邪作威，侵占佛寺。袭丘公之伪迹，肩残贼之余风"。此外，李志常还刊行《太上混元上德皇帝明威化胡成佛经》和《老子八十一化图》，力图用伪造经典的方法证明佛陀是老子的门徒，置道教于佛教之上。

元初的北方佛教是承亡金的余绪，以禅宗的势力最大。首先起来对抗道教侵吞和攻击的是曹洞派禅僧。1255年，曹洞禅师福裕上书，控告道教徒，蒙哥命福裕等僧与李志常廷前辩论，结果佛教稍占上风。诏令中原断事官布智尔和克什米尔僧那摩，检查道藏伪经，并"教那先生依前旧塑释迦、观音之像……那坏佛的先生

---

① 《辨伪录》卷三。
② 参见元好问《紫微观记》，见《遗山集》卷三五。

依理要罪过者"。同样,"若是和尚每坏了老子,塑着佛像,亦依前例要罪过者"。这次,曹洞宗僧人为佛教争得了一个与道教平等的地位。1256年,福裕等人再次到和林控告道教徒,佛教大胜。蒙哥指示:"譬如五指皆从掌出,佛门如掌,余皆如指。"①令佛教的地位高于道教和其他宗教。

1257年秋,福裕等人再次上书蒙哥,控告道教徒没有退还佛寺和焚烧《化胡经》。次年,由忽必烈召集僧道和九流名士,在开平城举行第二次论战。佛教以福裕为首,另有那摩、刘秉忠等三百余人参加。道教以全真教主张志敬为首,参加者二百余人。此外,参与断事和作证的官员、儒士等二百余人。据《佛祖历代通载》,帕思巴被任命为仲裁人,"戊午(1258),师(帕思巴)二十岁。释道订正《化胡经》,宪宗皇帝诏师剖析是非,道不能答,自弃其学"。帕思巴是佛教喇嘛教萨迦派大师,由他裁定佛道两家的"是非",道教惨败是不言而喻的。结果,参与辩论的道士十七人削发为僧,道藏经典四十五部被焚,二百多处道观改为佛寺。

至元十八年(1281),以喇嘛教为首,对道教进行了更彻底的清算。是年,胆巴(?—1303)"得道藏《化胡经》并《八十一化图》,幻惑妄诞。师乃叹曰:'以邪惑正如此者!'遂奏闻。召教禅大德及翰林承制等,诣长春宫辩证。"②忽必烈诏谕天下,除《道德经》外,其他一切道教经典全部烧焚,并命福裕的同门林泉从伦主持下火仪式。以全真教徒为首的道教和以曹洞僧人为首的佛教之间的斗争至此告一段落。

在这场延续了数十年的释道斗争中,曹洞宗禅师起了重要作用。他们得到喇嘛教和蒙古贵族的支持,从而密切了北方禅宗和元朝统治者的联系,为禅宗在北方的发展创造了有利的政治条件。

佛道的这次斗争,有一定的政治背景。丘处机西行,以老子

---

① 上引均见《辨伪录》卷三。
② 《佛祖历代通载》卷二二。

"化胡"自况,按他的自叙,是为了"罢干戈,致太平"。但在当时宋金交兵的严峻时刻,远结蒙古,说他是曲线救国不无道理①。而蒙元支持全真教的政治目的也是清楚的。至于李志常重造《老子化胡经》的舆论,即使元廷不以佛教辅政,也是注定要失败的。"老子化胡"之说的本质,是以鄙薄胡人的手法贬低佛教,也是用夏变夷的一种思想反映。在蒙古族"胡人"当权的年代,大谈"化胡",如果不是别具苦心,那就是完全的愚蠢。北方禅宗僧人已惯于在女真等"胡人"的统治下生活,对民族问题比全真派道教要敏锐。

三、教禅廷辩与尊教抑禅

北方禅宗战胜道教的好景没有维持几年,又突发了教禅之争。这一酝酿过程已不甚了了。据《佛祖历代通载》记:"戊子(1288)春,魔事忽作,教徒谮毁禅宗……有旨大集教禅廷辩。"主持召集这场廷辩的是藏僧杨琏真佳。尽管参加会议的有教、禅、律三派僧人,中心议题则是教、禅关系。禅宗代表是妙高,义学代表为仙林。

关于仙林的生平不详。妙高(1219—1293),在南宋曾奉诏住持金陵蒋山寺院十三年,徒众多达五百余人,在江南颇有影响。德祐乙亥年(1275),因抗拒乱兵抢劫,得到蒙古丞相伯颜的保护。这次他以古稀之年赴京,可能是出于对南方禅的辩护。

在廷辩中,仙林说:"南方众生多是说谎,所以达摩西来,不立文字,正恐伶俐的说谎,贪着语言文字,故有直指之语。"用"南人"善于说谎来说明达摩特别要化之以禅的原因,前提是"南人"低下。以南人为低下,已不再像过去那样,只限于南北相嘲,而是元朝统治集团正在推行的等级制度,由此驳难禅宗,禅僧的任何辩解都是多余的。妙高说:"夫禅之与教本一体也。禅乃佛之心,教乃佛之语,因佛语而见佛心,譬之百川导流同归于海,到海则无异味。"这种禅教一致的老调,当然不会引起忽必烈的兴趣,他倒提出一个令禅僧十分难堪的问题:"俺也知尔是上乘法,但得法底人,入水不

---

① 丘处机于1219年西行,南宋已与夏联兵攻金。1232年,宋元亦联兵攻金汴梁。

溺,入火不烧,于热油锅中教坐,汝还敢么?"答云:"不敢。"奉圣旨:"为甚不敢?"奏云:"此是神通三昧,我此法中无如是事。"①此外,妙高曾举云门公案一事,欲为佛祖雪屈,忽必烈很不高兴。

廷辩的最终结果,"使教冠于禅之上"。事实上,结论在辩论之前早已定下了。"尊教抑禅",在政治上反映了蒙古统治者对南人的歧视,在经济上反映了元王朝尚不了解自然经济条件下的农业特征。当然,不能容忍禅僧的任性放狂,认为他们不像必须依赖国家寺院为生的义学那样驯服,也是促成政府采取压制措施的一个原因。元王朝重义学,从义学沙门中选拔地方僧官,早有规定。至元二年(1265)二月,诏谕总统所:"僧人通五大部经者为中选,以有德业者为州郡僧录、判正、副都纲等官。"②这就促使汉地僧人重视佛教经典,诱导禅僧走上了禅教融合的道路。

向江南禅宗兴盛地派遣讲经僧人,改变禅僧不重经教的学风,树立传统佛教典籍的权威,是元王朝实施尊教抑禅政策的重要内容。《佛祖历代通载》卷二二《世祖弘教玉音百段》记:"帝平宋已,彼境教不流通,天下拣选教僧三十员,往彼说法利生,由是直南教道大兴。"所选僧人无论出自佛教哪一派,都必须精通佛教典籍,严格按佛教规定修行。至元二十五年(1288),"诏江淮路立御讲三十六所,务求宗正行修者分主之"③。对于讲什么经典并无具体规定,依《智德传》记,有《法华》、《华严》、《金刚》、《唯识》等经疏。

元王朝还支持把禅寺改为"讲寺"。如天台宗僧人性澄,请将国清寺由禅院改为"讲寺",忽必烈"赐玺书复之"④,表示支持,就是突出的一例。中唐以来,佛教义学衰微,僧侣"从教入禅"成为一种时髦。入元以后,也出现了"从禅入教"的潮流。如四明延庆寺僧本无,原依寂照禅师在中天竺习禅,"亦有省处",但后来又投到性

---

① 上引均见《佛祖历代通载》卷二二。
② 《元史·世祖纪三》。
③ 《大明高僧传》卷二《智德传》。
④ 《大明高僧传》卷一。

澄门下,去"精研教部"。寂照为此给本无寄去一偈:"从教入禅今古有,从禅入教古今无。一心三观门虽别,水满千江月自孤。"①不无遗憾。

在元统治者的倡导下,汉地佛教界出现了"禅学浸微,教乘益盛,性相二宗,皆以大乘并驱海内"②的局面。在这种教禅新格局中,教门诸派的传播和流通也受到了一定程度的刺激,其传播途径也具有了新的时代特点。

事实上,受到重教抑禅打击最重的是北方禅宗,它在此后基本上消声匿迹了;南方禅宗则采取消极对抗态度,其作为佛教在南方的主体地位并没有因为政府的政策而有剧烈的变化。所以,在相当长的时间里,南方的多数禅师与朝廷保持着距离。忽必烈死后,元统治集团对南方禅宗逐步减弱了压力,加强了怀柔的成分,这有助于缓解对抗,但没有根本改观。像后面将要讲到的临济宗禅师中峰明本,元朝曾多次征召,而多次被他拒绝。

延祐六年(1319),"帝闻天目中峰明本之道,聘之不至,制金纹袈裟赐之,号为'佛慈圆照广慧禅师'。赐师子院(明本曾住持的寺院)额曰:正宗禅寺"。至治三年(1323),即明本临终那年,"遣使即其居修敬"。天历二年(1329),"赐谥智觉,塔曰法云,召奎章阁学士虞集,命撰《中峰塔铭》"。元统二年(1334),"大普庆寺住持善达密的表奏,以先师《明本广录》入藏,帝可其奏,加'普应国师'"。元朝中期诸帝对明本的推崇,是对南方禅宗既有形势的一种肯定。

有元一代,凡领于宣政院的寺院,分禅、教、律三宗。其中"教"者有三,即天台、华严和慈恩三家。慈恩之所以特别为元代佛教所重,与喇嘛教以法相为理论基础、以因明为方法论有关。由于"律"为佛教各派所共奉,所以佛教实际上是二分天下,所谓南禅北教。这一格局,一直延续到明清两朝。

---

① 《大明高僧传》卷二。
② 《佛祖历代通载》卷二二《妙文》。

四、藏传佛教与汉地佛教

禅教之争,主要是汉传佛教的事。至于藏传佛教(喇嘛教),其地位至高无上,是法定的,不容争辩。它的上层僧人,参与对全国佛教事务的管理,职高势重。其修行方式,盛行于宫廷贵族,信仰也在中原和江南流传。

被封为帝师的藏僧主持宣政院,其他高级藏僧往往在地方任职。出身于唐兀族的杨琏真佳,曾总摄江南诸路释教。幼年从帕思巴出家的西域僧人沙罗巴观照,历任江浙、福建等地释教总统。担任云南诸路释教都总统的节思朵、积律速南巴等人,也都来自西藏。建藩于云南等地的诸王仿效中央的做法,也常到西藏延请高僧,封为"王师"。这些僧官,制约着汉地佛教的演化,影响着各宗派的消长,其作用不可忽视。南方禅宗逐渐受到国家的重视,也与他们的活动有关。一些上层藏僧,在内地据有不少规模较大的寺院作为其传法的基地,赢得了不少信奉者。

元代是我国有史以来,藏文化以喇嘛教为载体,流入内地时间最久、传播区域最广、规模最大、影响最深的一个朝代。当时的藏族精英大都在内地担负重任,通过他们吸取和传回汉文化,包括禅思想在内,也给藏民族和藏文化以重大的影响。关于这一领域,待发掘和研究的方面很多,其中的显密之争就是相互渗透的一个小例子。

据《佛祖历代通载》的作者念常追述:"唐宋间始闻有秘密之法,典籍虽存,犹未显行于世。"由于藏僧的到来,"秘密之法,日丽乎中天,波渐于四海。精其法者,皆致重于天朝,敬慕于殊俗。故佛氏之旧,一变于齐鲁"①。当时的士人也承认:"我国朝秘密之兴,义学之广,亦前代之所未有。"②正由于密教传播的范围渐广,引起了显教与密教间的争论:"习显教者,且以空、有、禅、律而自违,不尽究竟之圆理;学密部者,但以坛、印、字、声而为法,未知秘奥之神

---

① 《佛祖历代通载》卷二二。
② 《佛祖历代通载序》。

宗。遂使显教密教矛盾而相攻,性宗相宗,凿枘而难入,互成非毁,谤议之心生焉。"①他认为,显密各执一端、相互攻击,是尚未圆融的表现,因此只有两者调和才是全面的。元代有许多僧人致力于沟通显密关系,五台山金河寺沙门道殿就是一个著名代表。他"积累载之勤悴,穷大藏之渊源",著成《显密圆通成佛心要集》,谓:"显密之两途,皆证圣之要津,入真之妙道。"禅宗内部本有密教秘密流传,至此,受到藏传佛教的影响,不少人也致力于融合禅密关系,使禅宗的内容进一步多样化起来。

第二节　金元之际的北方禅宗

在金代和元初,禅宗在北中国有过相当的发展。

金代统治者奉佛,约从金太宗时期(1123—1137)开始。传说他常在内廷供奉佛像,并迎旃檀像于燕京悯忠寺(今北京法源寺)。此后陆续在河北、山西一带建寺造塔,促进了佛教在金统治区的发展。金世宗在位(1161—1189)是金的全盛期,也把佛教推向了兴盛。大定二年(1162),金移都燕京,敕建大庆寿寺,以玄冥颢禅师为开山祖师,赐钱二万缗、沃田二十顷。大定二十年(1180),在仰山建栖隐寺,也以玄冥颢禅师开山,赐田设会,度僧万人。大定二十四年(1184),在燕京重建昊天寺,赐田百顷。这些寺院以后都成为元代北方禅宗的重要基地。在整个佛教中,以禅宗最兴隆,燕京则是禅宗高僧云集之地。

就金全境言,禅宗属于临济黄龙派的道询(1086—1142),以济南灵岩寺为活动基地,著有《示众广语》、《游方勘辩》、《颂古唱赞》等,有一定影响。圆性禅师(1104—1175),曾从学于汴梁的佛日禅师,于大定年间受请住持燕京潭柘寺,大力复兴禅学,有《语录》三编传世,弟子中有普照、了奇、圆悟、广温、觉本五人。广温(？—1162)也曾从学于燕京竹林寺的广慧,后至河北蓟县盘山双峰寺弘

---

① 陈觉:《显密圆通成佛心要集序》。

法。曾先后住于潭柘寺的禅师还有：政言，著有《颂古》《拈古》各百篇，《金刚经证道歌》《金台录》《真心说》《修行十法门》等；相了(1134—1203)，曾从懿州崇福寺的超公学习。另外，比较著名的禅师还有教亨(1150—1219)，号虚明，济州任城(山东济宁)人，长期活动在嵩山一带，"五坐道场"，后应金左丞相夹谷清臣之请，住持潭柘寺，继而奉章宗诏住持庆寿寺，晚年归少林。其弟子有宏相等。

金代曹洞宗的传承源自鹿门自觉一系。自觉递传华严慧兰、常州一辨、大明僧宝、王山僧体、雪岩如满。在如满时期，此系还没有产生什么影响，到其弟子万松行秀，此支成为曹洞宗的代表。行秀是金代晚期最受朝廷尊崇的禅师，后来又为蒙古贵族所敬重。

一、海云印简与北方临济宗

在有影响的汉地佛教僧人中，印简是与蒙古贵族建立密切关系的第一人。临济一宗在元代北方的兴盛，与他在政治上的活动是分不开的。

印简(1202—1257)，字海云，俗姓宋，山西岚谷宁远(今山西岚县)人。自幼出家，拜中观沼为师，十一岁受具足戒。据《佛祖历代通载》记，印简十三岁，蒙古军队攻陷岚谷，他于"稠人中亲面圣颜(大约是窝阔台)"。1219年，木华黎军再取岚谷，印简见到清乐元帅史天泽和义州元帅李七哥，颇受赏识。不久，印简师徒随木华黎北行，到赤城。成吉思汗传旨给木华黎："尔使人说底老长老(指中观)、小长老(指印简)，实是告天的人，好与衣粮养活者，教做头儿，多收拾那般人，在意告天。"由此，中观得赐号"慈云正觉大禅师"，印简得赐号"寂照英悟大师"。

不久，中观禅师逝世，印简来到燕京大庆寿寺，从学于中和璋禅师，并成为他的嗣法人。先后应请住持过兴州(河北滦平)仁智寺、涞阳兴国寺、兴安(河北承德)永庆寺和燕京庆寿寺。1235年，窝阔台差官选试天下僧道，印简被推为住持，进一步加深了与蒙古贵族的关系。1237年，成吉思汗的二皇后赐号"光天镇国大士"。1242年，忽必烈请他到漠北讲法。1245年，奉皇太后旨，在五台山为国祈福。1247年,贵由皇帝命他统领僧众,赐白金万两,太子合赖察请他至和林,住太平兴国禅寺。1251年,蒙哥即位,命印简掌管全国佛教事务。1256年,奉旨在昊天寺建法会,再次为国祈福。印简死后,忽必烈命建塔于大庆寿寺之侧,谥"佛日圆明大师"。

印简历事成吉思汗、窝阔台、贵由和蒙哥四朝,并与专管汉地事务的忽必烈保持密切关系,是汉人僧侣中权势最大的一个。他以禅师身份参与政治活动,又以政治需要改造禅宗面貌,对北方禅宗以至整个佛教都有不小的影响。首先,他把政治条件列进选僧标准,把佛教引向直接为蒙元服务的轨道。

1235年,印简参与选试僧道,蒙古主考官确定:"识字者可为僧,不识字者皆令还俗。"印简反对,对主考官说,他自己就"不曾看经,一字不识"。厦里丞相问他:"既不识字,如何做长老?"他反问:"方今大官人还识字否?"他的话使在座的蒙古达官、外镇诸侯大惊失色。接着他说:"应知世法即是佛法,道情岂异人情?古之人亦有负贩者,立大功名于世,载于史册,千载之下,凛然生气。况今圣明天子在上,如日月之照临,考试僧道……宜以兴修万善,敬奉三宝,以奉上天,永延国祚可也。我等沙门之用舍,何足道哉!"这话是十分清楚的:僧侣的资格不应由精通多少经论取得,而要看他们能否为"永延国祚"尽力来决定。"奉上天"是主要的标准,沙门自身的规定不足挂齿。

这次考试僧道经业,是蒙古联宋灭金后的第一项文化措施,对佛教界震动颇大。许多名僧忧心忡忡,担心佛教受到沙汰,唯独印简胸有成竹。他说:"主上必有深意。我观今日沙门少护戒律,学不尽礼,身远于道,故天龙亡卫而感朝廷,励其考试也。三宝加被,必不辜圣诏。"主上考试经业只是名义,通过考试令僧人循规蹈矩才是本质。结果,"虽考试,亦无退落者"。

印简积极投靠蒙元的行为,是否也带有类似丘处机那样的"化胡"目的,很难评说,但他在劝说蒙古贵族接受汉文化方面确实是尽过力的。其中影响最大的,是劝他们以儒术治国。1236年,孔子第五十一代孙孔元措托印简向上陈情,准于袭衍圣公,并免差役。

印简劝告忽都护接受了这一请求。在印简的努力下,颜、孟等儒家圣贤的后裔也被免除差役。1242年,忽必烈请印简到漠北讲法时曾问:"佛法中有安天下之法否?"印简劝他"宜求天下大贤硕儒,问以古今治乱兴亡之事,当有所闻也"。意思是说,"安天下"的事情应请教儒家,不应垂问佛家。在告别时,印简又说:"恒念百姓,不安善抚,绥明赏罚,执政无私,任贤纳谏",所有这一切,"皆佛法也"。换言之,在没有发现古贤硕儒之前,他的佛法就是治国的儒术。

1236年,蒙元正括中原户口,曾想用"印识人臂"的非人道手段防止人们逃亡。印简向断事官忽都护说:"人非马也,既皆归服国朝,天下之大,四海之广,纵复逃散,亦何所归?岂可同禽兽而印识哉?"①经过印简的努力,阻止了这种野蛮行为。

印简宣扬孔子之教,从三纲五常到治国平天下,其用心的程度,远比弘扬佛教教义为深。在他领袖下的北方临济宗,已无别的禅理和禅行可言。

至大二年(1309),赵孟頫奉敕撰《临济正宗碑》,把印简一系奉为临济正宗,他的传承法系被追溯到北宋的五祖法演:演传天目齐,齐传懒牛和,和传竹林宝,宝传竹林安,安传容庵海,海传中和璋,璋传印简。很明显,这个系统能为世人所知,全赖印简的腾达。

印简有知名弟子二:一是可庵朗,一是颐庵偘。可庵朗有俗弟子刘秉忠,颐庵偘有弟子西云安,对印简一系的持续兴盛有重大作用。

刘秉忠(1216—1274),原是云中南堂寺僧人,名子聪。印简去蒙古见忽必烈时,途经云中,携其同行,因而得识忽必烈。《元史》本传说,刘"久侍藩邸,积有岁年,参帷幄之密谋,定社稷之大计"。忽必烈即位后,诏复原姓,更名秉忠,以翰林侍读学士窦默之女妻之,拜光禄大夫、太保,参领中书省事。死后,忽必烈对群臣说:"秉忠三十余年,小心慎密,不避艰危,事有可否,言无隐情。又其阴阳

---

① 上引均见《佛祖历代通载》卷二一。

术数之精,占事知来,若合符契,惟朕知之,他人莫得预闻也。"有这样一位职高权重的俗家弟子,对扩大印简一系的社会影响无疑是有利的。

西云安也有很高的政治地位。元贞元年(1295),成宗诏请西云住大都大庆寿寺。武宗赐以"临济正宗之印",封为荣禄大夫、大司空,并让他"领临济一宗事"①。说明元代统治者把印简一系作为临济正宗的代表。

二、万松行秀与北方曹洞宗

早在北方临济宗兴隆之前,曹洞宗就在金元之交昌盛起来。代表这股禅宗势力的是万松行秀一支。

行秀(1166—1246),河内之解(河南洛阳一带)人,俗姓蔡。十五岁在邢州(河北邢台)净土寺出家,曾到磁州(河北磁县)大明寺参见曹洞宗僧人雪岩如满②,成为其嗣法弟子。他返回邢州净土寺后,在寺旁建"万松轩",由此有万松之号。不久,应请住持中都(北京)万寿寺。

金章宗明昌四年(1193),行秀应诏赴内廷说法,受到章宗躬亲迎礼,后妃贵戚罗拜于前、各施珍财的隆重礼遇。承安二年(1197),应诏住持西山的仰山栖隐寺,后迁报恩寺,晚年退居报恩寺从容庵。

行秀在金元之交,以"儒释兼备,宗说精通,辩才无碍"③著称,吸引了金、元众多的官僚和士大夫,尤其对契丹贵族后裔、儒学素养很高的耶律楚材(1190—1244)影响最大。在蒙古兵围燕京期间(1214—1215),作为金朝留守官员的耶律楚材拜行秀为师;归元后,他成为元朝的中书令,实权主要行及今河北、山西地区。终其一生,都对行秀尊敬唯谨,称得上是佛教的内外护。

---

① 《佛祖历代通载》卷二一。
② 此宗传承:鹿门自觉——华严慧兰——青州一辨——大明僧宝——王山僧体——雪岩如满。
③ 耶律楚材:《万松老人评唱天童觉和尚颂古从容庵录序》。

行秀的著作很多,除著名的《从容庵录》外,还有《请益录》六卷、《祖灯录》六十二卷,以及《释氏新闻》、《鸣道集》、《辨宗说》、《心经凤鸣》、《禅悦法喜集》等。

行秀的门徒众多,得法者一百二十人。他们中的许多人住持名刹,与元王朝有直接的联系。其中影响最大的有林泉从伦、华严至温和雪庭福裕。

林泉从伦(1223—1281),曾住持万寿寺和报恩寺。至元九年(1272),元世祖诏他入内廷说法,他"从容问辨,抵暮而退,帝大悦"。他引用《华严》、《楞伽》、《涅槃》等经典,说明"禅"就是"佛性"、"如来藏"。"达摩以来递代相传者,是如来清净禅也。"①以此论证禅宗是佛教的正宗,禅与教经一致。至元十八年(1281),从伦奉旨在燕京悯忠寺主持焚烧道教经典,成为元初佛道斗争中佛教一派的代表。著有《空谷集》和《虚堂集》,进一步推动了曹洞僧人诠释公案和颂古的风气。

华严至温(1217—1267),字其玉,号全一,邢州人,俗姓郝。幼年入寺,从十五岁开始随行秀习禅,常年不离左右。后住京城华严寺,与继住报恩寺的从伦齐名。至温与刘秉忠幼年相交,经其推荐,"留王庭多有赞益","居三载遣还,出赐金资,日用不计其费"。忽必烈赐号"佛国普安大禅师",命他"总摄关西五路、河南、南京等路,太原府路,邢洛磁怀孟等州僧尼之事"。他在保护和振兴这些地区的佛教方面起了重要作用。"凡僧之田庐见侵于豪富及他教者,皆力归之。"②后代僧人评论这一时期的曹洞宗说:"今人独味万松评唱语,而不闻公(指至温)有回天之力。"③

雪庭福裕(1203—1270),太原文水(山西文水县)人,俗姓张。二十二岁出家,从学于行秀十年。金元交兵,嵩山少林寺遭到毁坏,福裕在行秀和印简的支持下兴复禅宗祖庭。1248年,奉诏住

---

① 《五灯会元续略》卷一。
② 《敕赐佛国普安禅师塔铭》,见《佛祖历代通载》卷二二。
③ 《南宋元明禅林僧宝传》卷七。

和林兴国寺。后受宪宗召见,奉命"总领释教",重建各地废毁寺院236处。他也是参加元初佛道论战的主要人物,受赐"光宗正辩"法号,并住持万寿寺,晚年退居嵩山。以后行秀一系曹洞宗的传承均出自福裕,并长期以河南嵩山少林寺为主要传法基地。

三、《从容庵录》与评唱之风

当圆悟克勤的《碧岩集》受到南方禅师普遍冷落的时候,金末元初的北方曹洞宗僧人则对它推崇备至,并极力仿效。行秀撰《从容庵录》于前,从伦作《空谷集》和《虚堂集》于后,纳评唱之风为曹洞宗风,从而影响了元代南北禅学的不同走向。

从伦的《空谷集》,全名《林泉老人评唱投子青和尚颂古空谷集》,六卷,诠释义青的《颂古百则》。《虚堂集》,全名《林泉老人评唱丹霞淳禅师颂古虚堂集》,亦六卷,诠释丹霞子淳的《颂古百则》。从伦在谈及他撰写这两部书的目的时说:"非敢与佛果、万松联镳并鹜于世,且傍邻舍试效颦者欤。"①说其是"效颦"之作,当非自谦之词,它们的影响也远不如《从容庵录》那样大。《从容庵录》一书,足够反映此宗评唱的特点。

《从容庵录》,全称《万松老人评唱天童觉和尚颂古从容庵录》,诠释天童正觉的《颂古百则》,有六卷和三卷两个版本。其中每则公案和颂古组成一个部分,每部分包括五项内容,即示众、列举公案、列举颂古、公案和颂古中的夹注,以及它们之后的评唱,完全是效仿《碧岩集》的形式。每部分之前有四个字的标题,比《碧岩集》的题目整齐,用语也生动。

关于《从容庵录》的成书过程,行秀曾说:"万松昔尝评唱,兵革以来,废其祖藁,迩来退居燕京报恩,旋筑蜗舍,榜曰'从容庵',图成书绪,适值湛然居士(耶律楚材)劝请成之。"行秀在蒙古太祖十七年(1222)接到耶律楚材的信,次年成书,第三年耶律楚材为此书作序。《从容庵录》是行秀整理多年讲解公案和颂古的旧稿,代表了他长期弘扬的曹洞禅风,也反映了金元北方统治集团对这种禅

---

① 陆应阳:《林泉老人评唱投子青、丹霞颂古总序》。

风的认可和赞赏。

行秀把《从容庵录》与同类著作进行比较时指出:"窃比佛果《碧岩集》,则篇篇皆有示众为备;窃比圆通《觉海录》,则句句未尝支离为完。"《碧岩集》少部分没有示众一项,而《从容庵录》不缺,讲清了每则的中心思想。《觉海录》对公案和颂古的讲解有时支离不全,《从容庵录》则句句有解。行秀指出的这两个方面都是形式上而非内容上的问题,表明他注重的是形式的完备,而不是内容的创新。

行秀曾指出他撰《从容庵录》的动机是:"一则旌天童学海波澜,附会巧便;二则省学人检讨之功;三则露万松述而不作,非臆断也。"[①]用"述而不作"和"省学人检讨之功",以展示天童正觉的学识渊博,充分显示出他以文字考证和诠释见长的特性。在这方面,比之《碧岩集》是有过之而无不及。下面仅举一例说明。

《从容庵录》第八则是《百丈野狐》,说的是百丈怀海说法时,总有一个老人前来听讲。一天,说法结束,众人散去,唯老人不走。怀海问他是什么人?老人说,他远在迦叶佛时期就居于此山,那时有人问他"大修行底人还落因果也无?"他回答:"不落因果"。就因这句话,使他"堕野狐身五百生"。所以老人请怀海"代一转语",以便脱去"野狐身"。怀海说了一句"不昧因果",老人"言下大悟"。正觉据此"公案"作颂文曰:一尺水,一丈波,五百生前不奈何。不落不昧商量也,依前撞入葛藤窠。阿呵呵,会也么?若是尔洒洒落落,不妨我哆哆和和。神歌社舞自成曲,拍手其间唱哩啰。行秀即对上述公案和颂文的每一句都进行细致的考证和解释,这里仅举一例以见一斑。

《从容庵录》解释"哆哆和和"说:

"哆哆和和",婴儿言语,不真貌。又《法华释箴》云:多跢学行之相,婆和学语之声。《涅槃经》有病行婴儿行。有本云:

---

① 上引均见《评唱天童从容庵录寄湛然居士书》。

婆婆和和。石室善道禅师云：涅槃十六行中，婴儿行为最。哆哆和和，时喻学道人离分别取舍心，与下"神歌社舞"皆一意也。

为了解释该词，行秀考证了它的词源字义，又考察了它在佛教典籍中的用法，最后诠释正觉将其用在这段颂文中的含义，简直是禅宗用语的绝好词典。行秀就通过这种词典式的注解，达到令学道人"离分别取舍心"的禅学目的。

在将禅学引向考据学和诠释学方面，《从容庵录》与《碧岩集》相同，但行秀更增添了一项内容，那就是围绕公案，附会蔓衍，大篇幅地讲解儒道经典和有关神话。例如《从容庵录》第九则《南泉斩猫》，公案讲南泉普愿提起一只猫，对弟子说："道得即不斩"，众皆不知所云，南泉就把猫斩却了。后来南泉将此事讲给赵州从谂听，赵州听罢，脱下草鞋，顶在头上走出去。行秀联系正觉对此公案的颂文，评唱道：

赵州脱草鞋，头上戴出，果然此道未丧，知音可嘉。孔子云：天将未丧斯文也。看他师资道合，唱拍相随，无以为喻。谥法泉源流通曰禹，又受禅成功曰禹。《尚书·禹贡》：导河积石至于龙门。《淮南子》：共工氏兵强凶暴，而与尧帝争功，力穷触不周山而死，天柱为之折，女娲炼五色石补天。《列子》：阴阳失度名缺，炼五常之精名补……南泉如大禹凿山透海，显出神通；赵州如女娲炼石补天，圆却话头。

从这里可以看到行秀所谓的"附会巧便"，在很大程度上是借题发挥，以传播儒道等传统文化，尤其是用大禹治水受禅和女娲炼石补天这类传说譬喻禅师，是特别容易发古人之幽思的。

《从容庵录》的评唱，在文字考证、引用典籍、背离公案等方面，都比《碧岩集》走得更远，却容易为不倾心于禅学，而又希望获得佛教知识的民众和官僚士大夫所接受。精通天文地理、律历术数及释老医卜之说的耶律楚材,特别喜好此类评唱,就颇能说明问题。耶律楚材是元初儒学的积极提倡者,而志不得伸,心情的压抑时时露于文字。当然,促发评唱之风盛行的主要原因,还是当时政治上需要将禅僧禁锢于书斋之中,以限制禅宗的活动范围和禅僧人数的发展。

第三节 元代南方临济宗

在元王朝崇奉藏传佛教和尊教抑禅的历史背景下,北方禅宗在行秀及其门徒之后,实际上已逐渐没落下去,南方禅宗则恢复了它的活力。"丛林以五山称雄"的格局虽无变化,但思想上的分化比较显著。

南方禅宗均属临济宗,分别出自宗杲和绍隆两系。宗杲弟子育王德光之后,出现了灵隐之善和北磵居简两支;绍隆的再传弟子密庵咸杰之后,出现了松源崇岳和破庵祖先两支。这四支构成了南方临济宗的主流,总体可归为功利禅和山林禅两种类型。

功利禅型,指以功利为目的,积极靠拢朝廷,凭借政治权势带动禅宗发展的派别,其代表主要有之善系和居简系,以及崇岳系的清茂、守忠等人。五山十刹,主要由这类禅师住持。山林禅型则与此相反,大都山居隐修,不为世人所知;部分人活动在民间,影响很大,但拒绝应征,与朝廷官府的关系疏远,最重要的代表是祖先系统。

一、之善系与居简系

代表之善一系的禅师,主要是元叟行端(1255—1341)。行端是之善的再传弟子,俗姓何,台州临海(浙江临海)人,十二岁出家,十八岁受具足戒。曾随藏叟善珍学禅于有"众满万指"之称的径山,后又到袁州仰山,随雪岩祖钦习禅三年,仍回径山。

行端擅长诗文,在径山时作《拟寒山子诗》百篇,"皆真乘流注,四方衲子多传诵之"①。大德四年(1300),行端住持湖州资福寺,由此"学徒奔凑,名闻京国"。七年(1303),诏赐"慧文正辩禅师"号。九年(1305),应命住持中天竺万寿禅寺,在行宣政院的支持下,"树门榜而正邻刹之侵强,治殿宇而还丛林之旧观"。皇庆元年(1312),住持灵隐寺,并奉旨在金山水陆法会上说法,受"佛日普照"号。至治二年(1322),住持径山兴圣万寿禅寺。泰定元年(1324),获"大护持师"玺书。早在大德七年受赐号诏书时他就说:"天恩浃肌骨,浅薄将何酬?愿君为尧舜,愿臣为伊周。"②在元代禅师中,像他这样急剧地升为新贵的寥寥无几。这是元代禅宗的成功之笔。自此,南方禅师陆续与元结缘者不乏其人。笑隐大䜣说:"今我径山法叔(行端),再世妙喜(宗杲)也。"③可见他受人尊重和艳羡的程度。

行端一生,"以呵叱怒骂为门弟子慈切之诲,以不近人情行天下大公之道"。"呵叱怒骂",其迹确系临济宗风;然其所行"天下大公之道",那精神与其前辈不知相去几千里了。

由于行端四主名刹,"三被金襕袈裟之赐",名声远播,招致众多门徒,"嗣其法而同时阐化于吴楚闽粤蜀汉间者若干人",对蒙古人也有影响。他的其他弟子,如楚石梵琦、无梦昙噩、古鼎祖铭、愚庵智及等都比较有名,成为活跃于元末明初的势力最大的一个禅派。

居简系所出人才较多,其中笑隐大䜣(1284—1344)是居简的三传弟子,南昌人,俗姓陈,幼年出家,曾遍阅大藏经文,后到百丈山从晦机元熙学禅多年。至大四年(1311),住持湖州乌回寺。延祐七年(1320),住持杭州大报国寺。泰定二年(1325),江浙行省丞相脱欢命他住持中天竺,"僧徒相从者垂千辈"。至天历二年(1329),奉诏住持金陵大龙翔集庆寺,得封"大中大夫",受赐号"广

---

① 黄潜:《行端塔铭》。
② 《元叟端禅师语录》。
③ 《笑隐䜣禅师语录》卷二。

智全悟大禅师"。至顺元年(1330),与昙芳守忠等南方著名禅师北上,"京师之为禅宗者出迎河上",受文宗召见。后至元二年(1336),加赐"释教宗主兼领五山寺"号。

大䜣重视丛林清规和禅众教育,指出:"百丈作清规而丛林大备,有书状、有藏主、有首座,将使禅者兼通经教外典,欲其他日柄大法,可以为全材而御外侮也。"①要求禅僧兼通经教外典是相当开放的主张,但目的是为他日"柄大法"、"为全材"作准备,则与百丈的"规式"精神全不相干。这反映了南方禅师在多教兼容的社会条件下,有意参与角逐的热切心肠。大䜣曾奉旨召集学问僧,审定德辉编集的《敕修百丈清规》,从这个《清规》中也多少可以看到大䜣的思想。

大䜣也擅长诗文,与赵孟頫、邓文原等士人有良好的关系。黄潛评论其文:

> 无山林枯寂之态,变化开合,奇彩灿然。而议论磊落,一出于正,未尝有所偏蔽。虞公(集)称其如洞庭之野众乐并作,铿锵轩昂;蛟龙起跃,物怪屏走,沉冥发兴。②

南方临济宗至于元代,一般因袭宗杲的传统,行看话禅。大䜣则起来反对:"每见近时宗师教人捉个话头……使其朝参暮参,疑来疑去,谓之大疑必有大悟。虽是一期善巧方便,其奈愈添障碍。"他斥责那些参究话头的禅僧说:

> 愚痴之辈,一丁不识,窃吾形服,经教不知,戒律不守,问着百无所能,但道:我请益善知识,举个话头。口里诵,心里想,如三家屯里学堂,教小儿子念上大人相似,眼醒记得,睡忘

---

① 《笑隐䜣禅师语录》卷四。
② 黄潜:《元大中大夫广智全悟大禅师住持大龙翔集庆寺释教宗主兼领五山寺䜣公塔铭》。

了;或用心太过,愈疑愈乱,遂至失心癫狂;或妄生卜度,胡言乱语,诳吓无知;或痴痴兀兀,黑山鬼窟里淹过一生。①

这种斥责,揭露了看话禅的流弊,有令迷入歧途者猛醒的意义。

与此同时,大䜣也批评慧南的"黄龙三关":

> 黄龙三关,如商君立法,法虽行而废先王之道,故当时出其门者甚多,得其传者益寡。使其恪守慈明家法,子孙未致断绝。②

把慧南设"三关语"视为黄龙派法系断绝的原因,自然不是什么可靠根据,但是在当时提出来则是有所指的。元初,祖先系代表人物原妙即效法慧南,也设"三关"传禅,颇有影响。因此,大䜣的批评也是针对祖先系的,尽管他与祖先系的许多禅师关系不错。

大䜣肯定的禅风是"行棒行喝",与行端相近;又重述"直指人心,见性成佛",表明他没有忘记禅的宗旨。

居简系还有其他一些禅师,像觉岸和念常等,对佛教史学有所贡献。觉岸著《释氏稽古略》四卷,属编年体通史,从三皇五帝到南宋末,按干支帝纪年号记载历朝沿革和佛教史迹等。其资料大多取自南宋咸淳(1265—1274)年间本觉所撰《释氏通鉴》。《释氏稽古略》的史学价值比不上念常的《佛祖历代通载》。

念常(1282—1341),俗姓黄,号梅屋,世居华亭(上海松江),十二岁出家,曾从平江圆明院体志学律,元贞元年(1295)受具足戒。至大元年(1308)到杭州净慈寺随晦机元熙习禅七年,元熙迁住径山后,他留在净慈寺,又住持嘉兴祥符寺。至治三年(1323),赴燕京缮写黄金佛经,面见帝师,听讲密教教义。历时二十年,撰成编年体通史《佛祖历代通载》二十二卷,内容大部分取自《景德传灯

---

① 上引均见《笑隐䜣禅师语录》卷二。
② 《笑隐䜣禅师语录》卷一。

录》和南宋祖琇的《隆兴佛教编年通论》,补述了南宋、金、元的佛教史。虽然有些记述过于繁冗,史实方面亦有讹误,仍不失为研究宋元佛教的重要著作。

德辉也出自居简系,由他重编的《敕修百丈清规》,为后来禅宗各寺采纳,影响久远。据德辉自序,自百丈怀海制定《禅门规式》以来,历代都有重编"丛林清规"流行,详略不一。延祐年间(1314—1320),晦机元熙、一山了万、云屋善住曾打算对各种版本"删修刊正,以立一代典章"①,但没有实现。德辉有志于完成他们的未竟之业,在住持百丈山大智寿圣禅寺期间,奔走京城,奏请重编统一的《百丈清规》,元统三年(1335)诏许。当时德辉没有发现所谓《古清规》,而认为有三个流行本可取,即宗赜的《崇宁清规》、惟勉的《咸淳清规》和弋咸的《至大清规》。他根据这三个本子,删繁就简,正误补缺,经大䜣主持审定,分成九章十卷,题《敕修百丈清规》,后于至元年间(1335—1340)刊行。

二、崇岳系

出自崇岳一系的禅师,主要有古林清茂和昙芳守忠。他们都是"道契王臣"者,在金陵地区颇为活跃。

清茂(1262—1329),号金刚幢,晚称休居叟,俗姓林,温州乐清人,十一岁出家,十三岁得度,曾居天台国清寺。年十九,参横川如珙(1222—1289),深得器重。二十岁回国清寺,作《拟寒山诗》三百首。不久,如珙迁住育王山,应命前往随侍六年。先后住持过平江府天平山白云禅寺、开元禅寺、饶州永福禅寺和金陵凤台山保宁禅寺等。仁宗赐号"扶宗普觉佛性禅师",英宗也曾下诏问道。

清茂晚年住保宁禅寺八载,颇得居住于金陵的图帖睦尔(即位后称文宗)的尊敬,"时上居潜邸时,留神内典,时数枉驾,诣师问道"。还刻印《般若心经》、《高王观世音经》,都请清茂作序,"章显佛心,冠乎群经首"②。即位第二年,遣使问候,时清茂已经去世了。

---

① 《敕修百丈清规序》。
② 梵偲:《古林和尚行实》。

清茂平生所作诗文偈颂不少,流传也广。比较重视的是拈古和颂古,著《重拈雪窦举古一百则》,以及其他颂古之作。关于他的著述有《古林清茂禅师语录》五卷,《古林和尚拾遗偈颂》两卷。这些在国外也受欢迎,"日本扶桑之域,求师语录,刊以播其国"①;《偈颂》传到高丽,刻版印行。

守忠(1275—1348),南康都昌人,俗姓黄,十一岁出家受具足戒,拜云居玉山珍为师,后游方至金陵蒋山。大德九年(1305),受请住持金陵崇因禅寺十五年。至治元年(1321),脱欢请他住持蒋山,由此声望日隆。1325年,图帖睦尔在金陵时与守忠来往尤密,守忠预言他日后能做皇帝,并为之祈祷。天历元年(1328)秋,图帖睦尔刚即位,便遣使赐守忠"佛海普印大禅师"号,将其在金陵的潜邸改为大龙翔集庆寺,诏选守忠为开山祖师,守忠推荐大䜣以代。次年春,文宗又加赐"大中大夫广慈圆悟大禅师"号,命住持蒋山和崇禧两处寺院。

至顺元年(1330),守忠与大䜣应诏赴京,受到文宗及皇后、太子和帝师的隆礼接见,赏赐极多。返回时,诏命所经官府沿途护送。守忠用所得钱财在金陵"大兴营构,穹楼佛殿,殆若天降"。不久,文宗又赐钞五千锭,割平江上田五十顷,蠲两寺田赋。至正元年(1341),守忠告老,后仍被诏出,特别是诏令住持和修复称作"国朝江南建寺,惟此一寺为盛"的集庆寺,被视为殊荣。及其逝世,为之送葬者达数万人,"士庶率财作大会七日",甚至有"然顶臂香为供者"②。

三、祖先系

祖先系是元代禅宗中影响最大的一个支派,其中高峰元妙、中峰明本、天如惟则、千岩元长等,拟另作专题介绍,这里仅就三个代表人物以示一般。

---

① 《古林和尚碑》。
② 见欧阳玄《元故大中大夫佛海普印广慈圆悟大禅师大龙翔集庆寺长老忠公塔铭》。

无见先睹(1265—1334),天台人,俗姓叶,曾师事方山文宝,后到天台山华顶,一住四十年,以善兴禅寺为基地,倡导看话禅。人们把他与中峰明本看作南方最有影响的两位禅师:"入国朝以来,能使临济之法复大振于东南者,本公(明本)及禅师而已。"①关于先睹的言行,有智度等编的《无见先睹禅师语录》两卷。

石屋清珙(1272—1352),常熟人,俗姓温。二十岁出家,二十三岁受具足戒。曾从高峰原妙习禅三年,后投到及庵宗信门下,被誉为"法海中透网金鳞"②。他长期过隐居生活,曾在霞雾山庵居,晚年住持嘉禾当湖福源禅寺七载。死后谥"佛慈慧照禅师"。记其言行的有至柔等编的《石屋清珙禅师语录》两卷。

万峰时蔚(1313—1381),温州乐清人,俗姓金,十三岁出家,十九岁后于两浙地区游方参学。后至天台华顶见先睹,并遵其所嘱,山居隐修多年,及至先睹去世,乃慕名谒千岩元长,被元长命为"堂中第一座"。不久,到兰溪州嵩山结庵。晚年住邓蔚山圣恩禅寺。

祖先系的禅师有许多共同特点,而以与元王朝的关系疏远最为显著。他们或山居不出达数十年,或草栖浪宿、结庵而居,同行端辈结交权贵,住持大寺以至参与官场,形成鲜明的对照。先睹所居天台华顶,"其地高寒幽僻,人莫能久处,惟禅师一坐四十年,足未尝辄阅户限"③。高峰原妙也居山隐修数十年。明本及其弟子天如惟则和千岩元长,或隐居一山,或长期行脚,居无定处。石屋清珙"四十余年独隐居,不知尘世几荣枯"④。这是此系的骄傲,世称"庵居知识"。

这些禅僧一般通过接受下层民众的布施或自耕自食来维持生计,不依赖朝廷的赏赐。如清珙,"凡樵蔬之役,皆躬自为之",人称"有古德之风"⑤。尽管他们大都与中下官僚士人有来往,特别是在

---

① 黄潜:《无见先睹禅师语录序》。
②⑤ 元旭:《福源石屋珙禅师塔铭》。
③ 昙噩:《无见先睹和尚塔铭并序》。
④ 《石屋清珙禅师语录》卷下《山居诗》。

元代后期"士大夫逃禅"的风气下,关系更为密切,但目的不在向上巴结。时蔚说:

> 须向山间林下,镢头边接引一个半个,阐扬吾道,报佛恩德。不可攀高接贵,轻慢下流,逐利追名,迷真惑道。①

在"镢头边"弘禅授徒,形象地说明了这派禅僧的特点。他们中不少人受到朝廷的注意,或赐号褒奖,或命住持名山巨刹,但从未引起他们惊喜若狂的那种神态。明本曾屡辞朝廷的召见,为逃避住持名山之命而遁走各地。至正年间,朝廷"降香币以旌异,皇后赐金襕衣,人皆荣之,师淡如也"②。

祖先系的禅风也有特点。他们反对北方曹洞宗僧人继承克勤的传统,反对致力于诠释公案和颂古的评唱。他们与南方其他禅师一样,大多长于诗文,有不少诗作流传,所以并不反对诠释公案的拈古与颂古,且有颂古之作。但他们偏重和强调的乃是宗杲的看话禅。在祖先系的推动下,看话禅逐渐拥有了广大的禅众,成为元代南方禅学的主流。先睹把参究话头称为"真实功夫",并指出"今时士大夫没溺文字语言,不下真实功夫"③。这表明,看话禅作为禅的主流,并没有引起官僚士夫的强烈兴趣,这个阶层与禅宗有了隔膜,而长期居山过生活的禅僧也同这个阶层疏远起来。尽管如此,祖先系仍赋予看话禅以新的内容,具有强烈的时代气息和浓重的地方色彩,通过各种渠道影响着整个元代禅宗的基调。

祖先系禅师虽山居但并不闭塞,他们与北方禅师并没有断绝往来。在推动禅宗东渡方面,作用尤为彰著。

南宋末年,不少南方禅师东渡日本。元初曾一度用兵日本,中日禅僧的交往中断。大德三年(1299),元成宗派江浙释教总统一

---

① 《万峰和尚语录》。
② 《福源石屋珙禅师塔铭》。
③ 《无见先睹禅师语录》卷上。

山一宁及其弟子赴日,受到日本朝野的欢迎,来华的日本僧人也随之增多,其参学的重要对象就是祖先系的著名禅师。仅习禅于中峰明本的日本知名僧人就有:远溪祖雄、无隐云晦、可翁宗然、嵩山居中、大朴玄素、复庵宗己、孤峰觉明、别源圆旨、明叟齐哲、平田慈均、无碍妙谦、古先印元、业海本净、祖继大智等等。不少人追随明本的时间很长,如远溪祖雄师事明本七年,复庵宗己师事明本九年。明本还指导过高丽僧人多名和驸马王璋习禅。

四、高峰原妙及其禅学思想

出自祖先系的原妙(1238—1295),号高峰,吴江(江苏苏州)人,俗姓徐,十五岁拜嘉禾密印寺法住为师,十七岁受具足戒。曾习天台教义两年,二十岁弃教入禅,至杭州净慈寺,就学于断桥妙伦,妙伦让他看"生从何来,死从何去"的话头。原妙勤奋参究,竟然"胁不至席,口体俱忘,或如厕惟中单而出,或发函忘扃镮而去"①。但时近一年,仍然"只如个迷路人相似",乃转而求教于雪岩祖钦。祖钦让他参究看话禅中的经典话头"赵州狗子"中的"无"字,依然无收获。又到径山参禅,经半月,忽于梦中想到妙伦说法时曾提到的"万法归一,一归何处"的话头,"自此疑情顿发,打成一片,直得东西不辨,寝食俱忘"②。发"疑情"是看话禅证悟的前提;"打成一片",是指达到主客泯灭、物我双亡时的心理感受,是彻悟的体验。

此后,原妙游学于江浙一带,至元二年(1265)从法钦住天宁寺,"随侍服劳";次年辞去,独自到临安龙须山苦行隐修,一住九年,"冬夏一衲,不扇不炉,日捣松和糜,延息而已"。冬季大雪封山,旬月之间,不见烟火,人们以为他饥寒而死;"及霁而入,师正宴坐那伽(坐禅入定)"③。九年后转入武康的双髻峰,身边聚集了不少僧徒。两年后战乱爆发,学徒星散,他独修如故。至元十六年(1279),转到杭州天目山西师子岩,营造小室以居,号为"死关",足不出门十余年,直至逝世。

---

①③《高峰原妙禅师行状》。
②《高峰原妙禅师禅要》。

原妙居师子岩时,声誉日隆。法钦在当时的南方很有影响,派人送去竹篦、尘拂和法语,把他视为最得意的嗣法弟子。至元二十八年(1291),鹤沙瞿提举为原妙在西峰下建"大觉禅寺",这里遂成为他的重要传禅基地,来参学的有数万人,包括"他方异域"的僧人。他被誉为"高峰古佛"。

原妙以话头禅授徒,也设"三关语"启悟学者。据《高峰原妙禅师行状》记载,他的"三关语"是:"大彻底人,本脱生死,因甚命根不断?佛祖公案,只是一个道理,因甚有明与不明?大修行人,当遵佛行,因甚不守毗尼?"另据《高峰原妙禅师禅要》记载,其"室中三关"是:"杲日当空,无所不照,因甚被片云遮却?人人有个影子,寸步不离,因甚踏不着?尽大地是个火坑,得何三昧,不被烧却?"这两种"三关语"大约并行于世,中心是引导人们参透生死和解脱生死。

原妙也解释公案,通过解释来表达自己的见解。"丹霞烧木佛"是桩流传较广的公案,一些禅师认为这也是启悟的方式,原妙则反对。他说:"丹霞烧木佛,为寒所逼,岂有他哉!若作佛法商量,管取地狱如箭。"①因为寒冷烧木佛取暖,可以理解;若"作佛法商量",那就是罪过。这种看法也表现了原妙持戒谨严、反对放浪不羁的作派。

关于原妙始终深居隐修、与世隔离的禅生活,人们有不同的评论。其中宋本说:"方是时,尊教抑禅,钦由江右召至钱塘授密戒,妙方遗世子立,身巢岩肩。"②认为原妙是在"尊教抑禅"的形势下,不得不"遗世子立"的。当然,更多的人认为他是操守高洁,不与世同流。其弟子明本则说:"先师枯槁身心于岩穴之下,毕世不改其操。人或高之,必蹙额以告之曰:'此吾定分,使拘此行。欲矫世逆俗,则罪何可逃'。"③这话是带有隐痛的。所谓"定分",是

---

① 《高峰大师语录》。
② 宋本:《有元普应国师道行碑》。
③ 《天目中峰和尚广录》卷二四。

无可奈何之词;而无可奈何,决不是缘于"尊教抑禅"类的弹性措施。就其所处的特定历史条件看,只能从南宋的覆灭中得到解释。

1. "万法归一,一归何处"

原妙的禅思想可以概括为三句话,也可以作为修习的三个阶段,那就是从看话头"万法归一,一归何处"出发,运用"疑以信为体,悟以疑为用"的观念和方法,实现"无心三昧"的精神境界。

原妙借以得悟的"万法归一,一归何处"是一个话头,和宗杲的"无"字话头一样,也源自赵州从谂的公案。有僧人问:"万法归一,一归何处?"从谂答:"我在青州作了一领布衫,重七斤。"按照宗杲选择话头的原则,这则公案应该参究的是从谂的答话,因为它和"无"字答语类似,不能从字义上理解,只是作为启悟学者的"活句"。但是,原妙没有遵循宗杲选择"活句"的原则,而是提倡直接参究问话,这使他的看话头与宗杲有了不同。

原妙有参活句"无"的失败经历,后来他又作了理论说明:

> 成片自决之后,鞫其病源,别无他故,只为不在疑情上做功夫。一味只是举,举时即有,不举便无。设要起疑,亦无下手处。设使下得手,疑得去,只顷刻间,又未免被昏散打作两橛。于是,空费许多光阴,空吃许多生受,略无些子进趋。

意思是说,他悟后总结教训才知道,看"活句"之所以失败,在于只举"无"字冥思,而没有在"疑情"上做功夫。原妙强调,起"疑"是证悟的前提,没有"疑情"发生,就不能证悟,因此,看话头首先要起疑,而参究"万法归一,一归何处"最易实现。他说:"一归何处却与无字不同,且是疑情易发,一举便有,不待反复思维,计较作意。才有疑情,稍成片,便无能为之心。"①这样,看"万法归一,一归何处"就成了原妙禅法的主要特征。

---

① 上引均见《高峰原妙禅师禅要》。

原妙的再传弟子千岩元长指出:"万法归一,一归何处,这八个字子是天目高峰老祖自证自悟之后,又将这八个字子教四海学者,各各令其自证自悟。"①这八个字为其后辈保持了下去。

然而,可以产生疑情的问题很多,原妙为什么单选择"万法归一,一归何处"参究呢?"万法",泛指世间与出世间的一切事物,当然,首先是世界人生;"万法"所归之"一",按当时禅宗的共识,乃是"一心":一心生万法,万法归一心。现在要探求的是"一归何处",也就是一心又归向何处。如果说"空劫前"尚能得出即心即空的结论,那么,这里的提问本身,就是落寞到了茫然程度的表现。就禅宗的基本理论而言,"一心"是绝对,是永恒,是真如佛性,连"心"都要追问一个归向,对那个时代的禅宗来说,其无结论实在是必然的。

2."疑以信为体,悟以疑为用"

既然疑情在禅修中占据如此关键的地位,那么"疑"来自何处?原妙回答:来自"信"。他说:

> 山僧……将个省力易修,曾验底话头,两手分付,万法归一,一归何处?决能便怎么信去,便怎么疑去。须知:疑以信为体,悟以疑为用。信有十分,疑有十分;疑得十分,悟得十分。

就是说,看八字话头是个入门,由此引导你信什么就疑什么,信有多少,疑即多少,疑得彻底,悟即彻底,悟必须借对信之疑才能实现。在禅宗历来崇奉的佛典中,《大乘起信论》影响最大,原妙反其道而行,创立"起疑论":不是提起疑起信,而是据信起疑。

关于如何起疑,原妙有一段比较详细的说明:

> 先将六情六识,四大五蕴,山河大地,万象森罗,总熔作

---

① 《千岩和尚语录》。

> 一个疑团,顿在目前……如是行也只是个疑团,坐也只是个疑团,着衣吃饭也只是个疑团,屙屎放尿也只是个疑团,以至见闻觉知总是个疑团。疑来疑去,疑省力处,便是得力处。

即不论是主观情识,还是客体世界;不论是衣食住行,还是见闻觉知,要一律疑之,疑成"疑团",疑成"疑情",疑到疑为本能、缠结不开,这样就很容易得悟了。据此看来,原妙倡导的"悟",实质是对"疑"的悟,即悟解世界人生无一不可怀疑,无一可信,以此怀疑的眼光透视周围一切事相。从这个方面说,原妙的禅法是带有绝望情绪的怀疑论。

另一方面,原妙又强调"决疑",即疑必须得到解决。他说:

> 西天此土、古今知识,发扬此段光明,莫不只是一个决疑而已。千疑万疑,只是一疑;决此疑者,更无余疑。既无余疑,即与释迦、弥勒、净名、庞老不增不减,无二无别,同一眼见,同一耳闻,同一受用,同一出没天堂地狱,任意逍遥。

"千疑万疑,只是一疑",这"一疑"就是"一归何处"。只要解决了这"一疑",就是成佛成祖,绝对自由。至于如何解决,原妙没有明说,但他转而强调要"信"。

所谓"信",就是对参究话头一定能证悟的信仰。原妙说:"大抵参禅不分缁素,但只要一个决定'信'字。若能直下信得及,把得定,作得主,不被五欲所撼,如个铁橛子相似,管取克日成功,不怕瓮中走龟。"他甚至说:"信是道元功德母,信是无上佛菩提,信能永断烦恼本,信能速证解脱门。"在这里,"信",不是要人信仰"道元功德母"、"无上佛菩提",而是说,"信"即是"功德母",即是"佛菩提",它们是同位的,而"信"的内涵依然不清楚。他又说:"苟或不疑不信,饶你坐到弥勒下生,也只做得个依草附木之精灵,魂不散底死汉。"这里又把"疑"与"信"并列作为解脱法门。

这种相互矛盾的说法,令人难以捉摸,不知原妙是在提倡"信",还是在提倡"疑"。但有一点可以肯定,他说的"疑"是具体的,遍在的,有实在内容的;而"信"只是一个抽象,一个只能令人坚持怀疑到底从而忘却一切的抽象。他说:"万法归一,一归何处?只贵惺惺着意疑,疑到情忘心绝处。"对此中的"疑"勿庸置疑,这也可以说就是"信"的实际含义。

3. "无心三昧"

关于"疑到情忘心绝处",原妙讲过:山僧昔年,"疑着万法归一,一归何处,自此疑情顿发,废寝忘餐,东西不辨,昼夜不分……虽在稠人广众中,如无一人相似。从朝至暮,从暮至朝,澄澄湛湛,卓卓巍巍;纯清绝点,一念万年;境寂人忘,如痴如兀。"他教授学徒,也要如此"疑着":"吃茶不知吃茶,吃饭不知吃饭,行不知行,坐不知坐。情识顿净,计较都忘,恰如个有气底死人相似,又如泥塑木雕底相似。"他称这种"如痴如兀",形若"泥塑"、"木雕"的状态为"无心三昧"。在原妙看来,"无心三昧"即是禅宗祖师的境界,也是儒家圣人的境界。

> 凡功夫做到极则处,必然自然入于无心三昧……老胡云:心如墙壁。夫子三月忘味,颜回终日如愚,贾岛取舍推敲,此等即是无心之类也。①

把"无心"作为禅境追求,是唐以来禅宗中的一大潮流。"无心三昧"与此有所不同。照原妙的解释,所谓"无心",只是注意力高度集中,抑制了其他思维情感活动的心理现象,在一般专注于某项工作的过程中都可能发生。"无心三昧"的特别处,在于专注于"疑",使疑情顿发,疑结满怀,由此导致物我两忘,情识俱尽;若能将此种心态贯彻于时时事事,持之以恒,那就是"无心三昧",也就是看话禅的最后目标。

---

① 上引均见《高峰原妙禅师禅要》。

据此来看,原妙禅法是用集中思虑世界人生根源问题的方法,强制转移和忘却现实的世界人生。这是对自我实施的一种自觉的精神麻醉。他甚至希望能锻炼成"有气底死人",全然没有灵魂的人。这实在是失望、悲哀到了极端。

原妙的禅思想,在一定程度上反映了南宋亡国后的世纪末情绪,在南宋遗民中会引起反响。至于原妙弟子明本以后,新朝已经稳定,南人也开始习惯蒙古人的统治,禅的这种悲观调子也就有所改变了。

五、看话禅的复兴与四宗调和

1. 明本生平及其著作

明本(1263—1323),号中峰,杭州钱塘人,俗姓孙。少年时便立志出家,除学习儒家经典外,还习佛典。二十四岁,因读《景德传灯录》遇疑难问题,往天目山求教原妙,次年落发,第三年受具足戒。一直跟随原妙十年,被原妙评为"竿上林新篁",预见他"他日成材未易量也"①。

明本六十岁时自叙:"余初心出家,志在草衣垢面,习头陀行……平昔惟慕退休,非矫世绝俗,使坐膺信施,乃岌岌不自安也。"②此段话大体上反映了他一生的守志和禅风,这显然是从原妙那里继承下来的。

原妙晚年居官僚霍廷发的私寺大觉正等禅寺,曾命明本住持,明本谢绝,另荐第一座祖雍担任。元贞元年(1295)原妙去世后,明本即开始游方。先后经历皖山、庐山、金陵等地,并于庐州弁山和平江雁荡山结庵传禅,其间为赵孟頫讲"防情复性之旨"。大德八年(1304),回天目山为原妙守塔,次年,住持师子院。至大元年(1308),时为太子的仁宗赐号"法慧"。翌年,继续外游仪征、吴江,并渡江北上少林寺。在北方,虽"隐其名,僦城隅土屋以居",但听到消息的僧俗还是"争相瞻礼,皆手额曰:江南古佛也"。皇庆元年

---

① 《元故天目山佛慈圆照广慧禅师中峰和尚行录》(简称《中峰和尚行录》)。
② 《天目中峰和尚广录》卷一八下。

(1312)以后,又继续游方结庵的生活。

延祐三年(1316),宣政院奉命整顿佛教,遣使请明本,明本避走镇江。五年(1318),仁宗赐号"佛慈圆照广慧禅师",命将明本所居师子院改名为"师子正宗禅寺",赵孟頫奉命撰写碑文。至治二年(1322),行宣政院请他主持径山,不应命而结庵于中佳山。当年十月,英宗特旨降香,赐金襕僧伽梨。明本去世后,文宗谥号"智觉",塔名"法云",命奎章阁学士虞集撰《中峰塔铭》。

明本常年草栖浪宿,奔波于江南各地,每到一处,就建起一个个传法庵室,由此徒众广布,影响面扩大。在他的信徒中,还有从学的非汉人,一个被尊为"三藏法师"的沙律爱护持必剌牙室利,"亦尝从师参诘",即是一例。他和汉族士大夫及蒙古、朝鲜族官吏都有交往,霍廷发、赵孟頫、敬严、答剌罕脱欢等人,都向他请教过禅学。但他在政治上始终与元王朝保持一定的距离,不卑不亢,有其师的遗风。

明本在元代也是对边远地区和周边国家有很大影响的禅师,据说"远至西域、北庭、东夷、南诏,接踵来见"[①]的僧俗信徒很多。他曾为来自日本和高丽的僧人授禅。云南沙门玄鉴慕名求教于明本,在归途中病逝,其弟子普福等人乃画明本图像南归,于云南建立禅宗,奉明本为"南诏第一祖"。

明本也以擅长诗文闻名于世,有诗作不少。为阐述自己的禅学,他撰写了《山房夜话》和《拟寒山诗》;为解答义学僧人的问难,他撰写了《楞严征心辨见或问》;为纠正某些禅僧"不求心悟,惟尚言通"的倾向,他写作了《信心铭辟义解》。他在各处建造的茅庵都名"幻住",所以,为徒众解说参禅方法和途径而写的文章即名《幻住家训》。以上五篇,明本自题《一华五叶》,是他的代表作。诗作除《拟寒山诗》百首外,还有《船居》、《山居》、《水居》、《塵居》各十首,都颇有名。还有《怀净土诗》一百零八首,及其他歌偈、送别酬对诗等,分别收录于《天目中峰和尚广录》和《天目明本禅师杂录》中。

---

① 上引均见《中峰和尚行录》。

元统二年(1334),元顺帝追谥明本为"普应国师",并准《天目中峰和尚广录》入大藏经流通。

2. 对公案诠释之批判

明本的禅思想,突出地表现在他对宗杲看话禅的复兴和对其他禅法的批判上。明本的批判精神,几乎可以与中唐的荷泽神会相媲美。

自从克勤的《碧岩集》作为诠释公案的典范受到宗杲的激烈抨击以来,金元之际的北方曹洞宗依然以公案诠释为主业,《从容庵录》、《空谷集》等评唱著作流行,也影响了南方禅宗向公案的探究。据明本目睹当时的情况说:

> 今之丛林商量,大不如此。乃以问佛问西来意之一问一答,如麻三升(斤)、干屎橛、须弥山、莫妄想之类,唤作单提浅近者;以勘婆、话堕、托钵、上树等为向上全提者;或以众机缘列归二玄,或以诸语言判入四句。中间曲谈巧辩,网罗千七百则公案,各立异名,互存高下,不识古人之意界尔否?[①]

南方禅师钻研公案,遍及《景德传灯录》所记的一千七百则,他们将其分类,评判优劣高下,如他们把"麻三斤"、"干屎橛"、"须弥山"、"莫妄想"等回答"如何是佛"、"如何是祖师西来意"的公案称为"单提浅近者",认为这些公案易解,是古禅师用以启悟素质较差者的。至于"勘婆"、"话堕"、"托钵"、"上树"等公案被称作"向上全提者",认为它们深奥难解,宜于启悟素质高的人。此外,还将公案中的酬对机语分类,标上"三玄"、"四句"等名目。这些表明公案诠释风在南方也相当盛行。

明本对此自北而南的禅风持完全否定的态度。他认为,这类公案研究,"惟以聪明之资,向古今文字上,将相似语言较量卜度,

[①]《天目中峰和尚广录》卷一一上。

会尽古今公案。殊不知,既不了生死,返不如个不会底最真。"修禅是为了解脱生死,公案诠释脱离了这个目标,即使所有的公案都理解了,不如一个都不懂的好。

推究公案诠释学,起自雪窦的颂古,完成于圆悟的评唱,追本穷源,明本也加以鞭挞。他说:

> 无边众生各各脚下有一则现成公案,灵山四十九年诠注不出,达摩万里西来指点不破,至若德山、临济摸索不着,此又岂雪窦能颂而圆悟能判者哉?纵使《碧岩集》有百千万卷,于他现成公案上一何加损焉?昔妙喜不穷此理而碎其版,大似禁石女之勿生儿也。今复刊此版之士,将有意于撺掇石女之生儿乎?盖可笑也。①

这里所谓的"现成公案",是指众生一切具足的本心。明心见性在于众生的自悟,释迦一生的说教,达摩西来的指点,宣鉴和义玄的棒喝交驰,都代替不了众生的自证自悟。至于《碧岩集》,什么作用都不会产生,宗杲焚版,是没有穷究此理,今天复刊,徒劳可笑。明本的态度是:不屑一顾。

明本反对从文字诠释和考据学的角度钻研公案,但并不抛弃公案。他要求僧人:"但遇着古今因缘,都不要将心领会,只消举起一个,顿在面前,发起决要了生死之正志,壁立万仞,与之久远参去。"②我们知道,这种方法就是宗杲的看话头。

3. 看话禅

明本毕生在捍卫和发展宗杲创始的看话禅时,对古今其他禅思潮作了多方面的清理。他曾记当时的禅界状况:

> ……彼此是非,立个名字,唤作如来禅、祖师禅、平实

---

① 上引均见《天目中峰和尚广录》卷一一中。
② 《天目中峰和尚广录》卷一一上。

禅、杜撰禅、文字禅、海蠡禅、外道禅、声闻禅、凡夫禅、五味禅、棒喝禅、拍盲禅、道者禅、葛藤禅，更有脱略机境，不受差排者，唤作向上禅。古今已来，诸方三百五百众，浩浩商量，立出许多闲名杂字。由是而吹起知见风，鼓动杂毒海；掀翻情涛，飞腾识浪；递相汩没，聚成恶业；流入无间，卒未有休。①

这在相当程度上反映了南方禅师竞立宗派、各行其是、没有统帅、分散自在、兴隆繁盛的形势。据明本看，这些禅说的共性，是以"知见"为禅（"吹起知见风"），以"情"、"识"用事（"掀翻情涛，飞腾识浪"），以致累积恶业，堕入无间地狱，也不知休止。

与此同时，明本也贬抑古禅师的种种"门庭设施"，认为："达摩西来，谓之单传直指，初无委曲。后来法久成弊，生出异端，或五位君臣、四种料简、三关九带、十智同真，各立门庭，互相提唱。虽则 期建立，却不思赚他后代儿孙。"这类门庭，虽有一时建立的理由，但流弊及于后代参禅者，危害是很大的。他认为，"拯救此弊"，拔诸"恶业"的唯一方法，就是看话头，"将个无意味话头，放在伊八识田中"。这是古代有"真实悟底尊宿出兴于世"，从"第二门头别开"的一路。它是"无处发药，不得已"之作，但又别无他途。②

这个"真实悟底尊宿"就是话头禅的创始者宗杲。在此之前，没有这一禅门，有人因此责难"看话禅"没有传承根据："或谓《传灯录》一千七百单一人，皆是言外知归，迎刃而解，初不闻有做功夫看话头之说。在此自年朝至岁暮，其忉忉不绝口，惟是说看话头做功夫，不但远背先宗，无乃以实头缀系于人乎？"明本回答说："谓看话头做功夫，固是不契直指单传之旨，然亦不曾赚人落草，最是立脚稳当，悟处亲切。纵使此心不悟，但信心不退不转，一生两生，更无

---

① 《天目中峰和尚广录》卷四下。
② 上引均见《天目中峰和尚广录》卷一上。

不获开悟者。如《传灯录》中许多言外知归之士。焉知其不自凤生脚踏实地做来?"①

这是一种颇苍白的辩解,说明明本为人是诚实的。他承认他推崇的"看话禅"不是禅宗一贯标榜的"直指单传",只不过不会"赚人落草"、走入邪途而已。相比当时的诸多禅门言,"看话禅"正派踏实,所以说是唯一可行的法门。他用"一生两生"论证由此开悟的可能性,有鼓励参学者持之以恒的意思,但要以神灵不灭为前提,显然是靠不住的。与唐代的"顿悟"浪潮相比,无疑缺乏对于今世此生的自信。

然而明本对于"看话禅"则有不可动摇的自信。他说:"若人欲识佛境界,提起话头休捏怪,忽然两手俱托空,佛祖直教齐纳败。"②只要坚持到底,一旦"话头"参透,必然与佛祖无别。据他看来,一切禅修的目的,都在"明心",证悟心体。可是,"心之至体无可见,无可闻,无可知,无可觉,乃至无可取舍,既有可为,皆是虚妄颠倒。"因此,心体不可能被通常的见闻觉知所把握,但若意想离弃见闻觉知,这离弃的意念就属于见闻觉知,所谓"只个欲离之念,早是增加其病耳。"唯一的可能是,"远离一切见闻觉知,乃至能离所离一齐空寂,则灵知心体宛然显露于见闻觉知之间。"因此,心体既不能依赖见闻觉知悟解,又不能抛开见闻觉知显现,这是一个矛盾。明本认为,解决这一矛盾的最好方法是参究话头:"于是古人别资一种善巧方便,将个无义味话头,抛向学人面前,令其究竟。但知体究话头,则与见闻知觉等不期离而离矣。"③"与见闻知觉等不期离而离",与原妙的"无心三昧"一样,其实是全部思想集中于那个"无义味话头"时的精神状态,这一状态被看作是"灵体心知"的显露。

明本倡导的话头禅,特别强调同严守戒律的一致性。他说:

---

① 《天目中峰和尚广录》卷一下。
② 《天目中峰和尚广录》卷四下。
③ 《天目中峰和尚广录》卷五下。

> 须知一个所参话终日横于方寸,不思善,不思恶,善恶二途自然忘念,而言修断,何其赘耶?且参此话时,不见有一众生而可度脱,乃非饶益而饶益也。此所参话虽不称三聚,而具存三聚无少间也。朝参之,夕究之,久远而守之,一旦开悟……不知戒之在我,我之在戒也。①

这里讲的"三聚",指"三聚净戒",包括"摄善法戒",所谓"无善不修";"摄律仪戒",所谓"无恶不断";"饶益有情戒",所谓"无众生不度"。在明本看来,参究话头能使善恶两忘,自然不会造恶,也无须修善断恶;既无众生可度,也就是"饶益众生"②。因此,它的本性就是与戒铸为一体,"不知戒之在我,我之在戒也"。

当时有一类禅师认为:"尽十方世界,所有虚空色象大小纤洪,皆是个自己。"所以,"信步行,不离祖翁田地;信口道,总是古佛真诠"。据此而不守戒律,放荡无羁,以致提出什么"抱妻骂释迦,醉酒打弥勒,俱成一行三昧"等荒唐主张。明本对这种轻薄的言论十分痛恨。他在解释《信心铭》中的"究竟穷极,不存轨则"一句时诅咒说:"阎罗大王要捉此等说底来吃铁棒。"③他本人接受原妙的衣钵,戒律是很严谨的。

如果说在入定模式上明本主要是继承了原妙的经验,且有所发展,那么在参究话头上,他主要是恢复了宗杲的传统,而疏远了原妙的主张。他说:

> 昔僧问赵州:狗子还有佛性也无?州云:无。只者一个无字,如倚天长剑,涂毒鼓声,触之则尸横,婴之则魂丧,虽佛祖亦不敢正眼觑着。④

---

① 《天目中峰和尚广录》卷四下。
② "无众生"的思想,来自《金刚》等般若经类,其与"普度众生"的大乘观念相矛盾。《维摩诘》等用"不二法门"说进行调和,可以作多种解释,此处从略。
③ 《天目中峰和尚广录》卷一二下。
④ 《天目中峰和尚广录》卷五下。

他把宗杲主张重点参究的"无"字,喻为"倚天长剑"、"涂毒鼓声",等于说它是消除一切世俗观念、使人超佛越祖的关键。"无"字话头的地位,无疑是空前地提高了。以后明本的弟子继续沿着这条思路前行,把"无"字话头等同于密教中的咒语,可见它成了至高无上、可以取代任何一种话头的话头。

有一个住京师万寿寺的"麟上人",从前参"释迦弥勒是它奴,且道它是阿谁?"这个话头,今时人亦参,"多要堕落知解,妄认识情,颠倒分别,引起邪见,失佛知见。"明本写信劝告麟上人,以后不要再参其他话头了,"但只去参个赵州因甚道个'无'字。十二时中猛提起,一切处只如参。久之,自然正悟,断不相赚"。

明本并没有正面反对把"万法归一,一归何处"作为参究话头,但他只提倡"无"字,甚至用"无"字取代其他话头,这已经足够表明他对八字话头的态度。参"无"字话头,在哲学上要完成向空观的转变,在实践上要促成不问是非的宁静,这对佛教来说都是平常事。但其结果,是摆脱了"一归何处"带来的悲观绝望趋向,转到了禅宗修持的通常轨道。在这里,明本使用"无"字话头,重点就放置到了制止起念上,他称之为制止"第二念"。他说:

> 但除却一个所参底话头外,更有心念,不问是佛念、法念,乃至善恶诸缘,皆是第二念。此第二念久久不起,惟于所参话上一坐坐断,和个所参话同时超越,便见十方世界皆是解脱游戏之场也。①

所谓"第二念",是指专念话头以外的所有思虑活动。意思是说,要尽力持久地运用"参话头"的专念,以抑制其他任何念想一切不起,及至其他思虑活动完全断灭,所参话头自然消失,所以说是"同时超越",或"和个话头,一时忘却"②。超越了话头,就是解脱,

---

① 上引均见《天目明本禅师杂录》卷下。
② 《天目中峰和尚广录》卷一上。

就能够驾驭世界,游戏世界。这样,明本就把"看话禅"纳入一种禅思维模式,即以一念制万念,灭万念,至无念。而"无念",正是隋唐禅众追求的理想精神,《坛经》确定的最高宗旨。

据此可见,明本的"看话禅"吸取了古典禅法的许多因素,其中把制止"第二念"的生起作为修禅的中心环节,尤其能表现出古典禅法强制停息一切思量的特色。

明本提倡的看话头,要求贯彻在人生的一切活动中,须臾不离。他说:"不妨提起个古人没意智话头,顿在面前,默默体究……行时行体究,坐时坐体究,忙时忙体究,闲时闲体究,老时老体究,病时病体究,乃至死时死体究。"①但就看话禅的基础功夫言,坐还是根本。他在追随原妙的十年中,就是以"昼日劳作,夜而禅寂"著称。他与其师一样强调坐功,甚至认为,"非禅不坐,非坐不禅;惟禅惟坐,而坐而禅。禅即坐之异名,坐乃禅之别称"。当然,有时他对"坐"也别有解释,所谓"一念不动为坐,万法归源为禅。"②他在坚持"坐"的原则上,比乃师要灵活得多。这与他的后半生多在游动建庵中度过有关系。

4. 禅净合一与四宗一旨

禅与净土信仰的关系,仍旧是元代佛教讨论的一个重要问题,核心是围绕着延寿关于禅净作的"四料简"。明本说:"谓有禅有净土,无禅无净土,有禅无净土,无禅有净土。"有些禅师据此认为禅外别有净土宗旨,净土外尚有禅的宗旨。明本有许多言论,专门澄清这类禅净分离的观念。他说:

> 学者不识建立之旨,反相矛盾,谓禅自禅,净土自净土。殊不知参禅要了生死,而念佛亦要了生死。原夫生死无根,由迷本性而生焉。若洞见本性,则生死不待荡而遣矣。生死既

---

① 《天目中峰和尚广录》卷四下。
② 《天目中峰和尚广录》卷二七上。

遣,则禅云乎哉,净土云乎哉?①

在了生死、遣生死的根本宗旨上,两家是一致的,也都可以"洞见本性"。现在两家出现分歧,以至对立,"盖二宗之学者不本乎生死大事耳。以不痛心于生死,禅则耕空言以自高,净土则常作为而自足,由是是非倒见,杂然前陈"②。显然,明本指的净土,是延寿讲的唯心净土,所以他认为两家都以一心为基础。

明本关于禅净一致的这些理论,不都是他的独创。但在实践上,他具体地将话头禅与念佛法门结合起来,则是他的发明。他给一位吴居士写信说:

> 居士久来亲净土之学,复慕少林直指之道,直以"父母未生前那个是我本来面目"话,置之念佛心中,念念不得放舍,孜孜不可弃离。工夫纯密,识见愈精明,道力愈坚密。一旦忘能所、绝气息处,豁然顿悟,始信予言之不尔欺矣。③

此中"父母未生前那个是我本来面目"是话头,"念佛心"属于净土,把话头置于念佛心中,这就是他屡屡重复的"禅即净土,净土即禅"的实际含义,本质上也就是化净土为禅。

元代政权巩固后,佛教中以喇嘛教的地位最高,是密宗的代表;在北方重点扶植天台、华严和唯识三宗,被称为教门;南方是禅宗的天下,势力最大;律学则为一切宗派共奉。所以,在全国是密、教、禅、律四宗并存的局面。明本的看话禅充分肯定了这一形势。他说:

> 夫四宗共传一佛之旨,不可缺也。然佛以一音演说法,教中谓:惟一佛乘,无二无三,安容有四宗之别耶?谓各擅专

---

①③《天目中峰和尚广录》卷五下。
②《天目中峰和尚广录》卷一一上。

门之别,非别一佛乘也。譬如四序成一岁之功,而春夏秋冬之令不容不别也。其所不能别者,一岁之功也。密宗春也,天台、贤首、慈恩等宗夏也,南山律宗秋也,少林单传之宗冬也。

这四宗都为"一佛之旨",弘扬的皆是"佛心",所谓"密宗乃宣一佛大悲拔济之心也,教宗乃阐一佛大智开示之心也,律宗乃持一佛大行庄严之心也,禅宗乃传一佛大觉圆满之心也"。既然四宗都是一佛之心,宣传的皆是佛心,所以应该四宗平等,不应该有高下优劣之分。

明本关于四家一旨之说,明显是为当时地位低劣的禅宗鸣不平。他用一年四季譬喻四宗之互不可缺,意味深长。将密宗比之为"春",禅宗比之为"冬",表明他是深感面临季节的严酷。不过,四季是循环的,所以他依然很有信心,依然坚持禅宗为"大觉圆满"——佛的最高教旨。明本曲折表达出来的这种心绪,在南方禅宗中可能有相当的代表性。

当时有义学教宗责难:"彼三宗皆不言别传,惟禅宗显言别传者何耶?"明本对曰:"理使然也。诸宗皆从门而后入,由学而后成;惟禅内不涉思维计度之情,外不加学问修证之功,穷劫追今不曾欠少。拟心领荷,早涉途程;脱体承当,翻成钝置,诚别中之别也。"①禅宗以自我的本心圆满无缺为理论指导,既不需要增加什么,也不需要减少什么,它无须"从门而后入",也不必总处于"思维计度"中,所以说它是"别传"。虽然并不排斥其余三宗也是"别传",但它独得此名,确实是"理使然也"。明本的这种解释进一步反映了他对禅宗的自信和自傲。

六、天如惟则与千岩元长

元代后期,朝政腐败,社会动荡,"士大夫逃禅"成为引人注目的现象,一些地方官僚开始向禅宗寻找出路,其中既有汉族,

---

① 上引均见《天目中峰和尚广录》卷一一上。

又有蒙族；既有"向司县间作小吏，弄到老死，构不得九品八品"的仕途"无根脚"之人，又有"出身便是五品四品"或"白身便是三品"的统治者。他们的儒学和佛学修养一般不能与宋代的士大夫相比，因此关心的问题与宋代士大夫不完全相同，参究的内容也有差别。

在元代后期，受到中小官僚和士大夫推崇的禅僧中，明本的弟子惟则和元长是最著名的代表。

1. 惟则的禅净融合新说

惟则号天如①，俗姓谭，庐陵（江西吉安）人，追随明本习禅多年。曾"遁迹松江之九峰间，十有二年，道价日振"。他也是终生拒绝住持国立大寺院，"江浙诸名山屡请主席，坚却不受"②。至正二年（1342），他的信徒在苏州城为他建院居住，为纪念其师明本曾住天目山师子岩，这座禅院便名"师子林"。欧阳玄曾撰《师子林菩提正宗寺记》。危素（1303—1372）说他虽"无意于世，然四方之欲求其道者，惟禅师是归，故其言不待结集而盛行"③。惟则的著述有《楞严经圆通疏》、《十法界图说》、《净土或问》和《天如惟则禅师语录》九卷。

惟则在禅学上无甚创新，主要是传播明本的"看话禅"。在师子林的一次斋会上，他对一大群蒙汉官僚士大夫说："何谓参禅是向上要紧大事？盖为要明心见性，了生脱死。生死未明，谓之大事。"他劝说这群"身历宪台，法柄在手，声光赫赫，震耀海内"的诸公去参禅，以"了生脱死"，是很幽默的。他又说，既然诸公"相率过我师子林，咨决禅宗向上一着，此岂偶然者哉！然我这里，别无指授之方，但请各各参取个'无'字话头，却不妨向出司按部、莅政牧

---

① 关于惟则的生平事迹所知甚少。《天如惟则禅师语录》卷四载《水西原十首并引》，其中有"至正丙戌（1346），余年六十又一"一句，推知他生于1276年左右，卒年不详。
② 欧阳玄：《师子林菩提正宗寺记》。
③ 危素：《天如惟则禅师语录·序》。

民、演武修文处,时时提掇,密密觑捕。"①

参取"无"字话头,是宗杲到明本的传承,并不新鲜。但这里用来提醒当权的官僚,特别是让他们在行使权势时"时时提掇",就有特别的意味;在一定程度上也反映了官僚层对于行将破灭的不安和预感。

元代中后期,净土信仰盛行,对禅宗的影响愈来愈深。惟则在唯心净土的基础上,开始容纳西方净土的主张,并力图给以理论的说明,使禅净统一的传统观念发生了重要变化。他一方面批评、排斥净土的禅者:"不究如来之了义,不知达摩之玄机,空腹高心,习为狂妄,见修净土,则笑之曰:彼学愚夫愚妇之所为"②;另一方面又批评修净土者"自疑念佛与参禅不同"。他认为:"参禅者直指人心,见性成佛;念佛者达唯心净土,见本性弥陀。既曰本性弥陀,唯心净土,岂有不同哉!"③

到此为止,惟则的禅净统一观,没有超出延寿、宗杲以来"唯心净土"的范围。他的特点,是进一步把"西方净土"同"唯心净土"沟通起来,让唯心净土也融进极乐世界的内容。

惟则在叙述自己的思想转变时说:

> 尝闻有唯心净土,本性弥陀之说,愚窃喜之。及观净土经论,所谓净土者,十万亿土之外之极乐也;所谓弥陀者,极乐国中之教主也。是则彼我倏然,远在唯心本性之外矣,果何异哉!④

惟则从唯识无境出发,肯定"在吾心"外不会别有佛土,但他换了一个说法:"极乐世界、弥陀世尊,亦吾净土中之一刹一佛而已。"⑤既然吾心即是吾净土,所以崇拜弥陀的极乐世界也与禅宗以心为

---

①③ 《天如惟则禅师语录》卷二。
②④ 惟则:《净土或问》。
⑤ 《天如惟则禅师语录》卷三。

宗的本旨不悖。他不像明本那样,把"念佛"归结到看话禅中,而是让禅众理直气壮地去崇拜西方世界:"念佛之外,或念经、礼佛、忏悔、发愿,种种结缘,种种作福,随力布施,修诸善功以助之,几一毫之善皆须回向西方。如此用功,非惟决定往生,亦且增高品位矣。"①

如前所述,西方净土与唯心净土的不同,基于对外力的信仰与对自力的信心上的差别。惟则容纳西方净土进入禅门,是对自信心的一种动摇;但也反映了极乐世界对于当时世人的吸引力,使禅宗也不能无动于衷。一般说来,凡西方净土盛行之日,往往也是人们对当前现实世界失望之时。

惟则曾作《宗乘要义》,集中论述禅宗五家宗旨并概括它们各自的特点是:"临济痛快,沩仰谨严,曹洞细密,法眼详明,而云门高古也"。这一评论,很受禅史研究者的重视,常被引用。他的目的在于用五家禅法的不同个性,说明"用有万一,体无二致"②的道理,反对从五派教学理论和方法的异同方面寻找其兴衰存亡的原因。

2. 元长的禅密统一说

元长在元代的禅宗中也有相当的影响。据明朝宗泐评论:"当元之盛时,庵居知识,在天目则中峰本公,华顶则无见睹公,屹然法幢东西角。立伏龙(指元长)虽晚,出而与天目、华顶并高矣。"③意谓元长与先睹、明本在元中期称得上是三足鼎立。

元长(1284—1357),字无明,号千岩,越之萧山人,俗姓董。十七岁随昙芳游方,习《法华经》,十九岁受具足戒,到武林灵芝寺学律,曾以禅解律,受到律师称赞。后在一次斋僧中,遇到中峰明本,明本让他参究"无"字话头。别后即往灵隐山修行,不久又"弃归法门,随顺世缘,殆将十载"。后再次到灵隐山习禅,

---

① 《净土或问》。
② 《天如惟则禅师语录》卷九。
③ 《题千岩和尚语录后》。

"跏趺危坐,胁不沾席者三年"。然后又去参见明本,明本告诫他:"汝宜善自护持,栖遁岩穴,时节若至,其理自彰。"于是,元长隐居天龙山东庵,"耽悦禅味,不与外缘"。在此期间,笑隐大䜣曾荐举他住持名刹,领行宣政院事的江浙行省丞相脱欢请他"出世",他都未应命。

泰定四年(1327),元长来到金华府伏龙山,重建已废的圣寿禅寺,弘禅授徒,声誉日隆。"内而齐鲁燕赵、秦陇闽蜀,外而日本三韩、八番罗甸、交趾琉球,莫不奔走膜拜,咨决心学,留者恒数百人。"据说还有"求道之切,断臂师前以见志者"。这是由于元朝的影响力扩大,与周边国家的联系进一步密切的一种反映。

元长在官僚士大夫中也有一定影响,与宋濂"为方外交垂三十年","王公大臣响师之道,如仰日月。名倾朝廷,三遣重臣降名香以宠嘉之"。曾被赐"佛慧圆鉴大元普济大禅师"号。

元长也以诗文见长,著"《语录》若干卷,和智觉《拟寒山诗》若干首,皆刻梓行于丛林"。①

元长也是毕生倡导看话禅,但在选择话头上比较灵活:

> 果须到佛祖田地,须悟万法归一,一归何处话,与父母未生前话,狗子无佛性话,不是心,不是佛,不是物话。无丝毫疑滞,无些子差错,尽平生力量,一味捱将去。捱到露布极,伎俩尽,命根断,便是到佛祖田地也。

这里列举的四个话头都比较流行,他认为都无不可。只要能够当作话头,坚持参究就行,选择上不必那么拘束。

元长也重视沟通禅与密教的关系,他用禅宗的观点解释密教教义:

> 秘密一宗,显诸佛不传之旨,阐上上大乘之教,故能入凡

---

① 上引均见《佛慧圆明无边广照普利大禅师塔铭》。

入圣,入一切国土而无所入,于诸境界亦无所碍。

但他强调,密宗与禅宗一样,也应该以解脱生死为目的,从"无心"勘破一切事理中获取自由快乐,所以说:

> 你若打理窟不破,事上便不明;事上既不明,诸法皆有滞;诸法既有滞,持咒观想,皆是虚妄生死根本。唤作法身佛得么?唤作无等等咒得么?唤作大慈悲、大忿怒、大解脱、大自在得么?且道如今作么生?你但无事于心,无心于事,自然虚而灵,寂而妙……随缘着衣吃饭,任运快乐无忧,不与凡圣同缠,超然名之曰祖。如上说底,即非密也,密在汝边,已是说了。无明门下,须吃棒始得。何故,大事为你不得,小事自家支当。

对于密宗提出这种要求,同当时实践中的密宗不啻是天壤之别。这是他把密宗禅化了,或者是有意按照禅宗标准对密宗实践的批评。与此同时,他也受到密宗的影响,像"任运快乐"之类的话,在此前的禅宗中是没有的。

不管怎样,在总体上他与明本所取的立场一致,都肯定密宗为佛说,同禅、教一样,不应有高低差异:

> 云门"普"、赵州"无"、德山棒、临济喝,与你寻常想底佛,持底咒,同耶,不同耶?同则禅分五宗,教分五教,不同则总是释迦老子儿孙,何有彼此之异?①

---

① 上引均见《千岩和尚语录》。

第八章　明代禅宗的衰退和分解

第一节　朱元璋与明代佛教

朱元璋建立的明王朝(1368—1644)，在强化封建专制主义方面有不少"创新"，其中之一是对思想文化进行严酷的政治统制。

朱元璋是主张以儒术治天下的，但对于儒家经典中有损君权神圣的内容也要清理剔除。如《孟子》中有"君视臣如草芥，则臣视君如寇仇"之类的话，他认为"非臣子所宜言"，命人删去此类言论八十五条，编成《孟子节文》①。他对于文人的言论特别敏感，近乎歇斯底里的程度，中国有史以来真正的文字狱就是从朱元璋开始的。在这种思想的指导下，对宗教的政治控制也空前加强。

朱元璋出身贫寒，早年出家为僧，因而十分熟悉佛教的内幕；三年的游方乞食，使他广泛了解佛教与社会各阶层的关系；打着明教和弥勒教旗号的农民起义军能够日益壮大并获得胜利，又使他深刻认识到宗教在社会上的影响、价值和地位。正因为如此，在朱元璋统治时期(1368—1398)制定的宗教政策，严密而且针对性强。有关整顿佛教的各项措施，奠定了整个明王朝佛教政策的基础，对禅宗亦产生了深刻而持久的影响。

朱元璋称帝的第一年，诏令禁止白莲社、大明教和弥勒教等一切"邪教"。继之，于《大明律》中规定，凡"妄称弥勒佛、白莲社、明尊教、白云宗等会，一应左道乱正之术，或隐藏图像，烧香集众，夜聚晓散，佯修善事，煽惑人民，为首者绞；为从者各杖一百，流三千

---

① 《明史》卷一三九《钱唐传》。

里"。洪武十五年(1382)之后,对佛教的管理进一步强化。洪武二十四年(1391),颁布《申明佛教榜册》。二十七年(1394),再次颁布类似榜文,系统地陈述了佛教管理的基本内容。

随着元王朝的灭亡,喇嘛教丧失了在内地佛教界的特权地位,但在华北一些地区仍有深厚的基础,特别是在藏、蒙等少数民族中信仰依然普遍。朱元璋出于"化愚俗、弥边患"的政治目的,曾经"招徕番僧",给予少数喇嘛以较高的待遇。至于成祖(1403—1424)、宪宗(1465—1487)和武宗(1506—1521),因为特"好番僧",也召来不少喇嘛,曾一度引起"公私骚然"、朝野不满。到世宗(1522—1566)"复汰番僧",藏传佛教对内地的影响日益缩小。

朱元璋曾企图让佛教僧人沟通对外关系。洪武三年(1370),命慧昙出使西域;次年,命祖阐和克勤送日僧归国;十年(1377),命宗泐出使西域;十七年(1384),命僧光及其弟子惠辩等出使尼泊尔。这些奉诏出使的僧人,即使是载誉归国后仍很活跃,也没有带回较有影响的外来佛教因素。

建立和健全僧司机构,是强化佛教管理的重要措施。洪武元年,中书省奉旨命"浙之东西五府名刹住持,咸集京师,共璧天界,立善世院,以统僧众"①。设在金陵天界寺的善世院,是明代第一个僧官机构。十五年(1382),正式设立僧司管理机构,在中央设僧录司,在府、州、县分设僧纲司、僧正司和僧会司,与行政建制相应,构成了严密的佛教管理网络;同时规定各级僧官的名额、品阶、职权范围以及任选标准等。

对僧人的剃度制度也作了重要变更。洪武六年(1373),诏令全国各地免费发放度牒,但剃度条件很严格:男子出家须四十岁以上,女子出家须五十岁以上。另外,各地的寺院和僧尼数量也有限额。

朱元璋控制佛教最重要的环节,是限制僧人与社会各阶层的自由交往。经过元末战乱,许多僧人不住寺院,游荡于乡镇,杂处

---

① 《释氏稽古略续集》卷二。

于民间,对社会稳定构成了危胁。朱元璋多次下诏,令各级僧司调查游僧人数,强制集中,入住寺院。这就是所谓"合众以成丛林,清规以安禅"。朱元璋还特别禁止僧人与各级官吏往来,洪武二十七年诏令:"凡住持并一切散僧,敢有交结官府,悦俗为朋者,治以重罪"。同时规定:"寺院庵舍,已有砧基道人,一切烦难,答应官府,并在此人,其僧不许具僧服入公听跪拜"。

朱元璋还严禁僧人娶妻成家,不仅三令五申,而且鼓动民众群起攻之。洪武二十七年发布的榜文说:"僧有妻者,许诸人捶辱之,更索取钞钱;如无钞者,打死勿论。"他要求僧人严格遵守传统戒律,不许逾越僧俗鸿沟。

对于那些退居山林、从事隐修的僧人,朱元璋特加鼓励。洪武二十四年的《申明佛教榜册》规定:"有能忍辱,不居市廛,不混时俗,深入崇山,刀耕火种,侣影伴灯,甘苦空寂于林泉之下,意在以英灵出三界者,听。"

朱元璋为宗教设置的政治环境,特别切断了禅宗与其群众基础的联系;给佛教划定的活动范围,也主要是限制禅宗的自由。这样,禅宗的自然衰亡成了不可避免的事。不仅如此,朱元璋还直接插手佛教的内部事务,多次颁布诏令,把寺院分为禅、讲、教三等,僧人也相应分为三宗,要求"各承宗派,集众为寺"。这对禅宗更是致命一击。

洪武十五年,"礼部照得佛寺之设,历代分为三等,曰禅、曰讲、曰教。其禅不立文字,必见性者方是本宗;讲者务明诸经旨义;教者演佛利济之法;消一切现造之业,涤死者宿作之愆,以训世人。"①"历代"之辞是假托,禅、讲、教的三等分类实始于此。"禅",专指禅宗;"讲",指宣讲佛教经典的僧人,相当于元代的"教";"教",指祈福弥灾、追荐亡灵等各种法事,从事法事活动的僧人名"瑜伽僧"或"赴应僧"。与此同时,对三宗僧人的服饰也作了规定:"禅僧茶褐常服,青条玉色袈裟;讲僧玉色常服,绿条浅红袈裟;教僧皂色常

---

① 上引均见《释氏稽古略续集》卷二。

服,黑条浅红袈裟。"①

朱元璋把法事单列一宗,与当时民间显密法事普遍盛行、对群众有特殊影响有关。他本人相信,举办法事,"明则可以达人,幽则可以达鬼",有助于国家教化,所以比较重视。洪武十六年颁布:"即今瑜伽显密法事仪式,及诸真言密咒,尽行考校稳当,可为一定成规,行于天下诸山寺院,永远遵守。"并规定,在实行过程中,任何人不得增删修改,"敢有违者,罪及首僧及习者"。

按照钦定的仪规做法事,是教僧的职责,也是他们的特权。据认为,只有持戒严谨的教僧按程序念诵真言密咒,才能在"呼召之际,幽冥鬼趣,咸使闻知",其他人是不会有这种神秘效力的;禁止俗人主持法事。有幸充当人天和人鬼使者的教僧,可以获取合法收入。明王朝还专门规定了做法事的价格,根据担任的不同角色,得到相应的报酬。事实上,不论是统一仪规,还是令瑜伽者专业化,目的都是为了方便国家控制,以防民众像红巾军那样利用宗教信仰组织暴动。

朱元璋对讲习佛教经典也很重视。洪武十年,诏令全国僧人讲《心经》、《金刚》和《楞伽》,并命宗泐、如玘等人注释此三经颁行。朱元璋作《心经序》,讲述他对此经的理解。他力图统一对某几部佛经的解释,进而统一佛教思想,起到加强思想统治的作用。明王朝要求讲者,"务遵释迦四十九秋妙音之演,以导愚昧"。为国家"化导愚昧",成了讲僧的神圣职责,他们享有与瑜伽僧同样的接触社会的权利。相比之下,"禅者"恰恰被剥夺了这些职责和权利。

明王朝还规定:"其禅者务遵本宗公案,观心目形,以证善果。"②这里只有根据禅宗典籍调节身心,以达到个人"证善果"的目的,没有教化"愚昧"的任务。朱元璋告诫禅僧还要研读佛经:"若自欲识西来之意,必幽居净室,使目诵心解,岁久而机通,诸恶不

---

① 《明太祖实录》卷一五。
② 上引均见《释氏稽古略续集》卷二。

作,百善从心所至。于斯之道,佛经岂不大矣哉!"①

　　游方行脚曾是禅僧重要的修行活动,明王朝先是禁止僧道四处游动,至洪武三十一年(1398)诏令:"着江东驿、江淮驿两处,盖两座接待寺,着南北游方僧道,往来便当。"②很明显,"往来便当"只是一种官腔,其功能是更严厉地制止僧道,主要是禅僧的自由游动。禅僧除了"甘苦空寂于林泉之下",或"幽居净室"之外,实在是别无出路了。因此,禅僧纷纷转向,或兼作他业,这成为明代禅宗的一大特色。

第二节　明初禅宗与禅师的讲、教兼施

　　元末的社会危机在江南禅宗中也有相应的表现:"至正间,四方多事,士大夫逃禅海滨者众矣。"③这一现象引起了元朝廷的注意,于是进一步增强了对江南禅僧的羁縻,"元主崇尚我宗,凡林下染衣之叟,多受隆誉"④。在"元文、顺二帝时,楚山南北,浙水东西,其有道尊宿,无不经锡徽号"。他们的徒众多,在下层民众中影响也大,后来就构成了明初禅宗界的中坚力量。明太祖朱元璋建都金陵后,诏见的僧人大多是这类禅师。

　　朱元璋制定的佛教政策着重打击的是禅宗,但他为贯彻这一政策而起用的力量,大部分是禅宗宗师。这些禅师大都乐于讲经、注经或主持法会,与禅宗的传统当然是大相径庭的。

　　明初的著名禅师多出自江南临济宗,北方曹洞宗人极少。洪武年间,元叟行端和笑隐大䜣两系影响较大,特别是前者,与明廷关系尤为密切。洪武三年(1370),朱元璋诏僧人赴金陵天界寺,"其赴诏尊宿三十余员,出元叟之门者,三居一焉"⑤。即使如此,他

---

① 《明太祖实录》卷一一。
② 《释氏稽古略续集》卷二。
③ 《南宋元明禅林僧宝传》卷一〇。
④ 《南宋元明禅林僧宝传》卷一二。
⑤ 上引均见《南宋元明禅林僧宝传》卷一〇。

们的法系也没有维持多久,即告衰落。

一、元叟行端系禅师

元叟行端门下弟子众多,以无梦昙噩、愚庵智及和楚石梵琦在元明之际最有影响。

昙噩(1285—1373),字无梦,号酉庵,早年学习儒学,出家后广泛阅读佛教典籍,"性相之学,无不该练"。后从行端习禅,在江南一带住持过多处寺院。早在元延祐(1314—1320)初年,奉诏主持"金山水陆佛事",元帝师赐以衣号。昙噩本人虽然饱读经书,但并不鼓励弟子们学习。他曾规定:"僧堂内外,有阅经书者,罚油若干。"这反而激发了僧众的读书兴趣:"一僧每逢朔望,纳油库司,读《梵网经》;一僧纳油,读《传灯录》;一僧纳油,读《易》。"[①]元末明初的上层禅师,一般都有良好的佛学修养,所以能够胜任应请讲经做法事。洪武二年(1369),朱元璋诏江南知名僧人,昙噩也在应选之列,后"怜其年耄,放令还山"。他撰有《新修科分六学僧传》三十卷。

智及(1311—1378),字以中,号愚庵,江苏吴县人,俗姓顾。早年出家,"释书与儒典并进",受学于笑隐大䜣和元叟行端。元至正二年(1342),江南行宣政院荐举他住持庆元路隆教禅寺,再迁普慈寺、报恩禅寺,后转径山兴圣万寿禅寺。洪武六年(1373),明太祖"诏有道浮屠十余人集京师大天界寺",智及"居其首"。宋濂认为,"自宋季以迄于今,提倡达摩正传,追配先哲者,惟明辩正宗广慧禅师(指智及)一人而已"[②]。

智及能够得到元、明两朝的重视,一个重要的原因,是他有在大法会上"据令提纲"演说的能力。此举一例:

> ……今辰结集胜会,同音金诵《法华》妙典,说戒放生,熏修忏法,悉使见闻,莫不回三毒为三聚净戒,转六识为六波罗蜜,回烦恼为菩提,转无明为大智,以之保国安民,则国泰民

---

① 上引均见《南宋元明禅林僧宝传》卷一〇。
② 《愚庵智及禅师语录》后附《塔铭》。

安;以之禳灾弭道,则盗息灾消;以之忏罪,则罪垢蠲除;以之荐亡,则亡没解脱;以之普度水陆会内幽显圣凡,则同驾愿轮,俱登觉岸。①

这是用法华忏法统帅和替代一切佛法的演说,从中很难见到星点禅师的面貌。以此"保国安民"成为一种定式,既可以为元祈福,也可以为明服务了。所以,他对宗泐在明太祖举办的法会上宣讲的"法"十分赞赏:"说法不应机;总是非时语……今观全室禅师,钟山法会,奉旨普说,穷理尽性,彻果该因,显密浅深,无机不被,真得先佛之意,深与契经相合。"②禅宗经过宋、元的政治陶冶,至明而完全驯顺了,对国家的依附日益明显。

智及的著名弟子是斯道道衍,即姚广孝(1335—1418),曾随智及在"径山习禅学",后来宗泐看到他的"赋诗怀古",明白这些不是"释子语",很明智地将他推荐给朱棣。后来道衍扶助朱棣起兵打败明惠帝,夺得皇位。因此,明成祖朱棣对佛教比较偏爱。道衍本人终生为僧,被列入禅宗系谱;同时,他也是世俗官僚。

梵琦(1296—1370),字楚石,浙江宁波象山人,俗姓朱。九岁进寺院,十六岁在杭州昭庆寺受具足戒,后来从学于元叟行端,为嗣法弟子。元英宗诏令写金字大藏经,他因善书法而应选入京。元泰定帝时,曾奉宣政院命令而开堂说法。在近五十年间,于江浙一带住持过六处寺院。元至正七年(1347),帝师赐号"佛日普照慧辩禅师"。明洪武元年和二年,奉诏参加蒋山法会,朱元璋听了他的"提倡语,大悦"。梵琦著有《北游集》、《凤山集》、《西斋集》等,其弟子编有《楚石禅师语录》二十卷。

梵琦似乎保留了禅家的放旷风气。他曾说:"如来涅槃心,祖师正法眼,衲僧奇特事,知识解脱门,总是十字街头破草鞋,

---

① 《愚庵智及禅师语录》卷三。
② 《愚庵智及禅师语录》卷一〇。

抛向钱塘江里着"①。这很像是倡导自证自悟、呵佛骂祖的样子,但他仅仅用于对付禅门,反衬出他对佛教其他法门的特殊重视。

根据记载,梵琦临终前对昙噩说:"师兄,我去也。"昙噩问:"何处去?"答:"西方去。"昙噩再问:"西方有佛,东方无佛耶?"他"乃震威一喝而逝"②。梵琦坚信西方净土,就没有把这种信仰当破草鞋抛向江里,而是至死不渝。著有净土诗若干首。明末袾宏指出:"本朝第一流宗师,无尚于楚石矣。筑石室,扁曰'西斋',有《西斋净土诗》一卷。今止录十首,以见大意。彼自号禅人而浅视净者,可以深长思矣。"③明末另一位名僧智旭更说:"禅宗自楚石琦大师后,未闻其人也。"④以后的佛教史书多根据此类评语给梵琦加上"第一流"、"第一等"等赞词。其实这些都是指他以禅师身份扬净抑禅的突出作用的。

梵琦和智及一样,在法会上宣讲禅宗教义,重点也在超脱轮回众生和一切鬼神:"臣僧梵琦,举唱宗乘,所集功勋,并用超度四生六道,无辜冤枉悉脱幽冥,终生佛土,成就菩提。"⑤这话几乎成了梵琦历次法会的开场白。

二、觉原慧昙与季潭宗泐

元末,笑隐大䜣传法于金陵,所以此系禅师和朱元璋接触较早,主要代表有觉原慧昙和季潭宗泐。

慧昙(1304—1371),字觉原,天台人,俗姓杨。十六岁出家,曾习律学、天台宗教义。后来到杭州中竺求学于大䜣,并随其迁住金陵大龙翔集庆寺。住持过牛头山,并得到元文宗的召见。元帝师授他"清觉妙辩"之号。

朱元璋占领金陵,慧昙到军营中谒见,受命住持蒋山太平兴国

---

① 《楚石禅师语录》卷四。
② 《楚石和尚行状》。
③ 《云栖法会·皇明名栖辑略·楚石梵琦禅师》。
④ 《灵峰宗论》卷五。
⑤ 《楚石禅师语录》卷二〇。

寺,一年后迁住大天界寺。天界寺是明初最重要的寺院,交由慧昙住持,表明他在佛教界的特殊地位。每当朱元璋举办法会,慧昙总是登台说法。洪武元年(1368),善事院成立,他受命"统诸山释教事"。洪武三年,奉命出使西域诸国,是明代首批出使僧团。洪武四年,卒于今斯里兰卡。以后宗泐出使西域,把他的遗衣带回金陵,葬于雨花台。

宗泐(1318—1391),字季潭,号全室,台州临海人,俗姓周。八岁随大䜣出家,十四剃度,二十受具足戒。先随大䜣住大龙翔寺,后南下杭州,求学于元叟行端,在浙江一带住持过多处寺院。洪武五年(1372),奉诏参与金陵法会并住持天界寺,管理全国佛教事务。曾作《赞佛乐章》八曲,并同如玘等人笺注《心经》、《金刚》和《楞伽》三经,颁行全国。他也以擅长诗文著名于当时,有《全室外集》九卷。

洪武十年(1377),宗泐继慧昙之后奉诏出使西域,"往返十有四万余程",洪武十五年归国,带回了《庄严宝王》、《文殊》、《真空名义》等经。回国后仍住天界寺,并"常入大内,开襟论道",与明太祖的关系十分密切。在朱元璋的赐诗中,有"泐翁此去问谁禅,朝夕常思在月前"之句。不久,宗泐鉴于"朝臣党立,间有嫉之",离开天界寺,隐居槎峰。洪武十九年(1386),又诏住天界寺。当时人们赞扬他"与内圣外王之略,无不毕备"①。宗泐参与朝政较多,因善于处理与明廷的关系,因此在与朱元璋的长期交往中没有遭到见心来复②那样的命运。

笑隐大䜣一系的这两位著名禅师都积极为新王朝服务,是当时佛教界的头面人物,但其禅学思想并没有值得提及之处。

---

① 《释氏稽古略续集》卷二。
② 见心来复(1319—1391)是元末明初有影响的禅师,据《释氏稽古略续集》卷二记载,他"通儒书,工诗文,一时名士皆与之交,与文僧宗泐齐名。上闻召见之,后以赋诗忤上意,被刑"。也有记载,他的被杀与胡惟庸案有牵连。他有《四会语录》和《蒲庵集外集》六卷。

三、恕中无愠与呆庵普庄

恕中无愠和呆庵普庄,是出自竺元妙道一系的临济禅师,在明初也有一定影响。

无愠(1309—1386),字恕中,号空室,台州人,俗姓陈。早年随元叟行端出家,后在江浙一带参禅,阅读佛教经典"凡经十载,以博达著名"。他在竺元妙道的指导下,由参"狗子无佛性"话头得悟。曾先后住持象山灵岩广福禅寺和台州瑞岩净土禅寺。

无愠不愿长久住持寺院,"虽两住名山,皆甫及三载而退"①。他既不愿与元王朝来往,也不愿接受明王朝的差遣。住瑞岩时,虽然"道价日高,湖江英俊趋台者不绝",但他始终保持"住山本色之操"。② 由于他在明初禅宗界的声望很高,日本请明廷遣他赴日传教,无愠没有接受明太祖的委派,愿终老林泉。后曾住天界寺,与宋濂有一些交往。

无愠重视以固定的问话启悟学者,也重视参究话头,这是他的两大特点。他在住瑞岩时,"乃设三句勘禅流,不合即逐出,当时谓之'瑞岩三关'"③。所谓"瑞岩三关",不过是"黄龙三关"之类的翻版,但是在元末明初禅学毫无起色的情况下,也能激起参禅者的兴趣。

无愠自以为博通佛经,却没有得悟,引为教训,而力主参究话头:

> 参禅乎,参禅乎,参禅须是大丈夫,当信参禅最省事,单单提个赵州无。行亦提,坐亦提,行住坐卧常提撕,蓦然打破黑漆桶,便与诸圣肩相齐……近代参禅全不是,尽去相师学言语。④

---

① 《释氏稽古略续集》卷二。
② 见《南宋元明禅林僧宝传》卷一二。
③ 《南宋元明禅林僧宝传》卷一二。
④ 《恕中无愠禅师语录》卷五。

/第八章/ 明代禅宗的衰退和分解

这只是重申看话禅的老话,没有什么新意,但相比之下,在他身上依然保持宋代禅宗的遗风,也属难得。

无愠和当时绝大多数禅师一样,也重视净土信仰,作有净土诗若干首,所著《山庵杂录》两卷也颇流行。

普庄(1347—1403),字敬中,号呆庵,台之仙居人,俗姓袁,十三岁出家,曾求学于竺元妙道的弟子了堂惟一。洪武十年(1377),受请到镇江金山讲朝廷规定的《心经》等,次年奉诏入天界寺。洪武十二年(1379),移住抚州北禅寺,不久即率徒到云居山,重建废弃的寺院,力图复兴江西禅宗。洪武二十六年(1393),应诏到金陵见明太祖;当年秋受命至庐山祭祀立碑;冬奉诏住持浙江径山寺院。径山是当时海内禅宗首刹,由他做住持,说明了朝廷对他的重视。关于他的言行,有《呆庵普庄禅师语录》八卷。

普庄曾指点僧人说:"我等沙门释子,不知岁之余闰,不问月之大小,唤作无事人则可,唤作了事人则不可。八万四千法门,一千七百公案,须是一一参究,一一透脱始得。"①可以作"无事人",不可以作"了事人",是他的唯一新说。什么是须了的事?那就是对八万四千法门、一千七百公案,一一参究,也就是完全彻底地钻入禅宗的经学中去。很清楚,这是号召丛林把禅宗转变为教宗的措施,与王朝的要求全然一致。

普庄在《呆庵歌并序》中说:"我此呆庵呆道人,不识世间秋与春,兀兀痴痴只么过,无荣无辱无疏亲。"②这一自述大约是他的"无事人"的写照,但事实上他是言行不一的。他对明廷的礼待是如此地感到荣耀,至死不能忘怀:"老来无复事朝参,彩笔曾经对御拈。叨沐君王赐方服,中官送出午门前。"③

---

① 《呆庵普庄禅师语录》卷三。
② 《呆庵普庄禅师语录》卷六。
③ 《呆庵普庄禅师语录》卷七。

第三节　明中叶的义学纷纭与禅宗落寞

从明宣宗到穆宗(1426—1572)的近一百五十年间,佛教的格局大体维持洪武时期的状况。景泰(1450—1456)初年,为了救济饥荒和筹措军饷,明廷恢复了鬻牒制度,一直实行到明末。这样,度牒失控,在一定程度上促进了佛教的发展。景泰四年(1453),监察御史左鼎说:"今天下僧数十万计。"①宪宗成化年间(1465—1487),僧道数量进一步上升,根据倪岳的《止给度疏》说:"成化十二年(1476),度僧一十万,成化二十三年度僧二十余万,以前各年所度僧道不下二十万,共该五十万……其军壮丁私自披剃而隐于寺观者,不知其几何。"②弘治九年(1496),工科都给事中柴升说:"祖宗朝僧道各有额数,迩年增至三十七万有余,今之僧道几与军民相半。"③看来僧道的实际人数要大大超过官方的统计,但是说"几与军民相半"则是夸张。

尽管明中期佛教队伍还有相当的规模,禅宗却处于有史以来最缺乏生机的阶段,既没有形成有影响全国的能力的传教基地,也没有出现众望所归的禅师,更没有什么新的禅思潮兴起。多数有活动能力的禅师,在为建寺院、治田庄、蓄财使奴、构筑豪富生活而奔忙,以至令其同行也为之感叹:"自潜知识之号,哄动富势,建寺院,度徒众。居则金碧,呼则群聚,衣则滑鲜,食则甘美,乃至积金帛,治田庄,人丰境胜,便是出世一番,尽此而已。"④因此,虽然也算是一方之师,在禅学上却无任何建树。潭吉弘忍在记述有明以来临济传法宗师时说:"国家至今近三百年,僧行稠杂,宗祖之道,微亦极矣。虽有一、二大士,深韬岩穴,名闻未著,故其《语录》无传

---

① 《明英宗实录》卷二二八。
② 《明经世文编》卷七七。
③ 《明孝宗实录》卷一一三。
④ 《笑岩北集》卷上。

焉。"①这里讲到禅宗"微亦极矣"的另一个原因,是有极少数"大士""深韬岩穴",遁世隐修,这也是朱元璋的政策的产物。②

就禅宗内部情况言,"少室一枝(指曹洞宗),流入评唱;断桥一脉(指临济宗断桥妙伦一系),几及平沉。虽南方刹竿相望,率皆半生半灭。佛祖慧命,殆且素矣。"从元初开始,曹洞宗在河南嵩山建立基地,到明中叶,虽然仍在固守少室旧地,却只能因循万松行秀的禅学传统,停滞在公案的"评唱"上。南方是临济宗的活动区域,尽管寺院星罗棋布,却没有什么值得一提的影响,后代临济僧人发出感叹:"吾溥沱一宗,自元明之季,盖冰霜之际矣。"③

一、禅向义学的倾斜

禅宗之所以不景气,从学风上讲,是由于禅僧对于义学的攀附。有明一代,讲经注经受到国家重视,义学相对发达。禅僧们竞上京城,听习经典,作为修行的必经阶段。因此,佛教经论的功底如何,不仅是衡量义学法师水平的标准,而且也是考察禅师水平的尺度。法师登门向禅师挑战,似乎也是常见的现象。根据德宝自述:"每每黄口义学,见不同,厥类奋毒,将折草探量。吾亦不敢爪齿,遂作泮潦,略顺寒温,庸常管待。彼出门悉皆快畅。"④这个故事形象地反映了当时义学的气焰与禅学的委屈自安。

明代士大夫研究佛教经典的兴趣也浓于参禅,这与宋代士大夫的风貌截然不同。著名的士大夫如袁宏道、王肯堂、焦竑、曾凤仪、袁了凡、陆光祖、冯梦祯、陶望龄等等,或多年阅读大藏经,或注释佛经,或帮助佛教僧人刻经印经,只有宋濂、李贽等少数喜好参禅,但也都在佛教经典的注释上下工夫。瞿汝稷编撰的《指月录》三十二卷,是唯一有影响的禅宗著作。

在讲到明中期治经风气的特点时,明末曹洞宗僧人元贤指出:

---

① 《辟妄救略说》卷八。

② 《五灯会元续略·凡例》也说:明代临济宗的"人在大匠""所在都有",但他们"韬光敛瑞,说莫得传"。

③ 上引均见《南宋元明禅林僧宝传》卷一四。

④ 《笑岩北集》卷上。

"国朝嘉、隆以前,治经者类胶古注,不敢旁视,如生盲依杖,一步难舍,甚陋不足观也。"①这种株守古注的作风,在有独立性的禅师看来是很可笑的。

德宝曾见到一个"无用"和尚,"背诵《法华经》,得法华三昧,悟实相之旨,住连日,相谈发言,多污漫宗眼,未甚明识者。咸谓此老固有道之士,奈未遇本色师匠耳。言其日用临机有滞。"按德宝的形容,这位"无用"和尚实是佛家里的冬烘先生,精于背诵,似有悟解,只是不知所云,更不能应用。这可以作为当时义学僧侣的一幅写真。德宝曾对义学僧侣的普遍状况作过一次回顾,他说:

> 余初闻善知识名者,或一言一行为可宗者,不问远近,必往参见……既夫礼见之后,或于请益、决惑、论述之际,谆谆自相矛盾者多矣。或谈必大言,及其所言,却又陕(狭)隘。每诲人曰:本具现成。逮究其旨,又不了了……倘有叩问佛祖古宿纲要,总皆罔知。如此等师,一则从上师法非真非的,师师止此。亦是自己心志不真,不深体察,缺大悟缘,纵遇激发,寻便驰废。②

相对而言,禅宗僧侣虽然也都看重读经悟教,但依然是将其当作证悟的手段。嵩山曹洞宗的月舟文载(1455—1524)提倡,"迷时须假三乘教,悟后方知一字无。"③学习三乘教典是由迷转悟的过程中不可缺少的环节,但毕竟只是一个过渡,不是终极。

在禅僧中也存在读经后"闭关"修行的风气。"闭关"也称"掩关",指在一段时期内,足不出户,专事坐禅习定。元贤曾记述了闭关修行的由来,并对这种修行方式提出了批评:

---

① 《鼓山永觉和尚广录》卷二九。
② 上引均见《笑岩北集》卷上。
③ 《笑岩南集》卷下。

/第八章/ 明代禅宗的衰退和分解

> 余闻古之学道者,博参远访,陆沉贱役,劳其筋骨,饿其体肤,百苦无不备,未尝有晏坐一室,闭关守默以为学道者也。自入元始有闭关之说。然高峰闭死关于天目,乃是枕子落地后,非大事未明而画地以自限者也。入明乃有闭关学道之事,其最初一念,乃是厌动趋寂者也。只此一念,便为入道之障。况关中既不受知识钳锤,又无师友策励,痴痴守着一句话头,如抱枯椿相似,日久月深,志渐靡,力渐疲,话头无味,疑情不起,忽然转生第二念了也。甚至身坐一室,百念纷飞者有之,又何贵于关哉?①

说元以前没有"闭关之说",这符合事实;但说没有"晏坐一室"为修行学道者,则距事实太远。如果将"闭关"特指坐禅看话头,那是始自高峰原妙。反对"闭关"修行,是禅宗内部的一家之言,表明自元以来的山居隐修至此已经形成一种"闭关默守"的定型,在此后的禅宗中一直流行。

二、德宝及其对看话禅的增订

明中叶影响较大的禅师是笑岩德宝。他没有提出什么新的禅学理论,但对话头禅进行了修正和补充。

德宝(1512—1581),字月心,号笑岩,俗姓吴,金台人,早年丧父,"失读孔孟之书,缺承父师之训"②。"因听《华严》,恍如破梦,乃卸世籍,为大比丘。"③出家之后,长年来往于南北各地,寻师习禅。其中天奇本瑞(?—1503)门下的无闻明聪、大觉圆和大休实三禅师对他的影响较大。④ 他在以后的弘教过程中,是"随缘开化,靡定所居",史称其"名震海内"。⑤ 万历五年(1577)后,隐居于燕京柳

---

① 《鼓山永觉和尚广录》卷九。
② 《笑岩南集》卷下。
③ 《南宋元明禅林僧宝传》卷一四。
④ 德宝的传承:万峰时蔚——宝藏普持——虚白慧旵——海舟永慈——宝峰智瑄——天奇本瑞——无闻明聪——笑岩德宝。
⑤ 见《补续高僧传》卷一六。

巷,不少知名僧人向他请教。他的言行见诸《月心笑岩宝祖南北集》四卷,隆庆年间(1567—1572)刊行。

德宝在总结自己半生的求学经历时说:"予自离本师至此,入山出山,遍谒诸师,博明个事。冒寒暑于十余年间,涉南北于数千里之外,方始心猿罢跳,意马休驰。岂此一心外更别有玄妙可得者哉?"①他求学十余年,参访了三十多位著名禅师,最后懂得了自悟本心、不假外求的道理。他所倡导的实践和理论,都是围绕这一基本思想展开的。

德宝在当时的佛教潮流中是比较能够独树一帜的人,他对于那种希望于公案和语录中获证的流行观点持否定态度。他评论一些禅僧:"两两三三,聚伙成队,专抱执卷册子,东刺头西插耳,采拾将来,摸寻前人义路葛藤,聚头相斗,朝四暮三,妄诤瞋喜,何异按图索马,画饼充饥?全不审思于诸己躬,有甚交涉。"②他强调的是"审思于诸己躬",而不是外求于书卷和诤论。据他看,"自世尊拈花已降,诸善知识但有词句,皆出言意之外。不可泥于言句,以意识卜度,或会深或浅,悉随力量。如要真知诸善知识阃奥,必须自己大悟后,方尽见得也"③。公案、语录之类,不是不可以看,而是要在证悟之后看,这是德宝所确定的阅读禅宗典籍的"法式"。换言之,灯录、语录并不是悟解的桥梁;反之,只有悟了以后,才能理解历史上诸善知识的思想实质。这样,参学公案、语录,就不再是明心见性的正途,而成了获悟后可以了解的历史知识。

然而,德宝也没有创造"审思于诸己躬"的新方法,他主张自悟的方法依旧是宗杲的看话头,但有不少修订:

第一,参话头与念话头结合。他说:

直下举个"不起一念处,那个是我本来面目?"或云:"一念

---

① 《笑岩南集》卷下。
②③ 《笑岩北集》卷上。

未生时,那个是我本来面目?"初用心必须出声,或三回,或五回,或至数回,默默审定。次或唯提一句,云:"不起一念处";或云:"一念未生时"。疑句用心不定,顺意则可。只要第五个"处"字时,字上宜疑声永长,沉沉痛切。此正疑中,当驻意着眼。或杜口默切,或出声追审,都要字字分明,不缓不急,如耳亲闻,如目亲睹。即心即念,即念即疑,即疑即心,心疑莫辨,黑白不分。爆然囫地一声,灼见一场笑具。①

在德宝之前,禅师讲的"举起话头"、"参话头"或"看话头",都是指内心参究,即用集中一个话头的方法,消除其他思虑活动,属于"杜口默切"。德宝把"杜口默切"与"出声追审"结合起来,要求在内心参究的同时,也要口中念诵,并规定了如何念诵的细节。因为从入定的实践看,出声念诵比内心默参更容易达到心理的宁静,使参禅者全然处在话头的氛围中,以至出现"如耳亲闻,如目亲睹"的幻觉,一直达到"心疑莫辨,黑白不分"的精神状态,获得"囫地一声"的证悟。很明显,"念话头"的方法是源自"念佛",它们的心理机制是一样的,只在最后的信仰归宿上有所不同。

第二,参话头与念佛结合。明代中期,许多禅师主张以念佛代替看话头。德宝最初求教于大寂能和尚,能和尚指导他念佛。后到河南见大川禅师,大川说:"念佛有念佛功德,争奈发悟尤难,未若提无字话头为佳耳。"于是德宝改参"无"字话头。后又求教于际空禅师,际空让他只管念佛。于是德宝便"屏却无字,还只念佛,甚是顺快"②。最后,他根据自己的反复体验,主张将两者等同看待:

……向无依无着干净心中唯提一个阿弥陀佛,或出声数念,或心中默念,只要字字朗然……但觉话头松缓断间,便是

---

① 《笑岩北集》卷上。
② 《笑岩南集》卷下。

意下不谨切,便是走作生死大空子,即速觉得照破伊,则自然没处去……如此用心,不消半年一载,话头自成片,欲罢而莫能也。①

这事实上是把阿弥陀佛名号直接当作"话头",与其他话头一样,既可念,也可参。这样,就把净土信仰再度融进了禅的领域。

第三,解话头与参话头结合。德宝在金陵时,有一士人对他说:"某参万法公案,今将半载,心中不快,乞师为分明代破。"于是德宝就为他解释"万法归一"的意思:

万法归一,一归何处?昔人从此悟入者,不为不多。欲知"万法",便是而今所见虚空、山河、大地、人畜等物,乃至自己身心,总名"万法"也。欲知其"一",便是如今人人本具,不生不灭,妙寂明心是也。亦名真心,虽有多名,皆此一心也。②

在历史上,"万法归一"云云,是不允许用语言解释的,因为参话头的出发点就是要排除知解。所以,不管德宝对这一话头的解释是对是错,其解释本身就与话头禅的原意相违。话头既然可以逐字解释,甚至"分明代破",那么"参看"实际上就变成了理解,话头禅就渗进了义学的成分。

德宝虽然早年没有读过书,却善于讲话,他在与禅师的机语酬对中总是"随问随答",略无少滞。德宝也善于作偈颂表达自己的思想。如明聪曾问德宝:"人人有个本来父母,子之父母今在何处?"为了回答这一提问,德宝写了一首偈:"本来真父母,历劫不曾离。起坐承他力,寒温亦共知。相逢不相见,相见不相识。为问今何在,分明呈似师。"所谓"本来父母",即指本心佛性。佛宝的这首偈,就是表达自己关于佛性本有以及如何明见本心的见解。明聪

---

①② 《笑岩北集》卷上。

看过这首偈后,认为"只此一偈,堪绍吾宗"③。擅长机辩,善作偈颂,在明代中叶也是传法宗师的重要条件之一。

第四节　禅宗最后的兴盛与明末临济宗

一、禅宗的复起及其特点

嘉靖、隆庆年间(1522—1572),明王朝的腐朽已从各方面表现出来。宦官专权,朝臣党争,各级官吏贪污成风,统治阶级已经难于照旧存在下去。土地兼并加剧,赋役沉重,农民难以承受负担,被统治阶级也难于照旧生存下去。特别从万历(1573—1620)末年开始,党社大兴,以反阉党为主线的斗争揭开了统治阶级内部大规模斗争的序幕。同时,不断进行反抗的农民,终于酝酿并爆发了张献忠、李自成的大起义。久在东北经营的女真人乘机入关,建立起中国最后一个封建朝代——大清帝国。

在社会急剧的变动转化中,从明万历(1573)到清雍正(1723),禅宗打破了以往的沉寂,重新活跃起来,形成了它在中国封建主义历史上最后一个兴盛期。

明末禅宗崛起,直接原因是,国家对宗教的管理机制败坏无能,名存实亡。"太祖将禅教瑜伽开为二门,禅门受戒为度,应门(瑜伽教)纳牒为度。自嘉靖间迄今五十年,不开戒坛,而禅家者流,无可凭据,散漫四方。"不是说不允许剃度禅僧,而是对禅僧不再作戒律要求,任其自流,自然要"散漫四方"了。

但是,更深层的原因是,禅僧队伍不可遏制地扩大,造成所谓"戒坛"无法应付的局面。据当时僧人分析人们出家的原因时说:

> 或为打劫事露而为僧者;或牢狱脱逃而为僧者;或妻子斗气而为僧者;或负债无还而为僧者;或夫为僧而妻戴发者,谓之双修;或夫妻皆削发,而共住庵庙,称为住持者;或男女路遇

---

③ 《笑岩南集》卷下。

而同住者;以至奸盗诈伪,技艺百工,皆有僧在焉。①

　　这些人显然都是被社会排斥到无路可走的底层民众,随着战乱的蔓延,流亡无归的人愈多,进入"禅家者流"的愈众。他们的共同特点是:出家为僧首先不是出于宗教信仰,而是寻找一条生活的出路。他们缺乏必要的佛学修养和佛教知识,出家又未经官方许可,不能成为讲经僧或瑜伽僧。其中因为"打劫事露"、"牢狱脱逃"、"负债无还"而为僧者,难免要蔑视旧的社会秩序;那些"夫为僧而妻戴发"、"夫妻皆削发"和"男女路遇"而为僧者,则必然轻蔑佛教戒律。但他们毕竟皈依于佛教,所以在总体上是远离社会斗争的漩涡的,多半从事垦田开荒,农禅并举也就成了新兴禅宗最有吸引力的口号。由于"技艺百工"也进入了禅僧行列,在"农禅"的同时,更扩大了多种经营。

　　明末禅宗的复兴基地是江西和浙江一带的山林,随着社会动荡的加剧,很快扩展到南方各地。在明清之际出现的宗师之多,特别引人注目:"今海内开堂说法者至百有余人,付拂传衣者千有余人。"②具有弘教传禅资格的禅师上千人,这在整个禅宗史上也是少见的。在数以百计的"开堂说法"者周围,往往聚集着数百名僧人,有的多达一两千众。他们中不少人不循戒律,贬低佛典价值,否定西方净土,反对从事瑜伽教僧的职业。这种禅风与宋以来的禅宗传统直接抵触,而与晚唐五代的山林禅有更多相似之处。

　　禅宗流行的东南地区,也是当时党社最发达的地区,至少在明末尚未见到禅社与党社有什么特殊密切的关系。党社是士大夫组织,他们拥有宋、明充分发达起来的理学和心学体系,已经不再需要向佛教请教;而党社本身是同人组织,大都倾向于从学论政,积极干世,不存在向僧侣队伍逃跑的要求。所以,相对而言,明末的士大夫同禅宗是疏远的,这就大大影响了禅宗的素质,不利于禅宗

---

① 上引均见湛然圆澄《慨古录》。
② 《鼓山永觉和尚广录》卷一八。

理论的创新和提高。至于明亡时大批士大夫逃向僧侣队伍,则避难因素大于信仰成分,也不可能对佛教义理进行钻研。

当时禅宗内部的争论还是很激烈的。争论的症结在于:是突破传统佛教,还是维护传统佛教;是有选择地继承禅学遗产,还是全面地继承佛教遗产。这些争论有时十分烦琐,引发出的创见则极少,往往与参加争论者的宗派隶属、政治态度等交织在一起。就此而言,与当时党社的派系斗争又有些近似。知名的禅师几乎都对禅宗的现状不满,都有痛斥所谓"禅病"的言论。

明末知名度最高的僧人,要算云栖袾宏(1535—1615)、紫柏真可(1543—1603)和憨山德清(1546—1623)。他们的主导思想是继承宋以来教禅并重、三教合一的主张:既重禅学,也重义学,更重净土。清初,曹洞宗僧人觉浪道盛指出:"憨山与云栖、达观称三大师,相为鼎立,以悟宗门之人,不据宗门之位,是预知宗门将振,故为大防,独虚此位,而尊此宗。"①他们从实践到理论都有促使佛教综合复兴的倾向,这也是禅宗进入清代以后的最终归宿。不仅有禅学复兴的浪潮,也有整个佛教综合复兴的浪潮,它们相互激荡,相互影响。

就明末禅宗的派系结构说,曹洞宗和临济宗并兴。曹洞宗有两支不断扩张,一是湛然圆澄开创的云门系,二是无明慧经开创的寿昌系。临济宗的主要派系出自笑岩德宝的弟子幻有正传(1547—1614)门下。正传的著名弟子有密云圆悟、天隐圆修(?—1635)和雪峤圆信(1570—1647),都在江南一带传禅。

圆澄(1561—1626),会稽人,幼年出家。万历十九年(1591),求学于曹洞禅师大觉方念,成为嗣法弟子,先后住持过绍兴广孝寺、径山万寿寺、嘉兴福城东塔寺等,主要活动在浙江地区。"生平不

---

① 道盛:《憨山大师全集序》。德清曾从学于摄山栖霞寺禅僧法会,法会出自临济宗的净慈妙伦一系。由于此系元末以前极少著名禅师,也不属于明末复兴的临济支派,所以有时把临济僧人德清称为"不据宗门之位"的僧人。

为律缚,脱略轨仪"①,因此受到不少僧人的指责。他的著作较多,有《宗门或问》、《慨古录》、《楞严意说》、《法华意语》各一卷,《金刚三昧经注解》四卷。另有其弟子编的《湛然圆澄禅师语录》八卷。此系一直盛行到清初。就其个人影响而言,圆澄不及无明慧经。

二、密云圆悟的一条白棒

圆悟(1566—1642),号密云,俗姓蒋,宜兴人。出身于贫困的农民家庭,成年之后,从事各种劳动。少年时,受流行的净土信仰影响,曾"恒诵佛号"。到二十六岁,因读《六祖坛经》而归信禅宗。二十九岁,抛妻离子,出外游历,立志出家。

万历二十三年(1595),圆悟到常州龙池山参见正传,以后二十余年中,除有几年出游外,都在正传身边。前三年,主要是服杂役,"身任众务,以至爨薪陶器,负米百里之外",所以他在成名以后也特别重视劳动,时常以自己的经历告诫门徒:"老僧三十一上侍先师,参神学道都在劳作里办。汝辈要安坐修行耶? 老僧不愿丛林遗此法式。"晚年住持宁波天童寺时,一次有十几个僧人不参加"普请",他知道后,"立摈之"。

三年后,圆悟始得落发。次年,遵从正传的教导,"掩关本山,以千日为期",同时学习禅籍。又三年,正传去燕京,圆悟受命监理龙池山的院务。万历三十三年,入京省觐正传。继之,南还游历杭州径山、天目山以及天台山等地。万历三十九年,正式接受正传"衣拂"。正传逝世(1614),圆悟坚持"心丧伴柩"三年。在此期间,作颂古二百首,"以明佛祖大意"。②

圆悟从万历四十五年(1617)到逝世的二十余年中,先后住持过常州龙池山禹门禅院、天台山通玄禅寺、福州黄檗山万福禅寺等六处寺院,在江苏、浙江、福建一带产生了很大的影响,有"众盈千指"、"众满万指"之说。其所到之处,都着力倡导垦田开荒。晚年居天童寺时,遇大雨,"山水暴涨",他不顾年事已高,率僧众砌筑大

---

① 《会稽云门湛然圆澄禅师塔铭》。
② 上引均见《天童密云禅师年谱》。

/第八章/ 明代禅宗的衰退和分解

堤防洪,大堤"通计一千三百五十尺,皆用巨石垒砌"①。

圆悟非常重视发展他的宗派势力,不像当时在江西的曹洞宗师不轻易承认传法继承人。他可以"付衣拂"于跟随他多年、能力不强,但俯首贴耳、唯命是从的僧人,也可以"付衣拂"于暂投门下、桀骜不驯、禅学异见,但很有能力的僧人。这样,他的弟子得以遍天下,剃度的弟子二百余,嗣法弟子十二人,即五峰如学、汉月法藏、破山海明、费隐通容、石通秉公、朝宗通忍、万如通微、木陈道忞、石奇通云、牧云通门、浮石通贤、林野通奇。其中,法藏、通容、道忞在明清之交影响尤大。由于圆悟门下聚集了持有各种禅观的僧人,所以矛盾多,斗争也激烈,在很大程度上反映了明末不同的禅学思潮。

明末,士大夫大规模向东南转移,情况比任何时代都要复杂,分散向禅僧请教的不在少数。《天童密云禅师年谱》之末列举了与圆悟交往的"王臣国士"有数人,据其《行状》记载:"吴越闽楚,名公巨儒,慕师宗风,或晨夕随侍,或尺素相通,或邂逅咨请,得师激发,无不虚往而实归"。而"齐鲁燕赵及殊方异域之士,亦憧憧不绝也"。②他与这些士大夫之间究竟有些什么性质的关系,对他们又起了什么作用,难得其详。这个事实说明,明朝末年逃向南方的士大夫同禅宗的交往变得普遍而频繁起来,直接影响了清初禅宗的动向和清政府的宗教政策。

圆悟与明廷始终保持一定的距离。崇祯十四年(1641),朝廷斋香赐紫,命他住持金陵报恩寺,他以年迈为由固辞,有"老不奉诏,朝廷慕之"③的传说。事实上,这时的明王朝已经危在旦夕了。关于他的言行,有道忞编的《密云禅师语录》十二卷,有他批评弟子法藏的《辟妄救略说》十卷。

圆悟曾花费了许多时间致力于公案研究。在他的《语录》中,

---

① 《天童密云禅师年谱》。
② 见王谷《行状》。
③ 《南宋元明禅林僧宝传》卷一五。

有"举古"、"拈古"、"征古"、"别古"、"代古"和"颂古"达三卷多。然而,他对自己数十年修行所得的总结却十分简单:

> 山僧出家将及四十载,别也无成得甚么事,只明得祖师西来,直指人心,见性成佛一着子。①

"直指人心,见性成佛",尽管不是他的创造,但他所传禅法紧紧围绕这八个字,却是一个明显的特点。他用以"直指人心"的方法和启发学者"见性成佛"的手段,最后简化到只须"棒打"一条。他这样说:

> 老僧生平不解打之绕,唯以条棒一味从头棒将去,直要人向棒头拂着处豁开正眼,彻见自家境界,不从他得。②

当时的舆论这样评论:"大师为人,不惜身命,宁使丧身失命,终不为开第二门。此是彻骨彻髓,独超千七百则宗门。"③这个独超千七百则法门,终不为开第二门的,就是棒打。圆悟对此有一个解释:"盖缘贫道无学识,兼之口讷,不善委曲接人,故以一条白棒当头直指耳。"④这话有谦虚的成分,他对禅宗典籍很熟悉,在他的《语录》中也充满着巧言善辩的机语酬对;但棒打对他的门徒则很适用。因为他们大都从事农禅,不可能都受过禅学和言辩的良好训练。

此外,在当时的禅宗中,存在着对"悟"的不同理解,有所谓"大悟十八遍,小悟不计数"之说,把"悟"看成是需要反复多次才能完成的过程。圆悟以"棒打"启悟,与此针锋相对,强调"一悟不再悟,深达法源底,坠地便称尊"。唐世济在《遗衣金粟塔铭并序》中特别

---

① 《密云禅师语录》卷三。
② 《密云禅师语录》卷一二。
③④ 《密云禅师语录》卷七。

指出：

> 大悟十八遍，小悟不计数，本是宋儒言，非大慧（宗杲）所说。学人承讹久，智者亦惑之。惟师以为非确然，不肯信此。非博学得心，不受瞒故！①

圆悟用一条白棒启悟，精简了所有修习层次和阶段，也是对宋儒的繁缛学风的一种纠正。

三、汉月法藏的禅思想

1. "得心于高峰，印法于寂音"

法藏(1573—1635)，字汉月，号于密，晚改天山，俗姓苏，无锡人。出身于儒学世家，少年时代受过良好的教育。十五岁于德庆院出家，十九岁得度。此后，研习佛教经典及禅宗语录，并重视融会儒学与禅学的关系。他曾以禅理释《河图》、《洛书》，"粘《河图》、《洛书》于壁，尝语人曰：十河九洛，象教总持，须从无文字道理处求之直指"②。

二十九岁时，法藏从云栖袾宏受沙弥戒，并得袾宏"新刻《高峰语录》，读之，如逢旧物"③。自三十岁始，专参原妙的"万法归一，一归何处"话头，用功数年。后来"遍购古尊宿语录读之"，尤喜北宋慧洪的著作。三十七岁时，在金陵灵谷寺受具足戒。至四十二岁时，宣称："我以天目为印心，清凉为印法，真师则临济也"④。他经常以此自诩，认为是获得了义玄、慧洪和原妙的真传。

四十六岁时，法藏已颇有声誉，前来参学的禅僧和士大夫很多，以至"提倡无虚日"。但讲说时，"不正席，不升席"，不以宗师自居，因为他没有可夸耀的师承，也没有获得正宗禅师的资格。直到

---

① 《密云禅师语录》卷七。
② 《三峰和尚年谱》，万历二十年(1592)。
③ 《三峰和尚年谱》，万历二十九年(1601)。
④ 《三峰和尚年谱》，万历四十二年(1614)。

五十三岁,到金粟山广慧禅寺拜密云圆悟为师。圆悟立即让法藏为"第一座",并且"手书从上承嗣法源,并信拂付嘱和尚"①,快速地承认了法藏为嗣法弟子。次年,法藏即以临济传法宗师的身份,历住常熟三峰清凉院、苏州北禅大慈寺以及杭州、无锡、嘉兴等地的八处寺院,扩大了在江浙一带的影响。

法藏因精通儒学,很受一些官僚士大夫的推崇。大司马岳元声见到三十五岁的法藏,敬佩地说:"堂堂我辈中巨人,被释门束之以袈裟,信儒门淡薄也"②。法藏一生与不少士大夫有过交往,既有一般的官吏,也有像董其昌那样的文人。他住持各地大寺院,都有官僚士大夫出面支持。

与此同时,法藏也重视寺院的经济建设,倡导农禅。他六十岁时住持无锡龙山锦树院,其弟子"弘储兄弟辈散广陵、嘉禾诸郡,募置参禅田,期岁得沿湖葑田三百余亩于寺之西,和尚率众入田,构茆凿池,刈榛疏浍,名之曰'大义庄'"③。这种散于诸郡"募置参禅田"的做法,属于寺院的附设田庄,与山林聚居、自作自食的性质已有不同。"和尚率众入田"仅是一种示范,与"普请"制度的含义有所区别。

法藏虽然投身圆悟门下,但在禅的见解上,两人大相径庭,而且都没有相互妥协的愿望。法藏曾致信圆悟,表明自己的观点:

> 自谓得心于高峰,印法于寂音,乃复发愿弘两枝法脉,起临济正宗。凡遇埽宗旨者,力为诤之。不独负荷溥沱,将使云门、沩仰、曹洞四家,遥承近续,令五宗再灿,愿世世生生为接续断脉之种……屈指诸家,知和尚(指圆悟)乃高峰嫡骨正传,

---

① 《三峰和尚年谱》,天启四年(1624)。
② 《三峰和尚年谱》,万历三十五年(1607)。
③ 《三峰和尚年谱》,崇祯五年(1632)。

敢不一探堂奥。向于金粟山前,叨承委付。①

法藏对于圆悟"委付"的事,时时强调,以志不忘。但在禅思想上,绝不因师徒名分而亦步亦趋。他认为,禅家五宗各有宗旨,都应该继承和弘扬,而不能像圆悟那样,仅以"直接人心,见性成佛"为唯一法门。他不仅要振兴临济宗,而且要使其他四宗并兴,"五宗再灿"。他接受原妙的影响,重视参话头,对宗杲以来的看话禅进行了总结;他接受慧洪的影响,重视《临济宗旨》和《智证传》,发挥"三玄三要"之说。在此基础上,他力图融五家宗旨为一家;同时吸收慧洪的说法,重新厘定禅宗五家的传承关系。这些构成了法藏禅思想的主体部分。

2."大慧一出,扫空千古禅病"

法藏用以统摄五宗的禅法,实际上只是宗杲的看话禅,不过他有一些新的发展。

首先,他对"话头"作了新的解释:

> 所谓话头者,即目前一事一法也。凡人平居无事,随心任运,千思百量,正是无生死处。只为将一件物事到前,便生九种见解,所以流浪生死,无有出期。故祖师家令人于一事一物上坐断九种知见,讨个出格之路,故谓之看话头。②

话头原指公案中的问话或答语,法藏将它推广到平常可能遇到的任何"一事一法",这就打破了禅的某些书卷气,随便一件日常事象都可以成为参究的对象,也都可以从中得到证悟解脱。

因此,法藏更强调从日常生活的具体事物中采取话头,而不要限定在抽象的玄理上。他说:"(看)话头者,不可看心看性,看理看玄,须离却心窠里,单单向事上看取,谓之事究竟坚固。"

---

① 《三峰藏和尚语录》卷一四。
② 《三峰藏和尚语录》卷六。

因为只有解决了日常生活中最常遇到的问题,才能真正把握禅所启悟的玄理。这种主张为传统的看语禅增添了更多的实践功能。

把看话头与"格物"联系起来,也是法藏的一个特点,他说:

> 在祖师禅谓之话头,在儒家谓之格物。格物者,两端叩竭,一切善恶、凡圣等见,并不许些子露现。从此翻身,直到末后句,齐治均平,着着与此相应,则禅与圣道一以贯之矣。①

话头与格物之所以一致,是因为二者都要求人们平等、无差别地看待善恶凡圣,而不必有意地去扬善止恶、贬凡崇圣。他用"齐治均平"作为禅与儒在政治理想上的衔接点,就是用佛家的平等观(齐与均)阐释儒家的治国平天下,这也是他对"格物"的理解。

这样,法藏即以看话禅为尺度,评判宋元以来流行于明的几种主要禅潮流:

> 单坐禅不看话头,谓之枯木禅,又谓之忘怀禅;若坐中照得昭昭灵灵为自己者,谓之默照禅。以上邪禅也。坐中作止作观,惺寂相倾,观理观事,虽天台正脉及如来正禅,然犹假借识神用事,所照即境,所以命根难断,不能透脱,多落四禅八定,及生五十种阴魔,以识身在故也。大慧一出,扫空千古禅病,直以祖师禅一句话头,当下截断意根。任是疑情急切,千思万想,亦不能如此如彼,有可着落。既无着落,则识心何处系泊?令人于无系泊处一进,则千了百当。可见才看话头,则五蕴魔便无路入矣。②

在这里,他既反对枯木禅和默照禅,也不同意天台宗的止观双运。理由是,枯木禅有失灵性,而默照禅以灵灵昭昭"为自己",止观双

---

①② 《三峰藏和尚语录》卷七。

第八章 明代禅宗的衰退和分解

运则是"假借识神用事"。此中的"自己"和"识神",都指"我见"。按照唯识家的说法,"我见"是"末那识"的功用所生,"末那识"为第六"意识"所依,故亦称"意根"。所以,"当下截断意根",就是截断"我见"的根源,而"我见"又是一切分别和烦恼的根本,因而也是截断一切分别和烦恼的根本。换言之,法藏是把唯识家的思想引进看话禅,力求通过对一事一法的参究,以根除我见。但他特别用"假借识神用事"来表示我见,显得更加生动而贴近禅家的生活。

参禅是排除"识神用事"的过程,这是法藏的基本主张。所谓"离心意识参,出凡圣路学",是他突出的重点。在《三峰藏和尚语录》卷一五中有《离心意识说示禅者》和《离心意识辨示禅子》两篇短文,集中阐述了这个问题。他从宗杲接受唯识家关于"转识成智"的解脱之路出发,认为"心意识"乃是引起生死轮回的总根源,一切修行都以离"心意识"为目的,所以历代佛祖也都"千方百计,立转识成智之法以变之",其中最为便捷和神奇的莫过于参究话头:"厥后法之最捷而妙者,但教人看个话头,才看才疑,顿离心、意、识三法"。①

法藏提倡话头禅,并不排斥其他禅法。他反对的是执禅而病,成为"禅病";而禅的用意,很大成分在于治"病"。所以,应因病给药,禅也不能拘于一格。他给一个病中的孝廉写信说:

> 病中功夫且歇却,看话头郁遏费力,难与病情支遣,不若明明白白一看透底,便自肯心休去。第一先看此身凝湿动暖,四大从来,无有实体……其二看色身既不交涉,其身外骨肉恩怨,功名利养,一切我所,皆是虚妄……其三看破内外色空,何处更有妄心领受?……到此则身心世界一法无可当情,当下脱然放舍,便与法界平等,无一尘一法不是我自心真心。真心

---

① 上引均见《三峰藏和尚语录》卷一五。

者,无心也。无心便当下成佛。①

法藏在这里介绍的禅法,大体是指观"身"不实,"我所"是空,观"心"无受,诸"法"平等,属于传统小乘的禅法范围。但他作了一些糅合功夫,最后归结到"真心"或"无心"上来,也就是他提倡的"离心意识"和转识所成之"智"。这些观法,可能会使因病魔缠身而精神负担沉重的人变得达观一些。

法藏特别提倡把"看话头"与"参请"结合起来:"复有看话头而不肯参请者,又有执参请而不看话头者,皆偏枯也。何不向话头疑处着个参请,参请疑处反复自看?如此参,如此看,两路夹攻,不愁不得。"②"参请"指参禅人向外的参究学习,包括禅师的机锋、棒喝和对公案、话头的解释等。而看话头则完全是内功夫。法藏认为,要想得悟,不应把对外参学与向内自省对立起来,而应让两者相互推动,相互促进。这样一来,除看话头以外,禅的其他形式也有了合理并存的必要。正是在这种思想的指导下,法藏作《五宗原》,神化"五家宗旨",主张全盘接受禅宗遗产。

3. 五家宗旨与威音王圆相

对于五家宗旨的探讨,法藏在早年就开始了,但结果使他颇感失望:"及考迩来诸尊宿语录,虽不多见,然于五家宗旨,概无吃紧语,未尝不置卷长叹也。"③经过多年研究,"既有所立",但又"苦无先达为证",于是就"不远千里"到处参请,而"诸方尊宿欲抹杀五家宗旨,单传释迦拈华一事,谓之直提向上"。④ 也就是说,当时的"尊宿"并不承认有独特的五家宗旨,而只承认有"释迦拈华"的传承存在。所谓"释迦拈华,迦叶微笑",是关于禅宗创宗不立文字、默传心印的传说,在北宋中后期开始流行。至此,一些禅师重新提出

---

① 《三峰藏和尚语录》卷一四。
② 《三峰藏和尚语录》卷七。
③ 《三峰藏和尚语录》卷五。
④ 见《三峰藏和尚语录》卷一一。

来，似在反对五家的宗派纠葛，认为宗派纠葛有违禅宗"明心见性"的初衷。所以，有的禅师照直对他说："五家宗旨是马祖以下人所建立，非前人意也，子盍简释迦而下逮于六祖三十四传之偈。其禅原无许多事，若向马祖之下辄作禅语，则恶俗不可当矣。"①

自《宝林传》以后，禅家说本宗传承，公认西天有二十八祖，东土至慧能为六祖。这里讲"三十四传"，就是指西、东传的总和（其中菩提达摩是重复计算）。《宝林传》并载有每个祖师的传法偈言，《坛经》名为"传衣付法颂"。这个以五家宗旨为"恶俗"的禅师，提倡的就是专门研习这些偈颂，而将道一以下的所有禅语都不当作参究的对象。这种禅风，在明清之际的禅众中可能有一定的代表性。因此，当法藏问及临济宗时，有位禅师说："我不用临济禅，我今尽欲翻掉他的窟子，从六祖而上，直逆释迦老汉，绍其法脉耳。若接临济源流，便有宾主等法。若有宾主等法，便有生死矣。"②当法藏向另外几位禅师请教临济宗的"三玄三要"时，他们"皆贬三玄三要为谩人语，无如是事"③。由此可见，当时的禅宗界对所谓五家宗旨极为轻视，更不可能把它们作为禅修应该依据的准则。

法藏的目标就是要大力振兴五家宗旨。在他的语录中，有许多论述各家宗旨的内容。他于天启五年（1625）所作的《五宗原》，对五家宗旨进行了系统整理。总的来说，包括三项内容：

第一，弘扬慧洪重新厘定的禅宗五家的系谱。关于慧能以后的禅宗传承，本来很复杂，在有关章节中我们已作过介绍。但自《祖堂集》开始，突出青原行思和南岳怀让两系的血脉，并大体孕育了"五宗"脉络：在编排次序上，是先青原，后南岳。青原下出曹洞、云门和法眼三宗，南岳下出沩仰、临济两宗。此后的《景德传灯录》大体沿系这一体例，唯在编次上是先南岳后青原。但将五宗法统如此明晰起来，并为后世禅宗所共许的，乃是南宋时编纂的《五灯会元》。

---

①②③《三峰藏和尚语录》卷五。

中国禅宗通史

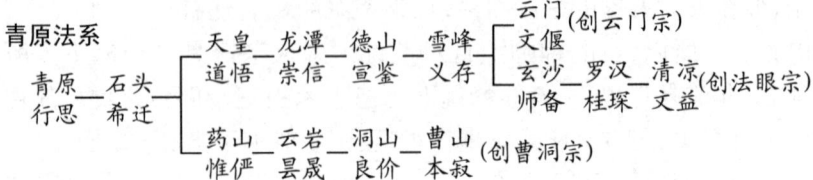

然而，自慧洪等宣传崇信出自天王道悟，天王道悟嗣法于道一，从而把云门和法眼两宗归于南岳怀让法系，影响不小，宋元以来袭其说者不乏其人。法藏即据慧洪之说，认为："六祖而出二枝，南岳怀让、青原行思是也。让出四叶"，即临济、沩仰、云门、法眼。"青原一枝出一叶"，即曹洞宗。① 这些说法全无新意，但他旧话重提，在当时的禅宗中却是别树一帜。

第二，概括五家宗旨的要点，并作出新的解释。法藏说：

……此其为三玄也，三要不必言矣；四句齐行，金刚王也；全威独露，踞地师子也；以此验人，探竿影草也；究竟则一喝不作一喝用也，此四喝之谓也……此四料简也……此四照用也……此四宾主也。临济宗旨大略具矣。

……此五位君臣也，而五位王子亦具焉，此曹洞宗旨也。

……函盖乾坤也，……截断众流也……随波逐浪也……一字关也。此云门宗旨也。

……以拄杖于空中作圆相……此沩仰宗旨也。

……此六相义，而法眼宗旨具也。②

---

① 见《三峰藏和尚语录》卷一一。
② 《三峰藏和尚语录》卷五。

很显然，这里讲的五家宗旨，是吸收了法眼文益的《宗门十规论》和智昭的《人天眼目》的观点，也没有什么新的见解。但在《五宗原》中，则加入了宋以后各派禅师比较常用的机语。他的主要创见，在于对已概括的五家宗旨作出的新的解释上。例如，他对"云门三句"就作了如下发挥：

云门家有三句律之以定宗旨，曰：函盖乾坤句，截断众流句，随波逐浪句。以其函之盖之，乾坤固密，便能截断生死之流，不妨随波不沉，逐浪不汩。今之一句咒语，云唵折隶主隶准提莎诃，岂不函盖乾坤？如此一句，岂不截断生死？凡有所求也，则曰唵折隶主隶准提；所求某事，莎诃，岂非随波逐浪之句乎？①

"函盖乾坤"实际解释为"理"，证得此"理"，即能截断生死之流；运用此"理"，则不妨随逐生死而不会沉沦。他认为这三句云门宗旨的全部含义，都可以用一句咒语"唵折隶主隶准提莎诃"代替。这一咒语由两部分组成，"莎诃"可以单独用，也可以作为咒语的结句用，所以法藏把它分解为三种意思与云门三句相应。事实上，咒语本身是否具有他所诠释的那些意思并不重要，关键是他把一家内容繁多的宗旨归为一句咒语，本质上是把它们演变成了一个话头，从而使一宗之风统摄到了看话禅中。其所以采用咒语来归纳一家宗旨，则是受了元以来流传的密宗的影响。

第三，神化五家宗旨，推崇威音王佛。法藏说：

尝见绘事家图七佛之始于威音王佛，惟大作一〇，圆相之后则七佛各有言诠，言诠虽异，而诸佛之偈旨不出圆相也。夫威者，形之外者也；音者，声之外者也；威音王者，形声之外，未有出载，无所考据，文字以前，最上事也……圆相早具五家宗

---

① 《三峰藏和尚语录》卷五。

旨矣,五宗各出一面。①

在某些佛经神话中,威音王佛被认为是最古老的佛。有些禅僧则把威音王当作本心佛性、"实际理地"的形象化说法,他离言绝相,只能用圆相来表示。据此,法藏认为,五家宗旨不是中国禅宗发展到特定阶段的产物,而是一直蕴涵在威音王佛中,只是为五宗体现出来罢了。这样,五家宗旨就成了威音王佛的显现,各表现了它的一面。比之"释迦拈华,迦叶微笑"所传的宗旨具有更高的神圣性。

法藏之所以强调五家宗旨,在当时有特殊的针对性。他说:

……比年以来,天下称善知识者,竟以抹杀宗旨为真悟,致令无赖之徒,无所关制,妄以鸡鸣狗盗为习,称王称霸,无从勘验,诚久假而不归矣。②

由于抹杀了"宗旨",无从勘验禅众所行的真伪,以致出现了一些无赖之徒,以鸡鸣狗盗称王称霸,这种抨击可谓愤激之极。至于他们的表现,与法藏同时代的曹洞宗禅师无异元来列举过:

近时妄称知识者,行棒行喝,入门便打,入门便骂,不论初心晚进,妄立个门庭,皆是窃号之徒。鼓动学者一片识心,妄兴问答,竖指擎拳,翻筋斗,踢飞脚,大似弄傀儡相似,使旁观者相袭成风。③

元来还说,这些人"胸中无半点禅气,强作机锋;肚里怀一块肮脏,

---

① 《三峰藏和尚语录》卷一一。
② 《五宗原》后附《临济颂语》。
③ 《无异元来禅师广录》卷七。

伸为问答。鬼见拍手而笑，人逢侧目而嗔"①。元来的指责近乎辱骂。但从中可以看出，被斥责的这类禅风为数不少。《五宗原》是在理论上作声讨，目的在于唤醒禅者回到五家宗旨，特别是回到看话禅的轨道上去。

关于法藏等人所揭露的诸种"禅病"是否真的为"病"，从事棒喝、翻踢的禅者是否就是"以鸡鸣狗盗为习"，姑且不论，问题是，在当时处在这股风浪的顶尖，足以"称王称霸"的代表人物是谁呢？人们很容易联想到唯以一条白棒从头打到尾的乃师圆悟，因此圆悟对法藏的观点深恶痛绝是不可避免的。

四、圆悟对法藏师徒的批判

崇祯三年(1630)，圆悟得到法藏送去的《五宗原》，未阅全文，束之高阁。不久，圆悟的同门圆修致书批评法藏。法藏回书反驳。崇祯六年，圆修把法藏的回信寄给圆悟，请其裁决。圆悟听说"汉月每提唱时喜为穿凿，恐后学效尤，有伤宗旨，因其省问，乃为规诲"②。至于如何"规诲"，不详。次年，圆悟著《辟妄七书》，揭开批判《五宗原》的序幕。

崇祯九年(1636)，法藏已死，圆悟又著《辟妄三录》，再次批判。法藏弟子潭吉弘忍为维护法藏之说，兼驳圆悟，著《五宗救》十卷。圆悟曾说："潭吉聪明伶俐，博极群书，其所作《五宗救》，读书人爱看。"③但在潭吉弘忍死后不久，崇祯十一年，圆悟推出《辟妄救略说》十卷，对法藏、弘忍师徒一起清算。

《辟妄救略说》按过去七佛到密云圆悟(附法藏)历代佛祖传记的顺序排列，摘录弘忍《五宗救》的言论附于每条之后，逐条批驳，矛头则主要指向法藏。论述比较杂乱，但中心思想突出。

首先，斥责法藏不尊师长，是无君无父，乱臣贼子。他说："古人道：威音王以后，无师自悟，尽是天然外道。汉月抹杀老僧，便是

---

① 《无异元来禅师广录》卷七。
② 《天童密云禅师年谱》。
③ 《辟妄救略说》卷一〇《附三峰》。

外道种子,所以老僧竭力整顿他,亦为道也,非为名分也。"①又说:"汉月攀高峰为得心之师,觉范为印法之师,真师则临济,正若世间无父之子,认三姓为父亲,遗臭万年,唾骂不尽。"②"世有读书君子,明理高贤,以为如此人者,能逃孔孟贼子之笔伐,无父之口诛否取?"③

圆悟的这类咒骂,从宋明的儒家道学看,是义正辞严、冠冕堂皇的,因为"天地君亲师",师已上升到与君亲并重的伦理地位,当然是违逆不得的。但就禅宗言,却不尽然。唐禅以超佛越祖为洒脱;宋禅把呵佛骂祖视作解脱;一般禅者也以弟子创新为师之能,师辈也不以弟子违于己说而视作叛逆。因此,禅理禅风得以不断翻新,显得思想十分活跃。至于圆悟,以师长身份压人,身份成为真理的象征,表明新儒学的伦理观也已深入禅众。因此,法藏的失败,是历史注定的。

其次,批判法藏神化五家宗旨。圆悟说:

> 汉月不识五宗正旨,妄捏一○,为千佛万佛之祖,则千佛万佛,正法眼藏,已被汉月抹杀。更谓五宗各出○之一面,任汝作《五宗原》、《五宗救》,建立五宗,实乃抹杀五宗。任汝执三玄三要、四宾主、四料简,举扬临济,实乃抹杀临济。④

那么,什么是真正的五家宗旨?什么是真正的临济宗旨?这就涉及到禅法本身的问题。圆悟认为,所有禅家的宗旨只有一个,即:"从上已来,佛法的大意,惟直指一切人心,不从得之本来,为正法眼藏,为曹溪正脉,为五家无异之正宗正旨。"⑤圆悟的"直指一切人心",既是佛祖的宗旨,也是五家共同的宗旨,此外别无宗旨。

---

① 《辟妄救略说》卷七。
② 《辟妄救略说》卷八。
③⑤ 《辟妄救略说》卷九。
④ 《辟妄救略说》卷四。

显然,圆悟此说是缺乏禅史知识。因为,以圆相示佛理,佛理即是诸佛的本源,是始自沩仰宗的慧寂,并不是法藏的"妄捏"。从"圆相"说的理论形式上看,它属于禅宗中的理学派;以"一心"为诸佛起源,因而强调"直指人心"的,我们称之为禅宗中的心学派。实际上,理学派的理,本质也是"心";心学派的"心",也有"理"的含义。所以从哲学本体论上看,两者没有原则区别。圆悟用"直指人心"批驳法藏的圆相,并没有展开心学与理学的分歧,而是以意气用事代替了理论分析。

其实,圆悟本人对五家宗旨的论述也是有矛盾的。一方面,他否定五家各有宗旨;另一方面,在分述各宗时,他又肯定各派确有自己的宗旨。关于临济宗,他就反复强调:"此临济建立宗旨,唯问着便打而已。"①"老僧只据临济道,你但自家看,更有什么?山僧无一法与人,是临济宗旨。""老僧拈条白棒,问着便打,直教一个个迥然独脱,无倚无依,者便是老僧的宗旨。"②这样,"无一法与人"和"问着便打"都是临济宗旨。

若按这样的标准计算,则宗旨可以多到不可胜数。显然,圆悟在这里把禅宗的共性同各派的特性,把各派的禅理及其禅风都混为一谈了。这暴露了当时禅师们的理论水平的普遍粗浅和低下。

如上所述,圆悟一生以"问着便打"著称,并引以为豪。潭吉弘忍把"打"称为"狂",把"骂"称为"泼",对他进行抨击。圆悟也坚决驳斥,他列举了"黄檗打临济,大觉打兴化",而"天下万世,未有指为狂打者"的事例;列举了某些尊宿用"噇酒槽汉,屎床鬼子"骂人,而"天下万世,未有指为泼骂者"的事例,证明"打"和"骂"正体现了禅的"全机大用"。圆悟认为:"妄称狂打泼骂自潭吉始,使天下万世,疑打即是狂,骂即是泼,师家束手结舌,不敢以本分草料接人,自潭吉一言始矣。"③作为一个禅师如果不能打骂,就只有"束手结

---

① 《辟妄救略说》卷一。
② 《辟妄救略说》卷一〇。
③ 《辟妄救略说》卷八。

舌",这等于说禅师的全部本领只有打和骂了。

第五节 无明慧经与明末曹洞宗

一、无明慧经的农禅兴宗

自元初行秀弟子雪庭福裕受诏住持少林,到明代中期,嵩山一直是曹洞宗的主要基地,吸引了各地众多的僧人前来参禅,但从这里产生的有影响的禅师则为数寥寥。明初,值得一提的只有雪轩道成。

道成(1352—1432),十五岁在保定兴国寺出家,后就学于灵岩寺少室文泰的弟子灵岩洁。先后受到三帝(明太祖、成祖和宣宗)的重视,在政治上有一定作用,但在禅学上并无建树,也没有促进曹洞宗的进一步兴盛。

总的来说,嵩山曹洞宗继承的是行秀的禅学传统,以评唱公案为主。元贤说:

> 自元朝初,雪庭裕公奉诏住少林,天下学者翕然宗之。历传之万历改元,小山书迁化,诏幻休润补其席,四方腰包而至者,如鸟投林,如鱼赴壑。而润公乃讲习评唱为事,大失众望。①

幻休常润(1514—1585)是小山宗书的弟子,嘉靖二十五年(1546)住持少林。三十年间,仍以"讲习评唱为事",秉守祖师家法不变,以致"大失众望"。这时候,无明慧经却在江西开始了振兴曹洞宗的事业。

慧经(1548—1618),号无明,抚州崇仁(江西崇仁县)人,俗姓

---

① 《博山语录集要序》。据《宗统编年》卷二九记载,幻休常润于嘉靖二十五年(1546)开始住持少林寺,万历初年常润虽仍住少林,但小山宗书早已去世。所以,元贤在这里讲的时间不太确切。

/第八章/ 明代禅宗的衰退和分解

裴。九岁入乡校,二十一岁出家,到江西黎川廪山求学于蕴空常忠。常忠(1514—1588)的知名度,没有当时的幻休常润高,但对慧经的影响很大。据"杭州径山嗣法曾孙道盛"所撰《建昌廪山忠公传》记,常忠是建昌人,"少时习姚江良知之学,尝以自有别见当揭明之"。出家之后,到嵩山参见小山宗书,并游历五台、北京等地。小山宗书住持北京宗镜寺,他"服勤三载,深得其旨"。后来他回到江西黎川廪山隐居,而"独与罗近溪汝芳、邓潜谷元锡二公相与谈性命之学,间拈《金刚》、《圆觉》,发挥宗门大意,及举向上事,剖决良知,扫除知解,皆超出情见"。据此,常忠是用佛教教义"剖决"王学的中心概念"良知",并由之阐发"性命之学"的。可惜这方面的资料不多,难知其详。常忠并不广交士大夫,曾把一些缙绅名士拒之门外。有人问他原因,他说:"彼且多知多解,肉饱酒醉,来寻长老消闲。予粥饭僧,那有许多气力,与他搔皮宽肚,取人爽快,图人赞叹也。"这是一个不愿给人作消闲材料、不甘清客身份,而有独立性格的禅师,对慧经是有影响的。

　　常忠曾有自己的志向:"当嘉、隆间,宇内宗风,多以传习为究竟。师疾时矫弊,志欲匡扶大法,而力未逮,以故终身韬晦。"他反对的"以传习为究竟",是指嵩山传习的评唱,他力图加以改革,而响应者少,所以不得不"终身韬晦"。直到慧经"从其剃落,后蒙记荫,始为弘扬"。① 而常忠未申之志,也经慧经得到实现。

　　慧经随侍常忠三年,后到鹅峰山住二十八年。② 万历二十八年(1600),慧经到各地游历参访,曾见到云栖袾宏、无言正道、瑞峰广通等当代名僧。据德清所撰《新城寿昌无明经禅师塔铭》记,慧经还曾前往京都,谒达观(真可)禅师,达观"深器重之"③。

　　此中涉及慧经传承关系的有两个人:其一是无言正道(1548—

---

　　① 上引均见《建昌廪山忠公碑》。
　　② 一说慧经在鹅峰居住二十四年,此据元贤的《无明和尚行业记》,见《鼓山永觉和尚广录》卷一五。
　　③ 贤认为,德清所撰《塔铭》"述先师(指慧经)入道机缘,率多失实",故另作《无明和尚行业记》,认为慧经并没有见到达观真可。

1618),幻休常润的弟子,继住少林,被视为曹洞正宗;其二是瑞峰广通,笑岩德宝的弟子,属临济宗。他对慧经也有影响,黄端伯在《寿昌语录序》中说,慧经"最初从廪山发悟,而末后印法于五台(广通)",因而把慧经归于临济宗。慧经在万历三十一年(1603)初次开堂说法,即宣布嗣法常忠,确定自己属于曹洞宗系。尽管如此,到清初仍有人提出慧经一系的归属问题。

万历三十六年(1608),慧经受请住持福建董岩,不久重返宝方寺。第二年,迁住建昌府新昌(江西黎川县)寿昌寺,直至逝世。习惯上即把他这一派称为曹洞宗寿昌系。关于他的言行,有其弟子元来所编《寿昌无明和尚语录》两卷。

慧经在江西振兴禅宗,主要借助农禅扩大丛林规模。在他出家后的四十余年中,除两三年行脚外,都是住山开田。在鹅峰山时,他"凿山开田,不惮劳苦";在宝山寺时,他"虽临广众,不以师道自居,日率众开田。斋甫毕,已荷锸先之矣。时有志于禅者日渐集"。至于寿昌寺,他"居败屋,日中率众开田,一如宝方,未尝少倦。数载之间,重建一新庄,庄严伟丽,甲于江右丛林"。他的弟子元贤说:"四十余年,锄犁弗释,年迨七旬,尚混劳侣,必先出后归,未尝有一息苟安之意。三刹岁入可供三百众,皆师血汗之力也。"①他的另一弟子元来说:"入山躬自作务,力田饭僧。凡鼎建梵刹大小十余所,皆吾师一锸之功也。"②慧经正是以倡导并带头劳动,将禅建立在保障自给的经济上,才使禅众不断扩大的。在宝方寺,"四方闻风而至者,络绎于道,挂搭常数千指"③;在寿昌寺,"二十年来,千指围绕"④。

慧经的农禅,是对百丈怀海的自觉效法。他说:"山僧昨早停箸,披蓑顶笠,弄头到晚,犹不觉倦。若不履践至百丈堂奥,焉能禁

---

①③《无明和尚行业记》。
②《无异元来禅师广录》卷三三。
④《新城寿昌无明经禅师塔铭》。

得大众？"①在他看来，"能禁得大众"的，不是精深的学问，而是解决大众的衣食问题；以亲身劳动带动大家共同劳动，才是禁制大众不失散、不违戒的根本途径。正因如此，他受到推崇，被尊为"寿昌古佛"。"学侣参寻，每将镢头为禅杖，尊宾顾访，且就蓑衣准布袍，故有'寿昌古佛'之称。"②

慧经"常示参徒"，"牵犁拽地，法法全彰，岂待老僧再举扬乎！"③开田垦荒、牵犁拽地，就是示以佛法，用不着再有什么说教。德清说他"生平佛法，未离镢头边也"④，这个评价是恰当的。

慧经贯彻的农禅制度非常彻底。其表现之一，就是拒绝接受官僚王公的布施，所谓"历主三刹，皆不发化主，不扳外缘"⑤。当时的达官显贵进山总要"斋香修敬"。对于这些人，慧经"漠然不答"。寺中知事劝他"稍循时宜"，他回答说："吾佛制，不臣天子，不友诸侯，为佛儿孙，而违佛制，是叛佛也"⑥。这是因为有了独立的经济，所以才有独立的品格。而这种禅宗的独立性，只有在中央集权薄弱或失势的年月才能实现。

慧经一反明代禅宗风习，主张保持禅林的纯洁性，反对把"禅坊"变为"应院"。洪武年间，明王朝规定禅、讲、教分宗。由于官民法事盛行，"教"寺香火旺盛，赴应僧赚钱十分容易，所以禅僧多兼做法事。这种风气也曾流到慧经创业的山寺，他大加斥责："汝邀一时之利，开晚近流弊之端，使禅坊流为应院，岂非巨罪之魁也！"⑦

从这类言行看，慧经努力恢复的确是晚唐农禅的模式，在振兴江西丛林中有不少号召力。但拒受布施，不做法事，大约只能行于他所住持的寺院，并不能改变元明以来的旧风。

在禅的领域，慧经继常忠之志，反对讲习评唱，也反对钻研公

---

① 《寿昌无明和尚语录》卷上。
②⑥⑦ 《南宋元明禅林僧宝传》卷一四。
③ 见《寿昌无明和尚语录序》。
④ 《新城寿昌无明经禅师塔铭》。
⑤ 《无明和尚行业记》。

案机语。他指出：

> 参禅者须得禅源底要妙，方有语话分。此语无来由，没格式，但应机便用，实无有铺排，着量之言。所以云："无味之谈，塞断人口。"如僧问赵州："如何是道？"州曰："门外是。"……此等语话可商量乎？尽是禅源到底句，但具眼者自然相契。①

意思是说，机语是"无来由，没格式"的"无味之谈"，不能通过分析它们的含义来悟解。只有"得禅源底要妙"，"具眼者"自然契会。所谓"具眼"，这里指具有"道眼"；"道眼"能令人明慧，所以又名"道眼明"。慧经认为，令人"道眼明"的唯一方法是看话头。

慧经说：

> 参学之士，道眼未明，但当看个话头……如是最是省力，不须念经，不须拜佛，不须坐禅，不须行脚，不须学文字，不须求讲解，不须评公案，不须受皈戒，不须苦行，不须安闲，于一切处，只见有话头明白，不见于一切处。②

他这里讲的看"话头"，也是明末的潮流。他的特点是针对性强，目的是用以取代讲习评唱。而看话头的方法也没有定式，禅者只要注意力集中于某个话头上，令心力不要旁涉就足够了。这样，看话禅就被简化了，同劳动的结合也更容易密切了。

寿昌一系的传承法号有二十八字："慧圆（元）道大兴慈济，悟本传灯续祖先，性海洞明彰法界，广宏行愿证真常"③。在慧经的弟子中，以寿昌元谧、晦台元镜、博山元来和鼓山元贤较为著名。

元谧（1579—1649），字见如，一字阒然，南昌人，俗姓胡。二十

---

①② 《寿昌无明和尚语录》卷上。
③ 守一编：《宗教律诸宗演派》。

一岁到宝方寺见慧经,要求剃发,未获应允,遂去抚州金山,随铠法师出家。一年后,返回宝方寺,一直追随慧经。先作火头,后为维那。元谧接受了慧经的禅学传统,重视参究话头,对扩大丛林建设多有贡献。后继慧经住持寿昌寺二十余年,并重建了宝方寺和本邑的龙湖禅寺。关于他的言行,有弟子道璞所集《见如元谧禅师语录》一卷。

元镜(1577—1631),字晦台,别号湛灵,福建建阳人,俗姓冯,万历三十二年(1604)出家,随慧经住宝方寺和寿昌寺。万历四十三年,从博山元来到福建大仰,晚年归隐武夷石屏山,被称为"武夷第一代禅祖"。关于他的言行,其弟子觉浪道盛编《晦台元镜禅师语录》一卷。李长庚作《武夷第一代禅祖东苑镜公大塔塔铭并序》,附在《语录》之后。

元镜弟子觉浪道盛,是寿昌系的后起之秀。他先后跟随元来、慧经、元镜习禅,元镜曾以"寿昌宗派并书偈付之"。元谧也很看重道盛,后来让他代替自己住持寿昌寺。

二、博山元来的兼容思想

元来不同于其师慧经,不专以劳作为务,而是以禅律并行治理丛林,禅教兼重,又盛倡净土信仰,其影响远远超过慧经。

1. 禅律并行,禅教兼重

元来(1575—1630),又名大舣,字无异,俗姓沙,舒城(安徽舒城县)人。十六岁到金陵瓦棺寺听讲《法华经》,后至五台山出家,从天台宗僧习止观法门。他后来追述这段修行过程说:

> 参五台山静庵通和尚,蒙示三观之旨。先修空观,一空一切空。彼时于蒲团上,当下不知血肉身心前境,不知有山河大地。如此五年。①

显然,元来注重的是天台宗的坐禅观想,所以一直勤于此,"尝露坐

---

① 《无异元来禅师广录》卷八。

松下,不知晨夜,蚊蚋集躯,如喳槁木"。由此形成他终生重视禅修实践的作风。

五年之后,元来慕名到鹅峰参见慧经,见他貌似田夫,遂未停留便去福建白云峰,苦修三年,有所证悟。然后又到宝方寺见慧经,慧经让他为首座。二十七岁时,至鹅湖访袾宏弟子心和尚,"受菩萨毗尼"。在此期间,曾三次拜见袾宏,袾宏书写"演畅真乘"相赠。

从二十八岁开始,元来独立住持寺院。初住博山(江西上饶)能仁禅寺,后三十年中住持过建州董岩禅寺、福州鼓山涌泉禅寺和金陵天界寺等。在江西、福建和江苏一带颇有影响。

明末,南方禅宗崛起,涌入禅门的僧人普遍轻视戒律。元来以戒律约束僧徒,受到社会好评。他能够住持博山能仁禅寺,就因为当地官僚士大夫看重他这一特长。"博山故韶国师道场,荒废日久,寺僧皆肉食者流。广文君倡诸缙绅,偕寺僧请和尚。和尚至,则诛草为屋,仅足容膝,而禅律并行,蹶然而兴起。鹅湖闻和尚居博山,即以授戒仪轨畀之。"他以戒律治理丛林,有很大的号召力,前来请他授戒的人很多,"学士大夫、文学布衣,礼足求戒者,动至数万"。①

元来也很重视参究话头,但不像慧经那样用它代替一切。他鼓励学徒多读佛典:"夫为学者,凡经律论三藏文字,大小偏圆,靡不遍涉。"②他认为宗与教不应该相互褒贬:"然宗教殊途,皆归一致,都城趋入,迅速不同。非敢以宗抑教,以教抑宗,真有所抑,即是魔入。"③他本人即颇通经典和诸宗教义,增强了对文人的影响力。"姑苏刘监军锡玄,素慕和尚,闻和尚在金陵,千走谒焉。询以台教,辩如悬河,和尚为剖疑义,更示以别传之道,监军窅然自

---

① 上引均见《博山和尚传》。
② 《无异元来禅师广录》卷二六。
③ 《无异元来禅师广录》卷二三。

丧。"①据《无异元来禅师广录》载,他经常为僧人和士大夫讲解天台、华严和唯识等宗的教义。他自撰《宗教答响》五卷,专门论述宗与教的相通关系。这种禅教并重的做法,适应了整个佛教发展的大趋向,这是他名重一时的重要原因。

刘日杲曾高度评价元来,"明兴二百年,宗乘寥寥,得和尚而丕振,猗与盛哉！禅律不相谋,宗教不相为也,而和尚法嗣寿昌,律传鹅湖,殆兼之矣"②。认为元来改变了明代两百年来禅宗萎靡不振的局面,是溢美之词,但指出元来打破了"禅律不相谋,宗教不相为"的框框,促进了禅律并行、禅教兼重的发展,则是事实。

元来的门徒编有《无异元来禅师广录》三十五卷,收录他六坐道场的语录及杂著、拈古、颂古、书启、诗文、传记等；元贤从中筛选,编为《博山无异大师语录集要》六卷。

元来一系后被称为寿昌系的博山一支,其传承法号有二十字："元道宏传一,心光普照通,祖师隆法眼,永传寿昌宗"③。元来的门徒很多,在他第二次住博山时,"朔既燕都,南尽交趾,望风而止者,数以千计"④。知名的弟子有长庆道独(1599—1660)、雪硐道奉(1597—1675)、古航道舟(1585—1655)、瀛山智闇(1585—1637)等。其中智闇曾住持博山、福州鼓山、杭州虎跑、信州瀛山等处,影响较大。他的思想没有超出元来的范围。关于他的言行,有《雪关和尚语录》六卷和《雪关禅师语录》十三卷。

2. 禅与净土,"当求一门深入"

在禅宗史上,关于禅与净土的关系问题,始终是意见不一。当明清之际禅宗重兴,则再次出现了排斥净土信仰的思潮,元来则是维护净土信仰的代表。他批判当时的一些现象说：

> 慨末法我相自高,边见分执,贬净土为小乘,指念佛为权行,甚至向人诞唾下。觅尖新语句,蕴在八识田中,以为究竟极则。

---

①②④《博山和尚传》。
③《宗教律诸宗演派》。

及至到头,一毫无用,是之谓弃楚璧而宝燕石,反鉴而索照也。①

将净土信仰斥于禅外的人,是要用参究话头取代佛教的一切法门。据元来看,这将"一毫无用"。他的观点是:"禅净无二也,而机自二。初进者,似不可会通,当求一门深入。"②他的意思是说:"禅"与"净"本身并无区别,由于行者根基不同,禅与净始划分为二。初学者尚不能将两者会通为一,则参禅者可专心看话头,求西方者可专心于念佛。就是说,禅净结合最好,否则禅净单修也行,但绝不能把两者对立起来。后来元来指导学人修习,或参禅,或念佛,都没有背离这一原则。

元来提倡禅净无二,其中的"净土",首先指的还是唯心净土,所谓:"十万亿刹之外,不出一心"③。他作《净土偈》一百零八首,每首都以"净心即是西方土"一句开头,其中前三首是:

　　净心即是西方土,行通西方步不移。无影树头非色相,瞥然起念便支离。
　　净心即是西方土,念佛声消我是谁。彻底掀翻"谁"字窟,三家村里活阿弥。
　　净心即是西方土,何必瞿昙万卷书。霹雳一声聋两耳,全身掺入赵州"无"。④

第一首是重述唯心净土的原理,无甚特色。第二首是接受袾宏关于融通禅净的思想,并纳入看话禅。他曾指出:"我云栖师翁将禅净二途缚作一束,教人单提一句'念佛是谁'。"⑤即用看"念佛是谁",代替念诵阿弥陀佛;通过"念佛声","消我是谁"的"我执"观

---

① 《无异元来禅师广录》卷三二。
②③ 《无异元来禅师广录》卷二一。
④ 《无异元来禅师广录》卷二〇。
⑤ 《无异元来禅师广录》卷八。

念。如果参透这个话头,就是"彻底掀翻'谁'字窟";将"我执"彻底掀翻,也就达到了念佛求见阿弥陀佛的目的。第三首,是用念佛代替看话头,认为两者会有同样的效果:念佛若念到无其他知觉的程度,等于看赵州"无"字话头所达到的境界。

这种"净心即是西方土",在具体运用上可以有很多方面,但就唯心净土言,本质上是反西方净土的,属于禅宗的老调。但是,若依据修行根机来分,禅与净土是两种法门,这里的净土就是西方净土:"如果提一句弥陀,当以信、行、愿为资粮。信者,信自心有成佛的种子,信有弥陀可见,信有净土可生,信我念佛将来毕竟见佛,毕竟成佛,更无疑虑也……"①既然承认"有弥陀可见"、"有净土可生",那么,弥陀和净土就不是存在于自我心中,而是外在可崇拜的对象。在这里,元来还把西方信仰当作"资粮",即手段,但在另一些地方,他把唯心净土与西方净土这两种相互矛盾的说法完全沟通起来:"然行人念佛,正当发愿往生,不可执目前净土。大方之家,安可滞　隅,谓之心净土净,正所谓弃大海认浮沤为全潮者,不迹迷乎?……果将一句弥陀,念教不念自念,究竟到一心不乱,则唯心之理,不言可喻,又何妨发愿往生乎?"他认为,以"心净土净"反对求往生,是愚迷的表现;而念诵佛号求往生,最终也能达到唯心净土的境界。看来,矛盾并没有从理论上解决,只是在实践上调和了。

与此相应,他将历代禅师呵佛骂祖等反对偶像崇拜的言论当作"权语",以便把西方净土纳入禅中:"是故求一门深入,不可滞祖师权语,又不可滞抑扬之说也……祖师亦云:'佛之一字,吾不喜闻。'又云:'念佛一声,三日漱口。'祖师意总不在此。"最后,他依然重述念佛会有佛力冥资、易于参禅等老调:"此净土一门,仗果位中佛,发大弘誓,广摄念佛行人,比于诸法门中,似省力也。"②

元来提出的禅净可以不必兼修、当求一门深入的主张,影响不

---

① 《无异元来禅师广录》卷二〇。
② 上引均见《无异元来禅师广录》卷二一。

小。他的同门师弟元贤作了更进一步的发挥。元贤告诫禅僧,不论是参禅还是念佛,能同样达到解脱:"又有一等人,才念佛又愁不悟道,却要参禅,心挂两头,功不成就,全不知念佛也是这心,参禅也是这心,参禅参得到的,念佛也念得到。"①

然而,在元贤的继续解释中,却从禅净可以不必兼修,变成了禅净不可兼修:

> 问:参禅兼修净土可乎?曰:参禅之功,只贵并心一路,若念分两头,百无成就。如参禅人有一念待悟心便为大障,有一念恐不悟心便为大障,有一念要即悟心亦为大障,况复慕净土诸乐事乎?况虑不悟时不生净土,已悟后不生净土乎?尽属偷心,急加剿绝可也。②

这样一来,参禅和念佛不是相辅相成、互为补充,而是相冲相克、水火不容了,尽管两者都可以独立达到解脱的目的。

元来和元贤这些充满矛盾的主张,反映了明清之际净土思潮的高涨,使禅宗处在两难之中,最后不得不以承认净土为独立的解脱法门,来保持禅宗绝对内向的纯净。但这种日子也不长了。

三、永觉元贤的"救儒禅"

1. 元贤生平

元贤(1578—1657),字永觉,俗姓蔡,建阳(福建建阳县)人。未出家前受过良好的儒家教育,是一个典型的"以儒而入释"的禅师。他喜好宋代理学家的著作,尤其"嗜周、程、张、朱之学",二十五岁到寺院听讲《法华经》,对佛教产生信仰,便继续研习《楞严》、《圆觉》等在当时最流行的佛典。万历三十一年(1603),往福建董岩,随慧经习禅,慧经还指导他参究"干屎橛"话头。

---

① 《鼓山永觉和尚广录》卷九。
② 《鼓山永觉和尚广录》卷二九。

万历四十五年(1617),元贤正式出家。一年后慧经去世,又随元来习禅三年。至四十六岁时,闭门三年,阅读大藏经。自五十七岁以后的二十余年,先后住持福建鼓山涌泉禅寺、泉州开元禅寺、杭州真寂禅院和剑州宝善庵。其弟子为霖道霈称他"四坐道场,大做佛事,言满天下,道被域中"①。

元贤是继元来之后曹洞宗最有影响的禅师。他重建了许多被废弃的寺院,他居住时间最久的鼓山成为"八闽丛林之冠"。"山中所依止率三百余人;问道受戒,不啻数万人。"②

元贤晚年,正是明清交兵的年月,南方战事频繁,生灵涂炭,人民蒙灾。元贤率领僧徒,从事赈济灾民、葬埋死者等慈善活动。如清顺治七年(1650),率众"收无主遗骸千余瘗之"。顺治十二年春,兴化、福清、长乐一带,"罹兵变,饥民男妇流至会城南邻……师乃敛众遣途,设粥以赈。死者具棺葬之,凡二千余人,至五十日而止"③。中国佛教在战争年代从事大规模的社会救济活动,大约应该从元贤算起。

元贤的社会视角广,关心的问题也多,反对溺杀女婴的陋习是其中之一。他说:

> 今世俗溺女,正所谓杀无罪之子,愆之莫大者也,而世俗恬不知怪,视以为常,不亦异乎?昔孟子谓:今人乍见孺子将入井,皆有怵惕恻隐之心,非纳交于孺子父母也,非要誉于乡党朋友也,非恶其声而然也,直曰:无恻隐之心非人也……其爱子之情,岂有择于男女哉。④

元贤以精通儒释闻名,本人也很自负,临终述怀竟以拯救儒士

---

① 道霈:《最后语序》。
② 潘晋台:《鼓山永觉老人传》。
③ 《福州鼓山白云峰涌泉禅寺贤公大和尚行业曲记》(以下简称《贤公大和尚行业曲记》)。
④ 《鼓山永觉和尚广录》卷一六。

和禅者为嘱：

> 老汉生来性太偏,不肯随流入世廛。顽性至今犹未化,刚将傲骨救儒禅。儒重功名真已丧,禅崇机辩行难全。如今垂死更何用,只将此念报龙天。①

在他看来,儒士追求功名而丧尽真性,禅僧巧言善辩则正行难全。此话讲于明亡清初之际,是否别有所指很难推度,但最后要将此念报"龙天",确实特别。在佛徒中,一般不会有说"报龙天"这种话的,尤其是一个知识僧侣。

2. 著作

元贤一生著述很多。道霈说:"师平生说法语录及诸撰述共二十种,凡八十卷,盛行于世。"②元贤自述其著作"凡二十种,计一百余卷"③。道霈集元贤的语录及部山杂著,编为《鼓山永觉和尚广录》三十卷。除了上堂说法语录之外,他的著作可分为四类:一是史传,包括两部《灯录》,一部地区僧史和重修的两部山寺志;二是禅学论述,以《洞上古辙》两卷为代表;三是"会通儒释"之作,主要是《寱言》;四是注疏,包括《楞严翼解》、《楞严略疏》、《金刚略疏》、《般若心经指掌》、《法华私记》等。

元贤很重视编撰禅宗史书,用力甚大。为补《五灯会元》的不足,于1649年编撰了《补灯录》,补记了一百八十五人,希望能"发前贤之秘光,开后学之智眼"④。两年之后,他又补了《五灯会元》和《五灯续略》的不足,编撰《继灯录》六卷,分述临济(始于第十八世)和曹洞(始于第十六世)两宗,其影响大于《补灯录》。

元贤的《建州弘释录》两卷,是在元来的鼓励下编撰的,完成于

---

① 《贤公大和尚行业曲记》。
② 《鼓山永觉老人传》。
③ 《鼓山永觉和尚广录》卷一八。
④ 《鼓山永觉和尚广录》卷一四。

崇祯二年(1629)。元来指出,他早年游历福建,知道这里是"理学渊薮",后读《灯录》,又知道"建州为禅学渊薮"①,因此劝元贤写一部他的故乡僧史。元贤遂"博探群籍,取诸师之产生于建者,或开法显化于建者,悉录传之"②,记录了从唐到明的名僧七十七人。

元贤还整理和续编了两部山、寺志书,即续编《泉州开元寺志》和《鼓山志》。后者原为两卷,未最后定稿。

元贤还对临济和曹洞两宗的研究独具心得,认为两家禅学具有一致性。他说:"予三十年前学临济,三十年后学曹洞,自从胡乱后,始知法无异味。"③在临济禅学方面,他曾作《三玄考》,重新解释三玄三要;而费力最多的,是研究曹洞宗禅学。清顺治元年(1644),写成《洞上古辙》两卷。顺治五年,经"再四订定",最后定稿。此书把曹洞宗旨的源头归结到希迁的《参同契》,认为"参同契"乃"洞宗之源也"④;对五位君臣、偏正回互等曹洞宗义进行重新解释,并选集了历代曹洞禅师若干言行。

元贤在讲到撰写《洞上古辙》的背景时指出:

> 至我明弘治中,有《四家颂古注》,嘉靖中,有《曹洞宗旨绪余》及《少林笔记》等书,悉皆谬妄,迷乱后学……乃作《洞上古辙》二卷,尽删邪说,惟取古德旧案,类集成书,间有发明考订,乃不顾危亡,直犯忌讳。⑤

《洞上古辙》在于用"发明考订"的方法,批驳谬妄,理清迷乱,而矛头则是直指《曹洞宗旨绪余》及《少林笔记》等代表的嵩山系曹洞宗。因此,《洞上古辙》的性质与法藏的《五宗原》相似,也有反权威的意义,在一定程度上也反映了南北曹洞禅师在禅思想上的

---

① 《无异元来禅师广录》卷一二。
② 《鼓山永觉和尚广录》卷一三。
③ 《鼓山永觉和尚广录》卷一六。
④⑤ 《鼓山永觉和尚广录》卷二七。

差异。

元贤论述儒释关系的著作是《寱言》。写于崇祯五年(1632)的《续寱言序》说:"昔余居荷山,因诸儒有所问辩,乃会通儒释,而作《寱言》。"①所以,他强调的是儒佛两教的一致性:"人皆知释迦是出世底圣人,而不知正入世底圣人,不入世不能出世也;人皆知孔子是入世底圣人,而不知正出世底圣人,不出世不能入世也。"视佛为出世之教,儒为入世之教,两者分工治世,是一种十分流行的观点。现在元贤则把两家圣人完全等同起来,认为他们是出世的,同时也是入世的。

《寱言》的内容比较庞杂,引用了大量儒典,涉及历代很多儒士,分析了不少哲学命题。但比较集中论述的,仍然是心性问题。在谈及程朱及王阳明的学说与禅宗心性论之同异时,他说:

> 佛氏论性,多以知觉言之。然所谓知觉者,乃灵光独露,回脱根尘,无待而知觉者也。阳明倡良知之说,则知待境起,境灭知亡,岂实性之光乎!程朱论性,直以理言之,谓知觉乃心,心中所具之理为性,发之于四端为情。阳明之良知,正情也。即欲深观之,则此情将动未动之间,有灵灵不昧,非善非恶者,正心也,岂实性之理乎?

这是一个禅僧关于宋明儒学热门话题的观点,是值得注意的。以《圆觉》、《楞严》为代表的"佛氏",即禅宗的主流,以"知觉"为人的本"性"。但此"知觉"与王阳明的"良知"不同:佛氏之"知觉",是无条件的存在;王氏的"良知",则受对象的限制。程朱把人"性"归为"理"在心中的显现,知觉仅归为心的功能,理成了知觉的本体。这是三家的差别。元贤认为,儒家两说都不究竟:王氏之"良知",属于道德化的"善","善"是"情"的一种,故曰"正情";程朱之理,"发之于四端"者,也是善,与王氏之"情"是一回事。但在此"情"之

---

① 《鼓山永觉和尚广录》卷三〇。

上,即"此情将动未动之间",善恶尚未分化,是谓"正心",即"灵灵不昧"的"知觉",这才是"实性"所在,而不是别有其"理"的存在。因此,王学是讲情而非"性";程朱讲"理"亦非"性";只有禅宗的"知觉"才是"性",也与儒家的"正心"之旨相合。

撇开元贤在这里的抑扬褒贬,他关于禅学与心学、理学三者异同的论述,在一定程度上反映了当时学术界的实况。

3. 论"治经"

注重讲经注经也是明代佛徒的一种风气。元贤在追溯这种风气的变化时说:

> 国朝嘉隆以前,治经者类胶守古注,不敢旁视,如生盲依杖,一步难舍,甚陋不足观也。万历间,雪浪起而振之,尽罢诸疏,独演经文,遂为讲中一快。然而轻狂之士,强欲效颦,妄逞胸臆,率尔灾木,其违经叛圣之害,岂止于陋而已哉?①

明代治经有两个阶段:在嘉靖、隆庆(1522—1572)年以前,讲经者都是株守古注,不敢有一点自己的见解。从万历(1573—1619)开始,治经出现了转折:精通《华严》、《唯识》的雪浪洪恩(1545—1608),完全撇开古疏,而按自己的理解阐发,使治经之风为之一新。但由此又引发另一种流弊,使"轻狂之士"任意发挥,以致"违经判圣"。在元贤看来,这种现象比株守古注更为有害。他以《楞严经》的讲习为例说:"英明者既藐视前修,则竟逞臆裁,而全经之旨,几至扫地。稍钝者进无新得,退失故局,则从席下拾残唾而已。"因此,治经既不能全靠古注,又不能"藐视前修";既不能曲解经义,又不能没有独立见解。应该把两者结合起来。元贤注解《楞严经》就是按这个原则做的:"今山中闲寂,客有请益《楞严》者,乃俾以旧解为指南,间有未安者,乃旁采众说,或出私意以翼之。"

元贤很赞赏谢介庵所注《金刚般若经》,能够"使天下学者读

---

① 上引均见《鼓山永觉和尚广录》卷二九。

之,无不了然于自,豁然于心,亦善巧方便,接引初机之一法也"。他自作《楞严略疏》,更以"使观者触目而爽然会心,不为经文所蔽、诸疏所乱"为目标。① 他实质上是把注经变成了弘禅的方便手段,所以时出"私意"就成了必然的事。因此,他的注疏往往受到指责。他的《金刚略疏》三易其稿而后成,自以为"尽诛旧日葛藤,独揭斩新日月,但理求其当,辞求其达",绝对"无纡回隐昧之弊",可谓是得意之作。但却有人批评他:"古疏上祖慈尊,下宗二论,无片言只字不有所本,今子弃之而弗从,岂子之智能超于诸大圣哉?"②

批评本身是迂腐的,不值一驳,但元贤把治经作为发挥自己禅观的手段,作为教授学徒明心的方便,无疑是继承了禅宗历来提倡的"六经注我"的传统,表明自由解释的学风也在明清之际复苏起来。

---

① 上引均见《鼓山永觉和尚广录》卷一三。
② 《鼓山永觉和尚广录》卷一四。

第九章 清初禅宗的最后活跃及其终结

第一节 清初诸帝与禅宗

一、清世祖与禅宗

1644年,满洲贵族挥兵入关,攻取北京,建立了中国历史上最后一个封建王朝,延续267年之久。

顺治、康熙时期,清王朝肃清了国内的抗清势力,效法明代制定各项典章制度,实现了对多民族的有效统治。雍正、乾隆时期,清王朝整顿吏治,革除积弊,继续保持着国势强盛的生机。嘉庆以后,帝国由盛转衰,特别是1840年的鸦片战争暴露了清王朝的腐败与无能。在西方殖民主义者的入侵下,国家逐步沦为半殖民地半封建社会,从此翻开了中国历史上最悲壮的一页,禅宗也走完了封建社会最后的一段路程。

清代诸帝继承明代的传统,采取了崇奉孔子、倡导理学、宣扬儒家伦理的各种措施。在思想统制方面,清代比明代还要严酷,禁止文士结社,以文字治罪,禁锢人们的思想,达到了前所未有的程度。他们相当重视佛教的政治作用,自觉地把它作为加强统治的一种工具。

清王朝为控制佛教,对建寺和度僧都颁布了法律条文。清初二十年间(1644—1663),官方掌握的僧尼人数远不及明代。据《大清会典》记载,康熙六年(1667),礼部统计全国僧尼118 907人。在僧司设立和僧官任命方面,大都沿袭明代的制度。对度牒发放则实行较大的变动,顺治十七年(1660),下令免费发放。至乾隆初(1736—1739),共颁发各省度牒340 112张,国家掌握的僧尼人数大幅度增加。针对这种情况,又明令度牒可以师徒相传,朝廷不再另发新牒,实际上是承认私度合法。乾隆十九年(1754),又以僧道度牒无关紧要为由,明令废止。这种松动和废止,都与雍正时采取"摊丁入亩"的赋税改革有关。清廷将人丁税与田亩税合一,依据占有土地的面积统一征收赋税,这样具有免役作用的度牒便随之失去了意义。正如清人所说:"度牒亦废,盖以丁归地,则不须报牒免役也。"①

随着人口的增加,僧尼人数也在持续增长。据太虚在《整理僧伽制度论》中估算,清末僧尼约有八十万。但是,清代禅宗的兴衰,与僧尼人数的增减没有直接联系。清初官方掌握的僧尼人数较少,对佛教的控制严厉,恰巧禅宗最为兴盛。清中期以后,尽管僧尼人数大增,禅宗却再也没有呈现出昔日的兴旺。

清初,农民的反满起义不断发生,明朝旧臣的反抗更是震撼着清廷。反清复明情绪也波及到佛教界。一部分明朝官僚子弟甚至宗室成员剃发出家,著名的有戒显、函可、澹归、药地、檗庵、担当、大错、石涛、八大山人、石溪、渐江等。这种情况引起了朝野上下的注意。茆溪行森曾对顺治说:"近三十季来,则世家公子、举监生员,亦多有出家者。浙直素称佛地,觉似不如广东矣。"②明朝遗民或为僧,或为施主,扶植佛教,促进了江南禅宗的兴盛,也增强了禅宗不满清统治的政治倾向。

满洲贵族入关前已接触了藏传佛教,并鼓励它在内地流传。对于入关后接触的汉地佛教,特别是江南禅宗,尤为关注。最先与禅宗关系密切的是顺治和雍正。

清世祖顺治(1644—1661)曾多次召见江南著名禅师。这不仅是出于他个人对禅学的喜好,而且更是想借助他们的声望和影响,协助清廷治理佛教,宣扬清统治的合理性,从而起到缓和民族矛盾的作用。其中有憨璞性聪、玉林通琇及其弟子茆溪行森和木陈道

---

① 《癸巳存稿》卷一三。
② 《天童弘觉忞禅师北游集》卷三。

忞,都属于临济宗。

世祖曾说:"朕初虽尊象教,而未知有宗门耆旧,知有宗门耆旧,则自憨璞始。"①憨璞性聪(1610—1666),福建延平顺昌县人,十五岁出家,十八岁剃度,随费隐通容的弟子百痴元禅师习禅。自顺治六年(1649)开始,在浙江住持多处寺院。顺治十三年应北京士绅和僧侣之请北上京城,住城南海会寺。次年,世祖到寺见性聪,请他住万善殿。

世祖很看重性聪,到万善殿时,传话"驾到不用和尚接送,不行礼拜"②。他对性聪持戒严谨、善于治理寺院也给予了鼓励。顺治十六年的《敕书》说:"禅僧性聪,戒律清严,规模淳朴","弘阐清规,信无惭于福地"。③ 他最欣赏性聪之处,是其持戒严谨,善于治理寺院。他此后的帝王衡量僧人优劣,都把信守和弘扬戒律清规放在首位。世祖通过与性聪交谈了解江南禅宗情况,以网罗更多有影响力的禅师。顺治十五年,他让性聪专门开列了一个"南方尊宿"的名单,于是按名单诏见木陈道忞。性聪恐其不愿应诏,特地送去书信,颂扬顺治是:"佛心天子","笃信于佛乘","宽忍恕礼以待人",劝道忞"不吝洪慈,慨然飞锡,莫负圣明之诚心,有失宗门之正信"。④

在以后召见的江南诸禅师中,世祖重用的是玉林通琇,曾分别于顺治十五年和十七年两次下诏请其入京,要他主持京城戒坛:

> 末法比丘,少奉戒律。其口谈无,而行在有者,又如麻粟也。此欲于都城建立皇坛,俾衲子一千五百人众,受毗尼戒……然非禅师为羯磨,正恐以最上慈航为人天阶级耳。⑤

---

① 《天童弘觉忞禅师北游集》卷六。
② 冯博:《明觉聪禅师塔铭并序》。
③ 见《明觉聪禅师语录》卷首。
④ 见《明觉聪禅师语录》卷一四。
⑤ 《玉林禅师语录》卷首。

世祖的目的很清楚：利用通琇在禅众中的声望，治理整顿佛教，使僧尼守戒奉法。通琇因此而获得"大觉普济能仁国师"的赐号，他也是世祖给予"国师"称号的唯一一个江南禅师。

世祖对江南禅学的内部结构并不了解。例如：当他听说曹洞宗僧人三宜明盂常为僧人讲经时很不满意，认为："既称宗师，当提持向上事，讲经即不相宜。"①他并不知道，清初的禅师与《五灯》中记载的禅师已大不相同，他们中的许多人已把讲经、念佛、修忏等等纳入了禅的范围。顺治本人的确喜好参禅，然而他最喜好的参禅活动，就是禅僧们在他面前借机语酬对恭维"皇上"，宣扬清王朝统治的合理性。他与道忞的一段问答可算是一个典型：

> 上一日问：梁武帝见达摩，问如何是圣谛第一义？摩云廓然无圣。意旨如何？师云：丝包持石。上云：帝曰对朕者谁？摩云不识。又作么生会？师云：铁里泥团。上云：今问老和尚，如何是圣谛第一义？师云：天无二日，民无二主。上云：对朕者谁？师云：即日恭惟皇上圣躬万福。②

梁武帝与达摩问答的这段公案，是唐以后的禅宗僧人精心琢磨出来的机语，表达了禅宗否定外在权威、主张凡圣无别、倡导自证自悟的教义。帝与达摩的简短问答并不难懂，顺治让道忞解释，则是一大难题。因为如何曲解，也不会让顺治听了高兴。道忞的机敏就表现在不作正面回答，而是用"丝包持石"、"铁里泥团"一类"玄言"，暗示达摩的答语不能从字面理解，而是别有玄理，即"第一义谛"：清世祖顺治是天下独一无二的君王，清取代明是绝对的合理。正因为道忞有如此不凡的阿谀本事，所以顺治与他交谈的话题最多，几乎无所不谈。

明末清初，西方天主教以耶稣会为主体，在东南沿海省份相当

---

① 《天童弘觉忞禅师北游集》卷三。
② 《天童弘觉忞禅师北游集》卷二。

活跃。顺治曾与道忞讨论过这个问题。

> 上遂问师:天主教书,老和尚曾看过么?师曰:崇祯末季,广闽盛行其说,有同参唯一润者,从福建回,持有此书,因而获睹。上曰:汤若望曾将进御,朕亦□知其详意,天下古今,荒唐悠谬之说,无逾此书,何缘惑世反从其教,真不可解。师曰:此含生之所以出没三途如游园观,盖邪见为之纠缠也。①

顺治把天主教教义视为最荒谬的学说,道忞则诅咒天主教徒是沉沦于苦海而自以为乐。顺治对洋教的这种态度,在有清一代大体未变;佛教则与儒教一起,成为反洋教的舆论中坚。在当时的历史条件下,他们的立场同广大民众的情绪还是一致的。

总的说来,清世祖对江南禅宗曾有意识地进行过政治清理,但他笃信佛教和禅的倾向也很明显。顺治十七年(1660)八月,董鄂妃病死,他执意出家,就是突出表现。

二、清世宗与禅宗

在清初诸帝中,对禅宗认识最深刻,因而控制也最严厉的,乃是清世宗。他曾广泛阅读禅籍,详细评论禅学,积极干预禅宗的内部事务,力图通过对禅僧的生活方式、修行实践和禅学理论进行全面分析,为他们制定不可违反的金科玉律,给禅宗的发展划定不可逾越的界限。

清世宗雍正接触佛教之初,就把世俗佛事与禅学泾渭分明地区别开来,认为禅学不属"如来正教"。他说:"朕少年时喜阅内典,惟慕有为佛事。于诸公案,总以解路推求,心轻禅宗,谓如来正教,不应如是。"在对待佛教问题上,他"惟慕有为佛事"和"心轻禅宗"的态度终生未变。他早年受喇嘛教僧人影响较大,推崇章呼土克图,称其为"真再来人,实大善知识也",相互来往时间颇长。他说:"藩邸清闲,时接茶话者十余载,得其善权方便,因知究竟此事……

---

① 《天童弘觉忞禅师北游集》卷三。

章呼土克图国师喇嘛,实为朕证明恩师也。"他早年也接待过不少禅师,但对他们的说教总是心存疑虑,不愿轻信,往往请章呼土克图为其判定正邪是非。临济宗的迦陵性音曾辅导他研究五家宗旨,结果适得其反。他说:

> 向后性音惟劝朕辨五家宗旨。朕问:"五家宗旨如何研辨?"音云:"宗旨须待口传。"朕意:是何言欤? 口传耳授,岂是拈华别传之旨? 堂堂丈夫,岂有肯拾人涕唾? 从兹弃置语录,不复再览者二十年。

他否定"口传耳授",把研读语录说成是"拾人涕唾",可见他对禅宗蔑视之甚。

清世宗即位(1723)以后,十年间"惟循周孔之辙",再没有过问佛教和禅宗的问题。在他看来,当时的禅僧"实明者少,逐块之流,徒劳延伫;求名之辈,更长业缘"。①

然而清初的禅宗,尤其在江南地区,却是一股拥有众多信徒、影响很大的社会力量。对于政治特别敏感的雍正,是不会长期忽视的。雍正十一年(1733),他借口禅学弊端太多,禅僧腐败严重,以维护佛教和禅宗的名义,对禅宗进行了声势浩大的清算和整顿,有关内容集中反映在他编著的《御制拣魔辨异录》和《御选语录》中。

《御制拣魔辨异录》是打着维护圆悟禅学的旗号,专为摧垮法藏禅系而作的。雍正在相当于序言的《上谕》中指出:

> 朕览密云悟、天隐修语录,其言句机用,单提向上,直指人心,乃契西来的意,得曹溪正脉者。及见密云悟录内,示其徒法藏辟妄语,其中所据法藏之言,骇其全迷本性,无知妄说,不但不知佛法宗旨,即其本师悟处,亦全未窥见。肆其臆诞,诳

---

① 上引均见《御选语录》卷一八。

/第九章/ 清初禅宗的最后活跃及其终结

世惑人,此真外魔知见……如魔嗣弘忍,中其毒者,复有《五宗救》一书,一并流传,冀魔说之不朽,造魔业于无穷。

在这里,世宗御定圆悟及其支持者圆修是已经证悟的宗师,所言契合禅理,全是正确的。相反,法藏及其弟子弘忍则迷失本性,其言论都是"无知妄说"、"外魔知见"。于是,长达八卷的《拣魔辨异录》逐一批驳法藏系的观点,其中涉及的问题很多,论证也很烦琐,总体上是因袭圆悟的说法,并无新的见解。

世宗特别深恶痛绝于法藏一系的重要理由,是说他们结交士大夫:"今其魔子魔孙,至于不坐香,不结制,甚至于饮酒食肉,毁戒破律,唯以吟诗作文,媚悦士大夫,同于娼优伎俩,岂不污浊祖庭?若不剪除,同是诸佛法眼,众生慧命,所关非细。"据此,勒令"天童密云悟派下法藏一支,所有徒众,着直省督抚,详细查明,尽去支派,不许蔓入祖庭"。这等于是株连九族式的镇压。此外,还下令毁掉法藏、弘忍的语录和著述,禁止流传。

明清之际的南方士大夫普遍具有抗清扶明的意识,但有一部分以名士自居,在严重的民族危机时刻依然吟诗作文、饮酒狎妓。随着明遗民流入佛教,怀念亡明的情绪和某种颓废的风气无疑也波及到禅宗。因此,不守戒律,与怀旧的士大夫交往,就成了清代初期江南禅宗的普遍现象,也成为清廷特别警觉的现象。取缔法藏一系,不过是杀一儆百。

《御选语录》共十九卷,前十一卷选录了晋唐宋明清各代十四人①的"语录";第十四至十八卷是"历代禅师语录",系依据《正法眼藏》、《指月录》、《教外别传》和《禅宗正脉》等选辑;第十二卷是世宗为亲王时的"语录";第十三卷是云栖袾宏的著作;第十九卷为"当今法会",即经过他的指导的一些亲王、大臣和僧人有关参禅证悟

---

① 十四人是:僧肇、永嘉玄觉、私圣寒山、合圣拾得、沩山灵祐、仰山慧寂、赵州从谂、永明延寿、云门文偃、雪窦重显、密云圆悟、玉林通琇、紫阳真人张平叔、茆溪行森。

的诗文。他写的二十余篇《序》和《上谕》放置在有关"语录"的各卷前后。他对前十一卷选的人物特别重视,指出:"是数大善知识,实皆穷彻洞本,究旨通宗,深契摩诘不二法之门,曹溪一味之旨。"①实际上,这十四个人中,不但有禅宗以外的僧人,还有道教徒。因此,他把这些人统称为"究旨通宗"的"大善知识",不过是为了明确清廷的价值标准,为他统治下的僧侣确定应该效法的师范。

与此相应,世宗还钦定了禅学应该涉足的范围:

第一,"宗教之合一"。把僧肇列为《御选语录》中的第一人,世宗有个解释:

> 朕阅肇法师所作《般若无知》、《涅槃无名》、《空有不迁》、《形山密宝》诸论,非深明宗旨,何能了了如斯?以此讲经,正是不立文字。诸佛慧命,奚隔封疆,有何今古?岂得谓菩提达摩未来以前,震旦无宗旨哉?②

说达摩来华以前,中国佛教即有禅宗宗旨存在,这话不一定错;僧肇的论文中含有以后禅宗阐发的思想,也是事实;但说像僧肇那样作论讲经,"正是不立文字",却是只有权势者才能成立的逻辑。他的目的,在于强调"讲经"的重要性,以促进"宗"与"教"的一致。他在第十三卷的《御制序》中重申:"朕于肇法师语录序,已详言宗教之合一矣。"

与强调义学法师也深明禅宗宗旨的同时,世宗还认为道教徒同样可以明见本性。他把道士张平叔(紫阳)称为"禅仙",收录了他的著述,并加以说明:

> 紫阳真人作《悟真篇》,以明元门秘要,复作颂偈等三十二

---

① 《御选语录·御制总序》。
② 《御选语录》卷一《御制序》。此中提到的《形山密宝》当指《宝藏论》,为后人伪托僧肇的著作。

篇,一一从性地演出西来最上一乘之妙旨……篇中言句,真证了彻,直指妙圆。禅门古德中,如此自利利他,不可思议者,犹为希有……刊示来今,使学元门者,知有真宗;学宗门者,知惟此一真实,余二即非真焉。①

张平叔是道教徒中三教合一论的提倡者,他以为,"老氏以炼养为真","如其未明本性,则犹滞于幻形",因此把禅宗的"明心见性"也当作道士必修的功课。世宗难得找到这样一个代表人物,使他能把佛教内部的"宗教之合一",扩展为佛教与道教的合一。其合一的基础,实是儒释道共同主张的心性说,即清帝国官方哲学的重要组成部分。

第二,禅净兼修。关于辑录云栖袾宏的著作,世宗的说明是:

……及明莲池大师,专以此(指净土法门)为家法,倡导于浙之云栖。其所著《云栖法会》一书,于本分虽非彻底圆通之论,然而已皆正知正见之说。朕欲表示净土一门,使学者宴坐水月道场,不致岐而视之,误谤般若,故择其言之融合贯通者,刊为外集,以示后世。②

意为袾宏虽没有"彻底圆通之论",但他弘扬净土法门,仍是"正知正见"。"至于净土法门,虽与禅宗似无交涉,但念佛何碍参禅,果其深达性海之禅人,净业正可以兼修。"③其实袾宏也是主张禅净兼修的,不过是以净业为主罢了。

第三,禁止呵佛骂祖。世宗在编选语录时指出一些著名的禅师不能入选,即"如傅大士、如大珠海、如丹霞天然、如灵云勤、如德山鉴、如兴化奖、如长庆棱、如风穴沼、如汾阳昭、如端师子、如大慧

---

① 《御选语录》卷八。
② 《御选语录》卷三。
③ 《御选语录·御制总序》。

呆、如弘觉范、如高峰妙,皆宗门中历代推为提持后学之宗匠,奈其机缘示语,无一可入选者"[1]。并对这些人分别作了批判,其中抨击丹霞天然和德山宣鉴最为激烈。对于天然,他说:

> 如丹霞烧木佛,观其语录见地,只止无心,实为狂参妄作。据丹霞之见,木佛之外,别有佛耶? 若此,则子孙焚烧祖先牌,臣工毁弃帝王位,可乎?

他对德山宣鉴的呵佛骂祖更是痛斥不绝,连曾收录宣鉴言论的性音也不放过:"如德山鉴,平生语句,都无可取,一味狂见恣肆。乃性音选《宗统一线》,采其二条内,一条截去前后语言,专录其辱骂佛祖不堪之词,如市井无赖小人诟谇,实令人不解是何心行。"又说:"释子既以佛祖为祖父,岂得信口讥诃,譬如家之逆子,国之逆臣,岂有不人天共嫉,天地不容者。"

从这里可以看出,雍正对于"禅"实在是隔膜得很,他把禅宗追求精神的超脱,如"无心"之类,视作"狂参妄作";把禅宗要求摆脱的种种道德伦理观念,视为天经地义、不可悖逆的圣教,所以他要把天然、宣鉴等斥为"逆子"、"逆臣"了。

第四,贬黜颂古,创立雍正禅。世宗反对参禅者在钻研公案上下工夫。他说:"拈代偈颂四者,颂为最后,学人于颂古切用功夫,遂渐至宗风日坠。此端一开,尽向文字边作活计。"[2]在他看来,参学拈古、代别、诗偈、颂古,研究公案,无助于证悟。他提倡恢复禅宗的"了悟自心"的传统。然而,据他考察,古往今来,刻苦参禅的僧人"如麻似粟,而了悟自心者,凤毛麟角"。于是他自己创造了一种参禅方法,在他的指导下,"自春至夏,未及半载,而王大臣之能

---

[1] 《御选语录》卷一四。
[2] 《御选语录》卷一八。

彻悟洞明者,遂得八人。"①参的是什么?悟的又是什么?难得其详。但从皇十七弟果亲王那里可以略窥一斑:"俗则居家,僧则秉教。为臣常忠,为子当孝。能尽伦常,即为玄妙。"②据此,"自心"即"性",就是儒家以忠君孝亲为核心的伦常。彻悟的体现则是各安本分,笃守这些伦常。这种禅法,在禅宗史上罕见,无以名之,暂称其为"雍正禅"。

总之,世宗直接干预禅宗内部事务,以帝王的身份扮成当代大禅师,消除禅宗叛逆者的成分,把它完全纳入服从和服务于王权需要的轨道。随着清政权的巩固,禅宗再也不能恢复自己独立的特色了。

三、清前期禅宗的基本特点

雍正干预禅宗内部事务,是清代禅宗史上的一个转折点。在此以前,新旧王朝更迭造成的社会动荡尚未完全平息。禅宗依然保持着明万历年以来持续高涨的势头。突出表现是宗派势力发展,传播地区扩大,涌现出一批有影响的禅师;禅宗的典籍大量编集刊刻。雍正以后,禅宗明显衰落,尽管许多支派仍有严整的传承系统,有比较固定的基地,禅僧的数量继续有所增加,但思想既无创新,对社会的作用也大大缩小。

清初的禅宗,基本上是明后期兴起于江南的临济、曹洞两宗。临济宗下分天童系和磐山系,曹洞宗下分寿昌系和云门系,这四系构成了有清一代禅宗派系的主体。江南依旧是禅宗的重要基地。广东、福建在明遗民的支持下,出现了超过"浙直佛地"的兴盛局面;福建还是禅宗向日本传播的主要口岸。一部分能够迅速改变政治态度的江南禅师,受到清王朝的欢迎,北上京城地区传禅。相反,遭到流放的禅师,则在辽宁千山建起新的禅学中心。以破山海

---

① 上均引自《御选语录》卷一九。这八个王公大臣是:皇十六弟庄亲王爱月居士,皇十七弟果亲王自得居士,皇四子和硕宝亲王长春居士,皇五子和硕和亲王旭日居士,多罗平郡王福彭如心居士,大学士伯鄂尔泰坦然居士,大学士张廷玉澄怀居士,左都御史张照得天居士。

② 《御选语录》卷一九。

明为代表的僧人,为躲避战乱,传禅巴蜀,使禅宗扩大到川滇黔地区。

在新旧王朝更迭之际,禅宗内部的政治气氛也浓烈起来。一些禅师曾为挽救明王朝而奔走疾呼,与明遗民保持着密切联系,曹洞宗的觉浪道盛和祖心函可是其中最著名的代表。而临济宗的憨璞性聪、玉林通琇、茚溪行森、木陈道忞等人,则是与清王朝合作的代表。禅僧在政治上的分化,给禅宗的宗派斗争增添了新的内容。

明末,禅僧强调有选择地继承佛教和禅宗的遗产,非经毁教、贬抑净土等思潮也一度盛行。清以后,逐渐强调"集大成",要求不加区别地继承一切佛教遗产。"集大成"的理论和实践,比北宋以来的"宗教一致"、"禅净兼修"等涵盖的内容要广泛得多,这使禅宗与民间的佛教信仰完全融合了。

清初关于禅学的论辩也很激烈,但争论的问题停留在对古禅师语录中个别语句和一些公案的理解上,理论意义微乎其微。清中叶以后,连这样的论战也不复存在了。清代前中期,禅宗僧人所面临的禅学问题不是发展与创新的问题,而是用官方佛教对禅学进行改造、清洗的问题。这既迎合了民间佛教信仰的需要,也是帝王意志的体现。

这个时期编集的禅宗典籍相当多,除了大部头、多卷本的《语录》之外,还出现了多种禅宗灯史著作。这些灯史的特点是:多选集已有的史传,在传承关系上作文章。费隐通容于顺治十一年(1654)编成的《五灯严统》,即是其中的代表。《五灯严统》共二十五卷,前二十卷抄自《五灯会元》。此书在记述禅宗系谱方面有自己的观点:其一,承袭北宋慧洪以来的说法,将云门、法眼两宗定为南岳怀让一系;其二,把曹洞宗无明慧经列为嗣法未详。慧经一系是清初禅宗四大系之一,著名的禅师很多,因此激起曹洞宗僧人的强烈不满。一些禅师围绕《五灯严统》展开了激烈辩论,论著不少,但中心问题不过是考证天皇道悟与天王道悟的真伪与传承,论证无明慧经一系是否曹洞正脉等。此外的灯史僧传还有超永的《五灯全书》一百二十卷,本皙的《宗门宝积录》九十三卷,性统的《续灯正统》四十二卷，净符的《祖灯大统》十八卷，通问的《续灯存稿》十二卷，道忞的《禅灯世谱》九卷，纪荫的《宗统编年》三十二卷。另外，通醉的《锦江禅灯》二十卷、如纯的《黔南会灯录》八卷属于禅宗的地区史传，价值较高。

清代前期，不少有重大影响的士大夫纷纷皈依佛教，如宋文森（？—1702）、毕奇（？—1708）、方以智（1611—1671）、黄宗羲（1610—1695）、周梦颜（1656—1739）、彭绍升（1740—1796）、罗有高（1734—1779）、汪缙（1725—1792）等。他们研习的佛教经典（包括禅宗语录），编撰和注释的著作，既有弘扬禅宗的，也有弘扬其他宗派的。他们接受的佛教，有禅，也有净土。从他们身上可以看到，禅学在士大夫阶层中的影响和地位已经下降。

第二节 天童系与磐山系

清代临济宗僧人多出自密云圆悟和天隐圆修两系，前者习称天童系，后者习称磐山系。在顺治、康熙年间，天童系的著名禅师较多，影响较大。雍正之后，磐山系的影响超过天童系，成为清代临济宗的代表。

一、密云圆悟的弟子与天童系

密云圆悟认可的十二个传法弟子，分别活跃于明末清初，在南北各地弘教传禅，都有一定的知名度，而以木陈道忞、汉月法藏、费隐通容和破山海明四支为最。

道忞（1596—1674），字木陈，号梦隐，俗姓林，广东潮阳人，早年习儒，出家后随圆悟习禅。崇祯十五年（1642），继圆悟住持天童寺，后在浙江住持过多处大寺院。顺治十六年（1659）九月，应诏进京，受赐"弘觉禅师"号。此后历游各地，到处宣扬他与顺治的问答机缘，号召归顺新朝，在佛教内外产生了不小的影响。他的弟子显权等编《天童弘觉忞禅师语录》二十卷，真朴等编《天童弘觉忞禅师北游集》六卷，汇集了他的言行和部分著述。

顺治十六年十月十五日，道忞在奉旨说法时指出：

> 遇川广人与他说川广底话,遇闽浙人与他说闽浙底话,遇江淮人与他说江淮底话,遇长安人与他说长安底话,方可谓之我为法王,于法自在。何故？人居大国方为贵,水到沧溟彻底清。①

意思很清楚:人要成为自己的主人,在世界上取得自由,就要见什么人说什么话,"识时务者为俊杰",当时就是要投靠"大国"。"居大国方为贵"是道忞的独创。佛教传统上只有居"中国"为贵之说。所谓"大国",不言而喻是指大清国。相比之下,南明的许多小朝廷和其他抗清组织确实微不足道。

道忞在宣传自己与世祖的问答机缘过程时,不允许任何人对自己的言论提出异议,不管提意见者的主观动机如何,他都拒绝接受。徐昌治曾记录了他亲身经历的一件事:

> 上(指清世祖)云:孔孟之学,又且何如？老人(指道忞)云:《中庸》说心性而归之天命,与老庄大段皆同。予(指徐昌治)因众议稍窒,致书老人,乞将"段皆"二字,易"不相"二字,便见孔孟与老庄大不相同。老人复书不纳。②

作为圆悟一系的俗家弟子,徐昌治并不是有意攻击道忞,而是在"众议稍窒"之后才和道忞讨论问题的。

道忞露骨地颂扬清王朝,把禅学导入维护新统治者的政治轨道,受到一些参禅士大夫和禅僧的抨击。他的高傲态度,不仅让士人和禅僧望而生畏,增加了对立情绪,后来连雍正也对他表示不满。破山海明是他的师兄,同是圆悟认可的嗣法弟子,竟致函道忞,请示天童法道,说:"遣丈雪(指海明弟子丈雪通醉)与先师(指密云圆悟)扫塔,第不知天童法道是何人主持？尚未修候,罪多如

---

① 《天童弘觉忞禅师北游集》卷一。
② 《无依道人录》卷下。

发……愚兄年迈,只可填沟塞壑……何如贤弟佳声,播扬海外。吾师道脉,诚不虚印"①。这些表面上十分恭谨的言词背后,掩饰不住的是又恨又怕的情绪,在当时的禅僧中也是有普遍性的。

汉月法藏一系,原以弟子众多、门叶繁荣著称。其中具德弘礼(1600—1667)和继起弘储(1605—1672),与法藏一起,人称佛法僧三宝。弘礼曾常住杭州灵隐寺,座下常逾万人,有不少明代遗老及其子弟从其剃发出家,如晦山戒显、硕揆原志等。弘储常住苏州灵岩崇报寺,江浙有很多南明和福王臣属做其弟子,其中金赋原直住湖南的衡山和德山,楚奕原豫住湖南云盖山,有较大影响。于是法藏一系扩展到湖南,势力稳步增长。由于雍正的严酷打击,法藏一系被明令取缔。

费隐通容一系,主要在福建活动。通容(1593—1661),先后住持过浙江石门的福严寺和福建黄檗山。门人中不少出生于福建并在当地传禅,最著名的是云门亘信和隐元隆琦。亘信(1603—1659)传禅于闽南,其弟子有如幻超弘和南山超元等人,分别住持福州和泉州一带的寺院。

隐元隆琦(1592—1673),福建福清人,俗姓林,1620年出家后,长期游学南北各地,听讲《涅槃》、《法华》和《楞严》等经。曾慕名求学于圆悟,不久投到通容门下。曾应请住持黄檗山万福禅寺、崇德县福岩禅寺、长乐龙泉禅寺等。顺治十一年(1654),应日本长崎僧人之请,赴日本传禅弘教,1673年卒于日本。著有《云涛集》一卷,海宁等编有《隐元禅师语录》十六卷。

隆琦并不反对禅僧学习经典,但对当时"讲席混滥"的情况颇为不满,认为:"经中实乃径路,直示人要,行则到家矣,不行,听到驴年亦无益。"②在教禅关系上,他主张最终要落实到禅行上。

对待净土信仰,隆琦坚持禅宗的唯心净土说,以"心"的染净作为衡量净土世界和娑婆世界的标准:"念不净不往极乐,心不染不

---

① 《破山禅师语录》卷一二。
② 《隐元禅师语录》卷一〇。

来娑婆,娑婆极乐,只在当人心念染净之间矣。"①他对当时盛行的念佛求生净土的风气作出了让步,认为那些"不当机"者修行净土的念佛法门,也是返照自心见佛的"一线"通路。

隆琦特别推重《禅林宝训》,曾让弟子玄生重刻此书,以"急救像季之流弊,摧邪扶正,恢复上古之真宗。"他认为:"此书盛行于江北,大著于吴中,而闽粤师僧,十有八九莫之见闻。欲其禅林之振,法道之隆,讵可得乎!"②《禅林宝训》汇集宋代禅师语录三百条,主要是论述禅僧的道德修养。隆琦弘扬此书,反映了他对加强禅僧道德的重视。

福建沿海一带与日本商业来往较多;日本长崎居住着中国商人,其中不乏禅宗的信奉者。隆琦应请去日本传禅之前,充分考虑到"彼此各土,语言、礼节、佛法、人情,恐不贯通,而见责于方外,则进退两难矣"③。所以有充分的思想准备,这保证了他的成功。他先后在长崎、江户和京都等地传禅,受到下层民众和僧人的欢迎,也得到日本官方的支持。隆琦在京都北宇治受赐的土地上建黄檗山万福寺,由此开创了日本的黄檗宗。

二、破山海明与川滇黔禅学

明末清初,兴盛于江浙一带的禅宗逐渐影响于巴蜀地区,使那里沉寂了数百年的禅学重新兴起,并波及贵州、云南等地,在一定程度上推动了川滇黔佛教的结构变化。开创这一局面的,始于圆悟的弟子破山海明。

1. 海明在巴蜀的影响

海明(1597—1666),号破山,四川顺庆府大竹县人,俗姓蹇,十九岁在本郡佛恩寺随大持律师出家。第二年转到延福寺从慧然法师习《楞严经》。因不满足于他的解释,离开四川,于万历四十七年(1619)至黄梅破头山,研习禅宗语录三年,并效法元初高峰原妙的

---

① 《隐元禅师语录》卷一一。
② 《隐元禅师语录》卷一六。
③ 《隐元禅师语录》卷一二。

修禅方式，以习禅七日为限，获得证悟。

从天启二年到五年(1622—1625)，海明游历江浙一带禅林，先后求教于憨山德清、无异元来、雪峤圆信、湛然圆澄、密云圆悟等禅师。天启六年，再度到金粟山见圆悟，任维那职。次年，圆悟"书曹溪正脉来源一纸，并信金"①交付海明，承认了他的嗣法资格。至崇祯元年(1628)，海明应请住持嘉禾东塔广福禅寺三年，"远近观光，罔不悦服，道风遂大振于江南"②。崇祯六年返巴蜀，住持梁山县(四川梁平)万峰山太平禅寺，一生住持大小寺院十四处，以在梁山时间最长。关于他的言行，其弟子印正等编有《破山禅师语录》二十卷。

海明在巴蜀传禅三十余年，无论在佛教界还是社会上都产生了广泛影响。在梁山双桂禅寺时，"朝参暮请之众盈万指而有余"。在七十岁生日时，"道俗集庆者万有余指"。顺治十七年(1660)，"峨眉诸刹名宿思聆法音"，请他赴峨眉山，他以"衰病不能跋涉"为由谢绝。于是，"峨眉高志之辈，皆接踵而来，朝夕磨砺。师施以本色钳锤，均有深省"③。

自崇祯十三年(1640)张献忠攻占四川，巴蜀就成了战乱不息的地方。甲申(1644)以后，自荆襄以西，更是大西残部、明流亡政府和清军三股力量角逐之处，一直扩展到川贵云和中缅边境。焚杀之残酷，死人之多，与东南遥相照应，惨绝人寰。人们纷纷向深山逃难，促使禅宗骤然繁盛。海明本人的立场不甚清楚，似乎曾在起义队伍中住过。据《破山明禅师塔铭》：

> 甲申以来，刀兵横起，杀人如麻。有李鹞子者，残忍好杀，师寓营中，和光同尘，委曲开导。李一日劝师食肉，师曰："公不杀人，我便食肉。"李笑而从命。于是暴怒之下，多所全活……然自此人目师为酒肉僧。反有藉师为口实者，师以救

---

①③《双桂破山明禅师年谱》。
②《破山明和尚行状》。

生为卫法之苦心,甚不得已也。

从这里看不出他是被挟迫寓于军营的。但以后他又赞扬清廷对起义军的进剿。顺治十六年(1659),"李制台出师夔关,尚书问道,师复书最详,更赠以偈,有'重开巴国苏民困,再造夔关起世贤'之句。李览大悦志,拟旋师躬亲法座"①。李制台指清川陕总都李国英。夔东十三军是张献忠的最后残部,李国英献策清军会剿,夔州首当其冲,海明所住之梁山,即属夔州府辖。

关于海明如何进入起义军,又为何把"苏民困"、"起世贤"的希望寄托到清军身上,不得而知。但他受到本地民众和清官僚的欢迎,则较明显。他对禅宗在巴蜀的复兴起了促进作用。

当时有人指出:

> 盖西川自宋圆悟、大随而后,少室纲宗久矣绝响,人皆习为讲诵。师一提最上极则之事,远近瞻风,心怀畏爱,道望又于是乎大著矣。②

两宋之际,圆悟克勤曾数度住持成都昭觉寺,联系颂古,评唱公案,吸引了不少僧俗,并影响及全国,开创了巴蜀禅宗的又一个辉煌时期。由于海明扭转了"讲习"的风气,使禅学重光,所以当时人们把海明比作克勤的再世。在巴蜀之外,海明也被视为禅学正宗。吏部尚书郎牟遂延,是四川籍官僚,曾奉差住金陵,乐于参禅。海明的同门朝宗和尚告诉他:"天童衣钵正在破山,归而求之,何用它觅?"③牟以后回归巴蜀,大力扶植海明的传禅活动。

2. 海明的棒打和禅净教戒的统一

海明在启悟参禅方面,突出地表现出密云圆悟的风格。根据

---

①③《双桂破山明禅师年谱》。
②《破山明和尚行状》。

第九章 清初禅宗的最后活跃及其终结

他的弟子追述：

> 凡师开法席处，众集如云，久参初进，绝不以词色稍为宽假，惟拈白棒，据令而行……复不问来机利钝，器量浅深，皆本分钳锤。若拟议而不能顿领，并倔强而妄为低昂，必以痛棒棒到底，直要逼得生蛇化龙。①

海明自己也说过："万竹山中无剩言，拟开口处便还拳，连连打彻自家底，胜过诸方五味禅。"②禅宗以"棒打"启悟禅众，到海明算是最后的终结。从五代到明清交替，禅僧大部分行于战乱年代的深山老林、穷乡僻野，目的在使徒众缄默寡语，少逞机锋，以维护禅群体的稳定和安宁。

与此相应，海明把看话禅与净、教、戒协调为一，也是要佛徒循规蹈矩，不要在佛教内外挑动事端的意思，这集中反映在他的《学道四箴》中：

> 念佛一声，漱口三日，若不念佛，如水浸石。打鱼念经，经且是路，若不修行，如风过树。戒急乘缓，乘急戒缓，若不持犯，如鸡卜卵。一句话头，击涂毒鼓，若不因循，如猫捕鼠。

此中涉及的问题是：

第一，参禅与念佛。海明认为这是两个并列的方便法门："夫佛祖方便固多，要之不出两种，则禅、佛是也。信得参禅，及立志参禅；信得念佛，及立志念佛。虽顿渐不同，出生死心一也。"③他的理由同他的前辈们相同，都是把两者统一在"心"上，所谓"参禅念佛，

---

① 《破山明和尚行状》。
② 《破山明禅师语录》卷一四。
③ 《破山明禅师语录》卷六。

本是一个道理,念佛念此心也,参禅参此心也"①。

然而,海明所指的"参禅",主要指参究话头。他示学者说:"初用心处,先'体取'念佛的是'谁',单在'谁'字上着力,岁久月深,筑着磕着,合得此个道理,始知'念佛一声,漱口三日'。"②

提倡参究"念佛的是谁",源于云栖袾宏,海明是把念佛与参究话头统一起来,付诸修持实践。只有这样才能理解"念佛一声,漱口三日"这一看来是否定念佛之语的真谛(指无我)。从这个意义上说:"若不念佛,如水浸石"。

第二,参禅与学教。海明认为,这也是可以并存的两个法门:

　　参禅学教二法门,有深有浅,然深者禅,浅者教。但形言语,即粗相分,皆教也;若达教之了义即禅,亦是如来禅,非祖师禅也。③

海明赞同禅教一致,甚至认为"若达教之了义即禅"。然而,这里的"禅"是"如来禅",即佛教经典所讲到的禅,而不是"祖师禅",即由慧能传承下来的禅,实际上还是在经教与禅宗之间划了一条界线。海明奉行的棒喝和看话头,在经教中都找不到根据。但他没有特别强调祖师禅与如来禅的差别,也是模糊矛盾的一种做法。因此,他所谓的"若不修行,如风过树",也不排斥按经教规定的修行。

第三,参禅与持戒。海明把持戒和参禅也看作二门,其前提是将戒的本体归于"一心"。他说:

　　佛说波罗提木叉,是名十重,四十八轻,此戒差等,大小乘是也。若论本,总归一心。一心不生,万法无咎。无戒不持,无心不一,此乃真圆大戒总持也。④

---

①②④《破山明禅师语录》卷九。
③《破山明禅师语录》卷一一。

第九章 清初禅宗的最后活跃及其终结

以"一心"为戒体,属禅家律学通论;以"一心不生"为持戒的最高体现,也是禅家常说。但据此而倡"无戒不持",不是用修禅取代持戒,而说明他是极看重戒律的禅师。但他又说:

> 修行戒为本,参禅悟为极,惟此二门,余则方便多门也。毕竟如何得入?驴拣干处尿,羊择湿处屙。①

他把持戒与参禅作为两个虽然并列却有不同分工的法门,并用"驴拣干处尿,羊择湿处屙"的譬喻,为证悟者提出一个可以灵活掌握的原则,等于为某些参禅者打开了一扇可以践踏戒律的方便之门。他本人吃肉喝酒,被目为"酒肉僧"就是一例。

第四,参究话头。海明提倡的参禅,主要指话头禅,所谓"一句话头,击涂毒鼓",看话头位列诸禅之首。他认为对此应该坚信不疑。有人参究话头一事无成,在于他自身"心志之不善",并不是话头禅有什么问题。

与此同时,海明强调"话头"只是一种方便设施,而不是凝固不变的实体。他说:

> 若是一定有话头与人参,有实法与人会,则达摩初祖不知担几许话头来,迄今也是有尽。山僧每对学人言,遇境生疑,逢缘理会,甚是捷当,甚是至要。②

意思是说,日常所遇到的任何事物,都可以当作话头去参,而不必因循株守某些不变的公案语句。所以说,"若不因循,如猫捕鼠",随处可以捕捉到起"疑"会"理"的材料。

以上海明的种种观点,不出江南禅宗的主流范围。他对于后来的影响,主要是将参禅与净土、经教、持戒四者在看话禅上的统

---

① 《破山明禅师语录》卷八。
② 《破山明禅师语录》卷六。

一。所谓禅净教戒,直到近现代还相当流行。相反,他的"痛棒棒到底",却再也没有知名的继承者了。

3. 海明一系的传播

海明与其师圆悟一样,十分重视扩大本派的组织规模,前后"剃度弟子印开等凡百余人,嗣法弟子八十七人,南北分化,各振家声"①。时人评论说:"西来一宗,自天童(指密云圆悟)中兴,济上儿孙遍天下,可谓盛矣。然未有如双桂(指破山海明)之尤超于诸方也。"②

海明承认八十七人为他的嗣法者,在明清之际的确少见,其杂滥是不可避免的。后来有人辩解说:"师随其一知半解,辄有付嘱焉。或疑付法太滥,而不知师于此又有深心也。盖佛法下衰,狂禅满地,倘一味峻拒,彼必折而趋邪师,以传法为卫法之苦心,甚不得已者也。"③此话说得直朴一些,就是为了扩大自己的宗派势力,不得不如此。这些弟子中,比较著名的是丈雪通醉、象崖性挺和莲月印正。

丈雪通醉(1610—1693),曾在贵州、陕西、浙江、四川等地住持过多处寺院,特别是在成都昭觉寺时吸引了各地不少参禅者。关于他的言行,其弟子彻纲等编有《昭觉丈雪醉禅师语录》十卷。他的另一弟子月幢彻了,在云南昆明和贵州安顺一带传禅,是通醉门下影响最大的人物。还有一个弟子懒石觉聆,在云南府商山禅院弘禅。

象崖性挺(1598—1651),福州福清人,十九岁出家,从无异元来、密云圆悟习禅,后投到海明门下,并随之入蜀。自崇祯七年(1634)起,在四川和贵州等地住持过七处寺院。其弟子编有《象崖挺禅师语录》七卷。知名弟子有云腹道智(1612—1673)。道智及其门徒也主要活动在川黔一带。

---

① 《双桂破山明禅师年谱》。
② 《象崖挺禅师语录序》。
③ 《破山明禅师塔铭》。

莲月印正被海明称为"却是老僧一个放心的人"。曾在贵州遵义、四川南充和湖北当阳等地住持寺院。其弟子性容等编有《莲月禅师语录》六卷,发慧等编《玉泉莲月正禅师语录》。

清初的川黔滇地区,是全国抗清力量最强、坚持时间最久的地区之一,也是兵荒马乱、社会动荡最厉害的地区之一。海明禅系能在这里得到迅速发展,显然与这种形势有关。清中叶以后,这个禅系仍绵延不绝。

三、玉林通琇与磐山系

清初,天隐圆修一系的影响不及密云圆悟,但中叶以后,则成了临济宗最重要的一派。

磐山系创自圆修的弟子箬庵通问和玉林通琇。箬庵通问(?—1655),住持过杭州理安寺,而镇江金山则是他的重要基地。通问的弟子天竺行珍递传梦庵格、迦陵性音等,在清初有一定影响。通问的另一弟子铁舟行海递传法乳超乐、量闻明诠、月潭明诹、大晓实彻。后者将本为律寺的常州天宁寺改为禅院,使它成了知名度很高的丛林。实彻的弟子天涛际云和纳川际海,也各有传承,连续不绝。

玉林通琇下分美发淳和栖云岳两支,一直在清代流传。通琇的弟子栖云岳递传南谷颖、灵鹫诚、天慧实彻、了凡际圣、昭月了贞、宝林达珍等,使扬州高旻寺成为禅宗的重要寺院。清中叶以后,金山、天宁和高旻既是磐山系的主要寺院,也是禅宗在江南最有声望的丛林。

磐山系尽管有比较严整的传承法系,有比较稳定的禅院,但在雍正以后禅宗日趋衰落的总趋势下,也没有更多的作为。此系的代表人物,首推清初的通琇。

通琇(1614—1657),字玉林,俗姓杨,常州江阴县(江苏江阴县)人。出家前接触过禅学,而信仰净土。十九岁随天隐圆修出家。崇祯九年(1636),继圆修住湖州报恩寺(在浙江吴兴县),经营八年,使这个残破的寺院"殿堂寮舍、僧园物务,以悉周备"。他主要是通过化缘,由官僚富豪布施而扩建寺院,购买田产。当时他还只是个青年,已是"数千指日环拥参请"。

顺治二年(1645),通琇令弟子代管报恩寺,自己到江南各地游历,先后住过浙江的大雄山、江苏常熟的虞山、宜山的龙池山和磐山等,影响逐步扩大。

顺治十六年应诏进京,住万善殿,先后奉旨"请上堂者四",这成为通琇禅系的转折点。通琇与顺治的交谈应对是谨慎而善巧。他总是接着这位皇帝的问话谈禅,从不对政治问题发表意见,"上如不闻,则不敢强对,语不及古今政治得失、人物臧否,惟以第一义谛启沃圣心"。[①] 他对于顺治接受禅思想可能有影响,所以顺治称赞他"实获我心,深契予志"[②]。当年四月,通琇离京南返。顺治十七年,再次蒙召,受"大觉普济能仁国师"号。次年,顺治去世,通琇即南归。

通琇两次进京,受到清王朝的褒奖,成为全国的知名禅师。此后一直活动在江浙一带。晚年住持过浙江的西天目山和江苏宜兴的国山。

宜兴国山有善权寺,内有幻有正传剃度师乐庵的塔。康熙元年(1662),曹洞宗禅师百愚净斯来此重修寺院,并将本宗亡僧遗骨藏入乐庵塔内,引起临济宗僧人的不满。康熙十二年,通琇在宜兴官僚的支持下进住善权寺,赶走了曹洞宗僧人,然后交弟子白松行奉住持,自己回浙江。就是这样一件事,触发了两家的争斗。

行奉住持善权寺后,曾企图占居寺侧的陈家祠堂,与陈氏家族发生矛盾。此时"三藩[③]叛乱,乘机盗劫者充斥宜兴"。康熙十三年九月,陈氏家族聚众火烧善权寺(有说是受净斯弟子寒松智操的唆使),杀死了几十名僧人,行奉也丧命寺中。当"王师至已","诸处叛寇""皆鼠窜"之后,清王朝在这里恢复了统治,陈氏家族受到镇

---

① 上引均见《大觉普济能仁国师年谱》。
② 《玉林禅师语录》卷首《玉音五道》。
③ "三藩叛乱",指康熙十二年底(1673年初),吴三桂、耿精忠、尚可喜分别于滇、黔、粤、闽等地发动的反清叛乱,同民众对清统治不满的民族情绪相呼应,一时震动整个江南地区。

第九章 清初禅宗的最后活跃及其终结

压;"唆使"陈氏的净斯弟子寒松智操等曹洞宗僧人,其结果可以推想而知。于是通琇一系重新得势。据此,关于争夺善权寺的斗争,有当时的特殊政治背景是很明显的,但在宗派思想上,通琇与净斯二系也确有分歧。

据通琇一系传说,通琇早年曾作《辩魔录》,"乃痛斥弁山瑞公(湛然圆澄的弟子瑞白明雪)断常邪见",由是结冤于明雪的弟子百愚净斯,争夺善权寺只是两家冲突的集中表现。然而宗派主义发展到如此酷烈的程度,在禅宗史上是不多见的。

通琇一生以好辩著称,所谓"自幼而壮,自壮而老,无时无刻不力辩"。《辩魔录》洋洋数万言,作于二十八岁。他通过批驳当时禅僧对高峰原妙一生"悟道"事迹的种种解释,阐述自己的观点。其中反响最大的是有关"拖死尸句子"的解释:

> 时诸方共论高峰祖……而祖始终悟道因缘,灼知落处者稀……至有以昭昭灵灵,认识为心之妄见,配合祖打破拖死尸句子,直得虚空粉碎,大地平沉之悟,谓之有主初进步……①

高峰原妙似乎成为禅僧论议的话题。据原妙自述,他早年参访雪岩祖钦,一进门,祖钦便问:"阿谁与你拖个死尸来?"原妙未及回答,祖钦便打。如此一问便打,反复多次,原妙始终不知所以然。后原妙偶然见五祖法演遗像,"蓦然触发日前仰山老和尚(指祖钦)问拖死尸句子,直得虚空粉碎,大地平沉,物我俱忘,如镜照境,百丈野狐,狗子佛性,青州布衫,女子出定话,从头密举验之,无不了了,般若妙用,信不诬矣"②。由法演的遗像而悟解祖钦的机用,从而密验一切祖师公案话头,这灵感联想是怎么形成的,属不可言传领域。但原妙所证悟的,其实就是以"物我俱忘"为中心的般若空观,则十分清楚。

---

① 上引均见《大觉普济能仁国师年谱》。
② 《高峰和尚禅要·开堂普说》。

在通琇之前，多数禅师认为原妙的这一证悟，只是"有主初进步"，是"悟"的初级阶段，与最高的悟境无关。通琇反驳这种见解说："禅必以虚空粉碎、绝后再苏为正悟，悟后必须透脱末后牢关，方可出世为人。"①"虚空粉碎"指心境空寂；由心境空寂形成认识上的空观，即是"绝后再苏"。从空寂的体验到空的观念，都是"正悟"，而"正悟"之后，还必须"透脱末后牢关"，即"悟后重疑"，解决像历代公案之类的问题，才能将空寂之心贯彻到现实生活的一切方面，"出世为人"。因此，"悟"不是一次完成的，不能以"一悟为休"；但"悟"也不是分裂的，不能把"虚空粉碎"的心境看成非悟。

由于《辩魔录》批驳的禅师很多，不仅受到曹洞宗僧人的反对，也受到临济宗僧人的指责。密云圆悟即致书责难，尤其"不肯不肖以高峰打破拖死尸句子为悟"②。再著论反驳，说："时有谓师(指通琇)下视诸方，讥呵当世；又亦以高峰祖打破拖死尸句子，'直得虚空粉碎，大地平沉'为非悟，左袒邪说，以诬祖及师。故是夏复出《判魔直笔》。"③

参加此类争论的禅师尽管很多，且喋喋不休，但涉及的问题多属细微末节，并没有产生什么新的禅学。然而，这也是禅宗史上最后一次较大的禅学活跃期。清中叶以后，连这样的禅学辩论也消失了。

通琇对修禅和读书的关系，有一套别致的规定。据记载：

> 师自出世以来，大事未明者，惟专一参究，内外典籍，概不许私阅。时有僧于藏堂请《碧岩集》，执事呈白，师特小参重为申戒云：……好大哥，直绝根源，尚迂曲、寻枝摘叶，复何如？④

但这不是说他反对读书。他引"古德"的话说："通宗不通教，开口

---

①③④《大觉普济能仁国师年谱》。
②《玉林禅师语录》卷一一。

便乱道。"①不读经教是不行的。他强调的是证悟,"未明大事",读书会走入"邪魔";悟后不读书,就会胡说八道。因此,他要求读书的目的明确,读什么书要有次序:

> 看书当先究明诸家宗旨,次及诸祖语录。宗旨洞明,语录遍览,方可看教。如来禅,祖师禅,无不了了,方可涉历外典。若躐等趋末,不尊吾训,后日悔之何及。从上纲宗及一切公案,不可优侗会去,须是着着透露,知有古人说不到处,自出得手眼,方是看得语录之人。②

这种读书方法无疑是要把学子禁锢在特定的思想框架内,但他同时又让人们在这个框架内博览内外群书,作为护法和创造的手段,"自出得手眼",则比当时庸碌守旧的禅师要高明得多。这种禅教育思想,直接影响了近现代佛家教育,对推动佛教适应社会的发展有积极的影响。

通琇有嗣法弟子二十九人,其中茚溪行森也曾得到清世祖的诏见。清中叶以后,他的法系均出自栖云岳和美发淳。

第三节　云门系与寿昌系

清代曹洞宗僧人多出自湛然圆澄和无明慧经门下,前者习称云门系,后者习称寿昌系。云门系法系延续时间较长,但最初有影响力的禅师则出自寿昌系。

一、云门系简况

湛然圆澄在江南弘教传禅二十年,门下弟子众多,支派繁盛,可以与临济宗的天童系相比。其中三宜明盂(1599—1665),从"癸未至丁亥(1643—1647)五年,度僧累千百人,秉戒者数千人,请益者万人,开悟者数十百人"。他很注重讲经,认为:"吾耻近世禅者

---

①②《玉林禅师语录》卷七。

高心空腹,不明一经,故劳讲席,实不得已。他人以语言目我,失之矣。"①事实上,讲经是当时禅僧中的一种风气,不完全是"不得已"。明盂有《语录》十二卷,《杂著》二十卷;弟子中有"传法者三十人,传衣者二十人",悢亭净挺、西逷净超等知名。

瑞白明雪(1564—1641)一支在云门系中影响较大,流传时间最长。明雪的知名弟子元洁净莹(1612—1672)在江浙一带住持过多处寺院,嗣法弟子四十三人。他批评临济宗天童系僧人作禅宗史书,"翻乱青原南岳以下统系",遵照其师"拔剑相助"的指示,"依《龙藏》五宗世系而正之"②,作《传灯世谱》,得到余大成等人的支持。明雪的另一弟子百愚净斯(1610—1665),南阳人,二十一岁出家,次年具戒,历游江南各地,年三十二岁嗣法明雪,在江浙一带住持过八处寺院,"凡所至地,数千衲子,而糇粮自充,师名振珠林"③。关于他的言行,有智操等编的《百愚斯禅师语录》二十卷,另有方拱乾编选的诗集《蔓堂集》四卷。弟子有寒松智操等四十二人。后来传承不明。

明雪门下还有破暗净灯及其弟子古樵智先,先后住金山定慧寺,金山遂成为曹洞宗云门系的重要基地,直到清后,传承不断。

二、天然函罡与祖心函可

寿昌系分为三支,即慧经的弟子博山元来、鼓山元贤和晦台元镜。元来的知名弟子有长庆道独、雪碉道奉、古航道舟、星朗道雄和嵩乳道密等人。其中出自嵩乳道密(1589—1658)的传承延续到清中叶。长庆道独(1600—1661)曾在广东罗浮、福建雁湖等地传禅,晚年住持广州海幢寺,使之成为以后曹洞宗的一个稳定基地。他的弟子天然函罡和祖心函可,人称粤中两个"怪杰"。

函罡(1608—1685),字丽中,号天然,出身于番禺望族,俗姓曾。崇祯癸酉举人,次年(1634)跟从道独出家。从崇祯十五年(1642)开

---

① 《云溪悢亭挺禅师语录》所收《愚庵先和尚行实》。
② 《元洁莹禅师语录》卷一○。
③ 《百愚斯大禅师塔志铭》。

始,先后住持过八处寺院。"丙戌(1646)清兵入粤,明诸王孙多见疑被戮,尸横于野,师遍拾骸骨,别建冢以瘗之。"①《粤东遗民传》称:"函罡虽处方外,仍以忠孝廉节垂示,每于死生去就多受其益。"因此,他特别受到明末遗民的归依,信众日多。"吾粤向来罕信宗乘,自师提持向上,缙绅逢掖执弟子礼,问道不下数千人。"②函罡也重视经教,曾注疏《楞伽》、《楞严》、《金刚》等经。弟子今辩重编《庐山天然禅师语录》十二卷。

函罡的知名弟子多是明代遗老。他少年在俗之时,曾与番禺李云龙等结净社,后来李云龙随函罡出家,法名今从。万历朝的名臣金堡,亦投在门下,法名今释。另有今地,原为大学士李永茂之弟,舍丹霞旧宅为寺,由今释住持。今释所撰《遍行堂集》,即收藏于丹霞寺。至乾隆四十年(1775),因此书被发觉而引发了一场有名的文字狱,传说此狱株连寺僧五百余人。

今无(1633—1682),番禺人,俗姓万,十六岁随函罡出家,二十二岁到千山参访函可,三年后返广州,从康熙元年(1662)继住广州海幢寺,习禅者"动数千指","开戒一十三年,所度缁白徒众一千七百余人"。今无也曾游江南,广交士大夫,"与王公为莫逆交"。③

函可(1611—1659),字祖心,号剩人,惠州博罗人,俗姓韩。其父是万历年间进士,官至礼部尚书。二十九岁父死家败,被迫出家为僧。曾游庐山等地习禅,后至罗浮参见道独,与函罡一直要好。当他听到"甲申之变,悲恸形辞色";听说"江南复立新主",拟去投奔。顺治二年(1645),函可在金陵被捕④,施以酷刑后押送京城,不久,被流放千山(辽宁鞍山市东南)。他的三个弟弟皆以抗节死,他的叔叔、从兄、侄子等四人抗清战败死,姊妹、弟媳、仆婢等从死者甚众。

---

①② 《本师天然昰和尚行状》。
③ 上引均见《海幢阿字无禅师语录》所附《行状》。
④ 据《粤东遗民传》,函可被捕的罪名是,弘光被俘时,"亲见诸臣死事,纪为私史"。

禅宗在辽宁地区始终没有传承,这是中国佛教史上的一件奇事。当地喇嘛说:"禅宗针锤未及于遐方……空闻法眼流入朝鲜,杳然绝响,岂本性果分南北,由大事实待因缘。"①函可到千山传禅,算是给这个地区带来了"大事因缘"。他以谴谪的明臣为核心,建冰天诗社,凡三十三人;经常聚集在他身边的僧人有五百至七百;并与在岭南的函罡保持密切联系,函昰曾遣今无通问。时人称他一生,"七坐道场,全提直指,绝塞罕闻,称佛出世"②。

函可因身经家国惨变,虽居世外,依然痛苦难堪,有诗云:"地上反奄奄,地下多生气。"有时也自我安慰:"努力事前路,勿为儿女悲。"因此,他的禅法多半是为解悲消愁,为僧俗们讲解公案和经典,指导参究话头,与立志开拓禅宗新领域的宗师们自是不同,加上辽宁禅宗本无根基,所以影响范围十分有限。

三、为霖道霈与民间佛教

鼓山元贤没有认可大量的嗣法人,直到临终才肯定为霖道霈为继承人。道霈递传惟静道安、恒涛大心、圆玉兴五、象先法印、淡然法文等,一直流传到19世纪中叶。

道霈(1615—1688),字为霖,自号旅泊、非家叟,建宁建安(福建建瓯)人,俗姓丁,家庭世代奉佛,十四岁进寺院,第二年出家。先投闻谷广印,请教"出生死路头","老人授以念佛毕竟成佛之说,遂谛信不疑"。崇祯七年(1634),到鼓山见元贤,参禅四年,未有收获。又"经历诸讲肆凡五年,《法华》、《楞严》、《维摩》、《圆觉》、《起信》、《唯识》及台贤性相大旨,无不通贯"。此后,再随元贤习禅,研习经教,并与老母"同修净业"五年。顺治十四年(1657),元贤命他继住鼓山禅寺。自此,道霈以曹洞宗师身份弘教,共十四年,"座下常绕五千指"。③康熙十年(1671),出外游历,"杖锡所至,即成丛

---

① 《千山剩人禅师语录》卷首。
② 《重梓千山和尚语录序》。
③ 上引均见《为霖道霈禅师还山录》卷四。

林"①。二十三年,重返鼓山,直至逝世。

道霈一生著述颇多,自云:

> 余在鼓山有《秉拂录》一卷,《鼓山录》六卷,《餐香录》八卷,《还山录》四卷;在温陵有《开元录》一卷;在玉融有《灵石录》一卷;在建州有《旅泊庵稿》六卷,《法会录》三卷;其集古有《圣箭堂述古》一卷,《禅海十珍》一卷;其忏悔法有《八十八佛忏》一卷,《准提忏》一卷;其修净业有《净业当课》一卷,《净土旨决》一卷,《续净土生无生论》一卷;注释有《心经请益说》一卷,《佛祖三经指南》三卷,《舍利塔号注》一卷,《发愿文注》一卷;其往复书问有《笔语》一卷。以上共二十种,四十四卷。其纂述有《华严疏论纂要》一百二十卷,《金刚般若经疏论纂要刊定记略》三卷,《护国仁王般若经合古疏》三卷。②

从这个尚不完备的书目中可以看到,道霈的著述多,涉及的法门广,在当时无人能与之相比。

道霈特别推崇天台宗智颛,自称是他的私淑比丘。他说,对于智颛,"后代机浅智劣、罔测高深,虽久在法门,而于三大部(指《法华玄义》、《摩诃止观》、《法华文句》),有白首而不敢轻一展卷者,此佛法所以日衰,而圣师所说竟付之野马蠢鱼,似于己无涉,为可叹也"。道霈不但对天台宗论著取严谨的修学态度,对其他经论也提倡认真研习,认为"近世硕学大德,随顺机宜,依文解释"佛典的做法,应该肯定。③ 所以,讲解注疏经教和刊刻流通佛籍,成了道霈佛教事业的重要组成部分。

道霈提倡净土信仰,早年以念佛为出离生死的途径,终生未变。他在《普劝念佛文》中指出:"夫人之情,莫不厌苦而欣乐,舍苦

---

① 龚锡瑗:《旅泊庵稿序》。
② 《为霖道霈禅师还山录》卷四。
③ 上引均见《旅泊庵稿》卷三。

而取乐,今有极苦而不知厌舍,有极乐而不知欣取,非大惑欤?"他撇开禅宗不厌苦、不欣乐的违反常情的追求,而把人们厌苦、欣乐的普遍心理当作净土信仰的基础。"故我普劝世人,忙里偷闲,每日念佛,或百或千或万,念讫填圈,日向净土,一年既满,然后总算,共念佛若千万,记之于册,尽形受持,渐积净业,现为佛光照烛,罪灭福增,远为三圣接引,必生净土。"

但道霈提倡的净土信仰,与他的同代禅师相似,都是将西方净土与唯心净土混淆为一的。故有"此去西方十万亿,只在当人一念中,心净自然佛土净,弥陀何处不相逢"之说。① 换言之,对参禅者可以讲西方唯在一念中,对于民间信仰者可以讲念佛即能生于西天。在这里,禅净已无原则界限。

道霈重视忏法和法事仪规,宣扬征应,其代表思想从他所作《中峰禅师施食科仪序》中可见:

> 元天目中峰本禅师撮瑜伽旨要,作《施食科文》,其法简而精,其仪规略而备,其宣扬第一义谛,详明痛切,盖欲使天人神鬼,一言之下,顿破大梦,直彻性源,饱餐甘露,立地成佛。

《施食科仪》是掺糅了禅旨的法事仪规。道霈说它是"万历间,寿昌无明师翁北游五台,得于古寺残经中,如获至宝,佩以南归,凡遇节腊及诸佛事,躬自登座,如法修设,屡感征应"②。

无明慧经以农禅兴宗,明确反对把禅寺变为"应院",反对禅僧像瑜伽教僧那样做佛事赚钱。但是,到了道霈的时候,禅僧已经理所当然地担负起应赴僧的职务。在他的笔下,连历史上的反对者也变成了弘扬者。他还作多篇《感应记》,说明念佛、诵经、各种法事能够拯救亡灵、见到佛祖、驱病防灾等等,使禅宗成为包罗佛教一切法门的一个派别。

---

① 上引均见《为霖道霈禅师餐香录》卷下。
② 《旅泊庵稿》卷三。

四、觉浪道盛的集大成思想

晦台元镜注重个人隐修,在禅宗内外都无甚影响。他的弟子觉浪道盛却颇负盛名,特别在士大夫中享有声誉。道盛的弟子有竺庵道成和观涛大奇等,在清初也属于有活动能力的禅师。

1. 以儒说谈宗

道盛(1592—1659),号觉浪,别号杖人,福建浦城人,俗姓张。十九岁出家,万历四十四年(1616)到江西董岩为无明慧经庆寿,受具足戒。不久,投到慧经弟子元镜门下。从万历四十七年起,在江南各地布教弘禅四十年。谭贞默说:"天下之盛,莫若江南;江南之大善知识,莫若觉浪。和尚年未古稀,而闽、楚、吴、越、江淮以底旧京建业,展坐具者阅历五十余会,声名洋溢,无间华夷。"①

道盛的著述很多,"佛祖儒老内外篇集百有余种"②。汇集其语录和主要著述的,有其弟子大成、大奇等编的《天界觉浪盛禅师语录》十二卷;大成、大峻等编的《天界觉浪盛禅师全录》三十三卷;大枢、大英等编的《天界觉浪盛禅师嘉禾语录》一卷;陈丹衷、毛灿等编的《杖人随集》两卷。许多士大夫赞赏他的著作,仅为其《语录》、《全录》作序的就有钱谦益、徐芳、赵㳟、张贞生、李长庚、谭贞默、马嘉植等人,既有明朝的旧官僚,也有清朝的新显贵。他们欣赏的不是专门的禅学或棒喝机辩,而是"无法不收,无机不被"式的,融佛教各门为一门、能适应各阶层的佛教需要,并具有"救时"政治作用的学说,道盛的著作恰好具备这些特点。

道盛既论佛学禅学,也论儒学百家,中心还是儒释合一。他倡导"真儒必不辟佛,真佛必不非儒"③,尤为士大夫叹服,以至"名公巨卿,莫不入室扣击,俯首归心"④。他的俗弟子评论说:"盖师于世出世法,已透内圣外王、先佛后祖之微,故其神发秘旨,光阐玄猷,

---

① 《觉浪和尚语录序》。
② 马嘉植:《崇先语录序》。
③ 刘宗谟:《传洞上正宗三十三世摄山栖霞觉浪大禅师塔铭并序》。
④ 李鹤鸣:《天界浪杖人全录序》。

不特为学人衲子点眼刳心,直当与儒师宗匠返魂夺命。"①"片词微旨,触类旁通,不特有益于禅,而且有益于儒。"②有人甚至说:"若以儒说谈宗,上下千年,独我师一人而已。"③尽管这些评价言过其实,却反映了道盛沟通儒学与禅学的主张曾引起强烈反应。

道盛所以有这样大的影响,并不在于他在理论上有什么创新,而是因为他的言论中渗透着对明王朝的爱国情感。他的诗作中有《伊尹》、《管仲》、《张良》、《诸葛》等赞颂诗,寄托了他切盼贤臣良将出世扶明的强烈愿望。明清之间,不少著名的官僚士大夫随他出家。

道盛的嗣法弟子二十八人,得戒剃度弟子不计其数。其中,"能嗣杖人之传者,前则有青原笑峰,今则有药地愚者,此两人在吾儒中皆天民先觉。"他们都是以"宰官身现比丘相,称师之嫡骨"④。他的门徒也带有明遗民的性格。

2. 为国说法

天启(1621—1627)年间,明王朝内外交困,已是风雨飘摇。崇祯欲有所振作,曾给人以希望。正在这个时候,道盛辗转各地,不辞劳苦地大声疾呼,希望出现为国戮力的"忠臣烈士"和为国说法的"真道高僧":

> 况三百年来,养天下臣民,岂无忠臣烈士,一旦奋发,展生平经济,为国驱除戮力者乎? 三百年来,养天下僧道,岂无真道高僧,一旦奋发,展生平机用,为国说法破迷者乎?⑤

道盛这里讲的"为国驱除",主要是指抗御风起云涌的农民暴动和农民起义;"为国说法",则指鼓舞军民捍卫城池的士气。他本人身

---

① 李长庚:《圆通语录序》。
②④ 张贞生:《天界觉浪盛禅师全录序》。
③ 刘宗谟:《传洞上正宗三十三世摄山栖霞觉浪大禅师塔铭并序》。
⑤ 《天界觉浪盛禅师全录》卷三。

体力行,到处以"真道高僧"和"忠臣烈士"的双重身份,出谋划策,进行鼓动。

崇祯八、九年之交(1635—1636),道盛应请到龙湖宝筏禅寺开堂说法,号召说:"今聚而闻法之士,即合而守城之士也!总斯人也,饥而食,寒而衣,寇至而登城,寇远而闻法。城守不碍于闻法,闻法亦何碍于守城乎?"这样官、军、民、禅四位一体,互不相碍。至于所"闻法"内容,从道盛的宣讲中可见大略:

盖守城之害有三:一畏心,二悭心,三分别心。见贼轻逃,困乏不济,左右分袒者,此三心之祟也。大师说法,首破此三心,单刀直入,大震全威;出生入死,神变自在。人人如此,心心如此,何忧乎办贼已哉。

道盛要破的"三心",其实是当时明王朝官军的整体精神状态。畏"贼"心理是普遍的;军费匮乏,缺乏后勤保障,是严重的;而文官武将各有所党,更是明王朝的致命弊端。道盛企图从破除"三心"上解决根深蒂固的体制问题,从而令守城之士出生入死、舍己奋战,只能是一种幻想。据说他还"于兵戈中惠诸三昧,处危城里转大法轮",内容也不出这个范围。①

禅宗在军队中,特别是在战争前沿弘法,是有传统的。道盛为守城军民和禅者说教,是这一传统的继承和发扬。历史上,禅宗是如何联系战争实际说法,文献记载寥寥,难得其详。道盛在这里提供了一个范例,从中可以推测其前辈们活动的大体模样。

道盛曾制定多种强化治安、"御寇"安民的策略,献计于地方官吏。《救荒乱策》提出"振三纲,张四维"的措施,要求实施。"振三纲"指"官为民纲,贵为贱纲,富为贫纲",把全民道德统一到权力和财产的名下;"张四维"指"设险为御寇维,作寨为安民维,赋田为足食维,教民为练兵维",希望以足兵足食增强地方的防卫力量。另

---

① 上引均见《龙湖宝筏语录序》。

外,针对麻城(今属湖北)"贼数入境",作《麻城制边境策》,陈述"设险"用兵等措施。时人叹道:"此议洞见形胜于掌指,谓出世不可经世耶?安得经世者见诸行事?"①

道盛所献的这些策略,都是枝末之谈,明王朝已病入膏肓,为高官巨富设计对付农民造反的办法,至少是不识时务。及至他经历增多,始有所觉醒:

> 适在河南凤阳,一路亲见此病。何曾贼善攻以破城,是皆官长士夫愤激,百姓私通外寇为内应而破城也……又见有贼势急,远远于省城州府请官兵,殊不知……戕害百姓,掳掠妇女,树头草根无不剽尽,官兵之毒,有甚于流寇者。②

清统一后,一些禅师在刊刻自己的语录时,纷纷删掉有犯"国忌"的言词。但政治嗅觉敏锐的道盛却无反应,依然不忘明故国。最后,终因他的著述中有"明太祖"字样而被捕,身陷囹圄一年。顺治五年(1648),金陵官僚"因阅师(指道盛)《原道七论》,谓不应称'明太祖'三字,遂坐师狱中,师不辩。后陈太宰闻,令一吏省师索偈,师援笔书云:'问予何事栖碧山,笑而不答心自闲。桃花流水杳然去,别有天地非人间。'"③明王朝如落花流水,杳然而去,人间的天地已属满洲贵族。他道盛身在大狱,可心中依然"别有"那个非人间的天地。在始终不忘旧朝的禅师中,道盛是一个突出的代表。

3. 集大成与定宗旨

道盛在弘教传禅上也有旺盛的热情。"杖人于刀兵水火中求大伤心人,穷尽一切,超而随之,乃集大成,乃定宗旨。"④所谓"集大成",有人解释成"集三圣大成"⑤。事实上,是效法孔子儒家的集大

---

① 上引均见《天界觉浪盛禅师全录》卷二九。
② 《天界觉浪盛禅师全录》卷二七。
③ 《天界觉浪盛禅师全录》卷二〇。
④ 《天界觉浪盛禅师全录序》。
⑤ 《觉浪和尚语录序》。

/第九章/ 清初禅宗的最后活跃及其终结

成者,集佛教之大成,定禅宗之宗旨,所以他说:"吾佛祖之道,至于五宗,亦当有集大成者,故吾作《会祖规》,以追孔子集大成之意"①。

道盛的集大成著作,除《会祖规》外,其实还有一部《尊正规》。《尊正规》论述禅宗乃是传统佛教的集大成者,"以佛菩萨及诸宗祖出世为人,种种经律论藏,净土、止观、忏法等,门庭施设,堂奥深微,始终本末,折入禅宗,为集佛祖大成,已无余蕴矣"。他认为,禅宗将佛教的一切理论与实践,无任何遗漏地包容于一身。《会祖规》则试图集禅宗五家之大成。他针对禅门五宗中已有三宗不传的事实,怀着对临济、曹洞"安知不蹈沩仰、云门、法眼之流弊,以致无传乎"的忧患,"慨然将西天、东土以至五家宗师而会其始终之旨,为《会祖规》"。他认为这部著作已会通禅宗"东西密相付之根本法印",足以"使后世子孙能悟此根本法印",令"五家门庭堂奥之宗旨,不致流弊而无传也"。

道盛的集大成、定宗旨不过是对当时佛教发展总趋向的一种自觉的推动,即承认佛教所有教门并存的合理性,并把它们都纳入禅宗的"大统"之中。

> 予今不特以宗门会祖别作一统为大全,即经、律、论、观亦各有统为一大全也。如禅自有五宗为统,经自有五教为统,律自有五部为统,论自有五摄为统,而吾经、律、论、禅、净等等而大统于佛者,正如诗、书、礼、易、春秋之大统于儒也。使经、律、论、禅、净等各无统纪,则选圣诸堂所学何事,所宗何旨,而诸堂又何足以成此大统于选圣场哉!

他要求承认佛教内部有"小统"的存在,但必须归诸于"大统"之中,以成"选圣场"的整体。或者说,"大统"要以承认"小统"为基础,不容相互排斥。以此说为标志,禅宗最终接受了佛教的全部遗产。

尽管如此,道盛仍然设法抬高禅宗的地位。他用"一岁之统四

---

① 《天界觉浪盛禅师全录》卷一九。

时"为喻,把佛教分为五类,进行配比:

> 即如经、律、论、观、禅,以一岁四时配之:经则勃然开发,春也;律则灿然敷陈,夏也;论则凛然精核,秋也;观则宴然清彻,冬也;禅则浑然通洽,如岁运无言,而四时行也。

这样,禅与其他小统就有了差别,它不只是独立的一门,而且还贯穿于其他教门之中,实际上成为佛教全体的总纲。

再用同样的方法,排列禅宗五派,就成以下这个样子:

> 沩仰则如春之生育,临济则如夏之明露,云门则如秋之严峭,法眼则如冬之精纯,曹洞则如四季之统化也。此亦拟其大概,有如此折摄耳,岂沩仰、临济、曹洞、云门、法眼之宗旨,有优劣同异乎!

在禅宗史上,归纳五派特点的禅师很多,像道盛这样排列的却很新鲜。不仅以一岁为喻已很勉强,而且全从个人好恶出发进行配比,缺乏必要的史实依据,所以随意性很大。他显然是在学隋唐的判教,但由于知识不足,往往难以自圆其说。

最后,他把以神宗为核心的全部佛教归结成一种历史的演化模式,称作"六种纲宗":"以六种纲宗而集始终一贯之大成耳,岂别有所谓奇特之建立哉。"力图以"六种纲宗"保证佛教一以贯之的禅宗精神。

> 予昔阅《五灯》,见从上佛祖始终之事,乃作《法印记》,有六种纲宗:一参悟,二印证,三师承,四法嗣,五家风,六付嘱。始终虽分为六,实统于一参悟也。①

---

① 上引均见《天界觉浪盛禅师全录》卷二一。

/第九章/ 清初禅宗的最后活跃及其终结

他在这里实际讲的是一个禅系自创建到继承的全过程,而以"参悟"作为本宗得以稳定发展的基石,表明了他在禅宗中看待的重点。

禅宗经过明清之交的一度活跃,随着清王朝的巩固,逐渐与佛教的其他法门浸没为一。道盛似乎预感到了这一进程,所以在竭力保持禅宗宗旨、宗风时,也不得不这样曲曲折折,吞吞吐吐。此后,连这样的言论也不多见了。

附 录

一、大 事 记

年号 公历	大 事

东汉桓帝

建和二年(148)　　　安世高来洛阳译经,介绍"安般守意"、"十二门"等小乘禅法。

桓帝末年(167)　　　支娄迦谶来洛阳译经,介绍"般舟三昧"、"首楞严三昧"等大乘禅法。

汉魏之际(196—265)　陈慧、康僧会等传播"安般守意"等禅法。

西晋(266—313)　　禅数学兴起。

后赵(319—350)　　羯人石氏供养佛图澄。佛图澄以神异骇世、参政。

东晋

永和—太元(345—396)　道安作大小《十二门经序》,传十二门禅法。

隐士谢敷作《安般守意经序》,倡以"慧"代"禅"。

慧远建东林寺于庐山,开南方禅林之始。

南凉(397—414)　　鲜卑人建南凉,以"神僧"昙霍为首,推行佛教。

北凉(397—433)　　匈奴人建北凉,招纳昙无谶译经,教授方术。

后秦

弘始三年(401)　　　鸠摩罗什到长安建立第一个国家译场,受请编译《禅法要解》,介绍五门禅法。

僧叡提出"无禅不智,无智不禅",标志大乘教义与小乘禅法融会。

附录

东晋

义熙四年(408) 　觉贤(佛陀跋陀罗)在长安聚众弘禅,并以神异闻名,此为禅僧团的雏形。

约义熙七年(411) 　觉贤至庐山,译出《修行方便》禅经,介绍达摩多罗禅法。慧远为之作《统序》,为后世禅宗推崇的第一个重要文献。

一年后,觉贤投刘裕,定居建业道场寺译经,寺称"禅窟"。其弟子慧观,弘扬"不净观"。

西秦

乞伏炽磐(412—427) 　禅僧玄高"蓄徒聚众",被逐至河北林阳堂山,又聚徒三百。河南王请还,尊为国师。

东晋

义熙十三年(417) 　觉贤与法显共译《大般泥洹经》,以"一切众生,皆有佛性"给禅以新的思想。

南朝宋

元嘉元年(424) 　求那跋摩进入宋境,以灵异著名。

畺良耶舍自西域来宋,住钟山道林寺传禅。元嘉后期,西游江陵、岷蜀,禅学成群。昙摩蜜多至建业,为宋室后宫所尊。译出《禅经》、《禅法要》。于钟山建定林上寺。

元嘉十三年(436) 　求那跋陀罗在建业译经,是年译出《胜鬘经》,倡"如来藏缘起"说。后陆续译出四卷本《楞伽阿跋多罗宝经》,多为北朝禅师所持;《十二头陀经》,为禅众流动提供依据。

北魏

太平真君五年(444) 　北魏灭凉后,玄高被迎至平城,后助太子参国事,被杀。其弟子玄畅于次年逃往扬州。

太平真君七年(446) 　拓跋焘毁佛。

和平二年(461) 　昙曜任沙门统。在北魏全境遍立僧祇户,确定佛图户,寺院经济超速膨胀。

太和元年(477) 　魏境有寺 6 478 所,僧尼 77 258 人。

南齐初(479) 　玄畅在成都建"齐兴"寺,得到齐帝赐与。弟子法期,活动在江陵,是玄畅制造灵异的助手。

北魏
  太和二十年(496)　　　　　孝文帝于嵩山建少林寺安置佛陀,同时开凿龙门石窟,安置禅僧。北魏禅师受国家供养。
  永平元年(508)　　　　　　菩提流支到洛阳,组成有勒那摩提、佛陀扇多等在内约七百人的译经集团。
  孝明帝(516—528)　　　　孝明帝就山供养僧稠。至孝武帝,在尚书谷为僧稠别立禅室,聚徒颇众。
  永熙三年(534)　　　　　　建于公元516年的洛阳永宁寺为火所烧。波斯沙门菩提达摩来游中土,曾礼拜此寺。初唐楞伽宗和禅宗均奉达摩为始祖。慧可从菩提达摩受四卷《楞伽经》。
东魏
  天平初(534)　　　　　　　慧可就新邺传禅,为官方迫害,后流离于邺、卫等地,顺应世俗,传播禅理。
　　　　　　　　　　　　　　佛陀弟子慧光在京洛任"国僧都",后随迁东魏,在邺都转为"国统",开创地论师统治北朝魏、齐、周三代佛教的局面;也是流动于民间禅众的主要管制者。
　　　　　　　　　　　　　　至北魏末年,大略统计有寺三万余座,僧尼二百万。至少有上百万僧众无寺可归。自473—517年这四十余年中,有史记载的沙门造反事件八起。
北齐
  天保元年(550)　　　　　　僧粲向慧可问道。僧粲在禅宗北宗中,影响深远。
  天保二年(551)　　　　　　文宣帝迎禅师僧稠入内宫,次年为其在龙山建云门寺。僧稠直接控制的僧众极多。
  北朝魏、周之际(552—561)　以僧实为首的禅僧团活跃。僧实的言论被西魏统治者定为"世宝",北周定他为国家"三藏"。
北周
  建德六年(577)　　　　　　周武帝灭佛,勒令僧尼还归编户近三百万人。其中大多数四散逃亡,一部分隐匿山野,一部分南下谋生。

隋朝

开皇元年(581)　　　隋文帝诏令复兴佛教,而偏宗定门,建寺修塔,招徕游僧安居。

唐朝

约武德三年(620)　　僧粲弟子道信入黄梅双峰山弘禅,三十余年聚徒五百余,使禅僧由游动转为定居,"作坐并行",禅众生活方式有了重大转变。道信终于公元651年。

贞观年间(627—649)　道安在黄梅就学于弘忍,公元664年游终南山,止于嵩山会善寺,学者甚众。后与神秀同时被征入京。

贞观十七年(643)　　法融在金陵牛头山北岩下立禅室。传说曾向道信证道。数年聚百余人,为牛头禅之祖。

永徽二年(651)　　　神秀往双峰山归依弘忍,六年后离开。

永徽四年(653)　　　浙江睦州女子陈硕贞起义失败,僧尼受诛连极多,逃亡者被法融收留不少。

显庆元年(656)　　　法融受司功萧元善请,入金陵初建寺。次年卒。

麟德元年(664)　　　法冲年七十九岁。原为私度僧,曾两次受教于慧可弟子辈。讲四卷《楞伽》,弘扬"南天竺一乘宗"。

咸亨五年(674)　　　道信弟子弘忍卒。弘忍坚持道信的"作"、"坐"并重禅风,号东山法门。门下知名弟子十余人,在全国大弘双峰、东山禅法。

凤仪中(677—679)　　神秀取得僧籍时,年已古稀。

垂拱二年(686)　　　法如于少林寺聚会开示禅法,首次确立禅宗宗谱。法如曾师青布明,后到弘忍处咨受三昧十六载。弘忍死后北游中岳,居少林寺。

久视年(700)　　　　神秀奉武则天诏入京城长安,被推为"两京法主,三帝国师"。终于神龙二年(706),谥大通禅师。弟子遍及两京、江北,被认为东山法门正传,北宗之祖。

神会先师北宗秀三年,秀进京后,往岭南依慧能。

景龙二年(708)	弘忍弟子玄赜被召入京,撰《楞伽人法志》。其弟子净觉,著《楞伽师资记》,是楞伽宗的最后代表人物。
先天二年(713)	慧能卒。曾在弘忍门下作行者八个月。后混迹农商十六年,于南海印宗处削发,开始在岭南传禅。被推为禅宗南宗祖师。传说《坛经》为其说法记录。
开元元年(713)	玄觉卒。传说曾谒慧能,留一宿而别,号"一觉禅"。他的思想后人辑为《永嘉集》。
开元十八年(730后)	国家强化度牒制度,但私度不止。
约开元二十二年(734)	神会在滑台大云寺设无遮大会,与山东崇远辩论,抨击神秀北宗"传承是傍,法门是渐"。
开元二十四年(736)	义福卒。曾师事福先寺胐法师,后到荆州玉泉寺谒神秀十年。神龙二年(706),应邀至长安终南山,开演神秀禅慧之业。谥"大智禅师"。
开元二十七年(739)	普寂卒。先于玉泉寺就学神秀,长安年隶籍中岳寺。神秀死后,诏令其统领徒众。开元十五年居京都兴唐寺。著名弟子有一行等多人。谥"大照禅师",自称是继神秀之后的"禅门七叶"。
约开元二十八年(740)	无相受章仇大夫之请,去成都开禅,居净泉寺。每年十二月和正月设道场,高座说法。无相师承处寂,处寂为弘忍弟子、智诜的门徒。
	青原行思卒。后追谥弘济大师。弟子希迁创湖南禅。
天宝元年(742)	希迁到衡岳住南寺,在寺东石台上结庵,号石头和尚,卒于公元790年,追谥无际大师。所传为石头宗系。
天宝三年(744)	南岳怀让卒。后追谥大慧禅师。弟子道一创江西系(洪州宗)。
天宝十一年(752)	玄素卒。牛头禅系到玄素而宗门大盛。后追谥其为大津(律)禅师。
天宝十二年(753)	神会被谮聚众,黜弋阳郡。次年敕移襄州。公元758年卒。弟子众多,有神照、惟忠、灵坦等,

	称荷泽宗。
安史乱期(755—763)	两京陷落,京派禅师遭受严重打击,统治地位动摇。地方禅宗兴起。南能北秀的局面开始形成。
至德二年(757)	无住到成都净泉寺见无相,住三昼夜。公元766年,受请回成都,居保唐寺。由此形成净泉保唐系。
宝应二年(763)	沙州被吐蕃占领,摩诃衍奉赞普命开示禅门。禅宗传入西藏。
大历三年(768)	诏迎玄素弟子法钦进京。唐代宗咨问法要,赐号国一。卒于公元792年。
大历七年(772)	天台宗湛然发起为僧粲建塔立碑,站在禅宗北宗立场上与南宗抗争。
大历十年(775)	慧忠卒,谥"大证禅师"。传说是慧能弟子,被称为"南阳国师"。
建中后(783)	韩滉在南京筑石头五城,拆毁上元县寺院、道观四十余所。牛头宗惟则与法钦分别向浙江东西转移。
贞元二年(786)	道一卒(有说贞元四年),追谥"大寂禅师"。道一是怀让弟子,在江西传禅,使洪州宗成为中唐最大禅系。门徒多,分布广。
贞元十二年(796)	德宗诏澄观入内殿讲经,赐号"清凉"。澄观判教,将禅宗定为"顿教"。当时以顿门为号召的,只有神会推崇的南宗一家。
元和二年(807)	道悟卒。石头法嗣三大家之一。
元和九年(814)	怀海卒。道一弟子。他完成了农禅体系,并在《禅门规式》中作为制度巩固下来。号召"一日不作,一日不食";作"无求人"、"自由人"。
元和十年(815)	怀晖卒。道一门徒。元和三年(808)诏居章敬寺。在麟德殿斋会上被推居"上座"。
	马总在岭南为"佛氏第六祖"慧能上请谥号大鉴禅师。诏下,盛况空前。
元和十二年(817)	惟宽卒。道一门徒。元和四年(809)宪宗召见

	于安国寺。后谥"大彻禅师"。
元和十三年(818)	鹅湖大义卒。道一弟子。谥"慧觉大师"。
	曹溪僧道琳率徒请刘禹锡撰《第六祖大鉴禅师第二碑》。
长庆四年(824)	丹霞天然卒。石头法嗣三大家之一。
大和初(827)	南泉普愿受宣慰使陆亘等"同迎下山"。普愿为道一弟子,贞元十一年(795)上池阳南泉山,足不下山三十年。
大和三年(829)	李德裕出资为牛头一祖融大师建新塔,刘禹锡撰《新塔记》。
大和四年(830)	惟则卒。他搜集整理法融、宝志等人的著作,流传至今。
大和八年(834)	药山惟俨卒。后传他是希迁法嗣。
会昌元年(841)	荷泽系传人宗密卒。曾撰《禅源诸诠集》,调和禅教对立;著《华严原人论》,提倡儒释道调和。
会昌年(841—846)	武宗发动毁佛运动,拆寺四千余所,还俗僧尼二十六万余,拆招提兰若四万余所,收良田数千万顷。
	李翱于841年卒。传说曾向惟俨等禅师问道,采用佛学观点著《复性书》。
大中七年(853)	灵祐卒,谥大圆禅师。二十三岁时参百丈怀海。元和(806—820)末过大沩山,庵于山上,徒众千人。为沩仰宗创始人之一。
大中九年(855)	希运卒,谥断际禅师。传禅发机,喜语、势兼用。
大中十一年(857)	裴休整理临济希运的言论为《断际禅师传心法要》传世。另有《宛陵录》,多是他与希运的问答。
咸通六年(865)	德山宣鉴卒。用"打、喝"行禅,与临济禅风相似,有"德山棒,临济喝"之说。
咸通七年(866)	义玄卒,谥慧照禅师。活动在河北镇州等地,以"喝、打"为化门,是临济宗始祖。
咸通十年(869)	良价卒。曹洞宗创始人之一。为禅宗群体制定了特殊的道德规范,强化了宗派观念。

中和二年(882)	良价弟子道膺,居洪州云居山,十五年中聚千余众。
中和三年(883)	僖宗赐义存紫衣,号真觉大师。居雪峰,传法四十年,门徒众多。
光启四年(888)	圆智弟子庆诸卒,谥普会大师。庆诸曾入山聚徒五百长坐二十年,谓"石霜枯木众",南方称"丛林"。
乾宁四年(897)	赵州从谂卒,后谥真际大师。活动在镇州,被视为"镇国之宝"。
光化三年(900)	惟劲(义存弟子)入南岳,住报慈东藏。著有《五字颂》、《续宝林传》等。
天复元年(901)	本寂(良价弟子)卒。由他继承和发展的洞山一支称曹洞宗。造"君臣五位"说。
天祐五年(908)	义存卒。其弟子师备同年卒。闽王曾迎师备居安国寺,礼为师,号宗一大师。在三处住持三十余年,以《楞严经》释禅。

五代后梁

贞明三年(917)	漳州刺史创保福禅苑,迎从展居之。从展是义存弟子,学徒七百,卒于928年。

南汉

乾亨二年(918)	文偃追随的如敏卒。刘岩令文偃说法。
乾亨七年(923)	文偃于韶州开云门山造寺,是南宗有史以来所造的最豪华的寺院。被赐号匡真。其法系称云门宗。

后唐

同光二年(924)	良价另一弟子休静,与在福建的同门蚬子和尚应召入京。后因限佛,返湖南平阳。死后谥宝智大师。
天成三年(928)	漳州牧为师备弟子桂琛在闽城建"地藏精舍",聚徒二百余。
南唐初(937)	桂琛弟子文益被迎住金陵报恩寺,赐号净慧禅师,再迁清凉寺。卒于958年,谥大法眼禅师,重谥大智藏禅师。他的法系称法眼宗。

中国禅宗通史

后汉
　乾祐元年(948)　　　　　　　吴越钱俶迎德韶(文益弟子)至杭州,行弟子礼。
　　　　　　　　　　　　　　　德韶卒于972年。

后周
　显德七年(960)　　　　　　　钱俶请德韶弟子延寿到杭州,重建灵隐寺。延
　　　　　　　　　　　　　　　寿后入天台山度戒万人。被赐号智觉禅师。著
　　　　　　　　　　　　　　　有《宗镜录》、《万善同归集》等。

宋朝
　淳化四年(993)　　　　　　　临济宗首山省念卒。
　　　　　　　　　　　　　　　道俗千余人迎请省念弟子善昭住持汾州太平寺
　　　　　　　　　　　　　　　太子院,三十年不出院,被尊称"汾州"。善昭倡
　　　　　　　　　　　　　　　导公案代别和颂古,为禅在士大夫中扩展开辟
　　　　　　　　　　　　　　　了新路。
　景德元年(1004)　　　　　　 法眼宗道原编《景德传灯录》呈送朝廷。翰林学
　　　　　　　　　　　　　　　士杨亿等受命将其修订成书三十卷,成为有史
　　　　　　　　　　　　　　　以来第一部官修禅书,入藏流通。
　仁宗初(1023—1041)　　　　 宋仁宗令减度僧三分之一,毁天下无名额寺院,
　　　　　　　　　　　　　　　使僧尼由四十余万减至二十余万。
　庆历年间(1041—1048)　　　 契嵩到杭州灵隐寺潜心著述,以文鸣道于天下。
　皇祐初年(1049)　　　　　　 居讷推荐大觉怀琏住持汴京十方净因禅寺。怀
　　　　　　　　　　　　　　　琏为应诏住持京城寺院的云门僧人之首。
　皇祐五年(1053)　　　　　　 云门宗雪窦重显卒,谥明觉大师,撰《颂古百则》
　　　　　　　　　　　　　　　等。人称"云门中兴"。
　嘉祐六年(1061)　　　　　　 契嵩携其著作《辅教编》、《传法正宗论》等,上京
　　　　　　　　　　　　　　　呈仁宗,请求编入《大藏经》。次年准编,并赐
　　　　　　　　　　　　　　　"明教"师号。
　熙宁二年(1069)　　　　　　 善昭弟子黄龙慧南卒。以倡导"三关语"著称。
　　　　　　　　　　　　　　　曾游方至湖南潭州,弘教传禅,临济宗由此南
　　　　　　　　　　　　　　　移。弟子众多。
　元丰三年(1080)　　　　　　 慧南弟子晦堂祖心举同门常总住持东林禅寺。
　　　　　　　　　　　　　　　祖心创以住所庵堂为道号,各派仿效。
　大观初(1107)　　　　　　　 怀悟开始搜集整理契嵩著作,编辑《镡津文集》。
　大观二年(1108)　　　　　　 曹洞宗道楷住天宁寺,徽宗赐紫衣、师号,不受,

	被遣放缁州。次年,许其在芙蓉湖畔结庵传禅。曹洞宗从此有起色。
徽宗年间(1101—1125)	徽宗崇道排佛,先后推行佛教道化措施,令佛寺改为道观,僧尼改作道教称呼。
宣和四年(1122)	克文弟子慧洪(临济宗)第三次被诬入狱。是"文字禅"的主要倡导者,著有《禅林僧宝传》、《林间录》等。
宣和七年(1125)	临济宗宗杲到京城天宁寺会见克勤。月余后,克勤将所著《临济正宗记》付之,命掌记室。钦宗赐号佛日大师。
建炎三年(1129)	曹洞宗正觉住持明州天童寺,倡导"默照禅"。于此形成大的修禅中心,前后近三十年。绍兴二十七年(1157)卒,谥宏智禅师。
绍兴四年(1134)	宗杲入福建,见默照禅盛行于战火中,甚表不满。
绍兴五年(1135)	克勤卒。曾奉旨仟金陵蒋山,法道大振。所著《碧岩集》影响巨大。
绍兴八年(1138)	宗杲住持径山能仁禅院。聚僧众一千七百余人,宗风大振。
绍兴三十二年(1162)	高宗赐宗杲大慧禅师号。次年宗杲卒,谥普觉。曾倡"看话禅",批"默照禅",火烧《碧岩集》。
金	
大定二年(1162)	金移都燕京。建大庆寿寺,以玄冥颢禅师为开山祖师。
南宋	
淳熙二年(1175)	池州报恩光孝禅寺僧人法应,编成《禅宗颂古联珠集》。
淳熙十四年(1187)	宋孝宗采取"贵牒"制,提高度牒售价,出售紫衣、师号。促使寺院普遍重视生产经营和经济效益。国家确定"五山十刹"禅寺区划。五山十刹既是传禅中心,也是国家制控丛林的枢纽。日本僧人荣西第二次来宋(第一次在1168年),先后参学于天台、庐山、育王、天童等处。1191

	年回国,创日本临济宗。
金	
明昌四年(1193)	曹洞宗万松行秀受请到内廷说法。承安二年(1197),应诏住持仰山,后又为蒙古贵族敬重。著有《从容庵录》等。
蒙古	
太祖十四年(1219)	成吉思汗赐中观慈云正觉大禅师号;赐印简寂照英悟大师号。北方曹洞宗开始复兴。
太祖十七年(1222)	丘处机西游,谒成吉思汗。
南宋	
宝庆元年(1225)	曹洞宗如净住天童山,重坐禅。日本道元(1200—1253)入宋,师事如净三年,回国后创日本曹洞宗。
蒙古	
太宗至宪宗初(1229—1251)	丘处机弟子李志常受蒙古汗国的支持,侵占佛寺,打击佛教势力。
太宗七年(1235)	太宗选试天下僧道,北方临济宗印简被推为住持。此后多次被请讲法,为国祈福。
南宋	
淳祐元年(1241)	日本僧人圆尔辩圆嗣法于无准师范,是年回国,创东福寺寺派。
淳祐六年(1246)	兰溪道隆、兀庵普宁等赴日,把禅学、儒学带到日本。
蒙古	
定宗(1246—1248)	蒙古汗国与喇嘛教建立联系。
宪宗(1251)	蒙哥即位。命印简掌管佛教事务,开始着重扶植佛教。印简死后谥佛日圆明大师。
南宋	
淳祐十二年(1252)	普济编成《五灯会元》。
蒙古	
宪宗(1255)	曹洞宗福裕上书控告道教,蒙哥命释道廷前辩论。次年福裕再告,蒙哥令佛教地位高于道教,赐福裕号光宗正辩。

宪宗(1258)	忽必烈召集佛道和九流名士,在开平城举行第二次佛道论战,帕思巴为仲裁人,道教惨败。参与辩论的道士削发为僧,道教经典四十五部被焚,二百多处道观改为佛寺。
中统元年(1260)	忽必烈即位。封帕思巴为国师,至元七年(1270)进为帝师,确立了喇嘛教的统治地位。

元朝

至元十六年(1279)	高峰原妙到天目山西师子岩营造小室以居,号"死关"。足不出门十余年,参学者数万人。
至元十八年(1281)	曹洞宗从伦奉旨主持焚烧除《道德经》以外的一切道教经籍。从伦著有《空谷集》、《虚堂集》等,推动公案诠释和颂古的风气。
至元二十五年(1288)	元朝改释教总制院为宣政院,管理全国佛教事务。
	有旨大集教、禅廷辩。教、禅、律三派僧人参加,结果"教冠于禅之上",确定了元代重教抑禅的方针。
至元二十八年(1291)	据统计,在宣政院注册的寺院42 318所,僧尼213 100人。一般说,禅僧逃避统计或不在统计之列。
大德三年(1299)	成宗派江浙释教总统一山一宁及其弟子赴日。日本来华僧人随之增多。
至大四年(1311)	仁宗一次赐大普庆寺田八万亩。国家主管的大寺院经济,多因此巨富。
皇庆元年(1312)	行端住持灵隐寺,奉旨在金山水陆法会上说法。受佛日照号。
延祐六年(1319)	仁宗聘天目中峰明本。不至,赐金纹袈裟,号佛慈圆照广慧禅师,赐明本住持过的师子院额曰"正宗禅寺"。
至治三年(1323)	明本卒,谥智觉。明本追随原妙多年,后游方江南,到处建庵,徒众广布。参学者中有来自日本、高丽的僧人;传至云南,奉为"南诏第一祖"。其著作合称"一华五叶"。行看话禅,主禅净一

	致,倡密、教、禅、律四宗合一。
	居简系念常赴燕京缮写黄金佛经。曾面见帝师,听讲密教教义。历时二十年撰成编年体通史《佛祖历代通载》二十二卷。
泰定元年(1324)	行端获"大护持师"玺书。自此南方禅师与朝廷结缘者增多。弟子楚石梵琦、无梦昙噩等,成为元、明之际势力最大的禅派。
天历元年(1328)	崇岳系昙芳守忠受佛海普印大禅师号,其寺改为大龙翔集庆寺,并诏其为开山祖师。守忠荐大䜣代之。次年加赐大中大夫广慈圆悟大禅师号。
天历二年(1329)	居简系笑隐大䜣奉诏住持大龙翔集庆寺,得封大中大夫,受广智全悟大禅师号。后至元二年(1336)加赐"释教宗主兼领五山寺"号。大䜣重丛林清规和禅众教育。
	崇岳系古林清茂卒。赐号扶宗普觉佛性禅师。著有《重拈雪窦举古一百则》等。
至顺元年(1330)	守忠与大䜣应诏赴京。文宗及皇后、帝师等接见,赏赐极多。
元统三年(1335)	居简系德辉奏请重编《百丈清规》,诏许。经大䜣主持审定,分九章十卷,题《敕修百丈清规》,于至元年间(1335—1340)刊行。
明朝	
洪武元年(1368)	朱元璋诏令禁止白莲社、大明教和弥勒教等一切"邪教"。立善世院以统僧众。
	慧昙受命"统诸山释教事"。梵琦奉诏参加蒋山法会。
洪武三年(1370)	慧昙奉诏出使西域。次年卒于斯里兰卡。
洪武四年(1371)	诏祖阐和克勤送日僧归国。
洪武五年(1372)	宗泐奉诏参与金陵法会,住持天界寺,管理全国佛教事务。
洪武六年(1373)	诏"有道浮屠十余人集京师大天界寺",智及居首。

	诏令免费发放度牒,剃度条件从严。
洪武十年(1377)	诏令全国僧人讲习《心经》、《金刚》、《楞伽》,并命宗泐等注释颁行。
	宗泐继慧昙后奉诏出使西域。五年后(1382)回国,带回《庄严宝王》等经。
洪武十五年(1382)	在中央设僧录司,在府、州、县分设僧纲司、僧正司和僧会司,与行政建制相应。
洪武十六年(1383)	钦定法事仪规。
洪武二十四年(1391)	颁布《申明佛教榜册》,继续加强对佛教的管理。
洪武二十六年(1393)	普庄奉诏到金陵见明太祖,住持浙江径山寺院。
洪武二十七年(1394)	诏令禁止僧人与各级官吏和民众往来,强制僧人集中,入住寺院。
景泰初(1450)	为救荒和筹措军饷,恢复鬻牒制度。
成化十二年(1476)	度僧10万,二十三年又度20余万,共有僧50万。
万历五年(1577)	笑岩德宝隐居于燕京柳巷。对话头禅进行修正补充。
天启六年(1626)	法藏五十三岁,到金粟山广慧禅寺拜密云圆悟为师。后以临济宗宗师身份传法。著有《五宗原》。
崇祯二年(1629)	元贤写成《建州弘释录》两卷。
崇祯六年(1633)	圆悟嗣法弟子破山海明返回巴蜀传禅三十余年,推动了禅学在川滇黔的发展。
崇祯七年(1634)	圆悟著《辟妄七书》批判法藏的《五宗原》。崇祯九年又作《辟妄三录》,再次批判法藏。法藏弟子潭吉弘忍作《五宗救》,维护法藏之说,兼驳圆悟。十一年(1638)圆悟再作《辟妄救略说》,对法藏师徒一并指责。
崇祯十四年(1641)	朝廷斋香赐紫,命圆悟住持金陵报恩寺。圆悟以年迈固辞。
清朝	
顺治元年(1644)	元贤写成《洞上古辙》。
顺治二年(1645)	寿昌系祖心函可拟投奔"江南,复立新主",在金陵被捕。后流放千山,即在这一地区传禅。

顺治五年(1648)	觉浪道盛因著述中有"明太祖"字样,被捕入狱。
顺治七年(1650)	永觉元贤率众"收无主遗骸千余瘗之"。
顺治十一年(1654)	隐元隆琦应长琦僧人之请,赴日本传禅弘教;在受赐的土地上建黄檗山万福寺,开创日本黄檗宗。1673年卒于日本。
顺治十二年(1655)	元贤敛众赈济灾民,死者棺葬之。
顺治十四年(1657)	顺治到寺院见憨璞性聪,请他住万善殿。鼓山元贤命为霖道霈继住鼓山禅寺。道霈以曹洞宗师身份弘教十四年。
顺治十五年(1658)	顺治令性聪开列"南方尊宿"名单,诏见其中的木陈道忞,授以弘觉禅师号。
顺治十六年(1659)	觉浪道盛在江南传禅四十年,著述很多。在禅学上,他"集大成,定宗旨"。
顺治十七年(1660)	朝廷下令免费发放度牒。至乾隆初(1739),共发各省度牒三十四万余张。顺治第二次(第一次在十五年)诏玉林通琇入京,主持京城戒坛,并授以"大觉普济能仁国师"号。通琇是磐山系代表人物,著《辩魔录》。
康熙十年(1671)	为霖道霈外出游方。"杖锡所至,即成丛林"。著有《鼓山录》、《旅泊庵稿》等。
雍正十一年(1733)	雍正编成《御制拣魔辨异录》和《御选语录》,对禅宗作大规模的理论整顿。又下令毁除法藏及其弟子弘忍的一切著述,禁止此系流传。
乾隆十九年(1754)	明令废止度牒。

/附录/

二、索　引

人　名

一画

一行　213,628
一山一宁　508－509,635

二画

八大山人　586
了凡际圣　607

三画

三圣　332,339,340
大安　366,367,375,379,447
大照　135,136,139,213,214,216,241,628
大愚　332,338,339
大福　138,166,168
大颠　299,301,321
大明师　71
大聪师　71
大阳警玄　464
大朴玄素　509
大觉怀琏　420,422,632
大晓实彻　607
大珠慧海　263,365
大休正念　482
丈雪通醉　598,606

万松行秀　493,496,543,634
万峰时蔚　507,545
兀庵普宁　480,482,634
小山宗书　568,569
小福张和尚　138,166
义琬　108
义玄　331－339,341,346,354,365,366,406,417,518,555,630
义存　301,365－371,373－375,631
义福　106,124,130,131,133－137,139,140,212,213,298,628
千岩元长　506,507,512,525
广温　492
广慧　490,492,515,516,536,556,635,637
广德　216,217
马鸣　81,407
马总　222,629
马素　94,240

四画

王琚　228,229
王锡　166
王维　16,110,111,144－146,149,162,178,221,224,226
王缙　140,152,216,218,221,227

王审知　359,367,368
开悟　217
天王道悟　303,562,596
天衣义怀　422
天如惟则　506,507,525—528
天竺行珍　607
天隐圆修　551,597,607
天然函罡　612
天童如净　481
天慧实彻　607
天涛际云　607
元贤　543,544,568—570,572,575,578—584,612,614,637,638
元素　94
元叟行端　501,535—537,539,540
元洁净莹　612
无业　292,293
无住　108,140,141,148,167,168,179—185,201,202,217,220,629
无相　108,141,167,168,179—182,220,244,252,628,629
无名禅师　165
无言正道　569
无明慧经　551,552,568,596,611,616,617
无见先睹　507,508
无学祖元　480,482
无准师范　480,481,634
无梦昙噩　502,536,636
无象静照　481
无隐云晦　509
支遁　38,83
支娄迦谶　27,33,624

韦胄　349,350,367
韦陟　140
韦琚　156,215
韦皋　181,185
韦处厚　199,261,262,271,298
韦利见　159,219
云门亘信　599
云居道膺　372,464
云栖袾宏　551,555,604
云腹道智　606
木陈道忞　553,586,587,596,597,638
中和璋　493,495
中峰明本　490,506,507,509,528,635
丰禅师　71
长藏师　71
长庆道独　575,612
长芦清了　466,481
化公　62,71
今无　613
今释　613
从谂　289,326—333,355,454,455,500,511,591,631
从展　373,374,631
月幢彻了　606
月潭明连　607
丹霞子淳　423,466—468,498
丹霞天然　299,354,593,594,630
文畅　321
文益　376,380—386,388,563,631,632
文偃　301,367,374—379,414,420—423,449,454,591,631
文邃　366,368

为霖道霈　579,614—616,638

幻有正传　551,608

幻休常润　568,569

双杉元禅师　478

五　画

玉法师　71

玉林通琇　586,587,591,596,607,638

末田地　44,160

可庵朗　495

可翁宗然　509

本寂　354,360—364,441,631

石勒　37

石虎　37

石藏　214

石屋清珙　507

石霜楚圆　411,419

古堤　260

古林清茂　505,506,636

古航道舟　575,612

古鼎祖铭　502

古樵智先　612

龙树　39,187

东林常总　414

北硐居简　480

印简　493—497,634

印法师　144

丘处机　486—488,494,634

仙林　488

白居易　163,244,247,257—259,298,319—321

白松行奉　608

白云守端　419,426,475

令超　354

令韬　156,159,219

处寂　141,179—181,252,628

包佶　253

玄绍　47,48

玄畅　48,49,625

玄高　46—49,52,53,625

玄觉　186—191,193—196,218,226,249,468,591,628

玄朗　186,194,195,218

玄素　94,240—243,245,246,303,628,629

玄爽　89,90

玄泰　355,360

玄赜　85,87,88,98,99,110—112,121,124—126,137,140,141,144,149,150,628

玄沙　367,369,372,373,379—383,387,388

兰溪道隆　481,634

归宗　285,286,292,332,333

冯衮　51

汉月法藏　553,555,597,599

永安　389

弘政　217

弘忍　3,6,17,18,73,87—89,93,94,96,98—101,103,105—112,119—122,124,129,130,132,137,138,140—149,151,152,154,158,159,167,179,189,215,217,219,223,225,228,274,284,325,565,591,627,628,638

弘辨　259,260

弘智师　72

六 画

吉藏　70,73,97,104,172,193
老安　99,106—109,124,137,140,141,
　　　150,181,249
朴顺之　350
西云安　495,496
存奖　332,339—342,403
达观　302,436,551,569
达磨多罗　160
百丈怀海　4,199,326,346,355,357,
　　　365,376,413,447,499,505,570,630
百愚净斯　608,609,612
夹山会善　353
师备　367,369—374,379,381,631
光瑶　164,165
光统律师　60,61
同光　213
同安观志　464
同安道丕　464
休静　358,359,631
优婆崛　160
优婆夷未曾有　134
华亭德诚　353
华严至温　497
自在　108,167,181,237,292
向居士　62,63,67,68,71,115
全证　164
全豁　365,366,368
行思　18,228,297—299,561,562,628
行简　341
行滔　150,156,157,159,219
庆诸　301,355,468,631

齐安　292,293,342
刘裕　40,625
刘日杲　575
刘秉忠　487,495,497
刘禹锡　94,144,145,148,164,178,
　　　212,223,225,226,239,242,244,
　　　263,298,319,320,630
守端　419,421
安世高　27,28,33,624
那老师　71,72,76
如一　213
如会　286,293,294
如满　262,263
如敏　375,376,631
如幻超弘　599

七 画

寿昌元谧　572
远溪祖雄　509
志闲　332,339
志空　215
志逢　389
志超　79,88
芙蓉道楷　449,466,467,481
苏辙　421
严挺之　130,131,133,139,140,216,
　　　241
投子义青　423,465,466
杜朏　103—106,112,119,129,130,
　　　179,182
杜鸿渐　182,185,216,220,221,227
李华　94,241,242,245,246
李觏　428

李翱　261,262,265,300,301,322,
　　323,630
李志常　486,488,634
李商隐　346
李朝正　262
李德裕　242,630
李遵勖　401,411
杨亿　186,187,282,400,401,404,
　　411,632
杨杰　402
杨岐方会　411,419
求那跋摩　40,42,44,156,625
求那跋陀罗　40,43,45,59,111－113,
　　115,129,150,156,625
呆庵普庄　539,541
旷法师　62,72
别源圆旨　509
佛陀　49－53,119,353,486
佛大先　14,45
希运　199,200,222,226,275,324－
　　326,331,332,342－346,365,405,
　　454,455,630
希迁　294,297－302,306,309,310,
　　348,364,392,581,628,630
体无　217
佛世尊　46
佛图澄　37,328,624
佛印了元　420,421
佛陀跋陀罗　14,39,112,159,160,
　　179,625
佛陀扇多　49,58,61,626
佛陀斯那　14,45
佛果克勤　420,450

佛照德光　479
鸠摩罗什　10,14,22,33,37－39,41,
　　43,44,133,136,159,235,273,624
延沼　340,403
延寿　13,93,389－396,403,426,523,
　　524,527,591,632
应庵昙华　480
怀让　18,108,215,249－252,298,
　　302,303,325,561,562,596,628,629
怀政　260
怀晖　249,250,257,259－261,
　　365,629
沤波崛　41
宋之问　122,124,215,220,226
宏正　217
宏智正觉　423,464,466－473,481
良价　301,352,355－358,360,361,
　　363,364,481,630,631
灵坦　163,164,628
灵祐　200,275,281,324,342,346－
　　351,355,365,366,591,630
灵着　213
灵凑　214
灵岩洁　568
灵鹫诚　607
张均　140,241
张说　121,123,125－127,139,146,
　　215,221,241
张浚　453,459
张九成　452,453
张正甫　108,249
张延赏　217,218
张商英　303,399,400,402,406,415,

416,420,429,442,450,453
阿难 19,44,106,160
陈翊 275
陈少游 244,245
陈楚章 108,167,168,181
妙高 488,489
妙峰之善 480
纳川际海 607

八　画

拓跋焘 37,47,48,625
武平一 215
青布明 75,95,100,627
青原笑峰 618
耶律楚材 496,498,501
林法师 61,62,71
林泉从伦 487,497
松源崇岳 480,481,501
茆溪行森 586,591,596,611
卧轮禅师 167,168
虎丘绍隆 479,480
昙则 213
昙迁 79—81,86
昙延 81
昙伦 75,168
昙林 17,61—63
昙真 152,216
昙霍 37,624
昙瑎 94,95
昙晟 301,353,355—357
昙曜 56,625
昙无最 58
昙无谶 37,147,151,624

昙芳守忠 503,505,636
昙摩蜜多 41,42,44,625
炅法师 91
具德弘礼 599
明本 490,507—510,515—530,593,
　601,635
明觉 246,365,423,587,632
明法师 74,91,95,97
明叟齐哲 509
明教契嵩 420,423
灵着 213
帕思巴 484,487,491,635
岩大师 94,240
尚德律师 71
和禅师 62,70,71,97,112,171,175
竺昙猷 83
竺法深 196
舍那婆斯 44,160
金和尚　108,141,167,180,181,
　185,252
金赋原直 599
念常 491,504,636
彻纲 606
鱼朝恩 214,259,260
季潭宗泐 538
周敦颐 421
净觉　74,110—121,127,129,130,
　137,138,144,149,150,179,628
净业 214,593,614—616
净影慧远 23,81,189,230
净众寺(即净泉寺)神会 181
沮渠京声 14,41,45
法上 51,81

法常 293,360

法冲 71—75,84,85,91,150,627

法秀 420,422

法玩 214

法持 96

法钦 94,242—245,256,300,302, 509,510,629

法敏 95,97,100

法海 144,145,147,155—157,198,201

法朗 74,91,97

法期 48,49,625

法演 108,419,420,442,446,450, 455,460,495,609

法愿 134

法显 42,86,89,90,218,625

法融 17,84,87,90—97,240,242, 243,245,624,627,630

法镜 94,130,242,243

法如 99—103,106,111,112,130, 135,137,165,182,197,627

法云善本 422

法乳超乐 607

宝彻 294,332

宝冥 89

宝积 285,333

宝寿沼 332

宝林达珍 607

宝峰克文 414,415

宗杲 400,408,409,426,442,448— 454,456—464,467,473—477,479, 480,501—503,508,511,517—519, 521,522,527,546,555,557,559,633

宗密 9,10,16,60,64,93,94,108, 124,131,141,143,144,151,160— 163,165,167—169,178,183,188, 196,197,203,204,206,221,222, 228,235,242,245,247,248,265, 287,294,295,298,302,306,314— 319,324,325,343,344,362,369, 390,391,431,474,630

宠法师 71

房琯 140,217,221

迦叶 19,148,160,240,370,371,404, 429,499,560,564

迦陵性音 590,607

孤峰觉明 509

绍修 381,382

九 画

契嵩 11,198,200,421,426—439,632

政言 493

赵孟頫 495,503,515,516

荣西 481,633

药地愚者 618

药山惟俨 299,300,323,353— 355,630

南印 163,165

南谷颖 607

南山超元 599

南浦绍明 481

相了 493

思公 214

国一 244,294,296,299,302,629

柳宗元 144,222,225,226,263,298, 319—321,362

威大师 94,240

拾得 346,591

省念 403,404,632

昭月了贞 607

复庵宗己 509

须婆蜜 19,160

须摩提 33

恒涛大心 614

美发淳 607,611

觉贤 38—47,49,52,53,75,83,625

觉岸 504,537

觉体 260

觉原慧昙 538

觉浪道盛 551,573,596,616,638

祖心函可 596,612,637

神秀 6,17,18,63,99,101—103,105—108,110—112,120—141,143,144,146—151,154,161,166,168,169,171,178,180,212,215—217,284,315,326,345,373,627,628

神会 6—8,10,11,19,102,136,141,144—146,148,149,151,152,156—182,184,187,188,190,197—200,202—207,210—212,221,222,228—230,235,236,250,269,270,272,287,293,298,316,325,371,517,627—629

神行 214,215,275

神晏 367,373,376

神照 163,470,628

神赞 366

洛浦 334,354,358

宣鉴 301,332,355,364,365,518,594,630

宣什 141,142,228

费隐通容 553,587,596,597,599

姚广孝 537

独孤及 72,217,218

降魔禅师 173

十画

秦国夫人法真 459

珪和尚 103,106

莲月印正 606,607

真谛 81,156,316,461

真亮 213

真法师 71

真净克文 415,449

桂琛 372,373,379—382,631

贾岛 259,514

破灶堕 108

破山海明 553,595,597,598,600,606,637

破庵祖先 480,481,501

蚬子和尚 359,631

晓莹 421,425,479

圆智 77,301,353—355,366,367,631

圆性 492

圆修 565,591,607

圆悟 289,409,410,425,440—444,447,448,480,492,498,506,518,552—557,565—567,590,591,597—602,606,636,637

圆寂 367

圆澄 549,551,552,601,609,611

圆玉兴五 614

圆尔辩圆 480,481,634

圆通居讷 402,419—421

乘广　164
笑岩德宝　545,551,570,637
笑隐大䜣　502,529,535,536,538,
　　539,636
钱俶　387－390,632
铁舟行海　607
高峰原妙　507,509－511,514,545,
　　600,609,635
唐和尚　141,180,181,252
浮陀跋陀　46
朗智　213
恕中无愠　539,540
继起弘储　599

十一画

教亨　493
黄庭坚　398,402
黄端伯　570
勒比丘　41
勒那摩提　50,54,58,626
菩提流支　50,58,60,61,69,150,315,626
菩提达摩　17,19,55,58－65,101－
　　103,111,115,143,151,155,160,
　　161,167,168,179,262,369,378,
　　429,561,592,626
萧瑀　133,134,223,224
梦庵格　607
硕揆原志　599
盛禅师　71
雪轩道成　568
雪岩如满　493,496
雪岩祖钦　480,501,509,609
雪峤圆信　551,601

雪庭福裕　497,568
雪硐道奉　575,612
雪窦重显　420－423,591,632
雪浪洪恩　583
晦山戒显　599
晦台元镜　572,573,612,616
晦堂祖心　414,632
崔宁　220
崔湜　213
崔涣　229,244
崔旰　220,221
崔义玄　92,93,121
崇信　301－303,364,365,562
第五琦　244
敏法师　75,95
兜率从悦　415,449
康僧会　13,25,28,31,32,147,624
鹿门自觉　466,493,496
惟白　401,422
惟俨　292,300,301,303,323,353,
　　355,356,630
惟劲　374,631
惟政　214
惟济　213
惟宽　197,249,250,257－260,292,629
惟忠禅师　163
惟静道安　614
淡然法文　614
婆须蜜　19,41
梁山缘观　464
密云圆悟　551,552,556,565,591,
　　597,598,601,602,606,607,610,637
密庵咸杰　480,501

断桥妙伦　480,481,509,543
隐元隆琦　599,638

十二画

韩愈　226,262,263,265,301,312,
　　313,321－323,362,399,431,436
惠昕　147,156,198－201,345,383
惠明　75,95,100,303,345,349
惠超　103,106
惠源　133,134
惠融　217
惠禅师　71,72
博山元来　572,573,612
斯道道衍　537
跋陀　49
紫阳真人　591,592
紫柏真可　551
量闻明诠　607
景贤　137,138
智严　45,46
智威　96,240,241,243
智诜　99,140,141,148,179,181,628
智如　163,165
智岩　94,95,97,98,100,107
智顗　89,171,191,217,387,615
智藏　217,292,296,386,631
智真　260,304
智通　133
智空　217
象先法印　614
象崖性挺　606
善伏　75,89,90,95
善昭　403－411,414,417,419,423,
　　424,426,632
善禅师　71
普化　331－333,346,440
普济　300,401,529,588,608－610,
　　634,638
普寂　124,130,131,134－137,139,
　　140,152,161,162,173,178,212－
　　219,226,227,241,298,314,628
普照　317,448,467,492,502,537,575
普愿　286－292,294,304,326,328,
　　329,331,342,357,364,447,500,630
道一　164,199,228,237,249－259,
　　261,263,272,274,275,286,289,
　　290,292－295,298,300－304,306,
　　309,310,325,328,332,333,335,
　　360,365,366,392,454,455,540,
　　561,562,628－630
道元　481,634
道融　402
道安　13,28－32,35,37,72,80,86,
　　87,90,107,108,110,179,180,249,
　　305,306,328,433,624,627
道林　41,244,246,247,442,443,625
道珣　213
道育　60,62
道询　492
道信　3,17,72,73,75,76,84－95,97,
　　98,101,111,117,119,121,122,126,
　　132,137,159,171,189,217,223,
　　228,240,245,274,281,284,325,627
道生　170
道圆　165,178,221
道悟　16,299,301－303,365,596,629

道盛　551,569,573,617—623

道綦　94

道凭　94

道踪　374

道宣　17,18,46,52,55,59—63,66,
　　67,69,72—74,76,77,79,82—84,
　　87,92—94,96,98,100,112,128,
　　217,286,304

道恒　60,86,281

道膺　354,358,631

道荫师　71

湛堂文准　449,480

湛然　136,177,194,200,217,218,
　　233,246,267,271,314,344,349,
　　424,498,499,549,551,552,601,
　　609,611,629

寒山子　346,361,501

谢敷　28,36,624

谢介庵　583

十三画

瑞白明雪　609,612

瑞峰广通　569,570

楚石梵琦　502,536,538,636

楚奕原豫　599

畺良耶舍　41,117,625

甄升　164

甄叔　164,293

粲禅师　71,72,84,111,115,116

路应　253

路恕　253

路嗣恭　252,253

愚庵智及　502,536,537

嵩山居中　509

腾腾　108

缘密　376,377,414

十四画

嵓法师　73,74,91

裴休　151,163,222,226,323—326,
　　342,343,346,630

裴胄　253

裴度　222,244

裴宽　133,139,140,216,253

箬庵通问　607

鹅湖大义　261,630

僧可　6,60,71,72,105

僧叡　15,19,39—41,43,44,160,624

僧印　48

僧实　51,54,55,626

僧瑗　94,95

僧稠　49—55,63,65,111,626

僧粲　3,17,62,71—73,75,84,85,94,
　　95,217,218,626,627,629

僧祐　59,72,304

僧伽罗叉　19,41,160

端禅师　71,75,103,502

廖公　62,71

十五画

慧文　88

慧方　94,96

慧可　60—63,67—73,76,84,148,
　　150,626,627

慧布　62

慧光　49—51,60,304,626

慧观　40,42,44,46,83,625

慧远　10,19,38,40,42,44—46,60,
　　101,102,112,137,160,179,205,
　　237,361,414,433,624,625

慧忠　10,164,198,199,201,228—
　　240,243—246,248,249,256,271,
　　314,356,391,392,629

慧育　60

慧安　107,108

慧空　160—163,214

慧经　568—574,578,579,596,612,
　　617

慧能　5,10,16,18,101,108,132,143
　　—152,154—162,169,178,179,186,
　　187,189,196,198—202,207,210,
　　212,215,217,219—225,228,249—
　　251,268,297—299,304,312,319,
　　320,325,326,345,349,385,387,
　　429,468,561,604,627—629

慧南　411—415,419,504,632

慧思　88,96,116

慧明　199,386,388,389

慧洪　19,20,303,390,402,404,406,
　　412—419,441,449,457,458,555,
　　557,561,562,596,633

慧救　372

慧崇　47

慧皎　18,38,46,59,72

慧命　116,127

慧寂　200,346,347,349—352,403,
　　567,591

慧海　263,365

慧照　132,275,300,331,332,336,
　　449,507,630

慧满　62,71,72,75,76

僧伽斯那　41

僧副禅师　61

慧嵓　74,95

慧藏　332,333,366

慧林宗本　422

颐庵儇　495

蕴闻　453

蕴空常忠　569

颙禅师　340

德宝　543—548

德辉　503,505,636

德韶　201,386—389,632

摩诃衍　138,165—168,170,264,629

潭吉弘忍　542,565,567,637

澄观　165,221,222,314,391,629

澄俊　217

澄沼　218

憨山德清　551,601

憨璞性聪　586,587,596,638

十六画

赞宁　18,96,212,237,292,298,299,
　　302,328,355,361,365,368,369,
　　372,376,381,387

懒石觉聆　606

十七画以上

藏晖　341

瀛山智誾　575

名 词

一 画

一心 7,12,15,16,33,70,71,81,82,103,104,109,110,113,114,117,126,128,129,147,193,237,238,264,265,277,284,287,295,315,316,319,325,344,390,391,432,434,435,469,490,512,524,546,548,567,576,577,604,605

一劫 34,469

一念 171,175,176,190,191,193,203,205,209,238,272,336,344,349,382,394,514,523,545－547,578,616

一法 42,67,102,103,167,188,293,295,307,328,332,345,348,349,557,559,567,584

一切智 126,139,171,193

一切见成 9,380－383

一切任他 109

一切皆如 125

一切处无心 266

一行三昧 87,106,119,124,125,173,176,180,521

一念相应 175,176,190

一心念佛三昧 41

一乘显性教 318

二 画

二乘 36,113,114,132,162,208,238,258,436

二入 66,115

二入四行 17,61,63,64,66

二甘露门 42,480

十地 50,58,80,81,113,175,176,279,316,334

十行 176

十住 49,57,176

十信 176

十二入 210

十二门 13,28,29,35,42,43,48,624

十八界 210,472

十回向 176

十一切处 45,50,64

十二有支 30

十二因缘 27,30,31,35,41,266

十住观门 49

十二因缘观 42

十六特胜法 53,54

七净 133

八不 187

八正道 23

八背舍 14,45

八解脱 45

人无我 191

人天教 318

入定 50,127,136,173,194,412,509,521,547

入道 17,62,64－66,90,94,140,189,

263,337,369,408,468,469,474,475,545,569
入七净 130,131,133
入初心 190
入地狱去 367,368
九次第定 54
了色 35
了空 187
之善系 501

三 画

三业 40,88,183,189,394
三论 8,9,48,62,70,73,74,80,81,91,92,95,97,98,104,128,172,193,196,211,230,235,237,245,259,262,284,286,304,306,309,314,316,352,382,392
三身 202,206,207,232,269,270,273,275,287
三学 23,27,54,73,113,180,214,260,261,265,389
三宝 32,51,79,208,264,285,320,394,494,599
三毒 28,29,31,187,268,536
三昧 14,15,22—24,33,34,39,41,49,61,66,100,180,183,194,240,245,251,286,289,361,415,419,441,481,489,510,544,552,619,627
三界 24,42,52,103,120,171,207,255,269,288,344,370,372,533
三科 210,211
三应真 44
三论宗 8,74,80,91,92,95,97,104,128,172,193,196,230,237,245,304,306,309,314,352,382
三毒心 119
三摩地 22,23
三摩提 22
三阶教 120
三昧制心 103,127
三界唯心 48,103,231,347,348,381,382,391
三教三宗 315
三智一心 193
三摩钵底 23
三谛一境 193
三玄三要 406,417,557,561,566,581
三十七菩提分 23
万法一如 254,262
万法归一 509,511,512,514,522,529,548,555
大识 347
大地法 23
大圆觉 187
大圆镜智 267,269
大乘壁观 63,64
大乘法相教 318
大乘破相教 318
小乘教 28,318

四 画

开士 36,410
天 24,226,435
天眼 13,15,251,273,274,336,350,563
天童系 595,597,611,612

无心　9,63,109,113－115,131,132,167,182,190,191,199,238,239,261,263,266,268－270,274,276,287,290,295,296,336,342－345,349,365,391,392,471,514,530,559,560,594,604

无忆　9,167,180,181,238,258

无为　40,65,158,182,183,188,191,204,210,233,261,290,294,359,399,402,422

无生　17,31,83,90,95,97,98,156,168,182,187,219,220,230,238,243,255,260,268,269,322,336,342,354,355,382,412,557,615

无记　17,72,166,190,191,219,328,416,433,434,450

无妄　9,97,167,173,181,188,270

无作　170,304

无住　9,92,97,98,171,172,174,204－206,250－252,268,275,290,359

无言　75,104,418,446,474,622

无明　12,30,43,49,67,68,157,158,170,171,233,234,258,313,361,433,528,530,536,568－571,616

无念　9－11,15,16,75,82,113,115,119,131,164,167－177,180－182,184,202,203,206,235,258,259,266,268－270,316,322,349,392,523

无相　9,15,114,119,123,127,131,170－172,185,186,203,204,206,209,245,251,287,344,370,404,470

无名　67,114,170,200,221,304,307,347,360,428,592,632

无思　31,40,152,153,157,167,173,291,344,349,350,470

无常　5,7,10,14,29,32,53－55,65,92,98,116,157,173,187,201,205,234,236,287,300,336,344,345,352,360,394,412,433

无得　65,73－75,97,158,183

无不为　40,182,183

无分别　65,82,103,109,120,182,187,214,246,258,262,268,273,347,372

无心法　54,182

无色界　24,35

无求人　277,278,280,338,345,368,629

无说说　11,239

无事人　291,338,345,541

无相戒　202,204

无相偈　202,204

无碍道　132

无心三昧　511,514,520

无心可用　9,238

无住为本　92,202,204－206

无言语地　104

无分别智　11,175,273,347

无念为宗　170,202,203,206,230,269,316,344

无所求行　65

无相为体　202－204,206

无相忏悔　202,204

无差别相　118,119

无情有性　9,178,228,230,231,233,

234,236,237,257,271,272,294,
314,391,392

无情无性 177,178,270—272

无即是佛 238

无相三归依戒 204

云门宗 301,303,314,364,367,374,
376,379,381,388,401,411,420,
422,423,427,439,562,563,631,632

云门系 551,595,611,612

云门三句 414,563

支理 38

不动 7,12,22,24,81,103,104,114,
126,128,131,132,162,163,166,
171,176,182,187,201,202,206,
229,267,269,287,322,327,329,
344,358,362,363,372,387,393,
412,523

不迁 187,254,592

不净 29,42,53,54,147,180,207,599

不净观 14,29,32,40—42,44,189,
625

不出文记 17,71,72,87,124

五阴 27,31,32,53,187,191,196,
210,266,305

五事 124,126,127

五念 190

五戒 318,427,430,431,437

五常 182,318,321,358,427,431,437,
495,500

五眼 234,273,274,276

五法 6,114

五更转 168,184

五停心 42

五门禅 42,43,45,46,48,624

五方便门 124,130

五部禅法 41,42,44,53

比量 315,391

止 23,24,31,32

止观双运 23,189,558

止观并行 23

中道 174,194,350,374

中观学派 39,187,352

长老 217,242,249,282,283,475,
479,493,494,506,569

见谛 164,175

见道 42,175,195,251,272,308,364,
375,446,613

见性 7,11,127,136,158,164,167,
174—176,198,199,211,246,272,
345,385,390,410,411,417,433,
447,481,485,504,518,526,527,
533,546,554,557,561,587,593

见无念 173,174,176

见无所见 246,266,268,274

见性成佛 127,174,199,246,345,
385,390,447,504,527,554,557

见闻觉知 9,128,203,206,234,235,
286—289,293,343,372,381,383,
513,520

见色即是见心 254,391

牛头宗 10,92,94,129,178,240,242
—248,271,294,325,345,629

化身 128,144,185,207,269,290

化主 282,283,571

公案 12,178,237,285,290,323,329,
331,375,403—408,410,415,418,

423—426,444—448,450,452,454—456,459,460,479,489,497—500,508,510,511,517,518,534,541,543,546,548,553,557,560,568,571,572,588,589,594,596,602,605,609—611,614,632,635

火光定　50

六门　42,210

六尘　132,210

六事　31,32

六识　210,234,267,305,372,512,536

六度　23,27,66,113,117,145,155,175,189,192,279,325

六根　131,174,210,261,279

六道　24,90,98,171,207,277,316,344,395,538

六境　210

六界　42

六道供　90,98

文字禅　5,12,414,416—419,451,519,633

方丈　282,283,291,376,449

方便　17,19,36,40,42,44,64,87,90,101,103—105,107,111,115,124,131,132,134,136—138,160,175,215,246,251,312,370,372,373,387,401,474,503,520,534,584,589,603,605,625

方便通经　124,132,136,137

方便取证　105

心　6—10,12,39,51,53,70,71,81,102,103,105,113,114,116,125,187,189,193,194,204,226,230,231,234—236,255,260,264,265,270,272,274,287,288,295,304,305,307,309,310,316—318,344,345,371,372,382,384,387,391,392,406,411,418,431,432,434,436,456,457,470,472,512,560,567,599,603

心地　31,34,42,60,117,119,178,195,221,230,250,251,296,298,324,361,369,469,470

心性　8,81,89,105,117,118,147,169,172,175,199,234,246,263,264,295,296,305,307,309,315—317,391,392,394,431,582,593,598

心不起处　113,115

心不是佛　286,288,294,295

心境一如　344,392

心如木石　9,276—278,290,351

双与　192

双夺　192

五　画

正见　208,266,268,335,383,593

正观　73,74

正报　232

正觉　174,175,438,450,467—477,481,493,498—500,633,634

正智　11,27,114,268

正情性　433

正法眼　371,452,537,566,591

本心　102,103,118,126,136,171,206,210,270,343,348,412,469,518,525,546,548,564

本则　200,444,445,510

本觉　7,10,104,126,171,172,208,211,245,246,432,470,504

本智　172,205,206

本无事　247,248

灭识　108,109

灭心定　54

平等　4,7,12,32,104,113,114,125,133,152,153,158,164,189,191,214,246,265,267,283,317,322,363,391,433,483,487,525,558－560

平等性智　267,269

平等持心　22

平常心是道　9,288－290,295,309,328,336,372,409

东山法门　124,130,157,627

业　28,128,317,318,435

四仪　88,89

四行　61－67,115

四智　267,269

四空　30

四等　29,113

四禅　23,24,28,29,31,32,35,36,54,89,180,558

四静虑　23,28,31

四无量　28,29

四念处　42,53,54,63,65

四空定　30,31,35

四料简　338,523,562,566

四宾主　338,562,566

四梵行　29

四照用　338,562

四无色定　28,30,54

四色界定　23

代别　146,403,404,407－410,414,419,447,594,632

白骨观　14,42,53,64,180

用　7,114,126－128,132,171,177,191,264,270,288,295,347,348,352,470

用功　273,336,528,555,594

外境无情对　210

玄机　328,354,527

玄言　12,327,406,408,409,414,417,424,458,588

玄源　193

兰若行　45,122

头陀行　3,45,62,75,107,180,213,333

立身　65,107

立处皆真　9,335

永嘉禅观　186

发行　64,65,67,115

发慧　125,131,132,177,189,607

以心传心　114,148,314,369,371,393

六　画

机辩　239,240,337,456,458,549,580,617

有宗　44,63,101,102,315,557,567,587

灰身灭智　69

成所作智　267－269

死句　413,454,456－458

师子奋迅三昧　49

因缘观　30,42,53
肉眼　251,273,274
自在　4,7,10,13,15,41,47,120,132,
　　157,164,180,203,206,210,217,
　　238,249,267－269,274,276,289,
　　353,394,399,406,457,462,471,
　　519,530,598,619
自由　4－6,9,13,16,25,210,226,
　　237,247,276,278－280,285,288,
　　289,295,296,304,305,310,319,
　　335,338,412,447,462,513,530,
　　532,533,535,584,598,629
自然　2－4,15,47,68,94,98,99,105,
　　115,124,132,136,139,150,168,
　　174,175,183,186,188,190,196,
　　200,206,225,226,232,233,238,
　　240,242,248,260,263,267－269,
　　280,289,291,294,296,307,316－
　　318,323,328,349,378,385,392,
　　400,418,425,446,463,483,489,
　　504,514,521,522,530,533,548,
　　549,572,616
自信　81,89,206,212,335,336,393,
　　431,433,520,525,528
自在人　345
自他无二　115
自成佛道　206,209
自行佛行　206
自性清净　206,304,306
自性起念　203,206
自性起用对　210
行　66,86,117,348
行入　65,66,89

行佛性　351
众生心　7,8,12,41,81,103,117,170,
　　171,174,231,264
优毕叉　189,192
任心　294,295
任运自在　295,316
任性逍遥　11,435,462,463
名　30,114,194,272,287,433
名言分别　27,104,287
色　7,10,35,45,204,231,233,236,
　　276,304,308,352
色身　10,205,234,237,238,289,318,
　　559
色界　24,30,35,280,362
色心不二　10,129,236
杀父杀母　334,454
次第观　75
守本归真　113,115
安心　5,63－65,87,112,113,115－
　　119,123,126,127,138,168,226,344
安乐　33,53,107,118,183,185,340,
　　379,394,395,416
安般　25,28,31,33,36,42,43,245,
　　624
安般禅　13,25,28,32,47
安忍　92
妄想　14,16,66,104,109,114,188,
　　201,277,371,379,440,456,469,517
妄心　125,126,172,173,188,235,
　　236,269,559
如来　34,41,43,44,104－106,117,
　　119,131,158－160,172,174,176,
　　178,188,194,207,239,313,331,

368,372,388,391,392,497,527,537,558,589

如来禅 172—176,518,604,611

如来藏 7,15,43,45,46,66,68—71,81,85,113,126,171,173,208,231,294,295,316,372,497

如来藏缘起 8,43,210,306,625

观 23,31,32,193

观心 17,53,63,124—126,136,193,534

观佛三昧 180

观心十门 193

防闲 35

寻伺心 119

七 画

孝在戒先 408

寿昌系 551,570,573,575,595,611,612,637

戒定慧 11,27,180,214,325

还 31

报身 206,232,269

作 85,87—89,627

作务 85,154,281,570

弄潮人 353

别生念 190

呵叱怒骂 502

体用 126,128,129,177,246,272,347,348,363,364,385,430,470,471

佛心 87,112,113,119,130,171,230,237,254,259—261,323,388,429,488,492,505,524,525,587

佛性 7,8,40,42,43,45,46,68—70,81,89,98,115,118,146,147,151,152,154,157,158,169—171,174,175,177,178,186,188,191,192,198—200,205,208,211,230,231,233,235,236,238,246,250,251,254,259,263,264,275,277,278,287,294—296,305,316,329,331,347,349,371,383,413,432,452,454—456,459,460,462,464,497,505,512,521,529,540,548,564,625,636

佛眼 193,234,251,266,273,274,277,420,425,426

佛图户 56,625

佛现前定 33

佛性不二 157,158

佛即是心 117,126,260

坐 86—89,132,173,523,627

坐禅 15,24,36,39,41,45,50,58,65,86,87,95,112,113,115,116,119,129,130,138,158,173,177,180,183,190,250,251,282,309,325,334,468,471,472,474,475,481,509,544,545,558,572,573,634

坐禅看心 117,118

言通 73,104,417,516

言下便悟 8,11,129,176,210,270,309

言下悟道 176

言语法相对 210

评唱 12,424,444,445,448,456,479,496—501,508,517,518,543,568,569,571,572,602

应机 49,278,290,292,334—338,

369,420,445,450,537,572

忘言　73,85,104,260,272,406,
　　446,471

忘念　73,75,521

忘情　247,248,473

证　104,115,117,126,175,176,
　　251,289

识心见性　209

识无边处定　30

沙门眼　371,383

沩仰宗　200,324,342,346,347,351,
　　352,357,364,562,567,630

初发心　176

初地味禅　89

君臣五位　361,362,631

灵明　306,316

灵知　10,164,187,190,191,196,199,
　　206,235,287,293,309,316,317,
　　336,344,349,391,520

灵性　231,293,317,318,345,349,
　　372,461,558

灵觉　187,188,260

灵源　191,193,307

灵台　236,371

即凡即圣　266,269

即心即佛　237,261,286,287,293,
　　295,306,309,310,315,335,391,
　　392,425

即心是佛　8,10,41,117,181,234,
　　254,256,292,293,295,343,392,409

即心为道　193

即身见空　125,126

阿僧祇劫　34,172,269

阿惟越致　36

阿耨多罗三藐三菩提　230

妙觉　132,230,320

妙观察智　267－269

八　画

事　31,32,132,133,177,194,274,307
　　－309,348,350,378,382,383,391

现观　11,27,67

现证　11,27

现量　27,315,391

苦　28,31

苦乐无滞　68

取证　103,104

取境心　119

拈古　410,449,493,506,508,554,
　　575,594

势　272,273,276,309,310,330,
　　333,457

直指人心　199,345,385,447,504,527,
　　554,567,590

直显心性宗　235,306,315

转识成智　206,268,287,559

明　39,344,369,372,410

明见　246,548,592

明镜台　126,146,472

明见佛性　127

味禅　89,519,603

非心非佛　237,256,286,287,293

非想非非想处定　30

制心　127,201

制形　35

的的　49,107,190,191,318,332,349,

350,441,465

知 234,236,262,287,288,294,316—318,325,349,371

依报 232

依性起相 132,133

狗子佛性 609

受 53,266

金刚体 371,372

金刚眼睛 369,371,372

金光明恳忏 47

贪 28

念空 35

念佛 6,14,33,105,115,117,119,125,127,141,142,180,202,207,273,330,392,395,466,523,524,527,528,547,575—578,588,593,600,603,604,614—616

念佛净心 105,127,132

性宗 27,306,315,316,390,492

性灵 262,274,317,434,435

性空 9,10,15,42,68,70,128,165,182,194,230,255,256,266—268,294,300,305,306,388,392,393,411,412,433,469

净 31,81,105,208,272,277,576

净土 2,8,33,38,41,90,100,105,117,119,144,184,207,254,258,264,273,306,320,392,396,466,478,481,496,516,523,524,526—528,538,540,541,548,550—552,573,575—578,593,596,597,599,600,605,607,615,616,621

净心 6,16,25,105,114,119,120,125,127,136,147,202,205,207,250,265,273,306,396,547,576,577

净坐 115,116,119,126

净泉(众)保唐系 162,179,180,183,629

法身 10,38,43,79,104,105,115,118,120,126,128,129,131,136,172,178,187,188,190,193,205—207,215,232,237,238,264,269—271,274,276,277,287,293,304,305,372,382,530

法界 41,74,102,103,113,116—119,127,170,270,290,316,317,329,362,374,387,462,465,466,469,470,526,559,572

法眼 19,193,201,251,273,274,303,312,339,367,371,376,379—381,383,384,386,388—390,394,396,400,403,404,429,528,561—563,575,591,596,614,621,622,631,632

法无我 191

法眼宗 201,367,376,379,380,386,388,389,394,396,400,562,631,632

法界一相 119

注意 6,14,23—25,28,29,31,32,38,46,66,74,83,101,109,123,127,156,183,193,210,256,265,283,304,308,312,348,357,361,384,416,418,424,434,449,465,508,514,535,572,582,586

泥曰 44

泯灭无寄宗 306,315,316

宗旨 38,44,49,75,109,124,142,

148,151,158,159,162,167,169,
171,186,189,192,198,202,217,
221,224,269,272,308,335,336,
345,346,349,350,353,355,366,
368,376,379,388,406,417,430,
448,449,457,504,523,524,528,
556,557,560—567,581,590,592,
611,620—623,638

宗通 73,104,442

定 22—24,32,173,174,177,189,
190,268

定慧相和 40

定慧俱等 177
8,15,28,30,46,48,81,187,247,
255,259,266,276,288,336,387,
411,413,469,470

空宗 8,48,75,245,246,306,315,
316,390,391

空劫前事 468—470

空定 30

空无所得 176

空无边处定 30

单刀直入 174,199,345,619

话头 309,377,381,385,387,448,454
—462,500,503,508—513,518—
524,526—529,540,545—548,555,
557—560,563,572—574,576—578,
603—605,609,614,637

居简系 501,502,504,505,636

屈曲直 127,132

参禅 5,226,303,306,307,309,332,
336,346,351,352,401,406,412,
418,423,444,445,450,452,476,

480,481,509,513,516,519,523,
526,527,540,543,547,556,559,
560,568,572,576—578,588,591,
593,594,598,602—606,614,616

参玄 306,351,352,405,406,426

练五门 131

九 画

带相唯识 254

故起念 190

南人 140,145,150—153,483,488,
489,515

南宗 4—7,101,102,106,124,143,
148,150—156,158,160—163,166,
168,169,171,178,179,184—187,
189,196,198,201,206,215,217—
219,221—227,233,234,237,290,
314,316,369,375,385,472,628,
629,631

南山念佛门 141

南天竺一乘宗 69,73—75,150,151

相 114,133,348,350,351

相随 31,49,333,500

枯木众 354,355,468,631

枯木禅 355,360,364,468,558

是境作佛 391,392

是心作佛 41,117,261,391,392

是心是佛 41,117,261

界分别观 42

毗昙 37,77,211

毗钵舍那 23

毗婆舍那 180,189

看话禅 5,13,452,454—457,459—

463,503,504,507—509,514,515,
517—520,523,524,526,528,529,
541,545,557—559,563,565,572,
576,603,605,633,635

香水钱　161

修死想　53,54

信解　66,67,350,390

独立分　280

胜乐　24

迷　16,192,307,309

迷悟一途　67,68

首楞严三昧　33,34,624

总持门　167,180,181

总在这里　378,379

临济宗　301,312,331,333,334,338—
340,342,353,401,403,404,411,
439,449,479,481,490,493,495,
496,501—503,535,543,549,551,
557,561,567,570,587,590,595—
597,607,608,610—612,630,632—
634,637

临济宾主句　336—338

觉　7,9,11,81,131,175,208,234,269

觉观心　119

祖先系　481,501,504,506—509

活句　413,454,456—459,511

神光　369,372

神异　1,13—15,26,37—39,48,50,
52,55,106,112,123,140,162,164,
213,216,225,262,333,342,346,
359,373,401,624,625

神性　1,234,236,238

神通　2,13,15,16,23,25,26,34,35,
38—40,43,47,49,89,112,180,273,
274,320,322,352,353,375,378,
415,489,500

神不灭论　10,205,293

语嘿恒一　89

说通　442

说似一物即不中　250,251,406

染污　28,180,278

幽灵不竭　117,118

十　画

恶趣空　53

真如　7—11,15,23,40,46,68,69,81,
103—105,109,113,114,116,125,
126,128,163,170,171,175,181,
203,206,210,230,231,235—237,
254,287,305,310,345,347,382,
392,434,459,512

真心　8,9,15,126,235,238,248,306,
315—317,344,401,493,548,
559,560

真性　10,65,66,68,235,316—318,
580

荷泽系　151,160,162,164,165,178,
198,200,203,221,235,314,630

顿入　101,102,187

顿悟　102,103,138,165—168,170,
172,174—177,187—189,200,203,
263—266,268—270,273,276,302,
349,350,366,450,520,524

顿超　176,370,371,381

乘之二轨　63

称法行　66,67

健行定 34

息想 125

息虑 136,344

息心 41,50,83,91,131

息妄修心宗 141,315

般若学 8,9,11,15,28,33—36,39,43,45,46,48,68,70,73,196,211,238,245,266,306,316,382,387

般舟三昧 33,624

爱 30

颂古 12,400,403,404,410,411,414,419,423—426,443,444,447,449,454,456,458,459,492,493,496—499,506,508,518,552,554,575,581,594,602,632,633,635

疾 179

悟 11,16,66,104,158,170,176,193,269,289,307,349,405,460,513,554,610

悟道 13,64,66,67,175,189,196,578,609

烦恼 2,11,16,27,28,43,67,68,126,147,158,169—172,175,179,182,196,208,256,259,262,279,280,317,345,352,393,394,407,408,461,464,471,472,513,536,559

涅槃 7,8,23,31,40,43—46,53,58,65—70,73,98,110,113,114,118,128,144,148,151,157,158,169,170,173,178,201,208,213,234,236,245,262,278,304,306,307,316,317,329,331,334,343,344,350,364,368,369,394,399,404,471,497,499,500,537,592,599

十一画

理 8,9,65,66,68,81,86,113—116,125,128,132,133,170,176,191—194,231,274,288,290,305—310,316,317,348—350,352,371,378,382,383,388,391,392,406,563,567,582,583,605

理入 65,66,89,362

理心 113,115,117

理通 99,124,176,352,353

理佛性 192,230,350,351

理事不二 194,348,349,381,382

理事圆融 128,309,317,350,431

理事兼融 68

理能照明 113,114

教外别传 2,102,429,430,591

黄龙三关 411—413,504,540

菩提树 126,146,156,336,345,472

曹洞宗 301,353,360,361,363,418,423,439,441,449,464—468,481,487,493,496—498,508,517,535,543,544,551,553,562,564,568,570,579,581,588,595,596,608—612,614,630—635,638

奢摩他 23,137,180,189,190

接续念 190

虚宗 17,63,65,66,68,70,74,85,92,97,136

虚妄 9,10,15,42,43,67,68,71,109,128,147,187,204,232,276,277,305,344,392,475,520,530,559

虚壹而静 24
常 171,234,236,238
常乐我净 66,70
眼目 336,350,381,383,384,425,563
悬记 156,352
唯识无境 9,70,236,250,264,270,271,314,344,370—372,381,388,396,425,435,527
唯心净土 207,396,524,527,528,576,577,599,616
毁佛毁祖 333,334
崇岳系 481,501,505,636
第二念 522,523,545
敛心 117,118
欲界 24,180
离念 77,131,132,167,168,175,181,365
离念心 75,168
离妄念 167
惯习念 190
寂灭 69,70,117,118,182,185,196,214,387,441,471,472
寂寂 190,191
寂静 22,32,69,70,103,113,118,132,142,206,325,344
渐门 167,307
密意依性说相教 315
密意破相显性教 306,315,316
随缘 10,65,261,317,329,346,361,462,463,473,530,545
随处任真 9,252,255,256,373
随缘不变 317
随缘放旷 462,463

十二画

智命 206
智不是道 286,287,294,295
棒喝 5,309,333—335,339,340,378,385,403,419,442,458,518,519,560,565,604,617
堪忍地 53
惑 28,322
等 28,29
等引 23
等至 23
等念 22
等持 22,23
等分 41,259,533
等觉 132
普请 280—283,292,332,342,347,552,556
道 8,9,24,102,189,191,192,196,208,230,250,251,259,262,272,287—289,291,294—296,307,309,310,321,328,368,378,390,392,406,431
道眼 282,283,371,383,388,572
道无不在 230
道即是心 295,296,316
禅 1,2,16,23,24,26,28,35,43,77,86,129,158,173,215,219,306,320,325,442,497,533,576,594,604,624
禅智 39,40
禅那 22—24,355
禅宗 1—20,22,26,27,41,45,46,56,57,60,62—64,70,72—74,77,78,80—85,89—91,93,94,96—99,101—

106,109,111—114,116,117,120,121,124,127—130,133,137—141,143—148,150—154,159,160,162,165,166,168—171,175,177—179,181,183—185,187,189,191,193,196,198,199,201,202,206,211,212,216—219,221,223,225—230,233,234,237—240,243,245,247—252,254,257—266,268—271,273,274,277,278,281—285,287—290,292,296—299,301—304,307,309—315,317—326,328,329,332,336—338,341—343,346,347,349—358,360,361,364,365,367—374,376,380,384—387,390—406,408—413,415,417,418,420—424,427,429—433,435,436,438—442,444,448,449,451,455,457,459,461,462,464—468,475,477—479,481,483,485—492,494,496,497,500—503,505,506,508,512,514,516,517,520,522,524—531,533—535,537,538,540—546,549—555,557,560—562,564,566,567,570,571,574,575,577,578,580,582—597,599—605,607,609,610,612,614,616,619,621—623,625—630,633,638

禅定　13,14,17,24—36,39,42,49,54,63,67,89,103,105,111,112,118,119,125,134,158,173,180,194,268,352,391,461

禅数学　27—29,31,33,36,39,41,624

禅净合一　523

禅密统一　528

十三画

楞伽宗　6,8,69,75,84,111,112,160,626,628

摄念　90,94,95,131

摄心　32,33,51,64,75,88,118,125,136,173

遣荡　63,64

触目是道　9,310,378

触境皆如　9,252,254—256,310

解形　35,139

解色　35

解脱　2,6,7,9,16,17,23,27,29,31,33,43,51,53,54,89,109,112,113,126,128,132,133,147,158,164,167,168,172,173,177,190,193,198,205,212,221,236,238,250,254,263,264,266—270,273,278,287,295,296,306,316,317,336,341,343,365,368,372,382,390,392,393,399,472,473,510,513,518,522,530,537,557,559,566,578

解脱道　132

痴　28,30,35

数　27,435

数息　25,31,54

数息观　25,28,42,64,180

慈　29

慈悲观　42,90,208

慈悲喜舍　134

辟支佛　90

愚智非别　67,68

十四画

静 7,81,82,104,172,173,187,191,225,226,277,319,320,473

静念 190

静虑 17,22,134,349,350

静乱无二 89

僧祇户 56,625

僧祇粟 56

疑 511—514,605

十五画

慧 23,27,32,35,133,145,174,177,190,624

慧眼 193,251,273,274

瞋 28

瞋恚 29,41,53,268

十六画以上

默照禅 5,12,450—452,457,467—470,472—476,479,481,558,633

默传心印 102,560

磨拂 136

壁观 64,65,67,116,474

藉境观心 129

攀缘心 119

新版后记

距离这本禅宗通史初版,又走向第14个年头了。市场上似乎早已缺货,江苏人民出版社愿意重新出版,在此谨表谢意。

此书初版之后,听到和读到一些意见,大体是三类:赞扬的,批评的,遗憾的。其中批评的,有的指出文内有史实错误,属于硬伤,譬如我否认傅大士确有其人;有的是指摘,譬如我说中唐初期重树僧粲历史地位的湛然,就是天台宗湛然;有的认为方法不对头,没有从"功夫"上着眼;等等。遗憾的就更多了,一是太简略,没有说透;一是与当时文化上的整体形势联系不足,许多中国哲学史上的重大问题没有涉及;等等。

对所有的意见,我都很感动。在当前卷帙浩繁的图书海洋里,人们的时间又如此宝贵,像这样干巴巴的东西,能够粗略翻阅一下就不错了,何况还能认真探究,发现和提出问题,实在难得。

这次新版,我们把批评者提出的和自己发现的一些错误都尽可能地作了改正,对有些意见则作了说明。但遗憾的恐怕仍旧遗憾。佛教与宋明理学的关系,是学界普遍关心的问题,在我看来,主要表现在禅宗的心学和理学之向新儒家的理学和心学的转变上,这次本想借机写一写的,可还是力不从心。细说起来,原因颇多,但主要是与写这本书的初衷有关。

14年前,正是"特异功能"与"神化气功"交织发热的时候,铃木大拙的禅法和卡普拉的《物理学之道》风行于世,中国的"禅学"被发现了,其与道教的"道"一并作为"东方文明"的代表,被当成对抗西方文明——实指近现代科学和理性思维——的根据和资源,而禅宗也就成了内地学界关切的一个重要论题。

任何一种古老的民族文化,含有某些神秘主义成分不足为怪,今人需要历史地分析这类现象。但禅宗不只是神秘主义,它也不是因为具有神秘主义才在古代中国产生和发展起来的。这是我关于禅宗的最初常识。我也知道,域外所传佛教的禅是讲神通的,把做超人或成天神当做修持的目标。中国禅宗的禅是否也是如此?如果不是,它又为什么会拥有那么雄厚的力量?它的思想,在一些禅学研究者那里被解释得那么玄虚,以致宣布它是非理性和世俗可以认识的,事实是否如此?

我们写这本书的最初动机很简单,就是想探索这类问题的答案。其结果,本书的"导言"已经作了一个概括的说明。此处想强调的一点是:任何一种社会意识,包括宗教意识,如果不到产生它们的社会存在中去寻求根源,那就会变成纯粹的抽象,成为绝对不可理解的。所谓社会存在,也不是空洞的说辞,它包含着经济关系、政治和文化背景,以及历史传统、时代特征等等。但是,第一位的是经济关系。正是在经济关系中,我们发现了禅宗借以产生和发展的社会基础,以及促使它不断演变的社会与政治原因。

不同文化之间可以相互影响,但文化主义不能客观地诠释文化自身。对禅宗也是如此。它的思想资料来自域外,但又根植于中国社会。它蔑视名教,崇尚独立和自由,言行往往乖僻荒诞,匪夷所思;同时,它又倡忍顺世,乐于攀附达官贵人,贪欲浊行一样不缺。这类现象既不能从"禅"自身得到解释,也不能完全从禅师个人的品格加以说明。我们则把禅思想和禅师个人,都放到他们所处的地区、时代以及其他特定的环境中进行考察。如此一来,思想和人一样,立即就丰满起来,具体起来,特点鲜明起来。那些神秘莫测的言行,那些矛盾重重的作为,那些表现多端的历史,也就变成可以理解的。我认为,这原则也适应于对一般宗教的研究。

简言之,写禅宗通史的初衷,就是为了还原被抽象和神化了的禅宗的世俗基础,将它被描绘得玄虚模糊的面目清晰起来。至于禅思想同儒、道观念的交涉,尤其是在哲学上,那恐怕得开展专门的研究才行。我们希望于来者。

杜继文
2006 年 6 月